21 世纪本科金融学名家经典教科书系

保险经营管理学
（第二版）

Insurance Operation and Management

主　编　江生忠　祝向军
副主编　贾士彬　何　佳

中国金融出版社

责任编辑：王　君　王晨曦
责任校对：潘　洁
责任印制：丁淮宾

图书在版编目（CIP）数据

保险经营管理学（Baoxian Jingying Guanlixue）/江生忠，祝向军主编 . —2 版 .
—北京：中国金融出版社，2017. 12
ISBN 978 - 7 - 5049 - 9173 - 7

Ⅰ . ①保…　Ⅱ . ①江…②祝…　Ⅲ . ①保险业—经营管理—高等学校—教材
Ⅳ . ①F840. 32

中国版本图书馆 CIP 数据核字（2017）第 217609 号

出版
发行　**中国金融出版社**

社址　北京市丰台区益泽路 2 号
市场开发部　（010）63266347，63805472，63439533（传真）
网 上 书 店　http://www.chinafph.com
　　　　　　（010）63286832，63365686（传真）
读者服务部　（010）66070833，62568380
邮编　100071
经销　新华书店
印刷　保利达印务有限公司
尺寸　185 毫米 ×260 毫米
印张　25
字数　562 千
版次　2001 年 8 月第 1 版　2017 年 12 月第 2 版
印次　2017 年 12 月第 1 次印刷
定价　49.00 元
ISBN 978 - 7 - 5049 - 9173 - 7
如出现印装错误本社负责调换　联系电话（010）63263947
编辑部邮箱：jiaocaiyibu@ 126. com

21 世纪高等学校金融学系列教材
编审委员会

前言

本书第一版出版于 2001 年 8 月。十多年来，我国保险业突飞猛进，保险市场规模已跃居全球第 3 位，保险公司的法人机构发展到 200 多家，保险市场呈现垄断竞争的局面，竞争程度不断增强。在此背景下，多家公司抓住时机调整发展战略和经营策略，以提高公司竞争力和经营管理水平。在现阶段，如何提高保险公司经营管理水平，无论在理论还是实践上都是一个突出的课题。本书付梓以来，虽然颇受市场欢迎而几经印刷，但书中内容与行业内外部环境相比，多处已显陈旧，尽快修订该教材确实必要，也是我们近几年的夙愿。

启动教材修改，面临的首要问题是除对第一版教材部分明显陈旧的内容进行更改处理外，是否需要对第一版教材内容体系进行调整？或者说，我们应采用何种保险经营管理学理论体系来修订教材？目前，有关保险经营管理教材的理论体系或理论设想，按［德］D. 法尼著的《保险企业管理学》（经济科学出版社，2002 年）的说法①，大概有以下四种：

一是以企业为出发点的保险企业管理学，其核心是以管理学的理论为依据来搭建保险企业管理学，具体包括决策理论、物品生产理论、职能理论等，其内容主要有企业的经济与法律结构、保险企业中的经济活动过程，保险企业与其外部环境的经济活动过程等。这种理论体系及框架与普通企业管理学相似。其合理性在于强调管理学理论体系的完整性，突出管理的要求和内容，但在彰显保险企业经营管理特殊性及要求方面略显不足。

二是以产品为出发点的保险企业管理学，其观点是保险企业管理学要充分考虑保险产品或保险业务的特征。在这种观点下，其理论主要包括保险保障或风险转移理论、保险产品三个层次理论、信息不对称理论等。其主要内容包括保险产品的开发、保险销售、保险承保核保、保险的防灾防损、保险理赔、保险准备金的提取及偿付能力的管理

---

① 主要参照［德］D. 法尼著的《保险企业管理学》（经济科学出版社，2002 年），第 2 页。

等。其中保险产品三个层次理论是指，保险产品是通过三个层次来体现的：一是核心产品"保险保障"；二是与此有关的保险企业为业务处理提供的直接服务；三是为解决顾客的问题而提供的其他服务。

三是以市场为出发点的保险企业管理学，其观点是：保险公司经营保险业务的生产和对顾客的销售是与市场密切相关的。在这种观点下，其理论主要包括保险经济理论和保险市场理论。其主要内容与以产品为出发点的保险企业管理学相同，但增加了保险市场结构等内容。

四是以融资理论与资本市场理论为基础的保险企业管理学，其观点是如果把保险业务看做特殊形式的、带有随机性和确定性的支付流的金融业务，那么保险市场和金融市场就相互转化成为一体了。在这种理论下，保险企业的投保人可以视为普通金融市场或资本市场的参与者。而保险公司，尤其是寿险公司则成为金融中介。目前，国内以此理论为依据的保险经营管理学教材并不多见，在国外也多以风险管理与融资理论相结合的形式出现在风险管理与保险学教材的部分章节中。

上述四种理论体系可简单归结为下图：

目前，国内所编写出版的教材主要是按前三种理论体系编写的，如南开大学王海柱和何孝允教授主编的《保险管理学》（西南财经大学出版社，1993 年）就属于上述第一种，即以企业管理理论为基础介绍保险公司管理内容，同时介绍保险企业的自身管理和保险行业的监督管理；武汉大学张旭初教授等编写的《保险经营学》（武汉大学出版社，1986 年）就属于第二种，该书在第一章介绍保险商品，作为全书的切入点，阐述保险经营的原理与内容；李刚撰写的《寿险经营论》（中国商业出版社，1996 年 10 月）可归为第三种，以市场和寿险经营为全书主要内容。此外，还有一种理论体系是将上述三种理论体系相糅合，即既有管理理论的内容，也有经营理论的内容，如武汉大学邓大松老师主编的《保险经营管理学》（西南财经大学出版社，1994 年）。本书第一版内容体系实际上也属于该理论体系，只是在章节上将管理与经营内容交叉安排，这点与邓大松等老师早期主编的《保险经营管理学》严格按管理与经营两条线来编写的方式略有不同。

对于上述国内出版的四种不同理论体系教材，我们应当选择哪一种？编写组经过一番讨论后认为，从我国保险业的现实状况，或学生接受和掌握保险知识结构的需要来看，此次修订教材还是保持第一版原有理论体系，只是从产品和市场角度增加或删减部分章节及内容。

为此，与第一版相比，本版删除了保险公司人力资源管理和保险公司经济效益两章，增加了保险公司战略管理、保险公司产品管理和保险公司价值管理三章，同时对原有各章的内容都进行了程度不同的增减，如在相关章节中增加保险产业概念、销售政策、客户关系管理、预算管理、偿二代下偿付能力管理、保险公司的资产负债管理、大数据的应用、信息披露、保险市场全球化和监管协调化等。经过修改并综观全书，其内容与第一版相比确实变化较大，若把此次教材修订视为教材重写，也基本不为过。

为体现保险理论及教材既有知识性又有很强实践性的特点，此次修改及编写，我们采用了与以往不同的方式，即邀请了部分在保险公司工作多年的南开大学毕业学生，与在校师生一起讨论或参与编写，他们是：泰康人寿保险公司的刘渠、中国保监会深圳保监局的刘涛、中国太平保险的陆小龙、瑞泰人寿保险有限公司的王洪涛、阳光人寿保险股份有限公司的位双双、凡普金科集团有限公司的谢曦、中国人寿财产保险股份有限公司的高捷、中国人保资产管理股份有限公司的王辉、英大泰和人寿保险股份有限公司的和少波、信达财险公司总公司的江时鲲等。其他参编者多为在校的南开大学金融学院保险专业的博士及硕士生。经过半年多的编写，我们感到这一编写方式确实对提高教材的质量发挥了重要作用。同时，多数编写人员也深感在教材编写过程中，通过互相交流和学习收获颇多。

本书的修订工作历时大半年多。2016 年 8 月 6 日，我们在南开大学经济学院会议室举行教材修订启动及大纲讨论会，教材编写组商议了教材总体修订思路和教材结构，确定了各章节的大致内容，分配了写作任务；2016 年 11 月 26 日，教材编写组又在南开大学明珠园就初稿进行了集中讨论，分章演示、梳理、讨论，明确了初稿各章尚待修改的内容，并确定了教材的写作风格及各章的格式；2017 年初，经过编写组全体人员的共同努力，除个别章节外完成了其他各章的第二稿。

本版各章的主要执笔人：河北大学贾士彬（第一章），南开大学张煜、单言（第二章），南开大学单言（第三章），信达财险公司江时鲲（第四章），阳光人寿位双双、南开大学李燕（第五章），南开大学朱蕊（第六章），南开大学李筱萌（第七章），河北金融学院付正，南开大学张玄（第八章），南开大学费清（第九章），天津财经大学何佳（第十章），南开大学王越（第十一章），南开大学郭逸尘（第十二章），英大泰和人寿保险股份有限公司和少波（第十三章）。

本书主编是南开大学江生忠、新华人寿祝向军，副主编是河北大学贾士彬、天津财经大学何佳。

在编写过程及最后的总撰阶段，我们几位主编针对不同章节，有的数次提出修订意见，有的直接进行修改。我们邀请的学生也对各章节提出了修改意见。尤其是在总撰阶段，泰康人寿保险公司的刘渠对第十三章，深圳保监局的刘涛对第十章，和少波和位双双等对第六章、第七章、第十一章等提出了具有建设性的意见。此外，在校的单言、王越、郭逸尘等学生也参与个别章节的修改、参考书目和格式的修订。尤其是郭逸尘同学在书稿交给出版社前，又花很多时间对全书的体例进行统一修改。此外，在本书编写过程中，还有一些老师和同学协助或参与了编写活动，他们是南开大学经济学院李玲老师、中国人寿资产管理有限公司武华伟硕士、在校的史良育博士生、黎银霞博士生、刘佳博士生等。对于这些已毕业的和在校的学生及老师对教材编写的认真态度和高水平的专业水准，我表示由衷的高兴和感谢。

此外，本书的修订得到中国金融出版社王效端同志的鼓励和大力支持，并参考了国内外相关的最新研究成果和资料，尤其是书中个别章节中，我们直接引用了其他教材的部分内容、案例等，对此一并深表敬意。

由于水平有限，书中难免有不当之处，欢迎广大读者批评和指正。

江生忠

2017 年 7 月于天津

第一版前言

随着商务活动的国际化，社会经济和科技进步的不断发展，社会财富日益增长，财产价值趋于集中，风险也随之而不断加大，呈现出社会化、国际化趋势。目前许多纯粹的国内风险，例如炼油厂、油轮、海上钻井平台、卫星、环境损害等损失风险，损失规模扩大，集中程度不断加强。虽然人类在不断地追寻消除风险减少损失的方法，科技的进步也的确使一些损失的几率减少，但是由此而造成的新的风险却导致了更大的损失。特别是随着经济全球化、一体化，现代风险已经变得更加复杂，呈现出综合性、系统性、渗透性、交叉性的特点，风险所造成的影响也变得越来越大。如今某种风险所致损失的影响已不再是个体或局部，而是会牵连到整个社会福利的减损，甚至可能是国际性的风险。显然，保险人承担的责任越来越大，保险经营面临越来越大的风险。为了分散风险，稳定经营，追求新的发展，保险公司的管理问题成为当前国际保险业亟待解决的问题。特别是在我国，随着改革开放的深入，市场化进程不断加快，经济持续增长，以及在经济全球化进程中，我国加入世界贸易组织后，外资保险公司进入中国保险市场将会对我国民族保险业带来很大冲击（中外保险公司的差距更多地表现为经营管理上的差距），中国保险市场最终融入国际保险市场后，年轻的中国保险公司要想在竞争中求生存、求发展，就必须强化经营管理，引入先进的经营管理理念指导我们的经营管理实践。

在我国保险经营管理的理论研究上，虽曾出版过有关保险经营管理方面的教材，但由于我国保险经营管理实践较短，同时保险公司经营管理体制也在不断改革，导致人们对保险经营管理的认识具有一定的局限性，所以以往保险经营管理研究方面还不能完全反映保险经营管理的变化和要求，为此，我们编写了这本《保险经营管理学》。此书既可作为大学保险专业的教材、保险公司培训教材，也可作为大学金融及其他相关专业的教学参考书。

本书内容是从我国保险管理的情况出发，结合其他一些国家保险管理的情况，根据管理的一般理论，将目前的现代企业管理思想与保险企业所特有的特殊性相结合，努力探寻保险管理的原则、规律、方法与途径，着重阐述了保险管理的基本理论、基本要求和基础知识，力求比较全面和系统地反映我国保险管理科学研究的新成果。本书并没有分析保险的宏观管理即保险的监管和保险的中观管理即保险行业的管理问题，而是直接从保险公司管理即保险的微观管理入手。

全书共分十二章，包括第一章概论（薛海），第二章保险公司与保险公司法人治理结构（孟祥腾），第三章保险公司组织结构（陈波），第四章保险公司人力资源管理（乔利剑），第五章保险公司信息技术与信息管理（刘涛），第六章保险公司营销管理（汪灏），第七章保险公司业务管理（董鹏），第八章保险公司财务管理（李洪岩），第九章保险公司投资管理（毛勤晶），第十章保险公司偿付能力管理（李洪岩），第十一章保险公司经济效益（李洪岩），第十二章保险公司的国际化经营（焦桂梅）。本书由江生忠教授、祝向军博士任主编，全书的大纲由江生忠教授设计，并由江生忠教授和祝向军博士负责总纂。

本书在编写过程中得到了中国金融出版社邓瑞锁同志的大力支持，并参考了国内外的研究成果和资料，在此一并致谢。

由于编写时间较紧和水平有限，该书难免存在一些问题，望读者给予批评指正。

作　者
2001 年 6 月于南开大学

目 录 Contents

第一章
保险经营管理概述

本章知识结构

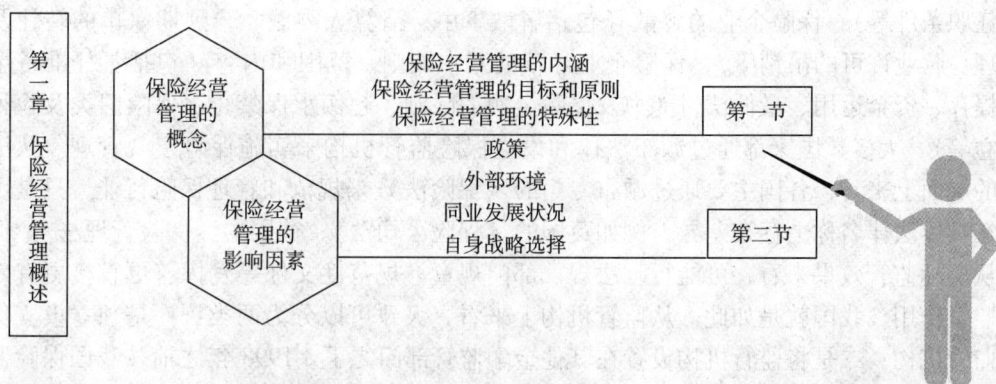

本章学习目标

- 掌握保险经营和保险管理两个概念及其区分
- 掌握保险经营管理的目标和原则
- 掌握保险公司在其经营管理过程中相对于一般企业的特殊性
- 掌握影响保险公司经营管理的具体因素
- 对保险经营管理有一个总体的认识

第一节　保险经营管理的概念

一、保险经营管理的内涵

（一）保险经营的概念

保险经营是指保险公司对以保险产品为核心的各类经济活动（包括展业、承保、防灾防损、理赔和保险资金运用）进行运筹决策及对决策的实施过程。从性质上来说，保险经营也是一种商品经营，即保险公司向保险消费者收取保险费，同时为保险消费者提供风险保障和相关服务，实现风险的分散和分摊。此外，从法律的角度来看，保险经营同样是通过保险合同约束双方的权利和义务，并规范保险运营。

此外，保险有特定的经营对象，有科学的数理基础，提供特殊的风险保障。保险经营是通过收取保险费来建立保险基金，其经营资产的绝大部分也因此而形成，实际上是其对被保险人未来赔付的负债。由此，保险经营具有分散性、广泛性、负债性。

（二）保险管理的概念

保险管理指的是为了优化配置保险资源，提高保险经营效益，根据保险经营目标，对保险经纪活动进行计划、组织、指挥和协调。保险管理的概念根据管理主体和管理客体的不同，可以大致划分为三个层面：保险宏观管理、保险中观管理、保险微观管理。

1. 保险宏观管理。主要指的是保险监管。国家通过法律和行政手段对保险业在国民经济中的地位作出规定。这些规定涉及发展规模，保险企业的组织形式，行业内部的产业结构，保险企业的设立（包括营业限制、资金、保证金、核批程序以及高级管理人员的任职条件等），保险企业的解散（包括解散事由、清算人委派、未到期保单的转让及处理、营业许可的吊销等），保险企业经营的基本准则、范围和内容（包括责任准备金的提存、资金运用、最低偿付能力及保险金额的限制、超额承保禁止、保险门类及险种设立等）。大多数国家都通过颁布法律和设立保险监管机构来实施保险宏观管理。从法律的层面上来看，各国主要通过颁布专门的《保险法》来规范和管理保险行业，只是可能在具体法律名称上存在差异，例如英国的《保险公司法》、德国的《保险管理法》。但是从实际监管效果来看，可能行政法规、部门规章、规范性文件等发挥着更直接更有效的监管作用，我国就是如此。从监管机构上来看，大致可以分为两类：一是独立设立保险监管机构；二是将监管机构设置在其他金融监管部门之下。1998 年之前，我国保险监管机构是隶属于人民银行的保险司。1998 年成立了中国保险监督管理委员会，成为独立的保险监管机构。

2. 保险中观管理。主要指的是行业自律。由各保险企业组成行业协会，协会在遵守国家法律、法规的前提下，对保险行业内部的相互关系进行自我约束和协调，例如在保险费率、保险种类、保险经营手段和保险竞争等方面达成某种协议或作出相关的规定。这些协议或规定虽无法律效力，但凡公会会员均应共同遵守。因此对会员来说，这些协议、规定带有强制性和约束力。

3. 保险微观管理。主要指的是保险公司内部管理。包括保险公司内部的计划管理、财务管理、业务经营管理及劳动人事管理等。本书写作的出发点和立脚点就是保险的微观管理。也就是说，本书保险经营管理学的主要内容是指保险的微观管理。

保险公司计划管理是指用计划形式组织、领导、监督和调节保险经济活动，是保险管理中最基本的方法之一，也是公司各项管理的基础。保险公司根据国家对保险业的要求、全社会对保险的需求以及自身的战略发展目标，制定保险公司的发展战略及中短期计划，并向下级公司提出要求和目标。各下级公司根据计划要求，结合本公司实际经营能力和本地区对保险的需求，向上级公司报送自己的计划。上级公司对上报的计划进行综合平衡后确定各级公司的计划年度任务。保险公司计划工作包括编制计划、组织执行计划和监督控制计划三个阶段。

保险公司财务管理是对保险公司的财务活动进行组织、计划、指挥、调节和监督。保险公司的财务活动是保险公司经营过程中的资金运动，即资金的取得、运用和分配。财务管理贯穿于保险经营活动的全过程，是保险公司经营管理的综合反映，既是经营好坏的标志，又是公司经济效益的最后表现。

业务经营管理是对保险公司经营活动中的展业、承保、防灾、理赔、资金运用等环节的管理。

劳动人事管理包括劳动管理和人事管理两个方面：（1）劳动管理，对职工定员、劳动组织和劳动计划的管理，通过合理组织劳动，充分发挥劳动者的能力，从而达到提高劳动效率的目的；（2）人事管理，调整人与其所从事的工作之间的关系，以提高职工队伍素质为中心，把对职工的招收、分配、教育、培训、考核、使用、奖惩、调动、劳动工资和劳动保护等方面有机地、系统地结合在一起。

（三）本书对保险经营管理的界定

1. 保险经营和保险管理的区别与联系。通过上文对于保险经营和保险管理概念和内涵的阐述，二者既存在不同之处，也存在着紧密的内在联系。

（1）二者的区别

①从事活动所指向的对象不同。保险经营的对象是各类保险业务本身；保险管理的对象更偏向于各类业务发展的具体计划和方案。

②从事活动的具体手段不同。保险经营目标的实现主要是依靠管理者、普通员工、相关人员的人力资本投入以及相关的物力、财力等资源的投入来实现的；保险管理目标主要是依靠保险法律法规、行业自律、公司内部管理制度来实现的。

③功能不同。保险经营的功能是实现和开展各项保险业务，包括展业、承保、理赔、资金运用等；保险管理的功能则是计划、组织、指挥、监督和协调。

④受影响因素不同。"保险经营"的影响因素更具体化一些，受经济社会发展环境、同业竞争、股东价值、资源禀赋以及国际环境的影响，所以会具有较为明显的时代特征；而"保险管理"的影响因素更一般化一些，更多的偏向于"方法论"，一般不随具体的时代特征变化发生改变。

总体上来说，"保险经营"是将保险公司视为一个独立的个体，探讨的是这个个体价值的实现，比如公司的资产规模、客户的多少、市场份额、利润、社会认可度，等等。个体价值的实现需要采取和作出具体的经营决策。例如，以经营模式为例，当前我国保险公司经营模式可划分为：保险集团经营、金融控股公司、单一经营（专门做产险或者寿险）、专业经营（农业保险、健康险、养老险公司）。此外，上述的"保险微观管理"就是在这个"具体的经营决策"目标确定后，如何组织、领导、控制保险公司这个"个体"内部各职能部门、各条线的具体工作。

（2）二者的联系

①保险管理为保险经营服务，二者紧密结合。在保险公司确定自身的经营决策后，

需要保险管理①随之跟上，以保证经营决策的实施和目标的实现。例如保险公司根据自身情况和市场情况，作出产品结构调整、扩大保障型产品的业务比重等内容的决策后，就需要重新制订或修改计划，确定新的人员安排、渠道建设、资源协调等工作，采取适合的组织、指挥、协调的管理方式。

②保险管理也影响和制约着保险经营。如上，公司经营决策确定后，会影响和制约管理方式的选择。另外，保险管理方式对于保险经营具有一定的反作用，先进、适合的保险管理措施、方法会在很大程度上提高和改善保险经营能力，促使保险经营决策目标的实现；而管理能力的落后和管理制度的不完善则会极大地制约保险经营决策的能力和水平，并最终影响公司的健康、持续发展。

2. 本书对于保险经营管理的界定。基于上文的阐述，本书在安排及阐述保险经营管理内容时，不强调或不区分某一部分内容是否属于保险经营或是保险管理范畴，而是从保险公司微观角度出发，在内容上是以保险经营范畴为主，结合保险微观管理内容来阐述保险公司经营管理的基本理论、基本内容和基本方法等。

就概念而言，保险经营管理是指保险经营主体在综合考虑经济社会发展、同业竞争等环境的情况下，结合自身的战略选择确定保险业务经营决策（包括总体经营模式、具体展业、承保、理赔、资金运用业务），并在此基础上，为实现保险经营过程的合理化和取得最佳经济效益，对其各个环节进行计划、组织、指挥和协调活动的总称。

二、保险公司经营管理的目标和原则

（一）保险经营管理目标的含义及意义

1. 保险经营管理目标的含义。所谓保险经营管理目标，是指在一定时期内，保险经营管理主体通过多种经营管理活动所要实现的预期结果，该预期结果呈现出多元化的特征。因此保险经营管理目标，可以从不同的角度，按照不同的标准，区分为不同的种类。

（1）按照保险公司相关利益方的诉求划分。从不同利益相关方的角度出发，可以将保险经营管理目标划分为企业利益目标、社会利益目标、个人利益目标。

企业利益目标，主要是从企业所有者（一般是股东）的角度出发来确定，直接表现为保险公司的保费收入、市场份额、利润总额、利润率等经济财务指标。企业利益的实现关系到保险公司的生存和发展，是保险公司经营管理活动的直接内在动力。企业利益目标的具体确定和选择与不同保险公司自身的定位、使命、战略等因素有关。

社会利益目标，是根据保险业在国民经济中的地位和作用，为实现国民经济发展战略目标所制定的、具有良好社会效果的经营目标。即保险公司在实现自身利益目标的同时，要兼顾社会利益目标的实现。由于保险公司产品和服务的特殊性，其在经营过程中具有明显的正外部性，其社会利益目标表现在多个方面：一是通过向社会提供优质的保险产品和服务，分散和分摊各类风险，保障人民生活和企业生产的顺利进行；二是利用自身在风险管理方面的技术优势，指导和组织企业和个人的风险管理行为，提高社会的

---

① 这里所说的保险管理指的是保险微观管理。

风险管理意识；三是利用保险公司（主要是寿险公司）的资金运用能力，支持国家基础设施建设、促进金融市场的有序健康发展、推动产业结构调整和经济增长方式转变；四是积极开拓新险种，支持新技术的应用和推广，支持国家政策的实施和调整，促进国际经济交往的发展。

个人利益目标，指的是保险公司员工及其相关人员[①]在经营管理过程中追求的物质利益目标和自我价值实现目标。个人物质利益的追求源于劳动力再生产的需要，是从事保险经营管理活动的内在动力，即"物质利益驱动"。个人物质利益主要表现为工资、奖金、股权、福利等员工薪酬方面，根据不同的工作岗位、贡献程度等确定具体的薪酬额度和薪酬结构。自我价值实现是保险公司员工及其相关人员追求自身发展的更高层次的需求，按照马斯洛的需求层次理论，个人物质利益归属于生理上和安全上的需要，在基本需要满足之后，人们的需求转向情感、归属、尊重的需要，直到最高的自我实现需要。需要明确的是，虽然对人们的需要进行了分层处理，而且确实不同需要间存在着一定的递进关系，但是这些需要是并存的，并不是绝对化的"进阶式"，只是在不同的阶段以哪一个或者几个需要为主。比较而言，保险公司高级管理人员自我实现需要的强烈感要高于一般员工，高层次需要的满足要求保险公司企业文化及其相关制度的建设和完善，这样才能充分调动保险员工及相关人员的主观能动性，进而实现保险公司的企业利益目标以及社会利益目标。

（2）按照经营管理目标的时间划分。可以把保险公司经营管理目标划分为长期目标、中期目标、短期目标，一般情况下，保险公司首先要确定自己的长期目标，然后逐步分解出中期目标和短期目标。

长期目标是保险公司从战略发展的高度确定的公司未来发展的总体规划，是经营管理总目标的粗线条蓝图。一般是指 5～10 年或者更长时间的远景规划目标，不同行业的时间判定标准不一，并没有严格的理论界定，保险行业大多要打造"百年老店"，因此其长期目标的规划时间较一般企业会更长一些。

中期目标一般指 3～5 年的保险公司经营管理规划，是长期目标的分解和具体化。保险公司的中期目标大多涉及市场地位、市场份额排名、分支机构布局、集团化建设等方面。目前我国保险行业整体上制定了与国民经济规划一致的中期规划，当前正在实施的就是"保险行业'十三五'规划"。

短期目标一般是指在 1 年以内的经营管理目标，可以进一步划分为年度、季度、月度目标，是中期目标的进一步分解和具体化，具有更强的可操作性，大多归结为具体的财务指标：原保险保费收入、新单业务保费收入、标准保费收入、承保利润、投资收益、资产总额等指标以及各类指标的增长率。

（3）从财务管理的角度划分。保险经营管理目标可以划分为偿付能力目标、盈利目标、企业价值目标。

偿付能力目标。偿付能力是保证保险公司资金运转和融通能力的核心目标，偿付能

---

① 这里所说的相关人员主要指的是个人保险代理人，在我国又称为"保险营销员"，以寿险营销员为主。

力风险是保险公司面临最大的影响财务稳定性的风险，只要偿付能力达标，就意味着保险公司有足够的资产和资本用于保险公司当期和长期的保险金赔偿和给付，保证偿付能力成为了保险公司经营管理最基本的目标之一。偿付能力监管是保险监管的核心内容，发达保险市场的保险监管大多以偿付能力监管为主，我国也正在向偿付能力监管为主的监管体系迈进。从国际视角来看，偿付能力监管体系基本划分为北美的风险资本监管体系（RBC）和欧盟保险偿付能力监管体系（目前是 Solvency II），我国在学习和借鉴以上两大保险偿付能力监管体系的基础上，结合自身行业特征，制定了中国的保险偿付能力监管体系（C–ROSS），并于 2016 年 1 月 1 日正式实施。有关偿付能力管理的具体内容见本书的第十章。

盈利目标。一般来说，企业经营的最终目的都是盈利，盈利目标的实现表明保险公司在承保、投资环节的成功，是其他目标实现的最终表现。对于保险公司而言，盈利自然是保险公司追求的目标，是保险公司经营的出发点和归宿点。但是由于保险公司经营的特殊性，特别是寿险公司，其盈利周期一般较长，大约有 8～10 年的时间，所以不能在短期内简单地以利润目标来考核公司经营状况，而是看多个经营指标来分析或评价保险公司所取得的财务价值。

企业价值目标。企业价值的概念有两个层次：企业整体价值，未来收益的资本化；企业具体的价值活动，企业价值增值活动。其特点主要有三个：价值管理是一种管理控制的系统方法，它的核心是价值创造，实现股东财富最大化；价值管理实现的价值不是会计的账面价值，而是一种经济价值；股东长期价值创造。

其中对于保险公司来说，主要表现为内含价值目标。内含价值（Embedded Value）是保险公司价值评估中引用"经济价值"的概念，并将其按保险业特点改进，所形成的具有保险行业特征的公司价值概念，广泛应用于国外寿险公司价值评估的各项经营活动中。"经济价值"（Economy Value）是相对于"账面价值"（Book Value）、"市场价值"（Market Value）而产生的价值概念，它与未来现金流预期密切相关，其计算建立在未来现金流量模式和相关的风险折现率的基础上。内含价值在本质上延续了经济价值的理念，在计算中引入了精算假设，成为一种以精算技术为基础的公司价值概念。

按照内含价值为主的企业价值管理体系，企业价值构成如下：

公司价值 = 内含价值 + 新业务价值

内含价值 = 净资产价值 + 有效业务价值

有关保险公司价值管理方面的更多内容，见本书的第十三章。

（4）其他分类。保险经营管理目标，还可以按照目标的重要程度，划分为主要目标和次要目标，主导目标和从属目标，战略目标和战术目标。如果按照管理目标的内容来划分，又可把管理目标区分为经济管理目标、社会管理目标、政治管理目标和技术管理目标等。不同的管理目标区分方法，具有不同的意义。

2. 设定保险经营管理目标的意义

（1）有利于具体决策的制定和实施。保险经营管理目标有利于提高保险经营决策的科学化程度。对保险经营管理目标的选择是保险经营管理活动的事先行为。经营管理目标的确立过程，是一个预测和决策的过程。为了选择和确立保险经营管理目标，保险经营管理主体必须进行大量的调查、预测和分析，最后进行决策。保险经营管理主体通过保险经营管理目标的预测和决策过程，对所要管理的客体有了全面、系统的了解和掌握，从而使保险经营管理活动更容易接近客观实际，更有利于取得预期管理成果。

同时，保险经营管理目标使保险经营管理的主体对自身所从事的保险经营管理活动有一个明确的目的和所要达到的标准，并且依据这种目的和标准来指导自身的管理工作，使保险经营管理工作成为人们有计划、有目的的自觉活动，即做到"有的放矢"，以求"事半功倍"。

（2）有利于保险经营管理方式和方法的选择。保险经营管理目标是在一定时期内保险经营管理所要实现的目的，而管理目的和管理方式、方法具有内在的一致性。一定的经营管理目标决定着一定的管理方式和方法。保险经营管理目标的确立，有利于保险经营管理方式、方法的选择。

（3）有利于发挥和调动各方面的积极性和主动性。确定企业经营管理目标是保证保险公司上下合力，调动一切积极因素，努力实现各项经营计划的关键。如果没有明确的经营管理目标，广大保险公司员工只能被动地听从管理层的号令和指挥，而不能主动地参与管理。如果有了明确的经营管理目标，他们就可以按照经营管理目标的要求，积极地为实现目标而工作，使保险经营管理主体和客体都能够发挥积极性和主观能动性，从而更有利于目标的实现。

（二）保险经营管理的原则

保险经营除贯彻一般商品经营原则，如经济核算原则、随行就市原则、薄利多销原则外，主要是遵循符合保险发展特征的经营原则，包括风险大量原则、风险选择原则、风险分散原则、合规原则。对于一般经营原则本书不再阐述，在此重点阐述属于保险经营的特殊原则。

1. 风险大量原则。风险大量原则是指保险人在可保风险的范围内，应根据自己的承保能力，争取承保尽可能多的风险。风险大量原则是保险经营的首要原则。坚持风险大量原则的原因是：保险的经营过程实际上就是风险管理过程，承保尽可能多的风险和标的，才能建立起雄厚的保险基金，以保证保险经济补偿职能的履行；保险经营是以大数法则为基础的，只有承保大量的风险和标的，才能使风险发生的实际情况更接近预先计算的风险损失概率，以确保保险经营的稳定性；扩大承保数量是保险企业提高经济效益的重要途径。

遵守风险大量原则，保险人应积极组合拓展保险业务队伍，在维持和巩固原有业务的同时，不断发展新客户，扩大承保数量，拓宽承保领域，实现保险业务的规模经营。

2. 风险选择原则。风险选择原则是指保险人不仅需要承保大量的可保风险和标的，还需对所承保的风险加以主动的选择，使集中于保险保障之下的风险单位不断趋于质均划一，通过承保质量的提高，保证保险经营的稳定性。具体实施方式如下：（1）尽量选择同质风险，实现风险的平均分散；（2）淘汰超过可保风险条件或范围的保险标的。

风险选择可以划分为：（1）事先风险选择。事先风险选择是指保险人在承保前考虑并决定是否接受承保。包括对人的选择和对物的选择。（2）事后风险选择。事后风险选择是指保险人在承保后发现被保险人或保险标的物的风险超过核保标准，而对保险合同作出淘汰性选择。包括保险合同期满后不续保、按保险合同规定事项予以注销合同，以及若发现被保险人有明显误告或欺诈行为，终止承保、解除合同三种淘汰性方式。

3. 风险分散原则。风险分散是指由多个保险人或被保险人共同分担某一风险责任。包括：

（1）核保时的风险分散。核保时的风险分散主要表现在对风险的控制。即保险人对将承保的风险适当加以控制，目的是减少被保险人对保险的依赖性，同时防止因保险而可能产生的道德风险。主要方法是控制保险金额（保险人在核保时对保险标的要合理划分危险单位，按照每个危险单位的最大可能损失确定保险金额）；规定免赔额（率）（对一些保险风险造成的损失规定一个额度或比率，由被保险人自负，保险人对该额度或比率内的损失不负责赔偿）；实行比例承保（保险人按照保险标的实际金额的一定比例确定承保金额，而不是全额承保）。

（2）承保后的风险分散。承保后的风险分散以再保险和共同保险为主要手段。保险人以再保险和共同保险等手段，使风险在空间上得以分散，同时又以提存各种准备金制度，使风险在时间上得以分散。

4. 合规原则。合规原则主要指的是保险公司在经营管理的整个过程中，要严格按照保险法、合同法等相关法律以及保监会等相关国家职能部门的规定来开展具体的业务工作。其中主要是遵循保险法及保监会的相关规定。合规原则涉及保险公司经营管理的各个环节，并贯彻保险公司经营的整个流程，比如产品开发、承保、理赔、资金运用等经营环节。合规原则在保险公司经营中起到了较为重要的作用，它在很大程度上保证了保险公司运营的顺畅性，有效地降低了相关矛盾和纠纷的产生，防范经营中的法律风险。

三、保险经营管理的特殊性

（一）保险经营管理基础的特殊性——数理基础

1. 概率论

（1）概率的定义。概率论与数理统计都是研究随机现象量的规律性的数学理论，是近代数学的重要组成部分。保险所经营的风险是一种极不确定的随机事件，对这种事件规律性的认识，必须借助于概率论和数理统计知识。

人们通常这样给概率下定义：

第一，某一实验进行 N 次，在 N 次重复实验中得到某种事件的结果，当实验次数趋于无穷大时，发生某种事件的次数 m 与全部实验次数 N 的比例的极限，就是该事件发生的概率，记作：

$$P(A) = \lim_{N \to \infty} \frac{m}{N}$$

第二，如果一个实验只能产生 N 个均等的相似事件且全部相似事件记作 N。记录到的事件为 M，则这个所需记录事件的概率就是 M/N。

概率值恒为正值，而且同类事件的所有不同结果的概率之和为 1，即 $\sum P_i = 1$，这一含义告诉我们，在较长时期内，风险的发生是一种必然现象。

（2）几个常用的概率分布。保险经营不仅运用概率的基本概念及其几个法则，更重要的是运用概率分布的原理和方法来进行损失率的测算。概率分布是指同类事件的一系列不同结果的概率值。它分为离散型随机变量的概率分布和连续型随机变量的概率分布。

①离散型随机变量的概率分布。离散型随机变量 X 只可能取有限个或彼此间断的一系列值，与之相对应的概率分布就是离散型随机变量的概率分布。常用的有：

A. 二项分布。如果随机变量 X 的分布为

$$p\{X = k\} = C_n^k p^k (1-p)^{n-k}，式中，(k = 0,1,2,\cdots,n),(0 < p < 1)$$

则称 X 服从二项分布。$q = 1-p$，其数学期望为 np，方差为 npq。

B. 泊松分布。如果随机变量 X 的概率分布为

$$p\{X = k\} = \frac{\lambda^k}{k!}e^{-\lambda}，式中，(k = 0,1,2,\cdots,n),(\lambda > 0)$$

则称该分布为泊松分布，泊松分布的期望和方差均为 λ。当二项分布的 n 很大而 p 很小时，泊松分布可作为二项分布的近似，其中 λ 为 np。通常当 $n \geq 10$，$p \leq 0.1$ 时，就可以用泊松公式近似计算。

②连续型随机变量的概率分布。在大多数情况下，风险等随机变量可以取无限多的值，对此，求出每一值所对应的概率是相当困难而且毫无意义。而直接考察随机变量在某一取值区域发生的概率却更有利用价值。为此，我们把可以取无限多值的随机变量叫作连续型随机变量，如保险经营中的某险种风险损失额等，用数学语言来表达，就是：

对于随机变量 X，如果存在非负可积函数 $p(x)$（$-\infty < x < +\infty$），使对任意 a，b（$a < b$），都有

$$p\{a < X < b\} = \int_a^b p(x)\mathrm{d}_x$$

则称 X 为连续型随机变量。

在连续型随机变量的概率分布中，正态分布运用得最为广泛。在保险企业经营管理中，它是进行风险损失估计和费率、财政稳定性、偿付能力测算的重要工具。正态分布可以表述为

如果连续型随机变量 X 的概率密度为

$$p(x) = \frac{1}{\sqrt{2\pi}\sigma}\exp\left(-\frac{(x-\mu)^2}{2\sigma^2}\right)$$

式中，σ、μ 为常数，且 $\sigma > 0$，则这个随机变量就称为正态随机变量，正态随机变量服从的分布就称为正态分布，记作 $X \sim N(\mu, \sigma^2)$。当 $\mu = 0$，$\sigma = 1$ 时，正态分布就称为标准正态分布，记作 $X \sim N(0, 1)$。

正态分布曲线呈对称倒扣钟形，其均值总是处于曲线的顶点，且曲线相对于直线 $X = \mu$ 对称。在 $X = \mu \pm \sigma$ 处有拐点；当 $X \to \pm \infty$ 时，曲线以 x 轴为其渐近线。σ 描述正态分布资料数据分布的离散程度，σ 越大，数据分布越分散，σ 越小，数据分布越集中。

也称为正态分布的形状参数，σ 越大，曲线越扁平；反之，σ 越小，曲线越瘦高。

2. 数理统计的三个法则。数理统计是通过观察随机现象出现的概率，而研究现象本身规律性的应用数学。保险经营管理就是建立在数理统计这个学科的三个法则基础上的。

（1）大数法则。大数法则也称大数定律（Law of Large Numbers），是一种描述当试验次数很大时所呈现的概率性质的定律。大数定律并不是经验规律，而是在一些附加条件上经严格证明了的定理，它是一种自然规律，因而通常不叫定理，而是"大数定律"。而我们说的大数定律通常是经数学家证明并以数学家名字命名的大数定律，如伯努利大数定律。伯努利是第一个研究这一问题的数学家，他于 1713 年首先提出被后人称为"大数定律"的极限定理。后来泊松、切比雪夫、马尔科夫、格涅坚科等众多的数学家在这一领域都有重大成就。

其中具有一般性的切比雪夫大数定律用数学语言表述就是：

设 x_1，x_2，x_3，$\cdots$，x_n 是独立的随机变量，且 $E(x_k)$，$D(x_k)$ 存在，则对任何 $\varepsilon > 0$，有

$$\lim_{n \to \infty} p\left\{ \left| \frac{1}{n}\sum_{k=1}^{n} x_k - \frac{1}{n}\sum_{k=1}^{n} Ex_k \right| < \varepsilon \right\} = 1$$

将该公式应用于抽样调查，就会有如下结论：随着样本容量 n 的增加，样本平均数将接近于总体平均数。从而为统计推断中依据样本平均数估计总体平均数提供了理论依据。对于保险经营者来说，当所观察的风险单位数充分大时，就容易以较大的把握预测在以后各年中发生损失的总水平。因此，它是保险经营的数理基础。

（2）样本均值分布服从样本分布规律。假如从一个均值为 μ、方差为 σ^2 的总体中，随机地选取一个容量为 N 的样本，则这些样本均值分布的平均数 x 为 μ，方差为 σ^2/N。说明当样本容量 N 无限增加时，样本均值分布的标准差将趋近于零。在保险经营中，只要观察的风险次数足够多，样本损失水平就无限接近于总体损失水平，据此测算损失率，就具有很大的准确性，从而保证经营的稳定性。

（3）中心极限定理。中心极限定理是概率论中讨论随机变量序列部分和分布渐近于正态分布的一类定理。这组定理是数理统计学和误差分析的理论基础，指出了大量随机变量积累分布函数逐点收敛到正态分布的积累分布函数的条件。比较著名的有：辛钦中心极限定理、德莫佛—拉普拉斯中心极限定理、李亚普洛夫中心极限定理、林德贝尔格定理。下面以辛钦中心极限定理为例进行说明：

设随机变量 x_1，$x_2 \cdots$，x_n 相互独立，服从同一分布且有有限的数学期望 μ 和方差 σ^2，则随机变量 $\bar{x} = \frac{\sum x_i}{n}$，在 n 无限增大时，服从参数为 μ 和 σ^2/n 的正态分布，即 $n \to \infty$ 时，$\bar{x} \sim N\left(\mu, \frac{\sigma^2}{n}\right)$。

将该定理应用到抽样调查，就有这样一个结论：如果抽样总体的数学期望 μ 和方差 σ^2 是有限的，无论总体服从什么分布，从中抽取容量为 n 的样本时，只要 n 足够大，其

样本平均数的分布就趋于数学期望为 μ、方差为 σ^2/n 的正态分布。这个定理告诉我们，如果每一项风险事件对总风险和的影响是均等的、微小的，那么就可以断定这些大量独立的风险事件的总体风险是近似地服从正态分布的。

（二）保险产品的特殊性

1. 保险产品是一种无形商品。《中华人民共和国保险法》（以下简称《保险法》，2009 年修订）第二条规定：本法所称保险，是指投保人根据合同约定，向保险人支付保险费，保险人对于合同约定的可能发生的事故因其发生所造成的财产损失承担赔偿保险金责任，或者当被保险人死亡、伤残、疾病或者达到合同约定的年龄、期限等条件时承担给付保险金责任的商业保险行为。

从法律上对于保险的定义上可以看出，保险产品主要以保险合同的形式来体现，从形态上来看，保险合同是一张纸；从性质上来看，它是一份法律合同，确定了双方当事人的权利和义务；从合同内容上来看，它提供的是一份风险保障及附加的理财投资[1]，合同内容的实现有赖于保险法律法规以及保险监管部门对于保险合同执行的规定和监督管理。所以可以基本上确定保险产品是一种无形商品，提供的是以保险合同为载体的风险保障及附加理财投资服务。

从保险产品的无形商品特征可以推出：一是保险公司出售的是一种信用，保险单是信用的凭证，诚信是保险公司的生命线；二是保险产品主要是提供保单载明的相应服务，服务是保险公司的核心业务。保险公司的承保服务让客户认识保险，保险公司的理赔服务让客户感受到保险的价值[2]，可以说，保险公司的服务构成了客户对保险的整体认知和评价，所以提高保险公司服务能力和质量至关重要。

2. 对于保险产品的需求是潜在的。对于个体而言，保险风险是偶然性的，客户购买保险后，并不一定发生保险责任内的风险，也就不会有理赔。正是这种个体风险的不确定性或者说潜在性导致了保险产品需求的潜在性，于是在保险意识普遍不是很高的中国社会中，便出现了这样的认知："买保险，不出险就是亏了。"这显然会在极大程度上影响保险需求的显性化。

从保险产品需求的潜在性可以推出：一是在没有风险经历或者较高保险认知的情况下，消费者不会主动购买保险，也就是说人们的风险意识是需要激发和引导的，即"保险是需要推销的"。二是风险发生的不确定性，消费者选择购买保险的过程中，会出现"逆向选择"甚至"道德风险"，需要采取相应的制度安排或者措施来避免或者降低这两类风险。

3. 保险产品的信息不对称。从合同特征的角度，大多将保险合同确定为"附和性合同"[3]，附和性合同指的是该合同的条款设计和拟定是由单方决定的，合同的另一方只能

---

[1] 在这里加入理财投资的内容，主要是因为有不少人身保险产品具有理财投资功能，如分红险、万能险、投连险类理财投资类险种占比较高，全行业基本占 70% 以上的保费贡献。

[2] 万峰：《寿险公司经营管理之道》，北京，中国金融出版社，2011。

[3] 主要是团体保险和大额个人保单可以和保险公司协商具体的条款，并进行相应的调整和修改。所以用"大多"来表达。

作出同意与否的决定。这就明确地指出了保险产品信息不对称的一个方面：保险公司掌握了产品定价和条款制定方面信息，该信息并没有完全地披露和传达给保险消费者。在我国当前普遍保险意识以及保险认知能力较差的情形下，表现得尤为明显。

保险产品另一方面的信息不对称主要表现为投保人在填写投保单时，在一定程度上会隐瞒部分个人或保险标的信息，严重的话会构成"道德风险"和"逆向选择"。保险公司通过最大诚信原则、免配额、共担比例、理赔控制等手段来应对此类信息不对称，但是由于投保数量巨大、风险分类成本递增等因素，并不能完全规避此类信息不对称。

（三）保险经营环节的特殊性

对于大多数实体企业而言，都是先购买原材料，确定成本，然后是生产过程，产品生产后，结合成本和市场供求关系及竞争程度确定价格，最后通过自身的销售网络或者中介渠道进行产品销售。销售实现即宣告整个生产经营流程的结束，即可核算公司利润。

而对于保险公司而言，经营环节可以确定为：产品开发→展业→承保→理赔。该流程中还伴随着资金运用环节，资金运用并不明确地体现在某一具体业务经营环节中，属于和保险业务经营并行的投资业务。资金运用在保险经营中占有重要地位。保险费收取与保险金赔付之间往往在时间上相隔比较久[①]，保险公司就必须重视保险投资，以避免保险基金的闲置，并通过保值、增值来增强保险公司的偿付能力，增强保险公司的竞争能力。

保险公司经营环节中的"产品开发"具有明显的特殊性，并不产生实际的业务成本，是按照精算方法对损失发生率、预期收益率、费用率等因素进行假设，由此确定可能的产品成本，再结合市场供求关系和竞争程度确定保险产品价格。通过精算方法确定的保险成本属于"或有的"或者存在"不确定性"。从以上"产品开发"的特殊性出发，就可以判断出："展业"（即保险产品的销售）只是保险公司实际经营的开始，通过"展业"和"承保"环节，对投保人进行筛选和风险控制，尽可能地使保险产品承保的风险状况和"产品开发"环节的精算假设一致，实现承保利润。但是在保险实际经营过程中，面临着全球以及国内社会、经济环境及相关政策的变化，特别是承保风险、资本市场、中介市场的变化以及公司战略选择和内部控制等方面的调整，这些都会影响保险业务的实际运行状况。"理赔"环节是对于保险业务实际成本的最后控制环节，但是在正常情况下，理赔控制主要是针对道德风险的，对于实际运行结果不应该产生重大影响。

简而言之，保险公司经营环节的特殊性是"先取得销售收入，然后是成本的支出，而且该成本支出存在很大的不确定性"。

（四）利润获得的特殊性

保险公司不同于一般商品，销售完毕基本可以核算公司盈利情况，成本大致是确定的。而保险公司（特别是寿险公司）销售只是公司经营的开始，保单存续期间风险变动、金融市场利率变动、保险市场竞争状况变动等都会直接关系到盈利水平。

---

① 这里的长期性主要指的是寿险公司，财险公司的间隔时间较短，大多在 1 年以内，但依然存在资金运用的要求和压力。

当前保险公司产品定价主要有三个精算假设：损失发生率（寿险里面是死亡率）、费用率、预期收益率。[①] 然后在这三个基本假设的基础上，附加一些选择权，并按照特定的精算模型来确定各类保险产品的价格。但是实际运行中，存在诸多的影响因素，导致实际运行情况和精算假设的不一致，不一致会带来两方面的效应：有可能是有利的，比如实际损失发生率小于定价时的损失发生率，实际赔付率较低，提高了承保利润；有可能是不利的，比如实际预期收益率低于定价时采用的预期收益率，相当于定价偏低，降低了承保利润。

专栏 1 –1
20 世纪 90 年代我国寿险公司的巨额 "利差损" 事件

1996 年以前，我国经历了持续多年的高通货膨胀阶段，最高的通货膨胀率在 1994 年达到了 21.7%，为了抑制经济过热，我国银行存款利率持续保持在高位运行，从 1985 年到 1996 年，一年期存款利率最低也有 7.2%，最高达到了 11.34%。

该时期处于我国恢复国内保险业后的快速发展阶段，保险公司大多将"抢市场、争份额"当作这一时期的主要经营思想和战略目标。再加上在这期间，绝大部分公司的经营管理者是从产险"分业"到寿险的，整个行业缺少大批专业技术人员和掌握寿险经营管理内在规律的经营管理者，特别是精算人员的缺乏，因而在实际经营中，并不能充分地认识到寿险经营的长期性特征，以及由长期性带来的预定利率确定的重要性。所以各家公司都竞相以高预定利率推出自己的产品，当时的预定利率普遍在 8% 左右。

但是从 1996 年 5 月开始，中央银行连续 8 次降息，一年期存款利率从 10.98% 下降至 2002 年的 1.98%。由于当时保险业的资金运用渠道相对有限，大多数保险公司的资产都集中在银行存款。一旦银行存款利率下调到低于寿险产品设计的预定利率水平，必然造成寿险整个资金运用的失败，则不可避免地要出现利差损。由此，我国寿险行业产生了巨额的利差损，经过很多年才将此次"利差损"带来的影响消除。

经过此次深刻的教训后，我国多年来一直严格控制寿险产品的预定利率，长期维持在 2.5%。2013 年首次放开了普通寿险的预定利率，调整为 3.5%，随后，2015 年保监会放开了万能型人身保险的最低保证利率，取消万能险不超过 2.5% 的最低保证利率限制。随后，市场上出现了预定利率接近 7% 的万能险。万能险迅猛发展，2016 年 1—11 月，以万能险为主的保户投资款新增 1.12 万亿元，占原保费收入比重为 54.4%。由此带来的新型"利差损"风险需要加以警惕。

第二节　保险经营管理的影响因素

保险公司在经营管理过程中，面临着复杂多变的经济和社会发展环境，受到诸多因

---

① 由于财产保险的短期性，采用了与寿险公司完全不同的精算方法，而且由于可使用资金的短期性，对预期收益率的影响较少。

素的影响。本节主要就我国保险公司经营管理而言，从政策影响因素、外部环境影响因素、同业发展状况、自身战略选择四个方面来具体阐述影响保险经营管理的因素。

一、政策影响因素

（一）国家及相关职能部门的保险产业发展政策

保险业作为金融行业的重要组成部分，其在提供风险保障、促进资金融通以及提高社会管理水平方面对于国家经济发展具有至关重要的作用，属于一国重要产业。其自然就会受到国家及相关职能部门产业政策的影响，这些产业政策确定了保险行业大的政策发展空间，确定了保险行业在该国产业布局中的地位，以及在产业结构调整中的方向。

随着我国保险行业的快速发展以及其对于国家经济社会发展作用的凸显，国家层面对于保险行业的重视程度不断提升，通过相关产业及财税政策①，引导和促进保险行业的发展。

（二）保险监管政策

由于保险行业存在信息不对称、外部性、规模经济、公共物品等市场特征，对于保险行业的监管成为必然。从广义上来说，保险监管体系由法律法规、保险监管机构、保险行业自律组织、保险行业信用评级机构以及保险消费者监督组成。监管体系组成的各个方面都会影响保险公司的经营管理。从狭义上来说，保险监管主要指的是保险监管机构对于保险公司成立、市场行为、偿付能力和公司治理结构方面的监管。通过现场和非现场监管方式来实现具体的监管举措。在大多数市场机制不是十分健全的发展中国家，主要是狭义的保险监管体系在发挥作用。保险监管部门通过其具体的监管政策来引导和规范保险公司的各项保险经营管理行为，监管部门的政策取向也成为保险公司战略选择的重要依据。特别是对于处于发展中的保险市场而言，监管部门的监管目标除了维护市场秩序和保护消费者权益外，大多还都肩负着促进本国保险业发展的重任。所以在这些国家，监管部门的政策取向对于保险公司经营管理尤为重要。

专栏 1-2

新常态下我国保险监管面临的挑战 ∎∎∎

当前我国积极进行产业结构调整优化，转变经济增长方式，为适应经济新常态，政府管理体制和机制进行了广泛、深入的改革，政府简政放权，减少对市场的直接干预，强调市场在资源配置中的决定作用，在这样的大背景下，保险监管也面临重大挑战，也就是说保险监管也必须"简政放权"，这就要考虑保险监管哪些方面放松监管，针对哪些市场简政放权，不能够简单地"一刀切"，需要充分考虑不同方面和不同市场的特殊性。

2016 年，《中国第二代偿付能力监管制度体系建设规划》（以下简称"偿二代"）经过了四年的建设，正式全面实施。"偿二代"在采纳国际通行的三支柱框架的同时，在风险分层理论、三支柱的逻辑关联、资产负债评估框架、寿险合同负债评估、风险管理要求与评估（SARMRA）、风险

---

① 政策包括国务院出台的"新国十条"、财政部对于农业保险的保费补贴以及对于个人健康险的税优政策等。

综合评级（IRR）、市场约束机制等多个方面，充分体现了中国新兴保险市场的特征，具有中国的原创性贡献。"偿二代"的正式实施，标志着我国保险监管迈向了以偿付能力监管为主的阶段，会逐步地降低市场行为监管的比重，减少对于保险市场的直接干预。一定程度上来讲，"偿二代"的实施也可以视为"放松监管"的信号。

二、外部环境影响因素

（一）宏观经济环境

保险业属于宏观经济的重要组成部分，宏观经济的发展状况对于保险市场的发展以及保险公司的经营管理具有显著的影响。宏观经济环境的变化会直接影响到保险市场需求的变动，进一步带来保险经营管理战略和策略的调整，进而适应需求的变动或者引导以及创造新的需求。宏观经济对于保险业的影响主要体现在：保险业的顺周期特征，指的是保险业随着经济状况的变好或者变坏，保险业的发展也呈现相应的状态。一般将保险业自身的周期性[1]纳入宏观经济发展状况和经济发展周期中进行分析，保险数量和GDP基本为顺周期波动。对于保险业的顺周期特征，监管机构要加强对保险业的逆周期性监管，保险公司也应做好应对逆周期监管的对策，如：加强对保险业承保业务、准备金计提规则、公允价值会计准则等的逆周期监管，以保持保险业的平稳发展，降低顺周期性带来的风险。[2]

2007年国际金融危机爆发后，全球经济进入了衰退期或者叫做缓慢复苏期，我国经济也同样面临着较大的下行压力，GDP增速自2008年开始，基本告别了10%以上的高增长速度，特别是从2012年开始，进入了7%的增速时代，2015年GDP增速破7%，为6.9%，再次表明我国国民经济发展面临的巨大下行压力。习近平主席在2014年5月提出了我国经济发展处于新常态的阶段，为GDP增速指标解压，强调产业结构调整的重要性，肯定了消费对于经济增长的长期稳定的拉动作用，从要素驱动和投资驱动向创新驱动转变。第三产业增加值占GDP的比重持续上升，凸显了产业结构调整的效果：从2008年的40.1%持续上升到2015年的50.5%，这对属于第三产业的保险行业而言是利好消息。我国人身保险市场受经济下行压力的影响，其保费增速开始下降：1998—2006年的平均增速为32.16%，2007—2015年人身保险市场原保险保费收入平均增速为17.36%，在一定程度上表明了我国保险业的顺周期特征。

（二）人口环境

人口环境对于保险业的影响主要指的是人口结构变动的影响，其中人口结构变动的核心就是老龄化问题。老年人口面临最大的风险就是养老和医疗问题，随着一国老龄化程度的加深，带来了养老产业的快速发展，对于养老和医疗保险的需求不断的提升。为应对人口结构的变化，保险业及保险公司需要作出相应的战略调整，加大对于养老和医

---

[1] 保险业自身的周期性特征在学术研究中大多被称为"承保周期"，目前的研究成果大多支持非寿险存在"承保周期"。

[2] 卓志等：《保险理论与案例分析》，第12～13页，成都，西南财经大学出版社，2014。

疗业务的资源投入。

我国已步入老龄化社会，且老龄化进程不断加快，同时伴随着高龄化、空巢化、失能化等明显特征。据预测，2050年前后，我国60周岁以上老年人口为4.37亿，将达到人口总数的31.2%。老龄化带来的社会人口结构变化、家庭单位规模缩小，使得传统的家庭风险分散功能弱化，而我国的社会保障体系现状难以应对人口老龄化所带来的压力，政府所能提供的医疗及养老保障有限，人们不得不更多地求助于市场化的商业保险手段。

专栏1-3
我国养老社区的发展 ∶∶∶∶∶∶∶∶∶∶∶∶∶∶∶∶∶∶∶∶∶∶∶∶∶∶∶∶∶∶∶∶∶∶∶∶∶∶

随着我国老龄化水平的不断提升，养老问题逐渐凸显。养老方式基本分为三类：居家养老、社区养老和机构养老，目前基本格局是以居家养老为主，社区养老和机构养老为辅。但是随着家庭保障功能的弱化，居家养老的比重会逐步降低；同时，当前机构养老普遍存在规模小、服务质量不高、监督不够等问题。为了满足老人居家的传统观念，在社区养老的基础上，我国保险业在借鉴美国和日本等国家养老社区建设及运营经验的基础上，实施了我国的养老社区建设。

我国养老社区的基本特征是：保险公司以养老用地的方式获得土地使用权；进行适老型的社区建设；养老社区入住资格大多与保险合同对接；养老社区房屋只租不卖；大多配备较为完善的医疗资源。可以说是将居家养老和社区养老的特征相结合，并体现了"医养一体化"运营策略。

当前我国开展养老社区建设的保险公司有泰康人寿、合众人寿、中国人寿、中国平安人寿等，其中做得最早也最有代表性的是"泰康之家"，主要针对的是高端人群，在一线城市布局，医养一体化程度也是最高的。"合众优年"主要针对的是中等收入群体，以二三线城市为主。国寿、平安采取的是跟随战略，利用自身雄厚的实力正快速在全国布局。需要注意的是：养老社区建设周期较长，回报期较长，属于重资产；专业性的护理人员短缺；存在靠土地升值获利的动机。

（三）城镇化发展水平

城镇化是指随着一个国家或地区社会生产力的发展、科学技术的进步以及产业结构的调整，其社会由以农业为主的传统乡村型社会向以工业（第二产业）和服务业（第三产业）等非农产业为主的现代城市型社会逐渐转变的历史过程。城镇化过程包括人口职业的转变、产业结构的转变、土地及地域空间的变化。2011年12月，中国社会蓝皮书发布，中国城镇人口占总人口的比重将首次超过50%，标志着中国城市化首次突破50%。

城镇化发展使得更多农村人口成为城镇常住居民，收入的增加、生活方式的转变造成家庭支持网络功能进一步被弱化，这些情况将会促使这部分人群舍弃原先所倚仗的土地、血缘保障模式，通过商业保险的风险分散方式实现对自我和家人的保障。此外，政府的城镇化发展战略着力于实现城乡公共服务与社会保障的均等化，在此过程中商业保险要成为社会保障体系的重要支柱，逐步发挥更大的作用，不再仅仅是社会保险的高层次补充，可以介入第一、第二支柱。当前在我国广大三四线城市、县域与农村地区，商业保险的发展存在覆盖率低、保险深度与密度不足等问题。综上所述，城镇化程度提升，商业保险的发展机遇和空间会更大，需要保险业及保险公司做好相应的战略及策略调整。

（四）社会保障发展水平

一国社会保障[①]发展水平的高低直接影响到保险业[②]介入社会保障体系的程度和介入方式。像英国、瑞典、挪威等实施"从摇篮到坟墓"社会保障体系的福利制国家，由于其社会保障体系覆盖面广、高水平的特征，基本上解决了民众面临的大多人身风险，自然不需要购买更多的商业人身保险；像中国这样的发展中国家，由于其社会保险基本上都秉承了"广覆盖、低水平"的构建原则，存在着较大的人身风险暴露，商业保险相对有着更大的作用和发展空间。

社会保障发展水平影响商业保险的发展，同时商业保险也在一定程度上推动和完善社会保障体系的发展。把握二者融合发展的方向至关重要：充分运用商业保险的运行机制、精算技术、投资渠道等，可以弥补传统社会保障体系的保障水平低、成本高的问题；借助社会保障的特点，商业保险可以扩大市场，提高民众的保险意识和保险认知，充分发挥自己在产品开发、运营中的优势。

（五）保险意识水平

保险意识，指的是一国民众对于保险的认知程度，及其购买保险的意愿。其核心应该就是对于风险的感知程度和对于保险的认知程度。首先是对于自身面临的人身和财产风险的感知，要意识到风险的存在，大多财产损失风险较为直观，只是在风险衡量上存在轻视和侥幸心理的问题。人身风险中的侥幸心理更为明显，所以人身保险需求的潜在性特征更明显。然后是在风险感知的基础上，选择风险管理方式，这就涉及对于保险的认知，保险认知能力取决于多种因素，包括民众的保险受教育程度、保险代理人的市场行为、保险公司声誉、保险产品的复杂程度等。其中保险代理人的市场行为尤为重要，如为了追求短期利益的"销售误导"行为降低了民众对于保险的认可度，从而出现"柠檬市场"现象。

长期以来，"销售误导"是影响我国保险认可度的主要因素，其背后因素诸多：保险公司的体制不健全，市场定位不明确，市场不完善，民众不够理性，行业发展时间短而不成熟，等等。随着我国保险市场的不断发展，从各个方面开始改革和规范各类市场主体的市场行为，保险业也加大了自身的宣传力度，随着互联网的发展，也提升了人们获得保险知识的便捷性。总之，保险意识是一国保险业健康快速发展的核心动力，我国民众的保险意识正在逐步的提升，任重道远。

三、同业发展状况

同业发展状况是保险公司经营管理直接面临的经营环境，对于保险公司经营管理的影响更为直接，也更重要。这是保险公司确定自身战略和策略的最重要的影响因素。

（一）金融行业发展状况

金融行业是指经营金融商品的特殊行业，它包括银行业、保险业、信托业、证券业

---

① 这里的社会保障是相对狭义的概念，主要指的是国家提供的社会保险，也包括第二支柱的"企业年金"。
② 这里的保险业主要指的是人身保险业。

和租赁业。按照监管部门设置来看，大多将金融行业划分为三大行业，即银行业、保险业、证券业。保险业作为金融行业的重要组成部分，自然受大的金融发展环境的影响。

一是整个金融业的发展布局状况。主要指的是金融行业中银行、保险、证券的结构占比。大多数国家的金融业结构都是银行业比重较大，证券业次之，保险行业相对较低的比重，或者说大多数国家都经历了这一阶段。各个国家处于金融业发展的不同阶段，保险行业的比重和地位各不相同，这就需要保险公司根据自身所处的大的金融发展环境和发展阶段来作出合适的经营战略和策略。

二是金融各行业间的融合度。主要指的是相互间的竞争和合作关系。同样，不同国家处于不同的发展阶段，比如，像美国这样的金融业高度发达的国家，已经实施了金融业的混业经营，其各金融行业间的融合度较高。中国目前依然实施的是分业经营，而且在保险行业内部也实施严格的"产寿险分业经营"，虽然也通过集团化以及产品创新的方式进行合作，但受制于监管政策的限制，目前依然是竞争大于合作，融合度相对较低。

（二）保险业发展状况

虽然金融业各行业间存在相互融合及竞争的情况，但是竞争并且影响最大的还是保险公司同业者，特别是在细分保险市场的状况下，竞争格局直接决定了保险公司具体的经营策略。

从保险公司经营管理的角度来看，表现保险业发展状况的核心因素就是市场的竞争程度。市场竞争状况是指在同一空间区域内，竞争对手的积聚程度和竞争状况。竞争程度存在多维度的评价指标，包括市场集中度、市场进入限制、产品差异、勒纳指数等，其中应用最广泛的是产业组织理论关于市场结构的衡量指标。[①] 这些指标最终要刻画的是市场结构，按照竞争程度的不同，将市场结构划分为完全垄断、寡头垄断、垄断竞争、完全竞争等。

保险公司的经营策略有：一是进入策略，即确定目标市场。这就需要对目标市场的市场结构进行衡量和判断，确定要不要进入该市场，采取什么样的进入方式。二是在位竞争策略。通过对所处市场的竞争情况进行衡量，判断自己处于什么样的市场位置，以及应采取什么样的策略。

四、自身战略选择

保险公司的战略选择，是在上述从宏观环境到中观行业再到微观的影响因素分析的基础上，结合公司自身能力和资源控制力，以及控股股东和实际控制人的偏好，来制定的保险公司核心业务和竞争力。可以看作是上述影响因素分析的最终产出，这个产出会直接影响具体的保险公司经营管理，可以说保险公司战略选择就是保险公司经营管理的"顶层设计"。

除了上文谈到的影响保险公司经营管理的各种因素外，还需要再强调公司决策者偏好对于战略选择的影响。其中，对于大多数保险公司而言，股东结构很重要，实际控制

---

① 产业组织理论关于市场结构的衡量又随着其学派的演进而调整。

人（集团）的风格和偏好也至关重要。

对于保险公司而言，战略选择大致包括：集团化和专业化、全国性和地方性、保障型和投资型等。其中集团化包括金融控股集团和保险集团，专业化包括专做保险、专做寿险或财险、专做健康险或者养老险；全国性和地方性主要指的是保险公司的经营区域；保障型指的是以保障类保险业务为主，投资型指的是以万能、投连、变额年金等投资类业务为主。当然，再按不同标准加以细分，还有诸多战略选择。

专栏 1 -4
"高现金价值" 产品为主的商业模式 ╷╷╷╷╷╷╷╷╷╷╷╷╷╷╷╷╷╷╷╷╷╷╷╷╷╷╷╷╷╷╷╷╷╷╷╷╷╷

长期以来，我国寿险公司经营一直存在周期较长的"盈利周期"，虽然没有明确的定论，但是大多认为其"盈利周期"大概在 8 ~ 10 年的时间。这里的"盈利周期"指的是寿险公司经营前期需要投入大量的成本，包括职能部门、分支机构筹建成本、渠道建设成本（主要是保险营销员队伍建设）、市场声誉建设成本等，因此其经营前几年不大可能会盈利，大概需要经营平稳后，到经营的 8 ~ 10 年才开始出现盈利，可以说是从一个更长期的角度来剖析一家寿险公司的盈亏平衡点。

但是随着我国混业经营趋势越来越明显，以及保险资金运用渠道的逐步放开，寿险公司经营出现了新的"商业模式"。2012 年成立的前海人寿，其第一个完整会计年度（2013 年）实现净利润 956 万元，打破了传统的"盈利周期"规律，运营第二年便实现盈利。如表 1-1 所示，前海人寿的保费构成以保户投资款新增（主要是万能险）为主，简而言之就是通过高现金价值的短期万能险来获得大量的现金流流入，然后将大量资金运用到资本市场上，由于在资本市场上可以获得更高的投资回报，所以其提供了更高的万能险保证收益，刺激了其万能险在市场上的销售。

表 1-1 前海人寿 2013—2016 年保费收入构成表 单位：亿元

年份	原保险保费收入	保户投资款新增交费[①]
2013	3.93	139.14
2014	33.74	314.46
2015	173.76	605.54
2016	220.45	782.66

● 资料来源：中国保监会官方网站。

在看到前海人寿的成功之后，恒大人寿、安邦人寿等保险公司开始效仿，一时间短期万能险盛行，被视为一种以"高现金价值"产品为主的商业模式，在一定程度上体现了金融行业间的融合，以及"混业经营"在产品上的体现。

2016 年 12 月证监会主席刘士余一番针对资本市场机构投资者的讲话引起了轩然大波，被解读为剑指"险资举牌 A 股"，随后，保监会在强调保险资金对于资本市场的稳定性作用的同时，暂停恒大人寿委托股票投资业务，要求整改。再加上前期就已经开展的针对前海人寿、恒大人寿、

---

① 该项是按照新的会计准则对外披露的统计口径，主要是将那些不能通过重大保险风险测试的保单带来的现金流收入计入该项，以万能险为主。

华夏人寿、东吴人寿等九家公司的万能险业务整顿，充分表明了保险监管部门对于此种商业模式风险的担忧。

【思考与练习】

1. 保险经营与保险管理有何区别与联系？
2. 保险经营管理目标设定有何意义？
3. 保险经营管理目标如何分类？
4. 保险经营管理遵循哪些原则？
5. 保险经营管理有什么特殊性？
6. 保险经营管理有哪些影响因素？
7. "偿二代"对于我国保险业发展有什么影响？

第二章
保险产业与保险公司

本章知识结构

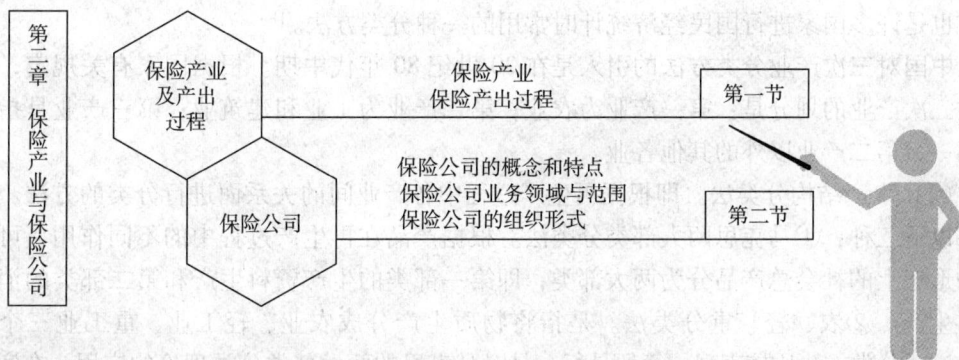

```
第二章 保险产业与保险公司
├─ 保险产业及产出过程 ── 保险产业  保险产出过程 ── 第一节
└─ 保险公司 ── 保险公司的概念和特点  保险公司业务领域与范围  保险公司的组织形式 ── 第二节
```

本章学习目标

● 掌握保险产业的基本特征
● 掌握保险公司业务领域
● 掌握保险公司的组织形式
● 掌握保险公司治理的特殊要求与特征

第一节　保险产业及产出过程

一、保险产业

（一）产业的概念与分类

1. 产业的概念。根据产业经济学理论，产业是指提供相近商品或服务，具有某种同一属性的企业的集合或系统，是介于单个经济主体和国民经济总量的中间层次。[①] 构成

[①] 产业一词有多种含义，人们对产业概念的表述也不同。见戴伯勋、沈宏达主编的《现代产业经济学》，北京，经济管理出版社，2001。

产业的三个规定性特征是：（1）产业构成的规模规定性。即构成产业的企业数量、产出量必须有一定的规模。（2）产业构成的职业化规定性。即在社会各职业中形成了专门从事这一专业活动的职业人员。（3）产业构成的社会功能规定性。也就是在社会经济活动中承担一定角色，而且是不可缺少的。而决定和影响某一产业发展的因素有国民经济的产业结构、经济制度、经济发展战略以及该产业内的需求、供给等因素。

2. 产业的分类。产业经济理论对产业的分类一般有：

（1）三次产业分类法。费希尔在1935年提出，可将人类经济活动分为三个产业，即所谓的第一产业、第二产业、第三产业。其中第一产业就是和人类第一个初级生产阶段相对应的农业和畜牧业；第二产业是和工业大规模发展阶段相对应，以对原材料进行加工并提供物质资料为特征的制造业；第三产业就是以非物质产品为主要特征的包括商业在内的服务业。三次产业分类法的主要原则是把全部经济活动按照经济活动的客观序列与内在联系进行分类。这一方法是目前研究产业经济和产业结构的一种重要的分类方法，也是许多国家进行国民经济统计时常用的一种分类方法。[①]

中国对三次产业分类方法的引入是在20世纪80年代中期。根据国家有关规定，中国对三次产业的划分是：第一产业为农业；第二产业为工业和建筑业；第三产业是指上述第一、第二产业以外的其他各业。

（2）生产结构分类法。即根据再生产过程中各产业间的关系而进行分类的方法。具体有以下三种：①马克思两大部类分类法。根据产品在再生产过程中的不同作用，可将实物形态上的社会总产品分为两大部类，即第一部类的生产资料生产和第二部类的消费资料生产。②农、轻、重分类法。是指将物质生产分成农业、轻工业、重工业三个部分。这一分类方法比较直观，简便易行，是对马克思的两大部类分类理论的应用。在实行传统的计划经济体制的国家，曾长期采用这一方法。③霍尔曼的产业分类法。由德国经济学家霍尔曼创立，他把工业部门分成消费资料产业、资本资料产业和其他产业三类。

（3）标准产业分类法。也叫国家标准分类法，是指各国政府在制定经济政策和对国民经济进行宏观管理时，由政府机构或政府委托非政府机构根据该国（或该地）的实际而制定的分类标准。世界上许多国家都有自己的国家标准分类法。中国相关的国家标准是由国家标准局编制和颁布的《国家经济行业分类与代码》。[②]

（二）保险产业的界定和形成

1. 保险产业的界定。保险产业的含义与保险制度不同。保险产业是保险制度发展到一定程度后的产物。按照上述产业的定义，保险产业是指提供保险服务或相关保险服务的企业的集合。保险产业中最主要的主体形式是各类保险公司。

保险产业的含义与保险市场不同。产业是以生产为特征，市场是以交换为特征。影响产业规模和绩效的因素主要有产业政策、产业结构、产业技术等，决定市场规模和容

---

① 也有人提出四次产业分类法，将信息业作为第四产业。见苏东水：《产业经济学》，第32页，北京，高等教育出版社，2000。

② 有关联合国和我国制定的产业分类标准见《现代产业经济学》，第11页，上海，上海财经大学出版社，1999。

量的三要素是购买者、购买力和购买欲望。

保险产业属于金融服务产业。保险产业的属性自然是建立在保险功能的基础上。尽管财产保险与人身保险之间具有一定差异，但通常认为现代保险具有保障性、金融性和风险管理性。此外，在这三者之间隐含一个共同的特征，就是保险机制体现一种财务安排，通过时间和空间分散风险，把未来不确定的大额损失转化成确定的小额支出，促进金融稳定，或激活储蓄、提高资金效率，或通过保险服务，推进资本的有效配置。

保险产业属于竞争性产业。保险产业结构通常是描述保险产业状态的重要指标，一般是指保险公司的数量结构或比例关系，如在一国或一地区中有多少寿险公司及多少财险公司、市场集中度如何。保险企业数量固然是衡量保险产业发展的重要指标，但大公司拥有的市场份额，或叫市场集中度，也具有重要意义。由市场集中度所反映的产业市场结构，其重要意义在于揭示市场竞争与垄断情况。一般地说，市场集中度越高，垄断程度也越高，反之则相反。目前，多数国家保险业市场结构呈现出垄断竞争的格局，市场集中度虽然较高，但同时依然具有竞争性，[①] 并没有形成限制竞争的垄断，其中一个重要原因是保险业一般很少存在商业壁垒，产品差异化程度不大。

专栏 2-1

保险产业属自然垄断产业吗？

在产业经济理论中，还存在着一类特殊的产业——自然垄断产业。从保险经营的特性看，保险产业具有自然垄断属性。

自然垄断通常是指：在存在着规模经济和范围经济的情况下，如果最有效率的生产方法是由一家厂商来组织生产，此时就称之为完全自然垄断；若市场仅存在少数几个厂商进行生产，这就是所谓的寡头自然垄断。自然垄断产业是指：因规模经济和范围经济等原因，致使该产业内提供产品和服务的企业数仅被限定为一家或少数几家。即如果该行业是规模效益递增的，则生产规模越大，企业生产的成本越低、回报越高，先发者具有得天独厚的优势，市场对于新进入者很不友好，以至最终只能有少数几个厂商能进行有效的经营。以下几个行业都具有自然垄断属性：如电力、煤气、自来水、电话通信、广播电视、铁路、航空等。

自然垄断产业的特征有：（1）规模经济效益显著。规模经济是指在生产技术不变的条件下，随着经营规模的扩大、产量的增加、成本的降低，企业付出单位成本能获得更多的收益。该类产业在提供产品和服务时形成了庞大的网络系统，规模经济效益显著。（2）具有极大的范围经济，所谓范围经济，是指相较于单独生产、独立销售，企业间进行联合生产与销售可极大地降低成本，增加收益。（3）固定资本的沉淀性。该产业还有投资资本量大、投资回收期长等特点，由于很难将该设备转用于其他用途，因而沉淀成本很大。（4）基本技术经济标准统一等。

将保险产业的特点与上述自然垄断产业特征相对比，保险产业具有自然垄断产业特征。当然，从保险实践看，各保险产业的自然垄断属性强弱不一。

资料来源：江生忠：《中国保险产业组织优化研究》，北京，中国社会科学出版社，2003。

[①] ［美］Mark S. Dorfman 著，齐宗瑞等译：《当代风险管理与保险教程》，第 74 页，北京，清华大学出版社，2002。

2. 保险产业的形成。从保险产业的诞生和发展来看，保险的雏形可追溯到公元前2000年在地中海商人中出现的共同海损分担制度。商业保险的出现则大约在14世纪，是随着专门经营保险的个人和企业的出现而形成的。而现代保险产生于16世纪末，当时出现了专营火灾保险的保险公司，但在这一时期尚未形成保险产业。18世纪末到19世纪中叶，英、法、德、美等国完成了资本主义革命和工业革命，商品经济得到极大的发展，与此同时，保险业也得到快速发展。根据瑞士再保险公司的统计，在19世纪初期，全世界共有30家保险公司（英国14家，美国5家，德国和丹麦各3家，法国2家，奥匈帝国、荷兰、瑞士各1家）；到19世纪中叶，全世界14个国家中已有306家保险公司；至19世纪末叶，在26个国家中共有1 272家保险公司；1910年，29个国家中共有2 450家保险公司。随着保险公司的数量增加、资产规模增加以及保险产业利润规模的增加，在许多国家逐步形成具有一定规模的保险产业。

专栏 2–2
世界 500 强企业中的保险公司

2016《财富》世界500强榜单强势出炉，保险业发展势头强劲，榜单中的险企数量持续增长。2016年荣获提名的保险公司共有51家，中国地区险企提名数量更是从2014年的4家，增至7家。

表 2–1　　　　　　　　2016 年世界 500 强企业中前 15 名的保险公司

业内排名	500 强排名	公司名称	营业收入（亿美元）	国家	国内合资公司
1	11	伯克希尔—哈撒韦公司	2 108.21	美国	
2	17	联合健康集团	1 571.07	美国	
3	33	安盛	1 292.5	法国	工银安盛
4	34	安联保险集团	1 229.48	德国	中德安联
5	37	日本邮政控股公司	1 187.62	日本	
6	41	中国平安保险（集团）公司	1 103.08	中国	
7	49	意大利忠利保险公司	1 025.67	意大利	中意人寿
8	54	中国人寿保险（集团）公司	1 012.74	中国	
9	85	Anthem 公司	791.57	美国	
10	104	大都会人寿	699.51	美国	中美联泰大都会
11	106	慕尼黑再保险公司	694.33	德国	
12	114	日本生命保险公司	671.18	日本	
13	119	中国人民保险集团公司	646.06	中国	
14	126	英国保诚集团	631.06	英国	信诚人寿
15	135	日本第一生命保险	610.9	日本	

🔼 资料来源：2016 年《Fortune》杂志世界 500 强排行榜。

3. 我国保险产业的形成

（1）我国保险产业的形成历程。新中国成立后，我国从最初只有一家保险公司，逐渐发展到拥有较为完整的保险产业。我国保险产业是随着我国经济体制改革的不断深入发展而形成的，1986 年新疆生产建设兵团农牧业保险公司的成立，打破了人保独家垄断保险市场的局面，我国保险市场逐步走向多元化格局。1988 年、1991 年中国平安保险公司、中国太平洋保险公司相继成立，1996 年新华、泰康、华安、永安等股份制保险公司同时问世，1992 年美国国际集团在上海设立分公司，2001 年中国加入世界贸易组织以后更多的外资保险公司进入中国市场，我国保险产业一步步形成和发展起来。

（2）我国保险产业的现状。从保险产业主体和保险业资产情况来看，根据国家统计局数据，截至 2015 年，保险行业的总资产已达 12.36 万亿元；全国已有 194 家保险机构，其中中资保险公司 126 家，保险集团公司 11 家，中外合资公司 57 家；共有保险专业中介机构 2 546 家，其中，保险专业代理机构 1 764 家，保险经纪机构 445 家，保险公估机构 337 家；[①] 2015 年，保险系统职工人数高达 102.5 万人。再加上国家保险监管机构，我国保险产业已构成一个完整的市场经营管理运作体系。从目前保险业的规模来看，2012 年我国保费收入达 1.55 万亿元，2013 年达 1.72 万亿元，2014 年保费收入超过 2 万亿元，2015 年保费收入达 2.42 万亿元，2015 年保险深度为 3.59%[②]，已具备一定的产业规模。从保险业的功能及效益来看，保险忠诚履行了提供保障的职能，在支持国家基本建设、为国家的医疗保险和社会保障制度改革提供必要有益的补充等方面，都发挥了积极的作用。

（三）保险产业的基本特征

除在上述保险产业界定中描述的保险产业的某些特征外，保险产业还具有以下特征。

1. 保险产业的产品具有特殊性。本书的第一章对此有阐述，在此不再赘述。

2. 保险产业是人力密集型兼科技密集型产业。首先，由于保险产品的特殊性，不需要将大量资本投入设备材料的购买中，其生产主要通过人力来完成。它通过风险管理专家、精算师、法律专家来设计条款、厘定费率，由风险评估专家进行承保，由熟识各种损失原理的理赔专家进行理赔，由精通保险产品特性又熟悉资本运作的投资人员进行保险投资，整个保险产业运行由专业化人才进行有效运作，人力的多寡对保险业的规模扩充具有极大的影响。其次，保险业的经营特性又决定了它是科技密集型产业。保险经营从险种设计、承保、理赔到资产负债管理，每一环节都包含着对科学技术的运用。科学技术的不断创新，带来许多新的技术风险，保险业通过对这些技术风险进行充分研究，不断地推出新的高技术含量的险种以保障整个社会经济平稳运行，同时保险业不断将最新的科学原理分析方法和检测技术应用到承保理赔中，使保险业整体风险管理水平得以提高，降低风险成本。另外，保险业运用最新金融技术设计新的保险工具和保险期货

---

① 数据来源于中国保监会：2015 中国保险市场年报（中文）。
② 根据中国保险报数据中心测算。

等，以消化转移风险。在营销服务上，保险业将网络技术运用到销售中引起销售革命，还运用先进的自动电话系统以方便客户咨询。在内部管理上，计算机网络技术、图像处理技术得到广泛应用，使单证、文档得到无纸化的管理，业务处理自动化、数据信息共享化使整体生产效率大为提高。

3. 保险产业也是资本密集型产业。新《保险法》第六十九条规定："设立保险公司，其注册资本的最低限额为人民币二亿元。……保险公司的注册资本必须为实缴货币资本。"再比如，新《保险法》第一百零一条规定："保险公司应当具有与其业务规模和风险程度相适应的最低偿付能力。保险公司的认可资产减去认可负债的差额不得低于国务院保险监督管理机构规定的数额；低于规定数额的，应当按照国务院保险监督管理机构的要求采取相应措施达到规定的数额。"可见保险公司必须具备相当程度的资本规模，用于满足监管机构的偿付能力和开业资本要求，是典型的资本密集型产业。"保险服务的生产同其他金融服务的生产一样，依赖于金融资本和人力资本。金融资本支持着所有的运作。"[1]

4. 保险产业具有国际竞争性。大数法则的要求决定了保险业的国际性经营，保险市场是没有国界限制的。此外，这种国际竞争性不单纯体现在风险保障领域，从经营高度看还体现在金融服务一体化上。因此，有步骤地开放保险市场，在对民族保险业适当保护的基础上提高其国际竞争力，对本国保险产业的发展是非常必要的。

二、保险产出过程[2]

分析保险产出过程，有助于认识从产品供给（如精算、咨询、中介等）直到消费者的整体产业链条上各类主体在保险市场上发挥的作用。保险产出过程中最重要的功能运作包括保险定价、承保和理赔，投资管理以及分销。图 2－1 阐释了这一过程的运作及重要关系。该链条上包括了保险公司、保险资产管理公司、保险中介机构和政府等各类市场主体。

（一）定价、承保、理赔过程和其中的市场主体

1. 定价、承保和理赔过程。保险产出过程中首要的技术性因素涉及定价、承保和理赔。经过训练的统计人员，或称精算师，运用他们对未来损失和支出的最优估计并兼顾竞争性，确定保险价格（保费率）。由于收取保费和损失赔付之间有一个时间差，有竞争力的保费应该是预期损失、支出和利润的现值。保费支付和损失赔付之间的平均期限越长，投资回报对保险费率厘定的影响力就越大。因此，在寿险领域和损失赔付期长的非寿险险种（如医疗责任伤亡和一般责任保险）里，投资结果相当重要，但在其他险种中重要性低一些。如果保险人设定了一个自由的折现系数（如高投资回报），错误定价风险和破产几率就会增加。

承保人和核保人员的作用在于决定是否出具保单、按照何种条件出具保单。保险核保是指保险人对投保申请进行审核，决定是否接受承保这一风险，并在接受承保风险的

---

① 小哈罗德·斯凯博：《国际风险与保险》，第 56 页，北京，机械工业出版社，1999。
② 该部分内容参考了小哈罗德·斯凯博：《国际风险与保险》，北京，机械工业出版社，1999。

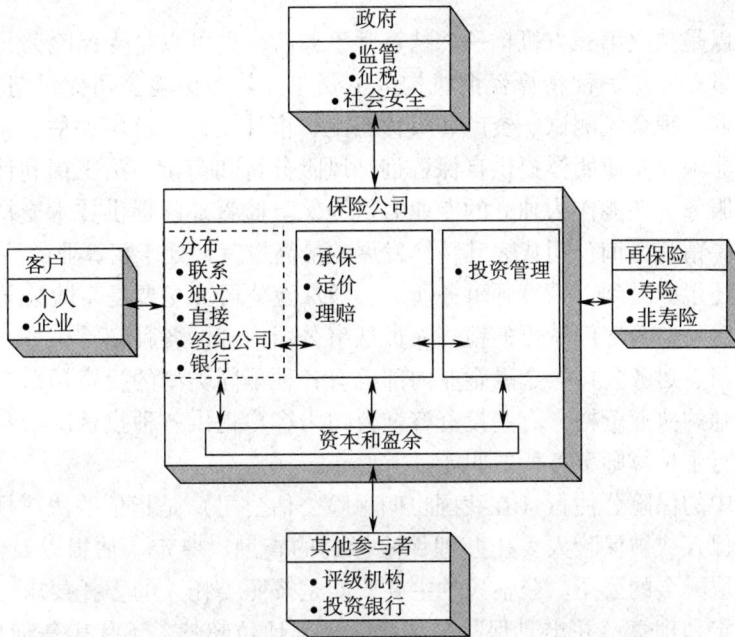

图 2-1 保险产业运作与关系图

情况下，确定保险费率的过程。在核保过程中，核保人员会按标的物的不同风险类别给予不同的费率，保证业务质量，确保保险经营的稳定性。核保是承保业务中的核心业务，而承保部分又是保险公司控制风险、提高保险资产质量最为关键的一个步骤。在复杂问题上，保险人需要精算师，保险人必须得到投保人和投保标的方面的信息才能估量损失的可能，对于复杂的风险，承保人通常能够从一些渠道（如工程师、公估行）和经纪人处得到所需的风险筛选和分类方面的信息。

理赔人员，即谈判和处理索赔的人员，其所需的专业知识因损失的性质不同而有所差别。理赔过程的时间长短根据险种和损失情况不同差异较大：对于巨大复杂的损失（如货船或飞机失事），理赔可能需要数月时间进行技术调查、法律调查和谈判；而寿险保单下的理赔有时非常简单：一般仅需受益人填好一份简单的索赔单，同时随附一份被保险人的死亡证明副本交给保险人；有些险种损失更频繁，需要现场查勘（如个人汽车和屋主保险），保险公司也需要树立起一种快速高效理赔的形象，这种情况下也可以雇用独立的公估行。理赔人员有时在精算师的协助下，预测未决非寿险赔款（该项目在资产负债表上作为负债）的金额。在寿险中，未来赔付责任（称作保单准备金或数理准备金）一般是精算部门根据数学公式、生命表并估测未来投资收入得出来的。投资部经理可能参与这一过程。

2. 定价、承保和理赔过程中的市场主体。定价、承保和理赔的上述保险产出过程，主要涉及保险公司、精算师和保险公估人等市场主体。保险人、核保人、承保人和理赔人的角色通常都由保险公司来承担。保险公司概念在下一节中将有更具体的介绍，这里不再赘述。

精算师可以是独立第三方机构——精算师事务所，也可以是受保险公司聘用的精算人员。精算师事务所是一种精算咨询机构，主要业务是为保险公司提供精算技术支持、责任准备金提取、现金流测试、资产和负债匹配、审计复核、价值评估、风险管理等服务，也可以为非保险企业团体提供自保咨询、风险分析和衡量、员工福利计划设计、养老保障建议等服务，还能作为独立的专业力量为保险监管部门提供技术支持。在精算发展成熟的国家，精算咨询公司代表其精算发展的最高成就，处于精算业的核心地位。

我国目前还很少见到有精算师事务所。一般保险公司（主要是寿险公司）都内设精算部门，聘请保险监管部门认可的精算人员从事公司内部的各种精算事务。一些大型的银行、证券公司、财务公司等金融企业内部也有各种不同类型的投资理财专家，但并不一定具有精算师的执业资格。有些投资咨询公司为客户提供各种投资决策参考服务，事实上部分地履行了精算师事务所的职能。

上述过程中的保险公估行（在我国也叫保险公估公司）是指依照法律规定设立，受保险公司、投保人或被保险人委托办理保险标的的查勘、鉴定、估损以及赔款的理算，并向委托人收取酬金的公司。公估人的主要职能是按照委托人的委托要求，对保险标的进行检验、鉴定和理算，并出具保险公估报告，其地位超然，不代表任何一方的利益，使保险赔付趋于公平、合理，有利于调停保险当事人之间关于保险理赔方面的矛盾。

（二）投资管理过程和其中的市场主体

1. 投资管理过程。保险公司尤其是寿险公司管理着大量的投资组合，收益最大化是保险人的重要目标，因为这是决定保险产品竞争力和公司能否盈利的一个重要因素。如果投资组合分散性差或质量过低，可能会引起公司的财务困境甚至导致公司破产，实践中多家保险公司因为该原因破产。

投资管理需要对投资数量、投资方式作出决策，包括资产负债如何搭配、投资品种如何确定，除此之外，保险公司尤其应当关注对外投资问题。对外投资会增加投资者（以及监管者）信息不对称的风险，提高判断投资质量的难度。所以国内的保险法规通常对本国保险公司对外投资作出严格的限制，当然，这种限制在证券市场加速国际化的今天是否合理值得商榷。

2. 投资过程中的市场主体。投资管理过程主要涉及保险资产管理公司。保险资产管理公司是专门管理保险资金的金融机构。主要业务是接受保险公司的委托，管理保险资金，目标是使保险资金保值、增值。保险资产管理公司由保险公司成立或联合保险公司的控股股东共同发起成立。大型保险公司，尤其是大型寿险公司，通常都会附设保险资产管理公司。

受委托之后，保险资产管理公司可以管理运用其股东的保险资金或股东控制的保险公司的资金，也可以管理运用自有资金。但资金运用不得突破新《保险法》第一百零六条的规定，限于银行存款、买卖债券、股票、证券投资基金份额等有价证券、投资不动产和国务院规定的其他资金运用形式。而且资产管理公司不得承诺受托管理的资金不受损失或保证最低收益，不得利用受托保险资金为委托人以外的第三人谋取利益，也不得操纵不同来源资金进行交易。

（三）营销过程和其中的市场主体

1. 销售渠道。保险人通常用以下几种方式销售保险：（1）直销；（2）通过代理人；（3）通过经纪人。保险公司不通过中介机构，而通过互联网、邮件、电话、报纸广告或其他方式直接面对顾客销售，即称为直销。互联网保险即为这一类。

专栏2-3

互联网保险方兴未艾

互联网保险是新兴的一种以计算机互联网为媒介的保险营销模式，有别于传统的保险代理人营销模式。互联网保险是指保险公司或新型第三方保险网以互联网和电子商务技术为工具来支持保险销售的经营管理活动的经济行为。

作为一项新兴事物，互联网保险在我国发展的历史只有短短十几年时间。但在这十几年间，互联网正深刻影响着保险业的方方面面。

统计数据显示，目前我国共有50余家保险企业涉足互联网业务，2012年我国保险网销保费收入规模达到39.6亿元，较2011年增长123.8%。

互联网保险虽然保持着高速发展，但其在整个保险市场中所占的比重还很低，不足3%。这和欧美发达国家相比还有着巨大的差距，数据显示，2011年美国保费收入中，网上直销份额增至8%左右，美国车险保费收入中，网上直销业务占到30%。美国独立保险人协会则预测，今后10年内，全球保险业务中将有近30%的商业险种和40%的个人险种交易通过互联网进行。

据艾瑞咨询预计，2016年中国保险电子商务市场在线保费收入规模将达到590.5亿元，渗透率将达到2.6%，互联网保险销售正在迎来爆发期。

资料来源：百度百科-互联网保险，2016年。

除了专栏中的互联网保险，世界上大多数寿险和非寿险是通过代理人和经纪人销售的，这些人都被称为保险中介。营销过程中的市场主体主要是保险代理人和保险经纪人。代理人是保险人的法定代表，世界上有两大类代理人，有些代理人只为一家公司销售保险，叫作独任代理或联系代理；而独立代理人则代表几家保险人。经纪人是投保人合法的代理人，经纪人应当了解整个市场状况，他们愿意为大客户服务。

2. 保险中介。保险经纪人和独立代理人在一定程度上改变了买者与卖者之间的信息不对称状况，加强了产品竞争和价格竞争。表2-2列出了2015年世界上最大的十家保险经纪行和它们的全球收入。

表2-2　　　　　　2015年世界最大的十家保险经纪行收入情况　　　　单位：百万美元

排名	公司	营业收入	国家
1	Marsh & McLennan Cos. Inc.	12 912	美国
2	Aon P. L. C.	11 661	英国
3	Willis Towers Watson P. L. C. (2)	8 124	英国

续表

排名	公司	营业收入	国家
4	Arthur J. Gallagher & Co.	3 990	美国
5	Jardine Lloyd Thompson Group P. L. C.	1 698	英国
6	BB&T Insurance Holdings Inc.	1 676	美国
7	Brown & Brown Inc.	1 657	美国
8	Hub International Ltd.	1 470	美国
9	Lockton Cos. L. L. C.	1 329	美国
10	Wells Fargo Insurance Services USA Inc.	1 316	美国

注：（1）表中的营业收入来自保险经纪服务和其他相关服务。

（2）财年终止于 2015 年 4 月 30 日。

⬆ 资料来源：Business Insurance（www. businessinsurance. com），July 18, 2016。

有些市场上银行是重要的保险销售渠道。绝大多数情况下，银行为附属的保险公司或与银行有特殊安排的保险公司担任代理，但后一种情况较少见。经合组织（OECD）国家的政策都没有宽松到允许银行直接承保的地步，但多数国家允许银行通过控股公司安排承保。根据各国保险业的实践，银行在销售单一寿险品种方面相当成功。

（四）监管过程和其中的市场主体①

1. 保险监管的过程。保险监管是指一个国家对本国保险业的监督管理，主要包括两方面内容：一是国家通过制定保险法律法规，对本国保险业进行宏观指导与管理；二是国家专门的保险监管职能机构依据法律或行政授权对保险业进行行政管理，以保证保险法规的贯彻执行。

保险监管的对象有保险组织、保险市场行为及保险业务经营和投资活动，具体来说包括市场准入监管、公司股权变更监管、公司治理监管、内部控制监管、资产负债监管、资本充足性及偿付能力监管、保险营销监管、再保险监管、资金运用监管等。

保险监管的方式主要包括两类：一是非现场监控与公开信息披露，即监管机构应当建立有效的监控机制，应当设定辖区内保险公司提供财务报告、统计报告、精算报告等信息的范围、频率、格式等。二是现场检查，现场检查的目标是对公司的风险结构和承受风险的能力进行比较，找出任何有可能影响到公司对投保人承担长远义务的能力的问题。值得注意的是，由于保险行业的特殊性和经营的不确定性，对保险业信息披露的要求要高于一般行业。根据国际保险监督官协会（IAIS）于 2002 年颁布的保险公司公开信息披露指导原则，披露的信息必须满足及时性、全面性、价值性、可比性、便利性等要求。

2. 保险监管的主要模式②。保险监督管理的目标模式是指保险监督管理的核心或重点，大致分为三种：一种是重点监督管理保险公司的偿付能力，如英国，其保险监督管

---

① 保险监管的定义和内容参见申曙光所著的《保险监管》一书，中山大学出版社 2000 年出版。

② 翟伟：《国际保险监管发展趋势及我国保险监管模式选择》，载《上海保险》，2005（12）。

理部门对保险公司的偿付能力不仅有一套详细的、完整的评估方法，而且要对偿付能力不足的保险公司进行严格的处理；另一种是主要监督管理保险公司的市场行为，如亚洲金融危机前的日本，政府对保险费率的控制很严；还有一种是既监督管理市场行为，也监督管理偿付能力，但以偿付能力监督管理为主，如美国。此外，由国际保险监督官协会提出一种新的监督管理模式，即把公司治理结构与偿付能力和市场行为监督管理并列的模式。目前，这一新的监督管理模式已得到众多国家和地区保险监督管理部门的重视和认可。

3. 保险监管的主体及其职责。广义来说，保险监管的主体包括立法机构、司法机构和行政机构。其中，立法机构要通过颁布法律，建立保险监管的法律基础和法律体系，明确执行保险法律的监管机构及其法定的职责范围；司法机构保证保险法律的实施，同时解决保险市场各主体间的矛盾与纠纷；而保险监管的具体职责由国家行政机构来履行，狭义上的保险监管主体就是履行保险监管职责的行政机构。

在我国，保险监管主体主要是指保监会。保监会，全称为中国保险监督管理委员会（China Insurance Regulatory Commission，CIRC），成立于 1998 年 11 月 18 日，是国务院直属正部级事业单位，根据国务院授权履行行政管理职能，依照法律、法规统一监督管理全国保险市场，维护保险业的合法、稳健运行。[①] 在保监会成立之前，我国保险监督管理机关是中国人民银行。对保险业进行监管涉及的其他政府部门还包括负责保险业税收征管的税务机关等。

保险监管部门的职责有以下几方面：一是维护被保险人的合法权益；二是维护公平的市场秩序；三是维护保险体系的整体安全与稳定；四是防范金融风险，促进保险业更好地发挥经济稳定器的作用。一些新兴市场经济国家的保险监管机构除履行法定监管职责之外，还承担着推动本国保险业发展的任务。中国保监会具有政府行政管理部门和保险监管机构的双重职能。作为保险监管机构，它应维护被保险人的合法权益，维护公平竞争的市场秩序和保险体系的整体安全与稳定；作为行业行政管理部门，它必须做好保险发展的中长期规划的研究和制定，研究保险发展的重大战略、基本任务和产业政策，要通过规划、指导和信息服务引导保险业发展的方向。

第二节　保险公司

一、保险公司的概念和特点

（一）保险公司的含义

保险公司是依法设立的专门从事保险业务的公司。它通过向投保人收取保险费，建立保险基金，向社会提供保险保障或其他相关保险服务并以此获得相应的利润。

1. 保险公司是依法设立的。在我国，所谓依法设立，是指依照新的《保险法》、

---

① 引用自保监会官网。

《保险公司管理规定》、《中华人民共和国公司法》（以下简称《公司法》）和《中华人民共和国公司登记管理条例》及有关规范保险公司的法律、法规的规定设立的。保险公司须依法设立，这是有关法律的基本要求。只有依法设立的保险公司才能从事保险业的经营活动，其经营活动才受到法律的保护，对于保险公司设立的法律适用问题，当法律规定不一致时，应当按照特别法优于普通法的原则来处理。需要指出的是，按照我国《保险法》的规定，设立保险公司应当经国务院保险监督管理机构批准，保险监督管理机构根据保险业的发展和公平竞争的需要，审查保险公司的设立申请。

2. 保险公司是专门从事保险业务的公司。保险公司是一种特殊的公司，这种公司经营的业务是保险业务。对于保险业务范围，《保险法》有专门的规定，保险公司必须按照规定经营保险业务，否则要承担相应的法律责任。保险公司是专门从事保险业务的公司，不能经营保险以外的业务。

专栏 2-4
非营利的阳光农业相互保险公司 ▪▪

　　阳光农业相互保险公司是 2005 年 1 月经国务院同意、中国保监会批准、国家工商行政管理总局注册的我国唯一一家相互制农险公司。公司成立以来，始终恪守"为农民谋福祉、为农村谋和谐、为农业谋发展"的企业宗旨，坚持"做优专业化公司、培育职业化团队、实行科学化管理"的发展思路，彰显"走进阳光、共享温暖"的品牌文化理念，承担社会责任，依法合规经营，扎实稳健发展，收到了农民得实惠、企业得发展、政府得民心的成效。

　　公司将充分发挥专业化农业保险公司的作用，不断放大政策性农业保险的惠农效应，努力为"三农"提供更广泛的农业保险服务，为国家新农村建设和构建和谐社会作出更大贡献。

　　⬆ 资料来源：阳光农业相互保险公司网站，2016 年。

3. 保险公司是采取公司组织形式的保险经营者。保险经营者的形式有多种形式，但可以归结为公司和非公司两类，以公司形式为主。保险公司的公司形式主要有股份公司和相互公司两种。从数量上看，股份公司的数量远大于相互公司。相互公司和股份公司可以按照一定的法律程序互相转换。股份保险公司作为商业性的法人组织，其从事保险业务的基本出发点就是为获得商业利润。其他组织形式的保险（人）公司将在后文予以介绍。

　　（二）保险公司的经营特征

　　保险公司是依法设立的专门从事保险业务的公司。它通过向投保人收取保险费，建立保险基金，向社会提供保险保障并以此获得相应的利润。它既有公司经营的一般特征，也有其自身的特点。保险公司不同于一般企业的特征有以下几点。

　　1. 保险公司是金融市场的重要参与者。保险公司通过向投保人来收取保险费，建立保险基金来保障被保险人，被保险人的风险损失通过保险公司而分摊给所有未遭受风险损失的投保人来承担。因此，它充当着融资人的作用。同时，保险公司为了保险基金的增值保值，还对保险基金进行投资运用，直接参与金融市场。在市场经济中，资金转移可以通过直接融资和间接融资两种渠道进行。在间接融资中，最重要的机构又称为金融中介机构，最典型的金融中介机构是商业银行。保险公司也是一类金融中介机构。按照从事业务的不同，金融中介机构可以分为存款类机构、契约储蓄类机构和投资类机构。保险公司属于契约储蓄类机构。

2. 保险公司经营本身具有风险性。保险公司是以风险为经营对象，风险的发生以及发生所致损失的大小，都具有不确定性和偶然性，不为保险公司所左右，从而决定了保险公司经营本身的风险性。

3. 保险公司经营活动是一种特殊的业务活动。首先，保险公司经营以特定风险的存在为前提，以集合尽可能多的风险单位为条件，以概率论和大数法则为数理基础，以经济补偿和给付为基本职能。其次，保险公司经营劳务活动集中体现在保险公司的产品的质量上。保险公司经营是根据保险市场的需要，精心设计保险条款，合理规定保险责任，科学厘定保险费率，制定切合实际的保险险种。随着保险产品拥有越来越广阔的市场，保险公司的保险合同愈多，保险公司经营的规模效应将会愈加明显，将使保险公司的业务和财务经营愈趋稳定。再次，保险公司经营业务的好坏，与公司人员的专业素质直接相关。一般来说，保险公司从业人员素质愈高，提供的服务愈受保险客户满意，客户对保险公司愈满意，保险公司的信用级别愈高。

4. 保险公司经营活动的成果核算具有特殊性。前文有阐述，这里不再赘述。

5. 保险公司经营是负债性经营与资产性经营的统一。一般企业的经营并不会在很大程度上依靠负债性业务，因此它们的经营很大程度上受到自有资本的约束，保险公司也不例外，其经营活动也受到资本金的限制。但是保险公司毕竟与一般企业不同，其依赖负债性业务而展开保险经营活动。保险公司的经营资产主要来自投保人按照保险合同向保险公司缴纳的保险费和保险储金，具体表现为从保险费中提取的各种准备金。保险公司的经营活动正是通过汇集资本金和各种准备金，来实现其组织风险的分散，进行经济补偿或给付的基本职能。由此可见，保险公司经营资产相当部分来源于保险公司所收取的保险费，这些保险费的一部分是对被保险人未来补偿或给付责任的负债。另一方面，由于保险公司保险费的收取与保险公司未来的经济补偿或给付存在时间差和规模差，所以保险公司的资本金和各项准备金在一定时期内处于暂时的闲置。这种暂时闲置的资金，根据资金的一般性质、保险公司自身的内在需要以及保险公司的社会贡献和经营形象，可进行资产性经营活动。资产性经营活动有以下几点作用：一则可以壮大保险资金规模；二则可以增加保险公司收入；三则可以降低保险公司成本。

6. 保险公司经营过程本质上是风险的集中过程，又是风险的分散过程。通过保险公司的经营活动，将众多的投保人或被保险人的风险转嫁给保险公司，保险公司通过承保活动将众多风险集中起来，而当保险责任范围内的损失出现时，保险公司又将利用所有投保人缴纳的保险费所形成的资金，通过将损失让全体投保人或被保险人共同承担，或部分由其他保险公司或再保险公司承担的办法，来实现保险的经济补偿或经济给付职能。

二、保险公司业务领域与范围

从理论上说，保险公司的业务领域包括所有保险业务。出于经营专业性和控制风险的考虑，保险公司的业务范围受到限制，由保险监管部门核定。同时，由于财产保险、人身保险业务经营上的不同，各国多规定专营原则，财产保险公司只能经营财产保险业务，人身保险公司只能经营人身保险业务，同一保险公司不能同时经营财产保险和人身保险业务。我国《保险法》第九十五条规定："保险公司的业务范围：（一）人身保险业务，包括人寿保险、健康保险、意外伤害保险等保险业务；（二）财产保险业务，包括财产损失保险、责任保险、信用保险、保证保险等保险业务；（三）国务院保险监督管理机构批准的与保险有关的其他业务。"由于健康保险和意外伤害保险都具有短期补偿性，具有财产险特征，可以视为经营上的"第三领域"。在我国，财产保险公司经批准，可以同时经营健康保险和意外伤害保险业务。此外，保险公司经批准，还可以经营原业务范围内保险业务的分入和分出保险。

为规范对保险公司业务范围的管理，中国保监会于 2013 年 5 月颁布了《保险公司业务范围分级管理办法》，将保险公司的业务范围分为基础性业务和扩展类业务，并明确了准入条件。

财产保险公司基础类业务包括以下五项：（1）机动车保险，包括机动车交通事故责任强制保险和机动车商业保险；（2）企业/家庭财产保险及工程保险（特殊风险保险除外）；（3）责任保险；（4）船舶/货运保险；（5）短期健康/意外伤害保险。财产保险公司扩展类业务包括以下四项：（1）农业保险；（2）特殊风险保险，包括航空航天保险、海洋开发保险、石油天然气保险、核保险；（3）信用保证保险；（4）投资型保险。

人身保险公司基础类业务包括以下五项：（1）普通型保险，包括人寿保险和年金保险；（2）健康保险；（3）意外伤害保险；（4）分红型保险；（5）万能型保险。人身保险公司扩展类业务包括以下两项：（1）投资连结型保险；（2）变额年金。

✎ 专栏 2 - 5
巨灾保险衍生品 ∎∎∎

巨灾保险衍生品是指以巨灾为标的资产（Underlying Asset）进行保险的价值变动开发的合约产品。

1973 年，美国金融学家 Robert Goshay 和 Richard Sandor 在《Journal of Business Finance》上发表的《An Inquiry into the Feasibility of a Reinsurance Future Market》中，首次探讨了保险市场与资本市场结合的问题，提出通过风险证券化或保险衍生产品将风险转移至资本市场，解决再保险市场承保能力不足的问题。

目前，巨灾保险衍生品已经作为巨灾保险的有力补充，在一些发达国家和地区的巨灾风险管理中发挥重要作用。通常，在欧美、日本等国家，当巨灾保险损失占保险公司法定准备金 5% 以下时，由保险公司自己吸收；占 5%～10% 时，通过再保险市场解决；超过 10% 时，发行巨灾债券对冲风险。一些发达国家的保险公司、大型企业等已经越来越多地应用巨灾债券转移、分散巨灾风险。

SwissRe 数据表明，1996—2003 年，巨灾债券交易总金额为 134.99 亿美元，仅 2003 年就发行了 22.04 亿美元的巨灾债券，比 2002 年增加了 18.94%，包括美国地震和飓风、日本地震和台风以及欧洲飓风等风险，其中包括我国台湾地区"中央再保险公司"于 2003 年 8 月在美国发行了 1 亿美元的 3 年期巨灾债券，投资者的认购金额达到 1.55 亿美元，超额认购 1.55 倍。

目前，巨灾债券市场仍不发达，2006 年转移到资本市场的非人寿风险仅占全球财产和意外巨灾再保险市场的 6%，存在巨大的潜能，预计到 2016 年，巨灾债券市场将增至 300 亿~440 亿美元，会对巨灾保险市场形成重要补充。

➊ 资料来源：百度百科－巨灾保险衍生品，2016 年。

三、保险公司的组织形式

企业组织形式是指企业进行生产经营活动所采取的组织方式或结构形态。它是以一定的生产力水平和一定的经济制度为基础而形成的，因而受到多方面因素的影响和制约，如科学技术的进步及其应用、社会分工的广度和深度、资本积聚与集中的程度、生产发展的规模与速度、产权关系形式、企业外部环境（包括自然地理、经济、文化、法律、政治等）的变化以及企业经营管理水平等。

从世界范围来看，保险业在各行各业中拥有着最为丰富的企业组织形式。除了最常见的保险股份公司、相互保险公司和国有独资保险公司外，还有专属（或专业）自保公司（Captive Insurance Company）和非公司式相互制（Unincorparated）、互助社（Fraternal Benefit Societies）、合作制保险人（Cooperative Insurer）、劳合社（Lloyd's Association）、互惠社（Reciprocals）、非营利性服务计划（Nonprofit Service Plans）、健康保障组织（Health Maintenance Organization）等。这些类型的组织在不同的国家得到不同程度的法律许可，其中相互保险公司是保险企业特有的一种法律形式，而劳合社的形式主要在英国和美国存在。

一般企业组织形式的几种类别并不能全面涵盖保险业的企业组织形式，可以粗略认为保险股份公司和相互保险公司属于公司企业中的股份有限公司，国有独资保险公司和专属自保公司属于公司企业中的有限责任公司，而劳合社则可以看作包括个人独资企业、合伙企业以及公司企业的组合市场。

（一）保险股份有限公司

保险股份有限公司是指由一定数量的股东依法设立的，全部资本分为等额股份，其成员以其认购的股份金额为限对公司的债务承担责任的保险公司。一般简称为股份保险公司。在我国，股份有限公司是保险公司的主要组织形式，另一种形式是有限责任公司。股份有限公司也是世界各国保险公司的主要组织形式。

保险股份有限公司是典型的资合公司。同时，股份有限公司很适合保险业务的经营，因为它的存在与股东的更换没有关系，是着眼于长期的，这与保险业务的长期性相符。另外，股份有限公司本来就有高度的公开义务，这与保险监督的公开原则相吻合。保险股份有限公司原则上可以进入资本市场，通过发行股票进行融资，有利于增强保险公司的偿付能力。最后，股份有限公司为建立大型保险（或金融）集团提供了特别好的条件，使得各种保险（或金融）形式都可以在一个集团内进行设计，从而为消费者提供全方位的服务。以上各项优点使得保险股份有限公司成为世界各国主要的保险组织形式。

另外，保险股份有限公司自身也存在一些的缺点。（1）由于公司实行按股行使表决权的制度，公司的决策权易被大股东控制。由于保险业的特殊性，也为了防止因股份过于集中导致少数大股东操纵或控制股份公司，保护其他股东和被保险人利益，有些国家规定了每个股东所持股份的限额。（2）它的会计信息必须公开，因此不易保密。（3）公司所有权和经营权分离会带来的委托—代理问题，而这将影响公司效率的提高。

（二）国有独资保险公司

国有独资保险公司是由政府或公共团体所有并经营。根据其经营目的，可分为两类：一是以增加财政收入为营利目的的，即商业性国有保险公司。这曾经是我国保险公司重要的组织形式之一，在我国保险市场上占主导地位。它可以是非垄断性的，与私营保险公司自由竞争，平等地成为市场主体的一部分，也可以是垄断性的具有经营独占权，从事一些特别险种的经营，如美国国有保险公司经营的银行存款保险。我国国有独资保险公司就经历了从垄断性到非垄断性的转变，而且实现了股份制改造。二是为实施宏观政策而无营利动机的国有保险公司，通常各国实施的政策保险大都采取这种形式。当前国有保险公司在组织形式上发生了一些新的变化，国有保险公司并非一定由政府出资设立，也并不必须由政府设立机构经营。有的政府制定法律，规定某些公共团体为保险经营主体，有的政府成为私营保险公司的大股东，有的政府与私营保险公司签订合同，授权其在一定的地区经营某种业务，有的政府对巨灾风险组织多家私营保险公司组成团体经营，有的政府给予保险公司补助金或接受再保险等。这些形式只要不改变其国家所有的性质，都可以成为国有保险公司的组织形式。

与股份有限责任保险公司相比，国有独资保险公司通常具有以下特征：

1. 投资主体单一。独资即没有另外的投资者。国有独资，则投资主体只有国家或者国家授权的投资部门。除此之外，没有其他任何投资者。

2. 公司的组织机构中无股东大会。遵循谁投资谁受益和谁投资谁承担风险的原则，因无其他投资主体，一切投资利益和风险都应由投资者独自享有和承担，因此无须设立股东大会，而且国有独资保险公司的股东具有单一性，也不具备设立股东大会的条件。国有独资保险公司只设立董事会、监事会等，董事会成员由国家授权的投资部门委派、变更，公司职工经选举进入董事会。公司的最高权力归于国家授权的部门，因此，有关公司的合并、分立、解散以及增减资本金、发行债券等都应由国家授权的投资部门决定。也即凡是股份公司股东大会的权力，在独资公司都归于国家授权的投资部门。当然，国家为了维护独资公司的独立性，也可以将股份公司股东大会的其他权力授权予董事会行使。

3. 公司财产权利的特殊性。作为投资的财产，是国家授权投资的机构或国家授权的部门持有的全民所有制性质的财产。在公司运营之后，原投资财产以及由此滋生积累的财产仍然具有全民所有制性质。国有独资保险公司转让资产，应当由国家授权投资的机构或者国家授权的部门审批和办理财产权转移手续。

（三）相互保险公司

相互保险公司是保险业特有的一种公司形态。这种保险组织是由具有相同保险需求的人员组成，每个成员既是投保人和被保险人，同时又是保险人，他们以缴纳保险费为条件，只要缴纳保险费，就可以成为公司成员，而一旦解除保险关系，也就自然脱离公司，成员资格随之消失。公司没有资本金，以各成员缴纳的保险费来承担全部保险责任，也以缴纳的保险费为根据，参与分配公司盈余，如果发生亏空，也以所缴纳的保险费为依据，计算各自的承担额进行弥补。因此，没有所谓的盈利问题的存在。所以，相互保险公司不是一个以营利为目的的法人组织，其也没有营利冲突。我国的阳光相互农业保险公司就采用相互制保险公司这一组织形式。

相互制保险公司的公司治理不同于股份制企业，有其自身特殊之处：

相互保险公司的权力机构是会员大会或者会员代表大会。会员的一切权利与义务都建立在所缴纳的保险费基础上，但其理事不限于会员，可以是非会员。其之所以以非会员作为理事，在于能够充分利用非会员的关系开展业务。在设立相互保险公司时，由会员或者非会员出资，以支付开业费用和担保资金，但其性质属于借入资金，由设立后所筹集的保险金归还，在归还时，应支付利息。早期的相互保险公司，保险费的筹集采取赋课方式，现则改为固定方式。若经营结果有盈余，则采取两种方式处理：一是以分红方式分配给会员；二是作为下一会计期间的保险费，按公积金处理。如果营运结果发生亏空，因现在的保险费筹集已经改为固定保险费方式，不能采取追加方式弥补，因此，现在都采取减少保险金的给付方式弥补。

最初的相互保险公司充分体现了相互性，即会员直接管理公司，实行公司自治，由所有会员相互承担风险责任。但是，随着规模的扩大，会员很难真正参与管理，现在已经演变为委托具有法人资格的代理人营运管理，负责处理一切保险业务。代理人通常由会员大会选举的指导委员会控制，但不承担任何责任，实际责任仍由所有会员承担。因此，过去的相互性已经部分消失，与股份制保险公司已无明显差异。如在内部组织机构的设置、保险业务的拓展、保险费率的拟订、保险基金的投资运用等，都遵循保险原则。

相互保险公司比较适宜人寿保险公司，这是因为财产保险的期限短，投保人和被保险人常常变动而难以长期维护这种相互关系，而人寿保险的期限一般较长，会员间的相互关系能够较为长久地维系。正因为如此，现在世界上很多著名人寿保险公司都是相互保险公司，如美国的"大都会"。然而，由于股份制保险公司推出了分红保单，相互保险公司的这种优势也在日渐消失。

（四）劳合社

从保险历史上看，个人承办保险曾有过相当长的时间，但随着社会经济的发展，保险金额日渐扩大，而个人承保能力又相当有限，使得个人承保经常出现不能胜任的局面。个人保险在英国最为流行，这主要是由英国经济发展的特点，特别是由英国以判例制度为特点的法制发展史等综合因素所决定的。美国仅在得克萨斯、纽约和新墨西哥三个州有个人保险，其地位也不像在英国那样重要。如今，传统意义上的个人保险组织除英国劳合社社员仍然保持相当承保势力外，其他国家在逐渐减少，有被淘汰的趋势。

劳合社是英国最大的保险组织。劳合社本身是个社团，更确切地说是一个保险市场，与纽约证券交易所相似，但只向其成员提供交易场所和有关的服务，本身并不承保业务。伦敦劳合社是从劳埃德咖啡馆演变而来的，故又称"劳埃德保险社"。1871 年经议会通过法案，劳合社才正式成为一个社团组织。

劳合社的承保人，又称名人（Name）或真正承保人（Actual Underwriter）。劳合社承保人以个人名义对劳合社保险单项下的承保责任单独负责，其责任绝对无限，会员之间没有相互牵连的关系。劳合社从成员中选出委员会，劳合社委员会在接受新会员入会之前，除了必须由劳合社会员推荐之外，还要对他们的身份及财务偿付能力进行严格审查。社员必须与劳合社签订一份保证书，保证遵守《劳合社法》及有关规定，每个社员至少要有 150 万英镑的保证金。社员对其承保的业务负无限责任，相互之间无连带责任，要以自己的全部私人财产作为抵押来承担无限责任。但从 1993 年 1 月 1 日起，劳合社建立了一种"停止损失方案"（Stop Loss Scheme），若社员 4 年内的全部净损失超过其保费收入的 80%，则超过部分由该方案下的基金来偿还，但社员必须按规定比例向该基金缴付一定费用。自 1995 年以来，社员还可将其无限责任通过分保转移给作为有限责任的法人组织的社员。每个社员必须将保费和投资收入存入保费信托基金，该基金 3 年结算一次。如果社员的信托资产及私人财产不足以支付赔款，就从中央资源中提取资金偿还债务。中央资源由中央基金和劳合社资产组成，社员须对中央基金每年缴费一次。

进入 20 世纪 90 年代以来，由于世界保险市场竞争加剧，加上劳合社本身经营方式的影响，劳合社的经营也陷入了困境。1992 年营业出现巨额亏损。从 1993 年开始，劳合社大力进行改革，实施了"重建更新计划"（Reconstruction and Renewal）。改革的一个令人瞩目的措施便是向劳合社引入了公司会员，允许公司资本进入劳合社，打破了劳合社会员只允许是自然人的传统惯例。劳合社的公司会员承担有限责任，自 1994 年 1 月 1 日被准入劳合社以来，公司会员的数目及其承保能力连年增长，而个人会员的数量连年递减。据 1997 年底至 1999 年底三年的统计数字，劳合社个人会员的数目分别为 6 825 名、4 503 名和 3 317 名，而公司会员的数目为 435 名、660 名和 885 名。

截至 2007 年 8 月 1 日①，劳合社有 1 124 名承担无限责任的个人会员（Name），123 家个人企业会员（Private Companies），467 家个人承保有限责任公司会员（NameCos：Individuals Underwriting via Limited Liability Companies），131 家苏格兰有限责任合伙企业会员（Individuals Underwriting via Limited Liability Partnerships），3 个个人会员由无限责任转化为有限责任机制的群体（Individuals Who Converted into Limited Liability Group Schemes），294 家有限责任合伙企业（Individuals Underwriting via Limited Liability Partnerships）。

（五）合作保险组织

合作保险组织是由社会上具有共同风险的个人或者经济单位，为了获得保险保障，共同集资设立的保险组织形式。在西方国家的保险市场上，合作保险组织分为消费者合

---

① 资料来源：劳合社网站，http://www.lloyds.com。

作保险组织与生产者合作保险组织。前者是由保险市场消费者组织起来并为其组织成员提供保险的组织，它既可以采取公司形式如相互保险公司，也可以采取非公司形式如相互保险社与保险合作社。后者则多半是由医疗机构或人员组织起来的，旨在为大众提供医疗与健康服务，如美国的蓝十字会和蓝盾医疗保险组织。

合作保险组织作为保险企业的一种组织形式，一般没有统一的法律基础。合作保险组织在法律上并不能归属于社团或机构。

从其发展历史来看，合作保险组织并不是像相互公司那样由需求人或企业主发起，而是由国家或其下属机构建立。其建立的原因是通过保险来代表公共利益，其组织形式的多样化通过其名称就可以清楚地了解，如"机构"、"协会"、"工会"、"团体"或"基金"等。

合作保险组织机构的设置，通常由各保险合作组织通过公司章程自行规定。大多数合作保险组织只有两个机构：一个是监督机构；另一个是在法律上对内和对外代表企业的经营机构。这两个机构在职能上分别对应股份有限公司和相互保险公司中的监事会和董事会，适用与监事会和董事会相似的法律规定。

（六）保险集团

1. 保险集团的概念。保险集团是金融混业经营大趋势下的产物，是保险业为适应日益激烈的市场竞争所形成的特殊经营形式。从 20 世纪 80 年代开始，国际金融业经历了以并购和融通为特色的重大变革，掀起了规模空前的兼并、收购浪潮。与此同时，各国政府纷纷松绑金融管制，银行、保险、证券三者之间相互整合，全能性的金融服务集团应运而生。所谓金融服务集团，是指由处于共同控制之下的两个或两个以上的法律实体组成的至少从事两种以上金融业务（银行、保险、证券）的企业集团，而这里所说的保险集团只是金融服务集团中的一种，专指由专门经营保险业务的企业，通过兼并、并购等形式，将经营范围拓展到其他金融业务，从而形成的企业集团。

2. 保险集团的实质。通常上，从经营上来看，保险集团与一般意义上的保险公司最大的差别就是其经营范围至少涵盖了包括保险业务在内的两种金融业务，表现为保险与银行业务结合、保险与证券业务结合或者是保险与银行、证券等多种金融业务广泛结合。从组织形式上来看，保险金融集团是以集团化的组织形式来实现金融混业经营的。所谓集团就是以资本为纽带的多法人联合体，呈现出股权分散的管理状态和多层次多维度的复杂管理结构。一般来讲，所谓集团的企业资本和资产规模都很庞大，从而能够以资本为纽带来实现产品和业务的多元化经营。

3. 影响保险集团产生和发展的因素。保险集团是随着经济水平的提高而产生的，其产生和发展离不开一定的环境因素，包括信息技术的应用、政府管制的放松、全球化的推动以及客户导向的经营思想。

首先，信息技术的发展为保险公司金融服务的重构和金融集团的产生提供了技术支持。通信、计算机、信息服务的速度及质量的提高降低了交易成本，使得保险公司可以通过低成本对在更广范围的更多客户提供产品和服务，同时使得保险公司可以对已有的金融产品进行分解和重新打包，利用创新的金融工程技术创造全新的金融产品和服务，以满足特定客户对风险管理和投资的需要。

其次，监管环境的变化是保险集团得以产生和发展的重要原因。政府可以通过多种方式影响保险金融集团的发展：例如可以通过金融监管部门颁布相应监管法规，规定保险业的准入条件，影响行业竞争格局（如：通过限制金融机构之间的兼并收购或禁止混业经营来遏制竞争；对金融机构经营的业务范围进行限制；持有金融机构的股权，从而通过行使所有者权益来施加对相关行业的影响；通过相应的制度建设来降低金融机构破产的社会成本）。在政府规定银行、保险、证券分业经营的条件下，各金融部门只能通过有限的产品创新，在监管框架内经营，而政府金融管制的放松，特别是允许金融混业经营，则催生了大量金融集团，其中包括保险集团。

再次，随着金融市场的不断全球化，更多资金开始跨国界流动，风险也日渐增大，这就需要多样化的投资组合来分散和规避风险。以银行为代表的金融业积极向保险、证券业务扩展，建立金融集团，依托子公司开拓金融创新产品，这对传统保险业造成巨大冲击。在不断增强的竞争压力下，保险机构通过兼并重组来扩大业务范围，以期获得规模经济效应。

最后，满足客户多样化金融需求也是保险集团不断发展的原因。如今的金融产品丰富多样，专业性强，个人消费者往往倾向于在熟悉的金融服务提供商处购买所需的大多数金融产品。而保险公司等金融机构也顺应消费者的这种消费心理，为了防止现有客户流失、提高客户的忠诚度，开发出覆盖面很广的各类金融产品。

随着保险集团业务经营范围的进一步扩展，保险集团母子公司之间的关联关系也更加错综复杂，保险集团的公司治理问题非常突出。保险业务与非保险业务之间的风险传递，有可能引发保险集团偿付能力不足的危机，甚至可能造成系统性金融风险。很多保险集团都是全球和国内系统性重要保险机构（G-SII 和 D-SII），例如中国平安保险集团就被评为全球系统性重要保险机构（G-SII）。国际保险监督官协会（IAIS）和中国保监会对系统性重要保险机构有专门的监管要求。加强保险行业监管，协调监管部门间的关系，对于防范金融风险具有非常重要的意义。

【思考与练习】

1. 保险产业的基本特征有哪些？
2. 简述保险产出过程和其中的市场主体。
3. 保险公司经营的固有特征有哪些？
4. 保险公司的业务领域有哪些？
5. 保险公司的组织形式主要有哪些？
6. 影响保险集团产生和发展的因素主要有哪些？
7. 比较公司治理的两种典型的治理模式。
8. 简述保险公司治理的特征。

第三章
保险公司战略管理

本章知识结构

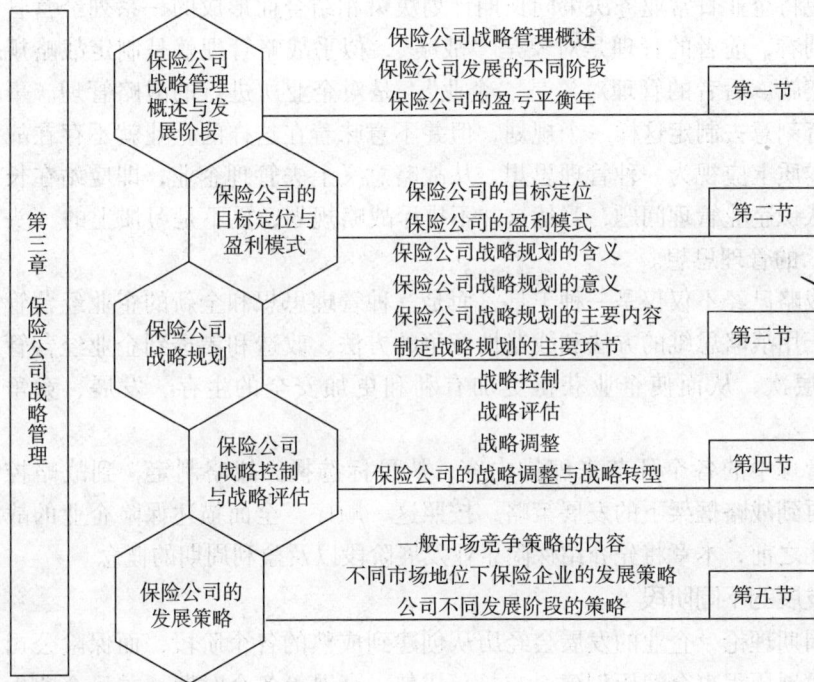

保险公司战略管理概述与发展阶段
- 保险公司战略管理概述
- 保险公司发展的不同阶段
- 保险公司的盈亏平衡年 —— 第一节

保险公司的目标定位与盈利模式
- 保险公司的目标定位
- 保险公司的盈利模式 —— 第二节

保险公司战略规划
- 保险公司战略规划的含义
- 保险公司战略规划的意义
- 保险公司战略规划的主要内容
- 制定战略规划的主要环节 —— 第三节

保险公司战略控制与战略评估
- 战略控制
- 战略评估
- 战略调整
- 保险公司的战略调整与战略转型 —— 第四节

保险公司的发展策略
- 一般市场竞争策略的内容
- 不同市场地位下保险企业的发展策略
- 公司不同发展阶段的策略 —— 第五节

本章学习目标

- 掌握保险公司战略管理的基本内容
- 了解保险公司的不同发展阶段及盈亏平衡年的概念
- 掌握保险公司战略规划的定义、内容及主要环节
- 了解战略控制、战略评估与调整的含义
- 了解保险公司发展战略与发展策略的内涵及不同

第一节　保险公司战略管理概述与发展阶段

一、保险公司战略管理概述

"战略"是指企业以未来为基点，为寻求和维持持久竞争优势而作出的，有关企业全局的重大筹划和谋略。或者说，战略是一个把企业的主要目标、政策和行动顺序综合成为一个紧密结合的整体形式或计划。战略的意义在于决定一个企业长期的目标和目的，并为实现这些目标采取一系列必要行动和资源配置。

战略管理的含义可以分为狭义的战略管理和广义的战略管理。狭义的战略管理就是根据外部环境和自身状况及其变化趋势制定战略、实施战略，并根据对实施过程与结果的评价和反馈来调整、制定新战略的动态过程。广义的战略管理就是运用战略对整个企业进行管理，或者说将企业日常业务决策同长期计划决策相结合而形成的一系列经营管理业务。从两者区别看，前者的管理是对象是"战略"，似乎战略管理就是制定战略规划，然后按照规划实施。后者的管理对象是"企业"，是对企业所进行的战略管理。事实上许多企业并没有刻意去制定这样一个规划，但并不意味着在这样的企业就不存在战略管理。战略管理本质上应视为一种管理思想，从战略意义上去管理企业，即应站在长远和全局的角度去认识企业管理问题，当然这并不排斥战略规划，更不是习惯上的"头痛医头，脚痛医脚"的管理思想。

在现代社会，战略已经不仅仅是一种工具，而是一种管理思想和全新的企业经营管理模式，其实质在于用战略思维的方法和战略性竞争的方法，改造和渗透到企业经营管理各个环节、各个层次，从而使企业获得更加有利和更加安全的生存、发展、竞争空间。

本章依据战略管理中的各个环节来编排内容，从目标选择、战略制定，到战略控制、评估与调整，再到战略框架下的发展策略，按照这一顺序，全面描述保险企业的战略管理过程。而在此之前，本章将先介绍保险企业发展阶段以及盈利周期的概念。

二、保险公司发展的不同阶段

根据企业生命周期理论，企业的发展会经历从创建到成熟的各个阶段，而保险公司作为一类企业，其发展历程也会经历创建、成长、成熟、衰退等各个时期（关于企业生命周期理论的介绍见专栏 3-1）。根据市场环境、保险公司的业务范围（寿险还是财险）、市场定位、发展战略、管理水平等因素的不同，各个公司走入不同阶段的时间也有所不同，下面我们以寿险公司为例，说明保险公司发展不同阶段的特点。[①]

（一）创建期

保险公司创建期通常为开始营业的最初 1~6 年。创业期间在经营上的主要特点表

[①] 节选自万峰主编的《寿险公司战略管理》一书中第五章"寿险公司不同时期的发展战略"，中国金融出版社出版。

现为：一是经营成本偏高。这一时期，公司业务结构中新契约占比较大，续保业务尚未形成规模，人工及固定资产等开支庞大，产品单位成本高，公司费用比例居高不下，账面难以形成利润，对股东的增资压力较大。

二是管理相对滞后。新公司刚成立，相对缺乏寿险专业管理人才，业务管理系统也处于建设和调试的不稳定阶段，一些保全或客户服务工作很难在短期内达到公司及客户期望的水平，整体经营经验与专业技术不足。

三是知名度不高。社会公众对新成立的寿险公司缺乏认识，公司商誉尚未树立，客户群体、细分市场均未形成，在展业、增员等方面起步艰难。

四是承保能力相对较弱。公司处于经营初期，总体业务规模较小，缺乏自身可靠的死亡经验数据，大额或风险集中业务完全依赖分保公司的支持，公司本身风险承担能力较弱。

五是缺少竞争能力。公司对外商品销售广度不足，对内各项职能运作配合不够，基本无力正面对抗同业老牌公司的强势竞争。

（二）成长期特点

在创建期后是成长期，通常是在成立之后的 6～10 年内。成长期间经营上的主要特点与创建期有着明显的不同。

一是业务增长整体放缓。因创建期新契约增长过速，保单失效率、解约率偏高，公司积累有效保单的增长出现徘徊，难以有突破性的发展，公司整体业务的增长依靠增设分支机构来实现。

二是营销体系基本形成。寿险公司在经历了创建期后，建立了自身的基础营销制度，组建了自己的营销队伍，专业代理和兼业代理机构也初具规模，销售体系架构已基本形成。

三是公司财务负担沉重。公司开始陆续组建分支机构，又一批新公司要经历创建期的艰难，伴随着员工队伍迅速壮大，人工费用总额增加，公司财务在固定资产、业务费用开支方面负担沉重。

四是新产品开发成为焦点。公司产品及业务管理运作制度在信息技术的支持下逐渐稳定，逐步形成向多个寿险业务领域推出新产品的能力，致使新产品开发与新业务管理系统开发面临竞争冲击，产品开发成为公司的焦点问题。

五是经营上开始出现了变革。创建时期简单的管理方式已经不能适应公司不断扩张和管理细化的要求，导致寿险公司的组织结构与人力资源系统出现变革，经营运作逐渐趋向顺畅。

（三）成熟期的特点

保险企业在经历了成长期后，各方面积累也会走向成熟，一般一家寿险公司大概要在经营二十年之后，才开始逐步进入成熟期，成熟期一般能持续较长时间。成熟期的经营特点有以下几方面：

一是追求稳定的投资回报。公司经过前期业务发展，已经积累了庞大的资金力量，公司有长远的投资计划，并配合业务发展谋求回报率的稳定增长。

二是经营成本下降。业务经过持续增长，已达到了相应的规模要求，形成了规模经济效益，公司整体经营成本显著下降。

三是市场份额趋于稳定。产品特色与商业信誉均已形成，公司管理有序、经营有方，在市场中已占有稳固的地位和稳定的份额。

四是着眼于长远的经营战略。经营上开始注重公司整体的规模效益，而不再单纯计较某一险种或某一措施的成败得失。

五是经营范围持续扩大。成熟期的公司已具有丰富的经营管理经验和良好的商业信誉，财务基础稳固、各项业务指标均能配合公司计划实现稳步增长，公司开始有能力将经营范围扩展至寿险业务之外的相关领域，如银行、产险、证券及其他产业甚至国际化。

目前，由于我国保险市场还处于蓬勃发展之际，而且公司的准入及退出尚未完全自由化，因此，尚未看到很多公司进入由昌盛走向没落、从高峰滑向低谷的衰退期。一般当公司经营不善、老客户忠诚度下降、销售业绩连年持续下降、公司出现负现金流时，即可认为公司处在衰退期。

专栏 3-1
企业生命周期的理论研究与应用研究[①] ⅢⅢⅢⅢⅢⅢⅢⅢⅢⅢⅢⅢⅢⅢⅢⅢⅢⅢ

企业生命周期理论是当今研究企业管理的重要理论之一，该理论将企业的发展视为生物体生命周期现象的一种模拟，存在着从出生到成长、成熟、衰老与死亡的周期性。研究者普遍认为，随着企业生命周期阶段性的发展，管理思路与方法只有采取相应的权变策略，才能使企业立于不败之地。基于企业生命周期的研究，可以分为理论研究与应用研究两大类，理论研究主要是探讨企业生命周期理论的自身问题，如阶段的数量、阶段划分的指标与方法等，应用研究主要是探讨企业生命周期各阶段中的管理问题。

一、企业生命周期的理论研究

20世纪50年代，Haire（1959）首次应用"生命周期"观点来研究企业问题，他认为组织的成长就像有机体一样，符合生物学中的成长曲线，从诞生、成长、成熟、衰退甚至死亡，存在着显而易见的周期现象，并指出企业管理的水平成为制约企业发展的瓶颈因素。在国内，陈家贵（1995）是较早进行企业生命周期研究的学者，他根据企业规模的大小，把企业的生命周期划分为孕育期、求生存期、高速成长期、成熟期、衰退期和蜕变期六个阶段，不同于大多数研究将死亡作为企业生命周期的终点，他在企业衰退期后引入了"蜕变期"的概念。

二、企业生命周期的应用研究

在与企业生命周期有关的研究中，相当数量的研究是基于企业生命周期的应用研究，主要探讨企业生命周期各阶段中的管理问题，管理的具体内容包括薪资、技术创新、企业核心竞争力、竞争战略、人力资源管理等。还有一部分研究把企业周期理论与已有的企业管理理论，如危机管理学、破坏性创新理论等相结合。如郭际、李南与白奕欣（2006）将生命周期理论应用于企业的

---

① 王炳成：《企业生命周期研究评述》，载《技术经济与管理研究》，2011（4）。

危机管理，并认为企业危机也可以分为危机潜伏期、危机征兆期、危机发生期、危机总结期和危机恢复期五个阶段。而张军（2007）以破坏性创新为研究对象，从企业的资源与能源出发，将企业生命周期与破坏性创新理论联系起来，研究了企业在生命周期不同阶段开展破坏性创新的可行模式、影响因素及内在机理。

三、保险公司的盈亏平衡年

保险业与一般商业企业最大的不同在于其是一个经营风险的行业，是负债经营，其盈利模式具有特殊性，又因为保险业对初始资本要求比较高，尤其是寿险公司，其经营的业务很多是长期性的，资本回收期较长，因此保险公司的盈利始点往往较晚。

（一）保险公司盈亏平衡年的概念[①]

从财务报表角度来说，盈亏平衡年就是公司的累计营业利润第一次实现由负值变为正值，并且以后一直保持正值的那个经营年度。盈亏平衡年的概念强调盈利的稳定性，即进入盈亏平衡年之后，公司的累计利润必须一直保持为正，体现公司正式进入盈利周期。如果仅是在某年突然出现盈利，但之后几年依然是累计亏损，该年并不能作为盈亏平衡年。

在传统情况下，对寿险公司来说，利润曲线应该呈凹形，也即开业前期亏损并在一定年限内逐年扩大，3～5 年左右为亏损最严重时期，并在 7～8 年左右进入盈利期。一旦进入盈利期，利润将呈现较快增长。盈亏平衡年将出现在第 10 年左右，具体如图 3-1 所示。

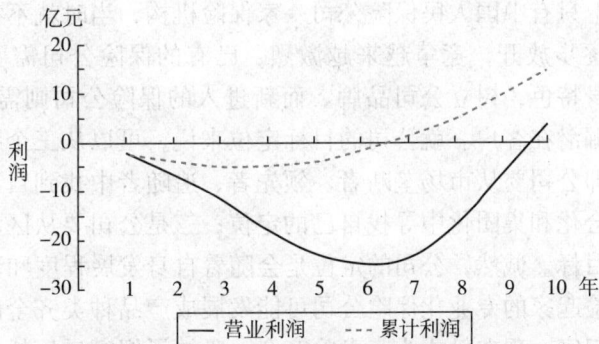

图 3-1 传统经营模式下寿险公司盈利周期

当然，上述利润曲线显示的是传统模式、正常环境下寿险公司的利润变化趋势，在实际中，由于各种各样的原因，寿险公司的利润曲线不一定呈标准的凹形。出现这种情况时，需要股东和管理层去了解导致利润曲线改变的原因。

（二）对保险公司盈亏平衡年有影响的因素

根据经济环境、行业环境、投资环境以及公司性质、自身定位和发展策略等因素的不同，各公司的盈利始点有较大差别。传统理论认为，寿险公司一般能在 7 年左右实现

---

① 节选整理自陈文辉主编的《中国寿险业经营规律研究——费用、盈亏平衡、资本需求》一书中第八章"中国寿险业发展规律总结"。

盈利，但这是建立在公司主要从承保过程获得利润的基础上，随着国内越来越多的保险公司倚重投资收益，这个盈利始点的到来也就更加依赖资本市场情况。

当然，还有很多因素会影响一家保险公司的开始盈利时间。从外部环境因素来看，一是保险公司的盈利情况与国民经济发展密切相关，会随宏观经济的波动而波动；二是盈利情况也会受到政策环境和监管环境的影响，国家政策的倾向性会直接促进企业的发展，偿付能力监管、市场行为监管和公司治理监管会对企业起到约束作用；三是税收环境的变化也会影响公司盈利。从内部因素来看，公司资本、企业的规模、产品结构、治理水平、营销能力、市场占有率以及创新能力等都会对公司开始盈利的时间有较大影响。

第二节　保险公司的目标定位与盈利模式

明确公司定位，塑造完整明晰的商业模式，这既是保险公司战略管理的起点，又是需要根据经济环境、市场环境和公司经营状况的不同而不断调整和优化的重要战略内容。只有定位清晰、商业模式得当，公司的市场竞争力和盈利能力才能不断增强。

一、保险公司的目标定位

市场定位是商品经济高度发展的产物，例如在 20 世纪 80—90 年代，我国保险业属于垄断格局，市场上只有中国人民保险公司一家保险机构，当时就不存在市场定位的问题。而随着市场的逐步放开，竞争越来越激烈，已有的保险公司需要发挥自身比较优势，进一步明确自身特色，树立公司品牌。而新进入的保险公司则需要寻找市场空隙、找准目标定位、挖掘潜在客户。就公司的目标定位来说，可以从三个维度来形容。一是公司的市场定位，即公司要从市场垄断者、领先者、追随者中找到自己的角色；二是公司要从专业化、综合化和集团化中寻找自己的定位；三是公司要从区域化、全国化和国际化中确定自己的目标。诚然，公司的定位是会随着自身发展程度和环境的变化而变化的，一个以农业保险起家的专业化保险公司可能发展成产品种类齐全的财产险公司，而如平安，以财产险起家，现在已成为产寿险齐全，吸纳了银行、信托、证券子公司在内的大金融集团。

（一）公司的市场定位

1. **市场主导者定位。**市场主导者是指在行业市场占有率最高的保险公司。一般来说每一个国家或地区的保险行业中，都有一两家公司被公认为行业的领导者，它是市场竞争的先导者，也是其他公司挑战、效仿和回避的对象。如中国人寿是中国寿险市场的主导者；日本生命是日本寿险市场的主导者；国泰人寿是台湾地区人寿保险业的主导者；友邦保险是香港人寿保险业的主导者。

2. **市场挑战者定位。**市场挑战者是指在市场上处于次要地位（第二或第三位）的公司，它们在产品、费率、营销、投资上对行业、对市场也有相当的影响，有的时候在个别业务领域甚至超过市场主导者，挑战市场主导者的地位。加拿大宏利保险、日本第一生命保险、中国平安保险公司都是处于市场挑战者地位的公司。这些处于次要地位的公司一般有两种竞争策略：一种是争取市场领先地位，向竞争者挑战，成为市场的挑战者；另一种是安于次要地位，在和平共处的状态下求得尽可能多的收益，成为市场的跟随者。

3. 市场跟随者定位。市场跟随者是指规模较小、市场占有率较低的保险公司，它们没有实力与市场领先者抗衡，也不愿意与之抗衡，一般只希望从新开发的市场中获得相应的利益。因而，它一贯采取模仿、追随市场领先者的产品策略和营销策略，而不是自己去创新产品。比如在 21 世纪初，平安人寿用两年时间研发出投资连结险产品，推出市场不到一年，太平洋人寿、新华人寿就推出了类似的产品。

4. 市场补缺者定位。市场补缺者是指不与实力强大的公司正面竞争，而是精心服务于一个更加细小的细分市场的小公司。它们对那些大公司无法顾及或尚未发掘的小市场进行补缺，通过专业化经营来获得最大限度的经济收益。

（二）专业化、综合化与集团化定位

1. 专业化定位

（1）专业化定位的含义和意义。专业化定位是保险公司将资源高度集中于一类业务或一类险种，如健康险、农业保险、意外险、出口信用保险等。专业化发展有以下一些意义：首先，对一些特定险种，比如养老险、健康险、农业保险来说，专业化经营有其必要性，能有效地提高保险公司的管理水平和产品开发能力，降低成本，提高收益，从而在竞争中占据主动，进入收益增加—规模扩大—规模经济—收益进一步提高的良性循环。其次，专业化经营有利于增强保险公司产品开发能力和风险控制能力、吸纳专业人才、提高服务水平，在市场竞争中取得优势。最后，从整个保险产业角度考虑，专业化保险公司的出现也可以改变当前保险行业同质化竞争格局，有利于丰富保险市场主体，使之充满活力。

（2）专业化发展可能遇到的问题。虽然专业化发展定位能够使公司获得稳定的发展，但由于销售产品的单一，市场范围有限，其发展总有一定的局限性。此外，这种战略是将公司的绝大部分资源投入到单一业务和单一市场上，也使公司的竞争范围狭窄，如果市场出现饱和以及突然的变化，采取这种定位的公司所受到的打击也最大，这也是专业化定位最大的风险。因此，尽管公司以专业化定位立足，还必须要根据市场需求的变化情况，及时调整经营战略，避开经营风险与陷阱，保证公司资源的有效利用和公司的正确发展方向。

2. 集团化定位

（1）集团化定位的含义和意义。从保险企业发展历史来看，集团化的企业往往由综合化经营的保险公司过渡而来，综合化经营是指保险公司在主要发展单一业务的基础上，对各类产品进行全线布局，形成完整的产品结构。而集团化定位是指保险公司向集团化迈进，兼营产寿险，并向银行、证券及其他行业发展。在多元化发展的定位中，经营者必须要为同属于自己的几个处于不同市场的不同公司制定出多行业、多种经营业务的战略方针。集团化发展有以下一些意义：一是有利于提供整合性产品和服务，满足客户增长的多层次综合性要求；二是资源共享可以发挥多元业务间的协同效应，降低运营成本，实现对新业务快速发展的支持；三是多元化业务组合，也可以分散公司整体的经营风险；四是保险业的新业务盈利需要一定的回报期，例如，寿险公司从设立起到盈利一般需要 7～8 年时间，而投资回收期则超过 20 年，如此长的投资回报期意味着保险公司在集团化发展前期，需要其他业务提供稳定的盈利，以满足股东回报要求，维持股东信心，并为集团后续发展提供更充足的资金支持。最后，集团化发展是国内公司"走出去"，实现国际化的前提条件和基本路径。

（2）保险企业集团化的不同类型。这里主要从产业组织的角度出发，分析行业内集团公司的发展模式，主要包括横向一体化模式、纵向一体化模式和综合一体化模式。

①横向一体化模式。保险集团公司的横向一体化模式是指保险公司在原有经营范围内，通过兼并、联合或设立其他保险公司，形成具有多经营范围的保险集团以扩大规模。横向一体化最大的优势在于操作简单，可以通过横向并购或横向联合实现。大多数的保险集团都是先从横向一体化做起的，先是在本行业通过并购扩大市场份额，然后才进行纵向一体化，纳入中介和投资机构，最终是综合一体化模式。

②纵向一体化模式。保险集团采用纵向一体化的模式是指按照保险产品的生产销售流程，将上下游企业通过兼并、收购的方式，把中介机构和投资机构纳入到集团中来，降低交易成本，提高集团的收益节约成本，发挥集团化的优势。中国人民保险集团股份有限公司在设立人保寿险以前，是典型的纵向一体化模式，可以通过它的组织结构图看出，如图 3-2 所示。

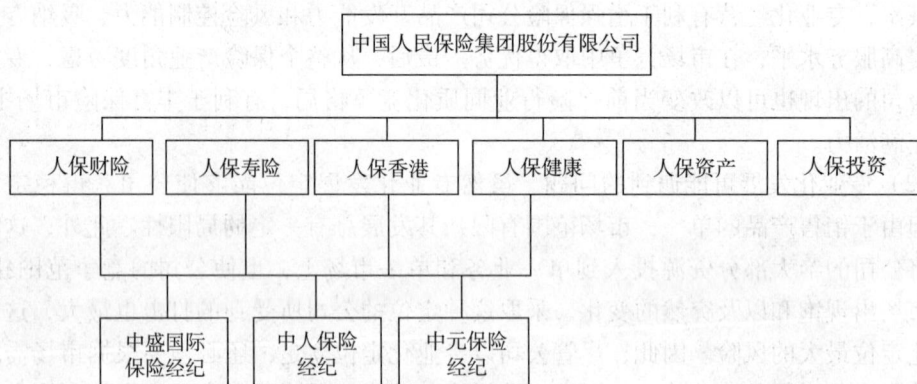

图 3-2　中国人民保险集团股份有限公司组织架构图（建立人保寿险之前）

③综合一体化模式。综合一体化是指企业通过一定方式控制多个产业中的若干生产经营单位，实现跨产业经营。比如保险公司设立经纪公司、代理公司，寿险公司可以设立财险子公司，财险公司可以设立健康险公司，这是保险业内相混合；保险集团可以设立隶属于自己的银行、证券公司和基金，这是金融内的混合；保险还可以和其他与保险不相关的产业相混合，典型的例子如韩国的三星集团。

在我国保险业，平安集团就属于综合一体化的模式，以平安股份有限公司为例，作为中国首家股份制保险公司，目前已经形成以保险为主，集证券业、信托业于一体的准金融控股公司。其中，信托业务由"平安保险"控股的"平安信托"提供，而证券业务则是由"平安保险"间接控股的"平安证券"提供，平安证券由平安信托直接控股。2003 年 12 月汇丰银行与平安保险联手收购福建亚洲银行，"平安银行"横空出世。图 3-3 是中国平安保险（集团）股份有限公司的结构图，从图中可以清晰地看出平安保险集团采用的是横向一体化发展的模式。

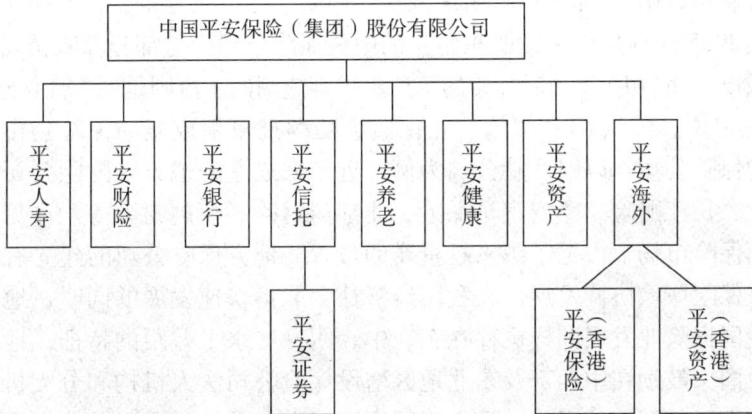

图 3-3　中国平安保险（集团）股份有限公司组织架构图

（3）综合化与集团化的实现方式。将企业定位成综合化或集团化经营，就说明要进入新的业务领域，通常进入新业务领域的方式有三种，即并购、新建和合资。

并购是公司采取多元战略进入另一个业务领域最常见的一种方式，不仅因为它是一条进入目标市场的捷径，也是跨越进入壁垒的有效方法，世界上许多保险公司都是通过并购的方式实现多元化战略。而并购包括兼并和收购两层含义。公司兼并是指由一家占优势的保险公司吸收一家或更多的相关企业或公司，而收购也是进入新业务的战略途径之一，其既可以作为长期投资，旨在加强被收购业务的市场地位，也可以作为金融资本行为，意在转手获利。

通过新建来实现多元化战略就需要创建一个新公司在所期望的业务领域中进行竞争。一个新创建的公司不仅需要克服进入壁垒，而且必须进行必要的投资以形成新的生产能力，如建立销售渠道、培训员工、创建品牌等。

合资是获得新业务的一种非常有效的途径，如果利用得好，可以实现产业资源互补、风险共担，两个或两个以上独立组织的资源联合可以形成一个更具竞争力的新组织。

（4）综合化、集团化目标存在的风险。保险企业在向综合化、集团化发展的过程中可能会遇到以下风险。一是来自原有经营业务的风险。一个企业的资源总是有限的，多元化战略的投入往往意味着原有业务的支持被削弱，这种削弱不仅仅是资金方面也是管理方面。二是市场整体风险。当今市场的关联度越来越大，多元化经营方式中的各产业仍然面临共同的联动的风险，这种风险在集团经营的背景下有可能被放大。三是行业进入与退出风险。进入一个行业需要持续的投入、学习、与竞争者相抗衡。同时，如果公司深陷一个错误的投资项目却无法做到全身而退，可能拖垮公司的主营业务。四是内部经营整合风险。由于不同的行业有不同的业务流程和市场模式，因而对公司的管理机制有不同的要求，企业必须把不同行业对其管理机制的要求以某种形式融合在一起。有可能造成公司本身有限资源的不合理分配，最终使公司的目标屈从于内部冲突。

（三）区域性、全国性和国际化定位

中国保险业自 2001 年加入世贸组织以来，迎来了三轮扩容潮，第一轮是合资寿险公司，第二轮是 2005 年前后由民营股东组建的中资保险公司，这部分保险公司的总部仍然集中在一线城市，而 2010 年前后开始的第三轮扩容热潮的主流则是地方性保险公司。

1. 区域化定位。自 2010 年以来，在保监会陆续批复新成立的保险公司中，大部分都是地方性的保险公司，以财产险公司为例，近年来成立的地方性财险公司有：泰山财险、诚泰财险、长江财险、鑫安汽车保险、北部湾财险、燕赵财险等。可见，地方性保险公司在我国保险市场上占据了越来越重要的位置。地方保险公司的建立有以下一些意义：一是促进保险区域协调发展。在我国经济社会取得快速发展的同时，地区差距也在不断扩大。我国保险业发展同样也存在东、中、西发展水平差距的特征，地区间发展不平衡。因此，国家鼓励在中西部及东北地区增设保险公司法人机构和分支机构，开发与当地经济社会发展相配套的保险产品，为国家区域发展总体战略服务，实现区域协调发展。二是提升保险行业综合实力。随着区域性保险公司逐渐增多，满足人们日益增长的保险需求的产品和服务也将丰富，保险业服务经济社会的能力将得到有效加强。三是完善地方金融体系。地方保险公司的成立是地方政府致力于建设区域性金融中心的重要组成部分，是继成立银行、证券公司之后的一项战略举措，以完善地方金融体系。四是支持地方经济社会发展。地方保险公司的保险资金沉淀在当地，保险资金可以股权、债券等方式投资省（市）重点基础设施和产业项目，支持地方产业结构调整和优化升级。

尽管如此，地方性保险公司在发展中也面临着一些问题：比如受限于资产规模、风险承受能力、技术水平、业务经验等因素，地方保险公司在保费规模和增速上都不乐观；再比如人才较为匮乏，使得经营管理水平落后。地方性保险企业可以适度引进地方金融控股集团作为股东，明晰产权关系，明确市场定位，加强人才队伍建设，审慎推进跨区域经营，保障公司的持续发展。

2. 国际化发展。我国保险业突破垄断发展期后，进入了快速发展时期，保险公司的经营管理水平和服务质量有了很大的提高。与此同时，国内保险市场于 2004 年起实现了全面对外开放，外资保险公司在我国实现了同中资保险公司公平同台竞技，中资保险企业也逐步在海外建立分支机构、通过上市等方式利用海外资本市场，国内保险行业监管也逐步与国际市场接轨，我国保险业逐步踏上了国际化发展的道路。这一部分在之后章节中有详细论述。

二、保险公司的盈利模式

选择合理、成功的盈利模式是公司实现盈利的重要保证，也是实现保险公司目标的重要途径，正确的盈利模式需要处理好保费收入与利润、承保与投资、产品结构、管理和营销渠道、集团化与专业化五个方面的关系。① 保险公司盈利模式由保险公司的盈利来源决定，按照传统的观点，保险公司的盈利来源主要由承保利润和投资利润两大方面构成，这两大盈利来源分别由公司的承保业务和投资收益贡献而来，这与传统的盈利模式理论学派"山派"、"海派"相吻合。然而随着经济发展、金融一体化趋势的增强，保险公司的盈利模式也在不断创新。下面将分别介绍保险公司的承保利润模式、投资利润模式以及新兴的中间业务模式。

（一）承保利润模式

这种模式下，保险公司的盈利主要来源于承保利润，保险公司在责任分担中通过提高承保质量和控制经营成本追求利润，投资是为了使保险业务获得的资金保值增值。这种模式又被称为"山派"理论，源于阿尔卑斯山脉周围，以德国、法国、瑞士保险公司为主要应用者，该理论主张保险遵循基尔特制度，提倡互助精神和共同分担。实行这种盈利模式的保险公司在经营过程中表现得更为谨慎和保守，更加注重对保险风险的分散和保单质量的提高。

这种模式的利润主要来源于死差益和费差益，还有退保率差益，分别指实际死亡率低于预定死亡人数、实际所用的营业费用低于预定费用，以及实际退保率低于预期退保率。

（二）投资利润模式

这种模式在管理策略上强调保险是金融的一支，保险公司的利润主要源于对公司资金的有效应用，将承保视为筹集资金的过程。这种模式又被称为"海派"理论，源于地中海地区，以英美等国家为代表，以劳合社和美国一些保险公司为主要应用者。该理论认为保险源于海上保险的冒险借贷说，认为保险公司应该注重资金运用，用投资收益弥补承保亏损。选择"海派"盈利模式的保险公司，在业务经营上表现为快速扩张业务渠道、开发高现金价值的产品。

这种模式的利润主要来自利差，其经营状况与资本市场情况、投资情况息息相关。保险公司，特别是寿险公司的大额赔付平均周期很长，所以保险公司具有很好的利用时间差的机会，而且一般情况下保费的资金流入大于赔付的资金流出，所以保险公司有着很大的净现金流，这使得保险公司有成为巨大投资机构的可能。②

（三）中间业务盈利模式③

作为经营平台和追求价值最大化的组织，现代保险公司已经将自己的经营业务拓展为三类业务的组合，即"保险公司经营业务＝保险业务＋投资业务＋中间业务"，其中第三类业务为中间业务，即由保险产品中服务业务部分拓展而直接形成的"独立于自身承保业

---

① 关于保险公司盈利模式的内容参考：江生忠、邵全权：《保险公司盈利模式的认识与选择》，载《中国保险报》，2009－02－10，第2版。

② 从目前我国保险公司的实际盈利情况来看，无论是财险公司还是寿险公司，其投资利润占总利润的比重都比较高，整体上表现为以投资收益弥补承保亏损的模式，行业中"保险姓保，回归主业"的呼声也日渐强烈。

③ 中间业务模式在国内由祝向军于2010年提出，该部分内容参考：祝向军：《我国保险公司盈利模式的发展演化与未来选择》，载《保险研究》，2010（2）。

务之外"但又与保险业务相关的服务业务，体现出保险公司"金融中介"的基本特性。

事实上，目前"中间业务"已经成为保险公司开始追逐的目标。例如，寿险公司的投资连结产品，以及产险公司的非预定收益的投资型产品就属于独立于保险业务之外的中间业务产品；而保险公司对于交强险的"代理"，对于"新农合"、"新农保"的积极参与，以及对于企业年金的管理等也都属于独立于公司自身保险业务之外的，但又与保险业务相关的代理服务业务。不过在市场中，保险公司的"中间业务模式"并没有像"投资模式"一样迅速提升保险公司的盈利水平而成为一个替代性的盈利模式选择。

✔ 专栏 3-2
大数据时代商业模式的创新

大数据时代的到来为我们的生活带来了革命性的变化，一些学者认为，其也会给保险业带来颠覆性的变革。下面我们从三个角度来看在新的时代背景下保险公司的商业模式出现了哪些变化。

一、平安保险改变收入模式

1999 年以前，国内保险行业盈利主要来源于保险业务本身，称为"技术盈利"。平安保险发展了"做大规模，巨量资金，承保亏损，投资盈利"的新盈利模式，改变为不惜以亏损的保险业务来获得巨量现金流，再投入资本市场或房地产市场，从而获取超额收益。此举使平安保险获得了巨大成功，并导致后来兴起的保险公司大多采用同样的商业模式。

二、天平财险、招商信诺改变提供服务的路径

国内保险公司原来都采用全产业链的商业模式，保险公司提供开发设计、销售服务、理赔服务等全部服务。天平财险重新定位了保险公司，认为保险公司的核心优势是保险险种的开发和设计，其他服务不是核心优势，应该做减法。通过将销售服务外包给保险代理公司、保险经纪公司，将理赔服务外包给保险公估公司，天平保险聚焦核心竞争优势，大幅减少了资本消耗，迅速实现盈利，成功走出了一条创新商业模式道路。

寿险方面，招商信诺依托股东资源，扬长抑短，不在传统的个人营销方面投入过大资源，转而大力开拓电话销售，充分利用银行大数据优势，3 年实现盈利，成功创造了国内寿险公司盈利期的不灭传奇。

而众安保险更是依托电商阿里巴巴的背景，独树一帜发展线上保险，仅退运险年度保费就能达到数亿元。

三、国家电网发展独特的保险价值网络

其他大型经济实体进军保险行业，都是采用直接设立保险公司的方式，而国家电网发展了独特的保险价值网络。国家电网意识到自身的核心优势是丰富的客户资源，为充分发挥这一核心优势，国家电网首先设立了长安保险经纪公司，来分配自身拥有的客户资源，固定收取 15% 的手续费用，确保自己拥有的客户资源转化为稳定的盈利。再设立英大产险公司和英大寿险公司，通过长安经纪公司对自身拥有客户资源的"配给制"和"招标制"，第一方面鼓励子公司充分发掘社会客户资源，第二方面实现了子公司互相竞争的有效激励机制，第三方面保留了子公司对母公司的业务依赖性，保证不会出现"独立王国"的情况，第四方面形成了良好的文化氛围，避免了子公司评判标准失衡、"会哭的孩子有奶吃"等问题。

第三节　保险公司战略规划

一、保险公司战略规划的含义

保险公司战略由四个要素组成，即经营范围、资源配置、竞争优势和协同作用。一是经营范围，是指保险公司从事经营活动的领域，它既反映保险公司与其外部环境相互作用的程度，也反映保险公司计划与外部环境发生作用的要求，经营范围包括业务范围和相关的经营活动。二是资源配置，是指保险公司过去和现在的资源以及技能配置的水平和模式，资源配置的效率直接影响保险公司实现自己目标的程度，当保险公司根据外部环境变化采取战略行动时，一般应对现有的资源配置模式加以适当的调整，以支持公司的战略实施。三是竞争优势，是指保险公司通过其资源配置与经营范围的决策，在市场上所形成的不同于竞争对手的优势地位，竞争优势既可以来自保险公司在产品和市场上的地位，也可以来自保险公司对特殊资源的正确运用。四是协同作用，是指保险公司在资源配置和经营范围的决策中所能获得的综合效果[1]。

所谓战略规划，就是制定保险公司的长期目标并将其付诸实施，它是一个正式的过程和仪式。保险公司在成立之初就应根据公司愿景对未来的发展作出规划。制定战略规划分为三个阶段：第一个阶段是确定目标，即企业在未来的发展过程中，要应对各种变化所要达到的目标。第二个阶段就是制定规划，当目标确定了以后，考虑使用什么手段、什么措施、什么方法来达到这个目标，这就是战略规划。最后，将战略规划形成文本，以备评估、审批，如果审批未能通过的话，就可能还需要多个迭代的过程，需要考虑怎么修正。

◢ 专栏 3 - 3
《保险公司发展规划管理指引》 相关内容节选 （一）[2]　∎∎∎∎∎∎∎∎∎∎∎∎∎∎∎∎∎∎∎∎∎∎∎

《保险公司发展规划管理指引》由中国保监会于 2013 年颁布，其中有关保险公司战略规划要素的内容集中于第二章：规划要素。第二章节选内容如下：
……
第七条　保险公司发展规划应当包括公司战略目标、业务发展、机构发展、偿付能力管理、资本管理、风险管理、基础管理、保障措施等规划要素。
第八条　公司战略目标应当充分考虑宏观经济金融形势、保险市场供需状况、公司自身优势与劣势等因素，体现差异化特色，明确市场定位和发展目标。
第九条　业务发展应当包括业务规模、业务结构、渠道发展和再保险等。保险公司应当按照

---

[1]　本节内容主要参考了万峰编写的《寿险公司战略管理》（中国金融出版社 2005 年版）一书。
[2]　资料来源：保监会网站，www. circ. gov. cn。

中国保监会核定的业务范围和监管要求，根据公司资本金状况和股东持续出资能力，制定分年度目标。

第十条　机构发展应当包括经营区域范围、分支机构类型和数量发展计划及退出安排等，明确规划期内省、市各级分支机构年度发展的目标和措施。

机构发展计划应当符合保监会关于机构准入退出的总体要求，并与自身的经营管理情况相匹配。

第十一条　偿付能力管理应当合理预测公司盈利水平和偿付能力状况，保证偿付能力充足，并根据偿付能力管理制度，提出不同假设条件下的偿付能力优化方案。

第十二条　资本管理应当根据公司业务规模、分支机构扩展情况、盈利水平、偿付能力状况，合理预测规划期内的资本需求，建立科学的资本补充机制。

第十三条　风险管理应当包括保险公司面临的主要风险和发展趋势，确定适当的风险限额和风险偏好，明确风险管理措施和程序，建立风险监测、预警和处置机制。

第十四条　基础管理应当包括企业文化、人才发展、信息建设等内容。

……

第十五条　保障措施应当包括制度建设、组织机构、任务分解、考核评估、宣传引导等。

第十六条　保险集团公司的发展规划还应当包括拟进入和退出的行业领域和管理模式等主要内容。

……

二、保险公司战略规划的意义

第一，制定战略规划对保险公司自身具有重要意义。由于公司发展战略是基于对公司实力的合理评估、对环境的客观分析和前瞻性观察，因此实施战略管理有利于明确发展目标、制定出清晰的发展道路。一是可以增强公司决策管理层实现目标的决心与信心，增强目标实现过程中的抗干扰能力，减少政策环境、市场环境、行业环境的变化对公司发展道路的影响；二是公司能在战略规划的框架下细化出不同阶段的具体经营策略，有利于公司管理的体系化、规范化，同时可以提高执行效率和在行业中的竞争力；三是有利于树立公司的品牌形象，建立企业文化。

第二，制定战略规划有助于增强对消费者的吸引力。一方面，保险产品相较于一般商品具有特殊性，一是体现在保险产品是一种无形产品，消费者购买时无法直接接触与鉴别；二是体现在保险产品，特别是寿险产品从订立合同到合同终止可能历时几十年，作为先销售后生产的企业，保险公司能够持续经营是消费者得到应有保障的首要前提。另一方面，我国保险市场尚不发达，居民对保险的认识接受程度还有限。以上两方面原因致使消费者倾向于选择发展势头好、发展潜力大、持续经营能力强、有品牌影响力并具有较高信誉的保险公司。而进行战略规划管理，在给保险公司自身带来种种好处的同时，也是展现给广大消费者的一张公司名片，彰显出公司的自信心、行业影响力，有利于提高公司的知名度和声誉。

第三，制定战略规划有利于提振股东信心、增强融资能力。一方面，对于公司股东来说，制定战略规划，一是有利于股东明确公司未来的发展方向，指导股东适时增减资本；二是也可以帮助股东形成对公司发展的合理预期，增加其对公司的认识，提振股东信心，保障公司资本和股权结构的稳定性。另一方面，制定战略规划为公司描绘了发展的蓝图，有利于吸引资本市场投资者，增强公司的融资能力。

第四，制定战略规划有利于监管部门工作的顺利开展。首先，保险公司明确的战略规划让监管部门对被监管对象有更清晰的认识，有利于监管工作有的放矢，更有效率；其次，战略规划的前瞻性特点让监管部门对被监管对象的未来工作有一定了解，有利于监管工作更快地适应新形势、满足新需求；最后，监管部门能够从各公司的战略规划中捕捉到潜在的问题，增强对未来风险事件的防范，提高反应速度。

第五，制定战略规划是对保险行业整体发展的必然要求。一方面，我国保险行业发展尚不成熟，公司在未来还面临着诸多变化与挑战，这就要求公司要有自己的发展战略、长远规划，保证公司不会因外界变化而受到太多影响。另一方面，我国保险公司自身成立时间短、经验不足，如何面对未知的市场，应对变化的环境并在竞争中脱颖而出，对于保险公司尤其是中小公司的生存和发展都至关重要。在当前的客观环境下，怎样分配资源，平衡各方面不足，集中力量创造自身优势，立足保险市场，需要各公司有长远合理的规划。

三、保险公司战略规划的主要内容

在规模较大的寿险公司中，公司的战略可以明确地划分为三个重要层次：公司的整体战略；分、支公司的经营单位战略；职能部门战略。对寿险公司战略进行层次划分的意义在于：既保持了公司发展方向及战略的统一性和整体性，使保险公司的资源配置能最大限度地符合公司持续、健康发展目标的要求，又能适应分级（权）管理的要求，体现较高程度的经营活动的灵活性，使各级经营管理者的决策更接近于市场。一般来讲，寿险公司的战略层次总是力求与公司的组织结构和权力结构相一致，以保证经营管理者责任与权利的对等。

（一）总体战略

总体战略是一家寿险公司战略的总纲，是公司最高管理层指导和控制公司一切经营活动的最高行动纲领。总体战略的宗旨在于确立公司在保险市场中的位置，成功地同其竞争对手展开竞争，满足客户的需求，获得卓越的公司业绩。总体战略的对象是公司的整体，它根据公司的经营目标选择公司可以竞争的经营领域，合理配置公司经营所需的资源，使各项经营业务相互支持、相互协调。或者说，从寿险公司经营发展方向到分支公司之间的协调，从有形资源的充分利用到整个公司企业文化的建立，都是总体战略涵盖的重要内容。从战略管理的角度看，总体战略的着重点在以下三个方面。

1. 确定公司的使命和公司整体的业务组合以及核心业务。确定公司的使命并决定公司最适合从事哪些业务领域，为哪些客户群体提供人身保险服务是总体战略的首要任务。恰当的业务组合能使寿险公司在充分利用现有竞争优势的同时，不断淘汰那些不具有竞争优势或已经过时而没有发展前景的业务，同时开发和培育公司未来的业务和竞争优势，保持公司的综合竞争优势。对于经营若干种业务的寿险公司而言，总体战略需要确定公司的核心业务类型，避免增加不当的业务导致公司丧失核心业务，进而丧失核心竞争力的来源。为此，总体战略首先要确定公司现有的业务结构是否合理，公司是否需要进入新的业务领域以及如何进入新的业务领域；其次，因为受资源和能力的限制，总体战略在确定发展新业务的同时，还需要决定是否退出某些业务领域，以及退出的时机和方式；最后，总体战略需要确定对各类业务的管理重点、管理权力中心以及具体的政策。

2. 划分分支公司战略经营单位以及进行资源分配。保险公司的经营范围一般分跨国性的、全国性的和区域性的，很少有局限在某一个城市的。而一家保险公司的总体战略是靠具体的经营单位来实现的，因此，总体战略要根据战略实施的需要来划分战略经营单位，并据此进行资源分配。一般除了核心业务关系到公司整体的生存和发展而且因占用的资源量较大需要在总体战略中对资源的使用作出进一步的安排外，其他业务对所分配资源的具体使用一般由经营单位战略确定，总体战略只提出对资源使用效果的要求，并决定对资源使用效果的评价、考核方式和制度。

3. 建立战略变革和战略行动的机制。总体战略需要建立与所处环境变化要求相一致的战略控制系统，以便对环境变化作出及时的调整和战略上的改变，甚至对战略的根本方向以及相应的组织结构和关系进行变革。

总体战略具有以下特点：一是从战略形成的性质看，整体战略是关于寿险公司全局发展的、整体性的、长期的战略行为。二是从参与者看，寿险公司整体战略的制定与推行的人员主要是公司的高层管理人员。三是从对公司发展的影响程度看，总体战略与寿险公司的组织形态有着密切的关系，当寿险公司的组织形态较简单、经营的业务和目标较单一时（例如公司建立初期），公司的总体战略就是具体经营业务的战略，即经营战略；当公司的组织形态随着业务规模的发展而趋向复杂化，经营的业务种类和目标也趋多元化时，公司的整体战略也相应地复杂化，即多种经营战略。值得注意的是，战略是根据环境变化的需要而提出来的，因而，它对公司的组织形态也产生反作用，会要求公司的组织形态为适应战略的调整而适当地作出相应的变化。

（二）经营单位战略

经营单位战略又称事业部战略，或称子公司战略。它是在公司整体战略指导下经营管理某一个分、支保险公司的战略，属于公司整体战略之下的子战略，为公司的整体目标服务。经营单位战略的重点是要改进一个战略经营单位，在其所从事的业务区域内或某一特定细分市场中所提供的产品和服务占据竞争地位。因而，它涉及具体如何竞争、该分支公司在保险领域内扮演什么角色以及本身如何有效地利用资源等问题。

从战略的构成要素来看，资源配置与竞争优势通常是经营单位战略中最重要的组成部分。其侧重点在于如何贯彻公司使命，对公司发展的机会与威胁、内部优势与劣势进行具体的分析，按照公司发展的总体目标与要求，确定本身的战略重点、战略阶段和主要战略措施，具体内容有：（1）决定本经营单位对实现公司整体战略可作出的贡献，确定业务的发展方向和发展远景，本经营单位业务活动与公司内其他业务活动的关系，包括需要与公司内其他业务共享的资源。（2）决定本经营单位业务的涵盖范围，包括本经营单位业务在公司整体业务价值链上的位置和业务活动涉及的价值链长度，经营活动所采取的基本形式、主要业务市场和客户群结构等。（3）确定经营单位业务的核心活动方面、基本的战略竞争种类，以及获取和控制价值的方式。（4）确定经营单位内各项职能活动对取得竞争成功的作用，包括对取得业务竞争力起关键作用的职能和削弱业务竞争力的职能，以及从外部获取较弱职能的功能的可行性。（5）决定经营单位对资源的分配和平衡的方式，建立对经营单位内各项活动资源使用效果的控制和评价机制。（6）制定实现经营单位业务发展目标的计划、计划期和负责计划的各个方面人员以及业务活动的进程。

　　分支公司经营单位战略与公司整体战略有两点区别：一是整体战略是有关公司全局发展的、整体性的长期战略计划，对整个公司的长期发展产生深远的影响；而分支公司经营单位战略着眼于局部性战略问题，只影响具体的事业部或分支公司的具体业务或市场，或在一定程度上对公司总体战略产生影响。二是总体战略的参与者是公司的高层管理者，而经营单位战略的参与者主要是分支公司的经营管理者。

　　（三）职能战略

　　职能战略又称职能支持战略，它是为贯彻、实施和支持整体战略与经营单位战略而在寿险公司特定的职能管理领域所制定的战略。例如营销战略、产品开发战略、人力资源战略、资金运用战略等。如果说整体战略和经营单位战略强调"做正确的事"，那么职能战略则强调"将事情做好"，例如提高某一险种的市场占有率、提高出单或理赔的效率等。职能战略是寿险公司内主要职能部门的短期战略计划，其侧重点在于将公司整体战略变得具体化并具有可操作性。职能战略的主要内容包括以下几个方面：

　　1. 成功实施经营单位战略对各职能的具体要求。包括特定的职能活动对实现经营单位战略的具体贡献、职能的优势和劣势、职能功能的"瓶颈"部位等。如果"瓶颈"功能在短时间内很难得到改善或者"瓶颈"功能已经成为公司处于竞争劣势的根本原因，这就需要考虑对该职能活动的内容进行重新定位，或是将该职能部门重新进行组织设计。

　　2. 特定职能活动与相关职能活动的关系。根据特定职能与其他职能的关系，可以发现它们之间是否存在可以共享的职能活动或可以共享的资源。同一寿险公司经营单位的各个职能部门虽然承担的职责有较大的差异，但它们之间存在着相互依存性，共同构成公司的整个业务流程。了解职能之间的相互关系以及各个职能对经营单位战略可以作出的贡献，就能找出关系到经营单位战略成功的重点职能和重点职能活动方面，这些重点职能和重点职能活动方面往往构成寿险公司的核心专长，成为核心竞争力的主要来源。

　　3. 职能活动的组织安排。对与其他职能关联程度较高的职能，以及涉及业务核心专长的职能和职能活动方面进行重点分析，决定是否将这些活动相对集中，给予重点支持。

职能部门战略与公司整体战略的主要区别有以下几点：一是时限性。职能部门战略用于确定和协调公司短期的经营活动，一般期限较短，多数在一年左右。原因在于职能部门的注意力主要集中在当前需要进行的工作上，而不是长远的计划上。二是具体性。总体战略为公司指明一般性的战略方向，而职能战略则为负责年度目标的管理人员提供具体的指导，使他们知道如何去实现年度业务目标。三是职权与参与。公司高层管理人员负责制定公司的长期目标和总体战略，而职能部门的管理人员在总部的授权下，负责制定年度目标和为实现其目标的职能战略。

四、制定战略规划的主要环节

经营管理者在制定战略时，不能只是胡乱拼凑。一份好的战略规划应该包括以下几个方面的环节。

（一）对外部环境的评估

所有保险公司都是在一种不断变化的政治社会和宏观经济环境背景下运营的，所以一份好的战略规划必须反映出高级管理层在制定战略时对外部环境的变化作出的假设以及对变化趋势的判断。这些外部环境主要是前面章节中论述的经济、人口、政策变革、技术更新等，另外还有竞争对手之间的竞争关系以及产品需求变化等各方面的因素。

在同一个竞争市场，各家寿险公司所面对的外部环境都是相同的。而经营成功者和失败者之间的主要差别就在于它们感知外部环境变化，以及根据环境变化及时进行战略调整的能力。

（二）对公司现有市场和客户的认识

在制定战略规划的过程中，市场份额会在很大程度上影响到一个公司的战略规划。如果公司业务在市场所占的份额很低，而它又处在一个高速增长的市场环境当中，则战略规划的主要目标就应当是提高公司的市场占有率。而且它还应当详细表明，在过去的一年中，公司的市场占有率是增加还是减少。

另外，经营者在分析市场的时候，总是更多地从业务管理和产品销售的角度来考虑问题，而忽视了客户的购买行为和实际需求。例如，就购买的决策过程而言，购买团体保险的客户的决策过程要比购买个人保险的客户的决策过程复杂得多。对购买团体保险作出决策的大多是公司的人事或财务部门，而且要经过必要的审批程序，而购买个人保险的决策者基本就是其本人。所以，关键就是要了解那些实际作出购买决策的人以及他们的购买行为，针对不同的投保人采取不同的策略。

（三）对公司发展方式的明确

战略规划中还要明确公司以什么样的方式来发展。例如，是以开发新产品打开市场还是以现有的产品打开新的市场？是在整个市场参与竞争还是在细分市场参与竞争？是以个险营销为主要销售渠道还是以银行代理为主要销售渠道？是以并购营销团队的形式寻求发展还是以扩张的形式寻求发展？

另外，战略规划中还要分析公司发展面临的主要障碍是什么。例如，是销售渠道的障碍还是产品问题？是业务管理流程不畅还是信息技术支持不够？是缺少寿险专业人才还是缺少经营管理人才？

（四）主要竞争对手分析

战略规划还应当包括对公司主要竞争对手的分析。因为当一个公司在构思战略的时候，它的竞争对手也在准备采取行动。所以，在战略规划中，要明确谁是主要的竞争对手，谁是次要的竞争对手；谁是当前的主要竞争对手，谁是未来的主要竞争对手。在某些情况下，新竞争对手的突然出现，往往能够对客户形成较大的吸引力，但很多公司当时都没有意识到这一点，等到感到威胁的时候，已经晚了。

通常情况下，大多数公司都容易低估自己竞争对手的应对能力。例如，如果这家公司的市场份额较大，且它试图通过降低费率的形式来拓展市场。这项战略看起来是一项非常合理的战略。但是，如果最大的竞争对手立刻就作出了反应，其他同业公司也纷纷仿效，整个行业的费率开始下降的话，那么由于公司在市场上占有较大的份额，因此遭受的损失也很大。

（五）公司实施战略的能力分析

有很多寿险公司经营失败的一个重要原因在于它们的领导者没有对自己公司的执行能力作出符合实际的评估，导致制定的战略无法实施。例如，确定采取客户满意战略，但公司业务管理部门的人员不知道如何改进公司的业务流程以使客户满意，这就导致战略无法实施。因此说，公司的战略规划要结合公司的执行能力。假如一项公司战略要求整个组织具备集团化经营的能力，那么，经营者需要了解自己是否拥有对银行、证券、信托等行业了解的人才，以及公司是否有足够的资源在这些领域发展。否则，即使公司战略很好，也无法达到预期的目标。

（六）平衡公司的长期利益和短期利益

在考虑公司长期目标的同时，必须考虑到公司的短期任务。一般来说需要对长期目标进行分解，取得中期阶段性成就，以保证实现长期目标。任何事情，从客户满意到公司经营需要的现金流，都会在瞬间发生变化，所以公司必须随时准备来适应新的形势变化。在制定战略的过程中，经营者需要采用一种超前的眼光，能够在环境变化发生之前就作出比较切合实际的预测。因为对于一项战略规划来说，把握好短期和长期目标之间的平衡是至关重要的。

（七）战略执行中需要制定阶段性目标

阶段性目标是实现公司战略的基础。如果公司没有完成自己制定的阶段性目标，公司经营者就必须要重新考虑战略是否正确。一份优秀的战略应该是可以随着环境的变化而随时调整的战略。但这种调整并不是一年规划一次，因为市场环境瞬息万变，根本不会给经营者充足的时间进行大的战略调整。但阶段性的评估就不同了，它可以帮助经营者对当前的市场情况和公司的发展阶段有更好的了解，同时对战略规划进行一些必要的局部调整。

专栏 3 -4

《保险公司发展规划管理指引》 相关内容节选 （二） [1] ．．．．．．．．．．．．．．．．．．．．．．．．

《保险公司发展规划管理指引》由中国保监会于 2013 年颁布，其中有关保险公司战略规划要素的内容集中于第三章：制定。第三章节选内容如下：

第十七条　保险公司应当在充分调查研究、科学分析预测和广泛征求意见的基础上制定发展规划。

第十八条　董事会相关专业委员会应当依据相应的职权和程序，制定议事规则，明确会议召开程序、表决方式、提案审议、保密要求和会议记录等。

第十九条　董事会相关专业委员会负责组织公司经理层和有关部门对发展规划进行可行性研究和科学论证，形成发展规划建议方案报董事会审议。

发展规划建议方案应当吸收主要股东和监事会意见。必要时，可聘请中介机构和外部专家提供专业意见。

第二十条　董事会应当认真审慎审议董事会相关专业委员会提交的发展规划建议方案，确保公司发展规划科学、可行、完整。

第二十一条　发展规划经董事会审议通过后，报股东大会批准后方可实施。

第二十二条　保险集团公司应当根据发展实际和外部环境变化，加强对其成员公司发展规划工作的管理，做好集团公司本级与各成员公司发展规划的统筹协调，确保集团整体规划目标和成员公司经营目标的实现。

第二十三条　新设立保险公司制定的三年发展规划，须经公司创立大会通过。

第四节　保险公司战略控制与战略评估

战略管理虽然本质上是一种管理思想，即从战略意义上去管理企业，但也体现在具体的管理过程，战略管理是一个根据战略的实施情况不断修正目标与方案的动态过程。战略制定、战略实施与控制、战略评估与调整等共同构成了战略管理的全过程，如图 3 -4 所示。

一、战略控制 [2]

（一）战略控制的含义与内容

1. 含义。主要是指在企业经营战略的实施过程中，检查企业为达到目标所进行的各项活动的进展情况，评价实施企业战略后的企业绩效，把它与既定的战略目标与绩效标准相比较，发现战略差距，分析产生偏差的原因，纠正偏差，使企业战略的实施更好地与企业当前所处的内外环境、企业目标协调一致，使企业战略得以实现。

---

[1]　资料来源：保监会网站，www.circ.gov.cn。

[2]　金占明、杨鑫：《战略管理》，第 383 ~390 页，北京，高等教育出版社，2011。

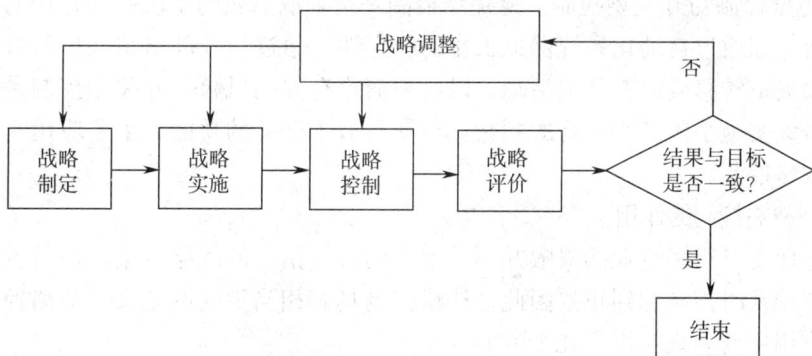

图 3 - 4　企业战略管理流程图

战略控制效果的好坏依赖于企业自身的一系列软硬件条件，包括战略规划是否完善、组织结构是否健全、领导者是否得力以及企业的文化氛围。

2. 内容。战略控制关心的是一个企业的战略如何有效地实现目标。战略控制通常针对企业结构、领导方式、技术、人力资源，以及信息和作业控制系统来实施。其具体内容有：（1）设定绩效标准，即根据企业战略目标，结合企业内部人力、物力、财力及信息等具体条件，确定企业绩效标准，作为战略控制的参照系；（2）绩效监控与偏差评估，即通过一定的测量方式、手段、方法监测企业的实际绩效，并将企业的实际绩效与标准绩效相对比，进行偏差分析与评估；（3）制定并采取纠正偏差的措施，以顺应变化着的条件，保证企业战略的圆满实施；（4）监控外部环境的关键因素，外部环境的关键因素是企业战略赖以存在的基础，这些外部环境的关键因素的变化意味着战略前提条件的变动，必须给予充分的注意；（5）激励战略控制的执行主体，调动其自控制与自评价的积极性，以保证企业战略实施能够切实有效。

（二）战略控制的类型

从不同角度出发，战略控制可以有很多种分类方法。按控制时间来划分，企业战略控制可以分为事前控制、事后控制和随时控制；按照控制主体的状态划分，可以分为避免型控制和开关型控制；而按照控制的对象和职能划分，可分为生产控制、销售控制、成本控制、绩效控制、财务控制、人员控制等。下面主要介绍前两种分类方法。

1. 事前控制、事后控制和随时控制。事前控制是在战略行动成果尚未实现之前，通过预测发现战略行动的结果。事前控制的内容有：在战略实施之前，要设计好正确有效的战略计划，并且得到企业领导的批准后才能执行，这种控制多用于重大问题的控制，如任命重要的人员、重大合同的签订、购置重要设备等。

事后控制发生在企业的经营活动发生之后，将战略活动的结果与控制标准进行比较。这种控制方式的工作重点是要明确战略控制的程序和标准，由企业职能部门及各事业部定期地将战略结果向高层管理者汇报，由管理者决定是否有必要采取纠正措施。

随时控制也称过程控制，指企业管理者为了控制战略实施过程，随时采取控制措施，纠正实施中产生的偏差，引导企业沿着既定战略的方向进行经营。

2. 避免型控制与开关型控制。避免型控制是指采取适当的手段，使错误的行为丧失产生的机会。如通过自动化系统保证工作的稳定性，通过与外部组织共担风险来减少错误带来的损失，转移或放弃某项活动，以此来消除有关的风险。开关型控制是在战略实施过程中对该实施手段是否可行的判断，行使类似于开关的功能，主要应用于实施过程标准化的战略控制。

（三）战略控制的作用

对企业而言，很多企业的失败并不是由于制订了错误的战略方案，而是没有对方案执行中的错误及时控制和纠正。因此，战略控制具有相当重要的意义，战略控制在战略管理中的作用主要表现在以下几个方面：

1. 对战略实施过程进行控制是企业战略管理的重要环节，它能保证企业战略的有效实施。战略决策仅能决定哪些事情该做、哪些事情不该做，而战略控制的力度与效率才直接决定企业战略决策的实施结果。

2. 战略控制能力的高低反过来又是战略决策的一个重要制约因素，它决定了企业战略行为能力的大小。战略控制能力强，控制效率高，那么企业高层管理者就可以作出较为大胆的、有一定风险的战略决策，反之，只能作出较为稳妥的决策。

3. 战略的控制与评价可为战略决策提供重要的反馈信息，帮助战略决策者明确哪些内容是符合实际的、正确的，哪些是不正确的、不符合实际的，这对于提高战略决策的适应性和水平具有重要作用。

4. 战略的控制可以促进企业文化等企业基础建设，为战略决策奠定良好的基础。

二、战略评估[①]

（一）战略评估的含义与内容

企业所在的内外部环境的变动性，决定了要保证战略管理过程的顺利实现，必须通过战略评估体系对制定并实施的战略效果进行评价，以便采取相应的完善措施。可见战略评估决定着战略管理的成败。战略评估不仅需要评估公司经营计划的执行情况，还需要时刻保持对企业内部环境和外部环境的变化进行监控，从而确认企业的战略基础是否发生了变化，以保证企业战略执行的有效性，从而使企业能够随着环境的变化及时修正自身战略方向，进而提高企业抵御风险的能力。

战略评估主要从三个方面进行：一是重新审视外部与内部因素，这是决定现时战略是否要进行调整的基础；二是度量业绩，发现战略实施进展与预先设计的业绩目标之间的差异；三是采取纠正措施，通过不断分析企业环境和企业自身因素，及时获取战略反馈信息，对战略实施过程中存在的问题采取有力的纠正措施，以保证战略的有效贯彻和动态运行。

（二）战略评估的标准

确定评估标准是进行战略评估的重要一步，标准最好采用定性与定量相结合的方

---

① 李福海：《战略管理学》，第 253～254 页，成都，四川大学出版社，2004；吕巍、周颖、冯德雄：《战略管理》，第 275～277 页，武汉，武汉理工大学出版社，2010。

式。无论是定量还是定性指标，都必须与企业的发展过程作纵向比较，同时要与行业内的竞争对手和绩效领先的企业及其他参照企业进行横向对比。

战略评估有很多体系，下面介绍三种比较有代表性的战略评价标准。第一种是日本战略学家伊丹敬之的观点，他认为优秀的战略是一种适应战略，它要求战略适应外部环境因素，包括技术、竞争和顾客；同时，企业战略也要适应企业内部的资源，如企业的资产、人才等；再者，企业的战略也要适应企业的组织结构。因此，他认为优秀的战略思想应该满足以下几方面要求：（1）实行差别化，即战略要有自己的特点；（2）战略要集中，即企业资源分配要集中；（3）把握好时机，即企业要选择适当的时机推出战略；（4）利用波及影响，强调企业要发挥和利用自己的核心能力；（5）能激发员工士气；（6）要有不平衡性，不能长期平稳不变；（7）战略要巧妙组合，产生协同效果。

第二种观点来自美国战略学家斯坦纳·麦纳，他认为评价战略时应考虑六个要素：（1）战略要有环境的适应性，即战略应与外部环境及自身发展趋势相适应；（2）战略要有目标的一致性，即企业所选战略必须能保证企业战略目标的实现；（3）战略要有竞争的优势性，即企业所选的战略方案必须能发挥企业优势；（4）战略要有预期的收益性；（5）战略要有资源的配套性；（6）战略要注意规避其风险性。

第三种观点来自英国战略学家理查德·努梅特，他提出了可用于战略评价的四条标准，即一致性、协调性、优越性和可行性，其中协调性和优越性主要用于对公司的外部评估，一致性与可行性则主要用于内部评估。（1）一致性，即一个战略方案中不应出现不一致的目标和政策；（2）协调性，即评价战略时既要考察单个趋势，又要考察组合趋势；（3）可行性，即一个好的战略必须做到既不过度耗费资源，也不会造成无法解决的派生问题；（4）优越性，即战略必须能够在特定的业务领域使企业保持和创造竞争优势。

三、战略调整

（一）战略调整的含义与内容

战略调整是企业经营发展过程中对过去选择的目前正在实施的战略方向或线路的改变。原先的战略在实施过程中遇到下述情况时会引发战略调整问题：第一，企业发展的环境发生了重要变化，这种变化可能源自某种突发性的社会、经济、技术变革，这种变革打破了原先市场的平衡；第二，企业外部环境本身并无任何变化，但企业对环境特点的认识产生了变化或企业自身的经营条件与能力发生了变化；第三，上述两者的结合。不论源自何种原因，企业能否及时进行有效的战略调整，决定着企业在未来市场上能否生存，以及发展的程度如何。

（二）影响战略调整的因素和战略调整方式

1. 影响战略调整的因素。战略调整是一种特殊的决策，是对企业过去决策的追踪。这种追踪决策受到企业核心能力、企业家的行为以及企业文化等因素的影响：首先，企业经营过程是某种核心能力的形成和利用过程，企业核心能力的拥有及其利用不仅决定着企业活动的效率，而且决定着企业战略调整方向与线路的选择；其次，决策的本质特征决定了战略调整也是在一系列的备选方案中进行选择，这种选择在一定意义上说是经营者行为选择的直接映照；最后，企业文化则对上述选择过程以及选择确定后的实施过程中人的行为产生着重要的影响。

2. 战略调整的方式。核心能力的刚性特点限制着企业调整方案的制订与选择，企业家的职能或经验背景可能使其自觉或不自觉地以过去的经历作为今天行为选择的参照系，作为组织记忆的文化则对上述因素产生着综合的作用，企业的战略调整可能因此而表现出明显的路径依赖特征。要超越路径依赖，使企业的成长与发展摆脱过去的阴影，必须运用虚拟组织，构造战略联盟，用企业外部的战略资源来支持企业内部的发展战略；促进企业的知识创新，发展企业的核心能力；改造企业文化，促进企业学习；完善公司治理结构，在制度上保证和促进经营者行为的合理化。

专栏 3-5
太平洋保险的战略转型之路[①] ▪▪▪

太平洋保险是自发进行战略转型的保险公司代表，2010年底，太平洋保险集团董事会在讨论三年发展规划时，"转型"便成为一种共识。为强化全员转型意识，达成转型目标，太平洋保险设计了一套自上而下相结合的方法。战略转型的具体内容有以下三点。

一是细分客户群、吸引优质客户、提升客户价值。通过自上而下的推动、对客户需求进行深入细致的研究、科学技术的助力，公司越来越了解客户。例如女司机常常被视为驾驶技能差、容易发生事故的一个群体，但公司却通过研究数据发现，女司机其实是一个优质客户群体，因为这个群体小事故虽多，但赔付率却相对更低。在了解客户的基础上，公司针对不同群体，推出不同险种，比如针对老年人群体，推出"银发安康"；针对医保自费部分，推出"心安怡"；针对年轻人群体的重疾保障需求，推出免体检、高保障的"爱无忧"，只保癌症，比普遍重疾险价格更低。这些举措帮助公司大举提高有效客户人数，提升公司内含价值。

二是大刀阔斧砍掉银保，着力于个险业务。综观太平洋保险的主要业务条线，寿险转型当推"去银保，得个险"，一方面咬牙放弃占比过半的银保渠道趸交业务，另一方面几种资源大力发展个人营销渠道，取得新业务价值率更高的人身险期缴业务的快速增长。最后的结果来看，太平洋寿险成功打造大个险格局，并成为行业典范。

三是减少对投资的依赖，获得持续价值增长。2015年，太平洋保险在行业内率先进行资产负债管理改革，建立负债成本约束机制，由负债方履行委托人职责，有其基于负债特性的大类资产配置能力与投资人选择能力，完善建立以产品为原点的全生命周期资产负债闭环管理模式，而资产方仅作为受托人之一，着力于培育建立持续超越基准回报的投资能力。这样的变革在低利率的市场环境、严控风险的监管环境下具有极高的战略意义。

第五节　保险公司的发展策略

保险公司的经营策略，是指保险公司在既定战略的指导下，根据市场环境、公司发

[①] 专栏内容参考了2017年1月24日的网易新闻：《中国太保启示录：五年战略转型与中国保险业新方位》。

展情况、短期目标的不同而制定的短期发展规划。发展策略以发展战略为基石和指导，发展战略是策略的最终目标。我们将在下文中分别介绍一般市场竞争策略、不同市场地位时的发展策略以及保险企业在不同发展阶段的竞争策略。

一、一般市场竞争策略的内容

一般竞争策略是指保险公司在特定的市场环境中如何营造、获得竞争优势的途径或方法，或是保险公司在特定的市场环境中所采取的、用来抵御市场竞争压力和加强自身市场地位的策略性行动。通常而言，如果一家保险公司在吸引客户和抵御竞争方面相对于竞争对手拥有优势，那么就可以说该公司拥有竞争优势。在实际中，影响保险公司获得竞争优势的途径很多，如开发出行业内最好的保险产品，向客户提供更佳的售后服务，实现比竞争对手更低的成本，向特定的客户群体提供特定的保险产品和服务等。总之，要具有比竞争对手更好的、实现保户价值最大化的能力，这种能力是保险公司竞争优势的源泉和基础。而竞争策略所要研究的就是如何构建这种基础，以及全面或局部地获取竞争优势的途径和方法。它主要回答两个问题：一是一家保险公司将依靠什么去参与市场的竞争，在竞争中创建什么优势；二是确定本公司参与竞争的目标市场范围——是在整个市场竞争，还是一个狭窄但有利可图的细分市场竞争。保险公司的竞争策略包括成本领先策略、差异化策略和集中发展策略三种。

（一）成本领先策略

成本领先策略也称低成本策略，是指保险公司努力发现和挖掘现有的资源优势，在行业内保持整体成本持久领先地位，从而以行业最低费率为其产品定价的竞争策略。这种策略的目的是通过不断强化业务经营运作方式的高度成本有效性，获得相对于竞争对手的持久的成本优势，从而塑造本公司及其产品的市场竞争力。

1. 实行成本领先策略的途径。成本领先策略与一般的降低费率竞争不同，后者往往是以牺牲企业的利润为代价，有时甚至亏本竞争。实行成本领先策略的途径是：第一，成本领先策略的策略目标是获取比竞争对手低的成本，而不是获取绝对低的成本，即只要得到了相对于竞争对手较低的成本，就认为达到了目的，也就构成了成本优势的基础。第二，在努力获得成本领先地位时，保险公司的经营者必须注意保持那些被认为是至关重要的或基本的保险服务，不可以为了降低成本而降低保险产品的保险责任、产品特色，减少售后服务项目。因为靠削弱保险产品附加值的办法来降低成本，将会削弱而不是增强公司的竞争力。第三，成本领先策略获取成本优势的方式不可以被竞争对手轻易模仿。如果对于竞争对手来讲，照做或模仿这种获得低成本的方式或方法并不困难或不需要付出较大代价的话，则成本领先者的这种以低成本为基础的竞争优势就难以维持长久，就不会形成有价值的竞争优势。

2. 成本领先策略的作用。拥有了成本优势的保险公司，自然成为行业低成本的领导者。它可以通过两个途径来提高其利润水平：一是利用低成本优势制定出比竞争对手低的保险产品费率，将公司的成本优势转化为市场费率优势，从而大量吸引市场上对保险费率敏感的客户群体，将公司的产品保费总额提到足够高的水平，进而提高总利润水平。二是保持与竞争对手相当的费率水平，满足于现有的市场份额，利用低成本优势提高保险产品单位利润，从而提高公司的利润总额和总的投资回报率。

（二） 差异化策略

差异化策略是指保险公司向客户提供的产品或服务与其他公司形成差异，在整个行业范围内独具特色，这种特色可以给产品带来额外的加价并构成在整个行业内的竞争力。如果一个保险公司的产品或服务的溢出价格超过因其独特性所增加的成本，那么，拥有这种差异化的寿险公司将取得竞争优势。

1. 差异化策略的实现途径。差异化策略是中、小保险公司广泛采用的一种策略。首先，每家保险公司都有自己的经营特点，因而每个公司都有机会将自己的产品和服务差异化。当然一个公司能否将其产品和服务差异化，还与产品的特性有密切关系。以寿险产品为例，投连险、万能险产品比一般传统保险产品有更大的差异化潜力。其次，虽然保险公司可以通过各种方式实现产品和服务差异化，但并不意味着所有差异化都能为客户创造价值，差异化的目的是增加竞争力和盈利。因此公司必须分析客户需要哪种差异化，这种差异化所创造的价值是否超过它所增加的成本，即公司必须了解客户的需要和选择偏好是什么，并以此作为差异化的基础。最后，差异化所关注的问题是保险公司策略要解决的基本问题，即谁是公司的潜在客户，怎样才能创造价值，在满足客户要求并盈利的同时，怎样才能比竞争对手更有效地在竞争中取得优势。

2. 差异化策略的作用。第一，差异化策略如果成功，公司极有可能获得高于行业平均水平的利润。差异化可以给公司产品带来较高的溢价，这种溢价不仅可以补偿因差异化所增加的成本，而且可以给公司带来较高的利润。产品和服务的差异化程度越大，所具有的特性或功能越难以被替代和模仿，客户越是愿意为这种差异化支付较高的费用，公司获得差异化的优势也就越大。第二，差异化将产生客户对公司品牌的忠诚，更有实力对付替代品。由于差异化产品和服务能够满足某些客户群体的特定需要，并且这种差异化是其他竞争对手所不能提供的，因而客户将对这些差异化产品产生品牌忠诚，减少购买其他公司产品或服务的机会，使公司可以缓冲竞争压力。第三，可以使客户减少对费率的敏感性，降低讨价还价的能力。差异化产品和服务是其他竞争对手不能以同样价格提供的，投保人也缺乏可供比较的替代选择产品，因而不仅降低对费率的敏感性，也明显地削弱了讨价还价的能力。第四，可以造成进入障碍，维持竞争优势。购买差异化保险产品的客户通常更注重品牌和形象，一般情况下不愿意接受替代品，因而给进入者造成进入障碍。

（三） 集中化策略

集中化策略是将目标市场集中在特定的客户群体或某一险种以及某一特定地理区域上，即在一部分市场建立独特的竞争优势和市场地位。成本领先和差异化策略是以整个行业为目标，而集中化策略则是以行业中特定的目标市场开展经营和服务。集中化策略的前提是专门服务于狭窄的客户群体，提供效果更好或效率更高的保险服务。其结果是，公司或者因为很好地满足了特定目标群体的需要而实现产品差异化，或者实现了降低成本，也可能这两种结果都达到。

1. 集中化策略的实现途径。集中化策略是中、小型寿险公司广泛采用的一种策略。

"不在大海里与人抢大鱼，而在小河里抓大鱼"，其目标不是在较大的市场获得一个较小的市场份额，而是在一个较小的细分市场里获得一个较大的市场份额。香港蓝十字保险公司一直以来专门经营医疗保险，使其在香港医疗保险市场占有较高的地位；日本 AEuc 公司集中经营癌症保险，其市场份额占该险种市场的 90%。

2. 集中化策略的作用。一是实行集中化策略的公司，因建立起自己独特的客户群体而形成独特的竞争优势和市场地位。二是集中化策略使公司形成独特的产品和服务，使竞争对手进入目标细分市场变得困难。三是集中化策略所营造的特定壁垒，可以有效地阻止潜在进入者。四是采取集中化策略的公司可削弱客户讨价还价的能力，因为集中化策略带来的专业化优势和品牌声誉使得客户产生依赖，从而减弱了讨价还价的基础。

二、不同市场地位下保险企业的发展策略

在保险市场竞争中，公司都选择有自己的竞争策略，这种选择往往取决于公司在市场中所处的地位。市场地位不同，所选择的策略也就不同。

（一）市场主导者的策略选择

1. 市场主导者的目标。市场主导者的目标有以下几点：一是扩大市场总规模，在整个保险市场产品结构基本不变时，市场总规模的扩大，受益最大的是处于市场主导者地位的公司。市场主导者的巨大影响、品牌优势、广泛的销售渠道等使新增加的投保人群体中很大一部分仍被市场主导者占有。二是保护市场占有率。处于市场主导者地位的公司，必须时刻防备竞争者的挑战，保护自己在市场中的地位。要在市场创新、提高服务水平、继续发展营销网络以及降低成本等方面保持行业的领先地位。三是提高市场占有率。市场占有率对公司的盈利有极大的影响。市场份额越大，投资回报越大。因此在可能的情况下，应努力提高市场占有率。

2. 市场主导者的竞争策略选择。市场主导者在竞争中一般选择成本领先策略，而不选择差异化和集中化策略。这是因为：第一，市场主导者是要在整体市场竞争，而不是在局部市场竞争，要参与行业的各个业务领域，而不是只参与某个业务领域；第二，市场领导者具有规模优势，因而其固定成本相对较低，具备低成本的条件；第三，其续期占有相当比重，能够提供足够的资源来支持公司的低成本销售策略；第四，公司已经具有相当丰富的业务经验，能够在风险控制、成本管理、客户服务、广告宣传等方面实现成本最低化。

（二）市场挑战者的策略选择

1. 确定挑战对象。作为挑战者，在采取竞争行动前，首先必须确定自己的策略目标和挑战对象，据此选择适当的进攻策略。一般而言，挑战者的进攻对象有三种。一是攻击市场主导者，可以向主导者的弱点和失误攻击，也可以研发超过市场主导者的产品；二是攻击与自己实力相当者，挑战者对与自己经营规模相当但经营不善且发生亏损的公司发动进攻，设法夺取它们的市场阵地；三是攻击小公司，对一些业绩不佳、财政状况困难的小公司，可夺取它们的客户，甚至兼并这些小公司。

2. 市场挑战者竞争策略选择。市场挑战者在竞争中可以选择成本领先策略以及差异化策略。当市场挑战者认为自己有足够的资源和能力与市场主导者展开正面竞争的情况

下，可以选择成本领先策略，以此攻击市场主导者的弱点和失误，开发超过市场主导者的新产品，以更好的产品夺取市场的领先地位。同时公司还可以成为与自己实力相当或小公司的成本领先者，夺取这些公司的一定市场，壮大自己的规模与实力，形成与市场主导者抗争的优势。但是，市场挑战者选择成本领先策略是一种高风险的竞争行动。因为市场挑战者很难比市场主导者更具有成本优势，选择成本领先策略实际上是一种拼成本策略；另一方面，选择这种策略对其他公司构成极大的威胁，自然会引起这些小公司的"自卫"行动，结果可能是"腹背受敌"。

当市场挑战者认为自己的资源和能力有限，不足以与市场领先者直接抗衡，则可以选择差异化策略，以形成自己特有的优势。市场挑战者差异化策略实际上是选择了一种比较保守的策略。它不与市场主导者直接竞争，而是在各个细分市场或业务领域扩展自己的势力，逐步壮大自己的市场份额，因此，不会引发市场过激的竞争行动。但是差异化策略也不是没有风险的，第一个吃螃蟹的人，就要冒被螃蟹咬一口的风险。

所以，处于市场次要地位的挑战者，都要根据自己公司的实力和环境所提供的机会与风险，决定自己在市场竞争中是选择成本领先策略还是差异化策略。

（三）市场跟随者的竞争策略选择

市场跟随者与挑战者不同，它不是向市场主导者发动进攻并图谋取而代之，而是跟随在市场主导者之后自觉地维护共处局面，其目标在于寻求一条不致引起竞争性报复的发展道路，因而，市场跟随者一般在市场竞争中选择差异化策略或集中化策略。

如果市场跟随者是要在尽可能多的细分市场和营销组合中模仿市场领先者的做法，但并不想与市场领先者发生正面冲突，而是期望躲在市场领先者的影子里求发展，则可以选择差异化竞争策略。通过差异化产品和服务来满足某些客户群体的特定需要，逐步培育客户对公司的品牌忠诚。如果市场跟随者并不想盲目跟随市场领先者或市场挑战者，而是择优跟随，在跟随的同时发挥自己的独创性，使产品适合市场领先者所占市场以外的其他市场需求，则可以选择集中化策略。通过集中化策略，建立自己独特的客户群体，形成独特的竞争优势和独特的市场地位。

（四）市场补缺者的竞争策略选择

市场补缺者由于资源有限，无法在广泛的业务领域发展，因而，它们通常在市场竞争中选择集中化策略。这种集中化策略在以下几个方面体现出"集中"：一是集中在特定的被保险人群体上，以某一行业人群为对象，提供专门的保险服务，如以建筑工人为对象，提供建筑工人人身保险；以医务人员为对象，提供医护人员艾滋病感染保险。二是集中在特殊的保险标的上，以某一特定事件为对象，形成具有特色的保险产品，如结合热点推出保险，如"碎屏险"、"退运险"等。三是集中在销售渠道上，通过特定的专业渠道销售保险单，如银保、旅游公司、航空公司代销等。四是集中在专业服务上。专门提供其他保险公司无法提供或不愿提供的服务，如免费为一定保额以上的被保险人进行定期体检、提供交通事故拖车服务、网上自动投保、小额赔款网上审核、电话自动投保等服务。五是集中在地理区域上，专门在较小的地理区域内提供产品和服务，特别是那些地理位置相对偏僻、交通不便的区域，更适合于市场补缺者。

三、公司发展不同阶段的策略

根据企业生命周期理论，按照成立时间、管理水平、盈利状况等情况的不同，一个公司可能处在创建期、成长期、成熟期或是衰退期，各个发展阶段的特点前面章节提到过，此处不再赘述，下文将说明保险公司在发展的不同阶段进行的策略选择。

（一）创建期的策略选择

针对创建期的经营特点，公司可以根据自己的资源优势选择不同的策略。

1. 高费率高促销策略。如果公司的资本实力雄厚，可以选择高费率高促销策略，即以高费率和高促销手段推出自己的产品，以先声夺人的气势迅速占领市场。高费率固然会影响产品销售量，但大量利用广告宣传及其他促销手段，可以帮助公司迅速在市场上塑造出产品的高质量或名牌形象，展示出产品优质优价、物有所值的特点，促使客户在心理上产生对公司及产品的信任，以此来减轻高费率令客户却步的不利影响。

2. 高费率低促销策略，即以高费率、低促销费用来推出自己的产品，利用两者的结合，从市场上获取较大利润，减少成本投入周期。实施这种策略的市场条件是：推出产品的市场发展空间相对有限；属于新产品或未形成主流的产品；市场同类产品费率弹性较小，投保人对费率不十分敏感；其他保险公司在该业务领域投入有限；等等。

3. 低费率高促销策略，即以低费率和高促销费用来大力推出自己的产品。这种策略可让产品以最快的速度打进市场，并使公司获得相对的市场占有率。采用这一策略的市场条件是：推出产品的市场发展空间非常大；同类产品费率弹性较大；投保人对这种产品还不甚熟悉；投保人对费率十分敏感，该业务领域市场竞争比较激烈；等等。

4. 低费率低促销策略。如果公司的资本实力不是很充足，可以选择低费率低促销策略，即以低费率和低促销费用推出自己的产品。低费率能使消费者快速接受自己公司的产品，低促销费用能使公司获得更多利润并增强竞争力。实施这一策略的市场条件是：推出产品市场发展的空间较大；投保人对产品比较熟悉且对费率也比较敏感；有相当多的保险在同一业务领域竞争。

（二）成长期的策略选择

成长期的寿险公司可以根据自己的特色选择如下几种策略模式。

1. 差异化策略。保险公司向投保人提供行业内独一无二的保险产品和服务，以便将自己和竞争对手区分开来。采取差异化经营策略表面上对保险公司要求较高，但只要产品适销对路，供有所需，尊重了消费者的利益和情感，即可令消费者愿意为受到的特别尊重而付出更高的代价，因此而得到的保费收入将会补偿公司的投入成本。实行差异化策略还可以加强客户的忠诚度，凝聚和吸引专业技术人才，提升公司经营管理品质，有力地面对替代品的挑战，使市场潜在进入者面临坚实的进入壁垒，在激烈的市场竞争中争取主动。

2. 品牌策略。公司大力宣传自己的经营理念、经营宗旨，制定各部门的行为规范、准则及衡量标准，设计符合企业理念的标识及有关图案，并通过大众媒体或非大众媒体向外界进行传播，以确立自己的品牌形象。

3. 市场营销策略。保险公司在注重传统营销策略和战术后，认识到要使自己的经营业务保持优势地位，获得持久的良好业绩，就必须加强对保险营销环境的调研和分析，制订长、短期营销计划，通过分析、计划、实施和控制来谋求创立和保持公司与客户之间的双赢交换。

4. 产品策略。保险公司可以"组合保险"、"投资型保险"、养老与疾病相结合的保险、特殊险种保险等新的功能产品为主打，占领新产品市场。也可以选择适当时机降低费率，利用价格优势在吸引更多的投保人的同时，打击竞争对手。

（三）成熟期的策略选择

处于成熟期间的保险公司，应从公司和产品的实际情况出发来选择经营策略。对于实力不够雄厚或产品优势不明显的寿险公司，可采用防守策略，即通过实行优惠费率、优质服务等方法，尽可能长期地保持现有市场。对于竞争力不强的产品，也可采用撤退策略，提前淘汰，以集中力量开发新的、具有竞争优势的产品。如果公司实力雄厚，产品仍有相当的竞争力，则应积极采取进攻策略。进攻策略可以从以下三方面展开：

1. 产品创新策略。是指通过对寿险产品的保障责任、产品包装等方面的明显改良，创造新的产品热点和商机，在挖掘老客户增加保障潜力的同时吸引新客户，如此不仅可以延长公司成熟期的期间，甚至还可以打破销售业绩徘徊不前的局面。

2. 市场再开发策略。即寻求新的客户群体，或是开发新的细分市场，使产品进入新的领域。例如从城市扩展到农村市场等。

3. 营销因素重组策略。综合运用费率、销售渠道、促销等多种营销因素，来刺激消费者的投保热情。如降低费率、赠送附加险等。另外还可以开辟多种销售渠道、增加销售网点、加强售后服务、采用新的广告宣传方式、开展有奖销售活动等。

【思考与练习】

1. 简述企业生命周期理论的概念。
2. 保险公司发展有哪几个不同阶段？简述各阶段的特点。
3. 什么是保险公司的盈亏平衡年？哪些因素会影响盈亏平衡年的到来？
4. 简述保险公司目标定位的种类。
5. 举例说明国内有哪些采用专业化定位的保险公司？
6. 集团化发展的实现方式有哪些？结合实例进行说明。
7. 简述公司战略规划的主要内容和关键步骤。
8. 什么是战略控制、战略评估和战略调整？请举出一个保险企业战略转型的实际案例。
9. 简述保险公司在不同市场定位和发展阶段下的发展策略。

第四章
保险公司治理和组织结构

本章知识结构

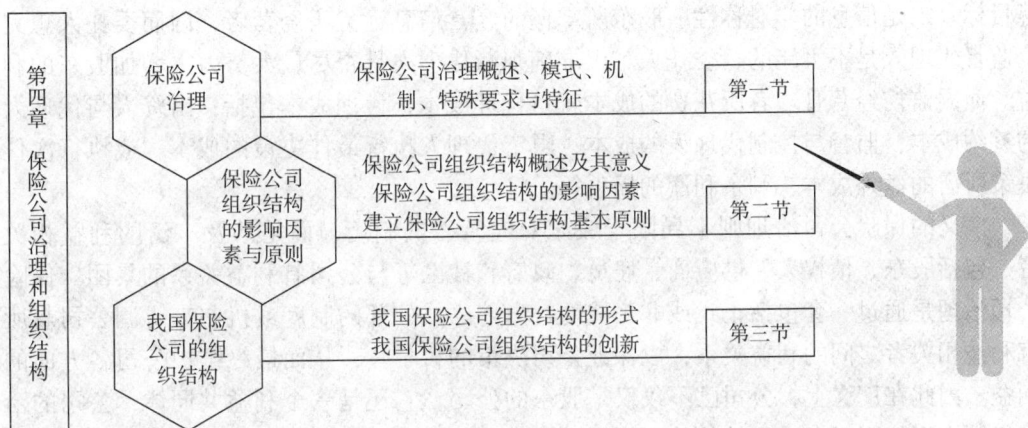

本章学习目标

● 掌握保险公司治理的产生原因、含义和原则
● 掌握保险公司主要治理模式、机制及其特殊要求与特征
● 掌握保险公司组织结构的影响因素
● 掌握建立保险公司组织结构的基本原则和一般程序
● 掌握保险公司组织结构的表现形式和创新内容

第一节　保险公司治理

一、保险公司治理概述

（一）公司治理的内涵产生原因

公司治理是一个多角度多层次的概念，并没有一致的认识。从公司治理这一问题的

产生与发展来看，可以从狭义和广义两个方面去理解保险公司治理的概念。狭义的保险公司治理，是指所有者（主要是股东）对保险经营者的一种监督与制衡机制。即通过一种制度安排，来合理地配置所有者与经营者之间的权利与责任关系。在现代公司制企业中，众多的所有者（股东）通过选举将所有权委托给董事会行使，形成所有权代理，董事会通过契约将经营权交由经理人员，形成经营权代理。这样，股东（或其代理者—董事会）与经营者之间存在着委托—代理关系，在一定的条件下，经营者可能做出违背所有者利益的事情，这就是所谓的"委托—代理"问题。

产生"委托—代理"问题的原因有：一是委托人与代理人目标不一致。对于所有者而言，其动机在于获取较大的资产收益，因此，追求利润最大化是股东的行为目标。而对代理人而言，其行为动机是多元的，除了获取个人经济收入动机外，还包括提高自己的社会地位动机、扩大调动资源权力的动机以及实现自我价值的动机。代理人行为动机的多元性，决定了其行为目标多元化，他不仅有经济收入目标，还有名誉、地位、权势等目标。二是信息的非对称性。股东所掌握的经营信息远劣于经营者，因而委托人想完全监督代理人是不可能的，委托人难以准确判断代理人是否尽最大努力去增加股东的利益。而因监控经营管理者所花费的成本就是代理成本，代理成本包括：出资人与代理人的签约成本；监督与控制代理人的成本；限定代理人执行最佳决策的成本，或执行次佳决策所需的额外成本；剩余利润的损失等。

广义的保险公司治理则不局限于股东对经营者的制衡，而是涉及广泛的利益相关者，包括股东、债权人、供应商、雇员、政府和社区等与公司有利益关系的集团。保险公司治理是通过一套包括正式或非正式的、内部的或外部的制度或机制来协调公司与所有利益相关者之间的利益关系，以保证公司决策的科学化，从而最终维护公司各方面的利益。因此在广义上，公司已不仅仅是股东的公司，它还是一个利益共同体，公司的治理机制也不仅限于以治理结构为基础的直接治理，而是利益相关者通过一系列的内部、外部机制来实施共同治理。治理的目标不仅是股东利益的最大化，而且要保证公司决策的科学性，从而保证公司各方面的利益相关者的利益最大化。目前，随着保险业的发展，各国越来越重视广义的保险公司治理。

本书主要是从狭义的保险公司治理角度来阐述保险公司的治理问题。狭义的保险公司治理所说的制度安排，即按照《公司法》所确定的法人治理结构对公司进行的治理。所谓法人治理结构是现代企业治理中最重要的组织架构，是指公司内部机关及其相互关系。它是由股东大会、董事会、监事会和经理管理层四部分组成。其中股东大会、董事会、监事会和经理管理层相互制衡共同实施对公司的治理。在保险公司治理结构中，股东大会拥有最终控制权，董事会拥有实际控制权，经理拥有经营权，监事拥有监督权。这4种权力既相互制约，又共同构成保险公司治理权。这种治理权力来源于以公司出资者所有产权为基础的委托—代理关系，并且是《公司法》所确认的一种正式治理制度安排，它构成了保险公司治理的基础。

在我国保险实践中，保险公司治理需要解决的主要问题包括：一是控制代理成本问题。二是保险公司及其行为的合法合规性问题。三是保护中小股东利益问题，防止大股东通过各种方式侵害中小股东利益。四是利益相关者之间的利益协调问题。

（二）内部治理与外部治理

公司治理的形式包括内部治理和外部治理，其中，内部治理也称为法人治理，是一种正式的制度安排，构成公司治理的基础。内部治理在一定情况下是公司治理的核心，公司内部治理在性质上有两个方面的特点：第一，自我实现性，内部治理的作用主要是通过董事会、监事会和股东自己来实现的。第二，内部治理在所有者和经营者的博弈中注重设计理性，从股东角度出发设计制度安排来激励约束经营者。外部治理主要是指通过外在市场的倒逼机制，市场的竞争压迫公司要有适应市场压力的治理制度安排。股东或潜在股东、债权人与公司主要通过资本市场连接起来；经营者、雇员和顾客与公司主要通过劳动力市场和产品市场相联系。竞争市场的压力要求公司有自动地选择良好公司治理安排的激励。政府对市场的部分替代也构成公司的外部治理，它是公司治理的一个重要的外生变量。内部治理机制和外部治理机制并不是互相孤立的，它们往往综合发挥作用，并受到彼此的影响。

（三）公司治理的主体和客体

保险公司治理的主体是股东，股东拥有企业的剩余控制权和剩余索取权；也就是说，股东以其投入公司的财产对公司拥有终极所有权并承担有限责任。股东通过股东（大）会实现其治理功能。股东的地位虽然受各国法律的保护，但股东的行为同样受监管和法律的约束。保险公司治理的客体是指保险公司治理的对象。保险公司治理的实质在于作为治理主体的股东对公司经营者的监督与制衡，以解决因信息的不对称而产生的逆向选择和道德风险问题。在现实中所要具体解决的问题就是决定公司是否被恰当地决策与经营管理。从这个意义上讲，保险公司治理的对象有两重含义：第一，经营者，对其治理来自董事会，目标在于公司经营管理是否恰当，判断标准是公司的经营业绩；第二，董事会，对其治理来自股东及其他利益相关者投资的回报率。

（四）公司治理的原则

1. 股东至上主义原则。该原则就是在公司治理领域，公司是应为股东利益最大化服务。因为股东是公司的所有者，公司控制权自然属于股东所有。在该原则下，公司治理实行的是以股东为主体的委托人模式。

2. 共同治理原则。该原则认为"所有权"是共同的，公司应尽可能地照顾到利益相关者的利益，股东只是利益相关者中的一员。其主要依据是：（1）与股东一样，债权人、职工、供应者、客户及社区都承担了公司的相应风险，故应分享公司的所有权；（2）股东，特别是分散和被动的股东在一个大型公司里通常是处于劣势地位，但其他的相关利益者特别是职工，却可能会处于一个优势地位来行使与所有权相关的权利和职责。基于以上原因，企业应理解为利益相关者的合约，并由此将公司目标理解为公司价值最大化。在该原则下，公司治理实行的是"受托人模式"。该模式认为，大型公司是社会机构而不是私人合约的产物，公司董事会应视为公司有形和无形资产的受托人，其职责是在它的控制下，使公司资产的价值得到保护和不断增长，并使资产在不同的利益相关者之间得到均衡的分配，也即受托人不仅应考虑现有股东的利益，而且应平衡现在和将来利益相关者的利益。

二、保险公司治理模式

（一）与股权结构相关的治理模式

以股权的集中度为划分标准，一般可将股权结构基本上分为三大类：第一，股权高度集中，是指公司拥有一个绝对控股股东，其持股比例在50%以上，公司基本上为绝对控股股东所控制；第二，股权相对集中，是指公司拥有相对控股的第一大股东，其持股比例在20%~50%；第三，股权高度分散，是指第一大股东的持股比例小于20%，任何大股东都无法控制公司，公司的所有权和经营权完全分离。

1. 高度集中股权结构下的公司治理。公司股权高度集中，存在绝对控股股东时，公司的内部治理机制显得更为重要。由于控股股东结构非常稳定，外部收购的可能性很小，而当经理人员还继续得到大股东信任的情况下，代理权争夺机制也很难发挥作用。因此，高度集中的股权结构下，外部资本等市场的治理机制一般较弱。此时法律制度和政府监管为小股东权利提供的保护就变得至关重要了，集体诉讼制度、强制性的公司信息披露制度都是保护小股东权利的有力武器。

2. 相对集中股权结构下的公司治理。在股权相对集中的状况下，存在相对控股股东时，相对控股股东直接参与公司内部治理的积极性存在不确定性。这是因为，一方面，由于相对控股股东拥有相当数量的股权，在公司占有一定的权益，因此，有参与公司内部治理的可能性；另一方面，又由于该相对控股股东所占的股份比例并不是很大，拥有的公司权益相对有限，使得他参与公司治理的积极性就不会非常高。因此，在这种情况下，是否参与公司的治理取决于其对成本和收益的比较。一般情况下，在股权适度集中时，股东对经理人员的监督问题可以得到较好的解决。当股权适度集中时，公司外部市场接管的情况也比较复杂。公司的大股东对外部收购者的收购容易产生异议，并可通过提高收购价格和收购成本以阻止收购；而如果收购者为公司的大股东之一，对被收购公司的情况有所了解，则可减少收购成本，有利于收购成功。

3. 高度分散股权结构下的公司治理。高度分散的股权结构使得持股人对公司的直接控制和管理的能力非常有限，使得任何一个股票持有者都不可能对公司实施控制权。收益与成本的博弈使得分散的股东更多地采用"搭便车"的策略。因而使公司控制权从个别股东手中脱离出来，公司的控制权实际上落入了经理层手中。

分散的小股东需要通过外部治理机制实现自己的权益，当公司业绩没有达到股东的期望时，或者经理人员滥用职权损害股东利益时，股东就会在证券市场抛出手中的股票，造成公司股价下跌，这时候经理人就会受到声誉危机的影响；另外，恶意收购者可以借机收购公司股份，撤换经理人员，经理人由于存在着被解雇的危险，就会不得不约束自己的行为。同时，由于股权过于分散，中小投资者是相对的弱者，在信息获取、资本实力、资产占有及市场影响力等诸多方面都处于劣势，所以需要借助于外部监督的力量来保护中小股东的个人权益。

（二）两种典型公司治理模式

目前在发达国家存在两种治理模式：一种是以英美为代表的分散型股权结构下的市

场导向型治理模式；另一种是以德日为代表的集中型的股权相对集中下的组织导向型治理模式。

1. 外部治理为主的英美治理模式。其股权结构的主要特点有：（1）股份大部分为个人投资者和机构投资者所持有，个人股东持股比例较低，机构投资者由于奉行组合投资的策略，一家机构投资者在一个特定的公司常常只持有少量的股份（一般在5%以下）；（2）银行持股受到限制。与其他国家不同，英美银行的股权投资受到严格的限制。

在内部治理方面，从法律角度来讲，董事会对管理层拥有控制权，可以监督管理层。美国公司董事会以非执行董事[①]为主，比例约占董事会成员的3/4，[②]在一般情况下，董事会的很大一部分权力掌握在外部董事会手中，美国股份公司不设立监事会，监督职能由董事会及其下设的审计委员会行使。英美模式的董事会结构如图4-1所示，这种结构的董事会也被称为单层制董事会。

公司以股票期权作为激励经理人员的主要手段。股票期权在美国公司经理人员的报酬安排中占有重要的地位[③]，这样能够将经理人员的利益和股东的利益结合起来，促使经理人员尽其努力为股东谋取利益。相对于内部治理的弱化，英美公司以市场为基础的外部治理机制在公司治理中发挥着重要的作用。资本市场、商品市场、经理人市场等市场机制都能对企业经理人员施加影响，其中资本和并购市场对经理人员的约束作用最强，也最直接，约束作用主要体现在两个方面：一是"用脚投票"机制对经理人员的约束；二是兼并接管机制通过撤换等方式对企业经理人的约束。

2. 内部治理为主的日德治理模式。其股权结构主要特点为：（1）银行作为德日两国公司的主要股东拥有相当大的控制权。日本的主银行和德国的全能银行不仅是公司贷款的提供者，而且常常由债权人发展成为公司的核心股东。在日本，虽然法律对银行持股的比例有所限制，但是，在通常情况下，主银行都会名列该企业股东的前

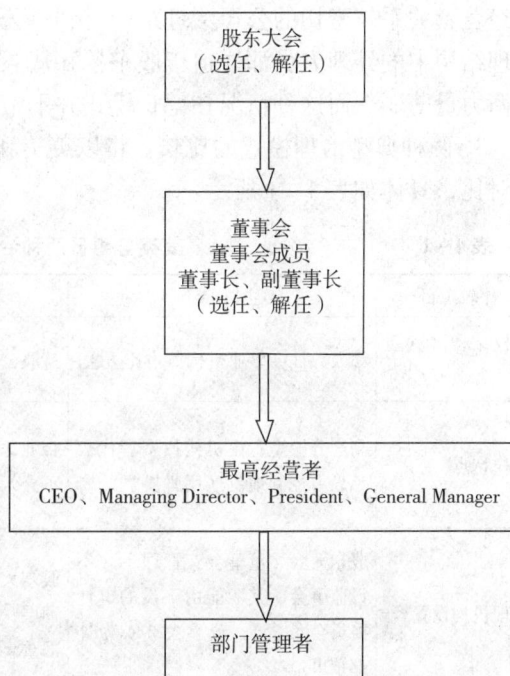

图4-1　英美单层制董事会结构

---

① 非执行董事指不从事公司内部经营管理的董事，分为拥有股权的非执行董事和没有股权的独立非执行董事。
② 1985年，Korn & Ferry对全美200家最大公司的董事会规模进行了调查，结果是在13～14人之间。
③ 根据期权定价模型估计，1998年美国最大的100家企业付给其高级经理的总报酬中，股票期权成分高达53.3%，为前所未有，而1994年仅为26%，20世纪80年代中期更是少得可怜，只有2%。

五位之列。而在德国，法律对银行持股没有限制，一般情况下，德国银行持有一家公司的股份总额一般在10%以下，但是德国很多公司的股票是不记名非流通股，股东习惯于把股票交给银行托管，银行就拥有了相应的代理投票权，于是直接持有和间接持有的投票权加在一起。(2) 法人持股，特别是法人之间相互持股是德日公司股权结构的另一特点。由于德日在法律上对法人持股没什么限制，因此法人持股非常普遍，而且，德日两国的法人股股东，他们持股的主要目的是建立相互之间长期的稳定交易关系，他们一般作为战略投资者而存在，不会轻易将股票出售。

在德日模式的公司治理下，投资者手中股票的流动性较差，股东往往通过一个可信赖的中介组织，通常是一家银行，来代替他们行使对公司的监控权。以银行为主的金融机构和相互持股的法人组织则通过拥有公司的大部分股权而实际实施对公司的监控，并以长期拥有其股权的方式来营造与公司之间长期而密切的关系。一般认为，这种所有者和经营者关系较密切的公司治理结构有利于公司保持长远的战略眼光，而不像英美公司治理结构中的经理人员那样迫于股东"用脚投票"的压力而只顾公司短期利益。英美的制衡力量薄弱，而这种情况在德日模式并不常见。

3. 两种典型治理模式的比较。将以英美和德日为代表的两种典型的治理模式进行简要对比，具体如表4-1所示。

表 4-1　　　　　　　　　　　美英与德日两种治理模式的比较

比较项目	美国、英国	日本	德国
股权结构（利益相关者地位）	私人、社会事业机构所占比重大	持股公司、银行所占比重大	银行、持股公司所占比重大
股权特点	高度分散型，由机构投资者代表私人占控制地位（用脚投票）	企业法人占主导地位，银行一般不介入经营	银行代表小股东占控制地位，可介入经营（用手投票）
治理机构设置	股东大会、董事会、管理层（不设监事会，其职能由下设的审计委员会负责），董事会3/4为外部董事	股东大会、董事会、监事会、管理层，董事会小设独立董事和外部董事	股东大会、监事会（地位高于董事会）、董事会
约束和监督者	中介机构、资本市场	相互持股公司、主银行	监事会（相当于美日的董事会，由公司股东及职工代表组成）
激励安排	对经理人员进行股票期权激励	对经理人员进行晋升、终身雇佣、荣誉等事业激励	对经理人员进行高薪、高退休金等手段激励
董事会	主要为外部董事	主要为内部董事	监事会内部监事以职工为主
透明度	高	低	低
主要治理模式	外部监控型	内部监控型	内部监控型

从上述的分析得知，源于不同股权结构的两类治理模式都存在各自的优势和不足，在公司治理实践中都产生出一些与现实的冲突，各自都对现实作出让步。在公司治理模式的趋同方面，两种主要的公司治理模式在全球化的影响下互相吸收对方的优点，企业自身应该根据其所处的商业环境及生命周期对治理模式作出恰当的选择。

📖 专栏 4 –1

保险集团的公司治理 ∷∷∷∷∷∷∷∷∷∷∷∷∷∷∷∷∷∷∷∷∷∷∷∷∷∷∷∷∷∷∷∷

太平洋保险集团严格遵守法律法规以及监管部门颁布的各项要求，结合公司实际情况，不断完善公司治理结构。公司通过不断优化集团化管理的架构，充分整合内部资源，加强与资本市场的交流沟通，形成了较为完善、相互制衡、相互协调的公司治理体系。公司董事会致力于治理结构和机制的不断完善，构建了较为完善的治理体系，并积极推动和实现了集团一体化管理架构下的子公司治理方案，同时通过各种制度保障和实际行动，积极建立了董事会和管理层之间的桥梁，为董事、监事履职创造条件，保障了董事、监事对公司事务的知情权。

⬆ 资料来源：中国太平洋保险集团官网，2016 年。

三、保险公司治理机制

公司治理问题的解决不仅需要一套完备有效的治理结构，更需要若干以此为基础的治理机制。现代公司治理机制分为三种：激励机制、监督机制和决策机制，这三种机制促使代理人即经营者努力工作，降低代理成本，避免偷懒、机会主义等道德风险行为。

（一）公司治理的激励机制

激励机制是为解决委托人与代理人之间关系的动力问题的机制，即委托人如何通过一套激励机制促使代理人采取适当的行为，最大限度地增加委托人的效用。一个有效的激励机制能够使公司经营者与所有者的利益一致起来，使前者能够努力实现公司所有者利益即公司市场价值的最大化，而不是单纯追求公司的短期利益，其目的是吸引最佳的经营人才，且最大限度地调动他们的主观能动性，防止偷懒、机会主义等道德风险。

公司法人治理实质上是一种委托—代理合约，这一相互制衡的组织结构，着重于监督与制衡，而忽视了激励合约，而保险公司治理中的代理成本与道德风险问题仅仅依靠监督与制衡不可能解决，关键是要设计一套有效的激励机制。有效的激励机制应包括以下几个方面。

1. 报酬激励机制。一般而言，对经营者的报酬激励由固定薪金、股票与股票期权、退休金计划等构成。其中，固定薪金的优点在于它是稳定可靠的收入，没有风险，起到基本的保障作用，但缺乏足够的灵活性和高强度的刺激性。奖金与其经营业绩紧密相关，有一定的风险，也有较强的激励作用，但容易引发经理人员的短期行为。股票和股票期权使经理享有一定的剩余索取权，激励作用很大，但风险也大，尤其是股票期权，其允许经营者在一定时期内，以接受期权时的价格购买股票，这种机制在激励经营者长期化行为的同时，存在很大风险。退休金计划则有助于激励经营者的长期行为，以解除其后顾之忧。确定经营者报酬结构的理论基础是激励与风险分担的最优替代，最优报酬激励机制的设计与选择应根据公司情况和行业特点进行最优组合，西方现代公司一般采取激励性合同雇佣高中层经理，包括总经理、事业部或子公司经理（主管），其报酬金额可达雇员平均收入的几十倍、几百倍到几千倍。总经理薪酬中的固定薪金比重较小，奖金等与公司效益挂钩的部分比重大，其年收入甚至可达到几千万美元。为了防止各级经理只追求短期利益或局部利益，美国公司往往根据中长期业绩计算非固定报酬，除发放现金外，还有延期支付、分成、购股证和增股等发放方式。

2. 剩余支配权与经营控制权激励机制。剩余支配权激励机制表现为向经营者大幅度转让剩余支配权。对剩余支配权的分配，即如何在股东和经营者之间分配事后剩余或利润，影响到对经营者激励程度的高低。如果一个契约能产生最大化剩余或者能产生最大化效率，那么，这样的契约无疑是一种最优化的选择。公司得到的剩余越是接近于企业家开创性的努力，则激励效果越好。如果一个企业没有剩余权或只有少量剩余权契约，就很难达到最有效率，因为它忽视了对产生和创造剩余的直接承担者的激励。

3. 经营控制权也会对经营者产生激励。经营控制权使得经营者具有职位特权，享受职位消费，会给经营者带来正规报酬激励以外的物质利益满足。因为经营者的效用除了货币物品外，还有非货币物品。非货币物品是指那些通常不以货币进行买卖，但能与以货币买卖的物品一样，可以给消费者带来效用的消费项目，如豪华的办公室、漂亮的服务员、合意的雇员、到风景胜地公务旅行等。

4. 声誉或荣誉激励机制。在保险公司治理中，除了物质激励外，还有精神激励，对于公司高层经营者而言，一般非常注重自己长期职业生涯的声誉。良好的职业声誉，一方面使经营者获得社会的赞誉，从而产生成就感和心理满足，刺激其努力工作；另一方面声誉、荣誉及地位等意味着未来的货币收入，经营者追求货币收入最大化是一种长期的行为，经理人员过去工作的良好声誉可能使他获得较高的现期或未来收入。

5. 聘用与解雇激励机制。虽然货币支付是资本拥有者用来对经营者行为进行激励的主要手段，但并非唯一手段。资本所有者还拥有一个重要手段，就是对经营者人选的决定权。聘用和解雇对经营者行为的激励是通过经理市场竞争来实现的。资本所有者可以比较自由地对经理人选进行选择。对于已经被聘用的经理，不仅面临外部经理市场的竞争，而且面临公司内部下级的竞争，这种竞争使已聘用的经理面临被解雇的潜在威胁。声誉是经理被聘用或解雇的重要条件，经营者对于声誉越重视，聘用和解雇作为激励手段的作用就越大。

（二）公司治理的监督机制

监督是一种实施控制的行为方式。所谓监督机制，是指公司的利益相关者针对公司经营者的经营结果、行为或决策所进行的一系列客观而及时的审核、监察与督导的行动。因此公司治理监督机制的内容包括两方面：一是所有者通过公司内部实施的监督；二是通过市场和社会，在公司外部进行的监督。前者称为公司治理内部监督机制，后者称为公司治理外部监督机制。这里所说的仅指公司治理的内部监督机制。公司治理的监督机制既包括股东大会和董事会对经理人员的监督和制约，又包括他们之间权力的相互制衡与监督。股东、董事会对经理人员的监督通过公司治理结构中的相互制衡关系来实现，而监事会对董事会和经理人员的监督，主要通过检查公司的业务活动来实现。

1. 股东与股东大会的监督机制。股东对经理人员的监督可以通过股东大会行使，即"用手投票"，运用集中投票权，替换不称职的或对现有亏损承担责任的董事会成员，从而促使经理人员的更换。股东的监督具有明显的局限性：随着现代股份公司的发展，股份的极端分散性使得众多中小股东的个人投票微不足道，任凭大股东操纵董事会。

股东大会是公司最高权力机构，其对公司内部高层经营管理人员和重大经营活动的监督表现在：（1）选举和罢免董事与监事的权力；（1）对玩忽职守，未能尽到受托责任的董事的起诉权；（3）知情权和监察权，股东大会对公司董事会、经理人员的经营活动及有关账目文件具有阅览权，以了解和监督公司经营；（4）通过公司监事会对经营管理者进行监督。股东大会的监督是公司最高权力机关的监督，具有最高权威性和最大约束性。但股东大会不是常设机关，其监督权的行使往往交给专职监督机关的监事会或董事会，仅保留对结果的审查和决定权力。

2. 董事会的监督。董事会对经理人员的监督表现为行使职责，聘任和解雇经理人员，或者通过制定重大和长期战略来约束经理人员的行为。董事会对执行机构的监督是为了监督其决定是否被贯彻执行以及经理人员是否称职。董事会对经理人员的监督表现为一种制衡关系。但由于董事只是股东的委托人，有些董事本身是股东，而有些董事不是股东，而且由于董事会和经理人员分享经营权，因此可能存在董事人员偷懒或与经理人员合谋损害股东利益的问题。因此，董事会对经理的监督是有限度的。

3. 监事会的监督。第一，监事会是公司内部的专职监督机构。监事会对股东大会负责，以投资人代表的身份行使监督权力，其监督具有如下特点：一是监事会具有完全独立性。监事会一经股东大会授权，就完全独立地行使监督权，不受其他机构的干预。董事、经理人员不得兼任监事。二是监事个人行使监督职权时具有平等性。所有监事对公司的业务和账册均有平等的无差别的监督权。第二，监事会的基本职能是监督公司的一切经营活动，以董事会和总经理为监督对象，在监督过程中，随时要求董事会和经理人员纠正违反公司章程的越权行为。为了完成其监督职能，监事会成员必须列席董事会会议，以便了解决策情况，同时对业务活动进行全面监督。监事会向股东大会报告监督情况，为股东大会行使重大决策权提供必要的信息。第三，监事会须开展全方位的监督。为了完成监督职能，监事会不仅要进行会计监督，而且要进行业务监督。不仅要有事后监督，而且要有事前和事中监督（即计划、决策时的监督）。监事会对经营管理的业务监督包括：一是通知经营管理机构停止其违法行为；董事或经理人员执行业务时，当其违反法律、公司章程以及从事登记营业范围之外的业务时，监事有权通知他们停止其行为。二是随时调查公司的财务状况；审查账册文件，并有权要求董事会向其提供情况。三是审核董事会编制的提供给股东大会的各种报表，并将审核意见向股东大会报告。四是当监事会认为有必要时，一般是在公司出现重大问题时提议召开股东大会。此外，在以下特殊情况下，监事会有代表公司的权力：一是当公司与董事间发生诉讼时，除法律另有规定外，由监督机构代表公司作为诉讼一方处理有关法律事宜。二是当董事自己或他人与本公司有交涉时，由监事会代表公司与董事进行交涉。三是当监事调查公司业务及财务状况，审核账册报表时，代表公司委托律师、会计师或其他监督法人。

（三）公司治理的决策机制

公司治理决策机制关注决策权在公司内部利益相关者之间的分配格局，包含决策权力机构及其对应的决策权力内容，其表明什么样的决策由谁作出。决策机制制定的理论基础是决策活动分工与层级制决策，由于公司治理的权力系统由股东大会、董事会、监事会和经理层组成，并依此形成了相应的决策分工形式和决策权分配格局，因而公司治理决策机制实际上是层级制决策。

层级制决策活动分工的产生与有限理性假设有关系。其表现在：一方面，作为层级组织中最高层决策者的决策活动能力有限；另一方面，囿于每个决策者决策活动能力的有限性，应将不同决策能力的决策者有效地分配于不同的用途，以达到节约使用决策活动能力这种稀缺资源的目的。层级制决策的产生在公司治理中还被看成是权力的分立与制衡的结果。公司法人治理结构在股东大会、董事会、经理层之间形成不同的权力边界，并使得每一权力主体被赋予不同的决策权。公司治理决策层级的第一层次是股东大会的决策，是公司最高权力机构的决策，第二层次是董事会决策，是公司常设决策机构的决策，经理人员是董事会决策的执行者。

四、保险公司治理的特殊要求与特征

20世纪90年代中期以来，公司治理开始受到各国金融、保险机构的重视。东南亚金融危机的沉痛教训使人们逐步认识到公司治理和机制对金融、保险企业乃至整个金融体系稳健运行的重要影响。国际保险监督官协会在1997年首次发表的保险监管核心原则中，将保险公司的治理监管列为监管的重要内容，2005年，保险公司治理监管被国际保险监督官协会确立为与偿付能力监管、市场行为监管并列的三大保险监管支柱之一。在我国，2008年的全国保险工作会议上，保险业要以公司治理和内部控制为基础，以偿付能力监管为核心，以现场检查为手段，以资金运用为关键环节，以保险保障基金为屏障，构建防范风险的五道防线。

保险行业的特殊性使得保险公司治理有别于一般意义上的公司治理。

（一）保险公司治理的特殊要求

保险公司具有典型的高风险、高信息不对称、高财务杠杆以及高外部性等经济属性，这决定了保险企业治理的双重目标——既要追求企业价值最大化又要实现安全运营，进而维护经济体系的安全，这也决定了保险公司治理机制的多元化。

1. 保险公司的治理应更多地关注利益相关者的利益。保险公司的治理应更多地关注利益相关者的利益，而不能仅仅局限于股东本身。相对于其他行业，保险公司的人力资本所有者和债权人需要更多地承担公司的经营风险，这是因为：第一，保险公司的资本结构中债务资本的比重很高，作为主要债权人的被保险人极其分散，且不具备专业知识，难以实施有效监督，一旦保险公司的财务状况超出被保险人的预期，债权价值就难以得到保障，这使债权人承担了额外的风险。第二，保险业的高风险性和复杂性强化了信息的不对称，使股东不仅无法监督经营者的行为，而且难以控制经营者的行动，这会促使经营者把公司的经营推进到一个超出股东容许的风险水平。因此，保险公司作为一系列要素契约的组合，签约人（既包括物质资本的所有者——股东和债权人，也包括人力资本的所有者——经理人和员工）共同构成了公司治理的主体。如果说股东至上主义和利益相关者理论的争议在一般公司治理领域还难分高低的话，那么在保险公司治理的问题上应该坚决支持利益相关者理论的观点。保险业作为具有广泛社会性的行业，保险公司治理既要维护股东的利益，更要维护投保人的利益，既要追求公司的效益，更要有效防范和化解风险，维护社会稳定。

2. 保险公司治理应该采取共同治理模式。保险公司治理机制的设计应偏重内部治理机制，有选择地审慎运用外部治理机制，这是因为保险公司存在诸多特殊性，这导致其外部治理机制欠理想且成本高昂①。因此，目前保险公司的治理应该偏重于内部治理，着重解决好股东会、董事会、经理层和监事会的矛盾和冲突，强化董事会的职能、完善独立董事制度，强化监督机制、实行监事问责制度，强化信息披露制度，完善对高级管理者的长期激励等，从而形成相互制衡和有效激励的机制。在此基础上，适度借助外部治理来改善保险公司的治理结构，进一步完善股东投票制度，建立股东代表诉讼权，培育机构投资者，通过资本市场的并购活动，健全接管机制。

3. 保险公司治理应该纳入保险监管的内容。健全监管体制，协调监管机构与保险公司之间的关系是保险公司治理的关键内容。研究表明，管制作为一种增加的外部力量，必然会对保险公司及其管理人员产生影响，并因此而能够在一定程度上替代弱化的公司控制机制。但是如果将政府监管视为一种替代的公司治理机制，这种替代的成本也许会很高昂，因为官僚主义、监管机构之间因为功能差异而引致的政治问题、市场机制的最大化股东利益目标与监管机构所追求的最小化系统性风险目标间的差异都会加大政府监管的成本，并因此而影响政府监管的最终效果②；一个更深层次的问题是股东与监管者的利益冲突。保险公司股东可能会因为追求自身的价值最大化而违背政府监管者的利益，股东往往会要求管理者从事高于社会最优风险的投资，而监管者出于整个金融体系稳定性考虑，往往要求其承担较低风险，政府监管目标和最大化公司价值的自身目标不一致，这可能会导致政府因为将自己的偏好加在保险公司管理者身上而直接损害其经营绩效和稳定性。

（二）保险公司治理的特征

保险公司治理本质上是一种风险汇聚安排机制，保险公司治理也必然存在着不同于一般公司治理的本质特征。保险公司治理从本质上讲就是要规范风险汇聚安排的参与者（保单持有人）与其组织者（包括股东、经营者）之间的交易关系，以最低的成本实现风险的分散，并获得相对其他组织或风险汇聚安排形式的比较优势。它有着以下几个方

① 李维安、曹廷求：《保险公司治理：理论模式与我国的改革》，载《保险研究》，2005（4）。
② Boot and Thakor, "Self - Interested Bank Regulation", *American Economic Review*, 1993, Vol. 83.

面的本质特征。

1. 保险公司治理随着其规范交易关系复杂程度的不同而呈现出不同特点。对于相互制保险公司而言，其保单持有人即为公司所有者，交易关系相对简单，治理结构主要关注的是对管理层的激励约束机制问题。而对于股份制保险公司而言，股东作为专门的出资者，与保单持有人并不一致，这就涉及所有者、经营者、保单持有人等多方利益的协调，其治理侧重多方利益的平衡，其经营能力来自诸多利益相关者之间的合作。而且公司规模越大，这种平衡和协作及制约越重要。

2. 保单持有人的利益在保险公司治理结构中具有重要地位。保单公司治理所要规范的正是作为风险汇聚安排参与者的保单持有人与作为组织者的股东和经营者之间的交易关系，它不仅要求以合理的价格承保，还要求在保险期间内为保单持有人提供有效的风险服务，以及一旦发生保险事故能及时、足额赔付。这种交易关系是否有有效的制度保证、是否规范，以及能否赢得相对其他公司的优势，直接影响着保单持有人对公司的信任，决定着公司的发展前景。保险是负债经营，保单持有人利益的维护是股东利益和经营者利益实现的前提。

3. 保险公司治理结构是一种风险制度安排。保险公司治理结构规范的是风险汇聚安排的参与者与其组织者之间的交易关系，风险的集合和分散是这种交易关系的核心。如何最大限度地集合风险，然后以最有效的方式实现风险的分散，正是体现保险公司经营管理能力的重要方面。保险公司治理结构作为一种制度安排，是对风险集合和分散过程的一种规范，因而是一种风险制度安排。

4. 完善的保险公司治理结构表现为各方对风险文化的认同。保险作为一种风险汇聚安排机制，保单持有人、所有者和经营者共同参与其中，有着共同的利益和理念。保险公司处处与风险打交道，其经营的是风险，而经营本身又有一定的风险。一定意义上讲，保险文化就是有关风险的文化，完善的保险公司治理需要协调各方的利益，而取得各方对风险文化的认同是其中的重要一步。

第二节　保险公司组织结构的影响因素与原则

一、组织结构概述

组织是人们为了实现某种特定的目标而有意识地组建起来的社会实体单元；同时也是聚合社会行动者和协调各种社会行动的过程，它是静态的社会实体单位和动态的组织活动过程的统一。

所谓组织结构，是全体组织成员为实现组织目标进行分工协作时，在职务范围、责任、权力等方面所形成的结构体系。组织结构的本质是职工的分工协作关系，其设立的目的是有效地实现组织目标，而其内涵则是组织中职、责、权方面的结构体系。组织结构就像整个管理系统的框架，有了它，系统中的人流、物流、信息流才能正常流通，使组织目标的实现成为可能。组织能否顺利达到目标，在很大程度上取决于这种结构的完善程度。

组织结构的核心内容主要包括：

（1）职能结构。是指实现组织目标所需要的各项业务工作以及比例和关系。可以结合企业价值链，对各部门在目前的组织系统中的作用、各部门的分工、隶属、合作关系是否明确等进行分析，判断企业现有组织结构中各部门的职能是否缺失、交叉、冗余、职能错位等。经过这个过程，就能确定主要职能改进领域与改进重点。

（2）职权。指经由一定的正式程序所赋予某项职位的一种权力。这种权力是一种职位的权力，而不是某特定个人的权力。职权设计就是全面、正确地处理企业上下级之间和同级之间的职权关系，将不同类型的职权合理分配到各个层次和部门，明确规定各部门、各种职务的具体职权，建立起集中统一、上下左右协调配合的职权结构。它是旨在保证各部门能够真正履行职责的一项重要的组织设计工作。

保险公司组织结构的概念：

保险公司组织结构就是保险公司全体成员为实现公司目标，在职务范围、责任和权力等方面所形成的结构体系。具体而言，现代保险公司通常以股东会、董事会、监事会、执行机构（经理层）作为法人治理结构，确立了所有者、公司法人和经营者之间的权力、责任和利益关系；建立以总经理为首的业务经营管理系统，根据保险公司自身特点和科学管理的要求设置不同部门，如业务发展部门、业务管理部门、行政管理部门、内部控制部门等，并规定公司各部门的职责和权限，提高企业对外部环境的适应能力和竞争能力；在层次上一般表现为总公司和各级分支机构的结构。由此，我们可以看出，保险公司的组织结构并不只是各部门的简单相加，而是一个有机整体，因为在结构中的各部门之间还存在着纵向、横向的交叉关系，即保险公司各部门之间的职责权力关系。

保险公司组织体系通常是总、分公司形式，所以保险公司组织结构通常可分为保险公司的内部组织结构（或称为核心组织结构、内组织结构）和保险公司的外部组织结构（或称为外围组织结构、外组织结构）。内部组织结构是指保险公司内部部门设置，通过部门划分将整个管理系统分解成若干个相互依存的基本经营管理单位，这种划分是在经营管理活动横向分工的基础上进行的。保险公司的内部组织结构可以按职能划分、按产品划分、按区域划分、按流程划分、按客户群划分等。在实际运用中划分方法并不是唯一的，常见的保险公司内部组织结构有职能型、事业部型、矩阵型等。而外部组织结构则是保险公司外各层级组织之间的关系，如总公司、分公司、子公司之间管理关系或集团制、控股制等。需要指出的是，管理层次与组织规模成正比，组织规模越大，成员越多，则层次越多；在组织规模一定的前提下，管理层次与管理幅度成反比，管理幅度大，管理层次少，反之，管理幅度少，管理层次就多。管理幅度和管理层次的反比关系决定了两种基本组织形态，即高耸式组织结构和扁平式组织结构。高耸式结构形式是指管理幅度较窄、管理层次较多的金字塔形结构，扁平式结构形式扁而平，管理层次较少，管理幅度较大。扁平结构能够提高管理效率、降低组织成本，已成为现代保险公司组织结构的演变趋势之一。内外部组织结构结合形成保险公司组织结构体系。

二、保险公司组织结构的影响因素

保险公司组织结构的设置是通过对组织内的任务、权利和责任进行有效组合协调的过程，通过对组织内的层次、部门和职权进行合理的划分，使组织保持灵活性和适应性，从而实现对保险公司组织中有限的资源进行最优化利用。组织活动是在组织整体战略的指导下，在一定的环境中运用一定技术的过程。保险公司组织结构是一个系统，其发展必须不断地适应环境、技术和战略。不同的理论对此有不同的见解。权变理论认为，组织结构是一个开放的动态系统，因此管理者必须根据各类情况的变化不断对组织结构进行调整。权变理论以管理者对各种影响组织结构变化的权变因素的主观选择来解释组织结构变化的原因，认为管理者是组织结构和变革的主导力量，在管理者的主导下，外部环境、发展战略、技术、企业规模等权变因素对企业的组织结构发挥影响作用。具体来说，可以按照因素属性的不同，将影响保险公司组织结构的因素分为五类：环境因素、企业生命周期因素、战略因素、规模因素、业务流程因素。

（一）环境因素

环境因素是指存在于组织边界之外并对组织具有潜在或现实影响的所有因素。环境因素对保险公司组织结构的影响存在三个维度：环境容量，即环境为保险公司发展提供资源、机会和支持的程度；环境稳定性，即环境因素在一定时间内处于相对稳定或动荡变化的程度；环境复杂性，即环境因素相似或彼此不同的程度。保险公司作为一个与外界环境保持着密切联系的开放系统，需要不断地与外部环境进行资源和信息的交换，因此保险公司的组织结构不可避免地要受到环境因素的影响。不同的环境下所产生的保险公司组织结构形式也是完全不同的，这种影响往往直接通过环境层次所表现出来。第一个层次是保险公司所处的宏观环境，包括政治环境、经济环境、社会文化环境等给保险公司带来市场机会和环境影响的社会因素。这些社会因素并不直接对保险公司组织结构产生影响，但可以通过中观环境和微观环境对保险公司组织结构产生巨大影响。第二个层次是保险公司所面对的中观环境，它作为联系保险公司宏观环境与微观环境的媒介，包括保险公司所处的行业环境以及公司所处的地理位置两个方面。第三个层次是保险公司所面临的微观环境，包括购买保险产品和服务的消费者、保险产业链条上的要素供应商、保险市场上的相互竞争对手等。

当前，随着经济体制改革的持续深入和市场进程的不断加快，保险公司外部经营环境已经发生了根本性改变，突出表现为国际保险业正向全球化方向发展，国际市场竞争日益激烈；国内保险监管改革日趋深入，费率市场化放开，金融自由化进程加速，行业壁垒逐步消除；保险公司服务方式从以产品为中心转向为以客户为中心，服务内容由单一化转向多样化。人口结构变化、消费升级、"互联网+"等外部环境的变化对保险公司的产品和服务均提出了更高的要求，为了适应外部环境变化，保险公司组织结构必须进行调整甚至重新设计，才能在优化保险产品、提升服务质量等方面实现突破。

环境变化对组织结构提出的新要求，主要体现为组织外部环境的动态性与复杂性，使得组织结构形式朝着扁平化方向发展，例如人口社会环境的变化，尤其是人口老龄化会提高养老、医疗等方面的需求，通过影响保险公司的业务结构进而影响其组织结构，大型寿险公司普遍设立了养老险事业部、健康险事业部等。扁平化的组织结构要求减少管理层次，减缩管理层规模，对工作流程进行有效的整合，减少管理过程的环节，降低组织管理成本，使公司能够速度更快、成本更低地进行决策。同时，信息技术的发展使公司的管理控制能力得到加强，为组织结构扁平化提供了保障，甚至产生了矩阵型和纯互联网模式的组织结构。矩阵型的组织结构满足了日趋激烈的市场竞争对灵活性的要求，这种灵活性包括功能上的灵活性，就是组织能够灵活分配资源，具有不断创新和变化的业务经营活动的能力、数目上的灵活性，以及根据业务发展需要灵活地增加或减少组织人数的能力；财务上的灵活性，就是具有灵活调整企业经营的财务成本的能力。纯互联网模式的组织结构下项目管理制的产品开发体系保证了对市场的迅速反应和产品开发创新效率。

（二）企业生命周期因素

企业的成长发展过程需要经历不同的阶段。每一阶段上具有不同的组织特征，也面临不同的风险，因而企业组织结构的设置也不一样。企业的成长过程和阶段即企业生命周期。[1]

保险公司组织结构作为保险公司全体成员为实现公司目标，在职务范围、责任和权力等方面所形成的结构体系，随着保险公司进入不同的发展阶段，其组织结构的形态也有不同的演变过程。不同的组织结构应用于不同的公司发展阶段，其效率也是不同的，并会直接影响着公司经营效果的好坏和目标的实现，因而需要在不同时期根据内外部条件的变化选择不同的组织结构。目前保险公司比较主流的组织结构模式有三种，直线职能制、事业部型和矩阵型组织结构。[2]

保险公司登记注册并开始运营后，即进入初创期。处于初创期的保险公司通常规模较小，分支机构层次数量以及员工的数量均较少，产品种类和服务项目也不丰富，管理制度和规则还不够稳定，可以采用集权型的组织结构，同时也需要保持适当分权以提高公司效率，比较适宜的选择是直线职能结构。这种组织结构中高层领导对公司资源仍有极强的控制能力，保留了直线制的集权特征，同时也吸收了职能制结构中职能部门化的优点，控制性强、便于管理、节约成本，可以比较迅速地对市场变化作出反应，有效抵御风险，促进保险公司的成长与发展。

进入成长期的保险公司，其规模较初创期更大，员工也更多，同时管理制度和规则刚刚建立仍不太稳定，因此仍然适宜原则相对集权型的管理体制，直线职能型组织结构

---

① 1972年，Larry E. Geriner在《组织成长的演变和变革》中最早提出企业生命周期的概念，并将企业生命周期分为五个阶段。1983年，Robert E. Quinn和Kim Cameron在《组织的生命周期和效益标准》中将企业生命周期简化为四个阶段。尽管学者们在企业生命周期的阶段划分上存在差异，但普遍认同企业的发展历程是由数个发展阶段构成的，每个发展阶段中都存在稳定发展和变革求新两个时期，伴随内外部因素的变化和企业内外部问题的解决，稳定发展和变革求新交替出现，如此循环往复，企业进入下一个发展阶段，这些发展阶段共同构成了企业完整的生命周期。现在通常将企业生命周期划分为初创期、成长期、成熟期和衰退期。

② 直线职能制和事业部型是两种最基本、最常见的保险公司组织形式，其他组织结构类型是由这两种基本模式的组合演变而来。由于组织结构形式的不同而产生了诸如控制性、灵活性、协调性、管理成本、管理幅度、资源共享性等方面的差异，本章第三节将对我国保险公司的组织形式进行详细介绍。

仍是较为适宜的选择。直线职能型组织结构较强的控制性可以克服成长期保险公司固有的可控性较差的缺点，同时有着较高的资源共享性、较低的管理成本以及较少的管理层次。成长期的保险公司较之于初创期的保险公司除了在人员规模、产能等方面表现更好外，在管理风格、市场竞争力、品牌影响力等方面仍与初创期保持一致，因此同样适用直线职能制组织结构。

进入成熟期的保险公司，规模庞大、员工众多、管理层次增加，在直线职能制组织结构下，容易产生信息传递不畅、反应迟缓、控制不力、成本增加等问题。事业部型组织结构下各事业部规模较小，自主经营，方便实现自我快速调整及对市场的变化作出迅速的反应，并将集权与分权相结合，以弥补成熟期保险公司灵活性不足的劣势。

保险公司经过成熟期相对缓慢螺旋式的上升发展后，将不可避免地进入衰退期。衰退期的保险公司外部集中表现为市场竞争力不断弱化、产品老化、技术创新衰竭、市场份额下降等，内部则是制度繁多且行之无效，沟通和决策效率降低，内部推诿增加等。进入衰退期的保险公司为了再现公司的创新发展，实现困境突破，迫切需要进行组织结构的革新。矩阵制组织结构可以实现产品事业部结构和职能制结构功能的实现，并加强各机构间的横向联系，较为适合矩阵型组织结构。

表 4 - 2　　　　　　　　　企业生命周期与组织结构

组织特征	初创期	成长期	成熟期	衰退期
规范化程度	非规范化	有某些业务程序	规范化程度高	完善的业务程序
专业化程度	非专业化	建立专业化部门	分工精细，增加新的专业部门	清晰的分工体系、专业化部门
制度化程度	非常少	有一些规则制度	规则制度多，且规范	广泛的规章制度
集权程度	集中在企业主一人	高层管理者	高层战略决策，中层经营执行	分权形式
沟通机制	非正式沟通	基本为非正式沟通	正式沟通	正式和非正式沟通
控制机制	企业主个人监督	非规范，个人	规范，依靠制度进行	非常规范的控制体系
组织目标	企业生存	继续成长	内部稳定，创新，扩大市场	强研发能力，完备的组织
组织危机	需要有领导能力	需要权力下放	需要医治大企业病	需要更新组织
匹配组织结构	直线制	直线职能制	事业部制或母子公司制	混合式、矩阵式、多维式

❶ 资料来源：陈敏：《企业组织结构变革影响因素分析与方案设计研究》，重庆大学硕士学位论文，2004。

（三）战略因素

发展战略是组织对全局的筹划和指导。组织确立近期目标必须以其发展战略目标为宗旨，而组织结构的设计是为完成组织目标而进行的，所以发展战略目标最终影响着组织结构的形式。战略和组织结构的联系在战略发展历程中先后出现了"结构跟随战略"、"战略跟随结构"的观点，后来进一步衍生出战略和组织结构相互影响的观点。"结构跟随战略"认为，组织结构服从于战略，公司战略的改变会导致组织结构的改变；对于单一业务和主导业务的公司，应当按照职能式的结构来组织；实行相关产品或相关服务多样化战略的公司，应组织成事业部的结构；采用非相关产品或服务多样化战略的公司，应组织成复合式或控股公司式的结构。"战略跟随结构"的观点认为，组织结构的调整具有滞后性和缓慢性，在可塑性上也无法无限制地支持战略的调整，组织结构既可以启动又可以限制特定的战略，因而战略设计必须遵循特定的组织结构。相互影响论则认为战略和组织结构间无法区分，文化和历史背景可以像效率和市场逻辑一样决定组织形态。

在实践中，保险公司发展战略在两个层面上影响保险公司的组织结构：

第一，不同的战略要求不同的业务活动，从而影响管理职务和部门的设计。保险公司制定规划、确定战略目标和使命定位，往往不是从某一个出发点考虑，既有国家政策导向起决定作用的，也有市场竞争起决定作用的，也有公司发展关键点起决定作用的，不同的发展战略所决定的业务重点也不一样，例如，专门性的保险公司如农险公司、科技保险公司、航运保险公司可能采取精耕细作专项业务，而非多元化的发展战略，业务重点也集中在部分险种上，从而比较适宜直线职能制组织结构，对于集团化发展的保险公司，在多元化发展的战略指导下，事业部制或矩阵型的组织结构则比较适宜。

第二，战略重点的改变会引起组织工作重点的改变，从而导致各部门与职务在组织中重要程度的改变，最终要求各管理职务及部门之间的关系作相应的调整。保险公司的战略目标在一定时期内应相对稳定，但一旦环境需要公司战略发生改变，则保险公司的组织结构就应作出相应调整。

（四）规模因素

保险公司的规模是影响组织结构的一个基本因素，区域性、专业性保险公司的组织结构形式不可能适合全国性保险公司。保险公司规模会对组织结构的每一个因素都产生影响，如保险公司组织机构的地理分布、专业化程度、部门划分、人员配备、集权程度、规范化、制度化等。通常来说，组织规模越大，保险公司正常运转所需的制度健全性和遵循有效性要求越高，分权程度也会相应提高，组织结构也就越复杂。保险公司要追求规模，则可能通过增加其分支机构、扩大专业化分工、增加人员配备等方式来实现。如果某一阶段由于受整个经济大环境影响或自身经营管理不善，公司要缩小规模，则会采取大量裁员、部门合并等方式来实现组织结构的精简。需要指出的是，公司规模并非直接地、分别地对结构的各个特征因素产生影响作用，而是各个特征因素之间存在内在的联系。当公司规模这个变量影响到某些特征因素后，才会连锁地影响到其他特征因素相应地发生变化，直接表现为公司内部组织结构的调整。

机会	扭转型战略 战略特点：注重比竞争对手更低的成本来增加市场份额；寻求有效的方法降低成本；运用严密的控制来达到比竞争对手更有效的生产 相对应的组织结构特征：稳定性，简单报告关系，集权管理为主 组织结构：直线职能制+矩阵式	发展型战略 战略特点：扩大生产规模、扩大市场战略，将产品或服务扩展到其他地区去生产和销售 相对应的组织结构特征：规范化程度较高，在集权管理的基础上个别部门采取分权结构 组织结构：地区事业部、混合式（直线职能制+事业部制）
外部环境 威胁	防御型战略 战略特点：加强销售管理，提高收入；有效利用企业资源，降低成本；加强企业内部管理，建立良好的沟通机制 相对应的组织结构特征：精简机构；集中决策、分散经营 组织结构：事业部制结构；网络结构	多种经营战略 战略特点：企业为了避免经营风险，继续保持高额利润；企业开发新产品，或涉足与主业相关的行业 相对应的组织结构特征：针对企业规模和市场情况采取集权式结构或分权式结构 组织结构：直线职能或事业部制、矩阵式
	劣势　　　　　　　　企业内部条件　　　　　　　　优势	

资料来源：陆晓龙：《我国保险公司组织结构优化研究》，天津：南开大学，2010。

图4-2　企业四种经营战略及相对应的组织结构特征

✎ **专栏4-2**

平安财险2005年组织结构改革 ∎∎

　　2005年，平安财险对组织结构进行了较大的调整。调整前的组织结构以产品条线进行管理，按照三大类险种划分管理部门，具体包括车险部、意外健康险部、财产险部，另有客户服务部、市场部、渠道管理部等中后台部门，核保核赔的职能由各产品条线管理部门承担。从2003年到2005年的业务发展状况看，平安财险在规模上稳居行业前三，发展速度日趋加快，同时也面临着业务规模快速增长、业务处理量不断加大的局面，这种以产品条线为中心的业务组织机构模式越发不能适应公司的发展需要。对此，平安财险在2005年进行了以客户为导向的营销体制改革。原有各个部门组成成为"四个中心"，即团体客户中心、个人客户中心、客户服务中心和资源支持中心。前三个中心为业务管理部门，资源支持中心是将财务、人力资源、后勤行政等非业务部门整合起来。这一模式按客户群划分部门，能够为客户提供更有针对性的产品和服务方案，对于客户的个性化需求，只需一个部门综合协调考虑，就能得到解决方案，从而提高服务效率，维护好公司客户群。

- -

（五）业务流程因素

保险产品和服务的同质性和易模仿性决定了不同保险公司之间的差别实际上集中在

业务流程上，业务流程的优劣成为建立竞争优势的最重要因素。传统的保险公司组织结构形式基于经营活动的相似性进行部门划分，从完整流程的角度而言，实际上使得各部门的工作被人为地割裂开来。同时也阻碍了信息在公司内部的顺畅流转，具体表现为：收集信息的价值标准部门化，信息储存与传递的渠道分割，以及分工过细的组织体制导致部门间的沟通效率低下。业务流程的变化决定了部门职能的变化，因而保险公司组织结构变革是适应业务流程优化的必然趋势。现代管理理论认为，流程决定组织，业务流程再造必然带来组织结构的更新，企业组织必须从结构、机制、理念以及内涵上不断优化、创新和发展。基于职能分工建立的保险公司组织结构使原本连贯的流程被人为割裂，业务流程再造就是通过组织和管理模式上的变革将被职能分割的流程重新连接起来，通过对流程的整合与优化，实现对客户服务、公司运营成本和效率的全局优化。业务流程再造的实际应该是以客户的需求为出发点，以信息技术的发展为技术手段和依托，以业务流程为核心，打造保险公司新的管理模式和组织形态，提高保险公司核心竞争力的组织变革。从趋势上看，组织结构必须具备更多的灵活性、柔性及动态内涵，以适应互联网化的需求。所以，保险公司业务流程再造不能仅停留在重新定义或划分流程，而应以流程为核心思维，促进组织结构、工作内容、工作绩效等多方面的整体变革。

表 4-3　　　　　　　　　　　　　　业务流程再造前后的组织比较

特征	再造前的组织	再造后的组织
组织结构	以职能为中心的层级结构	以流程为中心的扁平状结构
运行机制	以职能为主 存在职能界限 不连续的流程 运营局部最优化	以流程为主 针对顾客的点对点管理 整合的流程 企业全局最优化
员工	按职能安排 专业技能分工 工作以个人为中心 对顾客有限的关注	按流程安排 技能综合、多面手 工作以团队为中心 高度关注顾客需求
技术	由于职能界限而被分离 评价以职能目标为主	在流程中被集成 评价以流程目标为主
沟通	垂直方向	水平方向

　❶ 资料来源：罗爱芳：《基于业务流程再造（BPR）的企业组织结构变革研究》，南昌大学硕士学位论文，2006。

　　具体就组织结构而言，业务流程再造促使保险公司组织结构趋于扁平化。业务流程再造通过打破传统的层级结构，以流程为核心替代职能划分。流程的整体化和顺畅化能有效克服传统组织结构的局部化和信息传递的阻碍问题，从而促进保险公司取得整体效率，并强化对市场环境的反应速度。业务流程再造将极大地减少中间管理环节，使得组织结构呈现扁平化的水平型组织形式。

三、建立保险公司组织结构的基本原则

（一）精简、高效的原则

根据保险的损失补偿原则，保险公司的主要任务之一是在客户发生损失时，迅速查勘、定损并完成理赔工作，使客户及时弥补损失，重新恢复正常的生产或生活。保险公司为实现其社会稳定器的功能，在进行组织设计时，必须保证公司结构设置精简，员工具有较高的工作效率。否则，必然导致理赔程序繁冗复杂，效率低下，从整个社会来讲，保险推动生产迅速恢复的功能受到影响，从客户角度而言，必然失信于客户。这不仅损害了保险公司的社会效益，而且也大大损害了公司自身的经济效益。

因此，建立保险公司组织结构，机构设置要短小精干，减少层次，这不仅可以避免相互扯皮、提高管理效率，而且可以节约费用开支，降低经营成本；不仅可以提高公司的经济效益，又可以减轻保户负担，有利于进一步开展业务。

（二）专业化分工和协调的原则

专业化分工和协调原则是设计组织横向结构的基本原则。保险公司应当按照提高管理专业化程度和工作效率的要求，把实现组织目标所需完成的各项任务分成各级、各部门以至各个人的目标和任务，使组织的各个层次、各个部门、每个人都了解自己在实现组织目标中应承担的工作职责和职权。

有分工就要有协调。协调是指将独立的个体和单位的活动整合到为实现共同目标而齐心努力的活动中去。专业化分工后的各部门所承担的各项任务只是实现保险公司整体目标的一个组成部分，只有通过各部门内部和部门之间的协调，方可共同完成组织任务，实现组织目标。此外，协调的作用还在于能够产生"协同效应"，即不同部门单个力量的协调效果一定大于单个部门工作效果的简单相加之和。

（三）集权与分权相结合

集权是指决策权和领导权集中在组织领导层，下级部门只是执行，一切行动听从上级指挥。分权是指保险公司领导层将其决策权和领导权下放给下级部门和机构负责人，让他们独立地去处理某些情况和解决某些问题。

保险公司所有部门和职员的工作应是朝着公司共同目标而努力的，目标的一致性要求公司全体员工行动上的统一性，进而使一定程度上的集权成为必要。同时专业化的分工又使各部门工作具有相对独立性，这就必须进行分权。组织结构的基本内涵是责权关系的结构体系，绝对集权和绝对分权都会导致公司的组织结构失去意义。所以集权和分权同时存在是所有组织的共性。如果权力过分集中，则下级机构在需要发挥其职能时就没有足够的自主权，这必然影响组织结构的灵活性及下级员工的主动性和创造性。而权力过分分散，则各部门相对独立的利益又会使其各行其是，难以统一指挥和协调，出现管理混乱。

然而，究竟哪些权力应下放，哪些权力应集中，以及集权和分权应控制在什么样的程度，并没有统一标准，需要具体分析保险公司所处的时机、环境等各种因素。

（四）　稳定性与适应性相结合的原则

保险公司要进行正常的经营管理，必须保持组织结构的相对稳定性。组织结构的任何变化，包括部门增减、部门合并、层次增减、权责调整等都会给保险公司成员带来很大影响。如果组织结构频繁变动，必然会造成人心动荡，引起管理的混乱，因此组织结构应保持相对的稳定。

然而保持稳定不等于僵化。一个极其僵化的组织不是稳定的，而是脆弱的。保险公司并不是一个全封闭组织，它是一个开放的系统，要面对市场环境、政策环境、技术环境等外因的变化。当保险公司组织结构相对于这些变化呈现一个相对僵化的状态时，其效率会降低，竞争力也会大为减弱，这时组织结构的调整和改变就不可避免了。只有如此才能重新为保险公司带来活力和希望，适应新的环境，保持自身的竞争实力。

（五）　执行机构与监督机构分别设立的原则

保险公司内部不仅应有经营运作所必需的执行机构，如业务机构、人事管理等机构，同时还设有一些监督机构，即内部控制机构如稽核部、财务监督部、营销督察部门等。执行机构与监督机构应分别设立，是为了处理好以下几方面的关系。

1. 监督与信任。监督与信任并不矛盾。一方面，保险公司应对执行部门的工作行为进行适当监督，以确保公司总体经营的稳定性和科学性；另一方面，保险公司应给予执行机构一定程度的信任，如果事事监督、时时监督，必然会影响执行机构的工作热情，甚至会产生逆反心理。良好的监督应当有利于保持良好的长久信任关系。

2. 监督与服务。监督机构对于执行机构而言，不仅仅是督促和检查。监督本身也是为执行机构服务。如财务监督可以帮助各部门合理运用资金，提高资金运用效率；营销监督部门可以帮助营销部门提高工作业绩；等等。监督机构应通过对执行机构的监督和服务，与执行机构共同为实现公司总体的社会效益和经济效益而努力。

为处理好这两方面的关系，监督机构应当与执行机构分开设立，给予执行机构相对的独立性。

设计保险公司组织结构必须遵循企业组织结构设计的基本原则，诸如，实现公司任务目标原则；统一指挥原则；根据有效管理幅度划分纵向管理层次原则；权、责、利相结合原则；信息畅通原则等。上述原则在设计组织结构时具有普适性，不能体现保险公司经营的鲜明特点，或是不能体现影响保险公司组织结构设计的因素，因而不再详述。

第三节　我国保险公司的组织结构

组织结构是管理学中最早并最彻底地予以研究的领域之一。长期以来，随着管理实践的丰富及管理理论研究的深入，产生出多种组织结构形式，主要以直线制、职能制、直线职能型、事业部制、矩阵型结构最为典型。

保险公司的组织结构形式应与公司规模的大小、保险业务经营特点、保险市场的变化、公司管理水平、组织发展成熟度及保险公司的内外环境相适应。

一、我国保险公司组织结构的形式

（一）直线职能型组织结构

直线职能型组织结构是指公司中从事相似职能的员工组成一个部门，它以职能为导向加以扩展。直线职能型组织结构是最为传统的保险公司组织结构，主要通过精细化和专业化取得效率。

大多数保险公司在刚刚成立、规模较小的时候，基本上采用的是直线职能型组织，即将保险公司需要从事的主要活动或者需要执行的主要功能分为不同的部门。各级保险公司内部通常按职能、险种或两者结合的方式划分部门。

1. 按职能划分部门。按照相互关联的业务活动分工，是组织业务工作最基本的划分方法。保险企业的基本职能是承保、核保、理赔、防灾防损，所以公司的业务部门通常按照这样的类别划分。除此以外，公司也需要有行政管理、内部控制等职能部门，根据这些职能，公司设立了财务部、人事部、企划部、稽核部，督察部门等。

2. 按保险业务种类划分部门。这种划分方法是将同一险种的各个经营环节联结在一起，由一个部门统一负责经营管理。如按照火险、水险、汽车险等险种划分业务部门，将该险种的承保、核保、防灾、理赔等活动集中在一个部门。又如按照个人业务和团体业务也可以进行类似划分。

在我国保险结构的划分中，通常是综合运用这两种划分方法。所以各级公司的一般结构形式如图 4-3 所示。

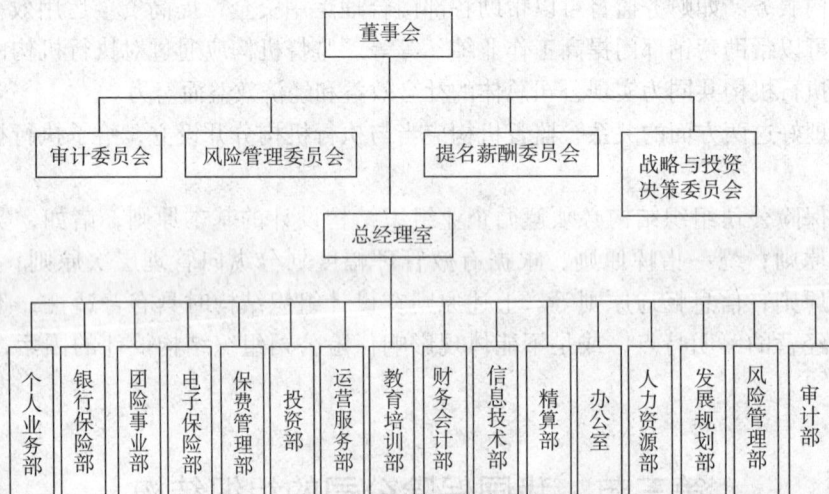

图 4-3 保险公司直线职能型组织①

在这种组织结构中，部门间的协调、信息的交流由保险公司的最高层（总经理）负责，由总经理根据职能部门的设置，设立部门总经理负责各个职能部门的日常经营管

---

① 该图由笔者自行整理。

理。我国保险公司的直线职能型组织结构的具体格局是：总公司、省（市、区）分公司、地（市）分公司、县（区）支公司，有些再往下设办事处或营业所。在上下级公司之间是直线管理关系，即领导与被领导的关系。上级公司的职能部门对下级公司的职能部门只能是业务指导关系，而不能是直接的领导关系。下级公司的职能部门受该公司经理领导，向公司经理直接负责。否则就会出现多头领导，造成管理混乱，指挥失灵。在各级公司内部，职能部门各司其职，对于业务部门内部工作有协调或业务上的指导权力，但没有直接指挥的权力。各部门成员直接服从其经理的领导，而部门经理又直接接受总经理的指挥和部署。

直线职能型组织机构的优点是组织结构十分严谨，便于上级人员对下级实施严密控制。上下级之间等级森严，领导的权威性很高，垂直的纵向关系非常清晰，有利于统一指挥。专业分工精细化，各部门成员职责分明，分工明确。专业分工像树状分枝一般，形成了众多的职能部门。各部门在自己的职责范围内全力以赴，力求取得最佳工作效果。由于各级管理人员管理幅度较小，因而经理人员可以有更多的时间和精力指导下级工作。

（二）事业部型组织结构

事业部型组织结构是指保险公司依据产品、客户或地区划分若干事业部，总公司从日常业务中脱离出来，只负责总体的决策，而每一个事业部都是相对独立的分部，事业部负责人对事业部的绩效负责，每个事业部都充分拥有战略和经营决策权，并包含财务、营销、产品等多个职能，每个事业部独立核算，成为单独的利润中心。

在事业部型组织结构下，总公司是投资与战略决策中心，拥有对保险公司重大事项的决策权，主要表现在人事和财务上，即如何分配资源和派出各事业部经理。各事业部则在总公司整体战略与投资框架内享有充分的经营自主权。

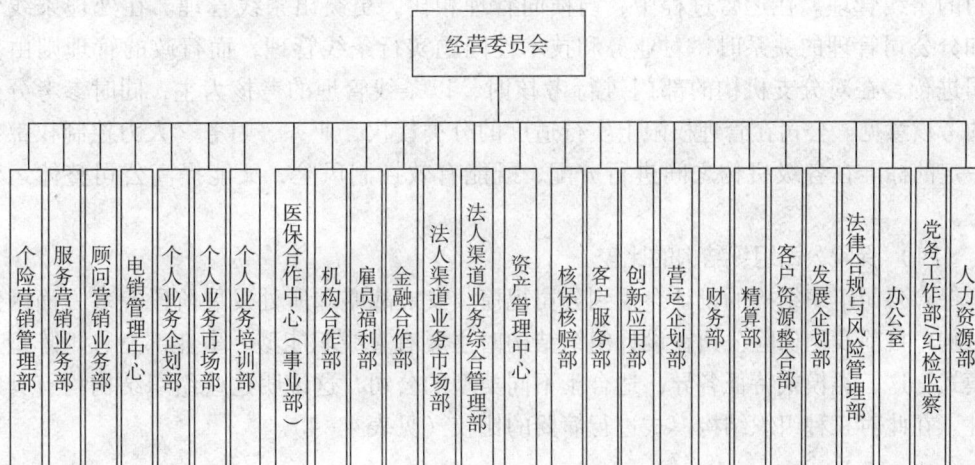

图 4-4　保险公司事业部型组织结构①

① 资料来源：太保寿险官方网站。

事业部型组织结构的主要特点是"整体规划,独立经营",即在集权领导下实现分权管理。当保险公司的规模逐步壮大并发展到一定阶段时,需要采用事业部型组织结构,即根据产品、客户和渠道的差异,将保险公司分为不同的事业部,如个险业务部、团险业务部、银行保险部等。在每个事业部内部,再按照职能的不同,分为市场营销、产品精算、计划财务、客户服务等部门。采取事业部型组织结构的公司内部仍然按照直线职能型结构进行组织设计。就保险公司领导层而言,为实现集中控制下的分权,提高整个公司管理工作的效率,需要根据具体情况设置一些职能部门,从事业部来说,为了经营自己的事业,也需要建立管理机构。因事业部规模相对较小,产品单一,故一般采用直线职能型结构。

(三)矩阵型组织结构

矩阵型组织结构兼顾直线职能型组织结构和事业部型组织结构的特点,在事业部型组织结构的基础上,吸收直线职能型组织结构纵向的职能专业化优势,在横向的每个事业部中加入纵向的各个职能部门坐标,从而形成一种职能部门化和项目部门化相互交织的矩阵。

矩阵型组织结构适应性较强,比较能够适合复杂和多变的经营环境,能够快速对需求变化作出反应。保险公司在组织结构中尽可能减少管理层次,加强业务部门之间的联动反应和业务处理能力成为获得竞争优势的至关重要的因素。其主要优点包括:第一,将组织的纵向联系和横向联系很好地结合起来,有利于加强各职能部门之间的协调和配合,便于及时沟通;第二,具有较强的灵活性,能根据特定需要和环境活动的变化,保持高度的适应性;第三,在发挥人的才能方面具有很大的灵活性,能够让员工根据自身兴趣培养技术专长或锻炼综合管理能力。

在矩阵式组织结构下,分公司各部门接受分公司管理的同时,也接受总公司对口部门的条线管理。在运营过程中,与横向管理相比,更突出条线管理。在处理条线管理和分公司管理的关系时,对业务和技术性问题实行条线管理,而行政的管理则由分公司进行。在对分支机构的部门进行考核时,以条线管理的考核为主,同时参考分公司的考核意见。公司在管理权限上实行适度的分类授权,业务、财务、人力控制权都依据一定的标准在各级机构之间进行分配,既能有效控制风险,又能提高公司整体运营效率。

(四)保险公司组织结构的比较

保险公司组织结构的设计会受到公司规模、发展战略和所处发展阶段等多方面因素的影响,目前我国保险公司在设计组织结构时主要有直线职能型、事业部型、矩阵型三种模式,这三类模式特征各异,适合于不同类型的公司,这说明这些组织结构均有其合理性。在此对三种组织结构模式进行简要的比较(见表4-4)。

表 4 - 4   保险公司组织结构比较①

	优点	缺点	适用情况
直线职能型组织结构	各部门依靠专业知识帮助领导者进行有效管理；统一指挥，政策的制定和执行较为高效和统一	部门横向协调不力；缺乏灵活性；分权不足，妨碍效率	适用于管理水平较低或规模较小的保险公司
事业部组织结构	拥有高度的经营自主权；确保最大限度地贴近客户；有利于内部激励机制的建立	权限过大，不利于总部整体控制；机构重复，增加了保险公司管理成本；过分分权，缺乏规模经济效应	适合于管理水平较高、规模较大的保险公司
矩阵式组织结构	便于沟通信息、交换意见；提高灵活性；增强市场适应能力	组织的稳定性较差；双重领导的存在容易产生责任不清	适用于管理能力较强、结构比较简单的保险公司

但总体而言，我国保险公司组织结构的设置存在一些共性问题，如部门繁杂造成内部工作效率低下、信息传递缓慢，在外部则表现为不能满足客户多元化、个性化的需求等。

1. 难以适应客户个性化需求。目前我国保险公司设置组织结构时多按业务类型和渠道进行划分，这种部门设置的方式割裂了客户和保险公司的必然联系，给客户提供的服务被人为地分割成一系列相对独立和松散的环节，没有充分体现以客户为中心的经营理念，客户的需求无法及时有效地传递到保险公司各部门，无法满足客户对保险产品的多样化需求；单个客户对不同险种的需求，往往需要不同部门来解决，导致客户服务质量具有波动性，影响客户满意度和客户忠诚度；不能有效整合多种分销渠道，难以建立起以客户为中心的分销模式，导致产品和服务缺乏特色，产品开发和市场营销能力不足。

2. 非经营性部门繁杂，效率低下。由于组织部门中非经营性部门过多且职能交叉，导致保险公司的管理成本增加，人力资源浪费，降低保险公司的经济效益。不仅如此，这些非经营性部门还有可能干扰业务部门的正常经营活动，和其他部门争夺有限的资源。在一个组织结构中，不能把各部门分得过细，部门和机构的设置不能过多。由于组织结构部门设置往往把一个部门承担的事情分成若干个部门来完成，造成部门之间相互推脱责任，内耗过多，效率低下，降低了保险公司管理的协同效应。这是造成我国保险公司组织效率低下的重要原因。

3. 信息沟通不畅。随着社会交通和通信技术的发展以及保险行业竞争的日益激烈，保险公司的生产和发展需要大量的信息。相应地，保险公司的组织结构必须既能保证快速准确地收集外部信息，使保险公司内外部信息之间有效进行交换，又要保证信息流在保险公司内快速流畅地传递和交换，避免信息被人为地扭曲。我国保险公司目前的组织结构中，内外的信息交换和内部信息传递都是通过各个职能部门进行的，信息的收集、存储通常呈水平状，信息的交换与传递呈垂直状，即保险公司各部门、各分公司之间没

---

① 表格由作者自行整理。

有形成较好的信息传递制度，这些信息只是在部门或分公司内部传递，即使在总经理统一领导下，这一问题也由于各部门或分公司之间的恶性竞争而存在，导致一些信息的重复收集和存储，而一些重要的信息反而可能被过滤掉，造成保险公司组织难以适应环境的快速变化。

4. 经营主体服务能力不足。保险公司真正意义上的经营主体是三级及以下分支机构，而这一级机构由于受管理权限上收、人力财力配置不足等因素的影响，导致客户服务能力不足，客户服务效率低，服务质量难以满足客户需求，直接影响了公司的市场竞争力。而真正拥有资源、人才优势以及管理权限的总公司和省级分公司，并不直接承担或很少承担客户服务职能。

二、我国保险公司组织结构的创新

互联网因其对生产要素配置的优化集成作用，积极而深刻地影响着保险业的行为方式。保险公司积极拥抱互联网变革，在组织模式上也有新的探索和尝试。

目前，在我国保险市场上有多家在线互联网保险公司，它们通常采用纯互联网模式，其所有的业务流程全部在线上实现。在此以专栏的形式对众安保险的组织结构进行简要介绍。

✎ 专栏 4 –3
众安保险纯互联网模式组织结构[1] ▪▪

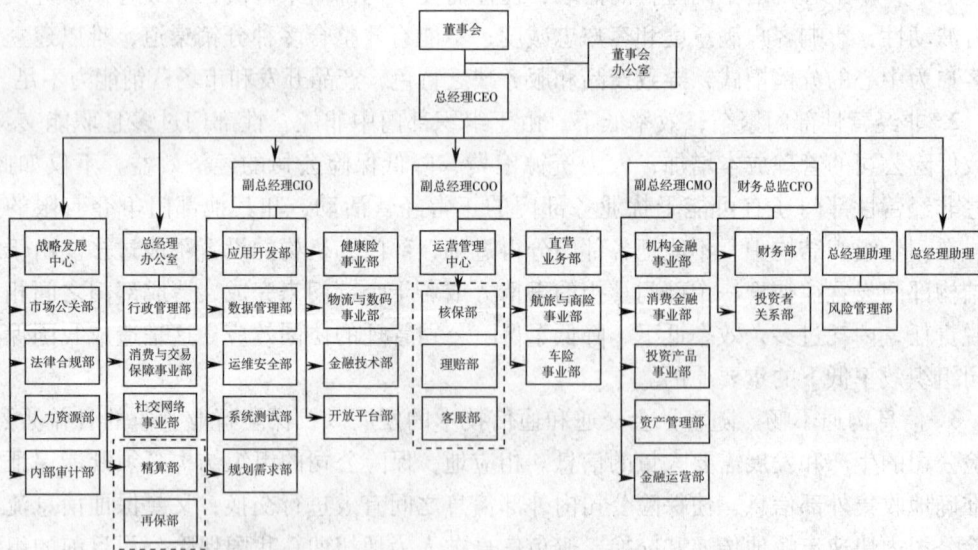

图 4 –5　保险公司纯互联网模式组织结构[2]

---

① 资料来源：中国保险行业协会：《2014 互联网保险行业发展报告》，第 83 页，北京，中国金融出版社，2015。

② 资料来源：众安保险官方网站。

作为国内首家专业互联网保险公司和纯互联网模式的典型代表，众安保险自成立以来一直基于服务互联网、保障互联网的思路，根据互联网电商领域、社交领域及互联网金融等场景下产生的保险需求，定制化地设计开发保险产品，如网络购物退货运费损失险、天气指数保险、网络账户安全保险等。为了更好地利用互联网拓展保险业务，众安保险在纯互联网模式组织架构下，除了具有职能制组织架构下常设的职能部门外，更具有突出的扁平化特征，建立了项目管理制的产品开发体系：

一是前段业务人员提出新产品的开发需求，由现有产品部内部进行初步审核，审核不通过不予立项；二是审核通过后，协同两核部门、法规部门、精算部门、再保部门等各部门形成产品可行性报告；三是形成可行性报告后，报公司业务管理委员会进行立项评议决策；四是决策通过后，方可进行开发，并在产品上线前，再次由业务管理委员会评议，得到书面批复后才可正式上线推广。

现阶段，互联网保险主要致力于提升保险产业链的信息化和效率，改善保险价值链上的某一环节，在互联网保险公司线下服务能力不足时，产品端成为主要突破口之一。纯互联网模式的组织架构通过多层次审核管理和公司决策层、内部两核、法律合规、财务精算、审计等部门积极主动地参与到各业务全生命周期中，有效地保证了产品开发效率。

【思考与练习】

1. 在我国应选择何种保险公司治理模式？
2. 简述现阶段我国保险公司治理的特点和要求。
3. 简述建立保险公司组织结构的基本原则和影响因素。
4. 如何理解保险公司不同发展阶段的组织结构？
5. 未来我国保险公司组织结构的发展有什么趋势？

第五章
保险公司产品管理

本章知识结构

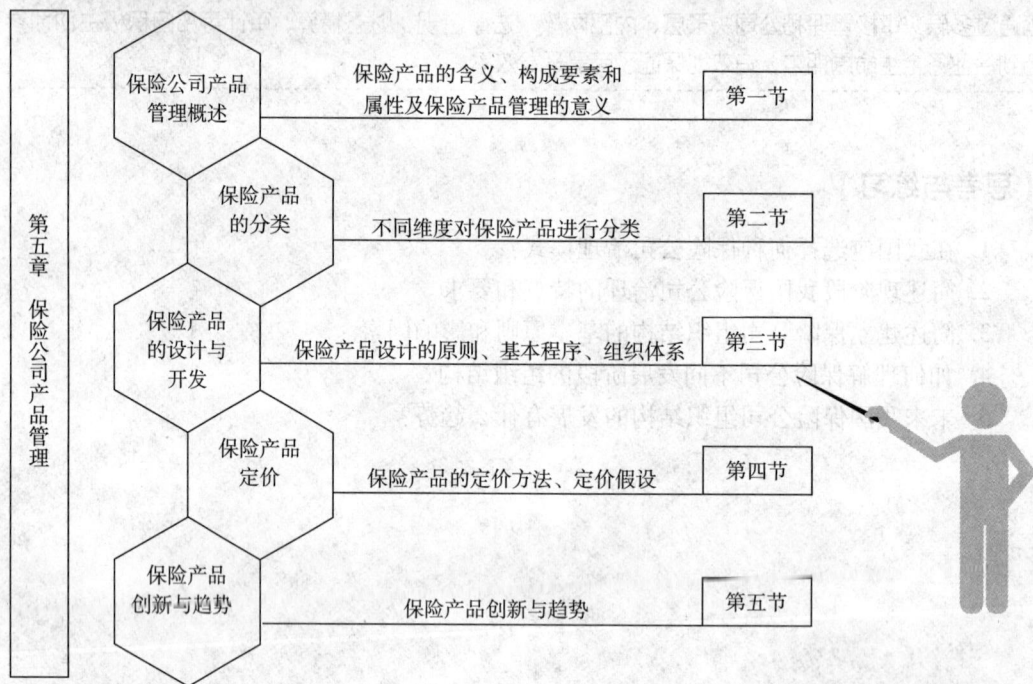

```
                    ┌─────────────┐
          ┌────────┐│保险产品的含义、构成要素和│  ┌──────┐
          │保险公司产品││  属性及保险产品管理的意义  │──│第一节│
          │ 管理概述 ││                  │  └──────┘
          └────────┘ └─────────────┘
              ┌────────┐
              │保险产品 │
              │ 的分类  │  不同维度对保险产品进行分类  ┌──────┐
第            └────────┘                    │第二节│
五                                          └──────┘
章
    ┌────────┐
保  │保险产品 │
险  │的设计与 │ 保险产品设计的原则、基本程序、组织体系 ┌──────┐
公  │  开发   │                          │第三节│
司  └────────┘                          └──────┘
产
品      ┌────────┐
管      │保险产品 │
理      │  定价   │  保险产品的定价方法、定价假设  ┌──────┐
        └────────┘                    │第四节│
                                      └──────┘
    ┌────────┐
    │保险产品 │
    │创新与趋势│    保险产品创新与趋势        ┌──────┐
    └────────┘                      │第五节│
                                    └──────┘
```

本章学习目标

- 掌握保险产品的构成要素和属性
- 理解保险产品管理的意义
- 掌握保险产品按照风险管理对象分类的内容
- 掌握保险产品开发与设计的基本原则和程序
- 了解保险产品开发与设计的组织体系
- 掌握保险产品定价方法、假设
- 掌握保险产品发展趋势

第一节　保险公司产品管理概述

一、保险产品的含义和内容

所谓产品，是指能提供市场用于满足人们某种欲望和需要的东西，包括实物、服务、场所、思想和主意等。产品是一个整体的概念，它包括核心产品、有形产品和附加产品。核心产品是消费者购买某种产品时所追求的利益，是消费者最为看重的东西或产品的功能。有形产品是核心产品借以实现的形式。如有形产品是实体物品，则它在市场上通常表现为产品的质量、特色、式样、品牌和包装等。如有形产品是一种服务或者是风险和责任的转移，则它在市场上通过书面合同形式来满足双方的需要。附加产品是指消费者购买有形产品时，所获得的全部附加服务和利益。

保险产品，从理论上说是保险人在保险市场上提供风险管理服务的载体，是由保险人组织设计、用来在保险市场上交易的、可供客户选择购买的金融工具。保险产品是无形的服务型产品。例如传统终身寿险产品、递减的两全保险产品、失能收入保险产品，分别可以为人们提供终身的死亡保障、保障水平逐渐降低的生存保障以及伤残后的基本生活保障。

从保险市场角度看，保险产品是保险公司用于与投保人订立保险合同的制式文本，一般由保险条款、保险费率、保险单证等组成。其中，保险条款是保险公司与投保人关于合同权利义务的规定，是保险产品的核心内容。保险产品是保险经营始端中最主要的内容，是保险公司定价水平和经营策略及战略发展的重要体现，也是保险监管部门为保护保险消费者，防止保险公司恶性竞争，对保险公司监管的重要方面。

保险产品也是一个整体的概念，包括核心产品、有形产品和附加产品。

1. 保险核心产品即保险合同的主要条款，保险条款的具体构成包含：产品名称、保险责任、交费方式、保障期限等。保险核心产品与普通产品的核心产品相比有不同之处，投保人购买保险产品后，虽然可以得到有形产品及体验到附加产品，但要体验到核心产品的某些价值，则取决于约定的条件发生。如保险赔偿是保险核心产品非常重要的价值，但要实现该价值则取决于保险事故的发生。

2. 保险的有形产品即书面的保险合同，是保险核心产品借以实现的形式。

3. 保险产品的附加产品即保险合同上确定的保险责任以外的保险服务。

从保险经营管理角度看，保险产品的构成还包含外围的运营规则，比如与产品风险控制相配合的投保规则、保全规则等，还包括相关的计算机核心业务系统支持等，上述产品要素共同构成一个可供销售者购买的完整的保险产品。其中要说明的有：

1. 产品名称。根据《商标注册用商品和服务国际分类》，保险和金融被归在第 36 类，属服务类。作为保险产品组成部分之一的产品名称可以通过注册商标的方法获得 10 年的商标权保护期，并可以续展。例如，美国国际集团（AIG）对其在新加坡推出的"AIG Assist"全球旅行保险（Global Travel Insurance）进行了商标注册，其中"AIG As-

sist"为注册商标，"Global Travel Insurance"为产品名称。新险种服务商标以文字、图形、字母、三维标志及颜色组合作为特定的标志，这完全不同于险种设计的实质内涵。保单上的商标仅表明这是来自某家保险公司的服务产品，他人盗用或仿制有关条款后，所使用的标志如果与该商标不相同或不相近似，甚至不使用任何标志，该行为在商标法上并不构成侵权。商标作为一个纯粹的识别标志，本质上区别的只是提供新险种的保险公司，而非新险种本身。

2. 产品价格。保险产品价格就是保险费率。保险费率是指保险人编制的依据投保人保险标的风险高低的不同而收取相应保的标准。保险人根据不同类型风险组合列出相对应的收费标准，包括免赔率的设定等。费率表分为寿险费率表和非寿险费率表。寿险费率可以是均衡费率，也可以是自然费率，在实践中均衡费率的产品所占比重更高。寿险费率计算的三要素是死亡率、预定利率和费用率；非寿险费率主要依据历年保险损失率的统计数据资料。保险费率的合理性是保险产品生命力的保证，根据大数法则精算确定的收费标准，既可以保证保险公司的可持续运营，又可以给被保险人提供损失补偿和保险金给付。

3. 运营规则。为了更好地控制风险，保险公司在销售产品时，会设定一系列产品规则，消费者在规则允许的范围内选择可以购买的保险产品或者相应的保单服务，在新单承保阶段遵循的规则称为投保规则，当保单成立后，消费者享有的关于保单的权利与服务称为保全规则。

常见的运营规则如：投保年龄的限定、投保额度的限定、健康告知内容、免体检额度、体检要求、财务证明要求、犹豫期撤单、失效复效、退保、加减保额、理赔流程等。

4. 系统支持。保险公司核心业务系统是以客户为中心，实现业务处理全过程管理，几乎涵盖了公司的所有业务，承保、保全、理赔、收付、再保、综合查询、营销管理等。随着保险业务规模的扩大与拓展，核心系统的功能也在不断扩大和完善，许多保险公司投入很大精力来改善核心业务系统，除了传统功能外，更多实现业务平台和经营数据以及互联网的大融合，为创新产品的开发提供更多可能。

二、保险产品的属性

保险产品是保险业的基本要素，保险产品属性体现了保险业的本源，保障性、信誉性和公平性是保险产品的本质属性，公共属性、格式化特性以及保险产品生命周期的非典型性是保险产品的特有属性。

（一）保障性

保险业是经营风险的特殊行业，"保障性"是保险产品的本质属性，保险产品的本源是风险保障。保险业通过专业的产品设计，为经济社会分担风险损失，提供风险保障。保险产品对保险消费者来说是一纸承诺，在约定的保险事故发生或约定的保险期满，这种保障或给付得以履行。

（二）信誉性

保险是一种基于信用的契约行为，是对未来不确定性的承诺。守信用是保险行业核心价值理念的第一要义，保险产品的信誉性是保险业"守信用"核心价值理念的试金石。保险产品应当体现"守信用"最大诚信原则的内涵和特质，即保险产品必须具有

"信誉性"。

保险产品信誉性应贯穿于"产品开发、展业销售、承保核保、查勘定损、理赔核赔"等保险产业"价值链"全流程。在开发环节必须遵循保险法律及监管规章的合法性和公平性，做到要素完整、条款公平、费率合理；在展业销售环节，必须履行说明义务及明确说明义务；在承保核保环节，必须遵循保险监管规定和保险条款费率规章，对保险标的判断是否承保；在查勘定损环节，必须遵循保险理赔实务规程，对保险责任和保险损失进行综合分析估损定价；在理赔核赔环节，必须遵循保险法律和保险条款，对保险事故进行全面考量和判定。

（三）长期性

保险中的人寿保险的保险期限大都是长期的，保险的有效期限往往可以延续几年甚至几十年，而且保险的缴费期也可能是长达几十年，这与一般实物商品的买卖具有较大的差别。

（四）公共品属性

公共属性是保险产品的特有属性。保险作为公共品的属性要求其尽量满足被保险人对获取保障的合理期待。在人类进入风险社会的背景下，保险产品开始被赋予公共物品属性："它不仅是一种经济补偿和社会再分配的手段，也不仅是以物质财富保障为中心，而是逐渐转向以人的生存发展和提高为中心。"它能将个体所面临的难以承受的风险在共同体成员间进行分摊，帮助被保险人应对未来的不测，完成其对日后生活的合理规划，维持内心的平静和安宁。此外，获取保险赔付对于利害第三人，如被保险人不当行为的受害者也具有相当的意义，它甚至是构建强制责任保险的首要动因。因而确保消费者能够获取其所需的保险产品就成为一项公共政策。

（五）格式化特性

无论是寿险还是非寿险产品，其核心产品的设计往往是格式化的条款设计。格式化条款是保险人为了重复使用而预先拟订，并不需要与对方协商的条款（当然保险当事双方可以在主条款下添加批注）。这是由保险合同所需转嫁内容的相通性、大量风险的同质性和保险合同的射幸性所决定的，当然在设计保险产品的时候，要充分注意保险产品（合同）的通俗性，少用专业术语，一定要让购买人看得懂。同时保险公司在设计产品时要遵守法律，公平对待消费者，充分维护被保险人的各种权益。

（六）保险产品生命周期的非典型性

保险产品生命周期没有衰退期，产品设计后不会发生成本，随时可供不同偏好的被保险人购买，上市时间较久的产品面临的可能是竞争力降低，销量小，偶然有人买，甚至没人买。但是如果加以改进或创新，在一定程度上可以延缓它的生命周期。如图5－1、图5－2所示。正确认识保险产品生命周期的非典型性这一特点，对我们思考采用产品开发的方法是十分有益的。

图5－1是一个典型的消费型产品，具有有限的生命，并将被下一代产品取代，有完整的生命周期。图5－2说明一个保险产品的生命周期不一定是有限的，可以通过对现有产品的改造来延长保险产品的生命周期，是非典型生命周期。

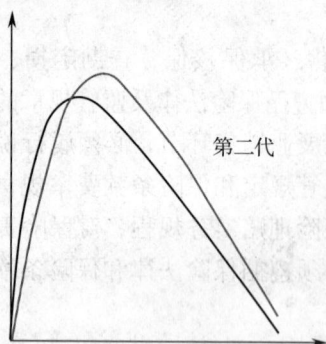

图 5 - 1 消费型产品

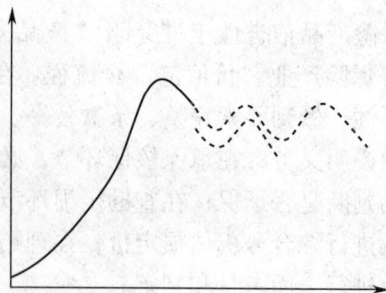

图 5 - 2 保险产品生命周期的延长

资料来源：石兴：《保险产品设计原理与劳务》，北京，中国金融出版社，2006。

三、保险产品管理的意义和内容

（一）保险产品管理的意义

保险公司产品管理是现代保险市场条件下公司经营及战略管理的一项重要内容。随着各国放松金融管制、经济全球化、金融一体化及保险市场放松价格管制及竞争加剧，保险公司产品战略已成为保险公司战略的重要组成部分。

在竞争的保险市场上，通过简单的同质化低价策略是不能带来公司有效持久的长远发展的，公司要获得最大利润且长远发展还是得依靠公司的产品综合竞争力，所以某种意义上说，保险产品决定了保险公司的发展，它不仅带来公司的业务规模，且能有利于确定公司在市场的地位以及形成公司的品牌。在保险市场上有竞争力的保险产品，不仅体现出公司设计的产品适销对路，而且体现了公司的企业文化、经营理念、管理水平及服务意识同样具有竞争力；此外还体现公司后台管理系统的强有力的支持，如出单、保全、理赔系统。所以说保险公司之间产品的差别，实际上体现了保险公司核心竞争力的差别。

（二）保险产品管理的内容

保险产品管理内容涉及公司多层面：从公司发展战略看，公司要在其生产和服务领域完成使命和实现目标，需要依靠产品这个载体的销售来实现业务发展，所以在公司的发展战略中，无论是专业化发展战略，还是多元化发展战略，都应包含相应的产品战略；从公司发展目标体系看，除包括公司的发展速度目标、市场地位目标、利润目标以及客户资源目标外，还有产品结构目标，保险公司的产品结构状况能反映公司的长期发展能力和经济效益。适应公司外部市场环境变换以及公司内部战略、理念及资源的变化，加强保险产品管理，调整产品结构是公司产品管理的重要内容，也是公司总体经营管理的重要内容。

从公司经营层面，保险产品管理的内容主要包括客户需求的研究、产品体系的梳理、产品的设计开发、产品的定价、产品的追踪与评估、产品的监控与反馈，以及产品其他要素的梳理和优化等，其中新产品的设计开发、产品追踪与评估、产品监控与反馈是保险产品管理的重要内容（其中，产品的设计开发、定价内容将在本章第三节、第四节详细介绍）。

1. 产品追踪与评估。对产品上市后的销售情况进行追踪，定期或不定期地进行产品回顾并形成报告报送管理层，提出管理建议。具体的管理建议包括修改现有的产品推广方案、改变公司的整体销售策略、停售现有产品等。管理措施的调整可能引发新的产品需求，如配合销售策略的改变，公司须开发新的产品；停售原有产品，则需要新产品来替代以维持产品线的完整，启动新一轮的产品开发管理循环等，如此反复。另外，保险风险的变化、核保等规则的调整，也是产品管理工作中需要面临和解决的问题。

2. 产品监控与反馈。产品管理需建立有效的监控和反馈体系。在新产品推出后，对其表现进行监控是产品管理过程中的重要环节，同时可满足经营管理、风险管理和财务管理的需要。监控可由三个部分组成：明确监控对象、收集数据与分析结果、结果的反馈。监控是为了比较目标变量的实际值与预测值，并根据分析结果修正模型或寻找新的解决方案。即使产品在初期能够较好地符合开发时的预期，但真实的市场环境可能很快就偏离理想状态，所以在产品管理过程中，需要持续对产品及其市场表现进行监控，并重复评估。监控结果是精算管理系统的一个步骤，通过监控结果，可发现新的风险和问题，修正偏差，以寻求更合适的解决方案。

在实务中，产品的核心开发人员主力之一是精算人员，产品上市后，精算人员经常关注的问题有：保单的特点是否与预期一致；销售状况是否达到预期；产品的购买人群分布是否与预期一致；销售成本以及管理效率；定价时的财务目标是否达到；敏感度测试的关键假设和参数；等等。将以上指标综合融入到产品上线的前后环节，具体监控说明的内容包括：

（1）产品形态的设计、保险费率和业务规模的初步拟订、相关资料的准备和产品的售后追踪分析。其中，保费拟订方面，精算师通过对被保险人的风险分类以及保险产品盈利能力的评估，确定合理费率。

（2）新产品的销售会对保险公司增加额外的资本需求，精算师应在评估不同性质、不同期限产品组合带来的整体风险基础上，结合公司现有的资本水平和偿付能力水平，确定适当的业务发展规模。

（3）在产品售前和售后，精算师及核保师应确定合理的核保标准、分析现金流状况以及后续评估。建立合理的核保跟踪评价规则，对风险发生率、利润与预期的比较、利源分析、产品线比重、市场份额和竞争性进行全方位评估，并决定是否对现有产品的费率进行调整，或者停止销售。

需要指出的是，由于保险经营的特殊性，保险产品管理不仅有赖于公司提高经营管理水平、提高市场竞争力的要求，同时也存在合规性的要求。我国《保险法》第一百一十四条规定，保险公司应当按照国务院保险监督管理机构的规定，公平、合理拟订保险条款和保险费率，不得损害投保人、被保险人和受益人的合法权益。中国保监会 2015 年10 月 19 日修订的《人身保险公司保险条款和保险费率管理办法》第四十八条规定，保险公司使用的保险条款和保险费率有下列情形之一的。由中国保监会责令停止使用，限期修改；情节严重的，可以在一定时期内禁止申报新的保险条款和保险费率：（一）损害社会公众利益；（二）内容显失公平或者形成价格垄断，侵害投保人、被保险人或者受益人的合法权益；（三）条款设计或者厘定不当，可能危及保险公司偿付能力；（四）违反法律、行政法规或者中国保监会的其他规定。

第二节　保险产品的分类

掌握保险产品的分类，有助于保险产品设计人员按公司业务的发展战略、品牌策略等来设计开发新保险产品。按照不同维度，保险产品有不同的分类方式，本教材从风险管理对象、产品新颖程度、监管要求、风险保额、保险合同的性质五个维度对保险产品进行分类介绍，其中按照风险管理对象的分类方式在实践中的意义最大，保险公司的经营主要依据此标准来进行产品的相关开发与管理。

一、按照风险管理对象划分

保险产品按风险管理对象的不同分为财产保险产品和人身保险产品。

（一）财产保险产品

财产保险是以财产及其有关利益为保险标的的保险，以补偿投保人或被保险人的经济损失为基本目的。它是现代保险业的两大部类之一，起源于共同分摊海损的制度，经过海上保险、火灾保险时代，在 18 世纪因工业保险与汽车保险的出现和普遍发展而跨入现代保险阶段，19 世纪末产生的责任保险和 20 世纪下半叶出现的科技保险则使现代财产保险产生了新的飞跃。对财产保险概念的界定，不同的学者有着不同的阐述，但概括起来，不外乎如下两种分类法。

1. 根据经营业务的范围，财产保险可以分为广义财产保险与狭义财产保险。广义财产保险是指包括各种财产损失保险、责任保险、信用保证保险等业务在内的一切非人身保险业务；而狭义财产保险则仅指各种财产损失保险，它强调保险标的是各种具体的财产物资，狭义财产保险是广义财产保险中的重要组成部分。

2. 根据承保标的的虚实，财产保险又可以分为有形财产保险和无形财产保险。有形财产保险是指以各种具备实体的财产物资为保险标的的财产保险，它在内容上与狭义财产保险业务基本一致；无形财产保险则是指以各种没有实体但属于投保人或被保险人的合法利益为保险标的的保险，如责任保险、信用保证保险、利润损失保险等。在上述四个概念中，广义财产保险是最高层级的概念，狭义财产保险则是广义财产保险的有机组成部分，而有形财产保险和无形财产保险的相加也等于广义财产保险。

财产保险及相关保险业务在其他的国家被称为产物保险、损害保险或非寿险，这些概念与中国的财产保险概念存在着差别。如产物保险强调以各种财产物资为保险标的，经营业务范围较窄；而非寿险则将各种短期性的人身保险业务包括在内，范围最广。不过，根据各种保险业务的性质和经营规则将整个保险业划分为非寿险和寿险，却是一种国际惯例，这一点可以从国际保险市场的惯常分类及保费统计指标等得到证实。

财产保险的业务体系主要由以下部分组成。

1. 火灾保险。

（1）团体火灾保险，是以企业及其他法人团体为保险对象的火灾保险，它是火灾保险的主要业务来源。在国外，通常直接用火灾保险的名称；在国内的各种保险学书籍中，通常用以往的企业财产保险险种来取代火灾保险的名称；然而，企业财产保险从理论概念上似乎不能包括非企业法人的财产保险在内，加之企业财产保险这一险种在中国已经成为历史，因此被财产保险基本险、财产保险综合险所替代。

在团体火灾保险经营实践中，工商企业构成了主要的保险客户群体，凡是领有工商营业执照，有健全的会计账簿、财务独立核算的各类企业都可以投保团体火灾保险，其他法人团体如党政机关、工会、共青团、妇联、科研机构、学校、医院、图书馆、博物馆、电影院、剧场以及文化艺术团体等，也可投保团体火灾保险。至于个体工商户，包括小商小贩、家庭手工业等个体经营户，不属于团体火灾保险范围，只能以家庭财产的投保人投保。因此，团体火灾保险强调的是保险客户的法人资格。

（2）普通家庭财产保险是面向城乡居民家庭的基本险种，它承保城乡居民存放在固定地址范围且处于相对静止状态下的各种财产物资，凡属于被保险人所有的房屋及其附属设备、家具、家用电器、非机动交通工具及其他生活资料，均可以投保家庭财产保险，农村居民的农具、工具、已收获的农副产品及个体劳动者的营业用器具、工具、原材料、商品等也可投保家庭财产保险。经被保险人与保险人特别约定，并且在保险单上写明属于被保险人代管和共管的上述财产，也属可保财产范围。但下列财产一般除外不保：金银、首饰、珠宝、货币、有价证券、票证、邮票、古玩、字画、文件、账册、技术资料、图表、家畜、花、树、鱼、鸟、盆景以及其他无法鉴定价值的财产；正处于紧急危险状态的财产。

还本家庭财产保险是在普通家庭财产保险基础上衍生出来的一种火灾保险，它也是面向城乡居民的一个基本险种。与普通家庭财产保险相比较，还本家财险在保险范围、保险责任、保险赔偿方式等方面均与普通家庭财产险相似，但又具有如下明显特点：以保护储金所生利息抵冲保险费；期满退回保险储金；保险责任期限较长。

盗窃是城乡居民面临的一项主要风险，但性质特殊，保险人一般不在基本险种承保，而是列为附加责任，由保险客户选择投保。不过，多数城乡居民投保家庭财产保险时均会选择附加盗窃保险。因此，盗窃保险虽然是一项附加责任，却又是家庭财产保险中的重要内容。只要加保了附加盗窃险，保险人就对存放于保险地址室内所致保险财产因遭受外来的、有明显痕迹的盗窃损失负赔偿责任；但对被保险人及其家庭成员、服务人员、寄居人员的盗窃或纵容他人盗窃所致保险财产的损失不负责任。

2. 运输保险。运输保险是财产保险的重要支柱，它承保各种交通运输工具及所承运的货物在保险期间因各种灾害事故造成的意外损失。运输保险的业务体系，可以按照投保标的的大类划分为运输工具保险与运输货物保险两大类，但在具体的业务经营中，则通常分为如下险别：

（1）机动车辆保险。它承保各种机动车辆在陆上运营中可能遭遇的自身损失危险及可能导致的第三者责任危险。机动车辆保险不仅是运输工具保险的主要业务来源，也是整个财产保险的主要业务来源。在中国的财产保险体系中，更占有第一大险种的地位。

（2）船舶保险。它承保各种船舶在内河及海洋航行中可能遭遇的自身损失危险及其碰撞责任危险，是历史最悠久的保险业务之一。

（3）航空保险。它承保各种飞机在地面及空中运行过程中可能遭遇的自身损失危险及其他责任危险。

（4）货物运输保险。它承保处于运输中的各种货物，对其在运输过程中可能遭遇的保险损失负责赔偿。

3. 工程保险。工程保险是指以各种工程项目为主要承保标的的财产保险。它是适应现代工程技术和建筑业的发展，由火灾保险、意外伤害保险及责任保险等演变而成的一类综合性财产保险险别，它承保着一切工程项目在工程期间乃至工程结束以后的一定时期的一切意外损失和损害赔偿责任。一般而言，传统的工程保险仅指建筑、安装及船舶建造工程项目的保险；进入 20 世纪以来，尤其是第二次世界大战以后，许多科技工程活动获得了迅速的发展，又逐渐形成了科技工程项目保险。因此，建筑工程保险、安装工程保险、科技工程保险构成了工程保险的三大主要业务来源。

（1）建筑工程保险。指以各类民用、工业用和公用事业用的建筑工程项目为承保对象的工程保险，保险人承担着对被保险人在工程建筑过程中因自然灾害和意外事故引起的一切损失的经济赔偿责任。它适用于房屋建筑物、道路、水坝、桥梁、港埠以及各种市政工程项目的建筑，上述工程在建筑过程中的各种意外危险均可通过投保建筑工程保险而得到转嫁危险损失和保障。

（2）安装工程保险。安装工程保险是指以各种大型机器设备的安装工程项目为承保对象的工程保险，保险人承担着对被保险人在机器设备安装过程中及试车考核期间的一切意外损失的经济赔偿责任。如各种工厂的机器设备、储油罐、钢结构工程、起重机、吊车等的安装，均可投保安装工程保险。

（3）科技工程保险。由于科技工程中具有特别的危险，加之深受多种因素的影响与制约，无论人们采取多么严密的防范措施，都不可能完全避免科技工程事故的发生，一旦发生灾祸，其损失往往数以百亿元计，并波及政局与社会的稳定。因此，世界各国尤其是发达国家的科技工程无一不以保险作为转嫁危险损失的工具和后盾。

在财产保险市场上，保险人承保的科技工程保险业务主要有海洋石油开发保险、航天工程保险、核能工程保险等，其共同特点就是高额投资、价值昂贵，且分阶段进行，保险人既可按工程的不同阶段承保，又可连续承保，与建筑工程和安装工程保险有许多相似之处。

4. 责任保险。责任保险，是指以被保险人依法应负的民事赔偿责任或经过特别约定的合同责任作为承保责任的一类保险。它属于广义财产保险范畴，与一般财产保险具有共同的性质，即都属于赔偿性保险，从而适用于广义财产保险的一般经营理论；然而，责任保险承保的又是法律风险，且具有代替致害人赔偿受害人的特点，在实务经营中也有自己的独特之处。因此，在各国保险市场上，通常将责任保险作为独成体系的保险业务。责任保险适用于一切可能造成他人财产损失与人身伤亡的各种单位、家庭或个人。

按业务内容，可分为公众责任保险、产品责任保险、雇主责任保险、职业责任保险和第三者责任保险等。

（二）人身保险产品

人身保险是以人的寿命和身体为保险标的的保险。人身保险产品包括人寿保险产品、年金险产品、健康险产品和意外伤害险产品。

1. 人寿保险产品。人寿保险是指以人的寿命为保险标的的人身保险。人寿保险分为定期寿险、终身寿险、两全保险等。定期寿险是以被保险人死亡为给付保险金条件，且保险期间为固定年限的人寿保险。终身寿险是以被保险人死亡为给付保险金条件，且保险期间为终身的人寿保险。两全保险是既包含以被保险人死亡为给付保险金条件，又包含以被保险人生存为给付保险金条件的人寿保险。

2. 健康保险产品。健康保险的内容纷繁复杂，不同地区给予的界定多有差异。美国健康保险学会（HIAA）认为："健康保险是对疾病或意外的经济补偿。健康保险覆盖了许多健康保健费用保险，包括医疗、意外伤害、外科手术和牙科等费用保险，健康保险也包括由于疾病或伤害导致的收入损失的保险。"

我国在实践中对保险产品的分类主要参照保险法，即健康保险是指以因健康原因导致损失为给付保险金条件的人身保险。健康保险分为疾病保险、医疗保险、失能收入损失保险、护理保险等。

疾病保险是以保险合同约定的疾病发生为给付保险金条件的健康保险。医疗保险是以保险合同约定的医疗行为发生为给付保险金条件，按约定对被保险人接受诊疗期间的医疗费用支出提供保障的健康保险。失能收入损失保险是以因保险合同约定的疾病或者意外伤害导致工作能力丧失为给付保险金条件，按约定对被保险人在一定时期内收入减少或者中断提供保障的健康保险。护理保险是以因保险合同约定的日常生活能力障碍引发护理需要为给付保险金条件，按约定对被保险人的护理支出提供保障的健康保险。

其中疾病保险与医疗保险是当前健康保险产品的两大主力：典型的疾病保险如重大疾病保险（如普通重大疾病保险、女性/儿童重大疾病保险、癌症专项保险等）；特定疾病的保险（如非典型性肺炎保险、人感染禽流感保险等）。医疗保险在实践中的具体险种包含门诊急诊医疗保险、住院医疗保险、手术医疗保险等。

3. 年金保险产品。年金保险是指在被保险人生存期间或约定期间内，保险人按照合同约定的金额、方式，在约定的期限内，有规则地、定期地向被保险人给付保险金的保险。年金保险，同样是以被保险人的生存为给付条件的人寿保险，但生存保险金的给付，通常采取的是按年度周期给付一定金额的方式，因此称为年金保险①。

年金产品中专门以养老保障为目的的年金保险为"养老年金保险"，其他年金保险险种类别为"年金保险"。根据《人身保险公司保险条款和保险费率管理办法（2015年修订）》第十条规定，养老年金保险应当符合下列条件：（1）保险合同约定给付被保险人生存保险金的年龄不得小于国家规定的退休年龄；（2）相邻两次给付的时间间隔不得

---

① 为与两全保险区别，通常规定连续两次年金给付的间隔时间不超过1年（含1年）。

超过一年。普通年金保险产品没有上述两条强制规定。

4. 意外伤害保险产品。意外伤害保险是以人的身体或者劳动能力为保险标的，是指当被保险人因遭受意外伤害使其身体残疾或死亡时，保险人依照合同给付保险金的人寿保险。意外伤害保险被保险人基本都不需要体检，只需支付少量保费即可获得高额的保险保障。

人身保险产品除了按照保障内容分为以上四种外，还可根据设计类型分为普通型、分红型、万能型、投资连结型。分红型、万能型、投资连结型险种统称为新型险种，与普通型险种相区别。因此从设计类型角度看人身险产品又可分为普通型险种与新型险种。分红、万能、投连均可以与定期、终身寿、两全、年金等险种组合成兼具保障与投资功能的险种，具有新型设计类型的险种在国际国内市场上都占有主导地位。

专栏 5 –1
财产保险公司产品体系 ∎∎

表 5 –1　　　　　　　　　　财产保险公司产品体系

序号	产品代码	产品名称
一、企业财产险类：		
001	01001	财产基本险条款
002	01002	财产综合险条款
二、家庭财产险类：		
003	02001	家庭财产保险条款
004	02002	家庭财产还本保险条款等
三、货运险类：		
005	03001	国内货物水路、陆路运输险条款
006	03002	
四、责任险类：		
007	04001	公众责任保险条款
008	04002	产品责任保险条款
五、工程险类：		
009	05001	建筑工程一切险条款
010	05002	安装工程一切险条款
六、机动车辆保险：		
011	06001	机动车辆综合保险条款系列
七、其他运输工具保险类：		
012	07001	船舶保险条款
013	07002	飞机保险条款等
八、保证险类：		
014	08001	雇员忠诚保证保险条款
015	08002	产品质量保证保险条款

续表

序号	产品代码	产品名称
九、人身意外险类：		
016	09001	个人人身意外伤害综合保险条款
017	09002	团体人身意外伤害综合保险条款
十、短期健康险：		
018	10001	急性传染病短期健康保险等
十一、保障与投资、理财连结产品：		
019	11001	家庭财产投资连结保险
020	11002	意外险投资连结保险
十二、特殊风险类：		
021	12001	核能保险
022	12002	卫星保险

⬆ 资料来源：石兴：《保险产品设计原理与实务》，北京，中国金融出版社，2006。

✎ 专栏 5 -2
日本和韩国非寿险长期产品特点对照表 ···

表 5 - 2 　　　　　　　**日本和韩国非寿险长期产品特点对照表**

	日本	韩国
经营主体	全部产险公司	全部产险公司
产品数量	200 种	45 种
预定利率	比存款利率高出一定比例，且只有固定预定利率产品	从存款利率、国债利率或企业债券利率中选择其一作为基准，固定预定利率和浮动预定利率产品都有
保险期限	主要为 3 ~ 10 年	主要为 3 ~ 15 年
缴费方式	趸缴、期缴、自动垫付	趸缴、期缴
税收优惠	有	有
产品组合	能与意外险、健康险、年金险、财产险等组合	能与意外险、健康险、年金险、财产险等组合
利差损	严重	不突出
财务核算	单独账户核算	2001 年 4 月前未实行单独核算
资金应用	有严格要求和比例限制	有严格要求和比例限制
退保率	不高（5%）	较高（50%）
费率审批	事前、事中、事后	事前、事中、事后
其他	有保单贷款、有分红	有保单贷款、有分红

⬆ 资料来源：李克穆、李开斌：《个人保险产品创新研究》，北京，中国金融出版社，2005。

二、按产品新颖程度分类

保险产品可以分为常规产品、创新型产品、模仿型产品、更新型产品。

（一）常规型产品

常规型产品主要是当前在市场上占主导地位的各类型保险，比如普通的财产险、具有保障和理财功能的各种人身险产品等。常规型产品占据市场的主导地位，国内国外保险的发展历程告诉我们，围绕着财产、责任或者以人为中心的常规需求始终是保险的主要业务来源。

（二）创新型产品

创新型产品就是把通过对社会的保险需求调查产生的新设想转化成能在市场上销售并能获得利润的新的或有显著改进的保险产品的过程。

产品创新是保险业获取潜在利润的基础。保险业的产品创新如同其他行业一样，产品的优劣决定保险公司的长久发展。产品创新有三种主要方式：一是原创式创新，即从无到有，设计出一种全新的产品；二是派生式创新，即从一种产品衍生出另一种产品，或者从产品的基本功能引生出其他功能；三是组合式创新，即将现有的产品进行重新组合，制作成一种既具有原先产品的某些特点但又不等同于老产品的新型产品。

创新型产品更多的是在原有市场需求的基础上，寻找更细化的可保需求，从而设计出更具有针对性的产品。比如保险人根据人们某种利益的保障、生存和安全的需要所设计的、在国内外尚未面市的全新领域的产品，这种首创产品可能会有较好的企业效益和社会效益。由于各种数据相对缺乏和不可预测因素较多，创新型产品的风险相对较大。目前，已有多家公司进行了创新产品的尝试，比如当前在淘宝网销售的退货运费险，是指在买卖双方产生退货请求时，保险公司对由于退货产生的单程运费提供保险的服务。

再如概念创新产品——婚姻险，婚姻保险目的是鼓励持久婚姻。婚姻保险先"假定夫妻离异收场"，否则要倒贴给保险金，婚姻维持得越长久，便能按规定获得越多的保险"赔偿"。中国平安、泰康人寿、阳光人寿、安邦等保险公司都推出过概念类似的"爱情婚姻保险"，但实际上大多是一份夫妻捆绑的综合保险计划，保险范围包括意外或疾病身故金、年金、意外伤残保障等，而无法真的保障婚姻，或对离婚损失作出赔偿。

（三）模仿型产品

模仿型产品指保险公司借鉴外国险种并通过移植学习，在本国保险市场进行推广的新险种，如卫星发射保险、利润损失保险、投资连结保险、万能保险[①]等险种。

（四）更新型产品

更新型产品指在原有产品的基础上，添加实质性的保障范围或补充附加条款，使产品更能适销对路，以找到更多的、潜在的保源。这种产品一般对原有产品在量上和质上有新的改进和突破，进而保险责任更加丰富，保障范围更加全面，更能多方位满足消费者的保障需求。比如平安福健康保险作为平安人寿的一款主力产品，每年都在原来责任的基础上进行责任升级，以使产品更具有市场竞争力，满足客户的保障需求。

---

① 上文讲过的保险产品的设计类型，比如分红、万能、投连来自于国外的概念，是我国保险市场引进来的。

三、按监管要求分类

1. 报批产品。关系社会公众利益的保险险种、依法实行强制保险的险种和新开发的人寿保险险种等的保险条款和保险费率，应当报国务院保险监督管理机构批准。国务院保险监督管理机构审批时，应当遵循保护社会公众利益和防止不正当竞争的原则。

2. 报备产品。除上述险种外，其他保险险种的保险条款和保险费率，应当报保险监督管理机构备案，而无须在批准之后才能销售的产品，叫报备产品。报备的产品虽然无须批准，但保险公司应当严格执行报备的保险条款和费率，不得擅自变更保险条款、扩展保险责任、任意调整保险费率。如果保险公司想对已备案的报备产品进行修改，则应当重新报备。

四、按被保险人分类

1. 个人产品（个人业务）。个人产品，也称个险产品，就是销售给个人的保险产品，即由个人缴纳保险费且被保险人为个人的保险产品。从国外市场看，个人产品营销的最佳渠道是保险代理人渠道销售、银行保险销售、电子以及网络销售和电话销售。

2. 法人产品（团体业务）。即销售给法人团体的产品。

五、按保险合同订立的性质进行分类

保险产品可分为自愿保险产品和强制保险产品。

1. 自愿保险，是指投保人和保险人在平等互利、等价有偿与协商一致的基础上，通过签订保险合同而建立的保险关系。投保人可自由选择保险人、保障程度和保障期限等，保险人也可自由决定是否承保、以什么样的费率承保，设定保险条件等。绝大多数商业保险产品都是自愿保险产品。

2. 强制保险，是指根据国家颁布的有关法律和法规，凡是在规定范围内的单位或个人，不管愿意与否都必须参加的保险。由于强制保险某种意义上表现为国家对个人意愿的干预，所以强制保险的范围是受严格限制的。我国《保险法》规定，除法律、行政法规规定必须保险的以外，保险公司和其他任何单位不得强制他人订立保险合同。

在我国，首个由国家法律规定实行的强制保险制度是交强险，即机动车交通事故责任强制保险，指保险公司对被保险机动车发生道路交通事故造成受害人（不包括本车人员和被保险人）的人身伤亡、财产损失，在责任限额内予以赔偿的强制性责任保险。交强险的保费由国家统一规定，实行统一收费标准。

📍 专栏 5-3

日本寿险产品的演变历程 ▯▯▯

第一阶段：1955—1964 年。本阶段日本经济开始高速增长，寿险普及率低，新合同以年均24%的速度增长，寿险产品以养老保险为主，保费低且分红。

第二阶段：1965—1984 年。随着社会经济的高速增长，城市化及核心家庭获得了发展，寿险普及率迅速上升，新合同以年均 14%的速度高增长，带定期特约的养老保险获得了发展，同时给付逐渐高倍化，保费低且开始分红，合同转换制度也伴随着出现。

第三阶段：1985—1991 年。本阶段经济平稳增长，消费者意识增强并多元化，寿险市场成熟，新合同增长速度降低（年平均9％），本阶段寿险产品主要为带定期特约的终身保险，保费低。

✚ 资料来源：许谨良：《保险产品创新》，上海，上海财经大学出版社，2006。

第三节　保险产品的设计与开发

保险产品的设计与开发是保险公司"价值链"的首要环节，获取价值是保险产品开发与管理的实质。因此，产品开发与管理过程实际上也是保险公司通过风险管理获取利润的过程，在这一过程中，保险公司既要选择合适的可保风险设计保险产品、提供保险服务作为获利的来源，又要注意控制各种风险的不利影响，得到稳定的利润。

一、保险产品设计与开发的基本原则

（一）合法性原则

保险合同是保险产品设计的最终归宿点。《中华人民共和国合同法》（以下简称《合同法》）第七条规定："当事人订立、履行合同，应当遵守法律、行政法规，尊重社会公德，不得扰乱社会经济秩序，损害社会公共利益。"这一条是每个公民、法人和组织都必须遵守的义务。合同当事人订立、履行保险合同，应当遵守法律、行政法规，这包括两方面的意思：一是要遵守国家根本大法《中华人民共和国宪法》和相关法律《合同法》、《中华人民共和国保险法》和《中华人民共和国海商法》等法律法规中有关保险合同的订立、履行的规定，不能采用欺骗、强迫的方法同他人签订保险合同。二是保险合同涉及的内容必须符合法律规定，如保险标的不能是法律法规禁止或者限制转让的物品，不能从事法律法规禁止进行的服务项目。如果违反了法律行政法规的规定，则保险合同无效；情节严重的，还会受到法律的制裁；构成犯罪的，则要追究刑事责任。合同双方当事人订立、履行保险合同、遵守社会公德，是一项号召性、鼓励性、引导性的规定，这是与诚实信用原则相联系的规定。依法订立的保险合同，对当事人具有法律约束力，受到法律的保护。

（二）规范性原则

开发新产品与完善现行险种是保险公司业务管理的重要内容之一，建立有效的保险产品开发机制，实行规范化管理，提高防范保险经营风险的能力，是保险市场竞争和发展的需要。对于新产品的开发，要有一套规范的流程及严格的管理办法，并实行条款逐级报批制度，自觉接受监管部门的监管。

开发新产品时，具体的规范性要求是：一是整个保险合同的内容、重点是保险条款的逻辑必须严密，不能前后矛盾，或留有法律和逻辑的空隙；二是条例必须清楚，核心产品和附加产品的各自要素必须完整，不能相互混淆；三是定义必须准确，尤其是保险责任范围和除外责任之间不能有歧义。

（三）市场性原则

市场经济和保险业发展的内在规律要求保险公司在险种的设计、开发、销售上必须按市场的需求来进行运作。市场需求是保险产品开发的标杆，没有市场的需求，产品就没有生命力。保险产品的市场性原则包含以下几点。

1. 以消费者需求为主的开发立场。站在投保人和被保险人的立场来设计保障内容，对投保人和被保险人而言，保险保障的内容是保险商品的品质，商品的品质是否适应消费者的保险需求，是保险公司开发保险产品首要考虑的问题。保险提供的保障内容包括保险标的、保险事故、保障水平。保障内容的不同组合产生不同的保险产品，满足不同人群的需要。

2. 掌握保险消费需求的动态性质。消费需求是一个动态的范畴，保险消费需求会随着经济水平、社会结构、人口结构和消费心理的变化而变化。所以，保险产品的开发和设计必须充分考虑影响消费需求变化的各种因素的变迁，以便不断地创造出满足变迁着的保险需求的保险产品。

3. 依据产品的非典型性生命周期理论。保险产品的生命周期具有非典型性特点，并不完全遵循一般产品的生命周期特点，因此要确立市场和客户需求以及大数定律的变化进行产品的更新换代等。为了提供好的保险产品和提升市场竞争力，在一种保险产品进入销售低迷期或者市场已经发生变化时，保险公司需要再次定位市场需求，并准备开发新的保险产品。在实践中，产品的更新换代非常频繁，以重大疾病保险的发展为例，重大疾病保险的发展短短几年经历了病种由少到多，不断增加，当前市场上最多的重大疾病保险种类已经超过100种；责任也在不断扩展，不仅包含重大疾病还包含轻度疾病，且轻度疾病的种类也在不断增加，还有各种豁免保费责任增加在重疾责任中，让重疾保险的保障日益丰富，以满足不断恶化的环境带来的消费者多层次的保障需求。

4. 用保险产品引导保险需求。保险商品的使用价值具有不透明性，它的使用价值的实现具有未来性，因而心理作用在保险消费方面的贡献比较突出。因此，开发与设计保险产品时，通过引导消费心理来创造需求并扩大保险市场是必要的。保险产品的设计应积极主动地引导消费需求、创造消费需求，被动地适应已经成熟的保险消费需求，无法拓展新的保险市场与业务。

（四）合理定价原则

由于保险产品的特殊性，它能够满足消费者未来的保障需求，为保险公司带来业务来源，因此，制定一个合理的费率至关重要，若险种的价格即保险费率不合理，会损害保险各方相关利益。定价过低，会给公司的长远经营带来隐患；而定价过高，则会伤害消费者的购买积极性，从而使产品失去竞争力。因此在险种开发的过程中必须坚持合理的定价原则，主要承保可以量化的风险保障需求，按照大数法则计算费率，使构成险种价格主体部分的纯费率力求与损失费率相一致，附加费率则尽量与险种经营费用率相一致，在维护保险双方合理利益的条件下，有适当利润。

（五）效益性原则

追求效益是商业保险公司发展的目标。为了公司的长远发展，保险公司的经营必须讲效益，最终经营效益落地的载体是保险产品。产品从设计开发的初始就需从效益性出发，做到保险新产品既能适应国民经济发展、消费者保障的需要，又能合理防范和减少风险，为公司带来合理的商业利润。新开发的保险产品要取得可观的经济效益，需处理好三个关系：第一，社会效益和自身经济效益的关系；第二，产品开发与销售推广的关系；第三，眼前利益与长远利益的关系。

专栏 5-4

销售额与利润的一般关系 ....

销售额与利润的一般关系如图 5-3 所示，保险产品与之不同的一点是保险产品的利润下降并不一定是来自销售额的下降，如果某保险产品所承担风险的发生率突然上升，那么销售保费越多，反而公司的理赔越多，从而利润越差。反之，如果所承保的风险降低，那么任何一点销售的增量，都会带来利润的增加。

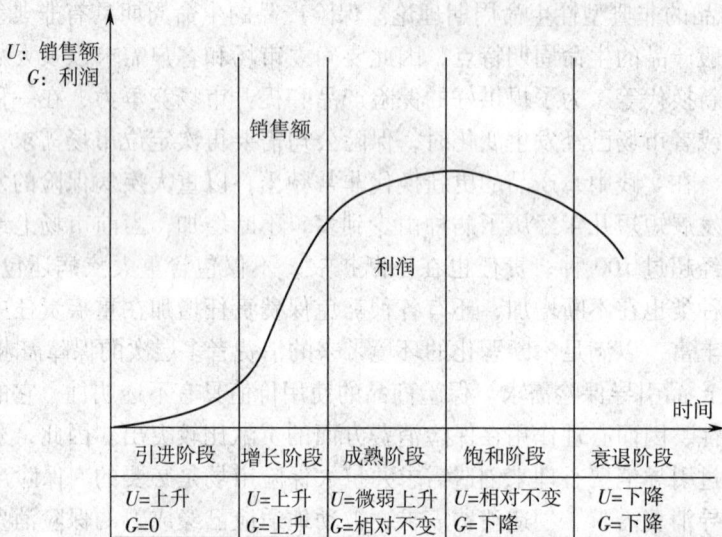

	引进阶段	增长阶段	成熟阶段	饱和阶段	衰退阶段
	$U=$上升 $G=0$	$U=$上升 $G=$上升	$U=$微弱上升 $G=$相对不变	$U=$相对不变 $G=$下降	$U=$下降 $G=$下降

资料来源：京特·沃厄：《普通企业管理学》，北京，三联书店，1984。

图 5-3　销售额与利润的一般关系

二、保险产品设计与开发的基本程序

保险产品设计与开发是指从产生产品创意到销售产品时所经历的整个过程。在整个产品开发过程中，保险产品开发人员必须始终确保正在开发的产品能够满足市场需求，符合法律和监管要求，并达到公司财务目标。保险产品的设计与开发通常遵循以下几个步骤。

（一）形成创意

形成创意是保险产品设计开发的第一步，是对能够满足现有客户和潜在客户某种需求的新产品所作的设想和构思。创意是新产品形成和推出的基础，但并不是每个创意都能与真正的市场需求相吻合。创意是否能够最终成为现实，与创意过程的长短、难易程度、保险企业本身所拥有的技术、营销管理水平以及创意的来源渠道、甚至创意数量的

多少，存在重要关系。保险公司在新产品开发中收集各种满足公司需要和特定市场细分需要的新产品立意。保险公司一般通过市场调查、特殊项目以及对竞争对手的监控等方式来获得新产品创意。

（二）创意筛选

产品创意对于设计新产品是必需的，但有了产品创意并不一定能使其付诸实施，也不一定能使这种产品成为有前途的新产品，需要保险企业根据其具体的目标和经营能力进行创意优选，发现好的创意，放弃不可行的甚至是错误的创意。保险公司在进行创意筛选时，主要考虑以下因素：新产品的市场空间、新产品的技术先进性与开发可行性、新产品开发需要的资源条件与其配套服务的要求、新产品的上市促销及营销能力、新产品的获利能力和社会效益评价等。

◆ 专栏 5 – 5

产品概念筛选

表 5 – 3 产品概念筛选

标准	产品概念	
	A	B
1. 该产品是否与公司战略一致？		
（1）能否更好地满足现有市场需求？	✓	×
（2）能否增加公司竞争优势？	✓	✓
（3）能否协助公司进入新市场？	×	✓
2. 该产品是否能带来收益？		
（1）该产品是否能带来增量销售额（即其销量不是来自与公司现有产品的自相残杀）？	✓	✓
（2）该产品的利润水平会高于公司的最低要求吗？	✓	✓
（3）该产品能否极大地增加公司的形象/实力？	✓	✓
3. 开发/运作难度		
（1）公司行政和服务方面简单吗？	✓	✓
（2）该产品容易解释吗？客户容易了解吗？	✓	✓
4. 竞争：		
（1）该产品在市场上独特吗？	✓	×
（2）渠道代理商觉得这个概念有吸引力吗？	✓	✓

❶ 资料来源：傅安平：《人身保险产品》，北京，中国财政经济出版社，2004 年。

（三）综合业务分析

保险公司在对保险产品创意进行优选后，会得到一些有初步可行性的创意，但创意是否真正可行，还应就产品概念、产品的市场需求和产品的适宜性进行具体分析。此外，保险公司还要确定能使收益最优化的投资策略，并且评估该产品是否满足相关法律和法规的要求。

（四）产品技术设计

产品技术设计的主要活动包括设计保险合同内容、格式，确定保险产品的财务价值，制定产品的风险管控措施等，并确保后台程序和人员配置足以支持产品的各个方面。在技术设计的过程中，精算师和产品开发小组的其他成员要深入研究，以确保新产品具有良好的财务状况。

（五）产品实施

产品的实施，首先需要保险公司呈报合同格式以及监管机构要求的相关文件，从而获得有关产品的各种许可，建立适合新合同的信息系统和管理措施。其次，需要保险公司制订宣传和推广产品的计划，并设计培训销售人员和员工的资料。法律部的员工需要审阅广告和培训资料是否合规，以确保遵守了相关的法律和监管。最后，销售队伍接受有关产品销售的培训，从而正式开始新产品的销售。

（六）产品评估

在产品开发过程以及上市之后的各个时期，产品开发小组须确保新产品能够实现保险公司的财务目标，同时也遵守相应的法律和监管法规。在签发和销售产品之后，保险公司必须不断监控新产品的业绩，并且与产品结构中设定的预期业绩相比较，及时发现新产品存在的问题，调整规则或者用改进后的产品来代替。产品监控中所收集的信息能够刺激新创意的产生，以促进公司重复产品开发的循环过程。

专栏 5-6

保险产品风险保障维度的特征

表 5-4　　　　　　　　　　保险产品风险保障维度的特征

	质	量	空间	时间
风险事故	被保危险种类	保险事故损失次数，如以几个还是一个损失作为保险事故、一个还是几个原因导致事故发生才算保险事故	保险事故发生区域的规定	保险事故的时间跨度要求，如采用索赔发生制还是事故发生制
损失	被保对象	对损失的评价，包括保障程度是否随时间、通货膨胀因素或家庭生命周期变化等因素而调节	跨国别的损失评价	损失发生的时间及在规定时间内的损失发生次数
偿付	偿付种类（货币、实物）	保险形式转换规则（如定值或不定值保险、第一危险方式保险）	偿付的外汇	偿付的期限，是一次性偿付还是分批偿付

❶ 资料来源：李克穆、李开斌：《个人保险产品创新研究》，北京，中国金融出版社，2005。

三、产品设计与开发的组织体系

保险产品的设计与开发是一项技术要求较高、风险较大的活动，一般来说，只有总公司具备产品开发的工作职能，其下属的分支机构是没有产品开发这一职能的。当然，在总公司的授权下，分支机构也可以开发区域性产品，但是最终都要由总公司审核通过。

大多数公司会设立一个产品委员会，不同的公司叫法不同，但是基本功能相似（本教材统称为产品委员会）。产品委员会是产品开发上市的决策机构，对产品开发计划的制订、调整以及产品开发的优先级拥有最高决策权。产品开发委员会主要由销售市场部门、两核部门、财务部门、信息技术部门、法律部门和精算部门等负责人组成，主要职责是审定公司产品开发定位、产品开发重点、年度产品开发计划、年度产品开发预算、产品品牌打造等。产品委员会定期召开会议，与会成员讨论并审议产品经营策略，同时审议和修改产品开发计划及其他重大产品议题。

产品开发的实施由总公司内设的产品开发主管部门负责，该主管部门一般有两种类型：独立部门制和事业部制。

1. 独立部门制是指公司专门设立产品开发部来负责所有产品的开发设计，承担与产品设计开发相关的工作任务，其他部门配合产品开发部的工作。

（1）独立部门制的优势主要体现为：有一个专门的部门研究产品开发，责任明确；易于产品体系建设和管理；可以强化产品创新。

（2）独立部门制的缺点主要体现为：新产品立项意见可能得不到公司内相关部门、员工的认同和理解；因意见不一，销售人员的新产品实务操作培训滞后，或者因没有明确新产品培训的职能部门，导致相当数量的专业销售人员和中介公司不熟悉产品情况；最了解产品存在的问题和市场需求的两核部门或销售管理部门对产品的设计支持力度不够，导致新产品的开发和销售没有形成协调、信息互补的良性循环体系。

2. 事业部制是指公司业务部门架构按业务条线来设置。总公司按事业部制下达险种保费收入、新业务价值、赔付率和利润等经营指标，各事业部组织销售推动，实施各自的产品开发，负责两核政策的制定等，事业部对其业务经营指标负全部责任。

（1）事业部制的主要优势为：产品开发贴近市场，对市场反应快，产品开发更专业。

（2）事业部制的主要缺点为：事业部内忙于传统业务拓展和经营管理而疏于产品开发与创新；产品开发设计以及流程往往服从于业务需求为主，产品体系的建设和管理容易出现紊乱；产品创新力度被分散，较难出现好的创新产品。

目前，国内外较多的保险公司推行事业部制，将产品开发的职能按销售渠道产品线分解，以使产品开发贴近市场。国内学者（石兴）提出，最好设立一个产品管理与精算部门，某个产品的开发项目团队组长由产品管理与精算部门负责人担任，对整个产品开发流程进行总体负责和协调，这样就不会出现产品管理和开发流程方面的紊乱；所设计的产品归属哪个事业部，由该事业部牵头负责核心产品和附加产品的设计及营销培训方案，以及两核政策的制定。

第四节　保险产品定价

保险费率是保险公司销售产品时计算保险费的依据，是保险人向被保险人收取的每单位保险金额的价格。合理厘定费率是保险公司在开发新险种或改进老险种时必须面对的重要问题，直接关系到保险公司的经营利润和市场竞争优势。目前保险产品定价方式主要为净保费加成法、资产份额法、宏观定价法。

一、定价方法

（一）净保费加成法

保险的保费由净保费和附加保费构成。净保费是保险人承担保险责任的成本。在人身保险计算净保费时，一般只考虑死亡率和利息因素。附加保费则可分为附加费用和利润，附加费用包括管理费、佣金和手续费等，个人佣金由支付给代理人的直接佣金和间接佣金构成。

净保费加成法根据精算现值相等的原则，把费用和预期利润分摊到每一年的保费中确定总保费。计算净保费的基本公式是净保费的精算现值与保险给付的精算现值相等。在确定了净保费后，利用精算现值相等的原则，把费用和预定利润分摊到每年的保费中，就得到了毛保费。

（二）资产份额法

这种方法与资产份额有着密切的联系。如果保险公司计划对大量相同的保单进行资产规划，首先应该对一系列定价因子提出假设，包括保费、费用、死亡给付、退保给付和期望红利等。在每个时间点保险公司应该勾画出净现金流，然后通过一定的利率累积得到每个时点的资产。资产份额类似于一个收支账户，每年的保险费和利息收入作为收入项，死亡保险金、生存给付金、退保金、红利和费用作为支出项。计算结果为单位保额有效保单的资产及资产份额。资产份额代表的是资产，期末准备金代表的是负债，两者都是针对保单年度末的单位有效保额而言，盈余即资产份额与准备金之间的差额。

资产份额定价法是选择一个试验性保险费，通过利润测试进行检验，判断是否满足公司的利润目标。如果结果与公司的利润指标相差很远，则更换新的保费重新计算，直到选取的保费假设能够与公司的利润目标更为接近。

（三）宏观定价法

宏观定价法是以业务规划为基础的定价过程。定价不是从单位产品利润出发，而是根据总利润最大的原则，始终以总利润作为判断产品本身及其价格优劣的标准。宏观定价法给出一系列测试的价格，对每一价格考虑若干种销售方案，并计算出每一价格与销售量方案的总体利润，从中选取总体利润最大的一对，得到最优价格。宏观定价法是在实践的基础上对传统定价方法的改进，它的优点在于能够最大限度地使产品的价格达到最优，保证公司安全运行；另外，它还在一定程度上解决了精算部门和业务部门之间的冲突，使它们之间的利益趋向一致。定价不再仅是精算师的责任，而是精算部门与熟悉市场动态、了解市场需求的业务部门共同制定出合理的价格，从而确保公司预期利润目标的实现。

二、定价假设

定价过程中应考虑的因素很多，这些因素对于不同的产品或不同的客户群产生影响的侧重点不同，下面对定价中的一些基本常见假设进行说明。

（一）死亡率

死亡率假设在人寿保险、伤残保险和年金产品定价中都是关键的假设之一。"死亡率表"是用来描述死亡率的常用模型，它描述了死亡率与年龄和保单持续时间的关系。性别、险种和风险等级是人寿保险产品定价中常用的费率因子，死亡率受到个人因素、环境、地域、文化、核保标准、医疗服务水平等多种因素的影响。估计死亡率时，精算师往往结合现有产品的经验数据和险种特征，用"死亡率水平"对行业生命表进行调整，从而得到定价死亡发生率假设。寿险公司自身的死亡率经验对定价的死亡率假设影响很大，而且各公司之间的经验死亡率也可能具有较大的差别。

（二）利率

寿险公司的利率假设可以视为保单持有人未来的收益率，也可以视为单纯根据死亡率计算的保费的折减。寿险大多是长期险，寿险公司假设的利率能否实现，要看其未来投资收益。因此，利率假设必须十分慎重，精算人员一般在确定假设利率之前要与投资部门进行协商，他们能提供本公司及其他公司过去的投资收益情况及对未来投资收益的预测。

利率假设对于保险公司，特别是传统寿险公司的定价十分重要，由于保单有效期内利率是固定不变的，因此利率风险不容忽视。当社会经济处于高速发展阶段或衰退动荡阶段时，往往伴随市场利率的大幅度调整波动，寿险公司在进行利率假设时往往比较谨慎，通常采取较为保守的态度。

（三）退保率

一般而言，退保率假设基于本公司的经验数据，而各公司之间由于各种差别导致退保率大相径庭，如果公司经验数据有限，可以找与公司经营状况相类似的经验数据，再根据年龄、性别、保额等因素进行调整。对于新的险种，退保率假设只能基于精算人员对该情况的判断估计。这种判断越多，就越需要对该险种在不同情形下的退保率进行检验，当退保率过高时，甚至有必要对产品进行重新定价。

（四）费用及佣金

制定定价假设时，精算师要进一步找到各类费用与保费、保额和保单件数的关系，从而得到产品定价模型中的费用率假设。精算师应将最基本的经济学原理应用于利润最大化定价中，即选取边际成本等于边际收入的点，所有成本最终都是边际成本。

佣金数额则是与保单销售规模及维持情况直接相关，公司会在保单生命周期的不同阶段支付佣金。通常，公司对个人销售中介的超额业务量提供奖励佣金和附加佣金，因此，佣金支出是对初始销售和后续业务维持的回报，较高的佣金在提高成本的同时，会鼓励中介销售更多本公司的产品，并且优先于其他公司的产品。

除上述因素之外，定价假设还应包含件均保额、红利水平、万能结算利率、赔付率、税收及相关监管费用等因素，在运用定价模型开发产品的过程中，可能实际情况与假设存在很显著的偏差，应充分考虑经验偏差造成的财务影响，以免影响保险公司经营的稳定性。

第五节　保险产品创新与趋势

在本章的第三节，所介绍的保险产品设计是对所需开发的产品进行研究、引进、设计和对现有产品进行更新、修订的一系列工作。从管理角度看，这一系列工作都蕴含着保险产品创新的要求。

一、保险产品创新的必要性

创新本身蕴含着风险，特别是创新的失败将给创新者带来一些负面影响。如果没有一定的风险补偿，保险公司宁愿放弃创新，以规避创新可能失败的潜在风险。除此之外，由于对以文字表现的产品的归属不易识别，目前在法律及监管各国通常都缺乏对保险公司创新成果进行保护的有效手段。在保险产品创新中，保单上关于保险标的、保险责任、保险价格、险种的设置等相关内容都必须以文字进行描述，进而公示投保人知晓。所以，竞争对手很容易对其进行模仿，且无须付费。这些因素都影响了公司进行保险产品创新。但是，保险产品创新无论是对保险公司发展，还是发挥保险功能，促进保险产业的升级都具有重要意义及必要性。其中特别要说明的必要性有：

1. 公司发展和提升的需要。产品创新能够给公司带来潜在利润，找到新的保费增长点。市场竞争导致公司利润规模或利润点的下降或减少，通过产品创新发现新的市场机会，既能带来保费规模的增长，也会带来新的利润增长点。保险产品开发还可以在资产负债匹配管理、现金流管理等方面发挥作用，对改善公司的资产质量和财务状况有积极作用。

2. 市场环境变化需要。比如人口结构变化导致保险需求的变化，国家政策、法律制度的变化，导致新的被保险人的出现等。此外，随着保险市场全球化和金融一体化的加深，面对国外保险公司及其他金融机构的竞争，保险公司也需加大对国外同行业保险产品的引进、消化、吸收及再创新，力求在还原国外产品特色的基础上，突出适应我国社会经济实际的保险产品，或竭力推出保险保障加其他金融服务的保险产品。

📍 专栏 5 - 7

个险产品创新的核心微观经济目标 ▪▪▪

表 5 - 5　　　　　　　　　　个险产品创新的核心微观经济目标

序号	指标
1	产品创造的现金流
2	产品利润
3	产品为公司创造的市场价值或为公司市场价值的形成所作的贡献
4	产品为股东创造的价值

⬆ 资料来源：李克穆、李开斌：《个人保险产品创新研究》，北京，中国金融出版社，2005。

● 专栏 5 –8
个险产品创新的目标及特征 ∷∷∷∷∷∷∷∷∷∷∷∷∷∷∷∷∷∷∷∷∷∷∷∷∷∷∷∷∷∷∷∷

表 5 –6 个险产品创新的目标及特征

分类准则		特征
目标种类	经济目标	产品创造的现金流、产品利润、各种增长比例、企业的维持、避免被收购、企业价值、股东价值
	非经济目标	社会目标、和谐目标、市场势力、相对于施加影响力的对象（如保险中介、顾客、协会、监管机构）的独立性、维持或改变企业形象
目标排序及重要性		不同目标的权重分配
目标的时间因素		不同计算周期的静态目标与动态目标
目标范围		整个企业目标或部门目标；单一产品目标或组合产品目标；单一产品谱目标或公司整个产品谱目标

↑ 资料来源：李克穆、李开斌：《个人保险产品创新研究》，北京，中国金融出版社，2005。

- -

二、保险产品发展趋势

（一）与高科技发展相匹配的产品新领域

目前我国财产险业务呈平稳增长趋势，传统业务领域稳步增长，新的需求来自新的领域。高科技的产业化过程呈现出明显的加速趋势，高科技为社会进步注入新的动力，同时也带来新的不确定性风险，给保险业提出了新的课题。保险业已介入到航空航天、石油勘探、生物制药、网络安全和核电应用等高科技产业，不断开发了新的险种，以适应高科技发展的需要。此外，为了治理环境污染和修复生态破坏，环境污染责任强制保险是近年来环保部和保监会主推的环境经济政策的一部分，即两部门将选择环境风险较高、环境污染事件较为集中的领域，把相关企业纳入强制投保的范围。

（二）更加细分的寿险产品需求

近年来，我国寿险业持续发展较快，但与经济发达国家相对成熟的寿险业相比，我国在产品开发设计方面仍需强化。一方面，加大普通型寿险产品开发力度，发挥保险的风险补偿功能，进一步发挥保险的社会管理功能。同时重视长期的、表述准确和匹配度高的理财产品的开发，使公司发展兼顾客户与股东的利益，实现双赢；另一方面，可以继续深挖市场，针对细分的保险市场，提供多样化的产品服务，推出责任简化、功能较简单、设计清晰、明确、易懂，与特定的需求相匹配的寿险产品。

（三）深度进军商业健康保险领域

我国商业健康保险虽然发展历史较为短暂，却是中国保险市场的新生力量，发展较快。随着社会的发展，环境污染日益严重，发病率也逐步提高，医疗费用开支大幅度增长，已经成为人们一种沉重的经济负担，而社会福利制度的薄弱和社会保险体系的局限，为医疗健康保险提供了广阔的发展空间，需要有商业医疗健康保险作为社会医疗保险的补充，以弥补社会医疗保险保障的给付不足。由于我国社保的政策是"广覆盖、低保障"，商业健康保险在医疗卫生体系中能够起到很好的辅助和补充作用。

商业健康保险和社保进行有效衔接，开发更多保障功能基础化的产品，近年来已经有很多成功实践，比如商业保险参与新型农村合作医疗，将保险的社会管理功能进一步深化。同时，开发了更多险种丰富、责任范围广泛的健康险种。在保险实务中，大部分保险公司开发的产品是面向全国范围进行投放，很少考虑到地区经济差异和人口结构的变动，无法满足投保人对健康差异化的需求。因此我国不断丰富和完善健康保险产品体系，不仅能够满足投保人的不同健康需求，而且在产品设计方向能够走上多元化道路，不断开辟健康保险的新市场。

（四）互联网产品兴起

近年来，互联网保险产品发展势头迅猛。2016 年，互联网人身保险累计保费为 1 133.9 亿元，是上年同期的 2.5 倍，同时互联网保费在人身保险保费累计收入的占比上升至 5.0%。人身险公司官网的网站流量为 14.2 亿次，投保客户数达 397.3 万人，承保件数 1 313.1 万件。从增长速度来看，互联网人身保险保费同比增速为 150.4%；从增长的绝对量来看，约为 681.1 亿元。互联网销售已经渗透到各行各业，尤其是一度被认为条款晦涩难懂的保险产品上面。

保险产品网上投保可在一定程度上克服一般商品网上购物的物流系统瓶颈，更易实现保险电子商务化。相比传统保险推销的方式，互联网保险让客户能自主选择产品，服务方面更便捷，理赔更轻松。保险公司同样能从互联网保险中获益良多，互联网产品已经成为中小公司寻求业务增长的新突破点。

此外，网上保险的蓬勃发展为产品开发与创新提出了新要求。产品开发必须考虑电子商务因素，除了开发适合网上销售的新产品之外，把老产品移植到网上销售也是保险公司的普遍做法。

（五）由纯保险合同转向保障与服务相结合

市场竞争使保险产品的外延不断扩大，保险公司在产品上附加各种增值服务，增强产品本身的服务功能。不仅把服务作为产品"附加值"，有些服务直接被融合到产品本身中。保险产品除了补偿性功能外还具有相关服务功能，即在"被保险人的权利"中除对保险人责任范围内的事故造成的损失有权要求赔偿外，被保险人还有权在保险期间内享受相关的保险服务。

在险种开发中融入服务创新，将极大地调动投保人的购买欲望，增强产品竞争力。随着社会主义市场经济体制的确立和完善，法制创造性风险种类日益显现，为各种责任险的开展创造条件。因此，保险标的实现从有形化向无形化的转变，正是适应上述经济发展的客观需要。

比如，为了更好地进行财富传承业务，吸收国外保险与信托结合的经验，国内已有数家保险公司与信托公司合作推出保险金信托产品。在保险金信托中，投保人将其人寿保险合同的权益，即未来产生的保险理赔金或年金、保险分红等，设立信托；一旦发生保险理赔或分红，信托公司将按照投保人事先对保险资金的处分和分配意愿，长期且高效地管理这笔资金。保险金信托的重点是实现委托人在保险理赔或分红后，对受益人如何获取财产的管理意志的延续，而不仅仅是简单的财富增值。在该业务领域发展领先的信托公司可实现循环投保、多张保单进入同一信托、身故金和生存金同时进入信托、优先受益人设置等功能。

专栏 5 –9
美国人寿保险信托制度的运作模式

美国人寿保险信托是指委托人（即被保险人）让受托人成为保险金的领取人（即受托人成为保险受益人），那么当被保险人发生保险事故后，保险公司直接向受托人支付保险金，受托人在领取保险金后，进一步依照信托合同的约定管理和运用这笔保险金，以使信托受益人的利益最大化。因此美国的人寿保险信托实际上是将保险金债权付予信托，属于保险金债权信托。

在美国，按照委托人是否有权更改信托合同中的内容，人寿保险信托可分为可撤销人寿保险信托与不可撤销人寿保险信托。美国人寿保险的被保险人发生死亡保险事故时，如果被保险人持有或者控制保单，或者保单所有权在被保险人控制的其他实体手中时，保险金就属于遗产税的应税财产，保险金的继承人在这种情况下是无法全额获得保险金和遗产的。而如果购买了人寿保险信托产品，尤其是不可撤销人寿保险信托（Irrevocable Life Insurance Trust, ILIT），则能够有效帮助被保险人应对这一问题。通过订立不可撤销的人寿保险信托计划，委托人将保单上的一切权益转移给信托公司，作为受托人的信托公司在接受了委托之后，为其制订保险计划，签订保险合同，在被保险人发生保险事故后，按照之前双方在保险信托合同中的约定处理保险金。但是，按照美国税法的规定，如果被保险人于保单转移日起三年内死亡，那么保险金仍然属于遗产的一部分，需要缴纳遗产税。基于这一原因，投保人在签订不可撤销人寿保险信托合同时，一般要增加一项"万无一失条款"，规定即使被保险人于保单转移日起三年内死亡，保险金也不属于征税范围。

在这种模式下，人寿保险信托合同全面考虑了遗产税法的规定，保证了保险受益人的保险金能够成为一种确定的、不可撤销的权益，将保单与被保险人的应税遗产完全分离开来，满足美国税法的保险金遗产税规定，使之成为美国运用范围最广的遗产税避税方法。

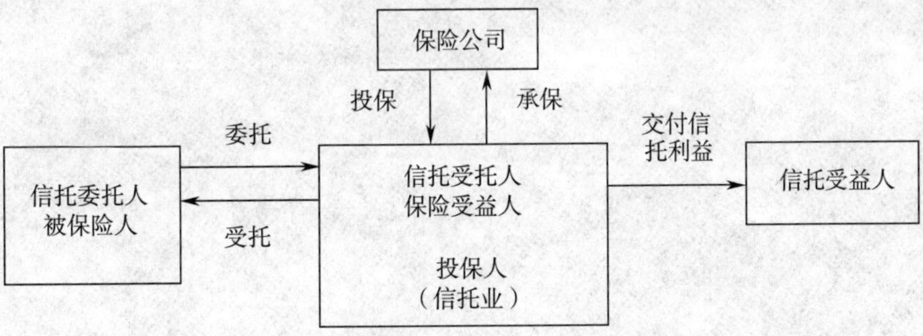

资料来源：江生忠：《商业养老保险及其产业链延伸国际比较研究》，北京，南开大学出版社，2015。

图 5 –4 美国人寿保险信托制度的运作模式

【思考与练习】

1. 保险产品的构成要素和属性是什么？
2. 保险产品的分类方式及主要内容有哪些？
3. 保险产品开发与设计的基本原则和程序有哪些？
4. 保险产品管理的内容与定价方法、假设有哪些？
5. 简述保险产品创新的必要性。
6. 影响保险产品发展的因素有哪些？

第六章
保险公司销售管理

本章知识结构

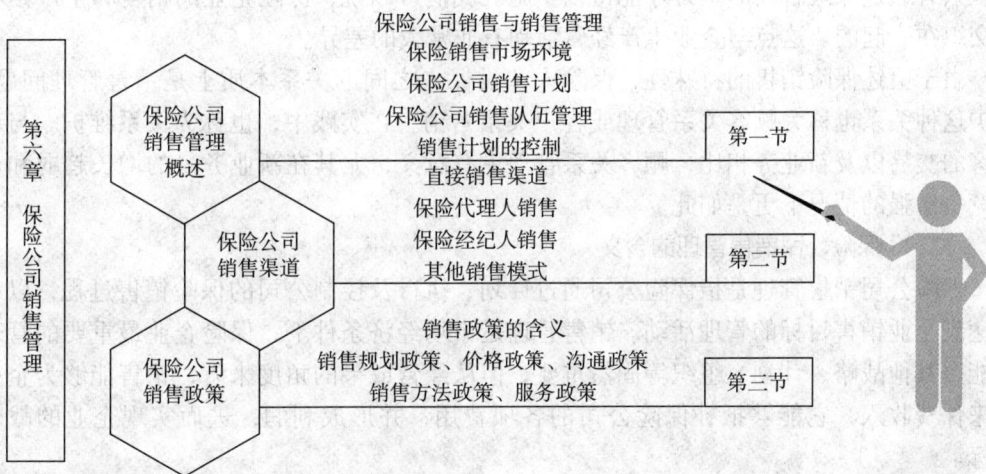

```
                        保险公司销售与销售管理
                        保险销售市场环境
                        保险公司销售计划
          保险公司        保险公司销售队伍管理
          销售管理        销售计划的控制          第一节
          概述
                        直接销售渠道
第六章                    保险代理人销售
保险       保险公司        保险经纪人销售
公司       销售渠道        其他销售模式             第二节
销售
管理
                        销售政策的含义
          保险公司        销售规划政策、价格政策、沟通政策
          销售政策        销售方法政策、服务政策      第三节
```

本章学习目标

- 了解保险公司销售管理的具体流程和主要内容
- 了解保险公司销售队伍管理的主要内容
- 掌握保险公司销售渠道的分类及特征
- 分析并掌握保险公司销售政策的具体运用

第一节 保险公司销售管理概述

一、保险公司销售与销售管理

（一）保险公司销售的意义

保险销售是指保险企业所生产的保险保障形式的产品在销售市场上实现其价值的过程。这一过程可能是通过保险销售人员（包括保险公司的直接与间接销售人员）推荐并指导消费者购买保险产品而完成的，也可能是消费者（投保人）通过获取相关信息后主动支付产品价格（保费）购买保险产品而完成的。

由于保险企业生产经营活动的特殊性，保险企业所有经济活动的瓶颈常常出现在销售阶段。另外，保险产品销售决定了其他企业管理职能，尤其是生产职能。大多数生产过程只有通过保险合同的签订才能得以实施。我们可以说，保险企业的销售和生产是相互交织在一起的。这点与企业生产经营活动有非常大的差异。

由于上述保险销售的特殊性，保险人和投保人之间的关系本质上是销售管理问题。维护这种关系也称为顾客关系管理或客户关系营销。在实践中，也称为关系维护。与新顾客的交易以及新业务相比，顾客关系管理更有意义，尤其在新业务量的增长趋弱和市场竞争增强的情况下更是如此。

（二）保险公司销售管理的含义

保险公司销售管理是指保险公司通过计划、执行及控制公司的保险销售过程，以有效达到企业销售目标的管理活动。销售管理是市场经济条件下，保险企业最重要的管理职能，其他战略、计划、组织等固然重要，但从经营成果的角度来看，销售能够为企业带来保费收入，它能够抵补保险公司的各项费用，并形成利润，进而实现企业的战略目标。

通常，保险公司的销售管理由三个主要阶段构成，即研究保险销售市场、制订销售计划、执行和控制销售计划。具体而言，如图 6-1 所示，公司首先分析市场环境，并依据公司整体的战略，制订公司销售计划和其他计划，确定销售政策，开发及确定销售渠道，组织销售队伍实施公司计划，最后是控制或及时评估销售计划的执行情况，如发现问题及时采取正确的措施。

分析市场环境 ➡ 制订销售计划 ➡ 销售计划的实施 ➡ 销售计划的控制

图 6-1 保险公司销售管理过程

由于销售渠道及销售政策的内容比较丰富及特殊，这两部分内容分别在本章第二节和第三节介绍。

二、保险销售市场环境

销售环境是由能够对企业建立、维持与目标客户之间良好关系，存在于销售活动之外的各种因素构成的。销售市场的各参与主体在不同程度上与公司存在合作或竞争的关系，外部环境因素对公司的销售活动形成刺激或威胁。分析研究销售市场的复杂环境是保险公司开展销售活动的重要前提。

保险公司销售市场研究的目的是获得影响整个保险产品销售及其他业务的市场环境，包括自然、人口、经济、科技、政治、文化等方面的信息，以及影响保险公司销售活动的市场参与主体，包括购买者、保险公司、销售中介、竞争者、公众等方面的信息。

（一）保险销售市场宏观环境

宏观环境是指影响微观环境中各行动主体经济行为的更广泛的因素。公司和所有其他主体都是在一个更大的宏观环境中进行运作的，并且这种宏观环境因素形成了公司所面临的机会和威胁。

1. 人口环境。从销售角度看，市场等于需求，它由具有购买欲望和购买力的人群构成，因此，人口环境是保险产品销售的最重要的因素之一，人口状况直接影响到保险公司的销售战略和销售管理。人口环境及其变动对市场需求有着整体性、长远性的深刻影响，制约着保险企业销售机会的形成和目标市场的选择。因此，多角度地正确认识人口环境与保险公司销售之间存在的深刻联系，

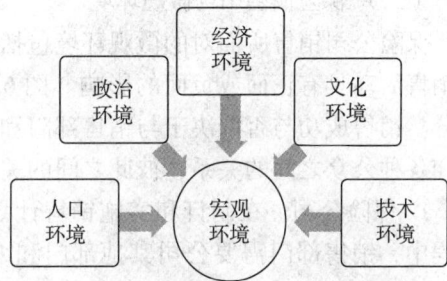

图 6 - 2　保险销售市场宏观环境影响因素

把握住人口环境的发展变化，是保险企业把握自己行业特点和资源的重要条件。

2. 政治环境。销售政策同时受到政治环境的影响，包括政治环境社会经济制度、经济立法、税收制度等。保险企业一方面可以凭借这些法律来保护自己的正当权益，另一方面也应当依据法律法规开展保险销售活动。即便是最开放的自由市场经济倡导者，也认为制定一些规则会让经济系统运行得更好。此外，除了监管部门的要求，大多数公司都希望尽到社会责任。

3. 经济环境。经济环境指的是那些影响消费者购买力和购买方式的因素，包括一定时期国民收入水平、工资水平、消费结构、银行政策、技术进步等。经济环境是决定保险市场规模、结构、层次、发展潜力的重要力量，它的变化将对保险市场及保险公司的销售产生重大影响。

不同的经济发展水平有着不同的市场销售环境，从而也决定了要采取不同的保险销售政策。例如，在发展中国家，其保险经营还不十分成熟，其险种、责任范围等都受到一定的限制，导致价格竞争成为最主要的竞争方式。而在发达国家，非价格因素的竞争往往占据主要地位，它们更侧重于新险种的开发以及提供优质的保险服务。

4. 文化环境。文化环境是指一个国家、地区或民族的文化传统，如风俗习惯、伦理

道德观念、价值观念、宗教信仰、文化艺术等。文化是在人们的社会实践中形成的，是一种历史现象的沉淀。保险销售活动是在一个非常广阔且复杂的社会文化背景下进行的，因此，保险销售者必须了解和熟悉各种不同的社会文化环境，才能实现自己的保险销售目标。

5. 技术环境。科学技术对人类生活的波及面最广、影响力最深。新技术、新产品的不断问世，一方面会给保险企业带来便利，降低原有风险，从而获得源源不断的经济利益；另一方面也给企业带来一些新的风险，在为保险市场销售创造新的机会的同时，也带来了新的风险和问题。

比如，电子技术革命使保险公司的经营管理与销售方式发生了显著的变革。保险公司不仅能以更快的速度获取关于市场和消费者更多的信息，以更快的速度处理业务，从而能以更低的成本来管理和运营。同时，也能以更有效的方式来接近消费者，以更完善的服务满足消费者日益增长的需求。但是，我们也可以预计到，当计算机系统的记录遭到破坏时，会对保险公司以及投保人产生巨大损失。

（二）保险销售市场微观环境

保险公司销售所面对的微观环境包括所有与公司密切相关的行动主体，他们对公司的销售活动具有正面或负面的影响。图6-3说明了保险公司销售市场主体的主要组成部分。销售成功与否取决于与销售部门和保险公司其他部门、销售中介、消费者、竞争者和各种公众之间的关系，彼此之间的关系构成了公司价值链的传递网络。

1. 保险公司。在制订和实施销售计划的过程中，销售部门需要公司其他部门和人员的配合，包括公司的高层管理者、财务部门、研发部门、运营部门和人力资源部门。所有这些人员和部门组成了公司的内部环境。保险公司的高层管理者确定了公司目标、使命、战略和政策。销售部门则根据高层管理者的决策制订保险产品的销售计划。在这一过程中，销售部门必须与其他部门进

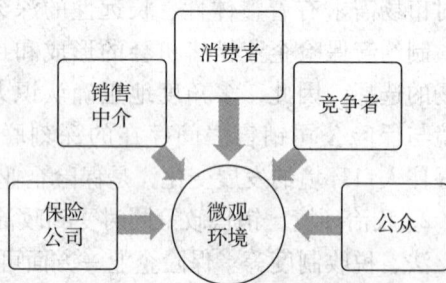

图6-3　保险销售市场微观环境影响因素

行紧密合作，从财务安排、产品研发、承保理赔、人力资源等多方面获得支持。

2. 销售中介。销售中介是指帮助公司向最终顾客出售、分销和促销产品的商业主体，是公司整个价值传递系统的重要组成部分。为了创造满意的客户关系，公司不仅需要优化自己的服务，而且还必须与公司的销售中介进行有效的合作，从而使得公司的整体表现最优化。

随着保险市场的发展，保险代理人、经纪人越来越多，经他们代办或介绍的保险业务量占总业务量的比率也越来越大，因此，保险企业应对各类代理人、经纪人进行认真的调查分析，择优选取。代理人、经纪人选择保险企业时，主要是考虑企业的责任准备金、代理费、信誉、服务质量等因素。保险企业选择中介人主要考虑保险标的的风险情况、代理费、信誉、业务数量等。

3. 消费者。消费者是影响保险公司销售活动的最重要因素。保险销售的目的在于向目标客户提供服务并与之建立良好的客户关系。在销售管理的过程中，应始终坚持"顾客至上"的原则，没有足够多的消费者，保险公司就没有生存和发展的基础。消费者主要分为个体消费者、企业消费者和政府消费者三类：个体消费者指的是为个人消费而购买保险产品的个人和家庭；企业消费者指的是为生产过程需要而购买保险产品的企业和营利性组织；政府消费者指的是为了提供公共服务或转移支付而购买保险产品的政府机构。这三类消费者又可以进一步细分为一些不同的小群体，从而为保险公司制订销售计划提供有力依据。

4. 竞争者。分析竞争者是销售市场分析的重要内容之一。想要在市场上取得成功，公司必须向顾客提供比竞争对手更大的客户价值并使客户满意。每家公司都必须考虑自身规模和所处的行业地位，并与其竞争者进行比较，从而通过完全不同于竞争者的产品定位来获得竞争优势。

在市场经济条件下的保险市场中，各保险公司的销售活动与竞争者的存在及其在市场上的活动有着密切的关系。保险公司对竞争者的分析主要包括保险险种、费率、代理人、经纪人、促销手段、市场拓展方向及其公司内部情况等。随着我国保险市场体系的健全和完善，保险市场竞争会愈加激烈。

（三）保险公司市场细分

在激烈竞争的保险市场上，每一个保险企业都不可能占领全部市场领域，它只能根据自身优势及不同市场的特点来占领某些市场领域。这就要求保险企业要进行市场细分与选择目标市场的工作。

1. 保险公司市场细分。在市场上，有各种各样需求的保险购买者。市场细分就是发现不同保险需求者之间需求的差别，然后把需求相同者归为一类，这样可以把一个市场分成若干"子市场"。细分的市场应具备下列条件：第一，用来划分细分市场的特性必须是可以分辨和衡量的；第二，细分市场的规模必须足以使企业有利可图，且市场潜力很大。

2. 选择目标市场。在市场细分的基础上，保险企业可以根据自身的优劣选择合适的目标市场。一般情况下，保险企业首先选择一个或几个细分市场，作为目标市场，再确定吸引各个细分市场的策略。要确定目标市场，企业要分析从各个细分市场获取利润的潜力。对细分市场进行评估，通常包括三部分：

（1）通过分析各细分市场的需求趋势、竞争状况以及本企业的能力，决定取舍，选择能给企业带来最大经济效益和社会效益的细分市场。

（2）估计目前整个保险市场的销售额、本企业销售额及本企业在市场所占有的份额，并预测未来发展趋势。

（3）确定在不同细分市场应采取的销售策略。

3. 保险市场销售策略。一般情况下，保险公司通常选择在不同细分市场运用以下销售策略：

（1）无差别销售策略。也称作整体市场策略。采用这一策略，企业把某一险种推向整个市场。像汽车保险、人身意外伤害保险就可以应用这一策略。如果许多保险企业都采用这种策略，竞争就变得十分激烈，这样就迫使某些企业改变策略，把一部分力量转向寻求小的细分市场。

（2）差别销售策略。企业选择几个细分市场作为自己的目标市场，并为每个细分市场确定一种经营组合。采用差别销售策略的企业吸引几个细分市场，这样它可以满足几种保险需求，提高企业的市场竞争力，增加企业的收入和利润。在现代保险市场竞争中，多数保险企业都在运用这一策略。

（3）集中销售策略。采用这种策略的保险企业，只选择一类细分市场，确定相应的营销组合策略。这类企业追求的不是在较大市场上占有较小份额，而是在较小的细分市场上有较大的市场占有率，实际上是一种局部优势策略。这一策略在现代市场竞争中已被广泛地应用。保险企业可以根据市场需求的不同特点来决定采用哪种销售策略。

三、保险公司销售计划

销售计划包括所有为了达到公司整体战略目标而采取的销售活动。每一种业务、产品和品牌都需要一份详细的销售计划。在大多数情况下，销售是保险公司经营管理的重中之重，也参与决定了其他领域的计划，因此销售计划显得尤为重要。对其他工作领域的计划具有重要影响。

（一）销售计划的制订

一般来说，保险公司制订销售计划的过程如图6-4所示。

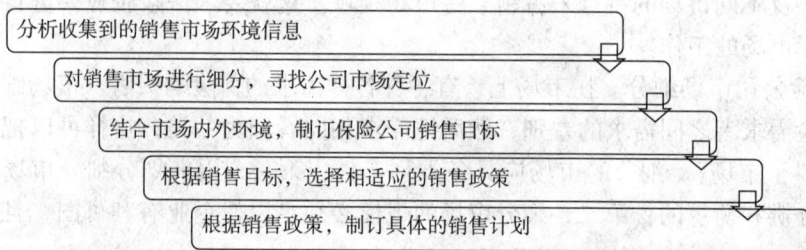

图6-4　保险公司制订销售计划过程

1. 分析销售市场环境信息。保险公司在制订销售计划之前，需要对销售市场环境进行分析，管理部门能够根据这些信息对保险公司销售活动提出评价目标和建议。计划的首要问题是对目前销售环境中的潜在机会与威胁的详细分析，随后制订销售计划。

2. 确定公司市场定位。销售计划的出发点是对保险企业所面对的销售市场进行系统的分析和预测。企业将这些信息和关于企业自身的信息联系起来，可以清楚地认识并评价企业在销售领域中行动的可能性，从而找到当前最适合保险公司的市场定位。

3. 制定销售目标。保险公司销售目标是由最上层的企业目标导出并拟订的。销售人员借助不同的手段来进行销售，以争取实现销售目标。保险业务中的销售目标是以保费收入，即价值量来描述的。销售额是保险业务数量与价格的乘积，而保险业务量主要可以用顾客数、保险业务数、保险合同数、被保风险数、被保对象数、被保人数或保险金额表示。保险费收入目标可以是绝对量，也可以是相对量，即市场份额。它们往往按照险种、顾客群体、区域等分别计算。

4. 选择销售政策。保险公司销售政策是通过确定销售目标和使用销售工具来履行销售职能，主要包括保险产品政策、价格政策、渠道政策、宣传政策等，保险公司通过运用一系列销售工具，为实现公司的销售目标服务。销售政策的具体内容和实施将在本章第三节中进行介绍。

5. 制订销售计划。销售计划，指为实施和控制销售政策而制订的计划。它包括销售组织机构、人员配置、实施政策的时间、政策实施调查、政策调整、检查计划完成情况等。销售计划针对可预见的一段时间，通常是一年。销售计划的顺利实施是保险公司完成销售目标和销售政策的重要保障。

（二）销售计划的实施

销售实施是把销售计划变为销售活动，以完成公司销售目标的过程。很多管理者认为，用正确的方法做事比做正确的事更重要。事实上两者都很重要，通过有效的实施，公司可以赢得竞争优势。一家公司可能与另一家公司的计划相似，但是通过更有效率的实施，它能够具备战胜竞争者的优势。

保险公司在销售实施中要消除保险人和投保人之间由于所处地理位置不同而产生的空间距离。为此，保险公司通过分散的外勤接近客户，或者客户自己走进公司或其分支机构，也可以通过通信等手段来消除距离。数量和质量距离主要与保险公司提供的以及顾客所需求的保险业务的特点和价格有关，这里要平衡保险人和投保人的利益。时间距离主要和保险业务的时间组成部分相关，即保险责任开始、保险有效期和保险责任终止。这些距离还要与保险人和投保人之间的知识差异相叠加，在销售实施中必须平衡各自的知识差异。就这点而言，销售包括了明显的沟通成分。投保人向保险人提供有关保险标的和被保险人的风险状况和安全需求的信息；反过来，保险人及其销售人员或组织向投保人提供有关其产品的信息和咨询，尤其是有关保险产品所能提供的风险保障。

如果保险人和顾客都认为保险业务对自己是有利的，那么销售过程就得以实现。然而对顾客来说，认识到保险业务的好处常常很难。虽然对风险的规避属于主观范畴，但是分析和评价风险及保险保障对风险状况的影响，需要以对风险状况和保险作用具有客观而正确的认识为前提。如果顾客投保从而降低风险所能提高的效用高于保费的价值，那么购买保险对投保人来说就是有利的。同时，如果保险业务能够为实现公司目标作出贡献，即保费收入要高于生产成本，那么对保险公司来说这项保险业务就是有利的。另外，还要考虑单项业务对整个产品链的保险技术风险的影响。

实践中，在销售实施过程中发展出多种招徕顾客的技术，其关键在于获取顾客信息、取得联系、打开局面、咨询和提供保险信息、接受投保人申请等。然后就是核保处理的过程，这个过程是保险业务从接受申请过渡到法律上的生效。

四、保险公司销售队伍管理

制订、实施和控制销售计划的过程中必然需要保险销售人员的参与。一般来说，保险公司需要设立销售部门进行保险公司销售队伍的管理工作。保险销售队伍管理制度是指在一定的社会制度和历史条件下，保险公司在一定时期内对保险销售人员进行管理所制定的各种管理规范、所形成的管理组织结构、所采用的管理方法、所运用的管理手段和所形成的管理关系的总和，不包括非保险公司主体对营销员的间接管理。

销售队伍管理是公司持续发展的基本保障，是公司核心竞争力和市场价值的重要体现，在保险销售过程中起着不可替代的重要作用。特别是人寿保险公司，个险营销是其主要的销售渠道。因为通过销售人员的营销活动，保险消费者可以直接获得有关保险公司和保险商品的详细信息，销售人员也可以直接了解潜在客户的购买意图和态度。目前，我国保险销售队伍管理制度主要集中在六个方面（见图 6-5）。

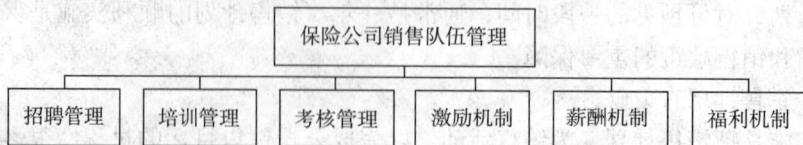

图 6-5　保险公司销售队伍管理体制

（一）销售队伍的人员管理

1. 招聘管理。只有选拔优秀的销售人员，才能够更有效地提高保险销售的工作效率，成功地达成保险产品的销售目标。在确定选拔条件时，应根据销售工作的需要确定销售人员所需的类型和标准数量，公开招聘销售人员。在招聘时，保险公司应向应聘者说明销售人员的权利、义务和待遇，考察候选人的知识水平、表达能力、仪表风度、应变能力和心理素质等。

保险公司可以通过人脉网络、人才市场、网络和报纸等渠道进行招聘。成熟的保险公司主要依靠熟人介绍来招聘销售人员，而新设立的保险公司主要通过人才市场、网络和报纸等渠道招聘。

2. 培训管理。新进的销售人员虽然具备进行保险营销的潜质，但他们仍然缺乏对专业知识的了解，尚不能承担保险销售工作的责任，因此，需要对招聘进来的销售人员进行必要的岗前培训。目前，各保险公司非常重视培训管理，成立了独立的培训部门，并建立了更加全面的培训体系。培训部门的独立性有利于考察培训工作，提高培训的质量和效率。首先，我们需要建立培训目标，包括：以尽可能少的培训费用获得尽可能多的保费收入；保持销售人员的稳定性；增强公关能力；等等。培训内容包括保险产品知识、公司信息、行业观点、市场动态、营销技巧、表达能力等。

3. 考核管理。考核管理制度是指保险公司在一定的评估期内，根据保险销售人员在考核期间的综合表现，包括营销业绩、续保业绩、人力资源管理等，为其评定职称。保险公司通过对保险销售人员的周期性考核，可以观察、衡量和评估保险销售人员的发展状态，根据考核结果对达到晋升标准的销售人员升级，对达不到维持标准的销售人员降级。

目前我国各保险公司使用的考核方法主要有两种：单期考核和滚动考核。单期考核是把每年分成四个评估期，对每个季度进行独立考核，每年固定考核四次。由于单期考核的结果会随着保险销售的淡旺季出现大幅度的波动。所以，现在只有少数保险公司采用单期考核的方式，大多数保险公司对销售人员实行滚动考核。滚动考核是把一段时间（通常为 3~6 个月）作为评估期，每月都按照设定的评估其进行轮动考核。

（二）销售队伍的制度建设

1. 激励机制。保险公司能够通过各种内容丰富的激励机制来激励保险销售人员。通过这些激励措施，保险公司可以有效地激发保险销售人员和销售队伍的工作热情，增强他们的荣誉感和自豪感，促进其更加积极、更加高效地提高业务绩效。

保险公司的激励机制主要包括两种类型：

（1）开展多种多样的竞赛，如针对某个保险产品的竞赛或针对所有保险产品的竞赛、新人竞赛或销售人员竞赛或团队竞赛等。这是目前保险公司最常使用的激励措施管理制度，其主要目的是通过这些竞赛来提高保险销售人员的业绩水平。

（2）成立名目繁多的荣誉组织，包括各种精英俱乐部、荣誉会和五星会等。这是一种长期性的激励措施管理制度，通常会设置为期一个月、一个季度或一年的考核时间。这些荣誉组织会设有一定的入围标准，要达到相应的入围标准才能成为该荣誉组织的会员。会员也有等级的划分，只要连续地达到相应的标准，会员就会不断升级，获得越来越高的荣誉和越来越多的奖励。

2. 薪酬机制。保险销售人员的薪酬管理机制主要包括两种类型：不轻易变动的薪酬管理机制、可以灵活调整的薪酬管理机制。前者主要包括佣金管理制度和津贴、奖金管理制度两类。后者主要包括：增援津贴、奖金管理制度和新进、试用销售人员津贴、奖金管理制度。

（1）佣金管理制度。佣金率的高低是由保险公司对保险产品的定位、保险产品不同的特性以及缴费期限等因素决定的。根据保险产品类型的不同，长期保险产品与短期保险产品的佣金率有显著的差异。

（2）津贴、奖金管理制度。保险公司在佣金管理制度的基础上，结合自身的销售人员组织体系，建立了适合其销售人员组织队伍发展的津贴和奖金管理制度，从而有力地保证了销售人员组织的快速和持续发展。保险公司在计算津贴和奖金时，普遍采取了分段计酬的方式，即根据保险销售人员的业绩所达到相应业绩段的高低程度来发放不同金额的津贴，或者发放占业绩相应比例的奖金。

（3）增员津贴、奖金管理制度。为了鼓励营销团队增员，保险公司设立了增员津贴、奖金管理制度，给增员者发放一定数量的津贴、奖金。

（4）新进、试用销售人员津贴、奖金管理制度。新进、试用销售人员津贴、奖金是针对新进销售人员和尚处于试用期的销售人员。这部分销售人员的销售经验还很匮乏，获得的薪酬水平也很有限。设立该津贴、奖金能帮助这部分销售人员尽快熟悉和开展业务。

3. 福利机制。保险公司制定保险销售人员鼓励管理机制旨在提高保险销售人员对于保险公司的归属感，鼓励保险销售人员为保险公司长期服务。通常，针对保险销售人员福利机制的主要内容包括：

（1）提供意外或非意外的死亡保障，以及意外或非意外的伤残保障。绝大多数保险公司为销售人员提供意外死亡保障，或提供定期人寿保障。目前只有少数公司提供伤残保障，个别公司会同时提供两种保障。相比之下，对于一般保险销售人员提供较低的保障金额，而为业务主管提供较高的保障金额。

（2）提供医疗保障。大多数保险公司为销售人员提供住院医疗保障，少部分公司为销售人员提供意外医疗费用补偿。大多数保险公司对于医疗保障这一部分提供的保障水平都普遍偏低，即使是普通的业务主管，能获得的医疗保障金额也不是很高。

（3）面向一般销售人员，按其佣金、首期佣金、续期佣金，或一定保险年度开始的续期保费的一定比例提取的养老金。目前大多数保险公司的销售人员都可以享受这一福利。同样，面向业务主管，按业务主管的部分管理津贴的一定比例提取养老金。一部分保险公司对高级保险销售人员也提供该项福利。

五、销售计划的控制

由于在销售计划执行过程中会出现许多意料之外的事情，所以公司的有关管理部门必须不断地监督和控制销售活动。通常，销售计划的控制主要有以下几个方面①。

（一）年度计划的控制

年度计划控制的目的是保证公司达到在年度计划内建立的销售业务目标和利润目标及其他目标。年度计划控制的核心是目标管理，它包括：

（1）管理部门确立月度、季度目标；

（2）管理部门对市场的绩效进行监控；

（3）管理部门找出造成绩效严重偏差的原因；

（4）管理部门必须采取正确的行动来缩小目标与实绩之间的差距，这就需要改变行动方案或改变原计划目标。

通常，可以用产品线、顾客类型、地区及其他分类来分析市场份额的变动，并通过四个成分来分析市场份额变动的原因，即

市场份额＝顾客渗透率×顾客忠诚度×顾客选择性×价格选择性

式中，顾客渗透率表示向本公司购买产品的顾客与总顾客之比；顾客忠诚度表示顾客从本公司购买的产品数量与他们从其他提供同类产品供应商处购买数量的百分比；顾客选择性表示本公司顾客的平均购买量与一般公司的顾客的平均购买量的百分比；价格选择性表示公司的平均价格与所有公司的平均价格的百分比。

现在假定公司在此期间以金额表示的市场份额下降了，则根据上述公式及成分，有四种可能的解释：一是公司失去了一些顾客（较低的顾客渗透率）；二是现有顾客向该公司购买的商品在全部购买量中的比例减少了（较低的顾客忠诚度）；三是公司保留的顾客规模较小（较低的顾客选择性）；四是公司价格竞争力减弱了（较低的价格选择性）。

经过长期跟踪这些因素，公司可以判断出市场份额变化的原因，即上述四个成分中哪个成分的变化会导致公司市场份额的变化。

---

① ［美］菲利普·科特勒等：《市场营销管理》（亚洲版·下），北京：中国人民大学出版社，1997。

（二）盈利能力控制

通常，市场销售盈利能力分析主要是针对公司不同销售渠道、不同产品、地区或其他市场营销实体的相对盈利能力进行的。在具体分析上，首先要确定各种功能性销售费用总额，如广告费、租金费、营业用品费及佣金费等；其次将各项费用总额在各个市场销售实体之间进行分配；最后是为每个市场销售实体编制一个损益表。这样就得出各个销售实体的盈利状况及盈利能力。

需要指出的是，不能简单地根据各个销售实体盈利状况而作出停止或放弃该销售实体的决定。而是应根据公司的发展战略及产品市场发展趋势，以及影响盈利能力下降的原因作出调整方案。此外，市场销售能力分析的结论是否准确还取决于对这些方法及其局限性的理解程度。因为有些假设还是有一定的随意性。

此外，另一个影响盈利能力分析的判断更为重要的因素是，评价各个销售实体的成本分配。在此，应区分三种成本：

1. 直接成本，这类成本可以直接分派给相应的市场销售实体。如广告费用，在一个广告只促销一种产品时，在盈利能力分析中属于直接成本。

2. 可追溯的共同成本。这些成本只能间接地但又在似乎合理的基础上分派给市场销售实体。如房屋的租金，不同销售活动需要的场所及其租金，其根据每次活动需用多少面积来估计。

3. 不可追溯的共同成本。这类成本分摊给市场销售实体具有更大的随意性。比较典型的很难分摊的共同成本的例子是管理部门的工资、税收、利息和其他开销等。

（三）效率控制

效率控制的目的和内容主要是如何提高那些经营不善的销售实体的市场销售效率。具体内容包括以下几个方面。

1. 销售队伍的效率。应关注的具体指标有：

（1）每个销售人员每天的平均销售访问次数；

（2）每次会晤所需的平均访问时间；

（3）每次销售访问的平均成本；

（4）每期的新顾客数；

（5）每期失去的顾客数；

（6）每100次销售访问的签约比例；

（7）销售人员的费用占总销售额的百分比。

2. 广告效率。具体的统计指标有：

（1）媒体所触及的每千名目标顾客所需的广告成本；

（2）注意、收看、联想和阅读每种印刷品的大部分受众百分比；

（3）消费者对广告内容和效果的意见；

（4）对售前售后的产品态度的测定；

（5）受广告刺激的咨询次数；

（6）每次的咨询成本。

3. 销售促进效率。管理部门应注意的指标：

（1）按优惠方式售出的销售额的百分比；

（2）按每一单位销售额的陈列成本；

（3）赠券回收的百分比；

（4）促销演示引起的咨询次数。

（四）策略控制

在销售管理中，公司必须经常对其整体市场销售目标和效果进行严格的审查。定期对其进入市场的策略方法作出重新评价。通常，有两种评价方法：

1. 市场营销效果等级评价。一个公司或事业部的市场营销效果可以从市场营销导向的主要属性的不同程度反映出来：

（1）顾客宗旨：如管理部门是否针对不同的细分市场提供不同的产品，并制订不同的市场营销计划？

（2）整体市场销售组织：如市场销售部门是否和调研、生产、采购、分销以及财务部门之间建立良好的工作关系？

（3）充足的市场营销信息：如管理部门对不同的细分市场、顾客、地区、产品、渠道等销售潜力和盈利能力了解多少？

（4）策略导向：如现行市场营销策略质量如何？管理部门是否有效地利用了自己的市场营销资源？

上述每种属性都是可以衡量的，即根据每种属性回答所得到的分数进行相加。最后根据总得分，得出市场营销效果等级。

2. 市场营销审计。所谓市场营销审计，就是对市场营销效果等级进行评定时所发现的问题进行全面细致的研究。具体而言，就是对一个公司或一个经营单位的市场营销环境、目标、策略和活动进行一种全面的、系统的、独立的定期检查，目的在于确定问题所在，发现机会，并提出行动计划，以便提高公司的营销效果。

一般地说，市场营销审计可以从六个部分对市场营销状况进行审计：

（1）市场营销环境审计，如人口、技术、政治、文化等。

（2）市场营销策略审计；市场营销目标与目的等。

（3）市场营销组织审计，如正式结构、相互关系等。

（4）市场营销系统审计，如营销的信息系统。

（5）市场营销生产力审计，如盈利能力分析、成本效益分析等。

（6）市场营销功能审计，如关于产品、价格、分销、广告、销售人员等。

第二节　保险公司销售渠道

销售渠道是指为了完成市场交换活动而进行的一系列销售活动的组织和个人所形成的系统。保险销售渠道就是指保险产品从保险企业转移到客户的过程中所经历的途径，它也是由一系列的组织和个人所形成的一个完善的系统。保险销售渠道所承担的主要功能有销售产品、信息沟通和资金融通等。

　　按照是否有中介参与的标准，可将保险销售渠道划分为直接销售渠道和间接销售渠道。直接销售渠道，是指保险产品从保险企业向客户销售过程中不经过任何中介人的销售渠道，即保险产品由保险企业自己的员工直接向客户销售。间接销售渠道，是指保险企业通过中介机构向客户销售保险产品所形成的渠道。保险中介人不能真正代替保险人承担保险责任，只是参与或代办、或推销、或提供专门技术服务等各种保险活动，从而促成保险商品销售的实现。

一、直接销售渠道

　　（一）直接销售渠道分类

　　1. 电话销售。电话销售是指保险公司通过拨出或拨入电话，向客户提供保险产品销售服务。电话销售是一种投保回复率较高的销售方式。保险公司一般在两种情况下运用这项工具：一是在获知准客户的名单和需求方向后，通过电话与准客户进一步联系，并解释说明；二是与其他销售方式结合使用，例如，销售人员向准客户寄出投保建议书，在估计客户收到邮件后马上进行跟踪服务，督促其拆阅邮件，作出选择。电话销售是销售创新的重要方式。在欧美国家，电话销售已经成为保险销售的重要渠道。其优势：一是覆盖地域广，保险公司通过电话销售可以向不同地区，甚至不同国家的客户提供保险产品和服务；二是成本低廉且方便。电话销售可以非常便捷地完成保险产品的推介、咨询、报价、保单条件的确认等主要销售过程。消费者还可以享受更低的费用。

　　2. 雇员销售。雇员销售是指保险公司不通过任何中介，直接由该企业雇佣专门营销人员向客户提供各保险险种的销售和服务。在我国保险业恢复初期，保险中介基本处于空白，保险业务多是通过这种方式销售，是早期保险公司使用最多的销售方式。后期保险产品中的团体保险也主要依靠这种方式。此外，保险零售店也是直销的一种重要方式。保险公司在目标客户比较集中的场所，如购物中心、商业中心、交通枢纽等人流密集的地方设立店铺式销售点。机场候机大楼中专门销售航空意外保险的各保险公司的柜台就是一种典型的保险零售店。

　　3. 网络销售。网络销售是指客户通过网络获取保险公司的信息、保险产品的信息等，并通过网络完成购买行为的一种销售渠道，也可以称为保险电子商务。对于车险、家财险、意外险等投保金额小、风险易评估、交易数量大、容易实现标准化的产品，采用网上销售的模式十分有利。

　　网络作为一种新型的保险销售渠道，有着无法替代的优势，它不受时空的限制，拓展了保险公司的展业空间，还可以简化交易过程，节省人力，降低保险公司经营成本。

　　4. 邮件销售。邮件销售是指以印刷品的形式，通过邮政渠道将保险公司简介、保险产品介绍、保险服务调查表、投保单等材料寄送给目标客户，以达到宣传、引导和促成保险交易的目的。邮件销售的突出特点是针对性强，可以量身定做，有较高的反馈率；缺点是成本偏高。

（二）直接销售渠道利弊分析

1. 直接销售渠道的优势。在这种销售方式下，保险企业可有效控制承保风险，保持业务量的稳定。其主要优势有以下几方面：

（1）保险公司的业务人员由于工作的稳定性强，又比较熟悉保险业务，因而有利于控制保险欺诈行为的发生，不容易发生因不熟悉保险业务而欺骗投保人的道德风险，给保险消费者增加了安全感。

（2）保险公司的业务人员直接代表保险公司开展业务，具有较强的公司特征，从而在客户中树立公司良好的外部形象。

（3）如果保险公司业务人员在完成或超额完成预期任务的情况下，则维持销售系统的成本较低。因为公司职工享有固定的工资和福利，其收入不会因业务超额完成而大量增长。同时员工的培训费用也少于代理人员的同类费用。

2. 直接销售渠道的弊端。由于保险服务需要与大量的目标顾客进行长时间的接触，而保险企业所雇佣的直销人员总是有限的，因此，从保险市场发展的需要来看，直销制的弊端是显而易见的。

（1）不利于保险企业争取更多的客户。因为有限的业务人员只能提供有限的服务，同时他们预定任务较重，无法与所有客户建立较为密切的关系。因此，许多保户的潜在保险需求无法转化为现实的购买能力，使保险企业失去了很多潜在的客户。

（2）不利于扩大保险业务领域。由于直销人员相对有限，他们只能侧重于进行某些大型险种的营销活动，如企业财产保险、团体人身保险的业务，而某些极有潜力的业务领域都无暇顾及，如个人寿险、家庭财产保险等业务，导致保险企业对市场需求的变化不能作出充分合理的预测而错失发展良机。

（3）不利于发挥业务人员的工作积极性。由于在直销方式下业务人员的收入与其业务量不存在必然的联系，当其超额完成预定工作任务后，没有业务提成或提成太少。

二、保险代理人销售

保险代理是保险人委托保险代理人扩展其保险业务的一种制度。我国《保险法》第一百一十七条规定："保险代理人是根据保险人的委托，向保险人收取佣金，并在保险人授权的范围内代为办理保险业务的机构或者个人。"

（一）保险代理人分类

根据《保险法》及其有关管理规定，保险代理人包括专门从事保险代理业务的保险专业代理机构、兼营保险代理业务的保险兼业代理机构，以及个人保险代理人[①]。

1. 保险专业代理机构。保险专业代理机构是指专门从事保险代理业务的代理公司，其组织形式为有限责任公司或股份有限公司。保险代理机构的业务范围为：代理推销保险产品；代理收取保险费；协助保险公司进行损失的查勘和理赔；保险监管部门批准的其他业务。通过委托专业代理机构来销售保险产品，保险公司在一定程度上减少了销售

---

① 作为大数据时代发展潮流的阶段性产物，网络代理也迅速崛起，成为保险代理销售渠道的一种重要创新模式。

网点的前期投入及培训成本，依靠专业代理机构的网点可以迅速在多地区开展保险业务，提高了保险公司的供给能力，但是专业代理机构与保险公司之间的合作关系不易稳定，需要支付的佣金成本较高，承保和服务质量也不易保障。

2. 保险兼业代理机构。保险兼业代理机构是指受保险人委托，在从事自身业务的同时，指定专人为保险人代办保险业务的单位，如我国银行系统、邮政系统、汽车销售服务公司、外贸公司、货运公司、旅游公司、民航售票机构等，都能通过保险公司向中国保险监管机关申领兼业代理业务许可证，并同保险公司签订保险兼业代理合同。通过兼业代理机构推销保险产品，保险公司的业务触角得以延伸，有助于国民保险意识的提高。

（1）银行保险销售渠道是最具代表性的寿险兼业代理销售渠道，银保销售渠道是银行与保险公司以共同客户为服务对象，以兼备银行和保险特征的产品为销售标的，通过共同的销售渠道，为共同的客户提供产品的一体化营销和多元化金融服务的新型业务。

（2）车商保险销售渠道是最具代表性的财险兼业代理销售渠道，车商销售渠道是指由保险公司掌控、集中管理的，以汽车制造商、专业性汽车服务机构、车行、大型综合汽车修理厂为市场开拓目标，面向企、事业单位和个人客户的多元化产品的专业销售渠道。

3. 保险个人代理人。保险个人代理人是指根据保险人的委托，向保险人收取代理手续费，并在保险人授权的范围内代为办理保险业务的个人。个人代理人的业务范围只有代理销售保险产品和代理收取保险费。个人代理人是由众多分散的个体在市场上广泛地开展业务，具有很强的针对性和灵活性，适合销售大众化产品和新产品。但是，保险公司所需要的销售启动成本和维持成本较高，公司必须负责招聘、培训及提供必要的设备等。我国《保险法》规定，保险公司对个人保险代理人有培训管理的责任，以确保个人保险代理人的职业道德和业务素质。目前，个人保险代理渠道已成为我国保险业尤其是寿险业最重要的销售渠道之一。

（二）保险代理人制度的利弊分析

1. 保险代理制度的优点。自保险问世以来，保险代理人便随着保险业的发展而发展。保险代理人对推动整个保险业的发展起到了十分重要的作用。保险代理制度的优势具体表现在以下几个方面：

（1）有利于保险企业降低保险成本，提高经济效益。保险企业由于资金限制，要在短期内迅速解决自身营业机构与人员的合理配置是不现实的。建立保险代理制度，由于保险代理人是按劳取酬，保险企业只需向代理人支付代理佣金，这样就节约了在直销制下必需的各项费用，如员工管理费、宣传费、防灾费和员工福利费等，从而大大降低了保险成本。可见，保险代理人的工作提高了保险企业的经营效益。

（2）有利于提高保险企业的供给能力，促进保险商品销售。保险代理人拓展了保险人在保险市场上的业务空间，弥补了保险企业营业网点少、营销人员不足的状况，从而也就在客观上提高了保险企业的供给能力，方便了保险消费者购买保险。事实证明，我国的保险企业利用保险代理人在争取分散性保险业务方面是十分成功的。

（3）有利于提高保险企业的服务质量，增强其在市场竞争中的实力。保险企业利用保险代理人分布广泛、人员众多、服务优良等优势，可以弥补自身在保险服务方面的欠缺，全面提高保险企业的服务质量。保险代理人与客户联系紧密，容易获得投保人的信任，便于提供投保、交付保险费、防灾防损咨询、损失查勘及损失理算等服务。此外，有些保险代理人还具有自身的特长，如具有某个行业的专业技术，或在某个特定范围内具有良好的业务背景，能够提供一些专业性服务。

（4）有利于保险企业迅速建立和健全更为有效的保险信息网络，提高保险企业的经营水平。随着社会经济的日益发展，各种新的、更为复杂的保险需求不断涌现，保险代理人在营销过程中，由于接触的客户多，信息灵通，这将有助于保险企业全面、迅速地了解整个保险市场的发展趋势，从而使保险企业在激烈的市场竞争中站稳脚跟，求得发展。

2. 保险代理制度的缺点

（1）保险企业与保险代理人之间始终存在着核保与推销之间的冲突难以解决。保险代理人的任务是力求推销更多的保险单，以获取更多的代理佣金，而保险人的任务则是在扩展业务的同时，更要注意提高承保质量，显然二者的冲突是难免的。保险人是从保险企业的整体情况来决定个别风险的承保与否，而这正是保险代理人无法做到的。因此，保险代理人认为是良好的业务，也有可能被保险公司拒绝承保。例如，某个企业的投保金额较高，同时企业中有些标的物并非保险人所愿接受承保的，但是如不接受这些标的物的投保，就会失去更多的保险业务。站在保险代理人的立场上，这种所谓"搭配"的保险乃不得不吃的苦药，但保险人的看法则不一定如此。由此可见，保险代理人与保险人产生利益冲突的原因就在于保险人在承保时总是十分谨慎，从而减少了保险代理人可能获得的佣金。

（2）保险代理人单纯为代理佣金而开展业务的做法，导致保险企业承保质量下降。由于保险代理人的个人收入与保险费挂钩，个别保险代理人为了赚得更多的代理佣金，往往频繁地利用默示代理权利，有时甚至超越代理权限去推销保险单。个人代理人不得从事代理企业财产保险业务和团体人身保险业务，否则就是超越了代理权限。也就是说个人代理人只能推销个人寿险险种的保险单，如果同时还推销团体人身保险单，其行为是不合法的。如果个人代理人的业务素质不高，有可能给保险企业带来一些风险极大的业务，影响保险人的经营效益。

（3）保险代理人滥用代理权利，从而有损于保险人的利益。例如，保险代理人擅自变更保险条款，提高或降低保险费率，或挪用侵占保险费等，都是有损于保险人利益的行为。尤其是保险代理人出于恶意，与投保人或投保人以外的第三人作虚假申报，骗取高额保险金，结果不仅造成保险企业自身的经济损失，而且还极大地损坏了保险企业的信誉。

（4）对保险代理人的行为缺乏规范化管理，从而造成保险代理市场的混乱。例如，对保险代理人缺乏严格的业务培训和资格要求，造成保险代理人业务素质的低下；某些兼业代理的主管部门利用其对下属客户的制约关系，强迫客户在指定的保险公司投保；

个人代理人队伍庞大，业务素质良莠不齐，管理难度大；等等。因此，加强对保险代理人的管理，规范保险代理人的代理行为，是完善保险市场、促进保险事业健康发展的需要。

三、保险经纪人销售

保险经纪人是代表投保人或被保险人的利益参与保险活动的人；保险经纪制度是指保险人依靠保险经纪人争取保险业务、推销保险单的一种保险销售方式。我国《保险法》第一百一十八条规定："保险经纪人是基于投保人的利益，为投保人与保险人订立保险合同提供中介服务，并依法收取佣金的机构。"[①]

（一）保险经纪人分类

1. 人寿保险经纪人。人寿保险经纪人是指在人寿保险市场上代理保险客户选择保险人，代为办理投保手续，并从保险人处收取佣金的中介人。人寿保险经纪人必须熟悉保险市场行情、保险标的（被保险人）的情况，掌握较深厚的保险专业知识，懂得法律，精通人寿保险费率计算等。

2. 非人寿保险经纪人。非人寿保险经纪人主要为保险人介绍财产保险、责任保险和信用保证保险等非寿险业务。他们比人寿保险市场上的经纪人更为活跃，如在海上保险中，保险经纪人的作用十分突出，他们既深谙航海风险，又通晓保险知识，能为被保险人寻求最佳保险保障。

3. 再保险经纪人。再保险经纪人是指专门从事再保险业务的特殊保险经纪人。再保险经纪人不仅介绍再保险业务，提供保险信息，而且在再保险合同有效期间继续为再保险公司服务。由于再保险业务具有较强的国际性，事实上，每个国家的许多巨额再保险业务都是通过再保险经纪人之手促成的，因此，充分利用再保险经纪人促成再保险交易就显得十分重要。

（二）保险经纪人制度的利弊分析

1. 保险经纪人制度的优势

（1）保险经纪人提供服务的专业性强。保险经纪人一般都具有较高水平的业务素质和保险知识，是识别风险和选择保险方面的专家。因此，投保人或被保险人通过保险经纪人能获得最佳的保险服务，即支付的保险费较低而获得的保障较高。保险经纪人由于具有丰富的保险方面的经验，可以帮助投保人及时发现潜在风险，能够提出消除或减少这种风险的各种可能办法，并帮助投保人在保险市场上寻找最合适的保险公司等。

（2）保险经纪人作为被保险人的代表，独立承担法律责任。在保险市场上，保险经纪人代表投保人或被保险人的利益，为其与保险人协商保险事宜，办理投保手续，充当了保险顾问的角色。因此，根据法律规定，保险经纪人应对投保人或被保险人负责，有义务利用自己的知识和技能为其委托人安排最佳的保险。如果因为保险经纪人的疏忽致使被保险人利益受到损害，保险经纪人要承担法律责任。应当注意的是：保险经纪人不

---

① 根据传统保险理论，保险经纪人与保险代理人有显著的不同：代表的利益不同；法律责任不同；职能任务不同；佣金支付方式不同；二者的告知义务不同。

同于保险代理人，保险代理人是保险人的代表，在授权范围内所从事的保险业务活动由保险人承担法律责任；而保险经纪人只是被保险人的代表，他在办理保险业务中的过错，应由他自己独立承担法律责任。

（3）保险经纪人的服务不增加投保人或被保险人的经济负担。保险经纪人虽然是投保人或被保险人的代理人，但其佣金却是向保险人收取。一般来说，保险人从被保险人所交纳的保险费中按一定比例支付佣金给保险经纪人，作为其推销保险业务的报酬。因此，利用保险经纪人不会给投保人或被保险人增加额外开支。

2. 保险经纪制度的弊端。由于保险经纪人不依托某家保险公司进行中介活动，因此如果保险经纪人缺乏法律、法规的限制，就可能导致保险经纪人以中介为名，行欺诈之实，如提供虚假信息来牟取暴利，使交易双方在经济上蒙受损失，扰乱保险市场的正常秩序。

四、其他销售模式

（一）收展制销售

收展制指介于代理人和门店之间的一种保险营销渠道的运行机制，由保险公司指派收展员在固定区域内为客户提供上门服务，通过优质的服务将客户与公司之间的关系紧密联系起来，长期对区域内现有客户及潜在客户提供收费、承保、理赔、咨询等相关服务，进行市场培育和业务拓展。保险公司采取以续期收费、客户服务为主，新单销售为辅，以服务带动销售的销售策略。

收展员在指定展业服务区域，从事以续期收费为主，向老客户拓展、咨询、招揽等服务为辅的保险行销活动，采取区域精耕与深耕，通过专业销售服务培养忠诚客户群，力求经营效率化，创造保险公司稳定的业绩来源与长期的经营优势。收展制通过区域化管理的方式，根据客户数量进行区域划分和客户资源分配。收展制员工作为保险企业正式员工，拥有固定薪酬，学历及素质水平较高。收展制继承了代理制的优势，但解决了代理制的种种弊端，能够巩固现有的客户资源（包括孤儿保单①），并对其进行二次开发、深度挖掘，进而提高客户资源的利用率。

（二）交叉销售

交叉销售是指随着经济发展和社会进步，企业间的竞争逐渐从以产品为中心过渡到以客户为中心，借助客户关系管理，挖掘分析存量客户的多种需求，并通过满足顾客需求而对其销售相关产品的新型销售方式。交叉销售模式最大的特点就是最大限度地利用好现有客户资源，面对有同类需求的顾客开展集团内部不同子公司之间的业务销售，使自己的销售收入及客户资源明显增加而无须支付额外的销售成本，这种销售模式的明显特点就是从横向角度开发产品市场。随着企业之间从"产品导向"到"客户导向"的竞争转变，交叉销售逐渐演变为依靠客户关系管理，并使其成为交叉销售的重点。交叉销售从营销战略逐步向经营战略转变，更需要集团公司在企业理念、组织框架、营销管理等方面围绕其作全方位、多角度的转变。

---

① "孤儿保单"是指因为原保险营销人员离职而需要安排人员跟进服务的保单。

交叉销售的保险产品通常横跨两个以上的保险业务领域，本身具有销售多种保险产品的销售能力。这种销售模式作为集团内部成员单位之间相互代理的一种形式，不仅能够提高客户对公司的忠诚度，留住客户，满足其多元化的保险保障需求，还能够增强集团各子公司的整体盈利能力，扩大保险公司品牌影响力，提升保险企业的市场竞争力。保险集团通过研究开发包括寿险、财险、养老险等多种保障功能于一体的综合性个人（家庭）保险产品，或包括企业财产险和企业年金等多种保障功能在内的综合性企业（团体）保险产品，能更好地满足消费者多样化的保险需求，简化整个投保流程，为社会及个人提供全面的保险服务。

（三）顾问式行销

顾问式行销是指销售人员通过聆听和询问的方式确切地了解客户的需求后，把公司的保险产品转化成一整套解决方案，然后向客户呈现的一种销售方式，更加强调销售过程的人际关系处理。产品销售人员需要以"帮助客户"为核心理念，根据客户的家庭及个人的风险管理计划，以及财务状况、客户的资产状况与风险偏好，以客户的理财目标和需求为导向，通过分析客户的财务资源状况，为他们寻找一个最适合的理财方式，包括保险、储蓄、股票、债券、基金等，以确保其资产的保值与增值，在帮助客户实现生活目标和理财目标的同时，附带实现产品的销售。在顾问式行销中，保险说到底就是一种理财方式，销售人员作为理财顾问，以个人理财为切入点，将"推销产品"向"提供财务规划"转变，为客户进行全方位的理财服务，它对个人理财观念产生根本性的影响，并为个人理财提供实质性的帮助。在这个层面上，推销保险只是依托在个人理财服务下的一种附带服务。

现有的销售方式，尤其是个人业务的销售主要通过与保险代理人签订代理合同来进行。但由于代理人数量众多，素质参差不齐，普遍存在管理难度较大的问题，代理人误导客户等各种违规行为屡禁不止，从而造成整个行业面临诚信危机。顾问式行销实行的是"精兵制"，其必然结果是营销人员数量的大幅度减少和素质的大幅度提升，这就为销售顾问的产生提供了坚实的人才基础。这有利于提高销售人员的责任感和成就感，有利于提升保险行业整体形象，同时，也有利于提高销售队伍的素质，稳定销售队伍。

专栏 6－1
互联网保险销售模式[①]

近年来，我国保险行业以及互联网的快速发展为保险公司进行互联网销售提供了坚实的基础。由于我国保险市场竞争的日益增强，寻找一个能够减少保险公司经营管理成本、提升用户投保体验、增加业务服务能力的新的保险销售渠道就成为我国所有保险公司当前亟须解决的一个现实问题。

---

① 王和：《大数据时代保险变革研究》，北京，中国金融出版社，2014。

一、保险公司官方网站销售模式

保险公司官方网站销售模式是指在互联网金融产品的交易平台中，大中型保险公司、保险中介公司等为了更好地展现品牌、服务客户、销售产品所建立的自主经营的互联网站。一般来说，建立官网的保险公司需要具备如下特点：

1. 资金实力雄厚：网站的开发、维护均需要大量资金投入，为了扩大品牌知名度、提高官网的流量获取，更需要投入巨额的广告开支，这些都需要雄厚的资金支持。

2. 产品体系丰富：互联网保险与传统保险形式的一个重要区别在于带给客户的体验不同，丰富的产品体系更有利于发挥互联网保险差异化服务的优势，让客户更加直观、便捷地选取适合自身特点的保险产品。

3. 强大的运营和服务能力：互联网的典型特点在于透明化，互联网保险模式下客户体验的好坏是对后台运营和服务能力的直接考验。

二、专业互联网保险公司销售模式

依据保险公司经营主体的不同，专业互联网保险公司大致分为以下三种类型：

1. "产寿结合"的综合性金融互联网平台，如中国人寿电子商务公司，整合旗下财产保险、人寿保险公司及其他金融板块，以统一形象、统一域名、独立电子商务公司的方式推出，充分发挥其品牌优势和产品优势。

2. 专注财险或寿险的互联网销售平台，如以新华电商为代表的专业保险电商平台，适时整合线上线下资源，以创新的互联网方式销售产品和提供服务。

3. 纯互联网模式，从互联网的思维出发，而不是以传统保险经营的思路为基础，开展创新性的保险经营，成立之初便具有海量客户，精通互联网运营之道，对传统保险经营模式形成强大冲击。

三、第三方电子商务平台销售模式

第三方电子商务平台，是指独立于商品或服务交易双方，使用互联网服务平台，按照一定的规范，为交易双方提供服务的电子商务公司或网站。第三方电子商务平台一般均具有相对独立、借助网络和流程专业的特点。大型综合类电子商务平台凭借其丰富的网站内容和完整的产品体系，吸引了海量的网络流量和用户，使其在经营保险产品等虚拟化的金融产品时具有独特的线上优势，部分保险产品的销售借助第三方电子商务平台达到了传统销售模式无法企及的高度。

第三节　保险公司销售政策[①]

一、销售政策含义

销售政策是通过确定销售目标和使用销售工具来设计和履行销售职能的各项规定或准则。借助销售工具的组合，可以尽可能好地实现销售目标，并为实现整个企业的目标作出尽可能大的贡献。这是广义的销售政策的含义。

---

① ［德］D. 法尼：《保险企业管理学》，第454～516页，北京，经济科学出版社，2002。

上述这一广义的销售政策含义，表述了销售政策中各项内容之间的内在联系。对此可以称为销售政策系统（见图6–6）。企业的战略和销售计划和目标是由最上层的企业目标导出和企业管理者确定的。为实现销售目标，需研究和制定应采取的规划、价格、沟通、销售方法和服务等销售政策，当然这些销售政策主张必须符合相关法律和管理规定。

对保险公司而言，在制定保险销售政策时，同样应根据相关法律规定和自身条件，来研究和评价包括产品、渠道、宣传等的销售政策，并进一步选择切实可行的销售政策组合。

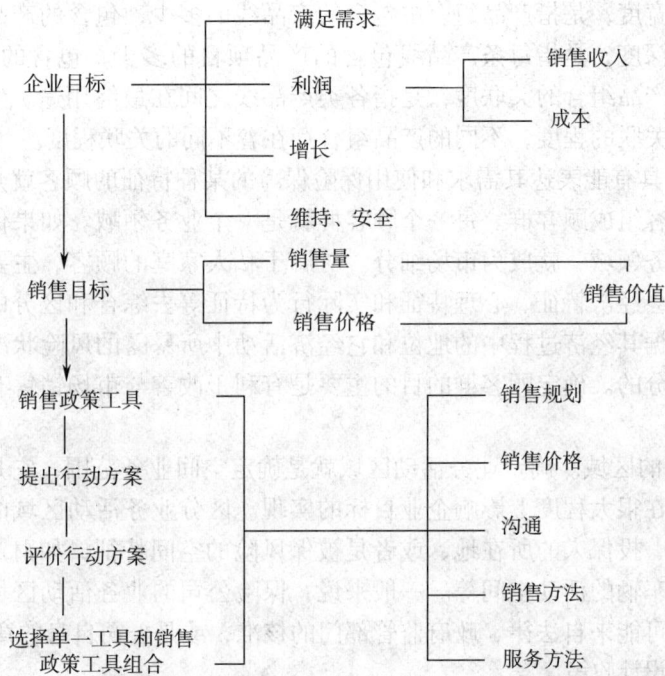

图6–6　销售政策系统

狭义的销售政策就是一项销售措施，其主要内容包括折扣、返利、补偿、津贴、优惠、奖励等，这只是销售政策的一个方面。这一销售政策含义实际就是一系列引导性、激励性销售措施。它的目的就是促进销售，给销售带来保障和促进作用。所谓保障，就是通过给出一定的条件来激励、约束经销商与销售人员的行为，为完成销售目标服务；所谓促进，就是充分运用好激励机制，促使客户与销售人员产生内驱力，自动地去完成销售目标，从而给销售带来一些便利与推动。

二、销售规划政策

（一）内容

依据上述广义的销售政策含义，销售规划政策就是设计保险公司所提供的产品，并把产品组合起来形成产品谱（产品包括保险公司及保险集团所提供的保险产品、投资产品和其他产品）。它涉及整个公司相关政策层面上的决策，包括经营组织、承保理赔和财务方面的要求。此外，销售规划政策也可以理解为销售过程所面对的业务领域。销售规划政策的具体内容包括：

1. 产品，包括所提供的保险产品、投资产品和其他产品。

2. 作为产品组合的产品谱。产品谱就是保险公司提供的保险分支数量和种类，以及在保险分支中保险产品的数量与种类。[①] 而所谓产品组合，通常由若干条产品线组成。产品线是指同类产品的系列。一条产品线就是一个产品类别，是由使用功能相同、能满足同类需求而规格、型号、花色等不同的若干个产品项目组成的。一个产品项目，则是指企业产品目录上所列的每一个产品。

产品组合的宽度，是指产品组合中包含的产品线的多少，包含的产品线越多，就越宽；产品组合的深度，是指每条产品线包含的产品项目的多少，包含的产品项目越多，产品线就越深；产品组合的关联度，是指各类产品线之间在最终用途、生产条件、销售渠道等方面相互关联的程度，不同的产品组合存在着不同的关联程度。

3. 顾客群。具有能表达其需求和使用保险保障的某种特征的顾客就是顾客类型，同样类型的保险顾客组成顾客群。每一个顾客群就是一个业务领域。如果保险公司主要按照顾客群确定业务领域，就成为市场细分。对属于私人家庭的顾客，主要是根据社会人口统计特征、社会经济特征、心理特征和实际行为特征等去综合和区分的。对属于企业的顾客，主要根据其经济过程中的地位和它经济活动中所暴露的风险状况和由此引起的保险需求加以区分的。确定顾客群的目的主要是有利于改善与市场销售有关的经营政策决策。

4. 业务活动的区域。确定业务活动区域就是确定空间业务范围，它是保险企业规划决策的一部分，在很大程度上影响企业目标的实现。区分业务活动区域的界限可以是保险公司的所在地、投保人的所在地，或者是被保风险的空间特征，如财产所在地、人员逗留区域、机动车辆的活动空间等。一般来说，保险公司的业务活动区域是会有一定限制的，这种限制可能来自法律、政府监管部门的核准，或是公司自身的章程。

（二）产品设计政策

从销售政策角度看，产品设计中最重要的问题之一是保险保障的专门化还是宽泛化，对于多数保险消费者来说，并不希望签订大量单项保单来实现其保障需求，而是希望整合在一个业务中来实现其保障。此外，还要注意个性化需求。应可以从一系列的标准化的基础组建部分（模块）里选择出顾客为补偿个人风险损失所希望的保险保障产品。对顾客而言，这可以提高产品质量。当然"模块产品"的销售成本高于标准化的单项产品。

每个保险公司各自推行自己的产品设计政策。如果产品设计政策是由保险行业协会倡议及推行的，那么每个保险公司的产品设计政策对销售政策所起的作用就比较小。

（三）产品谱政策

产品谱设计对销售政策非常重要。产品谱中的产品多少及不同组合涉及能否满足保

---

① 见［德］D. 法尼所著《保险企业管理学》（经济科学出版社，2002 年）第 237 页，其含义就是保险的险种和险别。

险消费者的需求。在产品谱有限的情况下，保险消费者的需求必须由市场上多个保险人来满足。这样，产品谱有限的保险人和保险消费者之间的关系就不太稳固或受到威胁。为此，在保险市场实践中，出现了普遍适用、宽泛的产品谱的趋势，即多家保险公司推出涵盖多个产品的产品谱，以适应消费者的需求。此外，保险公司面临的另一个问题是，选择浅产品谱还是深产品谱。一般做法是以私人顾客业务为重点的保险人趋向浅产品谱，因为浅产品谱所需的咨询服务和业务处理服务较少。

（四）销售规划政策的决策

每个产品谱的设计及销售规划政策都会影响销售目标的实现，从而影响整个企业发展目标。这是在对销售规划政策进行决策时应注意的核心问题。同时应估算每个产品特征和产品谱组成部分的边际贡献。

三、价格政策

（一）内容

在保险市场上，价格影响可销售的保险产品的数量和由此可实现的保费收入。因此，很大程度上销售价格决定了企业销售目标的实现。所以确定价格政策中，要研究销售数量或销售收入和各种价格之间的关系。[①]

（二）价格政策的要素

价格政策最重要的要素是毛保费，毛保费是含有风险业务部分，此外也可含有储蓄业务以及服务业务成分。从管理角度看，附加费用也应包含在毛保费中，而不要从毛保费中分离出去作为独立的价格。而确立毛保费的基本原则是保险的等价原则，即风险保费尽可能精确地和每个业务带来的损失期望值相符。保费的支付方式对价格政策也有重要影响，即分期支付还是一次支付。有时，可以把价格支付方式视为价格政策手段。价格政策的另一个要素是，在合同有效期内长期合同选择固定保费还是可变保费。采用这两种支付方式的原因之一是损失期望值可能出现变化，其次是考虑对企业销售收入的影响。

（三）价格政策的形式

1. 低价政策。低价政策是指以低于原价格的水平而确定保险价格的策略。这种定价策略主要是为了迅速占领保险市场，打开新险种的销路，更多地吸引消费者投保以增加保险资金量，为保险公司资金运用创造条件。保险公司在实行低价策略时，要严格控制在小范围内使用。因为使用不当，会导致保险公司降低或丧失偿付能力，最终损害被保险人的利益。

2. 高价政策。高价政策是指以高于原价格水平而确定保险价格的策略。保险公司实行高价策略时，一般是因为某些保险标的的风险程度太高，尽管对保险有需求，但保险公司都不愿意涉足；或者是因为投保人有选择地投保某部分风险程度高的保险标的；或者是保险需求过剩；等等。实行高价策略，保险公司可以高价获得高额利润，有利于提高自身的经济效益，同时也可以利用高价拒绝高风险项目的投保，有利于自身经营的稳

---

① ［德］ D. 法尼：《保险企业管理学》，第 459～450 页，北京，经济科学出版社，2002。

定性。但是，保险公司要谨慎使用高价策略，保险价格过高，会使投保人支付保险费的负担加重而不利于开拓保险市场；同时，定价高、利润大，极容易诱发激烈竞争。

3. 优惠价政策。优惠价政策是指保险公司在现有价格的基础上，根据营销需要给投保人以折扣与让价优惠的策略。运用优惠价策略的目的是保险公司为了刺激投保人大量投保、长期投保、及时交付保险费和加强安全工作，提高市场占有率。保险公司经常采用的优惠价政策主要有：

一是统保优惠价。如果某个大公司所属的分支机构全部向一家保险公司投保，或者某个单位为其全体员工投保团体保险，保险公司可按所交保险费的一定比例给予优惠。例如，某律师协会为所有律师统一投保职业责任保险，保险公司可少收一定保费。因为统保能为保险公司节省对各个投保人所花费的营销费用和承保费用，提高工作效率。

二是续保优惠价。通常运用在财产保险中。保险公司对现已投保的被保险人，如果在保险责任期内未发生赔偿，期满后又继续投保的，可按上一年度所交保险费的一定比例给予优惠。例如，某人投保了汽车保险，在上年度内未发生索赔，期满续保时，保险公司可按上年度保费10%的折扣收费。

三是趸交保费优惠价。在长期寿险中，如果投保人采取趸交方式，一次交清全部保险费，保险公司也可给予优惠。因为这样做减少了保险公司按月、按季度或按年收取保险费的工作量。

四是安全防范优惠价。根据保险条款规定，保险公司对于那些安全措施完善、安全防灾工作卓有成效的企业也可以给予一定安全费返还，即按保费的一定比例给予优惠。

五是免交或减付保险费。在人身保险中，有些险种规定，如果投保人在保险期限内中途丧失交保费的能力，保险公司允许免交末期保险费或减少保险费的数额，而保险合同可继续有效。如子女教育婚嫁保险，投保人死亡或完全残废无法继续交付末期保险费时，子女到约定年龄仍可领取保险金。

4. 价格政策差异化的其他策略。如地理差异是指保险公司对同一保险标的在不同地区采取不同的保险费率的一种策略。例如，不同地区盗窃案发生率是不相同的，经济发达、流动人口多的地区盗窃案一般要多于经济落后、流动人口少的地区。因此，盗窃保险的费率应当有所区别，发案率高的地区费率高，发案低的地区费率低。又如，旅客人身意外伤害保险，因旅游的地点不同，其地理条件和气候状况也不同，保险公司制定保险费率时也应因地制宜，加以区别。但是，在同一地区，基本相同或比较接近的保险标的，费率应保持一致。

再如竞争策略差异。在保险市场的竞争中，保险费率的竞争是一个重要的内容，在这方面，保险公司的做法主要是：第一，与竞争对手同时调整费率。在竞争者对某个险种的费率作出调整时，保险公司也调整自己相应的费率，以确保自己在保险市场占有的份额。第二，竞争对手已调整保险费率，但是保险公司保持原费率不变，以维护自己的声誉和形象，并可以获得较高利润。第三，采取跟随策略。当保险公司获知竞争对手已调整保险费率时，先不急于调整自己相应的费率，而是对保险市场进行观察，等待收集了一些资料后，如竞争对手调整后的费率对市场销售产生了较大的影响，或是对自己的市场造成了威胁，保险公司则要考虑跟随竞争对手调整相关保险费率。如果竞争对手调整费率后，对保险市场影响不大，保险公司则采取不调整费率的做法。

四、沟通政策

（一）内容

沟通政策是保险公司向其所处的一般环境和行业特有环境传递信息的活动，后者主要是指向销售市场参与者，包括（潜在）顾客、销售中介和竞争者传递的信息。沟通政策应该通过影响保险销售市场参与者的看法、观念、期望和行为方法来促进实现公司总目标和特殊的销售目标。沟通政策不仅仅限于销售政策，它也是一般企业政策的组成部分。沟通政策主要包括销售广告政策、与销售有关的公关工作、销售促进等。

（二）销售广告政策

广告是通过大众媒介向人们传递保险商品和服务信息及其销售的活动。广告的作用主要有以下几方面：第一，建立公司的企业形象；第二，介绍新险种服务项目或营销策略；第三，宣传社会对保险公司的评价；第四，促进保险消费者接受保险营销的手段。

1. 广告的目标

（1）以告知为目标。把有关保险行业、保险公司、险种方面的信息及时、准确地告诉公众、让公众知道，这就是保险广告的告知性目标。以告知为目标的保险广告，称为告知性保险广告。告知性保险广告有助于提高保险企业及险种的知名度。保险广告要告知公众的信息主要有：公司名称、徽标、重大保险事故的理赔状况、新险种面市的时间及内容等。告知性保险广告的类型主要包括：实力广告、信誉广告、庆贺广告、诚意广告、声势广告、解释广告、响应广告、倡议广告、赞助广告。告知性广告策略的关键是研究公众的心理，把握广告时机。

（2）以说明为目标。向公众说明保险企业状况及险种的基本内容、特色，是保险广告要达到的说明性目标，以说明为目标的广告称为说明性广告。

说明性广告要向公众说明的公司情况有：公司名称、历史、经营宗旨、组织机构、管理特色、服务项目、人员素质等；要向公众说明的有关险种的情况有：保险的对象、期限、保额、保费、保险责任、除外责任、保险金的申领，以及与同类险种相比的优越性。实务操作中说明性广告以险种介绍为多。

说明性保险广告策略包括：第一，保险商品定位策略，保险商品的定位确定某一保险商品与同类险种相比所显著不同的特点，包括保险对象、投保手续、保费、交费方式等；第二，语言表达策略，要求真实准确、简洁精练；第三，图文设计策略，说明性广告大多以文字为主，配以图形，在文字版面的大小、插图比例、颜色和文字的密度，以及顺序设计方面均要讲究策略，符合人们的视觉规律，给人以协调美观之感。

（3）以提高声誉为目标。保险公司的声望和名誉对保险公司十分重要，提高保险公司的声望和名誉，这也是保险广告促销的目标。以提高保险公司声誉为目标的广告称为保险企业性广告，有助于提高该企业保险商品的市场占有率。保险企业性广告策略是谦虚诚实，连续有恒。

2. 广告媒体的选择。广告媒体是传播信息的工具。在实务操作中，正确选择广告媒体的目的，在于以最广泛、最准确、最节约的媒体传递形式，把保险信息传递给公众，发挥保险广告的宣传作用，实现保险广告目标。广告媒体的选择策略有以下四点：

（1）根据保险信息的特点选择媒体。保险公司是一个信誉企业，它为客户提供的是各种各样的险种。保险广告所传递的信息，主要是有关保险公司信誉、财力、服务、险种方面的信息。对公司信誉性信息的传递，应选择覆盖全国的媒体，像中央电视台、面向全国发行的报纸、杂志等大众传播媒体；对险种的宣传，可以选择地方性的印刷媒体，或户外媒体、直接邮寄媒体等。

（2）根据保险公众接受媒体的习惯选择媒体。保险企业所面临的公众，不管是法人组织还是个人，接受信息的都是人。不同性别、年龄、职业、收入、文化知识水平的人，其兴趣、爱好、生活习惯不同，对媒体的接触习惯也不同。如老年人好静，爱听广播、看报纸；青年人好动，喜欢看电视、电影和青年杂志；知识分子经常翻阅各类专业杂志；年轻妇女喜欢看画报、逛街。保险公司可针对公众接受媒体的习惯，选择公众易于接受的媒体做广告，必将有助于公众保险意识的提高，以及保险商品的推销。

（3）根据传播时间选择媒体。广告媒体传播信息的时间也影响广告效果。如电视传播在"黄金时间"，即每晚七时到十时，收视率高，广告效果好；报纸传播也有时间性。研究表明，月初见报优于月底，因为月初的报在报夹上有将近一个月的时间被人翻阅，而月末的报几天就被收起来了，阅读率相对低。因此，根据信息传播的时间选择媒体，更有利于发挥广告的作用。

（4）根据保险公司的支付能力选择媒体。利用广告媒体传递保险信息的费用是很高的。一般来说，媒体覆盖面广、黄金时间播出的广告费用高，地方性媒体或非黄金时间播出的广告费用低。保险公司可以根据自己的需要和支付能力来选择媒体。

（三）公共关系

公共关系是指企业为宣传其产品和服务获得公共信赖和支持，树立良好企业形象而进行的一系列活动。公共关系能对保险促销起到积极作用。

1. 公共关系的职能。

（1）树立保险公司的形象。保险公司的形象是指保险公司在公众心目中的地位、知名度和信誉度，它是保险公众对保险组织体的印象和评价。保险公司形象对保险公司实现其经营目标有十分重要的意义。保险公司必须树立良好的企业形象，才能在激烈的市场竞争中充满活力，立于不败之地。

（2）协调保险公司内外部关系。世界上任何组织都处于广泛的联系中，保险组织也不例外，面临着各种各样的关系。这些关系就构成保险公司的内外部经营环境。对于这些关系处理得好坏，影响着保险公司经营目标的实现以及保险事业的发展。这就要求保险公司必须开展广泛的社会交往活动，处理好各种关系，增进与公众的感情，创造一个轻松、融洽、友爱的环境，减少产生误解的可能性。协调保险公司与公众之间的关系，争取公众对保险公司的理解和支持，使公众与保险公司的关系处于一种和谐的状态，为保险公司创造一个良好的内外部经营环境。

2. 公共关系的对象和内容。主要包括：通过与顾客的公共关系，保险公司能够不断吸引新的和潜在的顾客，争取长期保险购买者；通过报纸、刊物、电台、电视台等新闻机构和社会团体，保险公司能够争取新闻舆论对保险的支持；通过公共关系，公司能够获得政府、群众对保险的支持和理解，并与他们建立广泛而长期的关系。通过公共关系，能够和银行、商业、公安、交通等部门保持密切的关系，保持保险公司正常的市场营销活动。

3. 公共关系的主要工具。

（1）新闻宣传。新闻宣传是指利用报纸、杂志、广播、电视等媒体对新闻的传播活动。新闻宣传具有社会影响面广、公众容易理解和信任、传播成本低的特点。保险公司应更多地利用新闻宣传的方式提高保险及保险公司的知名度和信誉度。因此，保险公司公关人员应该善于发现和创造对本企业及其险种有利的新闻，并通过新闻媒体尽快公布于众。公关人员应该尽可能地结识新闻编辑人员和记者，与新闻界的交往越多，保险公司就越有机会获得好的新闻报道。

（2）事件创造。事件创造就是利用机会安排一些特殊事件来吸引公众对保险服务的注意，以提高保险公司的公众信誉。例如，当保险公司发生巨额理赔时，召开理赔兑现大会。此外还有新闻发布会、保险知识竞赛、保险咨询日、周年庆典活动等。

（3）公益活动。公益活动是保险公司通过投入一定资金和人员用于社会公益事业，以有利于保险公司树立良好的企业形象。例如，举办音乐会、儿童绘画比赛、老年人登山等活动时，由保险销售人员邀请一些准保户参加，举办后再对这些活动参与者进行调查。这样做不仅增进了主办单位与客户的关系，而且给销售人员带来一系列的拜访机会，使得准保户对公司加强了解。

（4）书刊资料与视听资料。保险公司可以借助保险报刊、宣传小册子等一些书刊资料来影响公众。此外，电视、电影、录像带和录音带等也可以用来作为公关工具，其影响力很大，效果也很好。

（5）电话公关。通过打电话，潜在的客户和已经购买保险的客户可从保险公司那里获得更多的信息和良好的服务，从而促进他们购买保险。电话最好是在电视、报纸、杂志和邮寄保险广告之后拨打，当准客户收到有关的保险广告之后，保险人及时用电话和他们联系，就能促使他们更快地产生购买保险的欲望。在美国，约有70%的人身保险就是用电话推销出去的。

（四）销售促进

销售促进包括所有通过附加刺激促进保险产品销售的沟通性措施，由各种短期的激励工具构成，用来促使消费者或销售人员对特定产品或服务的购买或销售更快或更多，而且这些措施是不属于产品、价格、广告、公共关系等销售政策的附加刺激。

销售促进面向产品、潜在顾客和老顾客及销售人员，后一种情况尤其指分散投入的外勤工作人员和独立的保险中介人。在实践中，如果运用分散的销售方法，销售促进措施在绝大多数情况下是针对销售人员的；而如果运用集中的直接销售方法，与产品和顾客相关的销售促进措施就有重要作用。

1. 与产品相关的销售促进工具

（1）产品宣传：制作并向潜在顾客分发一些介绍保险产品的小册子等宣传资料，通过明示或暗示的方法，向消费者宣传保险产品的保障功能和公司的服务项目。

（2）免费产品体验：通过各种销售渠道向潜在顾客提供一定规模的免费保险产品或服务，邀请他们使用，通过免费体验刺激目标顾客的投保需求。

（3）搭售促销：保险公司将两个或两个以上的保险产品进行组合，通过优化保险产品谱，使各保险险种相互关联、相互影响、相互推动、相互促销。

（4）交叉促销：开发现有客户的多种需求，并通过满足其需求而实现销售多种相关的服务或产品的促销手段。

2. 与客户相关的销售促进工具

（1）优质客户奖励：针对一类出险率较低的投保人进行保费折扣或返现优惠。

（2）常客奖励：对品牌忠诚度较高的老顾客进行优惠或奖励。

（3）光顾奖励：将价格相对较低的保险产品作为购买公司特定保险产品的赠品，或为投保特定产品的顾客提供优惠券或免费旅行等福利。

3. 与销售人员有关的销售促进工具。针对销售人员和销售机构的销售促进取决于销售机构的类型，针对保险人自己的和有关联的销售机构的销售促进措施与针对独立的经纪人和为多家保险公司提供代理服务的代理人的措施是不一样的。以下是一些重要的例子：

向销售机构提供关于保险公司及其目标、产品规划和价格政策的信息，及时给出信息变化；

向销售机构提供销售资料和销售辅助工具，其内容包括保险产品描述、保险保障功能、损失案例、方便的费率手册、表格和演算辅助工具，以及电子存储的数据和软件；

为销售人员准备与客户进行的销售对话的论据，包括专家系统；

帮助销售人员获得潜在新客户的地址以及帮助拓展老顾客关系，以缔结新业务、拓展业务和变化业务；

对保险中介业务的建立和持续运营提供物质和非物质支持，如提供设备方面的支持、帮助业务顺利进行、支持建立自动信息处理系统、一般的企业管理咨询；

对销售人员进行一次性或持续的培训，并准备相关资料；

设计销售活动的奖励机制；

附加的金钱刺激和非金钱刺激，如佣金政策、现金奖励、福利活动、荣誉奖励等。

五、销售方法政策

（一）内容

销售方法是实现销售职能特有的行为方式。销售方法政策就是在各种销售行为方式中作出选择，即构造销售过程。因为销售过程是保险企业整个生产过程的一部分，所以也可以把销售方法理解为为完成销售而对生产要素进行的特有的组合，即把销售方法理解为服务性业务的一部分。在实践中，对这个销售过程的构造问题是以不同名称进行论述的，如销售渠道、销售办法、销售系统、销售途径、销售轨道等。

（二）销售渠道的选择

保险公司在选择销售渠道时需要考虑的重要问题就是能否以最小的代价最有效地将保险商品推销出去。因此，保险公司在评价保险分销结构、作出决策之时，都要考虑保险险种、市场需求、企业自身条件等因素。保险险种将直接影响到保险企业对销售渠道的选择。保险企业准备推销何种保险、保险费率是多少、面对什么样的目标顾客等，都是选择保险销售渠道时首先要考虑的问题。保险企业要提供所有的服务是不切实际的，高水准的服务将导致保险分销的成本增加，对消费者而言意味着价格的提高。因此，保险企业必须在消费者的服务需求、满足需求的成本和可行性，以及消费者对价格的偏好三者之间达到平衡。保险企业自身条件包括销售部门的管理能力和经验、保险公司的资信实力，以及对销售渠道的控制能力等。如果保险公司自身条件好，就可能采取直接销售渠道，反之，则愿意采取间接销售渠道。

从市场上看，直接销售渠道适用于新成立的、规模较小的保险公司。间接销售渠道一般适用于经营规模较大、市场份额较高、销售控制能力较强的保险公司。对于财产保险公司，宜采用直接销售渠道，以便于保险企业减少营销成本，并加强承保控制；而对于人寿保险公司而言，则宜采用代理销售，以便于保险企业争取更多的客户，从而不断扩大市场占有率，增强企业的竞争力。

从保险公司自身发展看，对于某个有预定的战略目标和销售目标的保险人而言，理论上可能存在一个相对适合的销售销结构。但是，随着市场环境的不断变化，企业的销售目标也在不断变化。选择何种销售结构属于公司的战略性决策，这些决策更多的是涉及如何根据企业内部的变化和市场的发展而对现有的销售渠道不断进行改进和调整。在实际操作中，保险公司能够通过对保险销售结构的调整来弥补产品和产品谱的缺陷、平衡较高的价格水平、补充较弱的广告宣传。

在保险业发展初期，大多数保险人只是用一种或很少几种销售渠道，大型的综合保险公司主要与企业自有的或与企业有关联的独家中介人一起合作。随着保险公司销售部门重要性的日益突出，公司的分销手段变得更加丰富。因此，决定是采用单个销售渠道的"单一结构"，还是采用多种销售渠道"立体结构"，成为确定保险销售政策的重要组成部分。可以选择的分销结构有以下三种。

1. 单一销售渠道策略。这种策略简单而且便于控制，但由于只采用一种销售渠道，所以销售目标也被限制在用这种销售渠道可能达到的业务范围之内。当业务活动涉及多个或所有业务领域时，或者在市场被充分细分的情况下，单个分销手段的能力将受到限制。比如，只采用集中的直接销售，会妨碍保险人接近那些希望在自己的所在地得到保险服务的顾客。

2. 以一种销售渠道为主，并以多种销售渠道作为补充。这往往是一种过渡性质的分销结构。例如，公司除了使用自有的或与企业相关联的外勤，还采用其他的销售渠道，如经纪人销售或集中的直接销售。如果作为补充的销售渠道损害了外勤销售人员的业务，那么就可能出现保险公司和外勤之间的利益冲突。

3. 使用多种或所有的销售渠道。选择这一策略的前提是这比放弃一些销售渠道更有利于实现公司的销售目标。在市场细分战略中，对于每一个单独的销售渠道而言，如果可以实现附加的增长、附加的销售收入或附加的利润，那么就存在这种有利的情况。但是，这一分销结构对保险公司销售部门的控制能力有非常高的要求。

（三）销售方法政策的决策

选择销售方法是保险企业的战略性决策。要改变销售方法，会面临很大的困难和挑战。所以，有关销售方法的决策在实践中是很少能在完全不同的方案之间进行选择的（除了在企业新建时），这些决策更多是涉及如何根据企业内部的变化和市场的发展而对现有的销售方法不断进行改进和调整。在实践中，销售方法常常是整个销售政策中最重要的措施。

保险企业无论选择哪种销售渠道，都必须根据自身条件、保险商品特性和保险市场需求情况，对可供选择的各种渠道的费用、风险和利润进行详细的分析、评价和比较，只有这样才能选择出最有效的保险销售渠道。

六、销售服务政策

理论上说，保险业属于服务行业，保险公司提供的所有承保理赔咨询等活动都可以视为服务。但在实践中，也明确在保险经营中，所有那些不是在合同中约定的保险业务的主要产品，而是附加提供的工作，算作是服务或顾客服务。当然在实践中，这种界定在个别情况下又是很困难的，因为保险业务本身在其服务部分中就包括许多咨询服务和业务处理服务，而这些并不能被明确地判断属于核心产品或附加工作。从销售管理角度看，这种服务也被看作是销售方法的一部分。

在现代资讯社会，上述附加提供的保险服务既可能存在于保险公司相关人员的工作中，也可能存在于保险公司信息技术机构提供的信息中，也有可能存在于第三方企业接受委托提供的服务中，例如，提供辅助性业务的企业、鉴定机构、医疗服务或救援机构等。

保险销售服务的意义在于能够使非物质形态的保险产品更加具体化，并能在一定程度上使客户得到体验。服务给顾客带来的附加效用，有利于保险人及其销售机构提升销售竞争力和品牌知名度，并且提高顾客的忠诚度。总之，服务在与保险产品结合在一起时，可以增强公司的销售能力，并使保险发挥更大的作用。

在保险业务活动中，服务的主要内容和措施如下。

1. 签订合同前和签订合同时的服务

（1）有关风险和风险政策的顾客咨询，有关把保险作为风险政策措施来加以使用的顾客咨询、提供专家系统；

（2）通过风险鉴定来支持对顾客风险进行的分析和评价、社会保险年金计算，以及对财务管理和税收方面的问题提供咨询；

（3）有关技术上防止损失的咨询（例如，火灾预防、防止入室抢劫的安全装置、机动车辆安全技术）；

（4）为顾客着想的保险产品设计，便于顾客理解的保险产品说明（产品说明书），对保险保障也以插图的形式进行描述；

（5）提供保险价值和保险金额计算方面的帮助。

2．合同有效期内的服务

（1）持续地提供咨询以及有关风险及其变化、有关新的保险保障形式和新的保险产品的信息；

（2）持续地提供有关已完成保险业务的各项变量的信息，例如，有关人寿保险、医疗保险和机动车辆保险未报损等级中红利的信息；

（3）提供健康信息和类似的疾病预防信息以及相关服务；

（4）保单存档；

（5）寄送期刊。

3．保险事故中的服务

（1）对于顾客因发生保险事故而面临问题的状况表示充分的理解，在困难的情况下向顾客提供个人的帮助；

（2）对出险通知书的设计清楚明了，在填写出险通知书时提供帮助；

（3）集中的、24 个小时开通的电话服务（应急电话）；

（4）在现场的损失快捷服务部和损失处理机构，在国外也可以设置相应的机构；

（5）在修理时的技术帮助（例如，对家用电器和机动车辆的修理）。

【思考与练习】

1．请简要论述我国保险公司所面临的销售市场环境。

2．试分析比较保险公司的直接销售渠道与间接销售渠道。

3．选择一家你感兴趣的保险公司，了解并分析其所采用的互联网销售渠道。

4．试分析比较各种保险价格政策的特点。

5．如何理解保险服务政策的重要性？

6．如何理解保险销售政策与营销策略的区别？

第七章
保险公司运营管理

本章知识结构

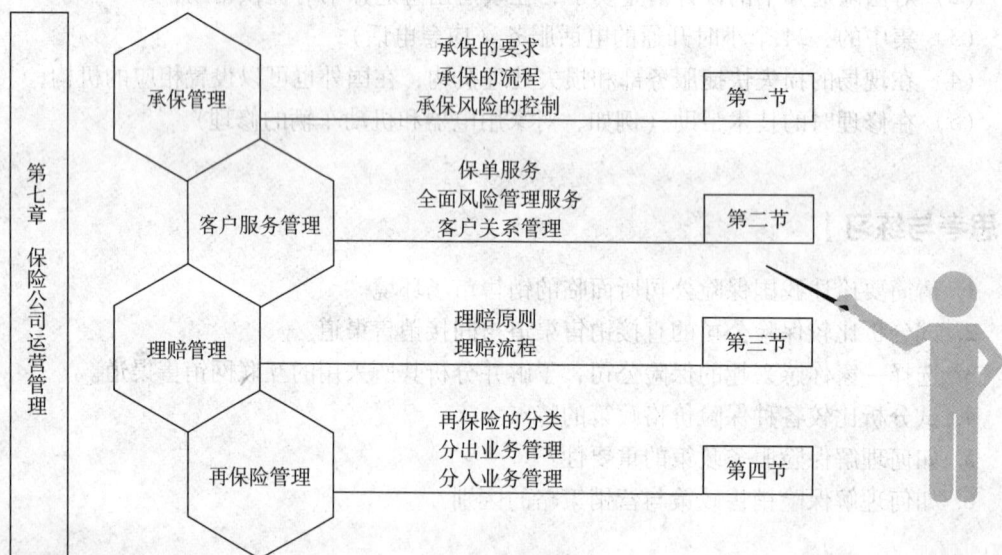

```
                    ┌──────────┐       承保的要求
                    │ 承保管理  │       承保的流程        ┌──────┐
                    └──────────┘       承保风险的控制      │第一节│
                                                          └──────┘

                    ┌──────────┐       保单服务
        第          │客户服务管理│      全面风险管理服务    ┌──────┐
        七          └──────────┘       客户关系管理        │第二节│
        章                                                └──────┘
        保
        险          ┌──────────┐       理赔原则          ┌──────┐
        公          │ 理赔管理  │       理赔流程          │第三节│
        司          └──────────┘                         └──────┘
        运
        营          ┌──────────┐       再保险的分类
        管          │再保险管理 │       分出业务管理       ┌──────┐
        理          └──────────┘       分入业务管理       │第四节│
                                                          └──────┘
```

本章学习目标

- 了解承保管理的定义及其对保险公司的重要性
- 掌握保险公司承保管理的流程
- 了解保险公司保单服务的内容
- 理解保险公司全面风险管理的内容
- 了解保险公司客户关系管理的概念和必要性
- 了解理赔管理的定义和原则
- 掌握保险公司理赔的流程
- 了解再保险的分出业务管理和分入业务管理

第一节　承保管理

一、承保管理概述

（一）承保管理的定义

承保管理，即保险合同的签订过程，是指保险公司承保人员对投保人的投保要约，依据有关法律、法规、条款和自身经验，进行研究和审核，并最终决定是否接受的过程。广义上来看，保险活动中的要约、承诺、审核、定费、最终签订保险合同都属于承保管理。

（二）承保管理的重要性

承保管理是保险公司业务经营活动中最为重要的一个环节。承保管理活动质量的好坏，直接决定着保险公司效益的好坏。首先，承保管理是达成保险合同的开始，是保险关系的正式形成。承保管理是其他一切保险活动的基础，没有合理有效的承保管理，其他一切保险活动都无从谈起。其次，高质量的承保管理，是保险公司稳定经营的基础。保险公司经营的是大量的、不可预测的风险，保险费往往只占保额的千分之几，日常经营活动风险极大。所以，这就需要高水平的承保管理人员，依据自身的从业经验，根据公司的承保能力和偿付能力，有效地剔除不保风险和不保标的，将超出保险公司承保能力的风险拒之门外，从而实现保险公司业务经营的稳定性和利润最大化。

（三）承保管理的内容

1. 审核投保申请。对投保申请的审核主要包括对投保人的审核、对保险标的的审核、对保险费率的审核等内容。

2. 控制保险责任。控制保险责任就是保险人在承保时，根据自身的承保能力进行承保管理控制，并尽量防止与避免道德风险和心理风险。

3. 分析风险因素。从承保管理的角度来看，避免和防止逆向选择和控制承保能力是保险人控制承保风险的常用手段。但是保险人对实质风险、道德风险、心理风险和法律风险，在承保管理时也要作出具体的分析。

二、承保管理要求

承保管理是一项非常复杂的工作，对它的要求应该严格而具体，对于不同险种、险别都有不同的要求。

（一）保证权责对等

由于分工的不同以及市场竞争，展业外勤人员常常会拓展到一些低质量投保标的或给客户过低的费率，这就可能会损害保险人的利益。所以，承保人员要严把质量关，保证业务质量，收取合理的保费。但是，严把质量关并不意味着一味拒保，承保人在严把质量关的同时，应对投保标的进行认真的选择，对符合承保标准的标的，应该积极配合外勤人员，及时签单，树立公司高效率的形象；对一些风险较高的投保标的，可以适当提高保费标准；对于规模大、风险很分散、管理水平又很高的投保标的，也可以适当降低费率，以提高公司市场竞争力；对于风险十分集中，管理水平低下的投保标的，则应大胆拒保，降低公司承担的风险。

（二）持续稳定经营

保险公司稳定发展的基础就是其经营的稳定性，它不仅关系着保险公司能否继续生存、发展和壮大，也关系着保险合同能否有效履行，被保险人的权利能否得到有效保障，还关系着整个社会国民经济在灾害后能否迅速恢复和正常运转。

首先，承保管理通过控制道德风险、选择可保风险，将大量不保风险和低质量的投保标的拒绝于保险人承保范围之外，从而起到了确定险种、提高承保质量的作用，使公司总是能获得优质的承保标的，从而达到稳定公司经营的目的。

其次，《保险法》第一百零三条规定："保险公司对每一危险单位，即对一次保险事故可能造成的最大损失范围所承担的责任，不得超过其实有资本金加公积金总和的百分之十；超过的部分应当办理再保险。"所以保险人承保的任何业务都要与其承保能力相适应。即总承保金额应小于等于总承保能力。这样才能保证保险公司经营的稳定性。因此，保险公司的承保额要与其所拥有的资本额相适应，并受其制约。

（三）提高利润水平

提高利润水平是任何一家企业生产和经营的重要目标。保险公司也不例外，保险人的利润来源于保险费（暂不考虑投资所得）。一般而言，只有保费增加了，利润才有可能增加，在一定程度上，二者是呈正向关系的。所以，保险公司应尽量扩大承保面，积极拓展业务，但是，如果承保金额超出了公司的承保能力，或者为了拓展业务，保险公司承保了大量高风险的业务，尽管增加了保费收入，却破坏了保险人财务的稳定性，这就直接导致公司利润下降。因此，承保风险要与盈利相一致。

三、承保管理流程

（一）信息的搜集与整理

承保管理人员是在综合各种信息和个人判断的基础上作出有关核保决定的。此外，信息对承保管理人员的作用还在于它能使核保人改进政策的制定。为了作出决策，承保管理人员需要从各个方面得到信息，以便分析每个申请者所具有的潜在的损失。

一般来讲，信息的来源主要有：

（1）中介人。包括保险代理人、保险经纪人等。中介人通常能够提供一些并不包括在申请表上的信息，例如对申请者的个人评价。而且承保人员通常十分重视代理人和经纪人的经营业绩。如果保险人或代理人的业绩一直非常优良，那么，在有的情况下，即使他们交来的投保人的投保申请并没有满足所有的核保条件，承保管理人员可能也会接受。

（2）消费者调查报告。一些独立的消费者服务机构将调查和提供有关未来或潜在的被保险人的背景材料和信息。

（3）体检报告。这主要是用于人寿和健康保险的场合。报告的内容包括身高、体重、腰围、胸围、血型、心肺和神经系统等。一般来说，投保的数额越大，体检的项目就越详细。

（4）相关单据。有的时候，保险公司也可以从投保人或被保险人所保存的一些单据中获得某些信息，例如珠宝鉴定的复印件、购买货物的账单等。对于一家企业来说，说明公司经营状况和未来计划的年度报告，以及财务报表也可以提供许多有用的信息。

（二）核保

核保就是保险公司对投保人投保单进行审核，对风险进行研究，以决定是否接受投保申请，以及在接受投保申请的条件下，确定以何种费率承保的行为。核保是保险经营的一个重要环节，对保险经营具有非常重要的意义。核保的实质，是保险公司对投保标的的选择。保险人通过核保来保证承保质量，提高保险人经营的效益。如果不经过核保对投保标的加以合理选择，必然会出现不符合承保要求的投保标的被承保，从而必然降低承保质量，影响保险人的经营效益。

无论是由保险人的外勤展业人员直接承揽的业务，还是由中介人承揽的业务，都不是正式承保，而是暂时受理投保，展业人员只能向投保人签发暂保单或投保申报单。这些业务必须经过专业核保人员审核确认，也就是经过核保之后才能签发正式保单。

核保在保险行为中的作用体现在以下方面：首先，从保险公司主观上讲，核保是为了剔除不保风险，提高承保质量。任何一个具有转移自身风险需求的个体或集团，都可以就自身所面临的风险，向保险公司提出投保请求。然而，由于国家法律、法规以及自身经营特点的限制，这些风险并不都是保险公司所愿意接受或所能接受的。

其次，保险公司所经营的风险具有多样性、复杂性。例如，在财险中，不同类型标的的物理特性、化学特性不同，防火措施不同，甚至周围地势的高低不同，都会使标的的火灾、水灾风险大不相同。即使是同一类型的标的由不同的管理人控制，由于管理人员素质的不同，标的的损失概率也会各不相同。同样，在人寿保险中，保险人经营的主要是死亡风险和生存风险，而人的死亡率是受多种因素影响的，例如，人的年龄、健康状况、性格特点、婚姻状况、工作环境等都对人的死亡率产生着巨大的影响，再加上人的行为的特殊性、交际面的复杂性等因素的影响，使一个人的身体是否符合他所要投保的险种的要求十分难以辨别。因此，不论是产险还是寿险，核保的工作就变得异常重要，不可缺少。

从客观上讲，加强核保能保证对全体被保险人的公平待遇。核保是保险人保险活动的一个环节，其宗旨是为了保险人自身利益而服务，但是，也正是由于核保工作的开展，在客观上保证了对全体被保险人的公平待遇。我们知道，任何一种保险都是全体投保人按公平原则向保险人缴纳与其投保标的的预期损失率相适应的保费，并以此保费建立保险基金，从而向遭受保险事故的被保险人提供保障。若允许投保人支付少于其应公平负担的费用，便需其他投保人支付过多的费用，这显然是不公平的。

商业保险公司的市场行为一定是一种商业行为，是商业行为就必须体现等价交换的商业原则。保险费作为保险商品的价格，也必须严守这个原则。这就是说，保险人对承保的同类风险必须收取相同的价格。也正是在核保中，每一个理智的保险人都会根据过去的损失经验和风险品质的统计分析，制定出一套有差别的费率制度，在对特定危险进行审核归类的基础上，划分出大致相同的风险类别，从而确定合理的费率，达到相对实际的公平性。换言之，由于核保剔除了不保风险，对高风险进行了加费，从而使投保人客观上享受到了投保同类风险支付相同价格的待遇，保证了保险对全体被保险人的公平性。

最后，核保有利于保险人的科学化经营。风险的种类千差万别，保险人在核保中对各种风险进行识别、分类，并作出选择。久而久之，就会形成一套来源于实践的、行之有效的风险分类原则；培养出一批具有大量实际经验的专职核保人员。这样，保险人就能不断提高业务质量，保证保险经营的科学化。

总之，核保在保险公司的业务活动中具有举足轻重的作用。它是保险公司对投保申请进行审核、风险选择、风险评估必不可少的程序。只有经过了核保，保险人才最终决定是否承保某一风险，以及以何种价格承保。

专栏 7 - 1
财产保险的核保内容 ||||||||||||||||||||||||||||||||||||||||||||||||||||||||||||||||||||||

1. 接受投保单。投保单是最重要的投保资料，是核保的第一手最直接的书面材料。它详尽地记录了投保人、被保险人的一些与保险有关的基本资料。因此，核保人员一定要详细审阅投保单，从而更好地对投保风险进行研究、分类和选择。

2. 对投保人的审核。投保人是保险的主体，在保险关系中占有非常重要的地位。对投保人的审核主要包括以下三个方面：首先，法律资格的审核。一份保险合同是否有效，在实践中很大程度上取决于该投保人是否具有法律上承认的可以成为所申请险种的投保人的法律权利。其次，对投保人管理投保财产保管状况的审核。一般而言，保单列明的保险责任基本上都是人力无法控制的客观存在的风险，但是，管理水平的高低、标的保管状况的好坏，却直接影响到保险事故发生后保险财产遭受损失概率的高低。最后，对投保人信誉的审核。对投保人信誉的审核可以根据以往保险索赔情况、有无诉讼情况、财务运转情况以及金融联系等信息。

3. 对投保标的风险性质的审核。投保标的是投保风险的载体，它的物理、化学性质如何，直接关系着保险人所承保的风险的大小。

4. 对责任范围的审核。保险人通过对投保风险的研究、评估，最终确定承保的责任范围，明确对所承保的财产应负的赔偿责任。对于大量存在的常规风险，一般可以按照基本险种或基本条款加以承保；对于一些具有特殊风险的标的，保险人应根据实际情况，采用附加扩展条款或特约条款的形式，并加收保费加以承保；对于保险人无法或不愿承担的风险，可以加批限制性条款，限制保险人的责任。

5. 对投保金额的审核。在任何一份投保单中，投保人的投保金额都不应该超过投保人对投保标的所拥有的保险利益。对一些高风险的标的，应限制最高保额，或制定免赔额，让被保险人与保险人共同承担损失风险，以加强被保险人管理保险标的的责任心，减少损失发生。

6. 对费率的审核。保险费率就是保险产品的价格，是按照各种保险标的不同风险性质科学地计算出来的保险价格。保险人对保险费率的审核，就是对自己所出售商品的定价，是对自身权利的维护。在实践中，核保人员在核保时应当就每一标的的具体情况，与其适用的费率的限定条件进行比较，利用好相关投保材料，如考察保户情况，对大宗或长期保户可以适当降低费率，对防灾防损效果好或事故率低的保户从优定价，提出其适用费率的修正方案，为确定该笔业务的个别费率提供依据，保证收费的合理性和公平性。

📌 **专栏 7 –2**
人身保险的核保内容 ▪▪▪

总的来说，人身保险的核保工作主要集中在对影响被保险人死亡因素的核保以及与保险相关的被保险人的一些重要社会关系的审核。

1. 接受投保单。人身保险的投保单主要包含两部分询问内容，第一部分主要包含投保人、被保险人的姓名、关系、现在和过去的住址及工作地址、职业、性别、出生日期、受益人姓名及关系、投保险种以及保险金额等重要内容；投保单的第二部分一般是医疗简历，一般由医生或体检人员对准客户提出问题而完成，如果是免体检者，则由业务员完成即可。

2. 对投保人的审核。人身保险对投保人的审核与财产保险一样，其重点也是对保险利益的审核。《保险法》对人身保险保险利益的规定是为了防范道德风险，就是要让投保人对被保险人具有法律上认可的经济利害关系，明确被保险人一旦发生保险事故会给投保人带来经济上的损失。如果不符合这一点，投保人对不具保险利益的人投保，则明显存在着道德风险，核保人员应予以拒保。

3. 对年龄和性别的审核。保险费率制定的基础是生命表在其他条件不变的情况下，年龄越长，死亡的可能性越大。保险人对年龄的审核适当地限制了高龄者的投保，或对他们加收一定的保费。在人寿保险中，性别也是制定费率的基础。女性在每一年龄的死亡概率，会低于类似情况之下同一年龄的男性的死亡概率。所以，对于寿险而言，对女性收取的费率应低于男性；对于养老保险而言，对女性应收取较高的费率。在健康保险中，由于男女体质的差别，再加上女性经常会患上其特有的疾病，所以，健康保险也对男女区别收费。

4. 对体格和身体状况的审核。被保险人体格和身体状况的好坏，直接关系着死亡率的高低。

5. 对个人历史和家族历史的审核，包括个人和家庭的既往病史和行为历史。

6. 对保险金额的审核。理论上，由于人的生命和身体是无价的，只要投保人财务状况允许，他可以投保任何一个他想投保的保险金额。一般而言，当投保人为本人、配偶、子女、父母投保时，投保人可根据自身的财务状况选择保险金额。债权人对债务人的保险利益应以不超过债权为限。

不过，即使投保人为本人、配偶、子女、父母等具有保险利益的被保险人投保，核保人员也应留意投保金额是否与投保人的财务状况相适应。当巨额投保发生时，保险人要调查投保人的经济状况，以确定不存在利用保险谋财害命的道德风险的存在。一般而言，当投保人现在的财务状况无法支持生活时，他要求购买更多的保险或许意味着投机风险的产生。

（三）出单

保险人完成了核保活动，就进入了出单工作环节。出单就是保险合同的缮制。而保险合同主要有以下几种形式：

1. 暂保单。暂保单是展业人员经过考察和审定，对基本符合承保条件的投保标的签发的非正式的承保凭证。它是保险人在正式承保之前临时出具的保险凭证，但是也具有法律效力，是对投保标的在正式保单签发前的临时承保。等到核保人员的复核认可之后，就可以签发正式保单了。

2. 保险单。保险合同是投保人与保险人约定保险权利义务关系的协议。而保险单是具有最高效力的保险合同，具有严格的法律效力。《保险法》明确规定了保险单应体现的内容。《保险法》规定：保险合同应当包括下列事项：（1）保险人名称和住所；（2）投保人、被保险人名称和住所，以及人身保险的受益人的名称和住所；（3）保险标的；（4）保险责任和责任免除；（5）保险期间和保险责任开始时间；（6）保险价值；（7）保险金额；（8）保险费以及支付办法；（9）保险金赔偿或者给付办法；（10）违约责任和争议处理；（11）订立合同的年、月、日。

保险单上一般都明确体现了保险双方的权利义务关系，有详细的保险责任明细等重要实质性内容。保险单是最正式的保险合同。一般而言，在核保人员最终审核完毕并同意承保后，保险人就应该向投保人签发正式保险单，以达成最终的保险协议。

3. 预约保单。预约保单是保险人对有经常性业务，而每笔业务金额较小的投保人签发的保险协议。因为客户有经常性业务，但每笔业务规模较小，所以，如果每笔业务都签发正式保险单，在实践中是不经济的。因此，保险人采用了这种总括形式的保险协议加以承保，以节约营业费用和人力物力。

四、续保

续保是在一个保险合同即将期满时，投保人向保险人提出申请，要求延长该保险合同的期限，保险人根据投保人当时的实际情况，对原合同条件稍加修改而继续对投保人签约核保的行为。

续保是以特定的合同和特定的投保人为对象的。不论是对保险人还是被投保人来说，续保都有一定的优越性。从保险方来看，续保不仅可以稳定公司的业务量，而且利用与老客户间业已建立起来的老关系，公司可以减少许多展业工作量和费用。对投保方来说，通过及时续保，不仅可以从保险人那里得到连续不断的、可靠的保险保障与服务，而且作为公司的老客户，也可以在核保体检、服务项目及费率等方面得到公司的通融和优惠。通常来说，续保比初次核保的手续和程序都要简便一些。

在展业中与已订约的投保人保持经常的联系，稳定公司与投保人的关系，是增强投保人对公司的信心、提高续保率、保持公司业务量稳定增长的关键。对于保险人来说，续保应当注意以下问题：第一，及时做好对保险标的的再审核等工作，以避免保期的中断；第二，在保险标的的危险程度增加或减少时，应对费率进行适当的调整；第三，保险人应根据上一年经营和赔付的情况，对承保条件与费率进行适当的调整；第四，保险人应考虑通货膨胀因素，使投保金额能够随生活费用指数的变化而作出调整。

五、承保管理中的风险控制

（一）道德风险

道德风险是与人的品德修养有关的无形的风险，即由于个人不诚实、不正直或不轨企图，故意促进风险事故发生，以致引起社会财富损毁或人身伤亡的风险。比如欺诈、纵火、投毒等。因此，道德风险一般都是保险除外责任。道德风险的构成有两个要件：一是被保险人或投保人丧失道德观念；二是投保人或被保险人有欺诈的欲望。其中欺诈欲望是产生道德风险的关键。在保险实务中，无论是财产保险还是人身保险，都不同程度地存在着道德风险。保险人承保的一般是保险标的客观存在的实质性风险，由于道德风险的存在，就加大了这些风险发生的可能性，或在风险事故发生时扩大了损失的程度，直接影响到保险人的经济效益，所以，道德风险极大地威胁着保险人的合法利益，是保险人承保控制的一项重要工作。

投保方的道德风险额外扩大了保险人承担的风险，增加了保险人的损失概率，侵犯了保险人的合法权利。为此，在保险实务中保险人应该从各个方面控制道德风险对自身利益的侵害。

1. 展业时加强管理。如果投保方想利用保险进行投机获利，保险展业者在展业中应加以鉴别和判断，避免盲目承揽保险业务。保险展业者应对投保者的投保动机、投保标的风险状况进行判断、调查，以防止道德风险的发生。

2. 承保时加强管理。本节前面已经阐明，尽管展业人员会尽职尽责加强对道德风险的控制，但是由于分工的不同，他们的工作重心始终应放在扩大公司业务上，难免招揽到一些不尽如人意的业务，由此，承保时对道德风险的控制才是重中之重。核保人员一定要严格按照有关业务规定，加强责任心，不怕麻烦，认真处理投保材料上的可疑之处，为承保做好最后的把关。

3. 理赔时加强管理。由于风险的复杂性和某些投保方绞尽脑汁的欺诈，保险人最终总会将一些道德风险承保进来。所以，一旦这些业务发生保险事故，理赔人员对风险的控制，就成为保险人管理道德风险的最后关口。这就要求理赔人员认真进行现场查勘，细心取证，做好最后的把关。

（二）逆选择

逆选择是指投保人或被保险人作出不利于保险人方面的契约选择，是利用保险不当得利的心理状况而体现的不正常的投保行为。例如健康条件较差、年龄较高的人，其投保人寿保险时，以及工作性质危险性较大的人投保意外伤害保险时，常常作出有利于自身的契约选择。它是投保人或被保险人的实际行动。一旦投保人或被保险人作出了逆选择，他一定已经危害到了保险人的实际利益。保险人通常应该针对这种逆选择的规律，作出相应的措施或规定，例如，投保前进行健康检查，适当提高保险费率等。

（三）道德风险和逆选择的区别与联系

首先，二者的实质不同。道德风险只是一种风险，是投保人或被保险人欺诈的可能性，他并不一定将欺诈付诸行动；逆选择则是投保方作出的不利于保险方的实际行动，一般而言，只要投保方作出了逆选择，就一定会或多或少地威胁到保险方的经济利益。其次，二者的形式不同。道德风险是以抽象的、非显性的形式表现出来的，而逆选择，则是投保方的实际行动，是以具体的、显性的形式体现出来的。

然而，道德风险与逆选择一般来说都是非常紧密地联系在一起的。

1. 道德风险的存在是逆选择发生的基础。道德风险的客观存在是逆选择的先决条件，没有道德风险就不会有逆选择的发生。逆选择可以被看成是投保方进一步将道德风险具体化，将道德风险具体实施。投保人或被保险人一定是先有了欺诈或利用保险不当得利的可能性，然后才能将这种可能性付诸实施，这就是道德风险和逆选择的关系。

2. 逆选择会将道德风险扩大化。投保人或被保险人一旦作出了逆选择，并通过了保险人的核保，就意味着道德风险的扩大化。显然，从个人心理上讲，任何一个人，一旦他做出不利他人的行为并且取得了初步成功，那么他一定会滋生出更大的侥幸心理，并有进一步将这种行动付诸实施的冲动，这显然进一步增大了保险人所承担的道德风险。

第二节　客户服务管理

一、保单服务

保单服务是指保险公司为了维护客户合法权益，根据合同条款约定及客户的要求而提供的一系列服务。

（一）保单服务内容

1. 保单查询服务。保单查询是指查询人（包括投保人、被保险人和受益人）通过公司服务热线电话、网络查询系统、分支机构营业场所等途径查询保单资料、赔案（给付）等信息的行为。一般来说，查询人在保单生效后至保险责任结束后五年内均可查询到相应保单信息与客户资料。保单查询服务一般包括如下内容：

（1）保单资料。包括保险合同号码、投保人姓名、投保人身份证号码、投保人联系电话、投保人联系地址、被保险人姓名、被保险人证件类型、被保险人证件号码。

（2）保障利益。包括险种名称、保险金额、保险合同生效时间、保险合同期满时间、保单状态。

（3）缴费情况。包括保费金额、缴费方式（期缴或趸交）、缴费时间。

（4）销售情况。包括销售机构名称、销售机构地址。

2. 保单变更服务。保单出立后，在保险期限内，被保险人如果发现投保时的申报有错误或遗漏，或由于新的或意外的情况发生，致使保单所载内容与实际情况不相符合，投保人或被保险人必须向保险公司申请变更，由其出具批单，对原保险单的内容进行补充或变更，以使保险标的获得与实际情况相适合的保险保障。保单变更服务一般包括如下内容：

（1）变更客户信息。指变更投保人、被保险人、受益人的基本信息，包括身份证号码、姓名、性别、生日等。

（2）变更联系资料。指变更投保人的通信地址、邮编、联系电话、传真、电子邮件地址等。

（3）变更身故受益人。指申请增加、减少或变更保单身故保险金受益人及受益份额，变更身故保险金受益人需要投保人和被保险人同意。

（4）还款。指投保人申请偿还保单借款。

（5）银行账户变更。指变更保险合同的扣款及退款银行账号，变更后的银行账号必须是以投保人户名开户的银行结算账号。

（6）缴费方式变更。投保人在犹豫期内或保单周年日时对交费周期在年交、半年交、季交、月交间转换。

（7）保单复效。自保险合同效力终止之日起 2 年内，客户可以提出复效申请并提供必要材料。

（8）保障调整。客户调整保单已承保险种的保障额度或档次，调整保障内容包括：减保、加保（仅针对一年期险种）。

（9）满期保险金、生存保险金及年金的申请。对于条款约定有满期保险金、生存保险金或年金的保险合同，被保险人可以由本人或书面委托他人向保险公司申请领取满期保险金、生存保险金或年金。

（10）其他变更服务。包括保单挂失解除与补发、万能险账户部分提取等。

保单变更服务的流程主要有：

（1）客户申请。客户提出变更、提交相关资料。

（2）受理。判断申请权利、检查资料、初步决定是否受理。

（3）经办。录入申请资料，保险合同变更处理。

（4）复核。检查资料，签署审核意见。

（5）单证缮制。批单打印并送达客户。

（6）日结归档。日结汇总，送交档案管理。

3. 续期缴费。按时缴纳续期保费是保险合同持续有效的必要条件，为了保障保险客户的保险权益不被中断，保险公司将在保险单约定的缴费到期日前提醒投保人。通知书会详细载明交费时间、交费金额及交费方法。

（二）保单服务受理方式

1. 客户亲办：客户亲自到公司客服柜面办理保全业务。

2. 代办：客户委托他人，如业务员等，到公司客服柜面办理。

3. 电话申请：部分基础信息的保全变更，可通过拨打公司客户服务电话的方式办理。

4. 网络申请：部分基础信息的保全变更，可通过公司官方网站快速通道办理。

二、客户风险管理服务

保险不应仅仅是经济补偿的角色，客户需要保险成为风险管理的伙伴，帮助其 360 度全方位管理风险，彻底解决后顾之忧。实施防灾防损，维护人民生命和财产安全，减少社会财富损失，既是提高保险企业经济效益和实现社会管理功能的重要途径，又是强化社会风险管理和安全体系的必要措施。

（一）防灾防损

防灾防损是指保险人与被保险人对所承保的保险标的采取措施，减少或消除风险发生的因素，防止或减少灾害事故所造成的损失，从而降低保险成本，增加经济效益的一种经营活动。

保险开展防灾防损有天然优势和新技术契机。传统保险经营管理中，防灾防损作为重要业务环节发挥了降低出险概率、减少灾害损失的作用，保险公司积累了大量的数据和经验，对各行业的微观风险、新兴风险有更专业的理解认识和对策，针对火灾、水灾、交通事故等风险研发了一系列风险减量技术和方案。这些都是保险的传统优势。同时，新科技的发展为保险传统风险管理升级提供了无限空间和强大支撑。互联网（移动互联、物联网、车联网）、大数据、空间信息、无损检测等新技术使得一系列风险管理控制措施的成本大幅下降，效率、效益极大提升，应用领域不断拓展。

在财产风险管理方面，通过防灾防损可以扩大承保规模、拓展范围和对象，提升风险保障能力。当前，商业保险在具体运行时对承保行业、领域、承保标的等都有一定的保险额度限制。一些高风险领域是严格谨慎承保的，如果能通过有效的风险减量管理，帮助被保险人降低出险概率，减少出险后损失，从保险原理看可以提高保额，扩展承保范围和对象。2003年上海地铁4号线5亿元赔案发生后，国际再保险对此类风险的保障能力受到影响。之后，我国保险公司有针对性地加大了对地铁工程风险的研究和防灾防损管理。

（二）健康风险管理

在健康风险管理方面，保险不但提供重疾险等经济补偿，而且能帮助人们更早发现疾病。可以改变被保险人患病后再理赔的方式，在疾病发生前设计科学的筛查方案，帮助人们及早治疗，从而获得更好的治疗效果。可根据筛查细分群体，为低危的人群提供医疗误判等保障，为高危的人群提供下一步筛查、报销费用等保障。

（三）风险知识、风险意识的教育宣传

保险业务拓展的过程本身是一个对国民危机和风险意识的教育过程，具有覆盖面广、宣传直接等特点。保险凭借专业优势和网络优势，可以深入被保险人和普通居民社区，宣传普及灾害事故风险知识及应急避险措施，通过承保、理赔等业务加深普通民众对灾害事故的认识，协助普通民众做好防灾减灾。保险还与消防、民政团体等社会广泛合作，开展咨询、讲座、防灾减灾教育、演戏、学术交流等活动。例如，日本抗灾协会与保险公司经常联合开展宣传教育活动，如出版关于损害保险产品的出版物和手册；在高中举行以学生、父母、教师为对象的讲演会，通过讨论交通事故和损害赔偿，帮助人们理解损害保险的机制与作用；召开防灾座谈会以及地域性防灾教育讲座；制作公共安全手册，供公众传阅。

💨 专栏7-3
基于智能硬件进行风险管理服务创新 ⅰⅰⅰⅰⅰⅰⅰⅰⅰⅰⅰⅰⅰⅰⅰⅰⅰⅰⅰⅰⅰⅰⅰⅰⅰⅰⅰⅰⅰⅰⅰⅰⅰⅰⅰ

一是在行车安全方面。保险公司应用车联网帮助驾驶员改善行为，降低风险，提升行车安全。传统上，保险公司促进驾驶员安全行车的手段是根据每年事故情况，据此调节费率，对于高风险的涨价，低风险的进行折扣。这实际上还只是一种经济手段，而且具有明显的滞后性。当前，基于车联网保险公司可以通过采集驾驶车辆的轨迹、刹车、减速、拐弯等信息，对驾驶员行为特征进行画像，绘制风险等级图谱，给出针对性的改进建议或提醒，而且目前基于车联网可以实现实时、精准的风险预警和咨询服务。

二是在健康风险管理方面。穿戴设备等可以让保险帮助客户更好地开展风险管理。穿戴设备有助于全方位、全天候地监控人体生理指标和行为模式，长期积累形成的相关指标大数据，可以对投保人身体状况和可能发生意外情况的概率进行判断，进行实时预警，实时传送医疗建议。

三是在家庭安防方面。基于物联网等技术，可以发展综合智能报警系统，防范盗窃、火灾、水灾等风险。安装温度、烟气、水位等传感器（或客户以保险公司的标准自行安装），保险公司提供灾害预警硬件系统和客户手机 APP 等全天候的管理平台。通过实时监测和对客户手机反馈信息的处理，形成动态及时的分析结果和解决方案。有些危险隐患可在第一时间通过远程控制设备消除（关闭水开关、切断电源、触发灭火装置等），从而减少损失。同时，管理平台与消防、公安等部门连接，实现智能、快速响应的风险事件处理机制。保险公司将安防服务与保险业务结合，可以为风险降低客户提供保费优惠，既促进了客户安全，又减少了保险公司自身的赔付。

四是老幼安全方面。我国每年有大量的儿童和老人走失的案件发生。据不完全统计，我国每年失踪儿童有 2 万 ~3 万人，走失的老人超过 15 万人。儿童和老人的走失给家庭带来巨大的痛苦。寻找失踪儿童和老人也会耗费大量的人力、物力、财力，给许多家庭带来沉重的经济负担。保险公司可以开展基于智能定位设备的防走失风险管理服务，以走失前防范与走失后救助为核心，将客户对智能设备的定位监控需求与保险补偿和救助服务需求结合在一起，设计有针对性的产品服务方案。

专栏 7 -4

美国保险公司进入家庭安防领域

美国有的保险公司正在深入到家庭安防领域，有的为安装了保险公司认可的报警监控系统的家庭提供最高 20% 的优惠。这部分折扣已可冲抵相当一部分监控设备或系统安装费用。据美国天普大学的一项研究显示："一个安装了报警系统的住宅遭到盗贼光顾的风险比没有报警系统的住宅低 60%。"这就为家庭财产险提供了巨大的业务创新空间。

三、客户关系管理

（一）客户关系管理的含义

1999 年，Gartner Group Inc 公司提出了客户关系管理概念（Customer Relationship Management，CRM）。从 20 世纪 90 年代末期开始，CRM 市场一直处于一种爆炸性增长的状态。CRM 的定义是：为了实现企业的经营目标，通过网络和计算机等对客户数据的处理与传输，对客户的相关信息进行整理利用。由于客户的需求是差异性的，服务的最高境界就是满足每个客户的不同需求，客户的留存率才会提高。而实际上企业的价值只是由那些优质客户创造的，因此更应该关注优质客户的实际需求。

对客户关系管理应用的重视来源于企业对客户长期管理的观念，这种观念认为客户是企业最重要的资产。保险企业的客户关系管理十分重要，只有不断地迎合客户的保险需求，才能获得客户的信赖，实现续保率的不断提升。

（二）客户关系管理的内容

1. 客户分类管理。客户细分是实现公司精细化管理的前提。客户细分是实现公司差异化战略的需要，是公司实现精细化管理的前提，是公司构建核心竞争力的基础。在市场依然处于快速发展并且盈利周期的阶段，即使公司的管理较为粗放，也能取得较好的业绩，公司管理水平与能力的差异难以体现出来。但是，随着竞争的加剧，由于各家公司细分市场、管理服务能力的差异，企业经营的差异就日益凸显。因此，客户细分与实施差异化的管理，将是企业生存与发展必然面对的挑战。

（1）实施差异化的发展战略。可以将目标市场分为规模发展市场、重点发展市场、严格控制发展市场、改善条件发展市场。通过客户细分，可以确定目前哪些市场是公司重点发展的市场，哪些市场还处于发展阶段，但是将来将成为公司的重要市场。如现阶段，保险产品网络销售还处于发展的初期，但是随着人们生活方式的改变，网络购物日益成为主要的消费渠道之一，因此，网络消费客户将逐步成为争夺的主要客户资源之一。

（2）通过客户细分，掌握客户个性化的需求，量身定制个性化的产品，实现客户的体验，满足客户的需求。

（3）根据客户的风险状况，制定合适的费率，客户的成本与收益对等。加强客户的细分管理，掌握客户的个性化资料、客户的风险状况等，有利于厘定既有竞争力，又能保证充足性、公平性的差异化费率水平。

（4）通过客户细分，可以为客户提供差异化的服务，包括风险管理服务、理赔服务、防灾防损服务等。通常情况下，20%的高端客户，创造了公司大部分的价值，需要财务持续性与吸引性管理，而80%的客户，为公司创造了较小的价值，应实行动态性的管理，不断提高公司的美誉度。

（5）构建不同的分销体系。由于不同客户的需求不同，应采取不同的分销体系，针对不同的客户群实施无差异市场、差异化市场和集中化市场等分销策略。例如，在全球网络保险较为发达的国家中，英国车险和家庭财产险的网络销售保费比例均达到了20%以上。

（6）通过客户细分，可以选择有效的目标市场。选择有效的目标市场是公司实现承保利润的关键，通过选择有效的目标市场，既能达到一定的保费规模，同时又能在一定的利润率下达到一定的利润目标。

2. 客户忠诚度管理。国际上一些非常有权威的研究机构经过深入的调查研究以后分别得出了这样一些结论，"把客户的满意度提高五个百分点，其结果是企业的利润增加一倍"；"一个非常满意的客户其购买意愿比一个满意客户高出六倍"；"2/3的客户离开供应商是因为供应商对他们的关怀不够"；"93%的企业CEO认为客户关系管理是企业成功和更有竞争能力的最重要的因素"。

如同企业的产品有生命周期一样，客户同样也是有生命周期的。客户的保持周期越长久，企业的相对投资回报就越高，从而给企业带来的利润就会越大。由此可见保留客户非常重要。保留什么样的客户，如何保留客户是对企业提出的重要课题。

客户满意不等于客户忠诚，满意度衡量的是客户的期望和感受，而忠诚度反映的是客户未来的购买行动和购买承诺。客户满意度调查反映了客户对过去购买经历的意见和想法，只能反映过去的行为，不能作为未来行为的可靠预测。忠诚度调查却可以预测客户最想买什么产品，什么时候买，这些购买可以产生多少销售收入。

客户忠诚就是客户对于企业员工、产品或服务的满意或依恋的感情，或是"对某种品牌有一种长久的喜爱和重复选择（忠心）"。客户忠诚度则是指客户忠诚的程度，客户更偏爱购买某一产品或服务的心理状态或行为，它实际上是客户行为的持续性反应。客户忠诚于某一公司不是因为其促销或营销项目，而是因为他们得到的价值。客户与公司进行业务往来的时间长短，只是忠诚度的一种指标。忠诚度的基础在于持续的客户满意，它是一种情感、态度上的联系，而不只是一种行为。

一般来说，忠诚度管理主要包括：（1）认识忠诚客户及其价值；（2）测量客户忠诚度；（3）实现客户忠诚的价值；（4）建立客户互动关系；（5）提高客户忠诚度的途径。

3. 新客户的开发。客户开发的前提是公司建立客户信息识别系统，进行客户细分、掌握客户知识后实施。其步骤如下：

（1）利用客户信息识别系统对现有客户加以识别和细分，绘制客户金字塔。

（2）利用数据挖掘技术分析金字塔中高、中、低端客户的特点，形成客户知识。主要考虑客户居住及工作的地理位置、与公司合作的诚意、客户素质、财务背景等。

（3）利用预见性建模技术，以及已形成的客户知识，发现最有可能开展业务的新的目标客户。

（4）针对不同客户的需求和偏好，通过正确的途径和针对个体的量身定制，向合适的客户提供信息以引起注意。可以通过在媒体和公司网站发布信息来吸引他们注意。也可以由专人在公司选中的区域进行宣传及调研活动。

（5）将每次与这些客户沟通的经验记录在数据仓库中，使下一次的营销努力更加有效。

4. 客户信息资料的整理。保险企业客户有显著的两个特点，包括新契约客户和续保客户。不同类别的客户应该有不同方式的营销策略，这就要求我们在识别客户的同时，对客户的信息加以分析。大致包括：

（1）客户原始信息。客户原始信息即有关客户的基础性资料，它往往也是企业获得的第一手资料，具体包括：客户代码、姓名、地址、邮政编码、联系人、电话号码、家庭结构、年收入、消费习惯、生活习惯、社会关系、客户类型等。

（2）客户背景信息。客户背景信息主要有客户所在地区的生活水平、人均收入、地区经济状况、文化氛围、风俗习惯、消费倾向、信用情况等，通过对这些信息的分析，更深入地了解客户的需求。

（3）客户调查分析资料。主要是通过客户调查分析所得的第二手资料。包括客户对公司的态度和评价、客户体验保险情况与存在问题、客户感知信用情况、与其他保险公司交易情况、需求特征和潜力等。

（4）公司与客户互动信息。主要包括业务员与客户进行联系和交易的时间、地点、方式和缴费记录、保全变更、理赔情况、投诉抱怨情况、售后服务等。

在此，很多信息是为了维持客户和方便接触客户，但更重要的是，它为保险公司应该向客户销售何种险种提供了依据。这其中，业务员要注意收集数据，以便更好地记录信息，为以后的拜访或者转介绍提供良好的依据。

第三节　理赔管理

一、理赔概述

（一）理赔的定义

理赔是指保险人在保险标的发生风险事故后，对被保险人提出的索赔要求，按照有关法律、法规的要求和保险合同规定进行赔偿处理并支付保险金的行为。另外，由于风险存在的客观多样性和复杂性，被保险人发生的经济损失不一定都由承保风险引起；即使承保标的发生了保险事故，由于多种原因的限制，被保险人所获得赔偿或给付额也不一定等于其损失额。因此，保险理赔涉及保险双方权利义务的实现，是保险经营的一项重要内容。

（二）理赔的内容

1. 确定标的损失的原因。确定造成保险标的损失的真正原因是判定损失是否属于保险责任的前提条件。保险公司必须通过实地调查，在全面掌握出险情况后加以客观分析。

2. 准确界定保险责任。保险公司要根据出险原因，对照保险条款判断保险标的的损失是否属于保险责任，判断时要实事求是。

3. 确定保险标的的损失程度和损失金额。保险公司在现场查勘的基础上，根据被保险人的投保范围，经过必要的施救和整理工作后，确定保险标的的损失程度和损失金额。

4. 确定被保险人的赔偿金额。保险公司在完成上述三项工作后，按照保险合同的规定，根据保险金额、实际损失、损失程度等因素确定赔偿金额。

（二）理赔的意义

1. 理赔是保险合同的履行。人们购买保险商品的目的就是希望投保标的在保险事故发生后，能够获得保险人的经济补偿，以确保自己能够迅速恢复正常的生产和生活秩序，而保险商品在出售时是一种无形的商品，只有符合了一定条件时（承保标的发生保险事故），这种无形的商品才会以有形的形式表现出来，这个转化的过程也就是履行保险合同的过程。理赔是保险标的发生保险事故后保险人对被保险人的保障活动，也就是保险商品由无形向有形的转化过程。因此，理赔是履行保险合同的具体表现形式。

再者，任何经济合同都是权利义务对等的合同，既然保险合同也是经济合同，那么它也就一定要求合同双方的权利义务对等。投保人在购买保险时履行了自己的义务——支付保险费，同时也取得了对等的权利——保险人的经济保障。不过，这种经济保障的履行是有条件的——保险标的发生保险合同所载明的保险事故，一旦这个条件发生，保险人就必须按照合同约定履行自己的义务。

2. 理赔直接影响到保险人的经济效益。通俗地讲，理赔的直接结果就是赔付，是保险人向被保险人或受益人支付一笔款项。因此，一旦理赔增多，保险人的经济效益一定会下降。因此，理赔会直接影响到保险人的经济效益。然而，从另一方面讲，也正是由于理赔使被保险人的经济利益受到保障，才刺激了人们的投保积极性，才会有更多的人投保，保险事业才能不断发展壮大。所以，在实际工作中，不要一提起展业就认为是收钱；一提起理赔就认为是赔钱不加以重视。高效准确的理赔对保险人的经济效益同样有促进作用。

3. 理赔是保险公司信誉的集中体现。人们通常都会说"买保险"，其实与其说投保人购买了保险商品，倒不如说投保人购买了保险人的一纸承诺。理赔就是保险人兑现自己当初承诺的时刻，就是体现自己信誉的时刻。通过理赔保险人落实对投保人的承诺，履行了自己的义务，使被保险人及时地获得了经济补偿，切身体会到保险的经济性；通过理赔，保险人树立起自身的良好形象，集中体现了保险公司的信誉。

4. 高效、准确的理赔对保险人的业务发展有直接刺激作用。所有的保险推销人员在推销保险商品时，都会向准客户承诺自己所代表的保险公司的信誉是绝对没有问题的。由于保险商品的特殊性，推销人员的这种承诺在投保人购买保险商品时是无法兑现的。只有当保险事故发生后，保险人进行理赔时，保险人信誉的好坏、公司员工素质的高低才真正地体现出来。从心理学上讲，在遭受保险事故后，被保险人由于受到了经济损失，心理上总会或多或少地产生挫折感，非常需要别人的抚慰，而高效准确的理赔，满足了客户的这种需要，让客户切实产生了雪中送炭的感觉，他就会在他的亲朋好友或社交圈内对保险人做大量正面的宣传，一方面该客户的续保肯定没有问题，另一方面也激发了其他人的投保积极性，从而刺激了保险人的业务发展。在保险事故发生后，客户的情绪一般都比较焦躁，如果在索赔时又没有获得理想的服务，那么，他会在社会上对保险人作出不利甚至夸大的负面宣传，影响保险业务的进一步发展。这是任何一个保险人都不愿意见到的。所以，重视理赔质量，为客户提供高效准确的理赔服务，会直接刺激保险业务的发展。

二、理赔原则

主动、迅速、准确、合理是保险人的法定义务。我国的保险法规对理赔速度有着严格的规定。《保险法》规定："保险人收到被保险人或者受益人的赔偿或者给付保险金的请求后，应当及时作出核定；对属于保险责任的，在与被保险人或者受益人达成有关赔偿或者给付保险金额的协议后十日内，履行赔偿或者给付保险金义务。保险合同对保险金额及赔偿或者给付期限有约定的，保险人应当依照保险合同的约定，履行赔偿或者给付保险金义务。保险人未及时履行前款规定义务的，除支付保险金外，应当赔偿被保险人或者受益人因此受到的损失。"

主动、迅速、准确、合理不仅是法律要求保险人应尽的义务，也是理赔质量和保险人信誉的集中体现。被保险人遭受保险事故引起经济损失后的当务之急是尽快恢复生产和生活的正常秩序。因此，迅速而准确的理赔是对被保险人的最大支持，是保险人信誉的集中体现。

任何拖延赔案处理的行为都会给保险人的声誉带来负面的影响，使被保险方对保险人产生不良印象，从而抑制其今后的投保欲望，给保险人造成业务上的损失。主动、迅速、准确、合理就是要求保险人正确地找出致损原因，合理地估计损失，科学地确定赔付额和迅速赔付。

所以，保险人在处理赔案时应主动了解受灾情况，及时赶赴查勘现场，分清责任、确定损失、合情合理地赔偿损失。

三、理赔流程

（一）受理报案

在实际中，被保险人一般先以口头或电话形式向保险人发出通知，然后再补以书面通知。被保险人发出出险通知标志着保险人理赔活动的开始。它是理赔活动的第一个环节。

在财产保险中，原则上要求被保险人发出通知越早越好。这样，保险理赔人员就可以尽早赶赴损失现场，掌握第一手现场证据，不论对正确定损还是合理定责都有帮助。为此，财产险保单上一般对报案时间都有规定。例如企业财产险保险条款规定，被保险人应在保险事故发生 24 个小时内向保险人报案。

在人身保险中，保险单一般没有对报案时间的限制。不过这并不表明被保险人行使索赔的权利没有时间限制。《保险法》规定，"人寿保险的被保险人或者受益人对保险人请求给付保险金的权利，自其知道保险事故发生之日起五年不行使而消灭"。

（二）审核保单

保险人在收到被保险人的出险通知后应立即查抄单底、审核保险单副本，将报案登记的内容与保单副本的内容详细对照，审查保险单是否依然有效，被保险人的名称是否相符，出险日期是否在保险责任期内，受损物是否是承保标的等重要内容。假如以上内容有一项不符合要求，保险人就可以通知被保险人拒赔。但是，通知时一定要清楚，任何保户接到拒赔通知都会有抵触情绪，他们中的绝大多数不是保险专家，可能会不理解为什么自己会在保险人连现场都没有查勘的情况下被拒赔，因此，可能会对保险产生不信任的思想，甚至会在社会上做不利于保险人的反面宣传，对保险人今后继续开展保险工作产生负面影响。因此，通知被保险人时切忌不可简单地打一个电话了事，保险人一定要做好被保险人的思想工作，解释清楚拒赔的原因，让被保险人心服口服，这样将来续保时才不会出现问题，才有利于业务进一步开展。

（三）现场查勘

现场查勘是指保险人在受理案件后，派人到出险现场进行实际调查，以了解并核实与理赔相关的事实。人身保险因其合同约定明确，损失易于确定。但是财产保险因损失受到各种因素的影响而比较复杂，所以，我们在这里重点分析一下财产险的现场查勘。

财产险现场查勘主要由以下工作构成：

1. 了解出险情况及出险原因。保险人在完成前面所说的准备工作后，就应迅速组织人力进行现场查勘。到达损失现场后，理赔人员应首先了解出险原因、出险经过、出险前的迹象、施救情况等。理赔人员还要了解出险前，出险地点的财物数量、财物保管状况。总之，理赔人员要做到对损失的整体状况心中有数。理赔人员应该尽量多地向损失发生时在场的当事人了解出险时的情况，要从多方面了解事实真相，以期获得最广泛的定损定责材料，切不可听信一面之词，给将来的理赔工作带来困难。另外要注意的是在没有最终定损前，理赔人员不要过早地与被保险人谈论定责的问题，因为保险责任的判定是非常复杂的，一般而言，保险双方很难就此爽快地达成一致意见，在定损前定责容易产生纠纷，影响被保险人情绪，妨碍他们对进一步定损的配合，影响理赔工作的开展。在理赔时还应认真做好笔录，第一手的书面证明材料总是最有效的理赔证据。

2. 施救与整理受损财产。理赔人员到达现场后，假如灾害事故已经结束，理赔人员就应该着手受损财物的整理工作。对于所整理财物应在理赔清单上逐一列明，为下一步定损奠定好的基础，另外这也有利于理赔人员对总体的损失情况做到心中有数；如果到达现场后，灾害事故尚未结束，理赔人员应该和被保险人一起协助有关部门进行施救，以减少公司的损失，等灾害控制住之后再进行整理受损财产的工作。

3. 定损。此时，理赔人员应该要求被保险人提供详细的损失清单和财产损失金额即相关费用的报告，然后再根据自己整理的受损财产清单进行核对，最终确定损失数量和金额。由于财产具有多样性，某些财产价值判定可能比较困难，这些不能迅速确定损失以及一些价值巨大的财产，理赔人员就不必当场定损，可以日后向有关方面、有关专家咨询，再确定损失金额。对于损失明确，已定损的财产，就要求被保险人对定损金额签字认可，以免将来被保险人反悔。

针对不涉及人伤，不涉及第三方财产损坏的简单小额案件，越来越多的保险公司推出"e理赔"服务，如果客户在自己的手机上安装了软件，就可以根据系统提示，自己拍照查勘自己"结案"，根本不用等查勘员到场。

（四）确定保险责任，认定被保险人索赔权利

定损工作结束后，理赔工作就进入保险责任的认定上。由于风险客观存在着复杂性，再加上人们观察事物的立场不同，因而，即使是对同一次风险事故保险责任的认定，保险双方也经常会出现分歧。所以，保险定责是一项非常复杂，也非常耗人精力的工作。这就要求理赔人员有高度的责任心和敬业精神，不怕辛苦，努力做好被保险人的工作保险定责。首先要依据保险合同，明确适用的保险条款。其次，理赔人员要根据现场查勘报告以及有被保险人签字的理赔记录审定赔付责任及赔付金额。有些保险标的损失虽然也是因为保险事故而引起，但是可能由于种种原因不在保险单承保的范围内，这时就应该将它们剔除出来；而有些保险财产虽然发生了损失，但是被保险人却由于疏忽等原因没有向保险人申报，理赔人员应该通知被保险人重新申报。如果还有一些疑难案件原因复杂，一时难以确定，理赔人员不要操之过急，应当运用有关的知识和原理对案件进行客观的分析之后再作决断。总之，理赔人员要做到不滥赔、不漏赔、不错赔。定损定责工作结束后，被保险人的索赔权利也就最终确定了。

（五）查看各种单证、计算赔款、赔付结案

经过以上的工作后，理赔工作就进入最后的阶段。现在，理赔人员应该将所有理赔

资料汇总、审核，确保无误后，就可以计算赔款了。赔款的计算方法随承保险种的不同而有所变化。赔款厘定后应该一次性支付结案。

有一些保险责任复杂一时难以判定的赔案。《保险法》第二十五条规定："保险人自收到赔偿或者给付保险金的请求和有关证明、资料之日起六十日内，对其赔偿或者给付保险金的数额不能确定的，应当根据已有证明和资料可以确定的最低数额先予支付；保险人最终确定赔偿或者给付保险金的数额后，应当支付相应的差额。"倘若双方各持己见，经公证行调解无效，需要通过法律程序，递交法院或仲裁机构，最后依照他们的判决或裁决结案。

（六）损余处理

在财产保险中，受灾的财物优势还有一定的残值，保险公司在全部赔付后，有权处理损失物资。保险人也可将损余物资折价给被保险人，以冲抵保险金。如果损失原因属于第三者责任，保险人赔偿后即可行使代位权向第三者追偿。

（七）代位求偿

代位权是指原债权人将所有各种利益转让给第三人，第三人在其转让的范围内行使其债权。保险人的代位求偿权是债权的代位权在保险关系中的运用。它是各国保险法共同承认的债权转移制度。实行代位求偿权的依据是：保险合同为损失补偿合同，被保险人所得赔偿不得超过其保险利益，不能因保险关系而取得额外的利益。当保险标的因发生保险事故而遭受损失时，如事故是由第三人的行为所致，则被保险人既可以因第三人的侵权或违约行为向其提出赔偿请求，同时又可从保险人方面获得赔偿金。如果是这样，被保险人就可取得双倍于损失的补偿。这与保险合同的补偿原则是相悖的。因此，被保险人如果从保险人处取得补偿后，应将赔偿请求权转移给保险人。但是，在被保险人获得保险人的赔偿后，如果让有过失的第三者逃避他在法律上应负的赔偿责任，这又违反了社会公平的原则。为了既遵循保险的补偿原则，又体现社会公平的原则，各国法律均对代位求偿作出了规定。需要特别指出的是，保险人的代位求偿权仅适用于财产保险，人身保险中不存在代位权。

代位求偿权的成立有以下两个要件。

1. 被保险人因保险事故对第三人有损失赔偿请求权。其要点是：第一，如发生的事故并非保险事故，与保险人无关，也就不存在所谓保险人代位行使权利的问题；第二，保险事故的发生与第三人的过错直接的关系，正因为如此，才存在被保险人对第三人的损失赔偿请求权，被保险人也才可能将此权利转移给保险人；第三，被保险人虽然对于第三人有赔偿请求权，但如果他实现放弃了该权利，保险人也无法代位行使被保险人已经没有的权利。因此，法律要求被保险人在保险人代位前不得损害保险人的代位求偿的权益。不仅如此，被保险人在保险人代位求偿的过程中还应当积极协助保险人。如果保险人发现被保险人损害了其代位求偿的利益，它可以拒绝赔偿。

2. 代位权的产生必须是在保险人给付赔偿金之后。在保险实践中，较通常的做法是，发生保险事故后，应当先由被保险人向负有责任的第三者提出赔偿要求。被保险人依法从第三者获得赔偿后，即免去了保险人的赔偿义务。然而，被保险人为了节约时间和精力，一般都直接向保险人提出赔偿要求。在这种情况下，保险人应先进行赔偿，然后再依法行使代位求偿权。因此，求偿权是在保险人支付保险金之后自动转移的。被保险人依法从第三者处获得赔偿后，保险人如果在不知情的情况下又向其支付了赔偿金，则保险人有权要求被保险人返还。保险人向第三者追索的金额以不超过其所赔偿的保险金额为限，如有多余的，则应归还被保险人。

在行使代位求偿权时，是用保险人的名义还是被保险人的名义，各国的做法不一。我国习惯上用被保险人的名义行使赔偿权。

（八）拒赔

在接到报案、查勘、定损、理算、核赔等环节发现应当拒赔的情节后，理赔人员应当提出拒赔意见，按规定报送领导审核。经审核确定应拒赔的案件，及时制作"拒赔通知书"，并向被保险人发出。拒赔的主要原因有：

1. 损害发生不是由于保险责任范围内特定的灾害事故造成，或者明显属于除外责任。

2. 损害发生是由被保险人的故意行为、重大过失行为或违法行为造成的。

3. 违背诚信原则，如投保时隐瞒重大真实情况，虚伪申报并因此出险的，或者出险后弄虚作假，企图骗取赔款的。

4. 被保险人严重忽视安全法规，未落实安全防灾建议而出险，或者出险后不积极抢救，放任损失扩大的。

5. 受损财产不是保险标的或者出险时间不在保险有效期内。

6. 保险财产出售、转让未办理更名过户手续，新的所有权人不是合同当事人，不能享受保险利益。

专栏 7 - 5
改善理赔难等管理流程，优化客户服务 ⅢⅢⅢⅢⅢⅢⅢⅢⅢⅢⅢⅢⅢⅢⅢⅢⅢⅢⅢⅢⅢⅢⅢⅢⅢⅢⅢ

当前，保险消费者面临理赔难等问题。这有其客观原因，传统保险中，需要防范道德风险，这会使得保险公司的理赔管理有繁杂的流程和严格的审核，一定程度上会造成客户的不方便。然而，所有的客户都不愿意自己的赔付要求被质疑，这就需要保险公司很好地去平衡客户满意度和案件调查之间的尺度。另外人员冗余、专业化程度不够，以及工作人员在理赔过程中不恰当的管理、审核和操作，都会损害客户服务的水平。当前，通过技术手段可以解决这些问题，优化流程，减少环节，降低客户理赔的时间、精力成本，提供给客户更便捷、更高效、更友好的接触点和流程，以科技换便利，提高客户体验。

例如，利用大数据技术进行理赔反欺诈，在成千上万的理赔案件里面，通过一些模式分析发现存在高风险的欺诈案件，在这些案件进入平常的处理流程之前，将它们引入特别的处理程序，提前启动调查流程，避免事后追偿或者当时质疑，让客户感觉更为人性化和更快捷，提升客户满意度。

第四节　再保险管理

一、再保险概述

保险公司是经营风险的机构，但任何一家保险公司都不可能无限度地承担所有风险。此外，由于费率、保险金额、业务量的不同以及巨灾发生的可能性等因素的存在，保险经营本身也会出现风险增大的局面。因此，保险公司自身也需要有一种机制来分散和转移风险，换句话说，它也需要有人来为其"保险"，这就是再保险。

（一）再保险的定义

再保险也叫分保，它是保险人将自己承保的风险责任一部分或全部向其他保险人再进行投保的行为。简单来说，再保险就是对保险人的保险。

根据险种的不同，再保险可以分为财产险再保险和人身险再保险；根据责任限制，再保险可以分为比例再保险和非比例再保险；根据分保合同形式，再保险又可分为临时再保险、合同再保险和预约再保险三类。

在再保险业务中，将自己承担的保险责任转让出去的保险人叫原保险人（公司）、分出人（公司）、直接保险公司；与此相对应，接受转让责任的保险人叫做再保险人（公司）、分入人（公司）或分保接受人。如果分保接受人将所接受的业务再分给另一个保险人，这种做法叫做转分保，双方当事人分别称为转分保分出人（公司）和转分保接受人（公司）。

原保险人的风险转移，可以是一部分，也可以是全部。前者称为部分再保险，后者称为全部再保险。部分再保险即原保险人须自留一部分所承保的业务，它的目的是加强再保险人与原保险人之间的利害与共的关系。现实中的再保险业务大都为部分再保险。全部再保险即原保险人将承担的保险业务全部进行再保险。在这种情况下，原保险人无任何责任可负，它仅仅是赚取再保险佣金或手续费，类似于经纪人。

在再保险关系中，分出人要向分入人转嫁风险和责任，因此需要相应地支付一部分保费给分入人，这种保费叫做分保保费；分出人承保业务需要费用，因此，它也要向分入人收取一定的费用，这种费用被称为分保手续费或分保佣金。

再保险可以在本国范围内进行，也可以在世界范围内进行。对于大额业务，在超过国内保险市场的承受能力时，可以跨越国界，在世界范围内进行分保，这叫做国际再保险。

（二）再保险的作用

由于费率、保险金额、业务量以及巨灾风险发生的可能性等因素的影响，保险业务的经营有时会出现不稳定的局面。再保险的发展历史已经充分表明，通过再保险，可以分散风险，减轻巨额风险对保险人的压力；扩大承保能力，保证保险业务的稳定发展。

1. 分散风险。从理论上来说，根据可保风险条件的要求，保险人在其经营过程中，应当尽量做到保险标的在数量上尽可能地多，并且保险标的具有同质性。但在现实中，财产标的在实物形态上千差万别，在价值量上也大小不等。如有价值量较小但风险单位较多的家庭财产等，也有价值量大而风险单位数量少的航空、核电站等。如果过分拘泥于可保风险条件的要求，就有可能使保险人丧失许多业务。但如果承保了许多不具有可保风险条件的标的，又可能使保险人的经营面临极大的风险。这是一个矛盾的问题，而再保险正是解决这一矛盾的一种较好的方式。通过再保险，可以将巨额风险转为小额风险，分散给其他的保险人，从而由多家保险人来共同承担风险。

2. 控制保险责任。在保险业务的经营中，构成保险成本的主体是赔款，而赔款的多少又取决于保险人对风险所承担的责任。因此，要控制成本，就必须控制保险责任，而再保险就正具有限制责任的作用。

（1）控制每一风险单位的责任。保险人在制订分保计划时，首先应当确定每个风险单位的自留额，以规定自己对该风险单位所承担的最高责任限额。超出部分通过再保险的方式分散出去。

（2）控制一次巨灾事故的责任积累。通过上面这种方式，可以将每个风险单位的责任限制在一个固定的范围内，但有的巨灾风险，如地震、洪水、飓风等可能同时造成众多风险单位的损失。这就产生了自留额的责任积累问题。如某一保险人对火灾保险规定了每个风险单位的自留额是10万元。若在一次火灾中，有10个风险单位同时受损，保险人的责任就可累计到100万元，这就有可能导致支付危机。在这种情况下，保险人可将自己的责任控制在80万元以内，将超过80万元的20万元的损失责任通过再保险的方式转移出去。

（3）控制全年的责任积累。以上所述的险位限制和事故责任限制这两种方法无法限制一年内的赔款。保险人要将一年内发生的赔款控制在一定的限度内，还必须安排超额损失再保险，以解决全年的责任积累问题。

3. 扩大承保能力。根据大数定律的要求，保险人必须集合尽可能多的风险，接受尽可能多的投保人的投保。但这一要求有时又会受到保险人承保能力的限制，而后者主要受其自身财务状况的限制。在财力不足的情况下承保金额较大的保险标的，对保险人来说是一种冒险行为；而对被保险人来说，则可能意味着得不到补偿。正因为如此，不少国家的法令规定，保险公司必须保持业务量与其资本额的一定比例，也就是说，必须满足监管部门规定的最低要求的偿付能力。由于保险公司业务量的计算不包括再保险费，因此，通过再保险，就可以达到在不增加资本的情况下增加业务量的目的。

4. 促进保险业的竞争。再保险的存在和发展使得小型保险公司得以生存，由此促进保险业的竞争。保险产业与其他许多工业产业的一个不同之处在于：小企业所提供的产品与大企业所提供的产品往往是同质的。如一家拥有500亿元资产的人寿保险公司提供各类寿险产品，而一家只有1亿元资产的人寿保险公司也可能提供许多不同的寿险产品。如果没有再保险，这家小公司是很难与大公司抗衡并在保险业中生存下去的。而如果没有竞争，由大公司完全垄断和操纵市场，最终受到损害的将是消费者。

5. 形成巨额联合保险基金。通过再保险，可以将各个独立的、为数较少的保险基金联合起来，形成巨额保险基金。虽然这种联合并不是以正式明文规定的形式将多家保险公司的基金合并起来，但通过再保险的分出、分入业务，将超过自身能够承担的风险责任相互转移和分散，这实际上就是起到一种联合保险基金的作用。目前，随着科学技术的发展和广泛应用，社会财富日益增加，巨额保险标的显著增多，风险也相应集中，如果仅靠一家或几家保险公司独自积累的保险基金是难以应付的。而通过再保险，各自独立经营保险业务的保险人就可以联合起来，由此形成一笔巨大的联合保险基金。

二、再保险的分类

（一）按责任限制分类

再保险实际上是原保险人为稳定业务经营，把已承担的责任限制在一定范围内，将超出部分的责任转让出去。限制和转让责任可以以保险金额为基础，也可以以赔款为基础。以此为前提，我们可以将再保险分为比例再保险和非比例再保险。每一种再保险合同都可以或者使用比例再保险方式，或者使用非比例再保险方式。

1. 比例再保险。比例再保险是原保险人与再保险人以保险金额为基础，计算比例分担保险责任限额的再保险。它主要包括成数再保险和溢额再保险两种方式。

（1）成数再保险。成数再保险是分出人以保险金额为基础，将每一风险单位划出一个固定比例即一定成数作为自留额，然后把其余的一定成数转让给分保接受人。保险费和保险赔款按同一比例分摊。例如，分出公司制订某一成数分保计划，将每一风险单位的保险金额，规定自留额比例为60%，分保比例为40%。若某分入公司接受40%的分保额，则相应收取40%的分保险费，并承担40%的分保赔款。

成数再保险的优点是，保费和赔款的计算等手续较简单；分出人和分入人具有共同的利害关系。对某一笔业务，分出公司有盈余或亏损，分入公司也相应有盈余或亏损。因此这种分保具有合伙经营的性质。它的主要缺点是，对于保额较小的业务，分出人虽然有能力自留，但按照合同规定必须分出，从而会损失一部分保费收入。成数再保险适用于小公司、新公司和新业务，特别受分入公司的欢迎。此外，一些特种业务，如牲畜险和建工险等也使用这种形式。

（2）溢额再保险。溢额再保险是分出公司以保险金额为基础，规定每个风险单位的一定额度作为自留额，并将超过自留额即溢额的部分转给分入公司。分入公司按照所承担的溢额占总保险金额的比例收取分保费，摊付分保赔款。

自留额是分出公司的责任限额。自留额的大小是分出公司按业务质量的好坏和自己承担责任的能力，在订立溢额再保险合同时确定的，它通常以固定数额表示。分出公司对自留额以内的保险责任不分保，而只是对超过自留额的责任进行分保。溢额再保险的分入人不是无限度地接受分出公司的溢额责任，而是通常以自留额的一定"线"即倍数为限。一"线"相当于分出公司的自留额，如自留额为100万元，分保额为二"线"，则分入公司最多接受200万元的分入责任；如果分保额为三"线"，则分入公司最多接受300万元的分入责任；依此类推。当分出公司承保巨额业务时，可签订多个溢额再保险合同。按照合同签订的顺序，有第一溢额再保险、第二溢额再保险、第三溢额再保险等。第一溢额再保险是将超过自留额的第一个固定数额的溢额即第一溢额分给分入公司；第二溢额再保险是将超过自留额和第一溢额的溢额即第二溢额分给分入公司；第三溢额再保险是在超过自留额、第一溢额和第二溢额再保险的分保额时才能办理。

溢额再保险合同中的分出人可以根据业务的质量确立不同的自留额，对于每一风险单位的责任以自留额为限，因此有利于发挥大数定律的作用；此外，分出公司对自留额以内的业务可全部自留，从而可以减少保费的支出。但这种再保险的保费及赔款的计算较成数再保险烦琐。

溢额再保险适用于各种保险业务，特别是火险与船舶险等。因为这种分保可根据风险程度的不同而规定不同的自留额。此外，与成数再保险一样，它也可以用做交换业务及由分入人提供保费准备金，从而起到增强财务的作用。

2. 非比例再保险。非比例再保险又称超额损失再保险。它是一种以赔款为基础，计算自赔限额和分保责任限额的再保险。在这一再保险业务形式中，保险费率不按原费率计算，而是按协议费率计算。由于分出人的保险费、保险赔款与保险金额之间没有固定的比例，故称之为非比例再保险。

非比例再保险有以下几个作用：（1）扩大保险人对每一风险单位的承保能力。（2）限制保险人的自负责任。如在有些国家和地区，汽车第三者责任险是没有限额规定的，分出人可运用这种分保方式限制自己的责任，超出部分由分保接受人负责。（3）使原保险人对每一风险单位或每一次事故所负的责任，特别是对巨灾自留额部分的累计责任获得保障，由此保证财务稳定。（4）由于再保险免赔额以内大量的小额赔款由原保险人自负，它所支付的再保险费只占总保险费的很小部分，因此，非比例再保险能够使原保险人减少再保险费的支出，增加实际收入。

非比例再保险主要有锁定损失超赔再保险、巨灾事故超赔再保险和累积超赔再保险三种方式。

（1）锁定损失超赔再保险。锁定损失超赔再保险是以每一风险单位的赔款为基础，确定分出公司自负赔款责任的限额即自赔额，超过自赔额以上的赔款，由分入公司负责，责任以内的由分出公司自己负责（即将损失"锁定"在某一个范围以内）的再保险。例如，某一分出公司的自赔额为500万元，分入公司接受450万元的分入责任。若实际赔款为900万元，则分出公司自赔500万元，分入公司赔付400万元；若实际赔款为400万元，则全部由分出公司自赔。

（2）巨灾事故超赔再保险。巨灾事故超赔再保险是以一次巨灾事故中多数风险单位的累积赔款为基础计算赔款额的再保险。它可以被看作是锁定损失超赔再保险在空间上的扩展。举例来说，假定分出公司一次事故的自赔额为500万元，分保额为450万元。若在某次事故中有三个风险单位受损，其损失金额分别为100万元、190万元和500万元，总计损失为790万元，则分出公司自赔500万元，分入公司赔付290万元。

在锁定损失超赔再保险和巨灾事故超赔再保险中，分入公司可以接受分出公司的全部分出责任，也可只接受其中的一部分。如果是后一种情况，则超出分出额的另一部分责任，仍将由分出公司负责。例如，在巨灾事故超赔再保险中，分出公司的自赔额为500万元，分入公司接受的责任限额为400万元。若实际损失为1 000万元，则分出公司除了负责赔款500万元以外，还要负责赔付超过分入公司赔付的400万元以后的100万元。因此，在原保险人对于巨额风险要求保障的数额特别高时，可进行分层次的超赔分保。比如，可以在巨灾事故超赔再保险合同中规定：分出公司自赔额为500万元，甲分入公司负责赔付超过500万元以后的200万元，乙分入公司负责赔付超过700万元以后的300万元。若在一次火灾事故中，累计责任为900万元，则分出公司赔付500万元，甲分入公司赔付200万元，乙分入公司赔付200万元。

（3）累积超赔再保险。累积超赔再保险又称赔付率超赔，它是以一定的时期（如一年）责任的累计为基础来计算赔款的一种再保险。当赔款总额过高致使其赔付率超过规定的赔付率时，超过部分由分入人负责。累积超赔再保险可以被看作是锁定损失超赔再保险在时间上的延伸。

在累积超赔再保险中，只有在分出公司因赔付率太高而受损时，分入公司才负责赔偿。因此在这里，正确确定赔付率限额是极为重要的。

赔付率是指已决赔款与已赚保费的比率。已决赔款是指保险公司已经支付给被保险人的赔款。已赚保费是指保险人所预收的保费中已经履行了保险责任，因此可以作为保险人收入的保费，它是净承保保费中的一个部分。净承保保费中的另一部分为未赚保费，它是指保险合同的责任尚未期满，保险人还将履行其保险责任的那一部分保费。

根据大多数国家的保险业务实践，一般来说，在已赚保费中，25%左右为保险人的营业费用，75%是用于支付赔款的纯保险费，因此划分分出公司和分入公司的责任通常以75%的赔付率为标准。当分出公司的赔付率在75%以下时，由分出公司自赔；当赔付率超过75%时，超出部分由分入公司负责赔偿。分入公司也有接受分入责任的限额，这个限额通常为营业费用的两倍，即50%（25%×2）。也就是说，分入公司仅对超过75%以后的50%，即75%～125%（75%+50%）限度内的赔款负责，同时还有金额限制，并在两者中以低者为限。如果赔付率定为70%，营业费用为30%，分入公司的责任超过70%～130%（70%+60%）的部分。

（二）按安排方式分类

再保险同原保险一样，也是通过合同来明确原保险人和再保险人之间的权利和义务关系的。合同的主要内容包括再保险项目、条件、期限和手续费等。再保险安排方法主要有以下二种。

1. 临时分保。临时再保险合同即原保险人和再保险人为了进行临时再保险而签订的合同。它的特点是，对于临时分保的业务，分出公司和分入公司均可自由选择。换句话说，对于某一风险，是否要安排再保险，再保险额是多少，完全是根据保险人本身所承受风险的情况以及自留额的多少来决定的。再保险人是否接受，接受多少，是否需要调整再保险条件等，都可以由分出人和分入人根据风险的性质、本身的承受能力等因素来临时商定。

临时再保险合同是再保险的初级形式。在商品经济发展的初期，生产力的发展水平很低，人们对保险标的的风险性质、风险程度、出险频率等都没有掌握其规律性，因此很难把握。在这种情况下，再保险合同一般都是临时约定的。

临时再保险合同签订的过程一般是这样的，先由分出公司或其经纪人向其选定的分入公司提出分保建议，简要说明有关情况，包括保险标的的性质、保险期限、费率、险别、保险金额等，并且标明原保险人的自留额以及分出的数额；如果是火险则要说明防灾设备等情况；如果是大的工程项目则还要介绍周围环境，并附送图纸。临时分保的建议可以电话、电报、电传或信件的形式来通知对方。对于较大的项目，通常的做法是递送一个详细的说明图样、照片和其他资料。分入公司收到建议以后，对有关内容，包括保险利益、所保风险、双方的权利和义务、分出人的自留额、分保额等进行审查。如果同意，则由分入公司签署一式两份再保险单，一份退给分出公司。只要分入公司签发了再保险单或正式用函电或文书对分出公司所提出的分保建议表示了接受，临时再保险合同即告成立。

临时再保险的优点在于：不论是分出公司还是分入公司都具有灵活性，选择余地大。但这种分保形式也有很明显的缺点：（1）由于分保业务必须得到分保接受人的同意，因此，只有在全部临时分保业务安排完毕后，原保险人才可能对保户承保，这样有可能失去机会，影响业务的开展。（2）由于必须逐笔安排业务及到期续保，手续繁杂，容易增加营业费用的开支。

正是由于这些特点，临时再保险一般适合于那些新开办的或不稳定的业务、合同分保中规定除外的或不愿放入合同的业务，以及超过合同分保限额或需要超赔保障的业务。

2. 合同分保。合同分保就是为进行固定分保而签订的合同。它是用事先签订合同的方式来使分出公司和分入公司自动履行再保险合同的权利和义务，因此，又被称作固定再保险或强制性的再保险。

凡属固定再保险合同规定范围内的业务，分出公司必须按照合同规定的条件向分入公司办理分保；而分入公司则必须接受分保，承担必需的责任，不得拒绝。可见，固定分保合同对于分出公司和分入公司都有"强制性"。

固定再保险合同通常要规定分保的业务范围、地区范围、除外责任、分保手续费、自留额、合同最高限额、账单编制和付费形式等各种分保条件，明确双方的权利和义务。合同一经签订就具有法律效力，双方必须遵守。一般来说，固定分保合同没有期限规定，属于长期性合同。但合同的双方也有终止合同的权利。如果一方需要终止合同，必须在终止前的三个月向对方发出注销合同的权利。如果一方需要终止合同，必须在终止前的三个月向对方发出注销合同的通知。但在特殊情况下，如任何一方的破产、所在国发生战争等，任何一方都有权通知对方立即终止合同。在合同终止后，双方在合同终止前拥有的权利继续有效，双方应该履行的义务和承担的保险责任不变。

在固定再保险合同下，分出公司不必向再保险人逐笔通知承保业务，分入公司可以自由接受业务，处理赔款。只要没有发现重大的疏忽和过失，分入公司可以不加干预，因此，这种分保方式可以使得再保险人获得大量的业务。此外，合同双方的当事人有着更密切的共同利害关系。正因为如此，固定分保合同在当今国际保险市场上十分流行。

3. 预约分保。预约再保险合同是介于临时再保险合同与固定再保险合同之间的一种合同。这种合同的通常做法是：对分出公司来说，在合同内订明的业务种类与范围中的各项业务是否分出、分出多少可以自由决定。从这一点来看，它具有临时再保险的性质；而对分入公司来说，对于分出公司分出的业务只有接受的义务，不能拒绝。从这一点来看，又与临时再保险的性质完全不同，而与固定再保险相近。

预约再保险主要适用于某些有特殊性危险的业务，或者因某种原因必须与其他业务分开的业务。例如，火险中某个地区、一年当中某一季节特别严重的火灾的保险；又如运输险中某一段特别危险的航线、从事某一特殊性质贸易的船舶的保险等。

预约再保险对于分出人和分入人的影响是不一样的。对于分出人来说，在遇有超过固定再保险限额的大宗业务时，可安排预约再保险，而无须与分入人逐笔联系。这样，不仅有利于分出人对超过固定合同限额业务的自动安排，增加分出人的承保能力，也有利于经纪人迅速安排业务。而对于分入人来说，其对业务质量不易掌握，稳定性较差，且具有强制性。因此，此类合同较受分出人欢迎，而不受分入人欢迎。

三、分出业务管理

（一）分出业务管理概述

分出业务管理指为了实现再保险分出业务活动的合理化、科学化，达到预期的最佳经济效益目标，从而稳定保险企业的业务经营，所实施的计划、组织、指挥、协调和控制的一系列动态活动过程。其核心是保险企业经济效益，宗旨为提高经济效益、降低企业费用成本、保证保险企业经营的稳定性。

分出业务管理的一个重要方面是正确识别承保业务的风险，客观评估累计责任，特别要防止巨灾事故的累计责任，避免可能因一次重大事故的出现而不利于保险企业的财务稳定。分出业务管理的范围包括：自留额确定、分保规划安排、分保业务流程、分保手续、分保业务账单编制及分保业务的统计与分析。

分出业务管理具有保险企业管理的一般特点，同时又具有自身的特殊性。分出业务管理的一般准则是：

（1）稳定公司业务经营，实现预期最佳经济效益。为了实现这一目标，需要对国际再保险市场认真调查研究，一方面根据市场行情的变化，选择理想的分保经纪人、接受人；另一方面对分出业务的结构情况进行剖析，尽可能分出高风险业务，自留风险小、保费收入多的业务，调整自留额比例和合同分保与临时分保的比例，确定每年重点分出的险种。同时要搜集国际市场的信息，及时反馈到国内承保市场，与直接承保部门协调合作，使直接承保环节能与国际市场接轨。

（2）管理现代化原则。分出业务管理现代化体现为保险管理思想现代化、手段现代化和方法现代化。

（3）面向国际市场的原则。面向国际市场就是在维护本国、本公司利益不受侵害的前提下，按照世界同业间遵循的原则办事，尊重国际上经营再保险业的一般惯例。

分出业务部门人员由三部分组成：设计人员、推销人员和辅助工作人员。设计人员的主要工作是对业务进行组织分析以及条款的制定与修改。推销人员的工作是在业务计划完成后，立即将条件提供给参加这项业务的公司，并尽量寻求资信好的大公司积极参与，因为大公司的参与对市场的作用是十分重要的。推销人员的任务一方面是将业务安排出去，另一方面是确保业务分保给资信度高的公司。辅助人员的工作是配合与协助推销人员处理日常事务。例如，数据的搜集、资料的准备、电脑的操作等。设计人员和推销人员都需要辅助人员的协调与配合来做好管理工作。

商业保险公司的分出业务是在直接业务承保的基础上，由分出部门负责办理的。分出业务的内部管理一般包括三个方面：①明确分出部门的职责；②协调分出部门和直接业务承保部门的关系，分清各自的责任；③密切分出部门和账务部门之间的联系，以确保分出业务的效益。

分出部门首先必须对其所要安排分出的业务有充分的了解，如直接业务的承保条件、费率的水平、风险的分布状况等。其次，应了解同类业务在国际市场上的费率、承保条件以及分保情况。只有这样，才能根据业务的具体情况、市场的行情以及本公司的经营方针和自身的承保能力，安排好业务的分出。再次，根据掌握的市场情况和业务情况等，确定自留额和制定分保规划，并在此基础上，根据自留额、分保额、保费收入、赔款状况、分保费支出、分保手续费、利息及其他收益和费用开支等，对业务的经营结果进行测算，由此最终确定再保险方式。最后，与接受公司签订再保险合同，完成分出业务手续。

直接业务的承保与管理在承保部门，分保的安排在分出部门，但承保业务与分出业务之间联系密切。直接业务是分保业务的基础，分保的业务条件是由直接承保部门确定通知分出部门的。在分保过程中，会经常遇到许多有关业务方面的具体问题。对分保接受人所提出的有关风险的具体问题，如危险单位的划分、最大可能损失等，分出部门的答复应以承保部门提供的资料为依据。必要时，分出部门还可去现场查勘。为了协调这两个部门之间的关系和分清各自的责任，可有一些书面协议规定，作为工作上的依据。

分保由分出部门安排完成之后，就应将合同摘要表、分保成分表以及账务的结算事项通知账务部门。合同条件如有变动，也应通知账务部门。

（二）分出业务的流程和账单编制

分出业务的流程分为三个阶段。

第一阶段是提出分保建议。当分出合同的条件确定，拟订了分保接受人的人选后，分出人应立即以最迅速、最准确的方式将分保条件发送给选定的接受公司或经纪公司。分保建议一般应将接受人需要了解的事实详细列明。例如，非水险合同分出安排的建议应提供的资料是：分保条件、统计数字、大赔款一览表和业务构成的详细资料、合同的承保范围及地区范围。分出人提供的信息越详尽，资料的质量越高，越有利于接受人作出决定，大大缩短分保安排的时间。

完备手续是第二阶段。在合同续转和分出谈判结束后，分出人和接受人双方应尽快完备缔约手续。一般情况下，续转结束后的第一个季度内，分出人应将合同文本及摘要表或者修改条件的附件发送给接受人。每次发送的需签字的文件应一式两份或三份。合同文本及其组成部分是分出人和接受人之间签订的正式的、具有法律性的文件。一旦合同文本签订之后，双方的权利和义务就有了法律依据。

第三阶段是关于赔款的处理。当分出人接到直接承保部门的出险通知或赔款通知时，第一步计算分保合同项下的接受人应承担的责任比例和金额，然后向接受人发送出险通知。分出人的出险通知应包括以下内容：（1）合同名称及业务年度；（2）保险标的名称及坐落地点；（3）保单金额及分出比例；（4）估计赔款金额及合同项下估计摊赔金额；（5）赔款发生日期、地点；（6）损失原因及是否委托检验人，以及可能产生的费用。

分出分保账单的编制是分出分保管理程序中很关键的一环，也是分保实务中最繁重的一项工作，是履行分保协定和条款的凭据。分出分保账单能否及时、准确地编制出来，反映了分出公司的管理水平和技术力量。分出分保账单有季度账单、半年账单和全年账单三种。账单项目大致如表 7-1 所示。

表 7-1　　　　　　　　　　　分出分保账单

×××× 保险公司

×× 险

×× 合约——×× 公司　　　　　　　　　　　　　　　　　业务年度：

货币单位：　　　　　　　账单期：　　　　账单数你方成分：×%

借方		贷方	
项目	金额	项目	金额
分保手续费		分保费	
已付赔款和费用		未满期保费转入	
保费准备金扣存		准备金利息	
赔款准备金扣存		上年度保费准备金退还	
税款及杂项		赔款追回款	
纯益手续费		退回分保手续费	
未满期保费转出		退回转分保手续费	
未决赔款转出		返还现金赔款	
分保费退回		返还赔款准备金	
应付你方余额		应付我方余额	

这些是账单中的经常项目，有时也会有临时项目。此外，比例合同账单的编制与非比例合同账单的编制也有些不同。

（三）分出业务的手续

分出业务手续依分保安排方法的不同，可分为临时分保手续、合同分保手续和预约分保手续。

当某笔业务需要进行临时分保时，分出部门根据已有的接受人的资料信息库，结合分出业务的性质，选择合适接受人，发出分保建议，以保证临时分保安排的实现。在拟订的分保接受人名单列出后，分出部门应以最迅速有效的方式，向分保接受人提供分保条件。实务中，并不是所有的分保接受人都能在接到分保条件后立即明确表示接受与否，往往会有一个"讨价还价"的接洽过程。当分出的业务按分保建议能够分出去，则不必改变条件。如果由于种种原因，按原条件分保有难度，分出部门也不必坚持分保条件不可变。在分保接受人表示承诺，双方达成分保协议后，分保的双方都应有书面凭证，双方的权利和义务便开始生效。为完全手续，在临时分保安排完毕之后，分出人应向分保接受人发送正式分保条一式两份或三份，分别由双方签字后，各执一份或两份为凭。

在分保账单方面，临分业务是由分出公司按照不同的项目逐笔编制和发送的。根据各个项目事先规定的付费方式编制账单。临时分保账单的项目较少，但其时间性强。临时分保账单的编制一般不迟于业务起讫期后的两周。按照付款方式的不同，可分为一次付清和分期付清。

临时分保的有效期限，一般都在协议或分保条件中加以表明，这样，临时分保一般在到期时责任终止。根据原保单，临时分保的许多业务都是 12 个月为一期。

合同分保的手续与临时分保大致相同。首先应确定分保的市场、分出的规模和选择经纪人。在市场选好后，用电传、电报或信件将分保建议及有关的资料通知或送达接受人，由他们考虑是否接受。然后接受人和分出人双方用函电书面承诺和确认所接受的成分而达成分保协议。

合同分保安排与临时分保安排的不同之处在于：合同分保以年度为期限安排分保，而临时分保则要逐笔安排。因此，合同分保简单、省时、省费用。但合同分保的协商也因此要比临时分保复杂得多。

在原保险业务中，损失通知是被保险人的义务。在合同分保业务中，并不是每一个原保险合同的损失无论数额大小一律通知接受人。一般在合同分保业务中，规定损失超过某一额度后，要立即通知再保险人，对于小额损失，分出人以月报或季报的形式通知接受人。

各种合同的期限，在商订合同时已确定，其注销或终止方式也已明确，只需严格按规定办理即可。一般要注意特殊终止和注销的时间性。合同终了时，对于未了责任，包括未满期保费的转移和未决赔款的转移，均按议定的方式处理。

预约分保对分出公司而言，主要可以增加承保能力，在合同分保限额不足的情况下，运用预约分保方式作为合同分保的自动补充。在实务中，遇有大额业务，超过合同分保限额，则能运用预约分保的限额，而不用与接受人临时洽磋，逐笔分保。基于预约分保对于分出人具有临时分保性质，因此分出人对于放入合同的业务，每月或每季度须提供业务清单，列明每笔业务的保户、保额和保费项目，以及赔款清单，以便接受人了解所承担的责任和对赔款的审核处理。

（四）分出业务统计和分析

统计分析是分出业务管理的一项重要工作。分出业务的统计分析就是把实际发生的各类数字汇总起来，加以归纳整理，用来分析分出业务的发展状况和发展趋势，从而总结出分出业务的发展规律供决策者参考。

1. 分出业务的统计。分出业务的统计可分为两类：原始数据统计（又称基础统计）和参考数据统计（又称综合统计）。原始数据是以业务报表和合同账单为基础统计出来的，供分出人自己记账、划分业务、确定保费即赔款摊分比例时使用。参考数据则是分出分保统计人员根据各种资料及信息中的数字提炼出来的与业务相关的统计分析数据，它依据基础统计所提供的资料，按一定的分类或层次将其汇总以反映全面的和各种业务的经营状况。

2. 分出业务的统计分析。分出业务的统计是实现具体管理目标的手段，对统计进行分析、使用才是真正的目的。如分出业务的设计人员要了解财产保险合同中的工业风险和商业风险的平均费率及各部分所占的比例，统计人员就要对原始保单逐笔分类和统计，在此基础上得出所需要的数据，业务人员根据统计数字才能判断出费率是否合理，二者之间的差距是否适当。如果不合理，就应该分析研究，进行调整，这才是统计的真正目的。

分保业务的统计分析主要有两方面的内容：一是业务损益分析；二是分保费和赔款的现金流量及资金效益的分析。业务成绩的分析依据账单数字；现金流量和效益则依靠财务处理和统计分析。

值得注意的是，分出业务的统计分析是建立在一系列统计资料的基础上的，单单依靠某一年份的基础数据是不足以得出结论的，还必须对历史资料进行统计分析。

四、分入业务管理

（一）分入业务管理概述

分入业务是指承担或接受其他保险公司所转让的危险或责任。分入业务管理是指为平衡风险、增加保费收入、争取盈利，对分入业务过程的计划、调节和控制，以及对分入的保险业务的质量、分出人的资信情况进行调查审核。

（二）分入业务的流程

分入业务管理涉及面较广，其内容既包括承保前对分入业务的质量审核、对分保建议的审查、对分保分出人和分保经纪人资信情况的调查和研究，也包括分入业务承保后的核算与考核、对已接受业务的管理、对已注销业务的未了责任及应收未收款项的管理。

承保前对分入业务质量的审核是再保险经营的重要环节，因为它是接受分入业务的依据，是分保成交的决定性工作。分入业务质量审核的项目有：（1）分入业务来源的国家或地区的政治、经济和有关法律环境状况；（2）业务所在地区的市场行情和趋势、保险费率和佣金等情况；（3）分出公司提供的有关该业务过去的经营资料。审核上述内容的目的在于避免风险因素大、风险较集中和潜在损失巨大的业务分入。

在接受分入业务之前，对分出人提出的分保条件或建议要认真分析和研究，然后再作出承保决定，具体审核的主要内容包括：（1）分出业务种类、分保的方式方法、承保范围和地区；（2）分出公司的自留额与分保限额；（3）分保限额或责任限额与分保费之间的比率；（4）支付分保费的保证条件；（5）估计分入业务收益；（6）保费准备金和赔款金；（7）首席承保人条件；等等。

对分保分出人和分保经纪人资信情况调查和研究的内容包括：（1）分出人的资金、财务力量；（2）分出人在当地市场的地位和声誉；（3）业务经营规模、分保策略；（4）经营管理与业绩；等等。

分入业务承保以后，要加强对业务成绩的考核，严格检验接受业务的质量，核对和审查合同文本，做好摘要表，审好账单和结算情况，做好登记和业务统计、赔款处理和记录、未决赔款和未了责任记录。要注意必须与分出公司和经纪公司核对账务和办理结算。如果是通过经纪人办理结算，要特别注意账单寄送是否及时、有无截留保费和准备金返还时间等情况。对开出的信用证要加强管理，要注意货币兑换损益、兑换率的应用，密切注意通货膨胀对分入业务赔款计算的影响。

（三）分入业务的手续

当分入公司接到分出公司或经纪公司提出的分保建议，并经审查后，如不同意，应婉言拒绝。如同意接受，应告知接受成分，并进行登记和填制摘要表。

对于分出公司或经纪公司寄来的分保条、合同文本，接受公司要认真核对，签署后，一份自然归卷，其余退还。当接到有关修改合同条文和承保条件等的函电，经审核后，应电复证实，并对摘要表有关栏目进行更改和登记。对寄来的附约，经审核后一份自留，与合同一并归卷备查，其余归还。接受公司在收到业务账单，经审核无误后，要在统计表上登录，然后送会计部门记账和进行结算。

接受公司为了争取主动，在合同到期前，在合同规定的期限内，向对方发出临时注销通知，如经洽商同意续转，可将临时注销通知撤回。如不同意续转，可将临时注销通知作为正式通知，于是合同就告终止。

关于上述分入业务的函电文件的归档可能有两种情况：一是分散归档，即一部分由业务部门归档，如承保业务的函电、合同文本和出险通知等；另一部分由会计部门归档，如业务账单等。二是集中归档，特别是在已建立电子计算机系统，业务账单是由业务部门输入而无须送交会计部门的情况下，可全由业务部门按合同分别归档。

有时，分出公司和接受公司可能对分入业务发生争执甚至进行诉讼。在有必要查阅原始函电文件和核对有关业务数字的情况下，集中归档比分散归档较易查找，从而有利于搞清情况和解决争执。

（四）分入业务统计和分析

分入业务的统计分析是经营管理的一个重要环节。分入业务的统计不仅要求反映一般业务情况，而且还要为承保、管理和分析提供必要的资料，从而达到改善经营管理、提高经济效益的目的。分入业务的统计工作包括基础统计和综合统计两方面。

1. 基础统计。基础统计是对每个合同和每笔业务的统计以及经营成果的计算。统计的项目有保费、手续费、赔款、经纪人手续费、准备金和余额等。基础统计的货币单位应按原币计算，这样业务就不至于受汇率变动的影响。资料来源是分出公司或经纪人送来的业务账单、现金赔款通知和出险通知等。其手续是依据这些资料所提供的数字在统计表格的有关项目内进行登录，在会计年度终了时将其加总，并按规定的汇率折成统一的货币，以便汇总进行综合统计。

2. 综合统计。综合统计是在基础统计的基础上，按业务年度、业务种类和分保方式或其他要求，如按国家和地区等将其汇总以全面地反映各种业务的经营情况。

为了便于汇总，综合统计应以某一单一货币为单位，如美元，并规定各种货币对美元的兑换率作为记账汇率。

综合统计的分类或层次有以下几种情况：

（1）按业务年度、业务种类和分保方式的统计。

（2）按合同经营成果的统计。这是根据基础统计方面的合同经营成果，按业务种类和方式的汇总统计，以便进一步了解业务盈亏的全面情况。

（3）按会计年度的统计。按会计年度的汇总统计，反映公司资产、负债与偿付能力的情况。在基础统计方面，对各种业务情况是按业务年度统计的。按会计年度统计是在会计年度终了时分别按业务种类，将各个业务年度情况进行汇总统计，以了解该会计年度各种业务总的情况。两种统计方式的汇总全面地反映了业务经营真实的经济效益。

（4）按国家和地区的统计。这是指分国家或地区进行的统计，如美国、加拿大、英国、法国等，以便了解各地区业务发展趋势和机构设置的情况。

（5）按经纪人的统计。这项统计是为了便于了解经纪人介绍分入业务情况。

（6）按分出公司的统计。这是为了了解各个分出公司业务的情况。

以上是一般的分类方法，接受公司可视其接受业务的实际情况，参考上述分类和统计表格，制定出合适的统计制度和统计表格。

【思考与练习】

1. 承保在保险行为中的重要性是什么？承保的要求有哪些？
2. 核保的原因及作用是什么？
3. 产险、寿险核保的内容有何异同？
4. 简述承保风险的控制。
5. 防灾防损的概念是什么？
6. 理赔对保险人有何意义？
7. 理赔程序是什么？
8. 简述再保险中的分人业务管理。

第八章
保险公司财务管理

本章知识结构

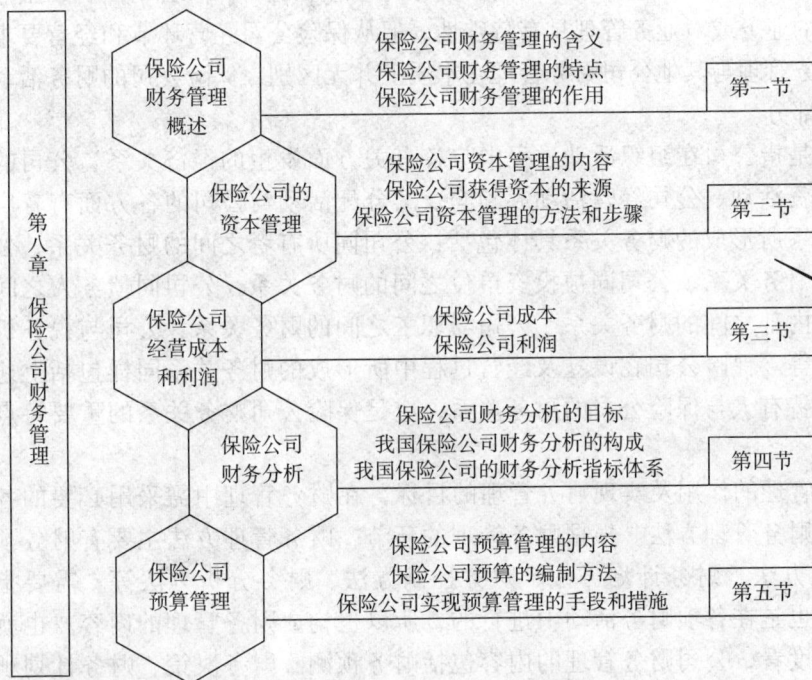

```
                    ┌─ 保险公司     ┐  保险公司财务管理的含义
                    │ 财务管理     ├  保险公司财务管理的特点    [第一节]
                    │ 概述        ┘  保险公司财务管理的作用
                    │
                    ├─ 保险公司的   ┐  保险公司资本管理的内容
                    │ 资本管理     ├  保险公司获得资本的来源    [第二节]
第八章              │             ┘  保险公司资本管理的方法和步骤
保险公司            │
财务管理            ├─ 保险公司     ┐  保险公司成本
                    │ 经营成本     ├                          [第三节]
                    │ 和利润       ┘  保险公司利润
                    │
                    ├─ 保险公司     ┐  保险公司财务分析的目标
                    │ 财务分析     ├  我国保险公司财务分析的构成  [第四节]
                    │             ┘  我国保险公司的财务分析指标体系
                    │
                    └─ 保险公司     ┐  保险公司预算管理的内容
                      预算管理     ├  保险公司预算的编制方法    [第五节]
                                  ┘  保险公司实现预算管理的手段和措施
```

本章学习目标

- 掌握保险公司财务管理的特点
- 掌握保险公司成本、费用和利润的分类方式
- 熟悉常见的保险公司财务评价指标体系
- 掌握使用指标体系评价一家保险公司财务状况及经营状况的方法
- 了解保险资金的来源以及投资渠道
- 掌握有关保险公司预算管理的编制程序及方法

第一节　保险公司财务管理概述

一、保险公司财务管理的含义

所谓公司财务管理是公司组织财务活动，处理财务关系的一项经济管理活动。公司财务活动是以现金收支为主的公司资金收支活动的总称。公司经营活动不断进行，也就会不断产生资金的收支。公司资金的收支构成了公司经济活动的一个独立方面，这便是公司的财务活动。一般而言，公司财务活动分为：公司筹资引起的财务活动、公司投资引起的财务活动、公司经营引起的财务活动、公司分配引起的财务活动。上述财务活动相互联系又有一定的区别，构成了完整的公司财务活动。这些财务活动所体现的资金及其收支就是公司财务管理的对象，也构成公司财务管理的基本内容：即公司的筹资管理、公司投资管理、公司营运资金管理、利润及其分配管理。对于保险公司而言，虽然引起公司财务活动的业务或对业务管理具有特殊性，但从保险公司经营环节和经营要求上看，保险公司财务管理与其他公司财务管理在本质上并无区别，保险公司的财务活动同样分为上述四个部分。

公司财务关系是指公司在组织活动过程中与各有关方面发生的经济关系。公司的筹资活动、公司投资活动、公司经营活动、利润及其分配活动与公司的各方面有着广泛的联系，这种联系所形成的财务关系具体包括：公司同所有者之间的财务关系、公司同债权人之间的财务关系、公司同被投资单位之间的财务关系、公司同债务人之间的财务关系、公司内部之间的财务关系、公司与职工之间的财务关系、公司与税务机关之间的财务关系等。保险公司在设立及经营过程中所形成的财务关系同样包括上述几个方面，而保单持有人与保险公司的财务关系，应是保险公司财务关系的重要特点之一。

为了发挥财务管理的作用及实现财务管理的目标，在财务管理中需采用必要的各种技术和手段，即财务管理方法。根据财务管理的环节，财务管理方法主要有财务预测方法、财务决策方法、财务计划方法、财务控制方法、财务分析方法等。需要指出，这些方法使用也是在各项财务活动中进行的，所以也构成财务管理的内容。也就是说，从广义的角度看，公司财务管理的内容包括财务预测、财务决策、财务计划预算、财务控制、财务分析等。对于保险公司而言，大量的资产表现为货币资产，同时因其经营特殊性，与其他金融机构相似，更多地强调资金的成本与效益，所以财务预测、财务决策、财务计划预算、财务控制、财务分析等管理活动，对提高保险公司财务管理水平及有效实现财务管理目标具有特殊意义。其中财务决策中的筹资及风险容忍度决策、投资决策、精算假设决策、盈利分配决策等，是保险公司财务管理的重要内容。

具体而言，保险公司财务管理包括资金筹集、资产和负债管理、成本费用管理、财务成果的管理，以及预算管理等。资金筹集，或叫筹资决策，是预测资金需求量并保证公司经营活动对资金的需求。筹资决策的形式有发行次级债、发行股票和财务再保险。通过筹资决策,保险公司将在合理考虑资本结构和资本安排的基础上,安排公司将在何时以何方式筹集多少资金。保险公司资产管理的核心是资金运用管理。资金运用管理中的投资决策对保险公司的经营至关重要,特别是在承保利润较低的大背景下,投资收益已经成为寿险公司盈利的最主要来源。成本费用管理直接涉及保险公司的管理水平及财务管理的能力。盈利分配决策是指股利分配和盈余分配,前提是公司在上一会计年度产生利润。盈利分配应当综合考虑公司的战略发展长期需求以及各相关方的利益。

由于资产业务的有效性及财务稳定性的重要性是保险经营中的突出问题,保险资金运用管理与偿付能力管理成为保险公司财务管理的重要内容。为此,本书将保险投资运用管理作为第九章,将保险偿付能力管理作为第十章而分别介绍。本章主要介绍财务管理中的资本融资、成本、财务分析及预算管理。

二、保险公司财务管理的特点

由于保险公司经营活动的特殊性,保险公司财务管理与一般工商企业财务相比较,具有自身的特点。

(一) 保险公司资金流具有特殊性

一般工商企业,其资金运动是由货币资金购进原材料(或商品),经过产品生产(或商品运输整理)和销售,又回到货币资金,如此循环。但保险公司承保业务所产生的现金流转恰恰相反。首先,在保险公司承保业务产生现金流的时间上,通常保费收取在先,赔偿或给付在后,所以其现金流入先于现金流出,这样的时间差距体现为保险业务经营成本的滞后性。并且不同类别的险种,其现金流也有差别。人寿保险业务的保险期限较长,其现金流入相对长期、稳定,现金流出通常在几年或几十年后,而财产保险期限大多为一年期或一年期以内,而且财产保险的现金流入一般是一次性。其次,在保险业务产生现金流的金额上,具有较大波动性。由于风险的不确定性,保险金赔付所产生的现金流出在金额和时间上都具有很大的不确定性。这种波动性或不确定性就可能影响保险公司的偿付能力。对于一家保险公司,具有偿付能力不仅仅是指资产超过负债。保险公司资产的充足还需要以现金形式表现出来,这样保险公司在负债到期时才能履行给付。如果没有充足的现金资产,即使资产超过负债,保险公司同样无法偿还债务。不能马上偿还债务时,保险公司要么立即出售资产(可能遭受损失),要么通过借债来解决。因此,为了确保公司的偿付能力,保险公司应该保持充足的资产流动性,而现金是最具有流动性的资产。保险公司财务经理的重要任务是要寻找一个合适的流动性水平,使得公司既能偿还当前的债务,又能赚取投资收益。

(二) 保费收入确认具有复杂性

正确地确认保险公司的保费收入和集体责任准备金,是保险公司财务管理的重要组成部分。其中,保费收入主要来自新承保业务和续期业务的保费缴纳,按照权责发生制,保险公司收取的保费不能立即确认为收入。其代表着保险公司对保单持有人的保障义务,随着保险义务的履行,保费才逐渐按比例转化为保险公司实现的已赚收入。而由于保费收入是在签发保单时入账的，保险责任则要延续到保险期终，保单的有效期与会计年度往往不一致，对于会计年度尚未到期的保单应承担的责任为未到期责任。按照会计制度规定的权责发生制的要求，未来正确计算各个会计年度的经营成果，要把不属于当年收益的保费以未到期责任准备金的形式从当年的保费中提出，作为下一年度的收入，同时应将上一年度提存的未到期责任准备金记作本年收入。

（三）保险公司利润与精算有相关性

实现营业利润是保险公司财务管理的目标之一。影响利润的因素多种多样，其中精算因素是最重要的一点。准备金提取和利润高低存在直接关联，在精算假设前提下，提取的准备金过低，负债被低估，盈利被高估，可能导致公司盈利通过税金和分红等形式流出，形成虚假繁荣；相反，若提取的准备金过高，虽然可以实现稳健经营和合理避税，然而却减少了公司利润，降低了公司潜在投资者对公司的预期，不利于长期发展。

（四）需要满足更加严格的财务监管

为保证保单持有人的利益，各国都非常重视对保险公司的财务监管。例如以偿付能力为核心的监管，非常强调对保险公司财务的监控和评估，包括财务报告监管、投资监管、资产评估、责任准备金监管、资本和盈余监管等。在美国，为了保障保单持有人利益，保证保险公司的偿付能力，除一般公认的会计准则（GAAP）外，还专门制定《保险业法定会计准则》（SAP），保险公司需要满足双重监管标准。

（五）保险精算对利润的影响

保险公司提取的准备金与公司盈利之间存在此消彼长的关系，所以，精算在保险公司核算体系和方法中具有重要的影响。中国保监会颁布的《关于保险业做好〈企业会计准则解释第 2 号〉实施工作的通知》（〔2010〕6 号），要求各公司建立准备金计量的流程和内控体系，确保准备金计量真实、公允，有效防范准备金计量的随意性。准备金计量工作由董事会负总责，管理层、职能部门和经办岗位分级授权、职权分明、分工合作、相互制约。此外，公司的总精算师和财务责任人应当保持专业判断的独立性。如董事会和公司管理层确定的会计政策和会计估计违反会计准备有关规定的，总精算师和财务责任人应当及时向董事会、总经理提出纠正意见；董事会和总经理没有采取措施纠正的，应当及时向保监会报告，并有权拒绝在相关文件上签字。

三、保险公司财务管理的作用

保险公司的财务状况与该企业经营成果基本上是一致的。保险公司财务状况的好坏是其业务经营成果的直接反映；反过来，保险公司业务经营的好坏又受财务状况的制约。可见，保险公司的财务管理，对其业务经营关系十分重要。其主要作用有以下几点。

（一）满足保险公司业务经营资金的需要

保险公司财务管理工作的主要作用就在于它通过正确组织资金供应，把资金管好、用好，及时满足保险公司业务经营的实际情况，把一切经营收支纳入财务计划，做到有计划组织资金供应和使用，从而可以保证资金需要，并可以合理节约使用资金，提高资金的使用效果。

（二）监督保险公司的经营活动，改善经营管理

保险公司同政府、企业及居民个人的经济联系，都是通过货币来进行的。保险公司通过收取保费和支付赔款，可以全面地反映保险公司同各部门之间的经济关系。此外，保险公司通过加强财务管理，就可以正确地组织货币收支，监督本企业的经济活动，促使本企业内部各职能部门不断改善经济管理，提高经营管理水平。

（三）有利于加强经济核算

经济核算与财务管理之间的关系极为密切。经济核算所确定的经济关系，即财务关系，都必须借助于货币的形式来反映和度量。因此，保险公司加强财务管理，通过制订财务计划并对执行情况进行监督和检查，可以起到加强保险企业经济核算的作用。

四、保险公司的财务管理目标

财务管理目标是公司进行财务管理所要达到的目标，是评价公司财务管理活动是否合理及有效的标准。它决定着公司财务管理的方向。

由于公司处于不同阶段，或战略目标不同，公司财务管理的目标也会有偏差。一般来说，最具有代表性的财务管理目标主要有三种提法：即公司利润最大化、股东利益最大化、公司价值最大化。但通常说，公司财务管理的目标就是实现公司价值最大化。公司价值最大化是通过公司的合理经营和管理，采用最优的财务决策，在考虑资金的时间价值和风险报酬的情况下不断增加财富，使公司总价值达到最大化。在股份有限公司中，公司的总价值可以用股票市场价值来代表。

公司价值最大化作为公司财务管理的目标，其好处是可促使整体社会财富不断增加。同时，公司价值最大化既考虑过去的利润水平，又注意未来利润水平对公司价值的影响，可以预防公司的短期行为。

关于公司价值的含义及公司价值管理，在本书的第十三章保险公司价值管理中将作专门介绍。

第二节　保险公司的资本管理

保险融资是保险经营的重要环节，是保险公司通过一定方式向外融通其资金的活动，它体现保险公司主动调节风险和资金二者关系的本质要求。保险融资的主要体现形式为保险公司资本管理，本节将从资本的来源、资本的形式和资本管理方法出发，介绍保险公司资本管理的核心内容。

保险公司的资本管理是保险公司财务管理中的一项重要职能。保险公司必须首先分析自己的财务风险和资本需求，评估当前和将来的财务状况。其次，保险公司必须制订和实施相关计划，将当前的资本状况转变为自己所期望的资本状况，从而完成财务管理的目标。

一、保险公司资本管理的内容

（一）资本管理的定义

资本管理是指用于规划、获取和控制保险公司资金的管理体系。短期资金的管理则被称为现金管理、资金管理或营运资本管理。资本管理决策的核心是偿付能力、获利能力平衡原则，资本规划活动也依赖于评估资本金额和风险暴露的各种方法。

从监管角度看，资本管理涉及以保险监管部门对保险公司成立的资本要求、公司治理的股权要求、公司偿付能力对资本的要求等多方面内容。

（二）资本管理的主要影响因素

理论上说，影响保险公司在经营过程中资本增减的主要因素是监管部门对偿付能力管理规定及公司对偿付能力管理规定的要求。具体而言包括以下方面。

1. 公司未来的发展需求。对保险公司而言，保单的销售仅仅是经营过程中的一个环节，前期和后期的多种因素都将影响最终的亏损或盈利。公司的规模越大，对资本金的要求越大。相反，公司的发展规模小，发展速度慢，对资本金的需求较小。

2. 保险公司的盈利能力。保险公司的盈利能力越强，其对资本金的需求就越低；反过来，如果盈利能力越低，那么对资本金的需求就越高。

3. 保险公司的风险暴露。如果保险公司的风险暴露程度增加，说明公司需要更多的资本金以应对不同的风险。相反，当风险降低，资本金需求也将减少。

4. 产品期限结构。短期类、返还型产品对资本的要求较高，而长期型产品对资本的需求较少。储蓄类产品相对于保障类产品而言，对资本的需要较高。

二、保险公司获得资本的来源

（一）内部来源

保险公司可以从内部来源中获得新资本，即通过公司的经营获得所需的资本金，主要是营利性的经营活动。除此之外，保险公司增加内部资本来源的方法有三种。

1. 留存收益。包括从产品经营中获得的留存收益，通过资产出售中获得的留存资本收益，减少股息派发。

2. 隐蔽资本。主要方法为，条件许可时，降低提存的准备金或增加资产的价格。

3. 减少风险暴露。即另外一些通过内部来源增加资本的手段，从根本上改善经营。[1]

（二）外部来源

保险公司资本的外部来源包括股票筹资、次级债、证券化、再保险等多种方式。

1. 股票筹资。保险公司通过发行股票上市筹资，不仅可以使保险公司永久性地占有这一部分资金，无须还本，而且还可以通过溢价发行增加公司股票融资收益，使保险公司的资本筹集迅速实现扩张。上市融资不仅具有较高的直接收益，而且还促进很多间接收益。因此，长期来看，在成本收益的比较中，保险公司发行上市是一种较好的策略。

2. 次级债。次级债是指保险公司为了弥补临时性或者阶段性资本不足，经批准募集期限在五年以上（含五年），且本金和利息的清偿顺序列于保单责任和其他负债之后、

---

① 陈兵：《保险公司财务管理》，第 485～486 页，北京，中国财政经济出版社，2010。

先于保险公司股权资本的保险公司债务。发行次级债的主要好处在于：一是有利于提高保险公司的偿付能力。次级债作为一种特殊的金融工具，具有与资本相类似的特点，在偿付能力评估时被计入附属资本，可以提高对被保险人的保障程度。二是有利于促进中国保险业的发展。保险公司作为一种高负债率经营和以风险为管理对象的金融机构，决定了其发展越快，规模越大，同时对资本金的需求就越大的特点，保险监管部门借鉴国际通行做法，允许保险公司发行次级债，将有效缓解中国保险公司在快速发展过程中对资本金需求快速增加的问题，促进中国保险业的持续健康发展。三是有利于整个资本市场的发展。目前中国资本市场除股票、债券之外，长期投资品种很少，保险公司发行的次级债作为一种长期金融工具，丰富了资本市场的品种结构，将促进整个资本市场的活跃和发展。

根据《保险公司次级定期债务管理办法》（2013 年版），保险公司偿付能力充足率低于 150% 或者预计未来两年内偿付能力充足率将低于 150% 的，可以申请募集次级债。

保险公司申请募集次级债，应当符合下列条件：

（1）开业时间超过三年；

（2）经审计的上年度末净资产不低于人民币 5 亿元；

（3）募集后，累计未偿付的次级债本息额不超过上年度末经审计的净资产的 50%；

（4）具备偿债能力；

（5）具有良好的公司治理结构；

（6）内部控制制度健全且能得到严格遵循；

（7）资产未被具有实际控制权的自然人、法人或者其他组织及其关联方占用；

（8）最近两年内未受到重大行政处罚；

（9）中国保监会规定的其他条件。

3. 保险负债证券化。资产证券化是近几十年国际金融领域最重要的一种金融创新，它于 20 世纪 70 年代在美国产生，90 年代开始迅速发展。它是指将缺乏流动性但具有某种可预测现金收入属性的资产或资产组合，通过创立以其为担保的证券，在资本市场上出售变现的一种融资手段。当保险公司现金流不足时，可以将保单贷款证券化。具体运作时，首先要将保单贷款进行组合打包，将期限类别相近的保单贷款结合起来；其次要成立一家专门的公司，它只从事购买证券化的资产，并以此为担保发行证券的业务。该证券将来以保单贷款本金和利息产生的现金流量来支付投资者的收益。保单贷款证券化的主要动力是缓解公司的现金流压力，从目前看证券化的成本较高，离广泛应用存在一定距离。

4. 再保险。再保险可以分为传统再保险和财务再保险两大类。传统再保险是保险公司转移承保风险的主要工具，而财务再保险具有较强的融资特征，可以转移保险公司的财务风险，通过保险人支付再保险费给再保险人的方式，再保险人给原保险人提供资金融通，并对原保险人因财务风险导致的损失负责赔偿。所以，财务再保险是保险资金来源的一种方式，主要功能在于降低股东的资本投入及提高资本的回报率，改变险种的经营方式，对新业务提供资金协助。也就是说，通过财务再保险的安排，可以使保险公司未来的利润在当期实现；再加上保险公司已将负债分出，这样就可改善报表的结果。这是传统再保险与财务再保险最大的不同。

财务再保险转移风险的范围较传统再保险更加广泛，以下风险皆可承保：

（1）核保风险。核保风险源于某特定危险因素的预期损失与实际损失之间的不匹配。传统再保险即以转移核保风险为主，而财务再保险不限于此。

（2）时间风险。指理赔时间不确定而言，即预期理赔时间与实际理赔时间不同而产生的风险。

（3）利率风险。利率风险是指因资金运用的投资收益率无法达到预定水平而遭受损失的风险。

（4）汇率风险。指不同货币间币值变动导致以某种货币支付的赔款价值增加而产生损失的风险。

（5）信用风险。指再保险人丧失偿付能力致使原保险人无法获得补偿的损失风险。

上述后三项风险不是传统再保险承保的风险，但在财务再保险产品项下，这些风险都可以得到不同程度的保障。

概括而言，财务再保险商品特征，在于该商品之风险移转程度为"有限的（Limited）"，且在运用上由于采用多年期契约（Multi – year Contract），强调"时间价值（Time Value）"原理，同时以经验账户（Experience Account）方式与被保险人分享利润，因此，与传统再保险有明显的区别。

（1）有限的风险转移（Finite；Limited）。再保险人承担的可保风险是有限的，但承保范围扩大，包括财务风险等传统上的不可保风险。可保风险的转移是传统再保险固有的功能。保险监管机构和税收当局均以有无"风险的转移"作为是否是再保险的依据。

（2）承保期间一般较长（Multi – year Contract）。财务再保险商品主要是利用"时间的经过"的概念来分散风险（Spread Risk over Time），换句话说，也就是分保人将部分其所需承担的经营风险，经由订立财务再保险合约的方式移转给再保险人，再保险人再依契约安排，将此风险分散到各保险契约期间，以减轻分保人短期内资金调度及巨灾损失等财务危机，因此，该商品通常会设计成多年期保险契约。

（3）强调时间价值（Time Value）。时间价值原理是指理赔在时间上会创造收益，比如如果实际理赔时间比预期得要晚，则在资金运用上会产生额外收益。其再保险费可供投资运用的时间较长，所能创造的现金价值也较为可观。因此在实务上，再保险人会在订约时，将承保期间的预期投资收益（Expected Return on Investment）纳入再保险费估算考虑，以有效且公平地反映分保人的投保成本。

（4）分保人参与合约绩效分享。当合约期间届满，再保险人会检视承保期间经验账户中，获得的再保险费收入与所支付的理赔金额，若清算后尚有结余，或是当实际经验损失率低于预期损失率时，再保险人会将资金结余部分退还给分保人，使分保人分享再保险合约正绩效（Positive Results）所产生的利润。

三、保险公司资本管理的方法和步骤

管理保险公司的资本是保险公司最重要的财务职责，也是财务目标实现的重要方式，资本可以反映公司的经营情况和可持续发展能力。管理保险公司资本有以下几个步骤。

1. 分析公司的资本需求。首席财务官（CFO）的职责之一是按照内部风险管理要求、保监会监管要求和评级机构要求计算所需的资本数额，从而保证公司的持续经营。财务人员还应当在一个会计年度之初考虑业务增长需要投入的资本，以及为实现公司长期战略需要投入的资本。

2. 度量资本可能的预期收益。度量不同资本的收益率的不同，并进行风险调整。把资本预期收益相关内容列入公司的年度战略规划中。

3. 比较预期资本收益率和资本成本。资本成本是公司必须实现的最低资本收益率，是一个基准目标。公司通过比较资本成本和预期资本收益率，有助于判断公司是否获得了与风险相匹配的收益，即资本收益率必须超过资本成本。

4. 优化下一年度资本的使用方式。当资本赚取的收益率低于资本成本，公司就应当寻找更有效的资本使用方式，首席财务官及其团队应当放弃没有盈利能力的业务，提高资本收益，从而实现资本利用效率的最优和公司价值的最大化。

5. 安排必要的额外资本。在公司保费收入实现快速增长等情形下，为保证偿付能力，公司会需要大量资本，而安排必要的额外资本将是提高偿付能力、保证公司经营的必要。保险公司可以通过内部融资和外部融资两种方式筹措资金。

专栏 8 - 1
经济资本

经济资本又称风险资本，是与监管资本相对应的概念。从管理者的角度讲，经济资本就是用来承担非预期损失和保持正常经营所需的资本。经济资本是描述在一定的置信度水平上（如99%），一定时间内（如一年），为了弥补非预计损失所需要的资本。它是根据资产风险程度的大小计算出来的。计算经济资本的前提是必须要对风险进行模型化、量化。

经济资本 = 信用风险的非预期损失 + 市场风险的非预期损失
+ 操作风险的非预期损失

经济资本管理需要有效的企业管制、内部控制和外部监督相配合。具体而言，就是需要强大的 IT 体系、完整的管理信息体系、全面的财务管理体系、完善的绩效考核体系、独立的风险管理体系、主动的资产管理体系相配合，才能确保企业经理人的经营策略受到股东价值增值的导向约束，并且在短期规模增长和风险成本之间主动寻求平衡。

经济资本的主要作用是帮助保险公司更好地进行风险管理。首先，由于经济资本注重风险的模型化和定量计算，以严密的模型为依托，使风险计量更为谨慎、周密，因此，经济资本提高风险管理的精密度。其次，经济资本直接反映保险公司或者集团的风险状况。它可以方便地进行分解、合并，清楚地显示各部门和各项业务的风险水平，增强风险防范的主动性。再次，经济资本作为一种虚拟资本，当它在数量上接近或超过可用资本时，说明它的风险水平接近或超过其实际承受能力，这时要么通过一些途径增加实际资本，要么控制其风险承担行为。最后，经济资本参与业务战略规划。在制定战略规划时，不仅要考虑业务的发展，而且还要考虑业务发展与所面临的风险变化之间的关系，提高业务发展规划制定的科学性，推动保险公司或集团持续健康发展。

第三节　保险公司经营成本和利润

一、保险公司成本

成本是经济生活中存在的一个客观经济范畴，一般指生产者和消费者购置商品和劳务的货币价值。对于生产经营活动而言，产品成本是企业生产经营过程中耗费的资金总和。产品成本是衡量企业工作质量的一个重要标志。而由于保险产品是无形的，保险产品的成本并没有实体材料的耗费，而是赔偿或给付的保险金、佣金支出、营销费用等。

（一）保险公司成本的概念与内容

保险公司成本是指公司在一定期间内经营保险业务中所发生的各项支出，即保险公司发生的、会导致所有者权益减少的、与向所有者分配利润无关的经济利益的总流出。

就保险公司经营角度看，保险公司成本可分为三部分：业务支出、营业费用和各类准备金提转差。其中，业务支出主要包括赔款支出、手续费支出、税金及附加、分出保费等；营业费用包括业务宣传费、业务招待费、职工工资、差旅费、会议费等；准备金提转差包括未决赔款准备金提转差、未到期责任准备金提转差、长期责任准备金提转差等。

就财务分析的角度看，寿险公司的成本包括死伤医疗给付、满期给付、年金给付、退保金、赔款支出、手续费及佣金支出、寿险责任准备金提转差、未到期责任准备金提转差、未决赔款准备金提转差、长期责任准备金提转差、提取保险保障基金、税金及附加、业务及管理费、资产减值损失。非寿险公司的成本包括赔款支出、手续费支出、未决赔款准备金提转差、未到期责任准备金提转差、长期责任准备金提转差、提取保险保障基金、税金及附加、业务及管理费、资产减值损失。

✎ 专栏 8-2

关于成本的最新规定——企业会计准则第 25 号 原保险合同[①] ‖‖‖‖‖‖‖‖‖‖‖‖‖‖‖‖

原保险合同成本主要包括发生的手续费或佣金支出、赔付成本，以及提取的未决赔款准备金、寿险责任准备金、长期健康险责任准备金等。

保险人在取得原保险合同过程中发生的手续费、佣金，应当在发生时计入当期损益。

赔付成本包括保险人支付的赔款、给付，以及在理赔过程中发生的律师费、诉讼费、损失检验费、相关理赔人员薪酬等理赔费用。

保险人按照保险精算确定提取的未决赔款准备金、寿险责任准备金、长期健康险责任准备金，

[①]　资料来源：http：//kjs. mof. gov. cn/zhuantilanmu/kuaijizhuanzeshishi/200806/t20080618_ 46223. html。

计入当期损益。保险人应当在确定支付赔付款项金额的当期，按照确定支付的赔付款项金额，计入当期损益；同时，冲减相应的未决赔款准备金、寿险责任准备金、长期健康险责任准备金余额。保险人应当在实际发生理赔费用的当期，按照实际发生的理赔费用金额，计入当期损益；同时，冲减相应的未决赔款准备金、寿险责任准备金、长期健康险责任准备金余额。

保险人按照充足性测试补提的未决赔款准备金、寿险责任准备金、长期健康险责任准备金，计入当期损益。

保险人承担赔偿保险金责任取得的损余物资，应当按照同类或类似资产的市场价格计算确定的金额确认为资产，并冲减当期赔付成本。处置损余物资时，保险人应当按照收到的金额与相关损余物资账面价值的差额，调整当期赔付成本。

保险人承担赔付保险金责任应收取的代位追偿款，同时满足下列条件的，应当确认为应收代位追偿款，并冲减当期赔付成本：（1）与该代位追偿款有关的经济利益很可能流入；（2）该代位追偿款的金额能够可靠地计量。收到应收代位追偿款时，保险人应当按照收到的金额与相关应收代位追偿款账面价值的差额，调整当期赔付成本。

（二）保险公司成本管理

合理控制和管理保险成本，对保险经营合理化、取得最大经济效益具有决定性的意义。成本管理的目的是充分动员和组织企业全体人员，在保证产品质量的前提下，对企业生产经营过程的各个环节进行科学合理的管理，力求以最少的生产耗费取得最大的生产成果。成本管理是企业管理的一个重要组成部分，它要求系统而全面、科学而合理，它对于促进增产节支、加强经济核算，改进企业管理、提高企业整体成本管理水平具有重大意义。

具体到保险公司的成本管理，应遵守以下几条要求：

（1）严格遵守成本开支范围，不属于成本范围的开支，不得列入成本；属于成本范围的开支应及时进入成本，以保证成本的真实性。

（2）划分按比例支出和按比例预提的界限。

（3）划分资本性支出和收益性支出的界限。资本性支出不能列入成本。

（4）划分本期与下期的界限。同一计算期内成本与营业收入核算的起讫日期，计算范围口径一致，以贯彻配比原则。

（5）划分营业内与营业外支出的界限，以便正确地计算营业成本。

二、保险公司利润

（一）保险公司利润来源

1. 寿险业务的利源分析。死差益是指保险公司实际的风险发生率低于预计的风险发生率，即实际死亡人数比预定死亡人数少时所产生的盈余。当实际死亡人数多于预定死亡人数产生亏损时形成死差损。实际经营管理中，为确保死差益的获得，应加强核保环节，重视被保险人的风险选择，避免逆选择。

费差益为保费中扣除用于准备金积累部分后的额度与实际费用之间的差额。当预定费用超过实际费用时产生费差益，反之为费差损。为提高费差盈余，可以加强保险公司费用研究，使得产品定价尽可能合理；加强各环节的费用管理，提高使用效率，节约成本；提高产能，提高保单持续率。

利差益指当实际收益率高于预定收益率时，产生利差益。利差益与责任准备金有比例关系，为确保利差益，经营上应加强资金运用，对寿险资产进行有效的管理，使得投资资产在风险约束下实现收益最大化。

2. 产险业务的利源分析。产险业务相比寿险业务，主要的利润来源是承保收益，而非投资收益，因为产险业务的期限多为一年期或更多，产险资金运用较少。承保收益中，主要的利润来源有实际赔付率低于预期赔付率产生的收益，以及实际费用率低于预期费用率时产生的收益。

（二）保险公司利润构成

$$营业利润 = 营业收入 - 营业成本$$

营业收入由已赚保费、投资收益、公允价值变动收益、其他业务收入等组成，其中已赚保费是保费收入减去分成保费减去未到期责任准备金提转差。营业成本由退保金、赔付支出、摊回赔付支出、保险责任准备金提转差、摊回保险责任准备金、保单红利支出、税金及附加、佣金及手续费、业务及管理费用、摊回赔付费用、资产减值损失和其他业务成本组成。

$$利润总额 = 营业利润 + 营业外收入 - 营业外支出$$

$$净利润 = 利润总额 - 所得税费用$$

（三）保险公司利润分配

公司实现的利润总额交纳企业所得税后的数额，即为可供分配的利润。公司税后利润，除国家另有规定者外，应按下列顺序分配：

1. 抵补被没收的财务损失，支付各项税收的滞纳金和罚款、利差支出，以及保险监管部门对公司因少交或迟交保证金的加息。

2. 弥补公司以前年度的亏损。

3. 提取法定盈余公积。根据《中华人民共和国公司法》的规定，保险公司应按本年净利润的10%提取法定盈余公积。保险公司提取的法定盈余公积累计额超过其注册资本的50%以上的，可以不再提取。

4. 提取法定公益金。保险公司按本年实现净利润的5%~10%提取法定公益金，用于保险公司职工的集体福利设施。

5. 提取总准备金。保险公司按本年实现净利润的一定比例提取总准备金，用于巨灾风险的补偿，不得用于分红、转增资本。

6. 分配给投资者。保险公司提取上述内容后，可以按规定向投资者分配利润。其中，股份有限公司按下列顺序分配：（1）支付优先股股利；（2）提取任意盈余公积，保险公司根据章程或股东会议的决议可以提取任意盈余公积；（3）支付普通股股利。

7. 保险公司如果发生亏损，可以用以后年度实现的利润弥补，也可以用以前年度提取的盈余公积弥补。保险公司以前年度亏损未弥补完，不能提取上述内容。在提取上述内容以前，不得向投资者分配利润。

第四节　保险公司财务分析

一、保险公司财务分析的概念

保险公司财务分析就是通过对财务报表及有关财务信息进行对比，以揭示公司财务状况的一种方法。财务分析所提供的信息，不仅能说明公司目前的财务状况，更重要的是能为公司未来的财务决策和财务计划提供重要的依据。财务分析是财务管理的重要方法。

在进行分项财务分析时，主要包括偿债能力分析、获利能力分析、营运能力分析和发展能力分析。其中，偿债能力分析反映公司风险的大小，这是保险公司财务分析的重要内容，它决定了保险公司的资本目标。获利能力分析反映公司利润水平的高低。营运能力反映公司营运能力的好坏。发展能力反映公司发展的潜力。

在分析的基础上，保险公司定期向政府有关部门、保险监督管理部门、投资者以及其他财务信息使用者提供财务报告，为制定宏观经济政策、保险公司经营决策等提供有用的会计信息。

二、保险公司财务分析的指标及作用

财务分析通常是按一定的指标进行的。如何设计并确定指标，通常取决于不同的目的和要求。

保险公司财务分析指标体系的主要作用有：一是评价作用。建立保险公司的财务分析指标体系后，对任何保险公司，我们均可进行系统的、科学的评价，并将评价结果以指标体系的形式加以量化，即评价结果不仅是定性的，而且是定量的，这就有助于我们全面准确地掌握保险公司的财务状况，客观地评估它们的经营业绩。二是监管作用。建立保险公司财务分析指标体系后，保险监管部门和政府其他有关部门可定期评价、监督保险公司的经营活动，对发现的问题，可通过法律手段及时予以调控，促使保险公司健康发展。三是引导作用。保险公司财务分析指标体系提供了一套评价保险公司财务状况及经营活动的科学标准。为了自身长远的利益，大多数保险公司将会按指标体系的要求来从事保险经营活动。同时，保险监管部门也可运用财务分析指标体系来评价保险公司的经营行为，制定出相应的政策和措施，引导保险公司健康发展。四是决策参考作用。保险公司财务分析指标体系不仅能对保险公司过去已完成的经济活动进行总结、回顾和评价，还可以对其未来的发展趋势进行预测和展望。财务分析指标体系所揭示的这些信息，可以为保险公司各个利益主体在作各种决策时提供参考。

保险公司财务分析指标体系应符合以下几点要求：第一，财务分析指标体系应当反映经营管理当局、监管机构、投资人、投保人、债权人等不同利益主体的要求，满足他们从各个不同角度评价保险公司的需要；第二，财务分析指标体系既要反映出保险公司经营活动的全貌，也要反映出保险公司经营各个环节上的效率水平，以利于保险公司运用指标体系不断加强经营管理，作出各种有针对性的决策；第三，财务分析指标体系应随保险业的发展而变化，随保险管理水平的提高而不断完善，但是其变动不宜过于频

繁，每次变动的面也不宜过大，应保持一定的稳定性。

三、我国保险公司财务分析的构成

（一）保险公司财务会计报告体系

保险公司可以区分为上市保险公司和非上市保险公司，其中，除向监管部门定期提交财务会计报告之外，上市保险公司在财务报告和公开披露方面有更高的要求。按照《中华人民共和国证券法》（以下简称《证券法》）、《企业会计准则——第25号》的有关规定，上市保险公司每个会计期间要求对外提供定期报告和临时报告。

1. 年度报告。根据《证券法》、《公开发行股票公司信息披露的内容与格式准则第2号——年度报告的内容与规定》等规定，上市公司应当在每个会计年度结束后120日内编制完成年度报告。在召开年度股东会之前至少20个工作日，公司应将不超过5 000字的报告摘要刊登在至少一种由证监会指定的全国性报纸上，同时将年度报告置于公司所在地、挂牌交易的证券交易所、有关证券经营机构及其网点，以供股东和公众查阅。上市保险公司还要披露：公司概况；公司股本变动及股东情况；涉及公司的重大诉讼、仲裁事项；报告期内公司收购及出售资产、吸收合并实现的简要情况、进程，以及对公司经营财务状况的影响；重大关联交易事项；股东大会简介；董事会及监事会报告；各项准备的计提方法、计提比例；保险资金的运用情况；境内外同业拆入、拆出资金情况；应收保费、应付保户利差情况；偿付能力情况；等等。

2. 中期报告。中期报告包括半年度报告和季度报告。上市保险公司中期报告的内容与年度报告的内容相似，公司编制的中期财务报告，至少应当包括资产负债表、利润表、现金流量表和会计报表附注四个组成部分。同时，保险公司还应概况披露公司核心能力，管理当局对公司信息的分析、背景信息、社会责任信息等非财务信息，以满足各种信息需求者的决策需要。

3. 临时报告。临时报告主要是为了向社会公众公开最新信息，尤其是公司发生对争取投资判断有影响的特别事项时，弥补定期报告难以适应市场变化的不足的报告义务。根据我国《公开发行股票公司信息披露实施细则》的有关规定，上市公司的临时报告分为两种，一种是重大事件公告，另一种是公司收购公告。

（二）保险公司财务会计报告的内容

1. 资产负债表。资产负债表是反映公司在某一特定日期财务状况的会计报表。它是根据"资产＝负债＋所有者权益"编制而成，属于静态财务报表。通过资产负债表，提供公司的财务信息，包括：

（1）资产，反映公司掌握的经济资源，说明公司偿还债务的能力；

（2）负债，反映公司负担的债务，显示公司长期债务和短期债务的数目；

（3）所有者权益，反映公司所有者在企业所持有的权益；

（4）不同时期相同项目的横向对比，客观表现公司财务状况的变动。

资产负债表各项目的编制，根据资产、负债、所有者权益三大类要素相应各个总账及明细分类账户的期末余额填列。表8-1以××寿险公司2015年度公开财务报表为例，列举资产负债表各项目及其明细。

表 8 – 1　　　　　　　　　　××寿险公司 2015 年度资产负债表　　　　　单位：元

资产	2015 年	负债及股东权益	2015 年
资产：		负债：	
货币资金	76 265	以公允价值计量且其变动计入当期损益的金融负债	856
以公允价值计量且其变动计入当期损益的金融资产	137 982	卖出回购金融资产款	31 354
买入返售金融资产	21 503	预收保费	32 266
应收利息	49 259	应付手续费及佣金	2 598
应收保费	11 913	应付分保账款	196
应收分保账款	37	应付职工薪酬	6 065
应收分保未到期责任准备金	87	应交税费	5 858
应收分保未决赔款准备金	50	应付赔付款	30 092
应收分保寿险责任准备金	82	应付保单红利	107 774
应收分保长期健康险责任准备金	1 164	其他应付款	5 265
其他应收款	14 488	保户储金及投资款	84 092
贷款	207 267	未到期责任准备金	7 944
定期存款	562 622	未决赔款准备金	9 268
可供出售金融资产	770 516	寿险责任准备金	1 652 763
持有至到期投资	504 075	长期健康险责任准备金	46 010
长期股权投资	47 175	长期借款	2 643
存出资本保证金	6 333	应付债券	67 994
投资性房地产	1 237	递延所得税负债	16 953
在建工程	7 565	其他负债	12 096
固定资产	19 043	独立账户负债	14
无形资产	6 193	负债合计	2 122 101
其他资产	3 445		
独立账户资产	14	股东权益：	
资产总计	2 448 315	股本	28 265
		其他权益工具	7 791
		资本公积	54 974
		其他综合收益	30 142
		盈余公积	53 026
		一般风险准备	25 239
		未分配利润	123 055
		归属于母公司股东的股东权益合计	322 492
		少数股东权益	3 722
		股东权益合计	326 214
		负债及股东权益总计	2 448 315

2. 利润表。利润表是反映公司在一定期间经营成果的会计报表，它是根据"收入 – 费用 = 利润"的公式，按照一定标准和顺序将一定期间的收入、费用和利润等各项会计要素排列而成。利润表反映出公司的经营成果，也可以说明公司经营过程和盈亏原因。利润表报告了公司一个阶段的经营成果，是动态财务报表。

通过利润表可以反映以下财务信息：

（1）反映公司的收益能力，为公司分配经营成果提供了重要依据；

（2）反映公司财务成果及其构成情况，据此评价经营活动的绩效；

（3）反映公司经营成果和获利能力，为有关各方提供决策的依据；

（4）预测公司未来的现金流量，反映公司的偿付能力；

（5）为政府管制提供信息。

利润表分为单步式和多步式两种，单步式将所有收入及所有费用和支出分别汇总，两者相抵得出本期净利润。多步式根据收入和费用相互配比的原则，按照利润的构成分为承保利润、营业利润、利润总额、提取资产减值准备后利润总额、净利润几个步骤，目前保险公司采用多步式利润表。多步式利润表如表 8 – 2 所示。

表 8 – 2	××寿险公司 2015 年度利润表	单位：元
项目	2015 年度	2014 年度
一、营业收入	511 367	445 773
已赚保费	362 301	330 105
保险业务收入	363 971	331 010
其中：分保费收入	2	7
减：分出保费	(978)	(515)
提取未到期责任准备金	(692)	(390)
投资收益	145 543	107 793
其中：对联营企业和合营企业的投资收益	2 984	3 911
公允价值变动损益	(2 150)	3 743
汇兑损益	812	268
其他业务收入	4 861	3 864
二、营业支出	(465 354)	(405 520)
退保金	(106 672)	(97 685)
赔付支出	(134 491)	(109 371)
减：摊回赔付支出	394	327
提取保险责任准备金	(111 799)	(108 606)
减：摊回保险责任准备金	349	41
保单红利支出	(33 491)	(24 866)
税金及附加	(4 681)	(1 924)
手续费及佣金支出	(35 569)	(27 147)

续表

项目	2015 年度	2014 年度
业务及管理费	(28 323)	(26 212)
减：摊回分保费用	122	79
其他业务成本	(9 835)	(9 004)
资产减值损失	(1 358)	(1 152)
三、营业利润	46 013	40 253
加：营业外收入	199	321
减：营业外支出	(281)	(172)
四、利润总额	45 931	40 402
减：所得税费用	(10 744)	(7 888)
五、净利润	35 187	32 514
六、利润归属		
归属于母公司股东的净利润	34 699	32 211
少数股东收益	488	303
七、每股收益	61	
基本每股收益	人民币 1.22 元	人民币 1.14 元
稀释每股收益	人民币 1.22 元	人民币 1.14 元
八、其他综合收益	7 137	39 284
归属于母公司股东的其他综合收益的税后净额	7 076	39 232
以后会计期间在满足规定条件时将重分类进损益的其他综合收益（扣除所得税）	7 076	39 232
可供出售金融资产产生的利得金额	40 473	52 722
减：前期计入其他综合收益当期转入损益的净额	(24 189)	(5 357)
可供出售金融资产公允价值变动计入保单红利部分	(9 575)	(8 276)
按照权益法核算的在被投资单位其他综合收益中所享有的份额	364	143
外币报表折算差额	3	—
以后会计期间不能重分类进损益的其他综合收益（扣除所得税）	—	—
归属于少数股东的其他综合收益的税后净额	61	52
九、综合收益总额	42 324	71 798
归属于母公司股东的综合收益总额	41 775	71 443
归属于少数股东的综合收益总额	549	355

3. 现金流量表。现金流量表是反映公司会计期间内经营活动、投资活动和筹资活动对现金及现金等价物产生影响的会计报表，是动态报表。现金流量表的特征和作用有，以现金为编制基础，直观、确切地反映公司的支付能力；以收付实现制为编制原则，客观、真实地反映公司的财务状况；按经营活动现金净流量、投资活动现金净流量、筹资活动现金净流量等分段，能够客观地反映公司各项经济活动对公司现金流量净额的影响

程度。

现金流量表提供的信息包括：

（1）公司在一定时期内因经营活动而发生的现金收入来源和支出去向的信息，借此预测公司在未来期间产生现金流量的能力；

（2）反映公司现金增减变动的原因，分析在一定时期公司所产生的现金能否足够偿还债务和其他需要现金的预算支出，判断和衡量公司偿还债物的能力；

（3）反映公司净利润与经营活动所产生现金流量的差异及原因，确定公司的收益质量；

（4）提供了公司重要理财活动的信息数据，分析公司投资活动和筹资活动对财务状况的影响，有助于财务信息使用者设计决策模型，以评价和比较不同未来现金流量的价值以及投资的风险。

表 8 - 3   ××寿险公司 2015 年度现金流量表   单位：元

项目	2015 年度	2014 年度
一、经营活动产生的现金流量		
收到原保险合同保费取得的现金	379 802	339 186
保户储金及投资款净增加额	12 120	7 513
收到以公允价值计量且其变动计入当期损益的金融负债现金净额	403	9 704
收到其他与经营活动有关的现金	4 717	3 422
经营活动现金流入小计	397 042	359 825
支付原保险合同赔付等款项的现金	(236 688)	(204 618)
支付再保险业务现金净额	(347)	(133)
支付手续费及佣金的现金	(34 890)	(26 858)
支付保单红利的现金	(13 203)	(10 683)
支付给职工以及为职工支付的现金	(14 901)	(14 098)
支付的各项税费	(13 502)	(2 275)
支付以公允价值计量且其变动计入当期损益的金融资产现金净额	(86 773)	(9 895)
支付其他与经营活动有关的现金	(15 549)	(13 018)
经营活动现金流出小计	(415 853)	(281 578)
经营活动产生的现金流量净额	(18 811)	78 247
二、投资活动产生的现金流量		
收回投资收到的现金	655 846	490 917
取得投资收益收到的现金	90 516	83 161
处置固定资产、无形资产和其他长期资产收回的现金净额	199	437
处置子公司及其他营业单位收到的现金净额	3 875	—
投资活动现金流入小计	750 436	574 515
投资支付的现金	(654 095)	(621 619)

续表

项目	2015 年度	2014 年度
保户质押贷款净增加额	(11 305)	(13 478)
购建固定资产、无形资产和其他长期资产所支付的现金	(8 384)	(5 048)
支付买入返售金融资产现金净额	(9 605)	(3 627)
投资活动现金流出小计	(683 389)	(643 772)
投资活动产生的现金流量净额	67 047	(69 257)
三、筹资活动产生的现金流		
吸收投资收到的现金	2 630	1 358
其中：子公司吸收少数股东投资收到的现金	2 630	1 358
发行其他权益工具收到的现金	7 791	—
取得借款所收到的现金	—	2 881
收到卖出回购金融资产款现金净额	—	25 663
筹资活动现金流入小计	10 421	29 902
偿还债务支付的现金		(10)
支付卖出回购金融资产款现金净额	(13 757)	—
分配股利、利润或偿付利息支付的现金	(16 079)	(13 188)
筹资活动现金流出小计	(29 836)	(13 198)
筹资活动产生的现金流量净额	(19 415)	16 704
四、汇率变动对现金及现金等价物的影响额	241	10
五、现金及现金等价物净增加额	29 062	25 704
加：年初期初现金及现金等价物余额	47 034	21 330
六、年末现金及现金等价物余额	76 096	47 034

四、我国保险公司的财务分析指标体系

表 8 - 4　　　　　　　　我国保险公司财务分析指标体系

指标类别	核心指标	辅助指标
偿付能力指标	偿付能力充足率	流动比率、自留保费规模率、资产负债率
资产质量指标	不良资产风险率	非认可资产与认可资产比
盈利能力指标	净资产收益率	利润率、总资产收益率、综合费用率、综合赔付率、给付率、综合成本率
管理效率指标	退保率	退保率、应收保费周转率
资金运用指标	投资收益充足率	保险资金运用率、资金运用收益率
产品结构指标	期缴产品比例	险种组合变化率
经营稳健性指标	保费收入增长率	所有者权益增长率

（一）偿付能力指标

1. 偿付能力充足率。偿付能力是衡量保险公司财务状况时必须考虑的基本指标。偿付能力是保险人可以偿还债务的能力。公司的资产必须大于负债，认可资产总值与负债之间的差额就是保单所有人盈余。

偿付能力充足率指标是一代偿付能力指标体系下的核心指标。自保监会发布偿付能力二代指标体系以来，评价公司偿付能力的指标和数据变得多元而综合，从而使得监管机构可以从多个角度通过"偿二代"体系指标评价公司的经营情况和财务状况。

$$偿付能力充足率 = 实际资本/最低资本 \times 100\%$$

专栏 8-3

偿二代下偿付能力报告的相关要求 ▪▪

表 8-5　　　　　　　　偿二代下偿付能力报告的编制要求

编制内容	具体要求	说明
编报范围	保险公司和保险集团	仅经营受托型业务的养老保险公司不编制偿付能力报告
报送方式	纸质报告 + 电子文本	
实施要求	强化组织保障；明确职责分工；健全内控流程；提高信息化水平	

表 8-6　　　　　　　　偿二代下偿付能力报告的报送要求

企业性质	监管规则	报告时间	报送内容
保险公司	《保险公司偿付能力监管规则第9号：压力测试》《保险公司偿付能力监管规则第16号：偿付能力报告》	每季度结束后12日内	偿付能力季度快报
		每季度结束后25日内	偿付能力季度报告
		每年4月30日前	上一年度第四季度偿付能力报告的审计报告
		每年5月31日前	独立第三方机构审核的压力测试报告
保险集团	《保险公司偿付能力监管规则第17号.保险集团》	每年5月31日前	上一年度偿付能力报告
		每年9月15日前	半年度偿付能力报告

表 8-7　　　　　　偿二代体系下偿付能力情况样表（以季度报告为例）①

项目	期初数	期末数
认可资产	—	—
认可负债	—	—
实际资本	—	—
核心一级资本	—	—
核心二级资本	—	—

---

① 资料来源：http://www.circ.gov.cn/web/site0/tab5225/info4014885.htm。

续表

项目	期初数	期末数
附属一级资本	—	—
附属二级资本		
最低资本	—	—
量化风险最低资本	—	—
寿险业务保险风险最低资本		
非寿险业务保险风险最低资本		
市场风险最低资本		
信用风险最低资本		
量化风险分散效应		
特定类别保险合同损失吸收效应		
控制风险最低资本		
附加资本		
核心偿付能力溢额		
核心偿付能力充足率		
综合偿付能力溢额	—	—
综合偿付能力充足率		

2. 流动比率。流动比率又称短期偿债能力比率，衡量保险公司的流动资产在某一时点可以变现用于偿付即付即将到期债务的能力，表明保险公司每 1 元流动负债有多少流动资产作为支付的保障，流动比率应在 200% 以上。

计算公式为

$$流动比率 = 流动资产/流动负债 \times 100\%$$

3. 自留保费规模率。自留保费规模率是指公司当年自留保费与实收资本和公积金的比例。该项指标主要针对非寿险公司而言，指标值越高，则意味着保险公司承担的风险越大。因此，保险公司应具有与其业务规模相适应的最低偿付能力。我国《保险法》和《保险管理暂行规定》对该项指标所作的规定是：自留保费不得超过资本金加公积金总和的 4 倍。对于非寿险公司应以 400% 作为临界值。

计算公式为

$$自留保费规模率 = 当年自留保费/（实收资本 + 公积金）\times 100\%$$

4. 资产负债率。资产负债率是指公司负债总额与资产总额之间的比率，反映总资产中有多大比例是通过借债来筹划集的，也用来衡量公司在清算时保护债权人利益的程度。确定资产负债率的临界点很重要，过高的资产负债率必然导致保险公司的偿付危机，而过低的资产负债率又说明保险公司的资产未得到充分利用。为保证保险公司的偿付能力，非寿险公司该指标值的正常范围应小于75%，寿险公司的资产负债率可以适当高一些。

$$资产负债率 = 负债总额/资产总额 \times 100\%$$

（二）资产质量指标

1. 不良资产风险率。

$$不良资产风险率 = 年末不良资产余额/年末所有者权益 \times 100\%$$

不良资产余额为中国保监会监管报表中不良资产状况表的年末不良资产余额。该指标的正常范围应小于14%。

2. 非认可资产与认可资产比。

$$非认可资产与认可资产比 = 非认可资产/认可资产 \times 100\%$$

认可资产，也称为实际资产，是指具有清算价值或变现不会造成损失的资产。非认可资产是指不具有清算价值或变现可能造成损失的资产。认可资产与非认可资产应根据中国保监会颁布的保险公司资产认可标准确定。指标的正常范围应小于10%。

（三）管理效率指标

1. 退保率。

$$退保率 = 本年退保金支出/（年初长期险责任准备金 + 本年长期险保费收入 \times 100\%$$

该指标是寿险公司指标，正常范围应当小于5%。

2. 应收保费周转率。

$$应收保费周转率 = 本年应收保费/本年保费收入 \times 100\%$$

该指标是财产保险公司指标，正常范围应当小于8%。

（四）盈利能力指标

1. 净资产收益率。

评价盈利能力以净资产收益率作为核心指标，该指标反映保险公司运用投资者投入资本获得收益的能力。该指标应不低于同期银行存款利率。

$$净资产收益率 = 净利润/平均净资产 \times 100\%$$

2. 利润率。

$$利润率 = 净利润/营业收入 \times 100\%$$

3. 总资产收益率。

该指标用于衡量保险公司运用全部资产获利的能力。指标值越高，说明保险公司在增加收入和控制成本费用开支等方面越能取得良好效果。

$$总资产收益率 = 净利润/平均总资产 \times 100\%$$

4. 综合费用率。

综合费用率 = 综合费用/（本年自留保费 − 未到期责任准备金提转差 − 长期责任准备金提转差）$\times 100\%$

其中：

综合费用 = 营业费用 + 手续费支出 + 分保费用支出 + 税金及附加 + 保险保障基金 + 佣金支出 − 摊回分保费用

5. 综合赔付率。

综合赔付率是考核非寿险公司业务质量的指标，该指标值的正常范围应小于65%。

综合赔付率 = 综合赔款支出/（本年自留保费 – 未到期责任准备金提转差 – 长期责任准备金提转差）×100%

综合赔款支出 = 本年赔款支出 + 提存未决赔款准备金 – 转回未决赔款准备金 + 分保赔款支出 – 摊回分保赔款 – 追偿收入

6. 给付率。

给付率是考核人寿保险业务和长期健康险业务质量的指标。

给付率 = （满期给付 + 死伤医疗给付 + 年金给付）/寿险、长期健康险长期责任准备金 ×100%

7. 综合成本率。

综合成本率是目前衡量保险公司经营、盈利能力最重要的指标，也是公司实际经营品质的重要衡量标准。

综合成本率 = 综合费用率 + 综合赔付率

（五）资金运用效率指标

1. 投资收益充足率。

该指标用于衡量保险公司的资金运用收益是否足以支付与保单有关的各种利息支出需求。

投资收益充足率 = 资金运用净收益/有效寿险及长期健康险业务要求的投资收益 ×100%

资金运用净收益 = 利息收入 + 投资收益 + 买入返售证券收入 + 冲减短期投资成本的分红收入 – 利息支出 – 卖出回购证券支出 – 投资减值准备

2. 保险资金运用率。

保险资金运用率是指保险公司在一定时期内可增值资产占可运用资金的比例。

保险资金运用率 = 平均资金运用余额/平均可运用资产总额 ×100%

3. 资金运用收益率。

资金运用收益率是指保险公司在一定时期内投资所获得的收益占投资总额的比例。它是反映保险公司的资金管理水平和资金运用效益的重要经济指标，应当大于3%。

资金运用收益率 = 资金运用净收益/（本年现金 + 投资资产平均余额）×100%

（六）产品结构指标

产品结构指标不仅影响到公司的经营业绩，还关系到保险公司是否具有可持续发展的能力。调整产品结构，一方面需要降低投连险及银保业务等非传统型寿险的比例，另一方面需要提高非寿险业务比重。

1. 期缴产品比率。

期缴产品占比是体现公司产品结构最重要的指标，将影响下一年度乃至更长时间内的保费数据。

期缴产品比率 = 期缴保费收入/原保费收入 ×100%

2. 险种组合变化率。

险种组合变化率 = 所有单类险种保费收入变化率绝对值之和/险种种类数 × 100%

（七）经营稳健性指标

1. 保费收入增长率。

该指标用于衡量保险公司保费收入的变动情况，既不能过低，也不能过高。因为保费收入的增长，一方面表明保险公司业务的发展，有助于解决短期赔款支出；但另一方面，在资本金不变的情况下，保费收入的增加也意味着保险公司承担的债务以及潜在偿付风险的增加。这样，保费收入的增加对保险公司的经营管理、内部控制和资金运用形成了巨大的压力。

保费收入增长率 = （本年度保费收入 - 上年度保费收入）/上年度保费收入 × 100%

2. 所有者权益增长率。

该指标用于衡量保险公司财务状况的变化，该指标值的正常范围应大于零。

所有者权益增长率 = （本年度所有者权益 - 上年度所有者权益）/上年度所有者权益 × 100%

专栏 8-4
保险公司财务分析应重点关注的问题 ∥∥∥

1. 保险公司的偿付能力是保险公司生存和可持续发展的前提。一旦保险公司财务状况不稳定或出现危机，所损害的不只是公司的股东和保单持有者，甚至会影响社会经济生活安定。

2. 现金流量是决定保险公司支付能力的关键，现金流量的分析在保险公司财务报表中具有至尊的地位。保险企业的产品是无形的服务，其业务经营的过程实质上就是筹集、使用和分配保险资金的过程。保费收入是保险公司支付赔款和到期给付的预收资金，带有负债性质。保险公司的资金流动方向是收入在前、支出在后，不存在循环往复、周而复始的运动状况。

3. 保险准备金相关假设是关键会计估计。对保险行业，负债项目较一般行业重要，保险公司作为高负债的经营机构，适当的负债可以发挥财务杠杆效应。在保险公司负债中，占比例最大的是各种保险责任准备金。

第五节 保险公司预算管理

一、保险公司预算管理的含义和预算内容

预算是一种系统方法，用来分配企业的财务、实物和人力资源，以实现企业既定的战略目标。预算管理是指利用预算对企业内部各部门、各单位的各种财务及非财务资源进行分配、考核、控制，以便有效组织和协调企业的生产经营活动，完成既定的经营目标。预算管理的工作保证了公司整体战略的实现，为具体的执行过程提供了目标和基

准。预算管理与企业战略管理的关系及流程如图 8 – 1 所示。

预算的内容包括业务方面的收入预算、采购预算、费用预算，也包括财务方面的资金预算、利润预算、现金流量表预算和资产负债表预算。总体分为以下两部分。

（一）经营预算

经营预算是保险公司日常经营和管理的财务预算，主要包括：生产预算，即公司在预算期间内所要达成的生产规模及产品结构的预算；产品成本预算，即根据销售的保险产品的数量和种类作出的有关销售成本、直接人工、风险保障费用的预算；费用预算，根据保险经营的情况对管理费用、经营费用和财务费用作出的预算；资本支出预算，根据长期经营情况所作的固定资产更新、改建预算；现金预算，根据日常经营预算和资本支出预算所作的现金流入、流出、筹资的预算。

（二）报表预算

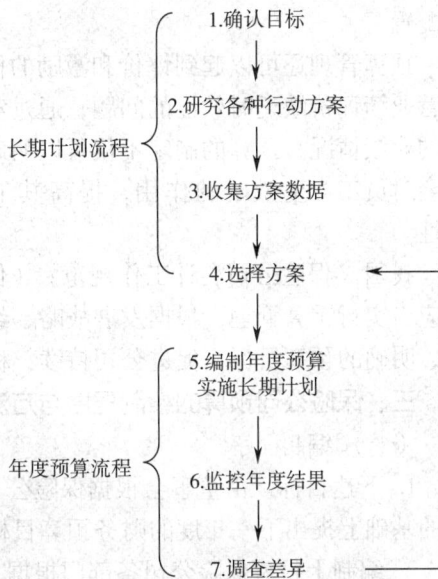

图 8 – 1　预算管理流程[①]

报表预算以预算资产负债表、预算损益表、预算现金流量表的形式体现。预算资产负债表是根据期初实际资产负债表及当期的销售预算、经营预算、资本支出预算、筹资预算进行分析，按资产负债表的格式编制的财务报表，反映期末财务状况。预算利润表是根据相关资料编制的反映保险公司当期利润目标的预算报表。预算现金流量表是根据现金流入流出情况和预算资产负债表、预算利润表编制的反映保险公司现金流量状况目标的预算报表。

二、保险公司预算管理的意义

预算管理有利于战略计划的实施，是战略计划得以落实的重要手段。在公司的经营活动中，企业通过对环境的分析和对风险的评估制订出未来一段时期的战略计划，规划出近期的战略目标，这是预算的前提。战略计划的有效实施反过来依靠预算的落实。二者是双向的相互影响的关系。

预算管理便于对各部门的协调管理。通过预算计划的编制，使各部门对企业的总体目标有更加清晰的认识。综合考虑各部门的业务特点、优势和劣势，使总体目标和部门目标相互对应，有利于提高企业的工作效率，减少不必要的资源浪费。

预算管理有助于控制企业经营。预算对公司的控制包括对资产和负债的控制，比如对债权、债务、现金、投资的控制。投资对保险公司尤其是寿险公司至关重要，通过合理的预算计划，可以在一定程度上降低投资风险。除此之外，根据保险公司的经营特

[①]　万众：《保险公司财务会计》，第 133 页，北京，经济科学出版社，2009。

性，比如分支机构多、网点散、产品是有型合约等，全面预算管理有助于企业资源的优化配置。

预算管理还可以起到评价和激励的作用。预算作为评价的依据，可以避免采用历史经营业绩评价缺乏时效性的问题，通过实际数和预算数的对比，直接反映各部门以及个人的业绩情况。预算的制定不仅可以明确员工责任、避免其尸位素餐，合理的预算目标还会对员工产生激励的作用，提高其工作的主动性，优化了人才管理的长效性和全面性。

我国《保险公司会计工作规范》（保监发〔2012〕8号）第六十四条规定，保险公司应当实行预算管理，根据发展战略、经营规划、偿付能力等编制预算，确定科学、合理、明确的预算目标，促进公司持续、稳定发展。

三、保险公司预算的编制程序与方法

（一）编制程序

1. 下达目标。由董事会根据保险公司的发展战略和预算期间的宏观经济形势，在决策的基础上提出下一年度的财务预算目标，并由管理层下达到各个部门。

2. 编制上报。保险公司各部门根据下达的财务预算目标和相关政策，结合自身部门的实际条件，提出详细的本部门预算上报公司的财务部门。

3. 审查平衡。保险公司专门的财务管理部门对各个部门上报的方案进行审查和汇总，并提出相关的改进建议。在审查的过程中，管理层应当对发现的问题提出调整和相关的反馈意见。

4. 审议批准。财务部门在各部门上报和修改之后，编制出保险公司财务预算方案并报管理层讨论。对于不符合企业财务预算目标的内容，应当责成相关部门修订和调整，在此基础上编制正式的保险公司年度财务预算草案。

5. 下达执行。将审议批准后的年度预算分解为具体的指标体系，由管理层下达各部门执行。

（二）编制方法

1. 固定预算。又称静态预算，根据预算内可实现的业务量编制的预算，不考虑预算期内业务量水平的变动情况，适用于数额比较稳定的固定费用和固定成本。固定预算是最基本的预算编制方法，但在实践中缺乏灵活性。

2. 弹性预算。又称变动预算，在成本习性的基础上，根据数量、成本、利润之间的依存关系而编制的预算，适用于和业务量有关的成本、利润等项目。与固定预算相比，可以根据实际业务量的变动进行调整，有利于保险公司的内部控制。

具体而言，首先确定各业务指标的单位，然后对业务量进行预测，将成本分为可变和不变两类，进而在编制预算时根据业务量的变动对变动费用进行调整，从而计算出不同的费用预算水平。在预算期结束时，编制结果与实际指标的可比性更强。

[例8-1][1]　××公司弹性预算如表8-8所示。

---

[1]　万众：《保险公司财务会计》，第141页，北京，经济科学出版社，2009。

表 8－8		弹性预算		单位：元
作业量成本	0	800 小时 80%	1 000 小时 100%	1 200 小时 120%
监督	800	800	1 050	1 400
维修	100	180	200	220
折旧	500	500	1 400	1 600
热电能源	950	1 200	1 400	1 600
	2 350	2 680	3 150	3 720

由［例 8－1］可以看出，2 350 元是固定成本（即作业量为 0 时的成本）。关于其他各类成本分析如下：

（1）监督。固定成本 800 元，随作业量呈阶梯形变化，在 800 小时内不变，但是作业量增加到 1 000 小时之后，成本增加了 250 元。这种成本被称为阶梯式固定成本。

（2）维修。固定成本 100 元。每小时成本 0.1 元。它被称为直接/变动成本。

（3）折旧。固定成本 100 元。不管作业量如何变化，这个成本保持不变。在这种情况下，折旧是一种固定成本，但如果使用更多的机器，折旧额就会上升。

（4）热电能源。固定成本 950 元。成本随着作业量的增加而增加，但不成比例。这是一种半变动成本。

3. 滚动预算。又称连续预算，指随着时间的推移和市场条件、环境的变化而进行同步调整的预算，预算的有效期永远保持在一定时间内（通常为 12 个月），适用于销售预算。

在编制滚动预算时，对前几个月的预算进行详细的编制，尽可能完整，后几个月的预算可以相对粗略。随着时间的推移，不断对原来粗略的预算进行细化修订，并不断加入新的月份的预算，从而形成一个动态滚动的机制。

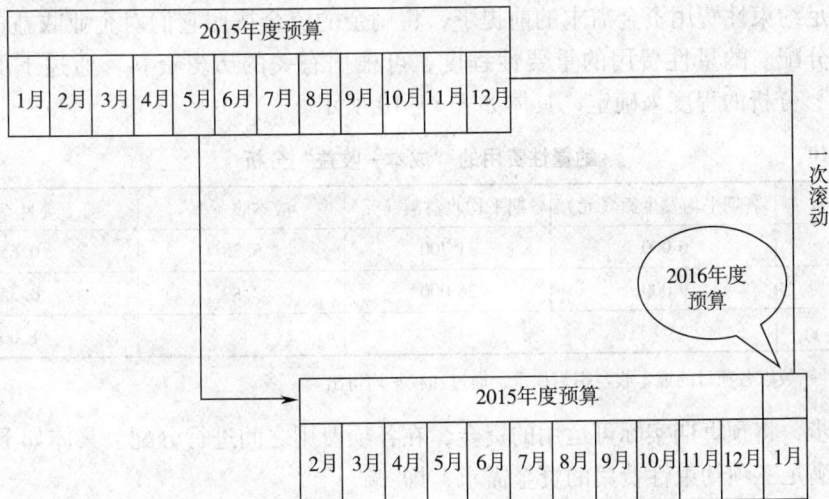

图 8－2　滚动预算示意图[①]

---

① 刘志远：《管理会计》，第 287 页，北京，北京大学出版社，2007。

4. 零基预算。对预算期内各项支出的必要性，逐项审议决策，从而确定收支水平的预算。以零为基底，不考虑过去已发生的情况，预算的时效性更强。不适用于经常发生的项目，如对外捐赠和对外投资。

首先由公司内部各部门提出相应的预算方案，在不以现有的费用水平为基础的前提下，对各部门预算中的各项目进行细致分析，确定有利于实现公司发展目标的优先顺序，根据实际生产经营过程中的具体情况、不同项目的轻重缓急的程度加以安排。

[例 8 – 2]①   假设××企业按零基预算法编制销售与管理费用预算。该企业用于销售和行政管理方面开支的预算为 30 000 元。销售及管理费用预算的编制步骤如下：

第一步，销售和行政管理部门根据本部门的具体任务和预算目标，提出本部门的费用预算方案，认为必须开支的费用项目及具体数额如表 8 – 9 所示。

表 8 – 9   销售和行政管理部门费用项目及其数额

项目	金额（元）
销售人员、管理人员工资	11 500
广告费	6 500
差旅费	3 400
办公费	3 200
业务招待费	8 000
合计	32 600

第二步，经预算委员会研究，认为销售及管理人员工资、差旅费和办公费三项开支属于约束性费用，在预算期是必须全额保证的。广告费和业务招待费则属于酌量性费用，在满足约束性费用资金需求的前提下，将剩余的资金按照它们对企业收益的影响程度来择优分配。酌量性费用的重要性程度，可根据有关的历史资料，通过下面的"成本—收益"分析的程度来确定，具体如表 8 – 10 所示。

表 8 – 10   酌量性费用的"成本—收益"分析

项目	各期平均发生额（元）	各期平均收益额（元）	成本收益率	重要性系数*
广告费	6 000	31 700	5. 28	0. 65
业务招待费	9 000	26 000	2. 89	0. 35
合计				1. 00

* 重要性系数以各项目的成本收益率为权重，通过加权平均得出。

第三步，将预算期实际可运用的资金，在各项费用之间进行分配。具体如下：
全额满足三项约束性费用的资金需求，即

$$11 500 + 3 400 + 3 200 = 18 100 （元）$$

剩余资金：11 900 元（30 000 – 18 100），在酌量性费用项目之间进行分配：

① 刘志远：《管理会计》，第 290～291 页，北京，北京大学出版社，2007。

$$广告费分配到的资金数 = 11\,900 \times 0.65 = 7\,735（元）$$
$$业务招待费分配到的资金数 = 11\,900 \times 0.35 = 4\,165（元）$$

5. 概率预算。概率预算是通过对具有不确定性的预算项目进行估算得出的预算，通常用于未来变化趋势难以预测或无法预测的项目。具体而言，若销量的变动与成本变动存在直接联系，估计其发生变化的概率，根据最大值和最小值及其发生的可能计算期望值，从而确定预算；若二者无直接联系，计算出联合概率分布，从而计算出期望值。

[例 8 – 3]①　　××公司生产一种产品，单位定价40元，经过预测分析，预算期销售 10 000 件、11 000 件和 12 000 件的可能性分别为 0.2、0.5 和 0.3。单位变动成本为 28 元的概率为 0.5，30 元的概率为 0.3，32 元的概率为 0.2。固定成本在上述产销量相关范围内不变，为 35 000 元。根据上述资料，该公司预算期内销售利润的概率预算如表 8 – 11 所示。

表 8 – 11　　　　　　　　　　　某公司销售利润概率预算

销售量 （1）	概率 （2）	单位变动成本 （3）	概率 （4）	固定成本 （5）	利润(1)×40 – (1)×(3)–(5) （6）	联合概率 (2)×(4) （7）	利润期望值 (6)×(7) （8）
		28	0.5	35 000	85 000	0.10	8 500
10 000	0.2	30	0.3	35 000	65 000	0.06	3 900
		32	0.2	35 000	45 000	0.04	1 800
		28	0.5	35 000	97 000	0.25	24 250
11 000	0.5	30	0.3	35 000	75 000	0.15	11 250
		32	0.2	35 000	53 000	0.10	5 300
		28	0.5	35 000	109 000	0.15	16 350
12 000	0.3	30	0.3	35 000	85 000	0.09	7 650
		32	0.2	35 000	61 000	0.06	3 660
	1.0					1.00	82 660

表 8 – 11 的计算说明，当销售量为 10 000 件时，单位变动成本为 28 元，固定成本为 35 000 元时，利润为 85 000 元（10 000×40 – 10 000×28 – 35 000），而这种情况的可能性联合概率为 0.1（0.2×0.5），所以利润期望值为 8 500 元（85 000×0.1）。依此类推，汇总计算，得到该公司总利润期望值为 82 660 元。

四、保险公司实现预算管理的手段和措施

在预算管理的过程中，最重要的工作是如何通过合理的措施和手段实现预算管理的预设目标。主要措施包括执行管理、体系管理和流程管理。

①　刘志远：《管理会计》，第 291~292 页，北京，北京大学出版社，2007。

（一）执行管理

预算管理的执行中，每月初财务部门都要根据预算执行的季度和预算基本目标向各部门下达财务指标，对各业务部门的业务进行审核和监督，月末财务部门要根据当月的实现情况对下一月度的预算进行调整。重点审核和关注的指标包括利润预算、资本性支出预算、现金流预算，在此基础上应当对预算数与实际数之间的差异进行分析，并提出差异产生的原因和采取的措施。可采取的措施包括调整保险公司的经营活动和经营范围、调整后续月度的经营预算、记入相关部门的当期考核等。

（二）体系管理

财务预算是保险公司经营情况的综合体系，很大程度上受到公司长期经营战略的影响，预算管理作为公司战略转化为具体指标的必要方式，需要保险公司从组织层面进行规划和设计。保险公司应将预算体系分为预算管理组织体系和预算管理执行体系，其中组织体系包括集团公司及其子公司的预算管理委员会，执行体系包括公司各部门以及销售团队。

（三）流程管理

预算管理是每年、每季度循环的过程，主要流程是，由保险公司高层和战略部门提出保险公司当年的总目标和各部门分目标，然后由基层单位制定本单位的预算，由各个部门汇总资料编制总体的预算草案，最终承保预算委员会审批。

预算管理在保险公司的地位和角色正在从单纯的财务报告转向综合的策略实施和业绩衡量工具，传统意义上的预算管理只关注财务报表的相关数据，特别是和费用、利润相关的数据，仅仅是财务部门的战略决策。预算管理的发展趋势是综合性的财务管理工具，将由公司各个部门共同完成，依赖战略目标和业绩指标，最终成为保险公司财务管理工作的重要路径和实现手段。

五、保险公司财务预测报表①

预算管理中的重要一环是财务预测报表的编制，财务预测报表是对财务活动和结果进行预测形成的损益表、资产负债表、现金流量表及其他报表。在保险公司会计的基础上，财务分析人员将财务预测报表作为保险公司预算管理的一部分。以上三种财务报表在保险公司预算管理中起着相当重要的作用。分析人员运用这三种报表，就可以预测利润、现金流量及期末财务状况。

（一）损益预测表

预测收入和费用对制定财务预算具有重要意义。

1. 保费收入。保险公司会计按原理可将保费分成四类：

（1）承保保费。即会计记录中反映的数额。

（2）已实现保费。即在一段时间内由于履行了保险责任而实际获得的保费。

（3）有效保费。这是保险公司所有签发在外的有效保单所代表的保费总额，它用于

---

① 本部分内容参考赵卫星、石新武、张海波：《西方保险财务管理》，第86~136页，北京，企业管理出版社，2001。

报给政府监管机构的会计报告。

（4）原始保费。这是一份保单就当前保险责任在全部期限按最新保费费率计算的保费。如一份保单原先保费为 100 元，后来保费费率提高到每份 120 元，那么，这 120 元就是原始保费。

对编制预测损益表来说，承保保费和已实现保费是关键账户，而有效保费和原始保费则仅为读者提供一些背景信息。

2. 投资收入。保险公司将其现金投资于金融证券、不动产和其他投资项目，以获取收入，这些收入与公司的保费在预测时分开计算。

3. 其他收入。保险公司还可以从其他途径取得收入，包括向其他保险公司提供服务，从承保或投资业务中收取相关费用。这些收入也包括在损益预测表中。

4. 预测已实现保费。预测收入是从预测已实现保费开始，表 8 - 12 说明了其程序。预测已实现保费分为两步：

（1）分摊当期承保保费。若第一期的承保保费要在三个期间内才能全部到期实现，则分析人员则将保费分摊到每一期中。

（2）确认前期承保保费。前期的一部分承保保费反映为未到期保费准备金，其中的一部分将在当期转为已实现保费。

在表 8 - 12 中，已实现保费的预测值就是当期已实现保费加上以前未到期保费准备金中于当期实现保费之和。

5. 预测非保费收入。表 8 - 12 还说明，分析人员从以下方面预测非保费收入：

（1）投资收入。来源于保险公司持有的固定收益和变动收益证券、抵押贷款和一般贷款、不动产及其他可以获得利息或股利的投资。

表 8 - 12　　　　　　　　　　　　　　预测下期收入

已实现保费		
承保保费	12 000	
本期实现	40%	
未到期保费准备金		
期初余额	7 000	
下期可实现	60%	
承保保费中的已实现保费	4 800	
未到期保费中的已实现保费	4 200	
已实现保费		9 000
投资收入		
平均持有投资收益		
固定收益证券	7 800	

可能收益率	7.5%	
变动收益证券	5 500	
可能收益率	9.0%	
不动产收入	1 200	
固定收益证券	585	
变动收益证券	495	
不动产收入	1 200	
投资收入小计		2 280
其他收入		
费用和佣金	60	
其他服务	125	
其他收入小计		185
收入总计		11 465

（2）其他收入。指保险公司预测从其他业务中获得的收入。

保险公司的预测收入总额就是通过保费、投资和其他途径获得的收入之和。

6. 预测损失。财务分析人员在预测了收入以后，要预测冲减已实现保费的损失。对已发生损失的预测也是对损失准备金水平的预测。评估最终发生的损失程度，可以使用以下四种方法：

（1）历史数据法。保险公司、政府部门和其他机构都收集关于预期寿命、生病频率和医疗费、汽车事故、责任诉讼纠纷、火灾、台风和洪水带来的财产损失以及其他损失的数据，用来计算不同险种以往发生的损失。根据这些历史损失数据就可进行损失的预测。

（2）统计数据法。概率论和其他统计技术可用来建立承保数量与索赔数量之间的关系，以估算每份索赔的平均损失。对损失的预测可以单独建立在统计基础上，也可以建立在综合利用历史数据和统计方法的基础上。

（3）主观估计法。在某些情况下，既没有历史数据，也没有统计数据，这时，分析人员可运用精算师、保险人、损失控制专家及其他专家的主观估计来进行损失预测。

（4）损失分散法。分析人员有时并不直接预测损失，而是通过分散风险，假设损失可以降为很小。例如，假设一个保险人签发保单，为企业提供政府没收财产损失保险，而且承保对象包括全世界 50 个国家的财产。保险人假定由于政治原因没收财产的可能性相对降至很小，所以，保险索赔比例将小于 1%。在没有更多的历史资料或统计分析的情况下，若保费为保额的 1.5%，那么，保险商预测损失为 0.75%。在这种情况下，保险风险分散就构成损失预测的首要基础。

对已发生的损失和理赔费用的预估如表8－13所示。

表8－13 预估下期损失

损失数据	
发行的新保单	10 000
预计报告索赔	150
预计已发生未报索赔	130
平均可能损失	14 000
乘以索赔总数	280
已发生损失预测值	3 920 000
理赔费用数据	
平均理赔费用	500
乘以索赔总数	280
损失理赔费用	140 000

7. 其他支出。损益预测表中的其他费用和税款根据历史数据或公司预算进行预测。这些费用和税款是：

（1）保单吸收成本。在一般公认会计的预测中，此项费用与下期实现的保费相对应。而在法定会计的预测中，为下期承保保费发生的保单吸收成本均作为下期的费用。

（2）日常费用开支。保险公司针对各类险别预测下期将发生的日常行政管理费用。

（3）税费。保险公司的会计部门可以提供对各个经营地区的国家税和地方税的预估值，这些可列入财务预估报表。

（4）投资支出。资产投资可以产生投资收入，这就要预测与证券买卖有关的资产评估、保管费用和交易成本以及其他直接或间接成本。

（二）资产负债预测表

资产负债预测表是保险公司编制的第二个财务报表，涉及资产、准备金、其他负债和资本。

1. 固定收益证券。利率固定的债券和其他借款以分摊价值记录在资产负债表上，反映了以下三个方面因素。

（1）到期价值。债券发行人或债务人将在规定的到期日偿还的本金。债券或借款的账面价值受偿还金额和期限长短的影响。

（2）定期利息支付。每隔一段时间，例如六个月，债权人收到支付利息的支票，如果公司持有的是债券，则以兑现息票方式收到利息。支付利息的时间安排影响着固定收益债券的账面价值。

（3）财务安全性。发行债券的公司或借款机构的财务实力决定着最初的利率水平。一旦债券已发行或债务已发生，借款公司财务状况的变化将影响未到期债务的价值。公司如拖欠债务，其发行的债券价值就要进行调整，以反映无法支付利息及偿还本金的可能性。

受以上因素影响，固定收益证券的实际市价处在不断波动中。如果市价超过到期价值，就出现证券溢价，反之则为折价。如果发行人面临严重的财务问题，保险公司将不得不降低固定收益证券的账面价值。

摊销是当固定收益证券的市场价值与到期价值不同时计算账面价值的程序，可以使用两种计算方法：

（1）直线摊销法。这种方法每年等额摊销溢价或折价部分。

（2）年金摊销法。这种方法是在摊销溢价或折价时考虑时间价值因素，使得债券或固定利率的贷款每年获得固定的收益率。如当前利率为9%，则摊销按此利率进行。与直线摊销法相比，这种方法复杂得多，但结果只稍有不同。

为编制资产负债预测表，分析人员必须估计现在所持固定收益证券的未来账面价值。另外，分析人员还必须考虑在未来期间证券买卖计划的影响。所有买卖交易将影响资产负债预测表上固定收益证券的价值。

2. 普通股和优先股。普通股一般以资产负债表日的市场价格表示。政府法律可能对保险公司持有某一家公司股票的数量有所限制，如果购买的股票数量超过限额，超出部分在法定资产负债表上表示为不可接受资产，并同时冲减公积金。优先股一般以市场价值入账。如果公司为优先股建立了偿还基金，其处理程序将更为复杂。为了便于预测，分析人员一般假定股票的市场价格在会计期间内不会发生变化。期初余额加减股票买卖的金额，就可以得到未来的余额。

3. 不动产。某一会计期间的不动产期初余额反映的是前期会计记录，在下一个期间，公司可能买卖各种住宅和商用房产。卖出取得现金，而买入则需要现金，这些交易都必须在资产负债预测表中予以反映。

4. 其他资产。编制资产负债预测表还必须考虑其他资产账户。如果不对每个账户进行详细的分析，分析人员就不能掌握影响未来财务报表的所有因素。如果公司计划改变其他资产的水平，可以将之与现金改变相对应，以下是三条规则：

（1）资产的增加是资金的运用。当资产余额增加，资金要么是被用掉，要么是尚未收回。如果应收账款增加，就说明一些资金没有收回来。如果是家具增添了，则说明资金被用于购置家具了。

（2）资产的减少是资金的来源。与上面相反，如果资产余额减少，则资金被收回或未被使用。

（3）现金是平衡账户。在资产负债预测表中，现金及其等价物被当作平衡账户。现金不断从公司的银行账户中流入和流出，这种变化被分配到不同资产账户的变化中去而不论分析人员作何假设，并且变化后的现金余额在现金账户中予以反映。

5. 准备金的规模。保险公司提取准备金的规模因险别不同而有所不同，例如：

（1）寿险。个人购买寿险合同，可能在很多年后才获得保险赔付。所以，寿险要为当期保费提取相对较多的准备金。

（2）财产险和意外事故险。财产损失索赔一般在一年甚至更短的时间内处理完毕。

因为不需未来长期索赔，它们被称为"短尾巴"险。所以，财产险只需要提取相对较少的准备金。

（3）责任险。由于疏忽或身体伤害造成的索赔，可能导致实际纠纷和诉讼，常常需要五年甚至更长的时间才能处理完毕。因为需要等几年以后才进行赔付，所以，责任险被称为"长尾巴"险。责任险需要提取相对较多的准备金，但是比寿险准备金规模要小。

6. 已知损失的准备金。当保险公司得到损失报告时，常使用四种方法预测这类准备金水平。

（1）个别预测法。每当保险公司得到损失报告后，理赔人员就对索赔进行调查，并预测理赔所需金额。

（2）损失率法。保险公司经营很多年后，会建立起损失和保费之间的数据关系，从而可以预测准备金的比例。

（3）平均值法。保险公司有某一险别平均理赔金额的历史数据，这个平均数乘以预计索赔份数就得到索赔总额。从索赔总额中扣除已付索赔金额，就得到所需的准备金金额。

（4）表格查索法。有些索赔要用到精算表，如职工的暂时性伤残。这时，就可用保险公司经验表格查找数值，预计准备金。

7. 已发生未报损失准备金。与预测已知损失一样，保险公司还需预测已发生未报的索赔金额，所以，必须提取已发生未报损失准备金，这类准备金的规模受到以下因素影响：

（1）经验。已发生未报损失准备金是在公司以往经验的基础上，根据当前状况或趋势进行调整后预测的。

（2）报告时间的拖延。公司应该认识到从损失发生到报告总公司之间存在时间滞后，这是因为被保险人可能报告损失较晚，而且地方分支机构处理也要占用时间。

（3）保费水平。索赔数量与这一期间公司的业务量有关，如果保费总量增加了，已发生未报损失也会相应增加。

8. 理赔费用准备金。除了提取损失准备金外，保险公司还需建立一种准备金，以支付调查和处理索赔的费用。前面已提到可摊销理赔费用准备金与已知索赔或已发生未报索赔直接配比，包括法律费用和调查费用等。而不可摊销理赔费用则不能逐笔与索赔相对应，如职工工资和理赔员所用汽车折旧。预测理赔费用准备金有以下两种方法：一是具体案例法。这种方法即将费用与每笔索赔逐一配比。二是公式法。这种方法即用损失预测额的一定比例计算，如果理赔费用一般约为损失预测额的10%，那么，有了损失预测额后，就可以利用这一比例，预测出理赔费用准备金。

9. 未到期保费准备金。保险公司还为未来保险责任提前收取的保费设立准备金。预测未到期保费准备金，可以用期初保费余额减去当期将实现的保费额，加上新的未到期保费。在预测过程中，不同的保单将使用不同的预测方法。

（1）比例保单。这种方法是根据保单有效月份或天数来平均摊销未到期保费准备金。如果保单有效期为 36 个月，而当年可执行 8 个月，那么，当年将实现的保费为承保保费的 0.22。未到期保费准备金则为承保保费的 0.78。

（2）反向估价保单。反向估价保单法要求在保险期末，根据被保险人的实际损失调整最终保费金额，此类保单需用特殊方法来计算未到期保费准备金。

（3）审计保单。由于审计保单最终的保费无法事先确定，产生的保费押金也称预备保费。审计保单之所以这样称呼，是因为必须在期末审计有关被保险人的账簿记录之后，才能确定实际的保费水平。这类保单也需用特殊方法来计算未到期保费准备金。

10. 其他负债。与考虑其他资产账户一样，编制资产负债表时，必须考虑其他负债账户。如果公司计划借款或发生其他负债，我们就可以使之与现金账户相对应。所用的预测规则正好与预测其他资产规则相反。预测负债增加是资金的来源，反之则是资金的运用。

11. 准备金的计算。分析人员对可能影响准备金的因素进行预测后，就可以估计资产负债预测表上的各项余额。损失准备金的计算方法是期初损失准备金加上当期未付损失，再减去弥补前期损失所支付的金额。这种方法同样适用于理赔费用准备金的计算。未到期保费准备金的计算方法是期初未到期保费准备金加上下期新的未实现保费，减去分析人员对将实现的前期承保保费的估计数。与准备金的计算相比，预测准备金的变化要更为复杂。监管者、精算师和会计师对准备金水平的确定都起着一定的作用，因此，分析人员在预测准备金变化时，要考虑历史经验以及不同个案将来的可能情形。

12. 资本账户。资产负债预测表的最后部分是资本账户。编制报表时需要注意的关键因素有以下几个方面：

（1）实收资本。出售或回购股票将增加或减少实收资本，同时增加或减少现金。

（2）对公积金的经营调整。净利润将增加公积金；而损失将减少公积金，派发现金股利将减少公积金。

表 8 - 14　　　　　　　　　　　　　下期准备金计算

损失准备金	
损失准备金期初余额	3 400 000
已发生损失	5 000 000
乘以期末未付比例	60%
损失准备金增加	3 000 000
当期支付前期损失	- 3 800 000
损失准备金期末余额	3 600 000
理赔费用准备金	
理赔费用准备金期初余额	3 000 000
理赔费用	320 000
期末未付比例	60%

理赔费用准备金增加		192 000
当期支付前期理赔费用		−150 000
理赔费用准备金期末余额		342 000
未到期保费准备金		
未到期保费准备金期初余额		13 000 000
承保保费	40 000 000	
期末未到期比例	30%	
未到期保费准备金增加		12 000 000
当期实现前期保费		−11 500 000
未到期保费准备金期末余额		13 500 000

（3）对公积金的其他调整。资产负债表右边的备抵账户余额变化也影响着对公积金的调整。如果分析人员预计要对影响公积金的准备金重新计算，那么，公积金预测余额就应相应反映调整情况。

（三）现金流量预测表

1. 保险公司的现金流量模式。保险公司收取保费、获取投资收益、变卖证券或其他资产、出售普通股，就会产生现金流入；公司弥补损失、支付费用，向投保人或股东分红，就会产生现金流出。图 8 − 3 说明一家股份制保险公司的现金来源和运用。

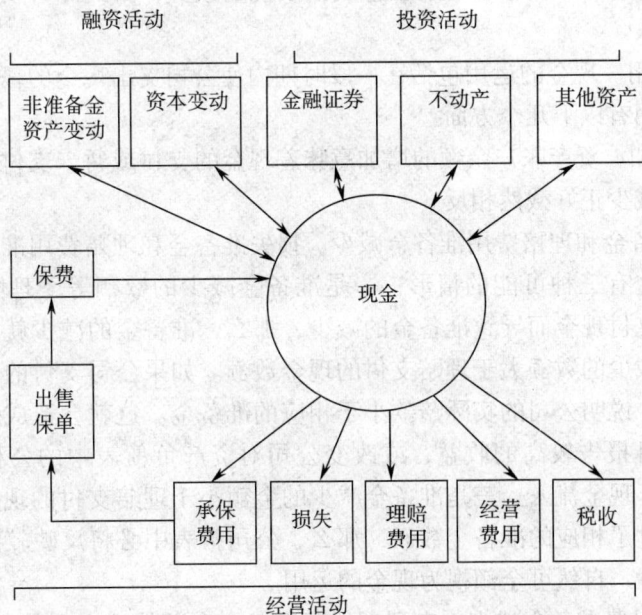

图 8 − 3 保险公司的现金流动

　　从理论上讲，保险公司的现金流量至少有三类：一是经营活动中的现金流量。包括在承保及其他经营活动中发生的各种保费收入、损失、赔付、费用及其他现金流量。二是投资活动中的现金流量。包括在买卖证券、抵押贷款不动产和其他投资活动中产生的现金流量。三是融资活动中的现金流量。包括发行或赎回股票、借款或还款以及分配股利中的现金流量。

　　2. 现金来源。现金来源包括公司产生现金的所有活动。保险公司的主要现金来源有以下几个方面。

　　（1）净利润。净利润并不完全等同于现金流入，但是，净利润可以作为现金的一个来源。至于净利润与现金流量之间的差额将在现金流量表中的其他账户反映。

　　（2）资产减少。在会计报表所反映的经营期间中，一项资产的减少反映了一笔资金的流入。这既适用于金融证券或固定资产的支出，也适用于应收保费或应收账款的收回。

　　（3）准备金增加。公司增加赔款准备金或费用准备金，实际上是推迟了现金的支付，这就构成了现金的来源。同样，未到期保费准备金的增加，意味着承保费中的一部分现金没有在已实现保费中体现，并且未列入净利润中。未到期保费准备金的增加同样构成了现金来源。

　　（4）其他负债增加。公司借款或推迟还款时，就把现金保留了一段时间，所以，负债账户的增加也构成了现金来源。

　　（5）股票出售。保险公司出售普通股或优先股可以获取现金，所以，股票的出售构成了现金的来源。有些情况下，出售股票并不收取现金，但必须同时冲销其他账户，即减少了其他的现金来源。由于出售股票造成该项现金减少，因此尽管没有现金收支，其仍可视作现金流入。

　　3. 现金的运用。现金的运用包括在一段时期内使公司支出现金的任何活动。保险公司主要的现金运用有以下几个方面：

　　（1）资产增加。资产账户余额的增加意味着现金的支付或暂未支付，可视为现金的运用。这与资产减少正好截然相反。

　　（2）损失准备金和理赔费用准备金减少。损失准备金和理赔费用准备金减少也可视为现金的运用，这有三种可能的情形：一是准备金减少的数额等于理赔支付的现金数额。如果是由于支付现金而导致准备金的减少，那么，准备金的减少就直接影响现金流量。二是准备金减少的数额大于理赔支付的现金数额。如果公司支付的现金数额小于准备金减少的数额，说明公司的实际赔款小于相应的准备金。这就会造成公司在没有现金收入的情况下也可报告较高的收益，或改变公司对资产负债表中的公积金账户进行调整，就像是发生了现金流入。三是准备金减少的金额小于理赔支付的现金数额。如果公司支付的数额超过了相应的准备金数额，那么，公司报表中必将反映较高的损失或理赔费用准备金的减少，自然可全额视为现金的运用。

　　（3）未到期保费准备金减少。未到期保费准备金余额的减少也是一种现金的运用。其减少的同时以非现金形式增加了已实现保费，相应地也以非现金形式增加了净收益。

因此，在将未到期保费准备金减少当作现金的运用时，我们相应也报告了实际并未发生的现金流入。

（4）其他负债减少。现金用于偿还借款或其他债务，因此使得其他负债减少，这就构成了现金的运用。

（5）资本账户。与负债的变化、准备金的变化相同，资本账户余额的变化也影响着现金流量。例如，实收资本反映了普通股的赎回或是出售，前者为现金运用，后者为现金来源。

4. 编制。根据损益预测表及资产负债预测，可以编制现金流量预测表。其简单格式如表 8－15 所示。

表 8－15　　　　　　　　　　　　　现金流量表

经营活动	
净利润	53 000
应收保费	13 000
再保险应退账款	－ 21 000
应收利息	14 000
家具	－ 2 000
递延费用	3 000
应付账款	11 000
损失和赔付准备金	－ 42 000
理赔费用准备金	－ 7 000
未到期保费准备金	5 000
小计	27 000
融资活动	
其他负债	3 000
实收资本	7 000
已付股利	－ 23 000
已分配准备金	－ 2 000
公积金调整	4 000
小计	－ 11 000
投资可用现金	16 000
投资活动	
固定收益债券	3 000
股票	7 000
抵押及一般贷款	5 000
不动产	－ 4 000
现金投资净额	11 000
现金变化	5 000

【思考与练习】

1. 保险公司财务管理与一般工商企业财务管理相比较，具有哪些特点？
2. 保险公司的资本包括哪些？
3. 保险公司的准备金包括哪些？
4. 寿险准备金的特点有哪些？包括什么具体内容？
5. 列举保险资金的来源，以及不同来源的优劣。
6. 请分析影响非寿险业务利润增长的主要因素。
7. 利率波动对寿险公司经营管理的主要影响有哪些？
8. 简述预算管理工作对保险公司战略和执行的影响。

第九章
保险公司资金运用管理

本章知识结构

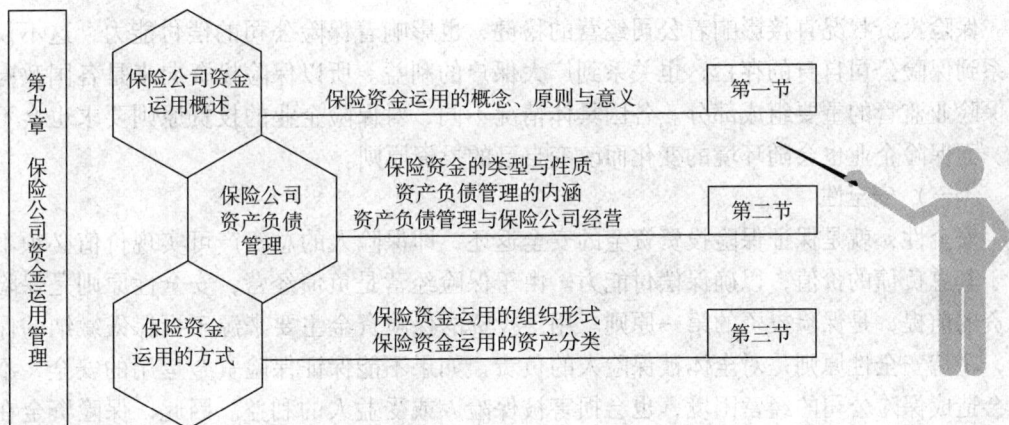

```
第九章  保险公司资金运用管理
    ├─ 保险公司资金运用概述 ── 保险资金运用的概念、原则与意义 ── 第一节
    ├─ 保险公司资产负债管理 ── 保险资金的类型与性质
    │                          资产负债管理的内涵
    │                          资产负债管理与保险公司经营 ── 第二节
    └─ 保险资金运用的方式 ── 保险资金运用的组织形式
                            保险资金运用的资产分类 ── 第三节
```

本章学习目标

- 掌握保险资金的基本类型与性质
- 掌握保险资金运用的含义、运用原则及组织形式
- 掌握保险公司资产负债管理的核心原则、技术及流程
- 掌握保险资金投资的资产划分、主要投资方式
- 了解当前保险资金在关联产业中的投资现状
- 了解中国保险资金运用的历史沿革、基本特征及创新发展

第一节 保险公司资金运用概述

保险资金是保险公司通过各种渠道聚集的各种资金的总和。通过运用保险资金，保

229

险公司获取收益，使保险资金保值增值，从而增强保险公司的偿付能力，保证保险合同的履行，保护被保险人的利益，实现保险的社会管理功能。

一、保险资金运用的概念

所谓保险资金运用，是指保险公司在组织经济补偿和给付过程中，将积聚的闲散资金合理运用，使资金增值的活动。在这里，保险的投资主体是保险公司，客体是保险资金。保险公司投资的目的是通过保险资金的有偿营运，创造最大的投资价值。

回顾保险公司进行资金运用的历史，便可以发现保险投资活动由来已久，但其成为关系保险公司生存与发展的重要手段和各国资本市场举足轻重的力量，则是随着资本主义市场经济的发展和保险市场竞争的白热化而发展起来的。一方面，保险投资有助于保险基本职能的实现，能使保险公司正常营运，实现资金的保值增值，从而适应保险市场竞争的需要。另一方面，保费收支所存在的时间差和数量差也刚好为保险投资的产生创造了可能。因此，保险投资活动已经成为现代保险企业经营的重要组成部分。

二、保险资金运用的原则

保险投资状况直接影响着公司经营的稳健，也影响着保险公司的偿付能力，这不仅关系到保险公司自身的存亡，也关系到广大保户的利益。所以保险投资向来是各国政府对保险业监管的重要组成部分。各国具体情况不同，对保险企业的投资原则要求也会不同，而保险企业也会随环境的变化而改变自己的投资原则。

（一）安全性

安全性，就是保证保险投资资金的安全返还，即保险人的总资产可实现价值必须不少于其总负债的价值，以确保偿付能力。由于保险经营是负债经营，安全性原则是保险投资的前提，是保险投资的第一原则。用于投资的保险资金主要来源于投保人缴纳的保费，坚持安全性原则是对全体被保险人的负责。如果不能保证保险资金运用的安全，不仅会造成保险公司的经营困境，也会损害被保险人或受益人的利益。因此，保险资金在运用时要注意选择合理的投资方式和合适的资产组合，以保证保险资金的安全性。我国《保险法》规定："保险公司的资金运用必须稳健，遵循安全性原则，并保证资产的保值和增值。"

（二）流动性

流动性是指投资项目应具有变现能力，企业能在需要时及时收回投资的资金，用于进行保险给付。流动性原则的实质是保证企业资产和企业负债的期限匹配。这里寿险和非寿险因业务性质不同，而对投资资产的流动性要求是不同的。总体而言，非寿险对流动性的要求更高一些。由于保险事故的发生具有偶然性和不确定性，保险公司随时都有被要求支付赔偿金的可能。如果保险公司资金没有足够的流动性，则无法足额或及时向被保险人或受益人支付赔偿金，必然会带来信任危机进而影响正常经营，并最终损害被保险人或受益人的利益。

（三）收益性

保险投资的目的就是使保险资金保值和增值，因此保险资金的收益性也是保险资金运用所考虑的重要原则。保险资金来源的内在要求反映在保险资金运用的准则上就是收益性。一方面，保险企业是以盈利为目的的商业性经营企业，而它的盈利主要是来自两个方面：一个是承保利润；一个是投资利润。由于保险行业的不断竞争，承保利润已成负数，保险企业的整体收益在某种意义上讲就取决于资金运用收益，这使保险资金运用的收益性原则越来越受到保险企业的重视。另一方面，保险产品在设计时包含着一定的利率假设，如果保险资金运用的收益率低于产品设计的预定利率，就会造成利差损，最终导致保险公司的破产。

（四）社会性

保险公司进行资金运用时，不应仅单纯地强调本公司的经营利益，也必须考虑投资活动对整个国家、社会发展的意义，使保险资金也充分体现出其社会效益，做到来于社会用于社会，促进国民经济的发展。从长远看，这样的投资活动对保险公司本身的发展壮大也是有重要意义的。

（五）其他原则

除上述常见的原则外，各国、各地区、各公司往往会根据自己的实际情况，订立特定的投资原则，以实现自己的投资目标。例如，转移原则、平衡原则、替代性原则等。

在诸多原则中，安全性、流动性和收益性是最重要的，这三者之间既有同向的变化又有逆向的变化，例如：流动性越强的资产安全性也越高；而收益的高低与风险大小是成正比的，收益率越高，风险也越大，也就是说，要获得较高的收益，就必须承担更大的风险，安全性就会降低。因而，保险资金运用时要综合考虑安全性、流动性和收益性，根据自身实际情况选择合适的资金运用方式、构建合理的投资组合。同时，保险投资的原则是相互联系、相互制约的，如安全性与收益性是从保险企业本身的角度出发，而社会性是从社会的或公共利益的角度考虑的投资效益。它们在一定的场合会相互矛盾，但其根本目的是一致的，都是为了提供更多更好的保险服务。

三、保险资金运用的意义

保险资金的运用，一方面在维持保险业务正常运转中起到关键作用，另一方面在维护社会经济的平稳发展中扮演重要角色。保险资金运用的意义具体表现在以下几个方面。

（一）促进保险公司利润的形成与增长

保险资金的运用直接决定着保险公司的经营绩效，是利润形成的重要途径，对于保险公司自身价值的形成和增长尤为重要。随着保险行业竞争的加剧，保险公司依靠承保业务所获得的利润空间越来越小，在此情况下，保险公司的发展将更加地依靠吸纳资金运用所获得的收益。通过保险投资活动，可以增强保险企业的盈利能力，为降低保险费率提供物质条件，进而发展壮大保险企业自身经济实力，促进保险公司自身价值的进一步增长。

（二）提高保险公司承保与偿付能力

保险资金运用是现代保险企业的核心业务之一。随着经济社会的发展，系统性风险与巨灾风险日益复杂多变，保险企业应该提留准备金，以防巨灾事故发生时出现偿付能力不足的情况。理论上，可以通过减少税金、多提准备金加以解决、分保，以及再保险来提升保险企业风险防范能力，但这些手段会严重挤占保险公司的现金流，削弱保险公司的投资能力，影响保险公司的长远发展。因此，保险公司应通过保险资金的合理运用，提高保险企业的收益，加快保险资金的积累，从而增强保险企业承保和偿付能力，从根本上解决这一问题。可见，如果没有保险资金的成功运用，保险公司的承保规模和理赔能力将会受到很大的限制，业务经营就不可能得到持续性的发展。

（三）发挥保险的社会稳定器作用

社会保险与商业保险同为社会保障体系框架的重要支柱，两者相互促进、共同发展，才能为社会提供更好的保障。相对于社会保险，商业保险市场化程度更高，运行机制更为灵活，发展商业保险能够提升整个社会保障体系的运行效率，满足大众的多样化保障需求，维护着社会发展的稳定。保险资金源于社会的积累，保险赔付对恢复生产生活有着重要作用，所以保险资金是保障社会正常运转的后备资金，保险资金的安全、合理、高效运用，有利于发挥保险的社会稳定器作用。

（四）增加社会融资规模、支持国家重大基础设施建设

随着社会经济的发展，保险业总保费收入持续增加，总资产规模日益扩大，总保费收入不断提高，保险资金成为社会融资的重要来源。保险资金不仅有助于缓解各级各类企业融资难问题，而且能够在国家重大基础设施融资中发挥重要作用。大型基础设施建设项目存在大量的资金需求和较长的建设周期，这个特点正好与保险资金规模大、期限长以及收益要求稳定的特征相符合。保险资金发挥长期投资的独特优势，广泛、深入地参与到国家重大基础设施建设之中。

第二节　保险公司资产负债管理

保险公司的经营特点及其所面临的风险，决定了资产负债管理是保险经营管理的核心之一。由于受国际国内经济形势、投资环境变化及保险产品费率市场化等因素的影响，保险业务和投资业务经营的不确定性和风险增加，客观要求保险公司重视资产负债管理，有效化解公司经营风险。

一、保险资金的类型与性质

（一）保险资金的类型

保险资金泛指保险公司的资本金与准备金，具体来说是指保险公司的资本金、保证金、营运资金、各种准备金、公积金、公益金、未分配盈余、保险保障基金及国家规定的其他资金，大致可以分为以下三类。

1. 权益资产。权益资产是指保险公司的自有资金，包括资本金、公积金、总准备金和未分配利润等。其中资本金是保险公司的开业资金，各国政府一般都会对保险公司的开业资本金规定一定的数额，也属于一种备用资金，当发生特大自然灾害，各种准备金不足以支付时，保险公司即可动用资本金来承担保险责任。公积金是保险公司出于增强自身财力、扩大经营范围以及预防意外亏损的目的，从营业盈余中提取的积累资金。总

准备金是指保险公司按一定比例从随后利润中提取的，主要是为了应对发生周期较长、后果难以预料的巨灾风险而准备，又由于总准备金是属于长期积累的项目，在一定的监管要求下，可以成为保险公司资金运用的重要组成部分。未分配利润是保险公司拟留待以后年度分配的利润，是所有者权益的一部分，属于尚未被股东分配或转为资本金的利润。

2. 各种责任准备金。责任准备金是保险公司为保障对被保险人的赔付责任，根据精算原理按照一定的比例从保费中提留的资金，是保险公司的负债。财产保险业务提取的准备金包括未决赔款准备金、未到期责任准备金和长期责任准备金，人寿险业务提存的保证金包括寿险责任准备金、长期健康责任准备金、长期责任准备金和未决赔款准备金四种。由于保费的收取和保险金的给（赔）付之间一般存在一定的时间间隔，因而这部分资金可供保险公司用于投资，是保险资金的重要来源。

由于保险公司的保险责任准备金是按照一定比例从保费中提取的，因此保费收入是保险资金的主要来源。保费的来源构成一般为：公共部门保险费支出、居民个人保险费支出以及企业保险费支出；从保险业险种来看，保费的主要来源为财产险保费收入和人身险保费收入。

3. 其他资金。在保险公司经营中，还存在其他可用于投资的资金来源，例如结算中形成的短期负债，此外，由于保费收入形成相对集中，而赔款支出陆续发生，这部分"时间差"形成的资金，以及由于保险公司投融资活动而获得的资金，等等。

（二）保险资金的基本性质

1. 负债性。负债性是保险资金的一个重要性质，由于保险公司的经营特点决定了保险资金的这种性质。保险企业实际经营过程中存在损失给付与保险费收入之间的时间差异，因此使得企业内部以各种保险基金形式存在的资金大量滞留。保险未到期责任准备金、未决赔款准备金和长期责任准备金，在财务报表中列于资产负债表的负债方，当保险责任期满或保险事故发生时，它将被返还给投保人。保险基金中的总准备金，从会计的角度分析，它是保险企业的自有资金，应归入资产负债表中的所有者权益；但从保险的角度分析，它是满足非正常年份的非正常损失而提取的准备金，表示的是保险企业对投保人的负债。保险基金的负债性决定了它们不能以业务盈余形式在企业所有者之间进行分配，而只能由保险企业加以运用和管理，以应付未来的给付责任。在商品经济条件下，负债性本身意味着本金和利息的双重返还，因此，保险资金的负债性不仅对保险资金运用提出了安全性要求，还提出了增值性要求。

2. 长期性。保险资金的长期性，又称稳定性，是指保险资金在存量上保持稳定，在使用期限上相对较长。从保险资金的来源角度来看，自有资本金是保险企业的所有者权益，一般情况下，该类资金不但不会减少，而且会随着业务规模的不断扩大而不断增加，因此它是保险资金最稳定的来源；总准备金在非正常年份才会动用，一般在正常且经营状况良好的年份不会动用，因此该类资金也较稳定。而对于责任准备金，从公司持续经营的角度来看，一定规模的未到期责任准备金会在保险企业中存在，并且随着保险业务的扩张，它的规模将不断扩大，因此这类资金也具有一定的稳定性；从责任期限长短看，长期寿险责任准备金具有长期性和储蓄性的特点，因此该类资金也会在保险责任期限内相对较稳定。

3. 规模性。保险资金是资本市场中重要的机构投资者。这是因为，首先，有些险种或险别本身就具有投资性质（如投资连结型保险），客户投保的目的就是获得投资收益，所以保险资金必须具有相当大的规模，从而更好地满足投资要求。其次，人寿保险与养老金保险则是在当年投保，在一段较长年限后本利并还的，因此保险资金具备了较充分的形成规模效应的空间。再次，在风险不确定条件下，保险资金只有维持其规模性，才能保证其偿付能力，做到按期如数实现其赔付责任。

4. 敏感性。保险资金的敏感性主要指其利率敏感性，利率对保险资金成本与收益具有重要影响。利率变化是保险资金的实际收益与预期收益或实际成本发生背离，使其实际收益低于预期收益，或实际成本高于预期成本，进而使保险公司遭受意料之外的损失。由于保险资金主要配置于长期资产中，因此面临的利率风险更为明显。特别地，寿险资金期限往往超过十年，在较长的存续期内，受到利率波动的影响更大。

结合上述四种性质，从保险公司业务收入的角度上，保险资金的性质在很大程度上由保险产品的特点所决定，来源于不同类别保险产品的保险资金的性质有一定的差别（见表 9 - 1）。

表 9 - 1　　　　　　　　　不同类型保险资金的性质

资金特征	寿险公司			财险公司		养老险公司
产品类别	传统险种	分红险、万能险	投连险	短期财险产品	巨灾险	年金产品
期限特征	长期	中期	中短期	短期	长期	长期
稳定性	强	强	弱	弱	强	强
投资收益目标	满足负债要求，追求绝对收益	满足负债要求，追求绝对收益	追求相对收益和行业排名，兼顾绝对收益	满足赔付要求	满足赔付要求	抗通货膨胀、追求相对排名，兼顾绝对收益
利率敏感性	强	强	弱	弱	弱	弱
风险态度	下跌风险厌恶	中性	中性	中性	下跌风险厌恶	下跌风险厌恶
资产负债匹配	强	一般	弱	弱	弱	强
成本特征	稳定，可测性强，受官方利率走势影响	金融属性强，与其他金融产品有很强的替代关系，受市场利率影响较大，销售成本高	类"基金"产品，负债成本属性不强	补偿特性强，与其他类型金融产品的重合度较小，销售成本稳定，综合成本事前可测性强	补偿特性强，与其他类型金融产品的重合度较小，销售成本稳定，但面临系统性风险	负债属性不强，受官方利率走势影响

❶ 资料来源：中国保险资产管理业协会。

专栏 9-1

中国保险资金性质的新变化 ▪▪

一、寿险资金可投资期限出现分化

保监会按照"放开前端、管住后端"的基本思路，稳步推进人身险费率市场化改革，确定了"普通型、万能型、分红型"三步走的改革路线。人身保险费率政策改革将进一步完善市场化费率形成机制，将定价权交给公司和市场。保险公司根据自身经营特点，调整产品结构，差异化经营将成为常态，寿险资金的可投资期限也可能出现分化。

二、财险资金可投资期限逐渐拉长

相比于寿险负债，财险负债属于中短期负债。随着国内财险行业的稳步发展，财险保费收入保持了较快的增长，财险资金性质出现了两方面的变化：一是财险的责任期限结束后，短期资金沉淀下来，能够长期滚动积累，在风险可控的前提下，可作为长期资金使用；二是财险的资金性质是长是短还取决于承保的质量，如果从长期来看，保费收入能覆盖经营、赔付等所有支出，并略有盈余，财险资金就可以作长期资金使用。

三、趸缴型保险理财产品大量发行，出现"短钱长用"现象

"长钱短用"是保险资产负债期限错配的主要表现形式。然而，近年来，随着国内股权投资市场的发展，长端收益率曲线扁平化情况得到改善，部分保险公司为实现保费收入的快速增长，大量发行趸缴、短期的理财型保险产品。短期理财保费用于长期投资，出现"短钱长用"的新情况，使得保险资金面临的流动性风险上升，一旦负债端资金供给不足，资金链就会断裂。

- -

二、保险公司资产负债管理的基本内涵

资产负债管理脱胎于企业风险管理体系，是保险公司经营管理的核心内容之一，其主要作用是协调资产和负债的相互关系，有效降低风险，提高企业价值。发达国家资产负债管理有较为完善的理论体系，且管理技术丰富，并在保险公司的经营管理实践中广泛应用，效果良好。

（一）资产负债管理的基本类型

一般来讲，资产负债管理在概念上有狭义与广义的区分。狭义的资产负债管理主要是针对利率风险，具体来说是指在利率波动的环境中，金融机构管理者通过改变利率敏感性资产与负债的配置状况，降低金融机构受利率波动带来的影响，或者通过调整资产和负债的久期，保证金融机构权益净值大于零。从广义上讲，资产负债管理是一个连续的管理过程，这一过程包括针对企业资产负债所进行的制定、实施、监督和修正企业资产与负债的有关决策，这一系列活动将在满足可接受的风险程度和一定的约束条件下，保证实现企业既定的财务目标。

资产负债管理根据主导因素的不同，分为负债导向型模式、资产导向型模式和资产负债并行模式。

1. 负债导向型模式。该模式强调从负债的角度看待资产与负债之间的关系，即根据负债的特点安排资产的期限、结构、比例及流动性等。其主要目的为：一是资产配置要

满足负债偿还的要求，即保证在确定的时间范围内，能及时、足额偿还负债；二是资产配置要为公司日常经营准备足够的流动性，以维持企业经营的正常运转；三是在满足前述要求的基础上，尽可能提高所配置资产的盈利能力。

分析自身负债的特点，这是做好负债导向型资产负债管理的前提。首先判断负债是确定性负债还是或有负债。确定性负债是金额和期限明确的负债，或有负债是条件负债，不仅负债的发生不确定，而且期限和金额都具有较大的不确定性。其次是知道负债债的期限和金额。对确定性负债，负债在发生时即有明确的负债偿还时间和金额；但或有负债在时间、期限和金额上均可能不确定，需要公司管理人员根据历史经验、保险合同特点等确定负债发生的可能性，并通过合理的方法（包括统计、精算方法等）估计负债金额的大小或负债金额的可能范围，以及负债可能发生的时间等。负债金额、期限的不确定性为公司资产负债管理带来了较大的难度。

寻找与负债特点相匹配的资产，以保证资产在期限、金额及收益上能与负债的期限、金额及成本等相匹配。对确定性负债来说，由于负债的期限、金额及成本是确定的，资产配置需重点关注资产的收益、期限；而对非确定负债与或有负债而言，资产匹配主要考虑非确定性因素对负债偿还期限和金额的影响，资产的收益率相对没那么重要。同时，应留有一定的安全边际，即在时间上和金额上留有一定的余地，以应付公司经营过程中的意外事件发生。

2. 资产导向型模式。该种资产负债管理模式强调从资产的角度看待资产和负债之间的关系，即根据资产的特点安排负债的期限、结构及负债成本等。这是一种主动出击的资产负债管理模式，其主要目的是让负债去满足资产期限、金额及收益的要求。

为此，公司应清楚已有资产的构成，包括已有资产的期限、金额、收益情况；并进行情景模拟分析，重点分析环境突变情况下，资产的变现能力、收益情况，以确切了解资产的真实状态、风险状况和收益情况。保险公司应针对潜在的投资机会进行深入探索，充分分析宏观经济、资本市场动向，并确定好未来的投资方向、资产结构及可能的收益水平、风险状况等，通过适当超前的考虑，利用好公司的投资管理能力，为未来的负债选择打下较好的基础。

根据资产的状况，有针对性地安排负债。包括分析现有负债状况，判断现有投资收益水平是否满足产品定价时的预期收益要求；如果预期收益高于公司的投资能力，将承担过高的经营风险，公司应终止该类产品的销售。与此同时，公司可以结合市场信息和对宏观经济、资本市场的研判，主动把握资本市场中较好的机会，开发具有市场竞争力的保险产品，达到做大公司业务规模、提高盈利水平和提升公司实力的目的。

3. 资产负债并行模式。该模式融合了以上两种模式的思想，认为应当从资产和负债两个方面同时入手考虑资产负债管理问题，是在匹配管理框架下建立的一种更全面化的管理模式。这种模式更加强调负债和资产之间的沟通和协作，希望通过对资产负债结构的双向协调来完成匹配管理的要求，实现各类业务的均衡与互补。资产负债并行管理模式下，资产和负债不是孤立存在的，与资产相关的投资业务及与负债相关的保险业务不再存在一方主导另一方的问题，而是相互联动、彼此影响的。投资决策不是孤立的，需要将负债方的需要引入到投资决策的制定过程中；承保业务的发展也不是没有节制的，必须参照当期的投资环境约束，兼顾资产方的盈利能力创造出来的可行空间，两者相辅相成。

这种模式更加强调负债和资产之间的沟通协作，希望通过对资产负债结构的双向协调来完成匹配管理的要求，实现各类业务的均衡与互补。在这一思想指导下，资产方和负债方的决策是根据双方信息不断作出调整的循环动态过程，财产保险公司必须收集各方面信息，统筹产品开发、定价、销售与投资环节的战略规划及投资能力，从而将整个经营过程有效地串联起来。资产负债并行的资产负债管理模式将保险企业的财务目标从追求稳定的利润上升到整体风险控制和全面价值管理，资产负债匹配管理活动的范围也相应扩展到财务政策、绩效评估、再保险及内控制度、组织架构和管理流程等环节，为企业发展提供良好指导。

4. 三种类型的比较。以上三种管理模式均体现了资产负债匹配管理的思想，但在具体实施的过程中，出发点和侧重点有所不同。总的来说，这三种管理模式是适应不同的管理环境、管理理念而产生的，并无优劣之分；且三种模式各有优缺点，在具体操作时，财产保险公司需要根据其外部环境、内在条件、管理理念等的不同，在综合评估的基础上选择适合自身的管理模式，并围绕该模式确定对应的管理策略和业务流程。

负债导向型资产负债管理模式强调的是以承保业务为主、投资业务为辅的经营理念，优点是有利于公司根据市场需要拓展业务；缺点是可能难以找到合适的资产组合与负债匹配，限制了资产负债管理的有效性；若承保业务策略不合理，可能给公司带来较大的风险隐患。

资产导向型资产负债管理模式与以负债为主导的模式正好相反，其主张以投资业务为中心、承保业务配合的经营理念。其优点是可以较为灵活地实施资产配置管理；缺点是制定的保险业务策略可能无法满足市场需要，使公司在业务拓展中处于被动局面。

资产负债并行的管理模式同时满足了承保和投资两方面的需要，是一种全面的企业风险管理模式。其缺点是涉及众多环节的协调，管理过程很复杂，成功的运行有赖于有关部门的协调合作，其构想常常不能得到有效执行，且难以达到预期效果。

（二）资产负债管理的核心原则

资产负债管理是以资产负债表各科目之间的"对称原则"为基础，来缓解流动性、盈利性和安全性之间的矛盾，达到三性的协调平衡。所谓对称原则，主要是指资产与负债科目之间的期限和利率要对称，以期限对称和利率对称的要求来不断调整其资产结构和负债结构，以实现经营上的风险最小化和收益最大化。基于资产负债管理的普遍原则，保险公司资产负债管理具有自身特殊的核心原则。在资产负债过程中要采用以收益率为核心的管理原则，兼顾流动性、安全性原则。公司整体要体现长期价值提升的原则，兼顾长短期利益，满足偿付能力管理的要求。其基本原则主要有以下几点。

1. 匹配原则。匹配原则是资产负债管理的核心原则，主要分为规模匹配和期限匹配。规模匹配原则是指资产规模与负债规模相互对称，是统一与平衡的关系，这里的对称不是一种简单的对等，而是建立在合理经济增长基础上的动态平衡。由于资产和负债是相互联系、相互依赖和相互制约的辩证统一关系。资产规模过大，会造成头寸不足，虽然可以暂时增加盈利，但却失去了流动性和安全性。相反，资产规模过小，就会造成资金闲置，虽然流动性强，比较安全，但却降低了盈利性。因此，资产负债管理要求两者规模相匹配。

期限匹配原则又称结构对称原则、偿还期对称原则，指资金的分配应该依据资金来源的流通速度来决定，即银行资产和负债的偿还期应该保持一定程度的对称关系，其相应的计算方法是平均流动率法，也就是说，用资产的平均到期日和负债的平均到期日相比，得出平均流动率。如果平均流动率大于1，则说明资产运用过度，相反，如果平均流动率小于1，则说明资产运用不足。保险资金的资产配置应与负债特征相匹配，且在选择投资资产时，需要考虑负债的偿还期限，即在一定程度上保证资产和负债到期期限的一致性；最安全和保守的做法是资产和负债的期限完全一致，但这可能影响资产的收益水平。

2. 目标互补原则。这一原则认为企业安全性、流动性与效益性之间的均衡不是绝对的，可以相互补充。比如说，在一定的经济条件和经营环境中，流动性和安全性的降低，可通过盈利性的提高来补偿。所以在实际工作中，不能固守某一目标，单纯根据某一个目标来决定资产配置。而应该将安全性、流动性和盈利性综合起来考虑以全面保证保险公司目标的实现，达到总效用的最大化。保险公司资产负债管理需要实现安全性、流动性和盈利性的目标，但这三个目标并不一致，甚至相互矛盾。一般来说，安全性越高的资产往往盈利能力不强，流动性好的资产安全性较高但盈利能力较弱；盈利能力较强的资产往往流动性不好，并伴随着较高的风险。总体效用平衡和目标替代原则就是要求在安全性、流动性、盈利性三个目标上进行合理选择或组合，采用替代的方式，尽可能实现三者之间的均衡，力争总效用最优。这里的总效用是由盈利性、安全性、流动性三种效用综合平衡以后的结果。

3. 资产分散化原则。资产运用要注意在种类和客户两个方面适当分散，避免风险，减少坏账损失。在企业的财务管理活动中，资金的配置从筹资的角度看表现为资本结构，具体表现为负债资金和所有者权益资金的构成比例、长期负债和流动负债的构成比例以及内部各具体项目的构成比例。企业不但要从数量上筹集保证其正常生产经营所需的资金，而且必须使这些资金保持合理的结构比例关系。从投资或资金的使用角度看，企业的资金表现为各种形态的资产，各形态资产之间应当保持合理的结构比例关系，包括对内投资和对外投资的构成比例。对内投资中：流动资产投资和固定资产投资的构成比例、有形资产和无形资产的构成比例、货币资产和非货币资产的构成比例等；对外投资中：债权投资和股权投资的构成比例、长期投资和短期投资的构成比例等，以及各种资产内部的结构比例。

三、保险公司资产负债管理技术与流程

研究不同业务类型的保险公司资产负债管理是一个具有现实意义的问题。资产负债管理脱胎于企业风险管理体系，是保险公司的核心内容之一。其主要作用是协调资产和负债的相互关系，有效降低风险，提高企业价值。在相对成熟的保险市场体系中，资产

负债管理有较为完善的理论体系，且管理技术丰富，并在保险公司的经营管理实践中广泛应用，效果良好。

（一）保险公司资产负债管理技术

资产负债管理技术在适应经营环境中不断完善，配合资产负债理论的完善和计算机技术的应用，资产负债管理的新技术不断涌现、完善和发展，并经历了从静态向动态发展变化的过程。从目前来看，保险公司资产负债管理的主要技术有：免疫技术、现金流匹配技术、现金流测试、风险价值（VaR）、动态财务分析等，是一个从静态管理到动态管理的过程。

1. 免疫（久期匹配）技术。免疫技术，又称久期匹配技术，是免疫理论在资产负债管理实践中的具体应用，伴随着免疫理论的发展及环境的变化而不断发展。免疫技术是保险业资产负债管理技术的起源，是为解决保险公司利率风险而发展起来的一种资产负债管理技术。免疫技术的核心在于测量保险公司资产负债管理的久期和凸性。

久期是一个加权平均时间的概念，它反映的是一项投资的预期现金流入的时间，其中的权重是相对时间调整的现金流的现值。久期考虑了金融工具到期前的全部现金流量情况，包括支付的利息、偿还的本金等。久期根据假设条件的不同，可以分为麦考利久期、修正久期、免疫久期等。

凸性是指在某一收益率下，收益率发生变动而引起的价格变动幅度的变动程度。凸性反映了金融工具价格曲线的弯曲程度，弥补了久期本身也会随着利率的变化而变化的不足；在利率变化比较大时，久期本身不能完全描述价格对利率变动的敏感程度。凸性能较好地描述价格对利率的敏感程度，凸性对利率的敏感性反映主要表现为，凸性越大，金融工具的价格曲线弯曲程度越大，用修正久期度量的金融工具利率风险所产生的误差越大。凸性是衡量久期变化的量，在利率给定的情况下，凸性表示实际价格变动和久期计算的数据之间的差额。

免疫的基本条件：一是期初资产组合现金流入现值的总和等于负债方现金流出现值的总和，即保证公司期初的偿付能力是充足的，有足够的资产偿还负债；二是资产方组合的久期等于负债方的久期，以保证保险公司的资产价值与负债价值对市场利率变化的敏感度是大致相同的，避免了利率的不利波动对盈余价值带来的负面冲击；三是要求资产方的凸性不小于负债方的凸性，若这一条件成立，当利率下降时，资产价值的上升速度将快于负债价值的上升速度，反之利率上升时，资产价值的下降幅度小于负债价值的下降幅度，从而保证了无论利率发生何种方向变化，其对于公司的影响总是偏正面的。

2. 现金流匹配技术。现金流匹配技术是指从资产、负债现金流角度出发，通过对资产组合的现金流收入和对应债务支出的现金流进行期限安排，从而通过平衡公司资产、负债现金流关系，以达到化解利率风险和流动性风险的理论和方法。现金流匹配技术通过构建一个资产组合，使其产生的现金流入在时间和金额上都与负债所要求的现金流保持一致。

现金流匹配技术包括分期限的现金流匹配管理和分产品的现金流匹配管理。分期限现金流匹配管理是指，按照保险公司整体的资产负债特点，将资产负债现金流分成不同期限区间，分别进行现金流的缺口管理。分产品的现金流匹配管理是指，由于保险公司产品的特征差异较大，特别是财产保险公司对流动性要求高，因此进行分产品的现金流测试具有现实意义。例如，财产保险公司可将传统保险产品按业务特点的不同分为车险、财产险、工程险、水险、意外险等，投资型保险产品按保险产品的期限，分别进行现金流测试，以使资产和负债的缺口在公司可接受范围内。

现金流匹配组合一旦建立，保险公司只需持有资产直到资产到期就能满足未来的支付需要，这本质上是一个购买并持有策略，因此不会再产生交易成本。总的来说，这种简单的现金流量匹配是一种静态的方法，也没有考虑到利率变动的因素，只适合相对固定的资产和负债。在现实中，这种情况几乎是不存在的。但它却是一种最基本的方法，其他的资产负债现金流量的管理方法都是建立在这一基础上，即对影响资产负债变动的相关因素进行约束或缓解的策略，使静态的匹配变成在动态的环境中的综合管理。

3. 现金流测试。现金流测试是指，在经济环境和其他各种假设条件下，对保险公司某一给定评估日后的资产负债现金流时间、数量及相关风险进行预测与比较的一种方法，并将其看作资本充足性分析的一项主要程序和技术。精算标准委员会认为，通过分析资产和负债现金流在不同情形下的相互影响，现金流测试可以帮助使用者深入了解保险公司的潜在风险，并评估这些风险对于公司资本和盈余的影响。

现金流测试不仅满足了监管规定的要求，同时在公司的财务分析和经营模式等方面也发挥着积极的作用。其优点主要表现为：一是现金流测试作为一种从静态向动态过渡的分析工具，现金流测试能够帮助保险公司详细了解外界因素变化对财务状况、流动性状况等关键目标的影响路径，并以此指导公司的资产负债业务决策；二是现金流测试结果具有很强的前瞻性，能够在公司管理中发挥预警系统功能，在潜在的利率风险、流动性风险、偿付能力不足等问题出现或恶化前拉响警报；三是现金流测试比较灵活，在通用原则的指导下，测试者还能根据保险公司自身的负债和投资业务特点，以及管理层关注的重点，建立最适合自身的现金流测试模型。

当然，现金流测试也存在较为明显的缺点，主要表现为：一是现金流测试较为严重地依赖于建模过程和情景假设，给实际操作增加了难度；二是现金流测试是根据现有业务进行的，对未来预测可能存在较大的偏差，以有偏差的结果进行决策可能会对公司经营造成不利影响；三是现金流测试带有一定的主观性，可以人为操纵，测试者可能为了满足监管及外部评级机构或股东单位的要求，人为调整参数，从而降低了现金流测试结果的可用性。

4. 风险价值（VaR）技术。风险价值（VaR）技术，即在险价值法，在市场处于正常情况时，在给定时间段和置信水平下，任何一种投资组合或金融工具在未来可能面临的最大损失。在过去几年里，许多银行使用这种方法作为全行业度量风险的一种标准。可以将银行的全部资产组合的风险表示为一个简单的数字。模型的基本思想可以表述为，将每种资产组合或金融资产分解成单独的基本构件，描述基本构件的风险特征，再合并这些基本构件并分析合并后的综合效应。计算的过程就是将风险分解为若干个影响其价值变化的基本风险因子，用风险因子的变化描述资产组合的价值变化。

风险价值提供了量化的、客观的风险衡量方法和将最大估计损失额予以量化，以帮助风险管理者了解头寸本身的变化情况，也为其对资产组合交易结果的可靠性提供了有效依据。同时，导入风险值理念，也可以使保险、分散风险和套期保值这三大类风险管理方法的运用更有效率。

风险价值是一种全面衡量风险的技术方法，它将资产和负债放到同一风险框架进行讨论，对财产保险公司的资产负债管理将发挥积极的作用。风险价值技术尤其明显的优点表现为：风险价值将未来损失的大小与该损失发生的概率结合起来，公司管理层不仅可以了解损失的大小，而且可以知道损失发生的概率；风险价值可以用来衡量包括利率风险在内的多种风险，有利于保险公司内部之间的沟通和交流，并为决策提供依据；风险价值适应了不同风险偏好的管理者的需要，可以通过调整置信度水平，得到不同的风险价值结果。当然，风险价值也存在一定的缺陷，主要表现为操作较为复杂、对风险分布的要求较为严格等。

5. 动态财务分析。动态财务分析（简称为 DFA）是一种整体性的财务建模方法，它通过模拟公司未来经营环境和影响变量，得出模拟的经营结果。通过结果分析出公司未来经营在多大程度上受公司内外部环境的影响，以及影响程度。动态财务分析是国际上非寿险公司资产负债管理较为通用的方法，主要是因为非寿险公司的财务状况对通货膨胀、宏观经济环境、承保周期、法律法规等影响因素更为敏感，保险事故发生的时间和赔偿的额度较寿险相比更具不确定性。

动态财务分析的核心要素是随机模拟和财务状况分析。美国意外保险精算协会（CAS）把动态财务分析定义为："公司在面对许多可能的情况下，用以规划公司财务结果的一种财务模拟系统方法，透过动态财务分析以显示公司在内部或外部条件改变的情况下，其改变对于公司的财务结果有何影响。"后来，美国精算师协会和精算学院在与多家保险机构合作研究的基础上，将动态财务分析描述为"在各种假设下模拟保险公司财务状况或者说衡量其生存盈余能否充分支持未来经营活动的分析报告"。这两个定义均强调了随机模拟和财务状况分析的重要性，由此可以认为这两个因素就是动态财务分析的核心要素。

动态财务分析致力于公司风险控制，关注财务的平稳性。主要管理目标是让公司管理层充分了解他们应该如何管理公司的财务事务，最大化股东价值和确保客户的利益。动态财务分析通过把保险公司运营过程中的资产、负债、承保、产品定价、税收等对公司价值和经营结果产生影响的指标合并到一个模型中，观察其日常决策是如何互相作用并影响收益、资本及其他所有重要财务结果。具体来说，动态财务分析能为公司管理层提供如下信息：一是关于公司所有经营环节决策互相影响的可靠消息；二是关于战略机会中风险收益平衡的定量分析；三是评估其他可选操作方案的结构化流程，以便管理层作出涵盖更多信息、更满意的决定。

应当注意的是，由于动态财务分析引入了随机的思想，因此，动态财务分析也具有随机模拟方法所固有的缺点，主要表现为：一是随机变量较多，使得建模、运算都很不容易；二是该方法的有效性和可靠性严重依赖于模型，带有较强的主观性，不一定能反映未来的真实情况，因而存在一定的模型风险。

6. 资产负债管理技术比较。从 20 世纪 50 年代现代资产负债管理理论兴起以来，资产负债管理技术在适应经营环境中不断完善，配合资产负债理论的完善和计算机技术的应用，资产负债管理的新技术不断涌现、完善和发展，并经历了从静态向动态发展变化的过程。不同模型技术具有不同的特点，在资产负债管理中的应用范围、规避风险的类型存在较大差异。表 9 - 2 从模型特点、使用目的、复杂程度、适用类型、业务范围等方面对目前比较流行的七种资产负债管理技术进行了比较和总结。

表 9 - 2　　　　　　　　　　资产负债管理技术及应用范围比较

匹配技术	模型特点	使用目的	复杂程度	适用类型	业务范围
免疫技术	单阶段，决定性	利率风险控制	简单	寿险	产品线
缺口分析	单阶段，决定性	利率/流动性控制	简单	寿险/非寿险	产品线
现金流匹配	单阶段，决定性	流动性风险控制	中等	寿险/非寿险	产品线
现金流测试	多阶段，决定性	利率风险控制	较复杂	寿险/非寿险	产品线/整体
风险价值（VaR）	单阶段，随机性	财务决策优化	复杂	寿险/非寿险	产品线/整体
随机规划	多阶段，随机性	财务决策优化	很复杂	寿险/非寿险	产品线/整体
动态财务分析	多阶段，随机性	财务决策优化	很复杂	寿险/非寿险	产品线/整体

❶ 资料来源：戴成峰、张连增：《基于业务类型的中国财产保险公司资产负债管理研究》，载《保险研究》，2014（7）。

（二）保险公司资产负债管理的流程

保险公司资产负债管理的目的是提升企业的长期经济价值。这要求资产负债管理必须贴近业务的实际，与公司业务管理和短期财务报表管理相结合，设计合理的管理流程，在风险可控的基础上最大化公司利润。为使动态财务分析的结果同时满足不同方面的要求，保险公司的资产负债管理一般采取如下管理流程。

1. 根据业务特点确定资产负债管理的主要驱动因素。资产负债管理的主要驱动因素是指在资产负债管理的过程中需重点考虑的因素，由资产负债管理的模式决定。负债导向型资产负债管理模式的主要驱动因素是保险业务，投资是辅助因素；而资产导向型资产负债管理模式的主要驱动因素是投资，负债方的保险业务是辅助因素。需要强调的是，驱动因素和辅助因素都是资产负债管理的重要因素，对资产负债管理没有重要性之分，只是考虑次序的不同而已。

2. 确定管理目标。选择合适的参照物是判断一个方案是否可行的重要依据。保险公司在进行动态财务分析的过程中，需要根据公司战略确定在测算期间内公司需要达到的目标及财务结果，以便作为公司判断方案是否可行的依据。这些目标包括公司战略的规模目标、效益目标，以及风险容忍程度、偿付能力目标等。

3. 合理确定影响因素及参数变量。参数的选择在一定程度上决定了模拟结果的可靠性。为使模拟结果更可行，财产保险公司应充分分析历史数据、宏观经济和行业环境的变化，采取情景设计或随机模拟的方式，合理设定与传统保险业务经营、投资型保险产品及投资业务相关的关键变量。保险业务经营方面的关键指标包括保费收入、险种结构、费用率、赔付率等；投资型保险产品方面的关键变量包括投资型保险产品的产品类型、销售量、保险期限、客户收益率、费用率等；资金运用方面的关键变量包括投资的品种及投资金额、各投资品种的收益率、投资产品的会计分类等。

4. 建立财务模型，输出相关结果。动态财务分析需要在综合考虑历史情况的基础上，合理预计未来数年的关键财务结果。这些结果包括通用会计准则（GAAP准则）下的公司利润表、资产负债表及现金流量表，以及法定准则下的偿付能力报告等，并以是否满足公司偿付能力要求作为初步筛选方案的依据。初步筛选可行的方案和模拟结果将作为资产负债匹配管理的基础，以及评价策略的依据。

5. 结果分析和反馈。结果分析就是对财务模型输出的结果进行分析，并根据分析选择出符合公司战略规划的策略，并将所选的策略反馈给公司管理层、业务、财务、投资等部门，作为公司经营管理和绩效考评的依据。

第三节　保险资金运用的方式

随着监管的不断放开，资产管理行业进入深层次的竞争、创新、混业经营的阶段，即"大资管"体系的实践阶段。在此背景下，保险资金运用的方式在继承中不断创新，出现了很多新的组织形式、新的投资领域和新的配置方式。

一、保险资金运用的组织形式

依照保监会规定，保险资金应当由法人机构统一管理和运用，分支机构不得从事保险资金运用业务。保险集团（控股）公司、保险公司根据投资管理能力和风险管理能力，可以自行投资或者委托保险资产管理机构进行投资。按照保险资金运用主体类型划分，一般可分为内部管理形式和外部管理形式。

（一）保险资金运用的内部组织形式

保险资金运用的内部组织形式，即保险公司在内部设立专门的投资部门或通过出资建立资产管理公司，运作保险资金的形式。按内部组织机构设置的不同，内部组织形式一般可分为内设投资部的形式和专业化保险资产管理形式。

1. 内设投资部的组织形式。内设投资部的组织形式是指保险公司通过在内部设立投资部门，负责运作保险资金。内设投资部的组织形式使保险公司能较好地平衡承保和投资业务，方便管理层从总体上把握公司的战略走向。但内设投资部的管理形式也会使投资决策易受承保、理赔等部门的干预，从而可能发生投资目标偏移甚至投资失误。一般情况下，内设投资部的组织形式大多见于中小规模的保险公司。

2. 专业化控股的组织形式。专业化控股的组织形式是指保险集团（控股）公司通过设立旗下的人寿保险子公司、财产保险子公司和资产管理公司等专业性质的机构，实现整体保险资金运用。在大资管的背景下，资产管理公司与人寿保险子公司、财产保险子公司虽然被同一公司控股，但其业务相互独立。在专业化控股的组织形式下，集团（控股）公司制定整体的资金运用战略，在人寿保险子公司、财产保险子公司和资产管理公司之间协调资金流动，使得保险资金统一进入资产管理公司，由资产管理公司制定和实施具体的投资方案。资产管理公司作为具备独立法人地位的受委托人接受委托，负责保险资金的具体投资运作。

在大资管时代，专业化控股组织形式的优点在于，集团（控股）公司和资产管理公司同时拥有独立的风险管理体系，能够最大限度地抵御和化解风险，既能够保证保险资金在运用过程中遵循既定的投资战略，又能充分发挥资产管理公司、人寿保险子公司、财产保险子公司各自的专业优势，提高资金运用效率，为集团（控股）公司创造最大化的收益。但专业化控股形式要求集团（控股）公司必须能够对相关的各子公司实行有效的控制，同时要求集团（控股）公司具有较高的资产负债管理水平。

（二）保险资金运用的外部组织形式

保险资金运用的外部组织形式是指，保险公司将可运用的保险资金委托给外部专业投资管理机构进行运作，通过委托协议的方式达到资金运用的目的。在外部管理的形式下，保险公司自身并不实际参与保险资金的投资运作，而是将资金运用事项全部或部分地委托给外部专业机构，外部投资管理机构则通过协议向保险公司收取一定的管理费用。在保险业发展的早期，尤其是 20 世纪中期以前，保险公司的资本实力比较小，一般只能通过委托外部专业投资管理机构的方式来实现资金运用的目的。目前，处于发展初期阶段的、规模较小的保险公司大多数仍采取此方式。

外部机构管理资金运作的优势在于，保险公司可以专注于保险业务，而不需要设置专门团队来管理保险资金，节省了机构设置成本；此外，由于投资业务风险较大，保险公司的财务状况会受到保险监管机构的严格控制，而外部管理的方式能够避免不必要的合规风险。但是，外部机构管理资金运用的方式也面临许多问题。首先，保险公司必须承担委托—代理风险，一旦外部投资管理机构出现投资失误、违规操作和非法挪用资产的行为，保险公司将面临巨大的财务风险。其次，外部投资管理机构往往会向保险公司收取巨额的投资管理费，这种费用成本有可能极大地侵蚀保险公司利润。

二、保险资金运用的资产分类

通过多年来的改革与实践，中国保监会建立了中国保险公司投资资产分类体系。根据监管规定，保险公司需将投资资产划分为流动性资产、固定收益资产、权益类资产、不动产类资产和其他金融资产（各类资产的具体品种如表 9-3 所示）。同时，按照保监会比例监管的相关要求，保险公司各类资产中的境外投资额合计不高于本公司上季度末总资产的 15%。

（一）保险资金主要投资资产

在表 9-3 所列的资产中，固定收益类资产、权益类资产、不动产类资产和其他金融资产等是保险资金运用的重点。在此选取各类别资产中配置比例较高的主要产品进行讲解。

表 9 – 3 　　　　　　　　　　　　　中国保险公司投资资产分类

资产类别	境内品种	境外品种
流动性资产	现金、货币市场基金、银行活期存款、银行通知存款、货币市场类保险资产管理产品和剩余期限不超过一年的政府债券、准政府债券、逆回购协议等	货币市场基金、银行活期存款、隔夜拆借和剩余期限不超过一年的商业票据、银行票据、大额可转让存单、逆回购协议、短期政府债券、政府支持性债券、国际金融组织债券、公司债券、可转让债权等
固定收益类资产	银行定期存款、银行协议存款、债券型基金、固定收益类保险资产管理产品、金融企业（公司）债券、非金融企业（公司）债券和剩余期限在一年以上的政府债券、准政府债券等	银行定期存款、具有银行保本承诺的结构性存款、固定收益类证券投资基金和剩余期限在一年以上的政府支持性债券、国际金融组织债券、公司债券、可转让债权等
权益类资产	1. 上市权益类资产品种：股票、股票型基金、混合型基金、权益类保险资产管理产品等； 2. 未上市权益类资产品种：未上市企业股权、股权投资基金等相关金融产品	1. 上市权益类资产品种：普通股、优先股、全球存托凭证、美国存托凭证和权益类证券投资基金等； 2. 未上市权益类资产品种：未上市企业股权、股权投资基金等相关金融产品
不动产类资产	不动产、基础设施投资计划、不动产投资计划、不动产类保险资产管理产品及其他不动产相关金融产品等	商业不动产、办公不动产和房地产信托投资基金（REITs）等
其他金融资产	商业银行理财产品、银行业金融机构信贷资产支持证券、信托公司集合基金信托计划、证券公司专项资产管理计划、保险资产管理公司项目资产支持计划、其他保险资产管理产品等	不具有银行保本承诺的结构性存款等

资料来源：《关于加强和改进保险资金运用比例监管的规定》。

1. 流动性资产。在流动性资产中，主要介绍货币市场基金、银行通知存款和逆回购协议等三种常见类型。

（1）货币市场基金。货币市场基金是指投资于货币市场上短期（一年以内，平均期限 120 天）有价证券的一种投资基金。货币市场基金资产主要投资于短期货币工具如国库券、商业票据、银行定期存单、银行承兑汇票、政府短期债券、企业债券等短期有价证券。货币基金只有一种分红方式——红利转投资。货币市场基金每份单位始终保持在 1 元，超过 1 元后的收益会按时自动转化为基金份额，拥有多少基金份额即拥有多少资产。而其他开放式基金是份额固定不变、单位净值累加的，投资者只能依靠基金每年的分红来实现收益。货币市场基金具有流动性好、资本安全性高的特征，有助于维持保险公司的偿付能力。

（2）银行通知存款。通知存款是一种不约定存期、一次性存入、可多次支取，支取时需提前通知银行、约定支取日期和金额方能支取的存款，兼有活期存款与定期存款的性质。通知存款的利率一般以通知期限的长短而定，相比活期存款高，但又比定期存款低，是保险公司保持流动性的重要手段。

（3）逆回购协议。逆回购协议就是证券持有者（即证券卖主）为与证券买主达成一笔证券交易，在签订的合约中规定卖主在卖出一笔证券后须在某个双方商定的时间以商定的价格再买回这笔证券，并以商定的利率付息。中央银行逆回购为中国人民银行向一级交易商购买有价证券，并约定在未来特定日期将有价证券卖给一级交易商的交易行为，逆回购为中央银行向市场上投放流动性的操作，正回购则为中央银行从市场收回流动性的操作。

2. 固定收益类。在固定收益类资产中，主要介绍银行协议存款、信托存款和债券三种常见类型。

（1）银行协议存款。协议存款是商业银行根据中国人民银行或中国银行业监督管理委员会的规定，针对部分特殊性质的中资资金开办的存款期限较长、起存金额较大，利率、期限、结息付息方式、违约处罚标准等由双方商定的人民币存款品种。该存款可作为存款类金融机构的长期资金来源，不属于同业存款，应计入存贷比指标。协议存款可以提前支取，其协议存款凭证可用作融资质押物。保险公司办理协议存款须由总公司与银行总行签订"协议存款合同书"，约定利率的水平、存款期限、结息和付息方式、违约处罚标准、提前支取条件等事项。保险公司协议存款最低起存金额为人民币 3 000 万元（含），须一次性存入、一次性支取，存款期限为五年（不含）以上。

（2）信托存款。信托存款是指委托人将资金存入作为受托人的信托银行，并对其运用方法作出具体指定的信托方式。保险公司将资金存入信托银行，受托人在该银行向证券公司订购股票、债券等有价证券，指示信托银行依照买卖内容运用所存的资金，而信托银行则按照指定将委托人所投入资金加以运用。资金运用所获收益于一年一次的信托终止日，以信托收益回归委托人。在这种方式下，保险人通过信托契约而对存款资金运用的风险有一定程度的控制力。信托存款收益率的大小视存款资金运用效果而定。通常来讲，其收益率要高于银行存款。保险人的这种资金运用方式通常是在保险人投资能力不足或信贷规模不足时采用的。

（3）债券。国际上都把债券作为一种典型的固定收益的投资品，债券由于其本身所具有的特性而成为国际保险公司投资的重要组成部分。在保险公司资金的各项配置中，银行存款安全性最高，然而收益性也最低，由于债券的期限结构同保险业资金的期限结构比较一致，因而能够在更大程度上满足保险资金对安全性、流动性和收益性等方面的要求，从而深受各家保险公司的倾慕，成为保险资金运用中首选的投资工具。保险资金投资的债券产品主要包括政府债券、企业债券和金融债券。

政府债券的发行者是政府，因此其信用等级是最高的，是一种最安全的投资方式，也因此各国保险法对保险人投资于政府债券的比例一般要求较松。根据风险对价的原则，政府债券的收益率虽然高于同期银行存款收益，但比其他债券要低。投资政府债券的另外一个好处是，对于有些政府债券所得到的利息收入，投资者可以享受免税优待。

企业债券是企业为了筹措资金所发行的债券凭证。企业债券的信用度低于政府债券，但与同类的股票相比，企业债券的风险还是相对小一些。尽管企业债券和股票一样也面临着发行企业经营状况不善和市场利率风险，但由于债券持有人获得利息要优于股东分红，发行公司在支付股息前，必须先偿付债务利息和本金，在公司破产清偿股本和债务时，也要先偿还债务，后归还股本。因此企业债券收益率比其他债券高，但通常还是低于股票收益率。

金融债券通常是由信用度较高的金融机构发行的债券，一般来说，其信用度比政府债券低，比企业债券高，因此收益率也介于二者之间。金融债券由于有金融机构的信用担保，安全性还是较高的，它也是《保险法》中明确提出的一种资金运用方式。

3. 权益类。在权益类资产中，主要介绍股票和证券投资基金两种常见类型。

（1）股票。股票是股份公司为了筹集自有资金而发行的代表所有权的有价证券。保险资金可购买上市基金间接入市，也可以直接入市购买股票，或持有非上市公司的股票。从国际经验上来看，在证券市场较发达的国家，保险资金是证券市场重要的资金来源。购买股票是企业投资的一种重要方式。股票投资的目的有两种：一是获利，即作为一般的证券投资，获取股利收入及买卖价差；二是控股，即利用购买某一企业的大量股票达到控制该企业的目的。

保险企业有价证券业务不仅包括购券待偿业务和证券交易业务，还应包括证券承销业务。购券待偿业务是指买入证券后不进行交易转让，而是为了定期获得利息或股息。证券交易业务是根据证券市场的行情变化，适时地进行证券买进卖出，以获取交易收益。证券的承销是证券的间接发行方式，是指发行者委托第三者即承销人办理证券的发行。证券承销有两种方式：一是承销者包销并承担全部风险，也就是说卖不掉的证券由承销者自己购下，这实际上是发行者把证券以低价批发给承销者，承销者赚取批零差价；二是承销者承诺尽力发行，并按发行数量计算收取承销费。一般来说，第一种方法承销人的风险较大，但收益也较大，第二种方法没什么风险，但收益也小。

保险公司股票投资的初衷在于回避风险，将资金作为安全性分配，并予以长期持有。所以过去以绩优股投资持有作为主流。但近年来，纯投资的比重也相当高，保险公司也可采用低买高卖的波段交易策略。近年来由于变额保险、万能保险的面市，保险公司从相对长期持有的投资转向重视投资绩效的短期买卖投资发展。总的来说，保险公司的股票投资策略较为稳健，是以各股收益性分析、风险评估为前提，留意股票基本面的情况，结合各种财务指标，慎重地进行股票投资活动的。

（2）证券投资基金。证券投资基金是一种信托投资方式，它集中了投资者众多分散资金，并交由专门的投资管理机构进行范围广泛的投资与管理以获取资金增值，投资者按出资比例分享收益并承担风险。证券投资基金是一种很好的收益——风险平衡机制，它具有专家理财和分散化投资的特点，是保险资金运用的重要工具。与直接投资于股票相比，证券投资基金可以较高程度地规避非系统性风险，同时具有很好的流动性和较高的收益率。保险公司通过投资证券基金成为资本市场的主要机构投资者，侧重于资金的长期投资收益，有助于改变上市公司的股东机构，完善上市公司的现代企业制度。

证券投资基金的投资对象既可以是资本市场上的上市股票和债券，也可以是货币市场上的短期票据（即银行同业拆借）、金融期货、黄金、期权交易、不动产等，有时还包括虽未上市但有发展潜力的公司债券和股权。作为一种金融市场媒介，证券投资基金实际上是一种金融信托形式，它存在于投资者与投资对象之间，起着把投资者的资金转换成金融资产，通过专门机构在金融市场上再投资，从而使货币资产得到增值的作用。证券投资基金的管理者对投资者所投入的资金负有经营、管理的职责，而且必须按照合同或契约的要求确定资金的投向，保证投资者的资金安全和收益最大化。

4. 不动产类。不动产投资是指保险资金用于购买土地、建筑物或修理住宅、商业建筑等投资。这里保险公司所持有的不动产可分为营业用不动产与投资用不动产两类，总公司、分公司、营业处等办公楼或研究所、员工宿舍等保险公司自用的不动产，被称为营业用不动产。而将其大楼出租给第三人，以获取收入为目的的不动产，则称为投资用不动产，以下就保险公司的不动产，尤其是投资用的不动产加以说明。

保险公司进行不动产投资在保险业发达国家非常普遍，主要是指房地产投资，优点是安全性好、收益高，是一种较好的长期投资方式，也是抵御通货膨胀的有效手段。但需要指出，不动产的流动性是几类投资方式中最差的，因此在保险公司投资活动中必须严格控制其投资比例，防止因过多的不动产投资而降低保险投资资产的流动性。可见，不动产投资成本高、周期长、流动性差，比较适合长期性保险资金的运用，因而各国设定了严格的投资比例限制。

保险公司为保证安全的不动产投资，必须有严格的组织管理和措施：第一，不动产投资使用的多元化，要以推进地区选择、用途分散、创造投资机会为目的，推动投资的多元化，从而有效地分散风险，保证投资的安全性。第二，不动产投资方式的多元化。保险公司除了单纯地销售土地收益外，可用"共用大楼"、"租赁土地"等方式分散风险。"共用大楼"方式即保险公司与土地所有者共同兴建大楼，按双方出资比例划分收益。租赁土地方式，是保险公司从土地所有人手中租赁土地，进行开发建设，对土地所有者一次性或分期支付租金的方式。除了以上方式外，保险公司还可以根据具体经济形势、公司资金规模、交易对象情况，采取灵活多变的投资方式。

5. 其他类型

（1）基础设施项目。在国外，基础设施建设早已成为保险资金投资组合的重要部分。而中国 2006 年才允许保险资金间接投资基础设施建设。基础设施债权投资计划具有投资收益稳定、期限长的特点。投资收益率相对稳定，一般在 6% ~ 8% 之间，主要投资于符合国家产业政策的交通、能源、市政、环保、通信、大型保障房等项目，所以投资期限较长，适合长期资金来源的寿险资金投资。但是，保险资金投资基础设施项目也面临流动性差的问题，一旦保险公司面临严重的偿付危机，保险公司将会遭受流动性风险。

（2）股权投资。股权投资是保险资金的一种创新投资方式，可以获得高额回报，改善保险资金资产和负债匹配度，受到保险资金的青睐。保险资金的股权投资分为直接股权投资和间接股权投资。直接投资股权，是指保险公司以出资人名义投资并持有企业股权的行为；间接投资股权，是指保险公司投资股权投资管理机构发起设立的股权投资基金等相关金融产品的行为。保监会规定，保险资金投资股权投资基金形成的财产，应当独立于投资机构、托管机构和其他相关机构的固有财产及其管理的其他财产。投资机构因投资、管理或者处分投资基金取得的财产和收益，应当归入投资基金财产。

（3）其他金融产品。这里所述的金融产品是指中国保监会于 2012 年批准拓宽的投资范围，指境内依法发行的商业银行理财产品、银行业金融机构信贷资产支持证券、信托公司集合资金信托计划、证券公司专项资产管理计划、保险资产管理公司基础设施投资计划、不动产投资计划和项目资产支持计划等产品。在未来一段时间里，银行理财产品、集合资金信托计划因其市场规模较大、收益率高的特点，可能会对保险资金原配置结构中的协议存款、债券有一定的替代效应。

（二）保险资金关联产业的资产

随着产业结构的调整、人口老龄化进程的加快与居民生活水平的提升，养老、医疗和金融等行业进入发展黄金时期。保险资金可以充分发挥资金长期优势，在关联产业进行布局，获得可匹配长期负债的优质资产。同时，关联产业投资能够与保险主业共同发挥协同效应，延伸保险产业价值链，为客户提供综合服务，增强客户黏性。

1. 保险资金投资养老产业。养老产业可细分为养老地产、养老护理、养老健康管理和养老商品等行业。居住问题是养老服务的核心，因此，养老地产是养老产业的关键，是养老产业中规模最大、综合性最强的行业。养老地产的形成和发展，可以聚集和带动其他养老市场的发展。养老地产的类型主要包括养老社区、老年公寓和养老院。目前，保险资金主要以投资养老社区的形式参与养老产业。

总体上看，养老社区的经营方式主要有三种：一是销售模式，其优势是能较好地实现资金短期回流，缩短获利周期，但在此模式下，养老地产运营阶段潜在的巨大盈利点并未获得开发，无法获得物业经营带来的增值收入和溢价收入。二是持有出租模式，其优点是可以获得物业增值收益和服务费用，缺点是投资回报周期过长，资金需求量大，其经营存在较大风险。三是销售加持有模式，该模式结合了销售模式和持有模式的优点，体现为资金回流较快，兼得前期销售收益和后期运营收益。

2. 保险资金投资医疗产业。医疗产业主要包括医院、健康管理、体检服务、药品、医疗器械制造等细分领域。保险行业和医疗产业关联性强，能够实现优势互补。以医疗服务为例，保险公司通过控股或参股医院、健康管理公司、体检中心等医疗服务机构，有助于扩大业务范围，延伸价值链条。保险公司参与医疗产业发展有着独特的优势，可以使保险公司能主动参与到从前端的预防性医疗到最终疾病治疗的整个产业链，在为客户提供健康、意外、养老等保险保障和服务的同时，还可以为客户提供包括体检、健康咨询、疾病管理计划等更全面、更深层次的医疗卫生和健康管理服务。

保险公司和医疗机构结成共同利益体，将极大地提高保险公司的成本控制能力。同时，对医疗资源的控制也有利于保险公司提升"健康式管理"商业保险的服务能力，突出专业健康保险产品优势。此外，保险公司拥有规模大且长久期的保险资金、广泛的客户资源、遍布全国的人员机构网络、先进的信息网络系统与财务网络等，能够为医疗产业发展提供多方面支持，进而实现保险、医疗和养老的深度协调、互动。

3. 保险公司投资金融业。一般意义上的金融业主要包括商业银行、保险、信托、证券、基金、期货、租赁等业态。保险业与其他金融业态在渠道、客户、资产管理等领域具有广泛的联系和合作，保险资金投资其他金融业态有利于协调内部资源，开展交叉销售，提升客户服务。随着大资管行业的不断深化，相关管制不断放松，保险资金对金融业的投资力度不断加深。

保险资金投资于其他金融业态具有战略和财务上的双重收益。在战略上，保险业投资其他金融业后，可以通过整合各子公司的行业优势，共享客户资源，以交叉销售、合作营销等方式开展业务活动，加强联动，实现协同效应，降低整体成本。在大资管时代，客户的财富综合管理成为金融业的重要发展趋势，保险业投资其他金融业后，可以丰富产品线条，为客户提供综合性、一站式金融服务，提高客户黏性，有效留存客户。同时，金融业整体发展前景广阔，各类金融机构的盈利性和成长性均较好，保险资金投资金融业可以获得较为理想的投资收益。

（三）保险资金的境外投资

保险资金通过投资境外优质资产，实现资产的全球配置，有效地分散投资组合的系统风险，有助于增加投资收益，提升保险机构在国际市场的影响力。随着大资管时代的到来，保险资金境外投资逐步成为国内保险机构扩展投资领域、提高保险资金投资收益的重要途径。

保险资金境外投资在类别上与国内投资相似，但在具体产品上有所不同。具体而言，可供保险资金境外投资的产品如下：

货币市场类：包括期限不超过1年的商业票据、银行票据、大额可转让存单、逆回购协议、短期政府债券和隔夜拆出等货币市场工具或者产品。固定收益类：包括银行存款、政府债券、政府支持性债券、国际金融组织债券、公司债券、可转换债券等固定收益产品。

权益类：包括普通股、优先股、全球存托凭证、美国存托凭证、未上市企业股权等权益类工具或者产品。股票以及存托凭证应当在部分国家或者地区证券交易所主板市场挂牌交易。直接投资的未上市企业股权，限于金融、养老、医疗、能源、资源、汽车服务和现代农业等企业股权。

不动产：直接投资的不动产，限于位于部分发达市场主要城市的核心地段，且具有稳定收益的成熟商业不动产和办公不动产。

中国保险资金境外投资政策逐步放宽，投资领域明显拓展。2005年，保险资金境外投资实施细则出台，境外投资进入实质性进展，但投资范围仅限于债券股中的红筹股等风险较小的品种；2012 年，新实施细则出台，境外未上市企业股权、不动产及相关金融产品等均获批放开；2015 年，保监会发布调整保险资金境外投资有关政策的通知，保险资金境外投资范围进一步扩大，甚至囊括了香港创业板，可投债券评级的限制也有所降低。

专栏 9-2
中国保险资金运用的发展阶段

中国保险资金运用从无到有，在发展中不断探索，曲折前进。自 1980 年中国恢复保险经营后，保险资金投资范围经历了由紧到松、再到紧、进而逐步放松的过程，大体可以分为如下几个阶段。

一、严格限制阶段（1980—1985 年）

在这一时期，市场上只存在中国人民保险一家保险公司开展保险业务，可投资的资金相对而言较少。这一阶段保险资金投资的特点主要表现为投资渠道单一，国家规定保险资金只能投入银行存款。

二、无序发展阶段（1986—1995 年）

1985 年 3 月，国务院颁布《保险企业管理暂行条例》，从法规的角度明确了保险企业可以自主运用保险资金。但在 1988 年以后，由于缺乏保险投资监管，保险资金运用又进入过度投资、无序发展的状态，大量保险资金进入房地产市场、有价证券市场，形成大量不良资产，不仅没有增强保险公司的偿付能力，反而增加了经营风险。

三、逐步规范阶段（1995—2002 年）

1995 年《中华人民共和国保险法》实施，标志着中国保险业进入规范阶段。这个时期，监管层限定保险资金投资范围，保险公司严格按照规定进行投资，虽然有效地控制住了投资风险，但也牺牲了高额投资回报率。1999 年 10 月，国务院批准保险公司可以通过证券投资基金间接进入证券市场，保险资金运用有了实质性进展。2002 年 10 月，中国对保险法首次进行修订，并相继出台了六个政策性文件，为保险资金直接入市铺平了道路。

四、有序开放阶段（2003—2011 年）

2003 年 1 月，中国保监会提出，要把保险资金运用与保险承保业务发展放到同等重要的地位上，鼓励大型保险企业设立保险资产管理公司。2004 年 4 月，保监会批准中国人保、中国人寿分别发起设立了保险资产管理公司，同年批准保险资金可以投资中央银行票据。2004 年 2 月，中国保监会发布《关于保险资金股票投资有关问题的通知》，标志着中国保险资金运用进入全面开放阶段。2010 年 8 月，保监会公布《保险资金运用管理暂行办法》，股票类投资及基础设施债权计划的投资比例上限进一步提高。

五、改革发展新阶段（2012 年至今）

2014 年，《国务院关于进一步加快发展现代保险服务业的若干意见》出台，提出稳步推进保险公司设立基金管理公司试点，允许保险公司设立夹层基金、并购基金、不动产基金等私募基金。同年公布的《保险资金运用管理暂行办法》修订版进一步放宽了保险资金投资比例的限制。至此，中国保险资金运用的业务范围不断扩宽，保险资金配置空间和弹性不断扩大，基本实现了对主要金融资产类别的全覆盖（见表9-4）。

表9-4　　　　　　　　　　　保险资金投资范围变化的历史沿革

时间	投资范围
1984—1988 年	贷款、金融债券
1988—1990 年	贷款、金融债券、银行间同业拆借
1991—1995 年	贷款、金融债券、各类证券投资
1995—1999 年	银行存款、国债、金融债券
1999—2004 年	银行存款、国债、金融债券、基金
2004—2006 年	银行存款、国债、金融债券、基金、股票
2006—2010 年	银行存款、国债、金融债券、基金、股票、国家基础设施建设项目（间接）、不动产
2010—2012 年	银行存款、国债、金融债、基金、股票、国家基础设施建设项目（间接）、不动产、PE
2012 年至今	银行存款、国债、金融债、企业或公司债、基金、股票、国家基础设施建设项目（间接）、不动产、股指期货、金融衍生品、海外投资、银行理财产品、银行业信贷资产支持证券、信托公司集合信托计划、券商专项资产管理计划、保险资产管理基础设施投资计划、不动产投资计划和项目资产支持计划、保险私募基金等

⊕ 资料来源：中国保险监督管理委员会、中国保险资产管理业协会。

保险资金是保险公司通过各种渠道聚集的各种资金的总和。保险资金主要来源于权益资本和准备金。保险资金的来源和特性，赋予其进行资金运用的条件。运用保险资金的过程又称为保险投资，是指保险企业在经营过程中，利用保险资金聚集与保险企业赔偿给付的时间差，以及收费与支付间的价值差，对保险资金运用增值，以求稳定经营、分散风险的一种经营活动。

资产负债管理是保险资金运用的重要实践。所谓保险公司的资产负债管理，是指保险公司恰当运用各种投资渠道，使其资产和负债在数量、期限、币种以及成本收益上保持匹配，并以此为目标，在保险资金运用过程中不断调整资产负债结构的管理行为。保险资金的资产负债管理方法主要有免疫技术、现金流匹配技术、现金流测试、风险价值（VaR）和动态财务分析等。

近年来，中国在保险资金运用的制度建设方面不断取得进展，保险资金的投资渠道逐渐拓宽，多元化资产配置的框架已经初步形成。保险投资的资产可划分为五大类：流动性资产、固定收益资产、权益类资产、不动产类资产和其他金融资产；主要投资方式可以分为：银行存款、债券（包括国债、金融债、企业债等）、贷款、证券投资基金、股票、不动产投资和境外投资。同时，在大资管时代，中国保险资金运用出现了一系列新特征，保险资金运用坚持体制创新、坚持业务创新、坚持双向委托开放、坚持全球化资金配置。

【思考与练习】

1. 什么是保险资金？保险资金的性质是什么？

2. 什么是保险资金运用？保险资金运用有哪些原则？

3. 简述保险资金运用的组织形式。

4. 简述保险公司资产负债管理的核心原则。

5. 保险公司资产负债管理的方法有哪些？

6. 根据中国保监会的有关规定，保险资金投资应如何分类？

7. 结合当前保险业发展现状，分析中国保险资金运用的创新发展与存在问题。

第十章
保险公司偿付能力管理

本章知识结构

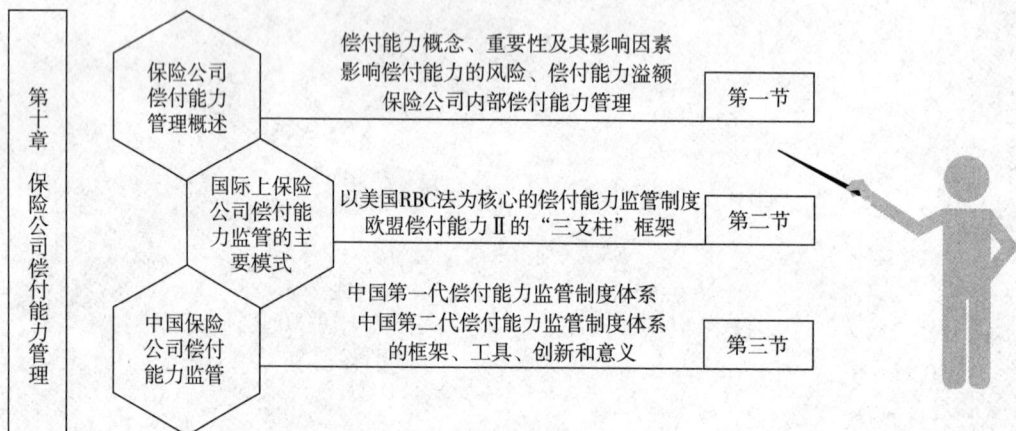

第十章 保险公司偿付能力管理

保险公司偿付能力管理概述 —— 偿付能力概念、重要性及其影响因素 / 影响偿付能力的风险、偿付能力溢额 / 保险公司内部偿付能力管理 —— 第一节

国际上保险公司偿付能力监管的主要模式 —— 以美国RBC法为核心的偿付能力监管制度 / 欧盟偿付能力 II 的"三支柱"框架 —— 第二节

中国保险公司偿付能力监管 —— 中国第一代偿付能力监管制度体系 / 中国第二代偿付能力监管制度体系的框架、工具、创新和意义 —— 第三节

本章学习目标

- 理解掌握偿付能力的概念和重要性
- 重点掌握影响保险公司偿付能力的风险
- 理解保险公司偿付能力管理的含义和意义
- 理解美国偿付能力监管的 RBC 法
- 理解欧盟偿付能力 II 的"三支柱"框架
- 理解掌握中国"偿一代"制度体系
- 重点掌握中国"偿二代"的整体框架和监管工具

第一节 保险公司偿付能力管理概述

一、偿付能力的概念和重要性

（一）偿付能力的概念

保险公司的偿付能力是指保险公司对所承担的风险在发生超出正常年景的赔偿和给付数额时的经济补偿能力，它表现为保险公司资产与负债之间的关系。

如果用 t 表示时刻，$A(t)$ 表示 t 时刻的资产，$L(t)$ 表示 t 时刻的负债，$Z(t)$ 表示 t 时刻的偿付能力额度，则有

$$Z(t) = A(t) - L(t)$$

保险公司在某段时间内具有的偿付能力，可以表述为：在此段时间内的任何时刻 t，保证公司的资产大于负债。即在此段时间内的任何时刻 t，有

$$Z(t) > 0$$

换言之，在此段时间内，不论保险公司经营状况如何，即使发生超出正常年景的赔偿与给付，保险公司的资产足以抵补负债，使得偿付能力额度大于 0，则此保险公司在此段时间内具有偿付能力。

保险公司的业务经营过程，实际是风险的集中和分散过程。保险公司根据过去长期大量的、同类的损失和赔款资料，按照保险的数理原理，并假设"过去同类责任赔款或给付与未来情况大致相同"，从而计算出损失概率，并以此来确定保险的纯保费。从理论上讲，纯保费应该正好满足赔偿与给付的需要。因此，保险公司只要将总资产维持在与保险责任准备金相等的规模上，就足以偿付全部债务。但在实际经营过程中，由于影响保险公司的赔款和给付数额的因素过于复杂，保险公司实际收取的保费与实际发生的赔付之间不可避免地会有一定的偏差。为了应对可能发生的实际索赔大于期望索赔时的赔偿和给付责任，保险公司必须在总资产与由保险责任准备金构成的负债之间保持一个足够大的资金量，以保证保险公司的偿付能力。

（二）偿付能力的重要性

1. 保障保险合同的履行。保险公司的经营活动是建立在保险合同的基础之上。投保人根据合同的约定向保险公司支付保险费；保险公司则对于合同约定的可能发生的事故因其发生而造成的财产损失和人身伤亡承担赔偿或给付保险金的责任。因此，保险公司必须随时保证有足够的资金来应对可能发生的保险事故，向被保险人支付保险金，这是保险双方当事人根据保险合同约定所享受的权利和必须履行的义务。尤其是在发生超常年景的赔款和给付时，对保险公司的偿付能力就要求得很高。

2. 保障公司自身的稳定经营。保险公司的偿付能力是影响公司能否稳定经营的最重要的因素。具备足够的偿付能力，保险公司就可以保证在发生保险事故的情况下，有足够的资金向被保险人支付保险金，使被保险人得到保险保障。只有这样才能保证保险公司的正常经营。相反，如果保险公司没有足够的偿付能力，那么在保险事故发生之后，

就无法根据保险合同的约定向被保险人支付保险金，被保险人也就无法得到相应的保险保障。保险公司不能履行合同，就会影响正常的经营活动，严重的甚至可能导致公司破产。所以，保险公司的偿付能力对公司自身的稳定经营有直接的影响。

3. 保障被保险人的利益。保险公司的偿付能力除了直接影响公司的稳定经营外，还直接影响被保险人的经济利益，影响社会生产和人民生活。保险公司所收取的保险费是保险公司对投保人的一种负债行为，没有足够的偿付能力，就不能保证投保人一方的合法权益。保险关系到社会经济生活的各方面、各领域，是经济的"助推器"和社会的"稳定器"。保险的基本职能就是补偿和给付，通过补偿和给付保障社会生产的顺利进行和社会生活的安定，是保障社会再生产正常进行的必备条件。保险公司一旦偿付能力不足，不能正常履行补偿与给付职能，将直接影响社会再生产的正常进行和人民生活的安定。

二、影响保险公司偿付能力的因素

影响保险公司偿付能力的因素是多方面的。

（一）赔付率的高低

赔付率的高低会影响保险公司的盈利能力和利润积累，从而影响偿付能力的高低。保险公司的赔付率是指赔款支出与保费收入的比率，它是衡量公司经营状况的指标之一。当赔付率相对低的时候，保险公司用于赔款支出的数额占保费收入的比例相对较小，则这一年度的利润就会增加，保险公司的留存收益转增资本，从而提高保险公司的偿付能力。当赔付率相对较高时，保险公司的利润就会减少，内部积累的资本也相应减少。因此，赔付率高低影响保险公司利润的积累，进而影响着保险公司的偿付能力。

（二）附加费用水平

保险费由纯保费和附加保费构成。附加费用是控制业务流量和盈利水平的重要杠杆，提高保险公司的经营管理水平、降低费用水平是提高保险公司经营效益的有效途径。当保险公司经营处于不利情况，需要寻找补救措施时，费用的节约是一种潜在的来源。保险公司费用水平的高低，直接影响公司利润的高低，进而影响公司经营的稳定性和公司的偿付能力。

（三）投资收益水平

一般情况下，投资收益的高低与偿付能力大小呈正相关关系。投资收益可以弥补保险经营上的不足，当赔付率较高时，高投资收益可以缓解赔付率较高对经营成果造成的不利影响，使保险经营处于稳定状态。但当投资失败时，如果保险资金不能按时收回，则有可能危及保险公司的偿付能力。所以，投资收益的高低，直接关系到保险公司的经营成果，从而影响偿付能力的高低。

（四）损失概率计算的准确性和可靠程度

损失概率是计算保费、建立保险基金的基础。损失概率的准确性和可靠程度越高，即偏差越小，发生超常损失的可能性就越小，超常损失的赔偿与给付额就越小，对偿付能力的要求相对越低。反之，对偿付能力的要求相对越高。

损失概率的准确性和可靠程度可用财务稳定系数 K 来衡量。财务稳定系数 K 是保险公司历年的保额损失率均方差与平均保额损失率的比率。K 值越大，说明损失概率的准确性和可靠程度越差，业务的稳定性越低。保险公司的财务稳定性表示保险公司承保业务的实际赔款支出超过或不超过净保费收入的可靠程度。损失概率的准确性和可靠程度制约着保险公司的财务稳定状况，从而影响其偿付能力的高低。另一方面，保险公司的偿付能力也直接影响保险公司的财务稳定状况，偿付能力越充足，保险公司的财务稳定性越好。

（五）承保能力的控制

控制保险公司承保能力的最常用手段是再保险机制。通过再保险安排，保险公司的承保能力与其自身的偿付能力相适应。再保险安排合理与否，会直接影响到保险公司的偿付能力。为保证保险公司履行赔偿和给付义务，在一定的净资产条件下，保险公司只能经营一定额度的自留保险费。我国《保险法》第一百零二条规定："经营财产保险业务的保险公司当年自留保险费，不得超过其实有资本金加公积金总和的四倍"；第一百零三条规定："保险公司对每一危险单位，即对一次保险事故可能造成的最大损失范围所承担的责任，不得超过其实有资本金加公积金总和的百分之十；超过的部分应当办理再保险"。这就要求保险公司要合理地安排再保险，科学地确定自留额，谨慎地选择分保接受人，将自己的承保责任控制在适度的范围内。否则，将直接或间接地影响保险公司的偿付能力。

三、影响保险公司偿付能力的风险

保险公司在经营过程中承担着集中和分散风险的功能，其自身在经营过程中也面临着各种各样的风险，而这些风险可能会危及保险公司的偿付能力，影响保险公司经营的稳定性和连续性。影响保险公司偿付能力的风险分为两大类[①]，即可以量化的风险和难以量化的风险。可以量化的风险包括市场风险、信用风险和保险风险；难以量化的风险包括操作风险、战略风险、声誉风险和流动性风险等。

（一）可以量化的风险因素

保险风险，是指由于损失发生、赔付水平、费用水平及退保相关假设的实际经验与预期发生不利偏离，导致保险公司遭受非预期损失的风险。保险公司非寿险业务的保险风险包括保费及准备金风险、巨灾风险；保险公司寿险业务保险风险包括损失发生风险、费用风险和退保风险。

市场风险，是指由于利率、权益价格、房地产价格、汇率等不利变动，导致保险公司遭受非预期损失的风险。保险公司的市场风险包括利率风险、权益价格风险、房地产价格风险、境外资产价格风险和汇率风险。

信用风险，是指由于交易对手不能履行或不能按时履行其合同义务，或者交易对手信用状况的不利变动，导致保险公司遭受非预期损失的风险。保险公司面临的信用风险包括利差风险和交易对手违约风险。

---

① 国际上，不同的偿付能力监管体系对影响保险公司偿付能力的风险分类有所差异，本书采用中国偿二代监管体系的风险分类。

（二）难以量化的风险因素

操作风险，是指由于不完善的内部操作流程、人员、系统或外部事件而导致直接或间接损失的风险，包括法律及监管合规风险。

战略风险，是指由于战略制定和实施的流程无效或经营环境的变化，而导致战略与市场环境和公司能力不匹配的风险。

声誉风险，是指由于保险公司的经营管理或外部事件等原因导致利益相关方对保险公司负面评价，从而造成损失的风险。

流动性风险，是指保险公司无法及时获得充足资金或无法及时以合理成本获得充足资金，以支付到期债务或履行其他支付义务的风险。

此外，影响保险公司偿付能力的风险还包括因保险公司内部管理和控制不完善或无效，导致可以量化的风险和难以量化的风险未被及时识别和控制的风险。

四、保险公司的偿付能力溢额和偿付能力充足率

保险公司的偿付能力溢额和偿付能力充足率都是衡量保险公司偿付能力大小的量化指标，偿付能力溢额越大，偿付能力充足率越高，表明保险公司的偿付能力越强，经营越稳定。

（一）保险公司的偿付能力溢额

在中国"偿二代"监管体系下，偿付能力溢额是指在任一指定日期，保险公司的实际资本与最低资本之间的差额。其中，实际资本是指保险公司在持续经营或破产清算状态下可以吸收损失的财务资源，它等于认可资产减去认可负债后的余额；根据资本吸收损失的性质和能力，可分为核心资本和附属资本。最低资本是指基于审慎监管目的，为使保险公司具有适当的财务资源，以应对各类可量化为资本要求的风险对偿付能力的不利影响，保险监管机构要求保险公司应当具有的资本数额。

在偿付能力监管目的下，偿付能力溢额又分为核心偿付能力溢额和综合偿付能力溢额。核心偿付能力溢额是指保险公司的核心资本与最低资本之间的差额；综合偿付能力溢额是指保险公司的核心资本与附属资本之和与最低资本之间的差额。

为了保证被保险人的保单利益和保险公司经营的连续性和稳定性，保险公司应当定期检验自身的偿付能力溢额，并在较长的时间间隔内保持充足的偿付能力溢额，用于应对可能在较长时间内发生的超过正常年景的损失。

（二）保险公司的偿付能力充足率

评估保险公司的偿付能力是否充分，不仅要考察其偿付能力溢额的多少，还要同保险公司经营的业务量及其承担的风险相联系。如果两个保险公司的偿付能力溢额相等，不能说明两个公司的偿付能力是相同的。因此，保险公司的偿付能力溢额不能全面反映偿付能力的大小，还要考虑偿付能力的相对指标。通常采用偿付能力充足率作为衡量标准，以反映保险公司的资本充足状况。

在中国"偿二代"监管体系下，偿付能力充足率是指保险公司的实际资本与最低资本的比率，又可分为核心偿付能力充足率和综合偿付能力充足率。关于偿付能力充足率的具体内容，将在本章第三节进行详细介绍。

专栏 10 – 1

"偿一代"——以 "偿付能力额度" 为核心的监管体系 ,,,,,,,,,,,,,,,,,,,,,,,,

在"偿一代"阶段，我国借鉴欧盟偿付能力监管的经验，曾采用以"偿付能力额度"为核心的监管体系。所谓偿付能力额度（Solvency Margin），是指在任一时刻，保险公司资产负债表的资产和负债之间的差额，一般以资本金、公积金、总准备金、未分配利润之和来表示。从不同的管理需要出发，偿付能力额度可分为最低偿付能力额度、法定偿付能力额度和实际偿付能力额度。

最低偿付能力额度是保险公司为了承担其对保险客户所负的赔偿和给付责任，从理论上应当保持的偿付能力额度。最低偿付能力是运用数理科学得出的比较精确的理论结果，在一定程度上揭示了偿付能力的内在规律性。

法定偿付能力额度是指为保证保险公司稳健经营，保险监管机关规定的保险公司必须具备的最低偿付能力。我国《保险法》第一百零一条明确指出："保险公司应当具有与其业务规模和风险程度相适应的最低偿付能力。"法定偿付能力是保险监管机关在长期内充分考虑最低偿付能力的基础上制定的综合性指标，是适用于众多保险公司的标准。

实际偿付能力额度是指保险公司实际具备的偿付能力，是其会计年度末认可资产减去认可负债的差额。实际偿付能力并不是固定不变的，保险公司可通过增加资本金和准备金来提高自己的实际偿付能力。但是，过高的偿付能力会影响公司的资金使用效率，降低公司的竞争力。

实际偿付能力应高于法定偿付能力。当实际偿付能力低于法定偿付能力时，并不意味着该保险公司会立刻破产。但保险监管机关会责令其采取补充资本金、办理再保险、业务转让、调整资产结构等方式来改善其偿付能力状况。

实际偿付能力应高于最低偿付能力。保险公司若要保证保险业务经营的稳定性，应该使自身的实际偿付能力始终高于最低偿付能力。

在"偿一代"监管体系下，保险公司的偿付能力溢额等于实际偿付能力额度减去最低偿付能力额度之后的余额；保险公司的偿付能力充足率是指实际偿付能力额度与最低偿付能力额度的比率。

五、保险公司内部的偿付能力管理

（一）保险公司偿付能力管理的含义和意义

1. 保险公司偿付能力管理的含义。保险公司的根本职能是当发生了属于保险责任范围内的保险事故时，向被保险人履行赔偿和给付的义务。由于保险事故发生的时间和造成损失的大小都具有随机性，保险公司有义务保证在任何时间都有能力履行可能发生的赔偿和给付义务。一旦保险公司经营不善，危及了自身的偿付能力，不仅损害了被保险人的利益，而且也破坏了保险公司经营的稳定性和连续性。因此，保险公司有必要对自身的偿付能力进行管理。

保险公司自身对偿付能力的管理是指保险公司为实现自身经营的连续性、财务稳定性、业务发展性而对影响偿付能力的诸多因素进行的内部控制的活动过程，使其自身的偿付能力随时符合保险监督管理机关的要求，并能满足可能发生的赔偿和给付义务。其中主要是指保险公司根据自身业务规模和承保质量，在以往经验的基础上，利用科学的方法确定一个合理的最低偿付能力标准，按照自己偿付能力确定最大自留额等。

2. 保险公司偿付能力管理的意义。保险公司在经济体系中的作用就是保证在灾害事故发生时起到经济补偿与给付的作用。为了保证保险公司经营的连续进行和保险职能的发挥，必须对保险公司加强管理。对保险公司进行管理的核心就是对其偿付能力的管理，使其偿付能力与所承担的保险责任相对应。

（1）偿付能力管理可以有效保护被保险人的利益。保险的基本职能是对保险责任范围内的经济损失和人身损害给予经济补偿和给付，保证社会生产的持续发展和人民生活的安定。被保险人交付保险费是为了在发生事故时，能获得保险公司的经济补偿或给付，这就要求保险公司有足够的偿付能力作保证，若保险公司的偿付能力不足，在发生超常损失的时候不能进行经济补偿或给付而尽到自身的义务，就会损害被保险人的利益，大大削弱保险作为"社会稳定器"的作用。因此，必须对保险公司的偿付能力进行管理，以实现保险基本职能。

（2）偿付能力管理可以保证保险公司的财务稳定性。保险公司偿付能力与保险公司经营的财务稳定性有密切的关系，这种关系表现为：保险公司偿付能力决定和制约公司对每个风险单位的最高自留额，是实现保险公司经营财务稳定性的关键；反之，保险公司经营的财务稳定也为保险公司提供了其所承保的责任范围内的偿付能力。保险公司具有偿付能力，意味着发生超常损失时，保险公司具有补偿与给付的能力。它包含两层含义：首先，保险公司的保费收入足够用于正常状态下的损失赔偿与给付；其次，在发生超常年景的损失时，保险公司有能力履行自身的职能，即补偿与给付的职能。这两层含义是保险公司财务稳定性良好的具体体现。因此，加强保险公司偿付能力管理，可以保证保险公司的财务稳定性。保险公司财务稳定性越好，发生偏差的可能性就越小，对偿付能力额度的要求就越小；反之，保险公司的偿付能力额度越大，财务稳定系数允许值的范围就越大，保险公司的财务稳定性就越好。因此，加强保险公司偿付能力管理可以保证保险公司经营的财务稳定性。

（3）偿付能力管理是保险公司全面风险管理的需要。保险公司经营业务的过程是通过集中大量的具有相同风险的风险单位，运用数理手段进行风险的分摊，对损失发生者在合同规定的范围内给予经济补偿或给付。简单地说，就是风险的集中与损失分散的过程。保险公司自身的风险是指经营过程中所有造成预期损失与实际结果发生偏差而出现"异常"损失的风险。保险公司的风险无时不在、无处不在，主要包括保险风险、市场风险、信用风险、操作风险、战略风险、声誉风险、流动性风险等。在众多风险中，几乎所有风险都与偿付能力密切相关，这些风险因素对保险公司的偿付能力构成威胁，它们的变化要求偿付能力也随之变化。因此，保险公司自身的风险管理，在很大程度上体现为偿付能力的管理，加强保险公司偿付能力的管理，实际上就是对保险公司自身风险管理的完善。

（4）偿付能力管理是保险公司生存和发展的重要保证。保险公司的业务经营，要求随着保险费收入的增长，除了应付正常的保险事故赔付外，还要从业务的利润中，逐年提存和积累一定的"准备金"，以相应提高偿付能力，使保险公司在任何情况下都能履行自身的赔偿与给付义务。因为保险的职能是经济补偿与给付，保险公司的发展有赖于保险公司认真履行对社会的经济保障职能，取得社会的信任，这是保险公司经营的出发点和归宿点。保险公司一旦偿付能力不足，不能履行保险合同的义务，除了失信于民，失信于社会，还会影响人们参加保险的积极性，丧失广大的保险客户。加强偿付能力管理能使保险公司量力而行，使承保风险控制在自身的偿付能力额度之内，以保证发生超常损失或巨额损失时有足够的偿付能力。这是维持保险公司自我生存的需要，也是使保险公司在市场经济原则下按自身规律持续发展的重要保证。

（二）我国保险公司偿付能力管理的要求

为了建立健全保险公司的偿付能力风险管理体系，提高偿付能力风险管理能力，保监会制定了保险公司偿付能力风险管理要求。首先，保监会根据保险公司的发展阶段、业务规模、风险特征等，将保险公司分为 I 类保险公司和 II 类保险公司；I 类保险公司需满足以下任意两个条件：（1）公司成立超过 5 年；（2）财产保险公司、再保险公司最近会计年度签单保费超过 50 亿元或总资产超过 200 亿元，人身保险公司最近会计年度签单保费超过 200 亿元或总资产超过 300 亿元；（3）省级分支机构数量超过 15 家。外国保险公司分公司及不满足上述条件的保险公司为 II 类保险公司。保监会针对不同类型的保险公司，分别提出了差异化的偿付能力风险管理要求，主要包括保险公司偿付能力风险管理的组织架构、管理制度、考核机制、风险管理工具等。保险公司应当根据相关监管要求，结合自身业务和风险特征，构建良好的偿付能力风险管理基础和环境，完善偿付能力风险管理制度，建立偿付能力风险管理考核机制，加强对固有风险的管理，降低控制风险。

1. 保险公司偿付能力风险管理的组织架构

（1）董事会。董事会对保险公司偿付能力风险管理体系的完整性和有效性承担最终责任。具体职责包括：①审批公司偿付能力风险管理的总体目标、风险偏好、风险容忍度和风险管理政策；②审批公司偿付能力风险管理组织架构和职责；③持续关注公司偿付能力风险状况；④监督管理层对偿付能力风险进行有效的管理和控制；⑤审批公司偿付能力报告；等等。

（2）风险管理委员会。风险管理委员会在董事会的授权下履行偿付能力风险管理职责。具体职责包括：①审议公司偿付能力风险管理的总体目标、风险偏好、风险容忍度和风险管理政策；②审议公司偿付能力风险管理组织架构及职责；③评估公司重大经营管理事项的风险，持续关注公司面临的各类风险及其管理状况；④评估偿付能力风险管理体系运行的有效性；⑤审议重大偿付能力风险事件解决方案；⑥董事会安排的其他事项。

没有设置董事会的外国保险公司分公司，应由高级管理层履行董事会的风险管理职责并承担相应责任。未设立风险管理委员会的 II 类保险公司，由审计委员会履行相应职责。

（3）高级管理层。保险公司高级管理层负责组织实施偿付能力风险管理工作，履行以下职责：①研究搭建偿付能力风险管理组织架构；②按照偿付能力风险管理总体目标和风险偏好要求，制定并组织执行偿付能力风险管理政策和流程；③定期评估偿付能力风险状况；④编制偿付能力报告；⑤研究制订偿付能力风险事件解决方案；⑥组织风险管理信息系统的开发和应用；⑦董事会授权的其他风险管理职责。高级管理层应当至少每年向风险管理委员会汇报一次公司偿付能力风险水平以及风险管理状况。保险公司应当指定一名高级管理人员作为首席风险官负责风险管理工作。

（4）风险管理职能部门。I 类保险公司应当设立独立的风险管理部门，风险管理部门牵头风险管理工作，明确风险管理、销售、承保、财会、精算、投资等部门的职责分工，各相关部门积极配合；II 类保险公司可以根据公司实际情况决定是否设立独立的风险管理部门，未设立独立风险管理部门的，应指定适当的部门牵头负责风险管理工作。

2. 保险公司偿付能力风险管理制度。保险公司应制定完善的偿付能力风险管理制度，明确风险管理战略、风险偏好、风险管理组织架构、风险管理机制等事项，以及对保险风险、市场风险、信用风险、操作风险、战略风险、声誉风险和流动性风险的管理要求。

（1）保险风险管理。保险公司应当根据产品特点制定适当的定性和定量的保险风险监测标准，明确保险风险监测指标，建立保险风险监测报告机制。

①直接保险公司的保险风险管理。财产保险公司和人身保险公司应当从产品开发、核保、理赔、产品管理、准备金评估、再保险管理等环节管理保险风险，制定各环节的保险风险管理制度，确定保险风险容忍度和风险限额，定期监测和计量保险风险，明确各环节责任人和审批流程。

财产保险公司和人身保险公司应当建立有效的产品开发管理制度，设计开发恰当的保险责任，合理定价，控制保险风险。第一，在对消费者需求等方面的市场调研的基础上，对新产品开发进行可行性分析；第二，在经验分析和合理预期的基础上，科学设定精算假设，综合考虑市场竞争的因素，对新产品进行合理定价；第三，对新产品开发可能产生的风险进行分析，并提出风险控制措施；第四，评估自身新产品的管理能力，包括销售、承保、理赔、账户管理等方面的管理能力。

财产保险公司和人身保险公司应当加强在售产品管理，包括：一是对当期签单保费占比在 5% 以上的在售产品的销售情况、现金流、资本占用、利润等进行评估。对上市两年以内的产品至少每半年评估一次，对上市超过两年的产品至少每年评估一次；二是对当期签单保费占比在 5% 以上的在售产品，财产保险公司应当对其保费充足性至少每年评估一次，人身保险公司应当对其死亡率、疾病率、费用率、退保率等重要指标至少每年评估一次；三是根据最新的经验数据，进行保险风险经验分析和趋势研究。保险公司应当根据评估情况和分析结果，及时调整公司的产品结构、销售政策、核保政策、定价政策等，控制保险风险。

财产保险公司和人身保险公司应当按照保监会《保险公司内部控制基本准则》及有关规定，建立有效的核保核赔制度，加强对未决赔案的管理；建立准备金评估程序，准确评估未到期责任准备金和未决赔款准备金，并定期进行准备金充足性检验。

财产保险公司和人身保险公司应当建立有效的再保险管理制度，控制自留风险，包括：一是明确再保险管理流程、再保险限额及审批权限等内容；二是明确各险种最大自留额标准，对超过最大自留额标准的险种，应当及时进行再保险安排；三是科学、合理安排巨灾再保险，建立巨灾累积风险管理评估机制。

②再保险公司的保险风险管理。再保险公司应当基于风险分类，对保险风险进行管理。对于各类风险，应确定相关风险限额，制定风险管理制度，并明确定价、核保、理赔、准备金评估、风险管理等环节的责任人和审批流程。

再保险公司应当建立有效的合同管理制度，设计恰当的再保险合同条款，合理定价，控制保险风险。第一，在市场需求调研的基础上，对再保险安排和合同条款进行分析；第二，在经验分析和合理预期的基础上，科学设定精算假设，综合考虑市场竞争的因素，对再保险合同进行合理定价；第三，对单个再保险合同和再保险合同聚集可能产生的风险进行分析，并提出风险控制措施；第四，应当评估公司层面、险种层面、合同层面的保险风险敞口，对再保险合同风险进行管理。

再保险公司应当加强有效再保险合同的管理，包括：一是对主要再保险合同的现金流、资本占用、利润等每季度评估一次；二是对主要再保险合同的保费充足性至少每年评估一次；三是根据评估结果对再保险风险敞口进行调整，控制保险风险。此外，再保险公司应当建立有效的转分保管理制度，进一步分散和控制保险风险。

（2）市场风险管理。保险公司应当建立完善的市场风险管理制度，包括：①制定市场风险管理政策，与公司的业务性质、规模和风险特征相适应，与总体业务发展战略、资本实力和能够承担的总体风险水平相一致；②建立市场风险限额管理制度，根据业务复杂程度及特性，确定限额种类和层级。保险公司应当为每类资产设定风险限额，并明确限额设定方法以及调整、超限审批处理流程；③制定市场风险内部控制流程，明确有关决策的审批、授权流程，确保重大投资和资产负债匹配等重大事项经过适当的审批程序；④根据不同投资资产和负债的特点，采用情景分析、在险价值和压力测试等方法，准确计量、持续监测公司面临的市场风险；⑤制定各类市场风险的定性和定量监测标准，建立市场风险监测报告机制，至少每季度向高级管理层报告一次；⑥通过有效的资产负债管理等方法，适时调整资产、负债结构，对公司面临的市场风险进行统筹管理。

保险公司的市场风险包括利率风险、权益价格风险、房地产价格风险、境外资产价格风险和汇率风险等子风险。保险公司应当针对每一子风险建立相应的风险管理制度。

保险公司应当建立利率风险管理制度，包括：①分析公司受利率风险影响的资产和负债类别；②定期采用久期、凸性、剩余期限等工具，综合运用情景分析、在险价值和压力测试等方法，分析有关资产负债的利率敏感性和利率风险状况；③定期对宏观经济状况和货币政策进行分析，在公司既定的利率风险限额内，根据缺口状况，使用利率风险管理工具，有效管理利率风险。

保险公司应当建立权益价格风险管理制度，包括：①建立权益资产投资决策程序，重大投资项目应进行充分的尽职调查，履行必要的审批程序；②定期对宏观经济状况进行分析，及时跟踪影响市场整体和权益资产的有关信息，分析权益资产可能的价格波动对公司的影响；③运用风险暴露、在险价值、敏感性指标等工具对权益价格风险进行计量，及时分析、监控和防范权益价格风险；④权益资产组合应在单项资产、行业、地区分布等方面实现分散化管理，采用定量分析指标，及时分析、监控集中度风险；⑤定期对子公司、合营企业和联营企业的权益风险进行评估。

保险公司应当建立房地产价格风险管理制度，包括：①建立房地产投资决策程序，重大投资决策应履行必要的审批程序；②及时跟踪分析房地产所处国家和地区的经济发展、宏观政策等对房地产价格的影响，通过压力测试等方法合理评估房地产价格风险；③合理控制房地产投资的规模及集中度，有效降低房地产价格风险。

保险公司应当建立境外资产价格风险管理制度，包括：①建立境外资产投资决策程序，重大投资项目应进行充分的尽职调查，履行必要的审批程序；②按国家、地区对境外资产进行管理和监测；③对全球宏观经济、政治、军事等重大事件进行持续关注，对有关国家和地区的主权评级持续跟踪，分析其对境外资产所在国家和地区经济可能的影响；④结合自身风险偏好，综合评估境外资产价格风险，并根据需要选取合适的风险管理工具，进行风险对冲。

保险公司应当建立汇率风险管理制度，包括：①分币种进行分析、监测和管理；②采用外汇风险暴露分析等方法，评估汇率变动对保险公司资产、负债和净资产的影响；③根据汇率风险的大小及特性，选取合适的工具对冲汇率风险。

（3）信用风险管理。保险公司的信用风险管理制度主要包括内部信用评级制度、信用风险限额管理制度、交易对手管理制度等。

保险公司应建立内部信用评级制度，规范内部信用评级的方法和流程以及外部信用评级的运用。保险公司应合理使用信用评级结果。

保险公司应建立信用风险限额管理制度，根据总体风险偏好和业务特征，确定信用风险的总体限额，并明确限额设定方法以及调整、超限的审批流程。保险公司在设定信用风险总体限额的基础上，采用恰当的方法对限额进行细分：一是根据交易对手、发行方、担保机构等设定各级信用限额；二是根据不同国家、地区设定各级信用限额；三是根据行业分布设定各级信用限额。

保险公司应建立投资交易对手的资信管理制度和再保险交易对手的资信管理制度。投资交易对手的资信管理制度包括：建立交易对手库，跟踪交易对手的资信状况，定期更新交易对手库，与库外的交易对手进行交易应经首席风险官和相关负责人审批；明确各交易对手的授信额度；I类保险公司应估算违约率、违约损失率等风险参数，及时计提资产减值；II类保险公司应根据有关信息，及时计提资产减值；分析并更新相关投资资产的内部评级和外部评级结果；等等。再保险交易对手的资信管理制度包括：确定再保险交易对手的选择标准和方法；建立再保险交易对手的资信预警机制，对再保险交易对手的信用风险进行动态跟踪和管理；建立再保险应收款项的管理、催收制度，及时计提资产减值；对境外再保险交易对手的额外要求。另外，在直接保险交易环节，保险公司应当加强对投保人的信用风险管理，建立应收保费等应收款项的管理制度，明确催收管理、考核评价等内容。

（4）操作风险管理。保险公司应当对操作风险进行分类管理，可以按损失事件、业务条线、风险成因、损失形态和后果严重程度等进行分类；并建立与其业务性质、规模、复杂程度和风险特征相适应的操作风险管理制度，主要内容包括：①操作风险的定义和分类；②操作风险管理组织架构和相关部门职责分工；③操作风险的管理方法与程序等。

保险公司应当加强操作风险的识别与分析，包括：①对可能出现操作风险的业务流程、人员、系统和外部事件等因素进行识别和分析，例如销售误导、理赔欺诈、投资误操作、财务披露错误、洗钱、信息安全、系统故障等方面的操作风险；②从风险影响程度、发生频率与控制效率等方面对已识别的风险进行分析和评价；③在新业务、新产品上线，公司管理流程或体系有重大变化时，应及时开展针对性的操作风险识别与评估。

保险公司应当加强操作风险的管理与防范，包括：①完善销售、承保、理赔、再保险、资金运用、财务管理等各业务条线的内部操作流程，在全面管理的基础上，对公司重要业务事项和高风险领域实施重点控制；②建立有效的业务管理、财务管理、资金运用、风险管理等相关信息系统，将内部控制流程嵌入到信息系统中，定期对信息系统的适用性、安全性及可靠性进行评估并不断完善；③加强对总公司和分支机构人员的管理，通过职责分离、授权和层级审批等机制，形成合理制约和有效监督，并建立定期轮岗制度和培训制度；④建立操作风险损失事件库，根据不同分类维度对损失事件进行分析；⑤建立、应用和维护操作风险关键指标库，监测可能造成损失的各项风险，并采取相应控制措施；相关部门应定期将监测结果反馈到操作风险管理牵头部门，进行整体分析与评估；⑥每年至少对操作风险的管理状况和效果进行一次自评估，识别操作风险管控中存在的问题，并持续改进。

（5）战略风险管理。保险公司应当根据保监会有关规定，建立战略风险管理的组织架构和工作程序。保险公司应当在充分考虑公司的市场环境、风险偏好、资本状况等因素的基础上，制定战略规划，风险管理牵头部门参与战略规划制定，并对规划方案进行独立的风险评估，战略规划中包括对战略风险的分析。同时，保险公司应当在识别、分析和监控战略风险的基础上，建立公司内部的战略风险管理报告机制。

（6）声誉风险管理。保险公司应当根据保监会有关规定，建立声誉风险管理工作机制。一方面加强对偿付能力信息披露的管理，防范和及时处置可能引发的声誉风险；另一方面，加强对声誉风险的识别、监测，建立公司内部的声誉风险管理报告机制。同时，加强对声誉风险的有效处置，防范声誉风险引发其他风险。

（7）流动性风险管理。保险公司流动性风险管理应包括以下内容：①流动性风险管理架构；②流动性风险偏好、容忍度和限额；③日常现金流管理；④业务管理；⑤投资管理；⑥融资管理；⑦再保险管理；⑧流动性风险监测；⑨现金流压力测试；⑩流动性应急计划。

保险公司应当建立完善的流动性风险管理架构，明确董事会及其下设的专门委员会、管理层，以及相关部门在流动性风险管理中的职责和报告路线，并建立考核及问责机制。董事会承担流动性风险管理的最终责任，管理层在董事会授权下履行职责。保险公司应当建立流动性风险管理的工作程序和工作流程，明确相关部门的职责分工，并指定高级管理人员负责流动性风险管理工作。

保险公司应当根据业务规模、产品结构、风险状况和市场环境等因素，在充分考虑其他风险对流动性风险的影响和公司整体风险偏好的基础上，确定其流动性风险偏好和容忍度。保险公司应当根据流动性风险偏好和容忍度设定流动性风险限额，建立流动性风险限额管理制度。

保险公司在制定投资策略和投资计划时，应当考虑公司当前的流动性状况，充分评估投资活动对公司未来流动性水平的影响。保持适当的流动资产比例，维持合理的资产结构；加强资产与负债的流动性匹配管理，从期限、币种等方面合理匹配资产与负债；定期评估投资资产的风险、流动性水平和市场价值，检验投资资产的变现能力；密切关注金融市场环境对投资资产流动性的影响。

保险公司应当加强融资管理，确保公司可以用合理的成本及时获取资金，满足流动性需求。加强融资渠道管理，保持其在选定的融资渠道中的适当活跃程度，定期检验其在各类融资渠道中的融资能力；提高融资渠道的分散化程度，设置集中度限额；加强对可抵（质）押资产的管理，定期评估通过抵（质）押资产融资的能力；密切关注金融市场流动性对保险公司外部融资能力的影响。

保险公司应当识别、评估和监测保险风险、信用风险、市场风险、操作风险、战略风险、声誉风险等风险对流动性水平的影响。保险公司应当加强对传统保险账户和独立账户的流动性水平的计量和监测，及时识别和控制流动性风险。保险公司应当关注可能引发流动性风险的重大事件，及时分析其对流动性水平的影响。

保险公司应当定期进行现金流压力测试，建立现金流压力测试模型，使用审慎合理的假设，对公司未来一段时间内的流动性风险进行前瞻性分析和评估。此外，保险公司应当根据公司实际情况，制定有效的流动性应急计划。

此外，保监会通过非现场分析和现场检查相结合的方式，对保险公司流动性风险状况和流动性风险管理的有效性进行评估。流动性风险监管指标包括净现金流、综合流动比率和流动性覆盖率。净现金流反映保险公司报告期的净现金流量，以及在基本情景和压力情景下，未来一段期间内的净现金流量。综合流动比率反映保险公司各项资产和负债在未来期间现金流分布情况以及现金流入和现金流出的匹配情况。综合流动比率的计算公式如下：

$$综合流动比率 = \frac{现有资产的预期现金流入合计}{现有负债的预期现金流出合计} \times 100\%$$

流动性覆盖率反映保险公司在压力情景下未来一个季度的流动性水平。流动性覆盖率的计算公式为

$$流动性覆盖率 = \frac{优质流动资产的期末账面价值}{未来一个季度的净现金流} \times 100\%$$

保险公司基本情景和压力情景下的净现金流小于零、综合流动比率和流动性覆盖率异常的，保险公司应当说明拟采取的改善措施和预计的改善效果。对于流动性风险监管指标异常、有其他证据表明保险公司存在重大流动性风险隐患，以及未建立和执行流动

性风险管理体系的保险公司，保监会应当区分不同情形，以缓解流动性风险为目的，采取以下一项或者多项具有针对性的监管措施：①要求保险公司提交改善流动性水平的计划；②要求保险公司完善流动性管理机制和制度；③限制资金运用渠道；④限制业务范围；⑤保监会认为必要的其他监管措施。

3. 保险公司偿付能力风险管理工具。保险公司偿付能力风险管理工具主要包括全面预算、资产负债管理、资本规划与配置、压力测试、风险管理信息系统等。

（1）全面预算管理与压力测试。保险公司风险管理部门应当对业务规划和全面预算进行独立的风险评估，确保其符合公司既定风险偏好。保险公司应当建立压力测试制度，明确压力测试的管理架构、职责分工、流程、方法和结果的应用。保险公司制定业务规划与全面预算时，应当结合压力测试结果，分析不利情景下公司面临的重要风险及其影响，并相应调整业务规划与全面预算。

（2）资产负债管理与资本规划、配置。保险公司应当健全资产负债管理机制，将偿付能力风险管理目标嵌入资产负债管理流程中，在资产负债管理计划、决策中考虑偿付能力因素；建立资产负债管理重大事项审议制度，确保资产和负债的互动在风险偏好约束之下。

保险公司应当建立资本管理体系，根据公司未来发展战略，每年制定三年滚动资本规划。I类人身保险公司应当根据自身业务模式、风险特征和风险偏好，开发和使用等多种资本管理工具，辅助评估公司资本充足状况。

（3）风险管理信息系统。保险公司应当建立满足自身风险管理要求的风险管理信息系统，系统符合时效性、准确性、一致性和完整性的要求，实现以下功能：①与业务、财务等相关系统对接，实现风险管理相关数据的采集、加工，以及关键风险指标的计算、存储、查询和导出；②以关键风险指标为基础，对保险风险、市场风险、信用风险、操作风险、战略风险、声誉风险和流动性风险的风险状况进行列示、分析和预警；③支持在系统中进行压力测试；④风险管理报表与报告的生成和传递；⑤风险管理信息在各级分支机构、各职能部门之间的汇总和共享，并能够按照不同访问权限区分风险信息列示的内容。为适应风险管理和内部控制的需要，保险公司应当定期评估风险管理信息系统的有效性，并适时作出必要的调整。

此外，保险公司应当建立偿付能力风险应急管理机制，明确重大突发风险事件的定义和分类、应急管理组织架构、应急预案内容、应急预案启动触发点、应急处置方法和措施、应急预案责任人以及应急事件报告等；必要时保险公司应当定期开展应急演练。

4. 保险公司偿付能力风险管理考核评价。保险公司应当明确偿付能力风险管理考核评价方法，将风险管理制度健全性和遵循有效性纳入对部门及高级管理人员的绩效考核体系，增强各级管理人员的风险意识和责任。其中I类保险公司风险管理制度健全性、遵循有效性相关指标的权重应符合以下要求：（1）在产品销售、产品管理等业务部门及分管该部门的公司高级管理人员的考核指标中，风险管理制度健全性、遵循有效性相关指标的权重不应低于20%；（2）在财会、投资、精算等职能部门及分管该部门的公司高级管理人员的考核指标中，风险管理制度健全性、遵循有效性相关指标的权重不应低于

30%；（3）在风险管理部门及分管该部门的公司高级管理人员的考核指标中，风险管理制度健全性、遵循有效性相关指标的权重不应低于60%；（4）其他与风险管理有关的职能部门及分管该部门的公司高级管理人员的考核指标中，风险管理制度健全性、遵循有效性相关指标的权重不应低于15%。II类保险公司可结合公司自身管理实际情况设置风险指标考核权重，但不得为零。

第二节　国际上保险公司偿付能力监管的主要模式

一、美国偿付能力监管制度

美国保险业偿付能力监管是由各州对保险监管进行基本授权的，州保险署负责对在该州注册的保险公司进行偿付能力监管。在美国保险监管发展初期，对保险公司偿付能力监管实行的是固定的最低资本限额制度，这一最低资本限额由各州立法规定。随着美国保险行业的不断发展，保险公司业务规模和承担的风险种类不断增加，同时在各保险公司之间呈现出更大的差异性，固定的最低资本限额已不能满足监管的要求。

20世纪80年代，美国保险公司的破产数量增加，保险监管机构开始寻求根据保险公司风险状况决定其最低资本要求的监管方法。20世纪90年代，美国保险监督官协会（NAIC）借鉴《巴塞尔协议》对商业银行资本充足性的要求，推出了以风险资本法（RBC法）为核心的偿付能力监管制度体系，其架构主要包括监管预警、州保证基金体系以及风险资本要求和监管措施。在1992年和1993年，NAIC相继推出适用于寿险公司和产险公司的RBC法。

2008年以来，NAIC逐步推进美国偿付能力现代化工程（Solvency Modernization Initiative，SMI），在对国际保险、银行监管以及国际会计准则最新进展进行研究的基础上，评估这些做法在美国保险业实施的可能性，进而不断完善美国现行的以RBC法为核心的偿付能力监管框架。

（一）风险资本法（RBC法）

风险资本法（RBC法）是一种量化风险的监管方法，根据保险公司的规模和风险状况衡量该公司用于支持业务经营所需要的最低资本，以保证保险公司的偿付能力。

1. 风险资本模型。风险资本（Risk – based Capital，RBC），或称风险调节资本，是衡量保险公司在各种风险发生的不利情况下，为保证偿付能力、维持业务经营而应该具有的资本水平。风险资本要求提供了一个资本充足性的标准，它具有四个特点：一是与风险相关；二是可以提高保险公司安全性；三是各州标准一致；四是在实际资本低于这一标准的情况下，监管当局有权采取干预措施。

NAIC规定了保险公司的风险资本模型，以估算风险资本。其计算步骤为：首先，将寿险公司面临的风险分为资产风险、保险定价风险、利率风险和一般商业风险四类，将财产保险公司面临的风险分为资产风险、信用风险、承保风险和资产负债表外风险四类。其次，对寿险公司和产险公司的四类风险进一步细分，如资产风险可按债券、股票、抵押贷款、不动产、其他长期资产等进行细分。针对各种不同风险使用不同的风险系数，分别计算出应对四类风险所需的风险资本。最后，将四类风险资本值进行协方差调整得出总的风险资本。

假定资产风险与利率风险高度相关，保险风险与资产风险和利率风险不相关，业务风险与其他三种风险高度相关。简化起见，设定高度相关的相关系数为 1，不相关则相关系数为零。4 种风险的相关系数矩阵如下：

相关系数矩阵	C_1	C_2	C_3	C_4
C_1	1	0	1	1
C_2		1	0	1
C_3			1	1
C_4				1

寿险的 RBC 计算公式为

$$RBC_{L,old} = C_4 + \sqrt{C_2^2 + (C_1 + C_3)^2}$$

式中，$RBC_{L,old}$ 表示寿险业务总的风险资本要求，C_1 表示资产风险的资本要求，C_2 表示保险风险的资本要求，C_3 表示利率风险的资本要求，C_4 表示业务风险的资本要求。

需要注意的是，RBC 公式中所用到的一系列系数并不是固定的，会随着外部环境的变化进行调整，以反映保险公司所面临风险的变化。自 1993 年以来，NAIC 每年都对主要的风险因子进行或多或少的升级。比如，1996 年，新加入 C_0；1998 年，将 C_3 和 C_4 分开。NAIC 从启用 RBC 体系开始就和美国精算师学会合作，美国精算师学会一直致力于 RBC 模型的研究和比较分析。2000 年，美国精算师学会建议 NAIC 将 C_1 风险划分为两个独立的风险类别，即 C_{1cs} 普通股票和 C_{1o} 其他股票。当时寿险的 RBC 公式为

$$RBC_L = C_0 + C_{4\alpha} + \sqrt{(C_{1o} + C_{3\alpha})^2 + C_{1cs}^2 + C_2^2 + C_{3b}^2 + C_{4b}^2}$$

式中，RBC_L 表示寿险业务总的风险资本要求，C_0 是资产风险——子公司，C_{1cs} 是非下属企业的普通股票和下属非保险企业的普通股票，C_{1o} 是所有其他资产风险，C_2 是保险风险，$C_{3\alpha}$ 是利率风险，C_{3b} 是健康信用风险，$C_{4\alpha}$ 是保费和负债风险，C_{4b} 是健康管理费用风险。

非寿险的 RBC 公式为

$$RBC_{NL} = R_0 + \sqrt{R_1^2 + R_2^2 + R_3^2 + R_4^2 + R_5^2}$$

式中，RBC_{NL} 表示非寿险业务总的风险资本要求，R_0 是保险子公司投资风险和（非衍生工具）表外风险，R_1 是投资资产风险——固定收益投资，R_2 是投资资产风险——股票投资，R_3 是信用风险（与再保险摊回无关的信用风险加再保险信用风险的一半），R_4 是未决赔款准备金风险、再保险信用风险的一半、增长风险，R_5 是保费风险、增长风险。

健康险的 RBC 公式为

$$RBC_H = H_0 + \sqrt{H_1^2 + H_2^2 + H_3^2 + H_4^2}$$

式中，RBC_H 表示健康险业务总的风险资本要求，H_0 是保险子公司投资风险和（非衍生

工具）表外风险，H_1 是投资资产风险，H_2 是保险风险，H_3 是信用风险（健康服务提供者、再保险、其他应收账款），H_4 是业务风险（健康管理费用风险、保证金评估风险、过度增长风险）。

2. 风险资本法（RBC法）。风险资本法（RBC法）监管的基本思路是：首先，根据保险公司的规模及其承担的风险程度，确定保险公司的风险资本要求；其次，评估保险公司的实际可用资本；最后，比较保险公司的实际可用资本和风险资本要求，得到风险资本比率（RBC比率）。当 RBC 比率低于一定水平时，监管当局会采取相应的监管干预措施。

NAIC 规定了评估保险公司实际可用资本的总调整资本模型。总调整资本（Total Adjusted Capital，TAC）是净资产、资产估价准备金、各种任意准备金以及 1/2 的保单持有者红利的总和。

监管当局根据保险公司的总调整资本除以风险资本计算出 RBC 比率，以评估每家保险公司的偿付能力状况，并有针对性地采取不同的监管措施。

当 TAC > 200% RBC，该公司被视为是"健康"的，不需要给予特殊关注。

当 TAC = 150% ~ 200% RBC，被称为公司行动层，保险公司必须采取行动，向保险监督官解释威胁其偿付能力的原因并提出改正方案，而监管当局只是给予适当关注。

当 TAC = 100% ~ 150% RBC，被称为监管行动层，监管当局必须对其进行适当分析和调查，并提出纠正措施。

当 TAC = 70% ~ 100% RBC，被称为授权控制层，保险公司必须停业整顿。

当 TAC < 70% RBC，被称为强制控制层，由监管当局对保险公司进行清算、接管。

（二）监管预警机制

监管预警机制是监管当局根据保险公司的财务状况，划分保险公司的风险等级，以求进行深入分析、重点监测和监管干预。所以，监管预警机制的核心是保险公司的财务分析系统。NAIC 和各州监管当局采用的偿付能力监测系统主要包括 IRIS 和 FAST 两个体系。

保险监管信息系统（IRIS）是由 NAIC 编制的一套监管指标体系。IRIS 系统的主要功能是通过对保险公司财务状况的分析，帮助监管当局找出最需要给予关注的保险公司。IRIS 系统是一套全面反映保险公司偿付能力风险的财务比率指标体系，根据业务性质和经营风险的差异，NAIC 针对人寿与健康保险公司及财产与责任保险公司分别设计了不同的 IRIS 比率，并提供了指标的计算方法及其正常范围。

2000 年 NAIC 公布的人寿健康保险公司 IAIS 比率和财产责任保险公司 IRIS 比率各有 11 个指标[①]，人寿健康保险公司的 IRIS 比率从基本财务状况、投资状况、保单持有者

---

① 2000 年 NAIC 公布的人寿健康保险公司 IAIS 比率指标：资本和盈余净变化率（IA. 资本和盈余总变化率）、净收入比总收入、投资收入的充分性、非认可资产比认可资产、不动产总额与不动产抵押贷款总额比现金与投资资产、关联投资总额比资本与盈余、盈余缓解率、保费收入变化率、产品组合变化率、资产组合变化率、准备金比率变化率。

2000 年 NAIC 公布的财产与责任保险公司 IAIS 比率指标：毛保费收入与盈余之比（IA. 净保费比盈余）、净保费收入增减率、盈余津贴与盈余之比、两年期内总的经营比率、投资收益率、盈余增减率、负债比流动资产、代理人账户余额比盈余、一年期内提存准备金比盈余、两年期内提存准备金比盈余、当年准备金缺额估计值比盈余。

盈余状况及经营变化趋势四个方面考核人寿健康保险公司的经营状况，财产责任保险公司的 IRIS 比率从综合财务状况、利润状况、流动性及准备金四个方面考核财产责任保险公司的经营状况。IRIS 比率的正常范围是在分析历史数据的基础上得出的，NAIC 每年会对 IRIS 比率及其正常范围进行修正，以及时反映保险业风险的变动情况。

当某保险公司有 4 项或以上指标超出正常范围时，可以认定该公司偿付能力不足的风险较高，应及时通知该公司所在州监管当局，将其定为重点监管目标，并进一步分析原因，采取有效监管措施防止保险公司偿付能力水平的进一步恶化，及时化解偿付能力不足的风险，起到偿付能力监管早期预警的作用。

为防止大型保险公司出现偿付能力不足的风险，NAIC 除了对这些公司进行 IRIS 测试分析外，还采取更加严格的监测，对它们进行财务和偿付能力追踪系统（FAST）分析。所谓大型保险公司，是指那些在至少 17 个州开展业务并且毛保费收入超过 5 000 万美元的人寿与健康保险公司，以及毛保费收入超过 3 000 万美元的财产与责任保险公司。

FAST 系统对大型保险公司的法定财务报表信息进行分析，既包括对保险公司最近年度财务比率的分析，也包括对保险公司最近五年内财务状况变化的分析。FAST 系统包括 25 个比率指标，NAIC 为每个比率值处于不同范围时设定了不同的分值，根据保险公司财务比率的数值，可以得到相应的分值，然后将该公司所有 FAST 指标的分值相加，就得到该公司 FAST 系统测试结果。如果在 FAST 系统测试中发现了不正常的结果，NAIC 将与该保险公司的注册州联系，获取更多有关该保险公司财务状况的信息，了解州监管当局对该保险公司采取的管理措施。如果 NAIC 认为该州监管当局对该保险公司采取的监管措施不充分，则 NAIC 会建议采取进一步的监管干预措施。如果该州监管当局没有采纳 NAIC 的建议，NAIC 则会通知该公司开展业务的其他州，协调所有州监管当局对该保险公司采用监管干预措施。

需要注意的是，IAIS 系统和 FAST 系统都属于财务比率分析法，财务比率分析法只对保险公司某一特定时段的财务报表进行分析，不能动态反映保险公司偿付能力的变化；同时，财务比率分析法对每个保险公司都采取相同的指标和正常范围，并没有考虑各家保险公司面临的不同风险状况。

（三）现场法定检查机制

RBC 法和监管预警系统都侧重从定量分析保险公司财务状况的角度来评估监测保险公司偿付能力风险水平。然而，定量分析并不能反映保险公司经营和财务状况的全貌，也不足以充分体现和深入发掘影响保险公司偿付能力风险的全部因素。只有合理地将定量指标与定性分析相结合，才能真实而全面地把握保险公司的财务状况和经营状况。

现场法定检查法是一种定量与定性相结合的评估监管保险公司偿付能力的重要方法。监管机构通过对保险公司进行现场检查，检查保险公司的会计账簿和记录、业务经营程序、经营计划、投资计划以及日常管理，有助于保险监管机构了解保险公司的实际财务状况，发现潜在的偿付能力风险，同时有助于监管机构与保险公司之间的沟通和交流。

现场法定检查包括对财务状况的检查和对市场行为的检查。财务状况的检查旨在确认保险公司会计记录的准确性以及保险公司经营的合法性，确认保险公司的财务和业务管理中不存在危害偿付能力的因素。市场行为检查旨在证实保险公司在对待客户过程中是否遵守有关销售、广告、核保和理赔的法规和条例，以及保险公司市场竞争行为的规范性。

在检查过程中，检查官可以根据保险公司的年报、IRIS 指标、RBC 比率以及独立审计的法定审计结果和其他信息来源，对保险公司的财务状况和业务类别等进行综合分析，也可以对某一特定问题进行具体分析，如资产组合质量分析、准备金充分性分析、费用分析、资本状况分析等，采取综合分析与具体分析相结合的方式，提高检查的效率。检查结束后，检查官会向保险公司注册州的监管当局和保险公司的管理人员递交一份检查报告。检查报告必须反映出保险公司在检查周期内经营与财务状况的重大变化。此外，检查报告还必须强调检查官在检查过程中发现的不利因素和隐患，并向保险公司提出改正建议。

大多数州法规都要求保险监管当局定期对各个保险公司进行现场法定检查，通常每 3～5 年，各家保险公司都要被检查一次。如果监管当局认为有必要，可以缩短对保险公司进行检查的时间间隔。

（四）州保证基金制度（State Guaranty Fund）

20 世纪 70 年代以来，根据 NAIC 提出的示范法规和立法提议，美国各州纷纷建立了自己的保险保证基金制度。保险保证基金设立的目的是当保险公司由于经营失败发生偿付能力不足或者丧失偿付能力，导致无法继续履行保险赔偿或给付义务时，在一定限额内，对保单持有人的利益提供保障。各州的保险保证基金至少包括寿险保证基金和非寿险保证基金两个相互独立的账户，两个账户之间互不融资。某些州还为特定险种建立了附加保证基金。保险保证基金通过向保险公司征收费用的方式筹集，对每家保险公司征收的费用是其保费收入的一定比例，一般不超过 1% 或 2%，普遍在 0.5% 左右。除纽约州采用事前征集法之外，其他各州都采用事后征集的办法，即在保险公司发生偿付能力不足或者丧失偿付能力的情况时，州保险保证基金才会向保险公司征收费用。

各州的保险保证基金的保障对象首先是居住在本州的保单持有人，其次才会在一定情况下对非本州居民提供保障。各州的保险保证基金都对补偿的最高额度作了限制，不得超过原保单的保障额度，但各州的保障程度有所差异。一般单笔寿险保单的死亡给付被限制在 30 万美元，最高的犹他州、纽约州以及华盛顿特区等，将死亡给付的最高限额定在 50 万美元。各州对财产与意外保险的单笔最高补偿一般限定为 30 万美元。

二、欧盟偿付能力 II（Solvency II）

（一）欧盟偿付能力 II 的整体框架："三支柱"

偿付能力 II 中三支柱体系包括定量要求、定性要求和信息披露要求三个组成部分，不仅关注保险公司的财务状况，还关注保险公司风险管理体系的合规性和有效性等其他重要方面。偿付能力 II 的目标是把风险监管的理念渗透至保险公司及监管机构日常行为的每一个方面，故其涉及的范围已不仅限于原偿付能力标准下的量化要求，实质上还涵盖了公司治理、内部控制、风险管控、信息披露等不同层面，充分地体现了以风险为基础的定量分析与定性分析相结合的全面风险管理监管思路。

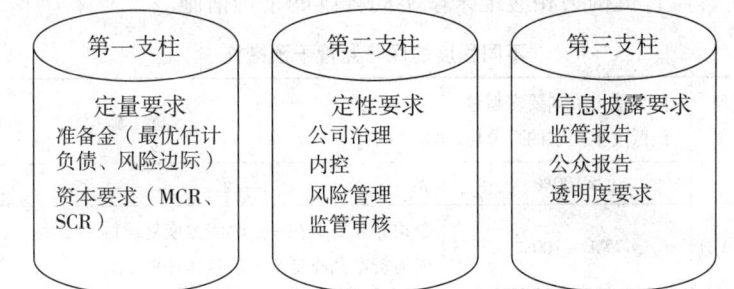

资料来源：陈文辉：《中国偿付能力监管改革的理论和实践》，第72页，北京，中国经济出版社，2015。

图 10 –1 欧盟偿付能力 II 的三支柱框架

（二）欧盟偿付能力 II 的资本要求

欧盟偿付能力 II 设置了两个资本要求：较高的称为"偿付能力资本要求"（Solvency Capital Requirement，SCR），较低的称为"最低资本要求"（Minimum Capital Requirement，MCR）。

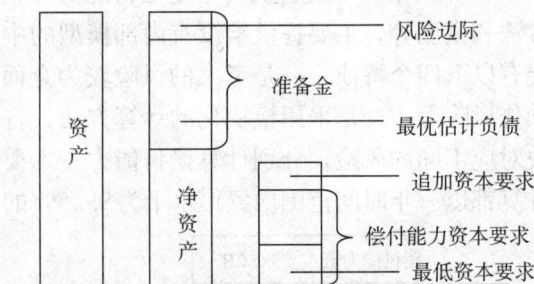

资料来源：陈文辉：《中国偿付能力监管改革的理论和实践》，第73页，北京，中国经济出版社，2015。

图 10 –2 欧盟偿付能力 II 的定量资本要求

1. 最低资本要求（MCR）。最低资本要求（MCR）是保险公司的风险底线。被看作是一种"硬性"的偿付能力额度要求，一旦保险公司的自有资本低于最低资本要求，将触发监管部门的"终极监管行动"，即要求监管机构强制接管该公司，将保险责任转移给其他公司。因此，最低偿付能力资本要求是偿付能力评估体系的底线。最低资本要求的计算采用比例法，较为简单清晰，便于监管。

2. 偿付能力资本要求（SCR）。偿付能力资本要求（SCR）是保险公司为了抵御风险而应当持有的资本。偿付能力资本要求（SCR）曾被称为"目标资本要求"，它是在公司持续经营假设下的资本要求目标值。在该偿付能力储备水平下，监管机构一般无须采取约束保险公司经营管理的干预措施，该要求属于较为宽松的"软性"要求。一旦保险公司的自有资本低于偿付能力资本要求，监管部门将对其采取一定的监管措施。偿付能力资本要求的计算思路是：保险公司应当持有足够的资本，使得公司在未来一年内能够抵御 200 年一遇的不利情景。

当保险公司的实际偿付能力额度介于最低资本要求（MCR）与偿付能力资本要求（SCR）之间时，监管机构会相应地采取不同程度的干预措施。

表 10 – 1　　　　　　　　　　不同程度的保险监管干预措施

干预程度	偿付能力资本要求超过最低资本要求的百分比	监管措施
无干预措施	≥100%	无
公司补救水平（CAL）	75%～100%	公司必须披露在一定时间内恢复偿付能力资本到充足水平的具体计划
监管干预水平（RAL）	50%～75%	公司必须遵守监管当局设定的一系列监管措施
监管控制水平（ACL）	0%～50%	监管当局有权接手管理公司
强制接管水平（MCL）	<0%	监管当局有义务立即全权接手控制公司

资料来源：［瑞典］阿尔内·斯坦德姆著，江先学等译：《保险公司偿付能力——模型、评估与监管》，第 203 页，北京，中信出版社，2012。

（1）SCR 的标准模型。SCR 的计算方法分为标准模型和内部模型两种方式。"标准模型"是欧盟统一开发的计算模型，由监管机构指定偿付能力评估所需要使用的不利情景、假设参数、计算方法和模型等，主要提供给没有内部模型的中小保险公司使用。标准模型较为复杂，主要有以下四个特征：一是考虑的风险较为全面，包括保险风险、市场风险、信用风险、操作风险等；二是采用模块化的计算方法，将偿付能力资本要求分为若干模块，每个模块对应不同的风险，分别计算偿付能力资本要求；三是各个模块的偿付能力资本要求的计算都以一年时间范围内置信水平为 99.5% 的 VaR 为准；四是在汇

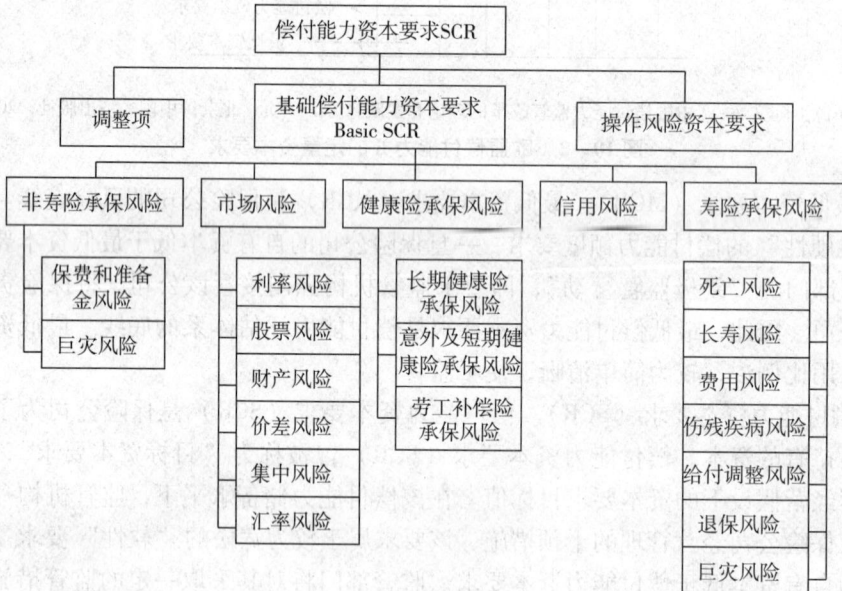

资料来源：陈文辉：《中国偿付能力监管改革的理论和实践》，第 74 页，北京，中国经济出版社，2015。

图 10 – 3　欧盟偿付能力 II 的风险模块

总各个模块的偿付能力资本要求时，考虑不同风险之间的相关性，以合理体现风险分散效应。标准模型的优点是评估结果可比性强、运行成本低；缺点是计算模型和参数等由监管部门指定，不能充分反映不同保险公司风险特征的差异。

欧盟偿付能力 Ⅱ 的标准模型计量保险风险、市场风险、信用风险、操作风险 4 个主要风险类型，同时考虑 4 个主要风险类型的相关性，得到偿付能力资本要求 SCR 的计算公式为

$$C_T = C_{IR} + C_{MR} + C_{CR} + C_{OR}$$

式中，C_T 表示总的偿付能力资本要求，C_{IR} 表示保险风险的资本要求，C_{MR} 表示市场风险的资本要求，C_{CR} 表示信用风险的资本要求，C_{OR} 表示操作风险的资本要求。

4 个主要风险类别的相关系数矩阵如下：

相关系数矩阵	C_{IR}	C_{MR}	C_{CR}	C_{OR}
C_{IR}	1	高	高	1
C_{MR}		1	高	1
C_{CR}			1	1
C_{OR}				1

为了简化相关系数矩阵，假定"高 =1，低 =0"，得到以下矩阵：

相关系数矩阵	C_{IR}	C_{MR}	C_{CR}	C_{OR}
C_{IR}	1	1	1	1
C_{MR}		1	1	1
C_{CR}			1	1
C_{OR}				1

在偿付能力资本要求 SCR 中，保险风险资本要求的计算公式为

$$C_{IR} = C_{ur} + \sqrt{C_{br}^2 + (C_{slr} + C_{er})^2}$$

式中，C_{IR} 表示保险风险的资本要求，C_{ur} 表示承保风险的资本要求，C_{br} 表示生物计量风险的资本要求，C_{slr} 表示退保风险的资本要求，C_{er} 表示费用风险的资本要求。

在偿付能力资本要求 SCR 中，信用风险资本要求的计算公式为

$$C_{CR} = \sqrt{C_{dcr}^2 + C_{cor}^2 + C_{rr}^2}$$

式中，C_{CR} 表示信用风险的资本要求，C_{dcr} 表示违约风险的资本要求，C_{cor} 表示集中度风险的资本要求，C_{rr} 表示再保险风险的资本要求。

综上所述，偿付能力资本要求 SCR 的计算公式 $C_T = C_{IR} + C_{MR} + C_{CR} + C_{OR}$ 可以展开为

$$C_T = C_{ur} + \sqrt{C_{br}^2 + (C_{slr} + C_{er})^2} + C_{MR} + \sqrt{C_{dcr}^2 + C_{cor}^2 + C_{rr}^2} + C_{OR}$$

（2）SCR 的内部模型。"内部模型"通常是大型保险公司专门针对自身的风险特征开发的偿付能力评估模型，与标准模型有较大差异。引入内部模型的主要原因是，欧盟希望偿付能力 Ⅱ 能够充分反映各保险公司的风险特征，而各保险公司之间风险差异较

大，标准模型并不一定适用于所有保险公司，因此允许各保险公司使用内部模型，对标准模型进行一定的合理性调整。内部模型的选择可以促使各保险公司建立一套自己的风险管理架构，依据公司实际的经验形成最适合的风险管控系统。内部模型在各风险模块的设置上与标准模型一致，但各模块偿付能力资本要求的计算方法和汇总偿付能力资本要求的计算方法与标准模型有较大差异。内部模型应当满足第二支柱中的定性要求，并需要经过一系列的严格测试和监管部门的审核之后才能使用。内部模型的优点是能够充分反映保险公司自身的风险特征，能够有效提高公司资本使用效率，但缺点是各保险公司采用的内部模型都比较复杂，相互之间存在较大差异，难以比较，开发成本、监管成本都比较高。

（三）欧盟偿付能力Ⅱ的定性要求①

保险公司所持有的资本是影响其偿付能力的重要因素，但保险公司治理结构、风险管理能力、内部控制能力、监管审查流程等对其偿付能力同样起着重要作用。为了弥补第一支柱中仅考虑定量因素所需偿付能力资本要求的不足，在偿付能力Ⅱ中加入了定性要求，主要包括两个方面：一是内部风险管理要求；二是监管审查程序。

1. 内部风险管理要求：主要包括以下八个方面的要求：一是保险公司应当建立有效的内部风险管理系统，对保险业务进行稳健而审慎的管理，包括合理和透明的组织架构、明确的职责分工和有效的报告系统；二是对于公司关键岗位的高管人员应当具有适当的任职要求；三是公司应当建立有效的风险管理系统，包括风险管理战略、风险识别、计量、监控、管理和报告流程等，风险管理系统应当与公司内部管理架构和决策程序有效地整合；四是风险与偿付能力自评（Own Risk and Solvency Assessment，ORSA）要求，主要包括保险公司应当在考虑公司风险特征、风险容忍度和业务发展战略的基础上计算公司的资本要求，始终保持公司偿付能力充足，当风险特征发生重大变化时衡量对偿付能力资本要求的影响；五是公司应当建立有效的内控系统，包括内控框架、报告体系、管理和会计流程等；六是公司应当建立内部审计程序，以确保公司风险管理体系和内控制度的有效性；七是公司有足够的精算人员，使用合理的计算方法、模型、假设等来进行准备金评估；八是公司在将一部分职能外包给其他机构时，也应当确保这些职能满足偿付能力Ⅱ的定量要求。

2. 监管审查程序（Supervisory Review Process）。它是第二支柱的关键，是确保保险公司合法、合规经营的重要途径。偿付能力Ⅱ要求保险监管机构审查保险的经营战略、管理流程和报告制度，使之与相关法律法规保持一致。审查的内容主要包括六个方面：一是内部管理系统，包括风险和偿付能力自评；二是准备金评估；三是资本要求；四是投资规则；五是实际资本的数量和质量；六是内部模型。监管审查要重点关注保险公司有足够的能力识别和防范未来经济环境和不利事件对公司财务状况的影响。若在监管审查程序过程中发现内部模型使用不当、风险管理系统不健全等问题，监管机构将要求保

---

① 这部分主要参考陈文辉：《中国偿付能力监管改革的理论和实践》，第 75 ~ 76 页，北京，中国经济出版社，2015。

险公司进行资本追加，以提高其偿付能力资本要求。

（四）欧盟偿付能力Ⅱ的信息披露要求[①]

对保险公司进行信息披露要求是通过市场力量监管的重要途径。偿付能力Ⅱ中保险公司的信息披露要求包括公开披露与监管报告两部分。

1. 公开披露要求。保险公司必须在年报中简明扼要地披露其偿付能力及财务状况，包括业务性质及绩效描述，治理系统及其充足性概况，公司所面临的各类风险暴露、风险集中、风险敏感性及采取的各种风险缓和措施，企业资产、技术性准备金及其他负债的估值方法及金额，保险公司自有资金的结构与数量及变化情况、MCR 与 SCR 金额，使用内部模型计算 SCR 与使用标准模型计算 SCR 的差额等。

2. 监管报告要求。监管报告要求比公开披露要求的范围更宽泛、内容更详细、要求更严格。任何有助于判断保险公司财务状况、偿付能力状况，有助于评估公司风险大小和内部风险管理体系的信息，以及任何对监管者决策可能产生影响的信息都应当向监管机构报告。监管报告包括定期报告和临时报告两种。定期报告为常规报告，监管机构为定期报告设计了专门的模板。当保险公司发生重大事项时，还应当在规定的时间内向监管机构报送临时报告。重大事项包括：进入新的业务领域、关键高管人员变更、内部组织架构变更、发生重大诉讼事项、业务经营战略变更、财务状况发生重大变化等。

第三节　中国保险公司偿付能力监管

一、中国第一代偿付能力监管制度体系

2003 年，中国保监会正式启动偿付能力监管制度的实质性建设工作，到 2007 年底，基本搭建起具有中国特色的第一代偿付能力监管制度体系（以下简称"偿一代"），主要由保险公司内部风险管理、偿付能力报告、财务分析和财务检查、适时监管干预、破产救济五部分内容组成。2008 年以后，保监会结合国际金融危机和我国保险市场发展情况，不断完善、丰富偿付能力监管制度，提高了制度的科学性和有效性。"偿一代"推动了保险公司树立资本管理理念，提高了保险公司的经营管理水平和风险管理能力，对于防范风险、促进我国保险业科学发展方面起到了十分重要的作用，也为以风险为导向的"偿二代"建设打下了基础。

（一）起步探索阶段（1995—2002 年）

在 2003 年之前，随着我国保险业的起步与发展、《保险法》的实施以及保险市场的逐步开放，特别是 1998 年中国保监会成立以后，我国也在初步探索建立保险公司偿付能力监管制度。1995 年 1 月 1 日，我国第一部《保险法》正式实施。按照《保险法》的规定，保险公司应当具有与其业务规模相适应的最低偿付能力。保险公司的实际资产减

---

① 这部分主要参考陈文辉：《中国偿付能力监管改革的理论和实践》，第 76 页，北京，中国经济出版社，2015。

去实际负债的差额不得低于金融监督管理部门规定的数额；低于规定数额的，应当增加资本金，补足差额。为了充分分散风险、控制保险责任，《保险法》规定，经营财产保险业务的保险公司当年自留保险费，不得超过其实有资本金加公积金总和的四倍；而且保险公司对每一危险单位，即对一次保险事故可能造成的最大损失范围所承担的责任，不得超过其实有资本金加公积金总和的10%；超过的部分，应当办理再保险。除人寿保险业务外，保险公司应当将其承保的每笔保险业务的20%按照国家有关规定办理再保险。此外，为了保障被保险人的利益，支持保险公司稳健经营，《保险法》规定保险公司应提存保险保障基金。保险公司应建立保证金制度：保险公司成立后按其注册资本总额的20%提取保证金，存入金融监督管理部门指定的银行，用于保险公司清算时偿付债务。

（二）制度体系成型阶段 （2003—2007年）

2003年3月，中国保监会颁布实施《保险公司偿付能力额度及监管指标管理规定》（以下简称《规定》），标志着中国第一代偿付能力监管制度体系初步建立。《规定》明确提出了保险公司偿付能力的监管标准和监管措施。

1. 监管标准。中国"偿一代"采用以偿付能力额度为基础的监管标准。保险公司的偿付能力充足率等于实际偿付能力额度与最低偿付能力额度的比率。其中，保险公司的实际偿付能力额度为认可资产减去认可负债的差额。《规定》分别规定了财产保险公司和人寿保险公司最低偿付能力额度的计算方法。

财产保险公司应具备的最低偿付能力额度为下述两项中数额较大的一项：（1）最近会计年度公司自留保费减营业税及附加后1亿元人民币以下部分的18%和1亿元人民币以上部分的16%；（2）公司最近3年平均综合赔款金额7 000万元以下部分的26%和7 000万元以上部分的23%。综合赔款金额为赔款支出、未决赔款准备金提转差、分保赔款支出之和减去摊回分保赔款和追偿款收入。对于经营不满三个完整会计年度的保险公司，采用前文第（1）项规定的标准计算最低偿付能力额度。

人寿保险公司最低偿付能力额度为长期人身险业务最低偿付能力额度和短期人身险业务最低偿付能力额度之和。

长期人身险业务最低偿付能力额度为下述两项之和：（1）投资连结类产品期末寿险责任准备金的1%和其他寿险产品期末寿险责任准备金的4%；其中，寿险责任准备金是指中国保监会规定的法定最低责任准备金。（2）保险期间小于3年的定期死亡保险风险保额的0.1%，保险期间为3~5年的定期死亡保险风险保额的0.15%，保险期间超过5年的定期死亡保险和其他险种风险保额的3%。在统计上未对定期死亡保险区分保险期间的，统一按风险保额的0.3%计算。风险保额为有效保额减去期末责任准备金，其中有效保额是指若发生了保险合同中最大给付额的保险事故，保险公司需支付的最高金额；期末责任准备金为中国保监会规定的法定最低责任准备金。

短期人身险业务最低偿付能力额度为下述两项中数额较大的一项：①最近会计年度公司自留保费减营业税及附加后1亿元人民币以下部分的18%和1亿元人民币以上部分的16%；②公司最近3年平均综合赔款金额7 000万元以下部分的26%和7 000万元以

上部分的 23%。

2. 监管措施。保险公司的实际偿付能力额度高于最低偿付能力额度，则表明保险公司的偿付能力充足。保险公司的实际偿付能力额度低于最低偿付能力额度，则会根据偿付能力缺口的大小受到监管部门不同程度的监管处理。保险公司在任何时点实际偿付能力额度低于最低偿付能力额度，公司法定代表人、精算责任人、财务负责人及其他高级管理人员应及时向中国保监会报告，并采取有效措施，使其实际偿付能力额度达到最低偿付能力额度。

对偿付能力充足率小于 100% 的保险公司，中国保监会可将该公司列为重点监管对象，根据具体情况采取以下监管措施：（1）对偿付能力充足率在 70% 以上的公司，中国保监会可要求该公司提出整改方案，并限期达到最低偿付能力额度要求，逾期未达到的，可对该公司采取要求增加资本金、责令办理再保险、限制业务范围、限制向股东分红、限制固定资产购置、限制经营费用规模、限制增设分支机构等必要的监管措施，直至其达到最低偿付能力额度要求。（2）对偿付能力充足率在 30%～70% 之间的公司，中国保监会除采取前款所列措施外，还可责令该公司拍卖不良资产、责令转让保险业务、限制高级管理人员的薪酬水平和在职消费水平、限制公司的商业性广告、责令停止开展新业务以及采取中国保监会认为必要的其他措施。（3）对偿付能力充足率小于 30% 的公司，中国保监会除采取前两款所列措施外，还可根据《保险法》的规定对保险公司进行接管。

（三）制度机制完善阶段（2008—2012 年）

2008 年 9 月，《保险公司偿付能力管理规定》（以下简称新《规定》）正式施行，新《规定》确立了以风险为基础的动态偿付能力监管标准和监管机制，强化保险公司内部偿付能力管理，进一步完善了我国保险公司偿付能力监管制度框架。与 2003 年《规定》相比，新《规定》在监管标准和监管措施上具有以下几个变化。

1. 监管标准。新《规定》在形式上和内容上体现与保险业发达国家的保险公司偿付能力监管准则的接轨。新《规定》确立以偿付能力充足率（即资本充足率）单一指标为基础的偿付能力监管体系。新《规定》没有沿用"实际偿付能力额度"和"最低偿付能力额度"的概念，取而代之的是"实际资本"和"最低资本"，这样的提法在形式上与国际通行的偿付能力监管准则相一致；相应地，这两个新概念在内涵和外延上也更加趋近于国际通行准则的规定，其中，"最低资本"被界定为保险公司为应对资产风险、承保风险等风险对偿付能力的不利影响而应当具有的资本数额；实际资本为认可资产与认可负债的差额。此外，新《规定》对原《规定》中"偿付能力充足率"的计算方法进行调整，即由原来的"实际偿付能力额度与最低偿付能力额度的比率"转变为"实际资本与最低资本的比率"，这种技术方法也实现了与国际接轨。

2. 监管措施。中国保监会根据保险公司偿付能力风险状况对保险公司进行分类，具体包括偿付能力充足率低于 100% 的不足类公司、偿付能力充足率在 100%～150% 之间的充足 I 类公司以及偿付能力充足率高于 150% 的充足 II 类公司；并对不同风险等级保险公司采取不同的监管测试，实施分类监管。具体而言，对于充足 I 类公司，中国保监会可以要求其提交和实施预防偿付能力不足的计划；对于充足 I 类公司和充足 II 类公司存在重大偿付能力风险的，中国保监会可以要求其进行整改或者采取必要的监管措施。作为重点监管对象的不足类公司，中国保监会可酌情采取责令增加资本金或者限制向股东分红，限制董事、高级管理人员的薪酬水平和在职消费水平，限制商业性广告，限制增设分支机构、限制业务范围、责令停止开展新业务、责令转让保险业务或者责令办理分出业务，责令拍卖资产或者限制固定资产购置，限制资金运用渠道，调整负责人及有关管理人员以及接管等若干项监管措施。

此外，在"偿一代"建设和实施过程中，中国保监会相继颁布实施一系列监管规则，逐步健全完善"偿一代"制度和相关监管机制，主要包括保险公司偿付能力风险预警机制、保险公司偿付能力评估和报告制度、保险公司内部偿付能力管理制度、保险公司资本补充机制、保险公司风险处置机制和保险公司及其分支机构的分类监管制度等。

二、中国风险导向的偿付能力体系

中国第二代偿付能力监管制度体系的名称为"中国风险导向的偿付能力体系"（China Risk Oriented Solvency System）（以下简称"偿二代"，C-ROSS）。中国保监会于2011年10月开始启动《中国第二代偿付能力监管制度体系建设规划》（以下简称《建设规划》）的起草工作，2012年3月，《建设规划》正式发布，明确了"偿二代"建设的指导思想、组织领导、总体目标、整体框架、基本原则、实施步骤和工作机制等七个方面的内容。

之后，保监会对"偿二代"建设中的基础性、全局性问题进行了深入研究，经过广泛讨论和反复征求意见，2013年5月正式发布《中国第二代偿付能力监管制度体系整体框架》（以下简称《整体框架》），明确了"偿二代"的总体目标，确立了"三支柱"框架体系，制定了"偿二代"建设的若干基本技术原则，为"偿二代"建设描绘出完整的蓝图。

经过近两年的研发与编制，2015年2月，保监会正式发布"偿二代"全部主干技术标准共17项监管规则，保险业进入"偿二代"过渡期。为保证行业顺利切换到"偿二代"，引导保险公司完善偿付能力风险管理体系，2015年7月，保监会决定开展"偿二代"过渡期内保险公司偿付能力风险管理能力试评估工作。根据过渡期试运行情况，经国务院同意，自2016年1月1日起，保监会正式开始实施"偿二代"。

（一）中国偿付能力监管制度改革的背景

1. 保险业发展模式转型的需要。改革开放以来，我国保险业得到长足的发展，成为我国金融业"三驾马车"中市场化程度最深、开放程度最高、竞争最充分的行业。然而，在追求发展速度、规模和市场份额的同时，我国保险业高投入、高消耗、低产出的传统发展模式并没有改变，导致发展质量不高，产品服务创新能力不佳，风险管控能力不足，保险技术手段相对滞后，人员素质不高，社会形象亟待改善。我国保险业粗放式发展模式带来的产品缺乏竞争力、渠道发展不畅、行业形象不佳、市场增长乏力等深层次瓶颈性问题，在行业高速增长的大环境下被掩盖了。如今，在行业增速放缓的条件下，这些问题日益凸显，我国保险行业发展模式亟待转型。

2. 保险业风险管理能力提升的需要。保险经营的对象是风险，风险管理是保险经营的核心，风险管理能力就是保险公司的核心竞争力，代表保险公司的经营管理水平，决定保险公司的经济效益和价值成长。随着保险市场的快速增长和深化发展，保险覆盖面不断扩大，保险业与整体金融市场和宏观经济的联系日益紧密。保险业承担的风险规模不断增加，风险管理难度日趋增大。我国保险业正处于转型的关键时期，保险业面临着诸多风险，如退保风险、偿付能力不足风险、流动性风险、资金运用风险等，有效防范和管控风险已成为保险公司以及保险监管部门关注的重点。

然而，长久以来我国保险公司风险管理能力参差不齐，风险状况迥异。随着经济和金融环境的变化，我国保险业风险规模不断扩大与行业风险管理能力不足的矛盾逐渐显现，保险业整体风险管理水平亟待提高。

3. 保险业监管改革与创新的需要。近年来，我国保险业市场化改革取得长足的进展。在深化市场化改革的过程中，如何发挥市场在资源配置中的决定性作用、处理好政府与市场的关系，成为未来我国保险业改革发展中亟待破解的问题。保险监管围绕处理好监管与市场的关系，完善监管制度、监管方式和监管机制，不断深化监管体系改革创新。近年来，为了顺应我国保险业市场化改革不断深入的需要，保监会提出"放开前端，管住后端"的保险监管改革总体思路。我国保险公司偿付能力监管制度改革——"偿二代"的建设和实施，正是符合"放开前端，管住后端"的保险监管改革的要求。

（二）"偿二代"的整体框架

"偿二代"的整体框架由制度特征、监管要素和监管基础三大部分构成。其中，制度特征包括统一监管、新兴市场、风险导向兼顾价值；监管要素为"三支柱"体系，包括定量资本要求、定性监管要求、市场约束机制；监管基础是指公司内部偿付能力监管。这三大部分相互联系、互为补充，构成一个有机统一的完整体系。

1. 制度特征

（1）在统一监管的基础上兼顾地区差异。根据国家授权，中国保监会依照法律、法规统一监督管理全国保险市场，包括对全国所有保险公司的偿付能力实施统一监督和管理。统一监管不同于部分国家和地区的分散监管模式，充分体现了我国偿付能力监管的特点。"偿二代"应充分发挥统一监管效率高、执行力强、执行成本低的优势。

同时，由于我国地域辽阔，在制定统一监管政策的同时，还需要充分考虑各地差异，以适应不同地域保险市场监管需要。在定量监管方面，主要是保监会机关对保险公司总公司资本充足性的监管，监管标准需要尽量统一；在定性监管和市场约束方面，对于与分支机构相关的风险，可以体现一定的地域差异。

（2）与国际监管规则接轨并充分考虑中国国情。我国保险市场尚属于新兴保险市场，在市场规模、发展速度、产品特征、风险管理能力、人才储备、国际活跃度等方面与成熟保险市场存在一定差距。与成熟的偿付能力监管制度相比，"偿二代"应当更加注重保险公司的资本成本，提高资本使用收益；更加注重定性监管，充分发挥定性监管对定量监管的协同作用；更加注重制度建设的市场适应性和动态性，以满足市场快速发展的需要；更加注重监管政策的执行力和约束力，及时识别和化解各类风险；更加注重各项制度的可操作性，提高制度的执行效果。

（3）以风险为导向并兼顾价值成长。防范风险是偿付能力监管的永恒主题。"偿二代"的资产负债评估，要能及时、恰当地反映保险公司面临的实际风险状况及变动；最低资本要求要更加全面、准确地反映保险公司的各类风险；监管措施要更加具有风险针对性。

对风险的防范，要具有底线思维。坚持守住区域性、系统性风险的底线，科学计量潜在的风险损失，在此基础上科学确定所需要的监管资本底线，尽可能避免资本冗余，降低保险公司经营的资本占用，提高保险业资本使用效率和效益，提升保险公司的个体价值和整个行业的整体价值。"偿二代"需要在风险预警目标和价值评估目标之间寻求平衡点。

2. 监管要素。监管要素是偿付能力监管的"三支柱"，即分别从定量资本要求、定性监管要求和市场约束机制三个方面对保险公司的偿付能力进行监督和管理。

（1）第一支柱定量资本要求。第一支柱定量资本要求主要防范能够量化的风险，通过科学地识别和量化各类风险，要求保险公司具备与其风险相适应的资本。能够量化的风险应具备三个特征：第一，这些风险应当是保险公司经营中长期稳定存在的；第二，通过现有的技术手段，可以定量识别这些风险的大小；第三，这些风险的计量方法和结果是可靠的。

第一支柱定量资本要求主要包括五部分内容：一是第一支柱量化资本要求，具体包括：保险风险资本要求；市场风险资本要求；信用风险资本要求；宏观审慎监管资本要求，即对顺周期风险、系统重要性机构风险等提出的资本要求；调控性资本要求，即根据行业发展、市场调控和特定保险公司风险管理水平的需要，对部分业务、部分公司提出一定期限的资本调整要求。二是实际资本评估标准，即保险公司资产和负债的评估标准和认可标准。三是资本分级，即对保险公司的实际资本进行分级，明确各类资本的标准和特点。四是动态偿付能力测试，即保险公司在基本情景和各种不利情景下，对未来一段时间内的偿付能力状况进行预测和评价。五是监管措施，即监管机构对不满足定量资本要求的保险公司，区分不同情形，可采取的监管干预措施。

（2）第二支柱定性监管要求。第二支柱定性监管要求是在第一支柱的基础上，进一步防范难以量化的风险，如操作风险、战略风险、声誉风险、流动性风险等。

保险公司面临许多非常重要的风险，但这些风险无法量化或难以量化。特别是我国保险市场是一个新兴市场，采用定量监管手段来计量这些风险存在较大困难，因此，需要更多地使用第二支柱的定性监管手段来评估和防范。例如，操作风险难以量化，我国也没有积累这方面的历史数据，现阶段难以通过定量监管手段进行评估。因此，对于不易量化的操作风险、战略风险、声誉风险等将通过第二支柱进行定性监管。

第二支柱共包括四部分内容：一是风险综合评级，即监管部门综合第一支柱对能够量化的风险的定量评价，以及第二支柱对难以量化风险（包括操作风险、战略风险、声誉风险和流动性风险）的定性评价，对保险公司总体的偿付能力风险水平进行全面评价。二是保险公司风险管理要求与评估，即监管部门对保险公司的风险管理提出具体监管要求，如治理结构、内部控制、管理架构和流程等，并对保险公司风险管理能力和风险状况进行评估。三是监管检查和分析，即对保险公司偿付能力状况进行现场检查和非现场分析。四是监管措施，即监管机构对不满足定性监管要求的保险公司，区分不同情形，可采取的监管干预措施。

（3）第三支柱市场约束机制。第三支柱市场约束机制是引导、促进和发挥市场相关利益人的力量，通过对外信息披露等手段，借助市场的约束力，加强对保险公司偿付能力的监管，以进一步防范风险。其中，市场力量主要包括社会公众、消费者、评级机构和证券市场的行业分析师四类。

第三支柱主要包括两项内容：一是通过对外信息披露手段，充分利用除监管部门之外的市场力量，对保险公司进行约束；二是监管部门通过多种手段，完善市场约束机制，优化市场环境，促进市场力量更好地发挥对保险公司风险管理和价值评估的约束作用。

第三支柱市场约束机制是新兴保险市场发展的客观要求，是我国偿付能力监管体系的重要组成部分。第一，市场力量是对保险公司进行监管的有效手段和重要组成部分，可以有效约束保险公司的经营管理行为，应当充分利用。第二，我国现阶段监管资源有限，更应该充分调动和发挥市场力量的约束作用，成为监管机构的有力补充。第三，现阶段，我国市场约束力量对保险公司的监督作用没有充分发挥，急需监管机构进一步完善市场约束机制，优化市场环境。

（4）三个支柱的关系。与保险公司内部偿付能力管理不同，三个支柱都是保险公司外部的偿付能力监管。三个支柱的作用各不相同，在防范风险方面各有侧重：第一支柱是通过定量监管手段，防范能够量化的偿付能力相关风险；第二支柱是通过定性监管手段，防范难以量化的偿付能力风险；第三支柱是通过信息披露等手段，发挥市场约束力量，可以强化第一支柱和第二支柱的效果，并且更加全面地防范保险公司的各类偿付能力风险。三个支柱相互配合，相互补充，成为完整的风险识别、分类和防范的体系。

3. 监管基础。"偿二代"的监管基础是保险公司内部偿付能力管理，它是企业内部的管理行为，在偿付能力监管中具有十分重要的作用，主要体现在两个方面：

第一，内部偿付能力管理是外部偿付能力监管的前提、基础和落脚点。特定阶段外部偿付能力监管必须与当时的行业内部偿付能力管理水平相适应。两者既相互依存，又相互制约、相互促进。好的偿付能力监管体系，能够激励保险公司不断提升其内部偿付能力管理水平。第二，内部偿付能力管理是保险公司的"免疫系统"和"反应系统"。科学有效的内部偿付能力管理制度和机制，可以主动识别和防范各类风险，对各类风险变化作出及时反应。

4. 保险集团的偿付能力监管。保险集团监管的内容和要求在三个支柱中均有所体现。"三支柱"的监管框架同样适用于保险集团监管。"三支柱"既包括对单个保险公司的监管要求，也包括对整个保险集团的监管要求。保险集团偿付能力风险不仅包括集团内单个公司层面的风险，也包括由于集团化经营产生的特有风险，如风险传染、组织结构不透明风险、集中度风险、非保险领域风险等。在制定三个支柱的具体监管标准时，应当考虑和反映这些特殊风险。

保险集团偿付能力监管分为三个层次：一是单一法人公司监管，即对成员公司的偿付能力或资本充足水平进行监管；二是集团监管，即在单一法人公司偿付能力或资本充足水平监管的基础上，对保险集团层面的偿付能力风险和资本充足水平进行监管；三是系统重要性保险集团监管，即对国内系统重要性保险集团、全球系统重要性保险集团和国际活跃保险集团的偿付能力进行监管。

保险集团的偿付能力应符合以下要求：第一，核心偿付能力充足率不低于50%；第二，综合偿付能力充足率不低于100%。其中，核心偿付能力充足率等于保险集团的核心资本与最低资本的比率；综合偿付能力充足率等于保险集团的实际资本与最低资本的比率。

保险集团的最低资本由量化风险最低资本、控制风险最低资本以及附加资本三部分组成。其中，量化风险最低资本是指保险集团内所有业务线（包括保险业务和各类非保险业务）可量化为资本要求的固有风险所对应的最低资本与保险集团层面可量化为资本要求的特有风险所对应的最低资本之和。量化风险最低资本应当考虑风险聚合效应和风险分散效应。保险集团量化风险最低资本的计算公式如下：

保险集团量化风险最低资本 ＝ 母公司最低资本＋子公司最低资本＋合营企业最低资本×权益比例＋集团层面可量化的特有风险对应的最低资本＋风险聚合效应的资本要求增加－风险分散效应的资本要求减少

保险集团应当根据监管机构对其偿付能力风险管理能力的评估结果计算相应的控制风险最低资本。系统重要性保险集团应计提附加资本。附加资本包括逆周期附加资本、国内系统重要性保险机构的附加资本、全球系统重要性保险机构的附加资本以及其他附加资本。

5. 监管协调与合作。保险集团内部不仅包括各类保险机构，而且包括各类非保险金融机构、非金融类机构乃至境外机构。为了确保对保险集团偿付能力风险的有效监管，各类机构的监管主体或主管部门之间应实现监管协调与合作。其中，保监会作为保险集团的主监管机构，承担集团范围内监管协调的职能，与非保险金融监管机构、其他行业的主管部门以及境外监管机构保持信息共享，开展监管协调与合作，共同识别、防范风险，最大限度消除监管空白，减少监管套利，避免重复监管。

（三）"偿二代"的监管工具

1. 偿付能力充足性指标。评价保险公司偿付能力状况的指标有三个：核心偿付能力充足率、综合偿付能力充足率和风险综合评级。

核心偿付能力充足率是指核心资本与最低资本的比率，反映保险公司核心资本的充足状况。综合偿付能力充足率是指核心资本和附属资本之和与最低资本的比率，反映保险公司总体资本的充足状况。核心偿付能力充足率、综合偿付能力充足率反映保险公司量化风险的资本充足状况。风险综合评级反映保险公司与偿付能力相关的全部风险的状况。

2. 实际资本的特征与构成。实际资本是指保险公司在持续经营或破产清算状态下可以吸收损失的财务资源。保险公司的资本符合以下特性：（1）存在性，即保险公司的资本应当是实缴的资本，保监会另有规定的除外；（2）永续性，即保险公司的资本应当没有到期日或具有保监会规定的较长期限；（3）次级性，即保险公司资本在破产清算时的受偿顺序应当在保险合同负债和一般债务之后；（4）非强制性，即本金的返还和利息（股息）的支付不是保险公司的强制义务，或者在特定条件下可以返还或支付。

根据资本吸收损失的性质和能力，保险公司资本分为核心资本和附属资本。核心资本是指在持续经营状态下和破产清算状态下均可以吸收损失的资本，核心资本分为核心一级资本和核心二级资本；附属资本是指在破产清算状态下可以吸收损失的资本，附属资本分为附属一级资本和附属二级资本。为了确保资本的稳定性、保证保险公司的偿付能力，监管部门对保险公司各级资本限额标准作出如下规定：（1）附属资本不得超过核心资本的100%；（2）核心二级资本不得超过核心资本的30%；（3）附属二级资本不得超过核心资本的25%。

表 10 - 2　　　　　　　　　　核心资本与附属资本的特征

	核心一级资本	核心二级资本	附属一级资本	附属二级资本
存在性	实缴	实缴	实缴	实缴或符合监管规定的其他形式
永续性	没有到期日	没有到期日或期限不低于10年	期限不低于5年	期限可低于5年
次级性	可以吸收经营损失和破产损失；破产清算时的受偿顺序排在最后	可以吸收经营损失和破产损失；破产清算时的受偿顺序列于保单持有人和一般债权人之后，先于核心一级资本	可以吸收破产损失；破产清算时的受偿顺序列于保单持有人和一般债权人之后，先于核心资本	可以吸收破产损失；破产清算的受偿顺序列于保单持有人和一般债权人之后，先于附属一级资本
非强制性	在任何情况下，保险公司都没有返还本金和分配收益的强制义务	有到期日的，支付本金或利息后偿付能力充足率达标的，保险公司才能支付本金或利息；可设定递延支付条款或取消支付条款	可以设定本息递延条款；发行人无法如约支付本息时，该资本工具的权益人无权向法院申请对保险公司实施破产	可以不设定本息支付的约束条件

保险公司的实际资本等于认可资产减去认可负债后的余额，即

$$实际资本 = 认可资产 - 认可负债$$

在偿付能力监管目的下，保险公司的资产分为认可资产和非认可资产。认可资产是指处置不受限制，并可用于履行对保单持有人赔付义务的资产；不符合上述条件的资产，为非认可资产。认可负债是指保险公司无论在持续经营状态还是破产清算状态下均需要偿还的债务，以及超过监管限额的资本工具；不符合上述条件的负债，为非认可负债。

保险公司的认可资产包括八个类别：

（1）现金及流动性管理工具，是指保险公司持有的现金以及通常可用于现金管理的

金融工具。其中，现金包括库存现金、活期存款等，流动性管理工具包括货币市场基金、短期融资券、买入返售证券、央行票据、商业银行票据和拆出资金等。

（2）投资资产，是指保险公司资金运用形成的资产，包括定期存款、协议存款、政府债券、金融债券、企业债券、资产证券化产品、信托资产、基础设施投资、权益投资、投资性房地产、衍生金融资产、其他投资资产等。

（3）长期股权投资，是指保险公司对被投资单位实施控制、重大影响的权益性投资，以及对其合营企业的权益性投资。

（4）再保险资产，包括应收分保准备金、应收分保账款和存出分保保证金等。

（5）应收及预付款项，包括应收保费、应收利息、保单质押贷款、应收股利、预付赔款、存出保证金、其他应收和暂付款项等。

（6）固定资产，包括自用房屋、机器设备、交通运输设备、在建工程、办公家具等。

（7）独立账户资产，是指投资连结保险等各投资账户中的投资资产。

（8）其他认可资产，包括递延所得税资产（由经营性亏损引起的递延所得税资产除外）、应急资本等。

保险公司的认可负债包括七个类别：

（1）保险合同负债，包括未到期责任准备金和未决赔款责任准备金；

（2）金融负债，包括卖出回购证券、应付返售证券、保户储金及投资款、衍生金融负债等；

（3）应付及预收款项，包括应付保单红利、应付赔付款、预收保费、应付分保账款、应付手续费及佣金、应付职工薪酬、应交税费、存入分保保证金等；

（4）预计负债，指按照《企业会计准则》确认、计量的或有事项的有关负债；

（5）独立账户负债，包括保险公司对投资连结保险等提取的投资账户负债；

（6）资本性负债，指保险公司发行的资本工具按照保监会的规定不能计入资本的部分；

（7）其他认可负债，包括递延所得税负债、现金价值保证、所得税准备等。

3. 最低资本计量模型。最低资本是指基于审慎监管目的，为使保险公司具有适当的财务资源，以应对各类可量化为资本要求的风险对偿付能力的不利影响，保监会要求保险公司应当具有的资本数额。保险公司最低资本由三部分组成：一是量化风险最低资本，即保险风险、市场风险、信用风险对应的最低资本；二是控制风险最低资本，即控制风险对应的最低资本；三是附加资本，包括逆周期附加资本、国内系统重要性保险机构的附加资本、全球系统重要性保险机构的附加资本以及其他附加资本。

目前，我国保险公司最低资本计量采用行业统一的方法、模型和参数。保险风险、市场风险和信用风险等量化风险的最低资本计量采用在险价值（Value at Risk）法，控制风险的最低资本计量采用监管评价法。考虑到风险之间的分散效应，保险公司最低资本的计量采用相关系数矩阵法。

（1）量化风险最低资本。保险公司量化风险最低资本计量模型用来计算三类量化风险的最低资本要求，包括保险风险最低资本要求、市场风险最低资本要求和信用风险最低资本要求，同时考虑三类量化风险之间的分散效应和特定类别保险合同的损失吸收效应。其计算公式如下：

$$MC^* = \sqrt{MC_{\text{向量}} \times M_{\text{相关系数}} \times MC_{\text{向量}}^T} - LA$$

式中，MC^* 代表量化风险整体的最低资本；$MC_{\text{向量}}$ 代表保险风险、市场风险和信用风险的最低资本行向量；$M_{\text{相关系数}}$ 代表相关系数矩阵；$MC_{\text{向量}}^T$ 为 $MC_{\text{向量}}$ 的转置；LA 代表分红保险和万能保险业务的损失吸收效应调整。

保险公司 $MC_{\text{向量}}$ 由（$MC_{\text{寿险保险}}$，$MC_{\text{非寿险保险}}$，$MC_{\text{市场}}$，$MC_{\text{信用}}$）组成。其中，$MC_{\text{寿险保险}}$ 为寿险业务保险风险最低资本；$MC_{\text{非寿险保险}}$ 为非寿险业务保险风险最低资本；$MC_{\text{市场}}$ 为市场风险最低资本；$MC_{\text{信用}}$ 为信用风险最低资本。

$M_{\text{相关系数}}$ 如下表所示：

相关系数	$MC_{\text{寿险保险}}$	$MC_{\text{非寿险保险}}$	$MC_{\text{市场}}$	$MC_{\text{信用}}$
$MC_{\text{寿险保险}}$	1	0.18	0.5	0.15
$MC_{\text{非寿险保险}}$	0.18	1	0.37	0.2
$MC_{\text{市场}}$	0.5	0.37	1	0.25
$MC_{\text{信用}}$	0.15	0.2	0.25	1

再保险公司 $MC_{\text{向量}}$ 由（$MC_{\text{寿险再保险}}$，$MC_{\text{非寿险再保险}}$，$MC_{\text{市场}}$，$MC_{\text{信用}}$）组成，其中，$MC_{\text{寿险再保险}}$ 为寿险再保险业务保险风险最低资本；$MC_{\text{非寿险再保险}}$ 为非寿险再保险业务保险风险最低资本；$MC_{\text{市场}}$ 为市场风险最低资本；$MC_{\text{信用}}$ 为信用风险最低资本。

$M_{\text{相关系数}}$ 如下表所示：

相关系数	$MC_{\text{寿险再保险}}$	$MC_{\text{非寿险再保险}}$	$MC_{\text{市场}}$	$MC_{\text{信用}}$
$MC_{\text{寿险再保险}}$	1	0.18	0.5	0.15
$MC_{\text{非寿险再保险}}$	0.18	1	0.37	0.2
$MC_{\text{市场}}$	0.5	0.37	1	0.25
$MC_{\text{信用}}$	0.15	0.2	0.25	1

（2）保险风险最低资本。保险公司非寿险业务的保险风险是指由于赔付水平、费用水平等的实际经验与预期发生不利偏离，导致保险公司遭受非预期损失的风险，包括保费及准备金风险、巨灾风险。非寿险业务是指保险公司经营的财产保险，以及保险期间为一年或一年以内的短期意外险、短期健康险和短期寿险。

保险公司非寿险业务保险风险整体的最低资本，其计算公式为

$$MC_{\text{非寿险保险}} = \sqrt{MC_{\text{保费及准备金}}^2 + 2\rho \times MC_{\text{保费及准备金}} \times MC_{\text{巨灾}} + MC_{\text{巨灾}}^2}$$

式中，$MC_{\text{非寿险保险}}$ 为非寿险业务的保险风险最低资本；$MC_{\text{保费及准备金}}$ 为非寿险业务的保费及准备金风险最低资本；$MC_{\text{巨灾}}$ 为巨灾风险最低资本；ρ 为 $MC_{\text{保费及准备金}}$ 和 $MC_{\text{巨灾}}$ 的相关系数，$\rho = 0.25$。

保险公司寿险业务的保险风险是指由于损失发生、费用及退保相关假设的实际经验与预期发生不利偏离，导致保险公司遭受非预期损失的风险，包括损失发生风险、费用风险和退保风险。寿险业务包括长期寿险（含年金保险）业务、长期健康险业务及长期

意外险业务，但不包括短期意外险、短期健康险和短期寿险。

保险公司寿险业务保险风险整体的最低资本，其计算公式为

$$MC_{寿险保险} = \sqrt{MC_{向量} \times M_{相关系数} \times MC^T_{向量}}$$

式中，$MC_{寿险保险}$ 为保险公司寿险业务保险风险的最低资本；$MC_{向量}$ 为一个行向量，由 $(MC_{损失发生}, MC_{费用}, MC_{退保})$ 组成；$MC_{损失发生}$ 为保险公司损失发生风险最低资本；$MC_{费用}$ 为保险公司费用风险最低资本；$MC_{退保}$ 为保险公司退保风险最低资本；$M_{相关系数}$ 为相关系数矩阵；$MC^T_{向量}$ 为 $MC_{向量}$ 的转置。

寿险业务保险风险最低资本汇总的相关系数矩阵为

相关系数	$MC_{损失发生}$	$MC_{费用}$	$MC_{退保}$
$MC_{损失发生}$	1	0.4	0
$MC_{费用}$	0.4	1	0.5
$MC_{退保}$	0	0.5	1

（3）市场风险最低资本。市场风险是指由于利率、权益价格、房地产价格、汇率等不利变动，导致保险公司遭受非预期损失的风险。保险公司的市场风险包括利率风险、权益价格风险、房地产价格风险、境外资产价格风险和汇率风险。

各类市场风险整体的最低资本采用相关系数矩阵进行汇总，其计算公式为

$$MC_{市场} = \sqrt{MC_{向量} \times M_{相关系数} \times MC^T_{向量}}$$

式中，$MC_{市场}$ 代表市场风险整体的最低资本；$MC_{向量}$ 为一个行向量，由 $(MC_{利率}, MC_{权益价格}, MC_{房地产}, MC_{境外固收}, MC_{境外权益}, MC_{汇率})$ 组成；$MC_{利率}$ 为利率风险的最低资本；$MC_{权益价格}$ 为权益价格风险的最低资本；$MC_{房地产}$ 为房地产价格风险的最低资本；$MC_{境外固收}$ 为境外固定收益类资产价格风险的最低资本；$MC_{境外权益}$ 为境外权益类资产价格风险的最低资本；$MC_{汇率}$ 为汇率风险的最低资本；$M_{相关系数}$ 为各类市场风险最低资本相关系数矩阵；$MC^T_{向量}$ 为 $MC_{向量}$ 的转置。

市场风险最低资本相关系数矩阵如下：

相关系数	$MC_{利率}$	$MC_{权益价格}$	$MC_{房地产}$	$MC_{境外固收}$	$MC_{境外权益}$	$MC_{汇率}$
$MC_{利率}$	1	0.14	− 0.18	0	− 0.16	0.07
$MC_{权益价格}$	− 0.14	1	0.22	0.06	0.50	0.04
$MC_{房地产}$	− 0.18	0.22	1	0.18	0.19	− 0.14
$MC_{境外固收}$	0	0.06	0.18	1	0.04	− 0.01
$MC_{境外权益}$	− 0.16	0.50	0.19	0.04	1	− 0.19
$MC_{汇率}$	0.07	0.04	− 0.14	− 0.01	− 0.19	1

（4）信用风险最低资本。信用风险是指由于交易对手不能履行或不能按时履行其合同义务，或者交易对手信用状况的不利变动，导致保险公司遭受非预期损失的风险。保险公司面临的信用风险包括利差风险和交易对手违约风险。

保险公司信用风险整体的最低资本，其计算公式为

$$MC_{信用} = \sqrt{MC^2_{利差} + 2\rho \times MC_{利差} \times MC_{交易对手违约} + MC^2_{交易对手违约}}$$

式中，$MC_{信用}$为信用风险最低资本；$MC_{利差}$为利差风险最低资本；$MC_{交易对手违约}$为交易对手违约风险最低资本；ρ 为 $MC_{利差}$ 和 $MC_{交易对手违约}$ 之间的相关系数，$\rho=0.25$。

4. 风险综合评级（IRR）。风险综合评级（IRR），即分类监管，是保监会以风险为导向，综合分析评价保险公司的全面风险，根据其偿付能力风险大小，评定为不同的监管类别，并采取相应监管政策或监管措施。分类监管的评价包括两个步骤：第一步是对操作风险、战略风险、声誉风险和流动性风险等四类难以量化的固有风险进行评价；保监会根据风险的外部环境、分布特征、预期损失、历史经验数据、日常监管信息等多种因素对操作风险、战略风险、声誉风险和流动性风险等四类难以量化风险进行评分，采用加权平均法计算难以量化风险的综合得分。第二步是综合偿付能力充足率及以上四类难以量化风险的评价结果，评价保险公司的综合偿付能力风险。保监会根据保险公司的核心偿付能力充足率和综合偿付能力充足率的水平和变化特征，对保险公司的量化风险进行评分；然后，综合第一步得到的难以量化风险的综合得分，按照各占50%的权重，加权计算得到综合偿付能力风险评分。

分类监管评价结果综合反映保险公司偿付能力风险的整体状况。保监会按照偿付能力风险的大小将保险公司分为四个监管类别。A 类公司：偿付能力充足率达标，且操作风险、战略风险、声誉风险和流动性风险小的公司；B 类公司：偿付能力充足率达标，且操作风险、战略风险、声誉风险和流动性风险较小的公司；C 类公司：偿付能力充足率不达标，或者偿付能力充足率虽然达标，但操作风险、战略风险、声誉风险和流动性风险中某一类或几类风险较大的公司；D 类公司：偿付能力充足率不达标，或者偿付能力充足率虽然达标，但操作风险、战略风险、声誉风险和流动性风险中某一类或几类风险严重的公司。保监会每季度对保险公司法人机构进行一次分类监管评价，确定其风险综合评级，并对外披露；同时，在市场准入、产品管理、资金运用、现场检查等方面，对 A、B、C、D 四类保险公司及其分支机构实施差异化监管政策。[1]

5. 偿付能力风险管理要求与评估（SARMRA）。偿付能力风险管理要求与评估

[1] 对 B 类公司，保监会可根据公司存在的风险，采取以下一项或多项具有针对性的监管措施，包括但不限于：（一）风险提示；（二）监管谈话；（三）要求限期整改存在的问题；（四）进行专项现场检查；（五）要求提交和实施预防偿付能力充足率不达标或完善风险管理的计划。

对核心偿付能力充足率或综合偿付能力充足率不达标的 C 类公司，除可采取对 B 类公司的监管行为外，还可以根据公司偿付能力充足率不达标的原因，采取以下一项或多项具有针对性的监管措施，包括但不限于：（一）责令调整业务结构，限制业务和资产增长速度，限制增设分支机构，限制商业性广告；（二）限制业务范围，责令转让保险业务或者责令办理分出业务；（三）责令调整资产结构或交易对手，限制投资形式或比例；（四）责令增加资本金，限制向股东分红；（五）限制董事和高级管理人员的薪酬水平；（六）责令调整公司负责人及有关管理人员。

对操作风险、战略风险、声誉风险、流动性风险中某一类或某几类风险较大的 C 类公司，除可采取对 B 类公司的监管措施外，还可采取以下监管措施：（一）对操作风险较大的 C 类公司，针对公司存在的具体问题，对其公司治理、内控流程、人员管理、信息系统等采取相应监管措施；（二）对战略风险较大的 C 类公司，针对公司在战略制定、战略执行等方面存在的问题，采取相应监管措施；（三）对声誉风险较大的 C 类公司，针对公司产生声誉风险的原因，采取相应监管措施；（四）对流动性风险较大的 C 类公司，针对公司产生流动性风险的原因，根据《保险公司偿付能力监管规则第 12 号：流动性风险》有关规定采取相应监管措施。

对 D 类公司，除可采取对 C 类公司的监管措施外，还可以根据情况采取整顿、责令停止部分或全部新业务、接管以及保监会认为必要的其他监管措施。

（SARMRA）明确了保险公司偿付能力风险管理的监管要求，规范了监管机构对保险公司风险管理能力的评估，并确定了保险公司控制风险最低资本的计量标准。

保监会根据保险公司的发展阶段、业务规模、风险特征等，将保险公司分为 I 类保险公司和 II 类保险公司。① 保监会针对不同类型的保险公司，分别提出了差异化的偿付能力风险管理要求，主要包括保险公司偿付能力风险管理的组织架构、管理制度、考核机制、风险管理工具等。保险公司应当根据相关监管要求，结合自身业务和风险特征，构建良好的偿付能力风险管理基础和环境，完善偿付能力风险管理制度，建立偿付能力风险管理考核机制，加强对固有风险的管理，降低控制风险。

同时，保监会定期对保险公司偿付能力风险的管理能力进行评估。偿付能力风险管理评估是指保监会对保险公司偿付能力风险的管理能力进行评估，以确定保险公司的控制风险水平，调整其最低资本要求。保监会一般每年对保险公司偿付能力风险管理能力进行一次评估，并将评估结果向保险公司通报。

保险公司偿付能力风险管理能力评估的内容包括九部分：基础与环境、目标与工具、保险风险管理能力、市场风险管理能力、信用风险管理能力、操作风险管理能力、战略风险管理能力、声誉风险管理能力和流动性风险管理能力。每一部分分别从"制度健全性"和"遵循有效性"两方面进行评价，其中，"制度健全性"的权重为60%，"遵循有效性"的权重为40%。所谓"制度健全性"，是指保险公司的偿付能力风险管理的基础、环境、目标和工具等是否科学、全面、合规；所谓"遵循有效性"，是指保险公司的偿付能力风险管理制度、机制是否得到持续、有效的实施。每一部分的"制度健全性"和"遵循有效性"评估结果分为"完全符合"、"大部分符合"、"部分符合"和"不符合"四档②，分别对应不同的得分："完全符合"得标准分值，"大部分符合"得标准分值的80%，"部分符合"得标准分值的50%，"不符合"得零分。九部分的评价得分加权汇总得到保险公司偿付能力风险管理能力评价的最终结果。

---

① 满足下列任意两个标准的保险公司为 I 类保险公司：（一）公司成立超过 5 年；（二）财产保险公司、再保险公司最近会计年度签单保费超过 50 亿元或总资产超过 200 亿元，人身保险公司最近会计年度签单保费超过 200 亿元或总资产超过 300 亿元。签单保费是指保险公司按照保险合同约定，向投保人收取的保费；（三）省级分支机构数量超过 15 家。外国保险公司分公司及不满足上述条件的保险公司为 II 类保险公司。保监会可根据监管需要调整保险公司所属类别。

② "制度健全性"四档评估结果的定义："完全符合"是指保险公司建立了全面的风险管理制度，且管理制度的内容和要素完全达到或超过了监管要求；"大部分符合"是指保险公司的风险管理制度及其内容和要素符合监管要求的程度在 80%～100% 之间；"部分符合"是指保险公司的风险管理制度及其内容和要素符合监管要求的程度在 50%～80% 之间；"不符合"是指保险公司未建立相关的风险管理制度，或相关的风险管理制度及其内容和要素符合监管要求的程度在 50% 以下。

"遵循有效性"四档评估结果的定义："完全符合"是指保险公司现有风险管理制度完全得到了有效执行；"大部分符合"是指保险公司现有风险管理制度得到有效执行的程度在 80% 以上，但未达到 100%；"部分符合"是指保险公司现有风险管理制度得到有效执行的程度在 50% 以上，但未达到 80%；"不符合"是指保险公司现有风险管理制度完全没有执行，或执行程度在 50% 以下。若某一项的"制度健全性"评估结果为"不符合"，则该项对应的"遵循有效性"评估结果应为"不符合"。

表 10 – 3　　　　　　保险公司偿付能力风险评估得分表　　　　单位：分、%

评估项目	标准分值	评分结果			权重	最终得分
		制度健全性（60%）	遵循有效性（40%）	合计		
基础与环境	100				20	
目标与工具	100				10	
保险风险管理能力	100				10	
市场风险管理能力	100				10	
信用风险管理能力	100				10	
操作风险管理能力	100				10	
战略风险管理能力	100				10	
声誉风险管理能力	100				10	
流动性风险管理能力	100				10	
分值合计					100	

　　保险公司根据偿付能力风险管理评估结果和量化风险最低资本计算控制风险最低资本，计算公式如下：

$$MC_{控制风险} = Q \times MC_{量化风险}$$

式中，$MC_{控制风险}$为控制风险最低资本；$MC_{量化风险}$为量化风险最低资本总和；Q为风险因子，$Q = -0.005S + 0.4$，S为保监会对保险公司偿付能力风险管理能力的评估分数。

　　由此可见，偿付能力风险管理能力评估得分为 80 分恰好是保险公司增加或减少量化最低资本的分界点。当保险公司偿付能力风险管理能力的评估得分 $S < 80$ 时，风险因子 $Q > 0$，控制风险最低资本为正数，表明保险公司偿付能力风险管理能力有所欠缺，公司需要增加量化最低资本要求，以抵御和吸收潜在的控制风险。当保险偿付能力风险管理能力的评估得分 $S > 80$ 时，则风险因子 $Q < 0$，控制风险最低资本则为负数，表明保险公司具有充分的偿付能力风险管理能力，能有效控制对公司偿付能力产生不利影响的潜在风险，不仅无须增加量化最低资本要求，相反可以适当降低量化最低资本要求，提高资金运用效率。

　　（四）"偿二代"的创新之处和意义

　　1. "偿二代"的创新之处

　　（1）与国际经验接轨，建立"三支柱"的监管框架。我国开始设计"偿一代"时，国际上对偿付能力监管主要关注定量资本监管。我国在"偿一代"的建设过程中，也把重点放在定量资本监管的标准制定上。因此，"偿一代"主要是定量资本要求指标，在体系上缺乏定性监管要求。

　　2003 年底，巴塞尔委员会通过了《巴塞尔协议Ⅱ》，银行业资本监管首次引入了"三支柱"的监管体系，将最低资本要求、监管检查和市场纪律三大要素有机结合在一起，并以监管规定的形式固定下来，丰富了资本监管的内涵和范畴，代表了资本监管的发展趋势和方向。随后,"三支柱"的监管体系逐渐成为国际公认的成熟体系。国际保险监督官协会、欧盟《偿付能力Ⅱ》、《巴塞尔协议Ⅲ》以及我国银监会资本监管均采用了"三支柱"的监管体系。该体系是对十几年来金融监管经验的高度概括和总结,在理论基础、具体实践等方面较为成熟。

我国"偿二代"借鉴国际最新的资本监管理念,引入了"三支柱"的监管体系,包括第一支柱定量资本要求、第二支柱定性监管要求和第三支柱市场约束机制。一方面,三支柱体系扩充了偿付能力监管的内涵,丰富了偿付能力监管的内容;另一方面,三支柱体系明确了偿付能力监管各个部分之间的关系,第一支柱主要防范能够量化的风险,第二支柱防范难以量化的风险,第三支柱借助市场的约束力,三支柱相互配合,相互补充,构成完整的风险识别、分类和防范体系。

(2) 引入成熟的数学模型计量风险,建立风险导向的资本要求。我国"偿一代"所用的数学模型,源于20世纪60年代至70年代欧盟偿付能力Ⅰ的 Campagne 模型,该模型相对简单。"偿二代"则引入先进而成熟的风险计量技术和计量模型,科学而全面地计量保险公司面临的风险,使资本要求与风险更相关。针对保险公司面临的能够量化的偿付能力风险,"偿二代"采用先进的技术,科学地识别和量化,对每一类风险单独计提资本要求,然后考虑风险之间的相关性,最后对保险公司提出整体的资本要求。

在数学模型的设计上,我国"偿二代"在吸收借鉴一些发达国家和地区的成功经验的同时,考虑我国保险业发展的实际情况,进行了适当的创新和调整。一方面,引入一些发达国家未使用过的新模型,使之与我国保险业的技术力量和数据基础相适应;另一方面,对一些发达国家和地区使用的模型进行适当改造,使之更适合我国的业务特征。

在"偿一代"体系下,保险公司的资本要求是以规模为导向,资本要求等于保费、赔款或准备金的一定比例。换言之,公司规模越大,需要的资本金越多,并不考虑业务结构、承保质量、理赔水平、风险管理能力等与公司承担的风险密切相关的因素。然而,规模并不能全面而准确地反映风险。因此,"偿二代"提出了风险导向的理念,保险公司的资本要求与其承担的风险直接相关。一方面,资本要求与保险公司的风险大小挂钩。"偿二代"细化保险公司的风险分类,运用科学的方法准确计量各类风险,根据其风险大小提出相对应的资本要求,充分反映保险公司的真实风险状况。另一方面,资本要求与保险公司的风险管理能力挂钩。保监会对保险公司偿付及风险管理能力进行评估,对风险管理能力差的公司,提出追加资本要求,有利于促使保险公司提高风险管理能力,增强保险行业的整体竞争力。

(3) 突出强调将保险公司内部偿付能力管理作为监管的基础。我国"偿二代"提出以保险公司内部偿付能力管理作为监管基础,这是区别于欧美发达国家偿付能力监管体系的一个重要特征。保险公司内部偿付能力管理在偿付能力监管中具有十分重要的作用:一方面,内部偿付能力管理是外部偿付能力监管的前提、基础和落脚点。外部偿付能力监管必须与保险公司内部偿付能力管理水平相适应。好的偿付能力监管体系,能够激励保险公司不断提升其内部偿付能力管理水平。另一方面,内部偿付能力管理是保险公司的"免疫系统"和"反应系统"。科学有效的内部偿付能力管理制度和机制,可以主动识别和防范各类风险，对各类风险变化作出及时反应。因此，公司内部偿付能力管理也属于偿付能力监管的一部分，将其纳入"偿二代"的框架，实现内部管理和外部监督相结合，使得整个监管体系更加完整。

（4）强化全面风险管理，建立风险综合评价制度。"偿二代"的三支柱体系包括定量要求、定性要求和信息披露要求三个组成部分，其目标是把风险监管的理念渗透至保险公司及监管机构日常行为的每一个方面，其涉及的范围不仅限于"偿一代"监管标准下的量化要求，实质上还涵盖了公司治理、内部控制、信息披露等不同层面，不但关注与偿付能力直接相关的保险公司财务状况，还关注保险公司风险管理体系的完备性、合规性和有效性等方面。"偿二代"充分地体现了以风险为基础的定量分析与定性分析相结合的全面风险管理的监管思路。

偿付能力监管应反映保险公司所有与偿付能力相关的风险，包括能够量化的风险和难以量化的风险。在"偿二代"体系下，保监会将对保险公司风险状况和风险管理能力进行评估，以此确定其风险综合评级。风险综合评级包括三部分内容，分别是：（1）对能够量化风险的评价，如保险风险、市场风险、信用风险，在三支柱体系中的第一支柱反映；（2）对难以量化风险的评价，如操作风险、战略风险、声誉风险、流动性风险等，在第二支柱反映；（3）对保险公司所有与偿付能力相关的风险进行综合评价，在第二支柱反映。

2. 实施"偿二代"的意义

（1）有利于合理识别和计量风险，提高保险公司风险管理能力。"偿二代"借鉴了国际保险业偿付能力监管的三支柱体系，体现了事前、事中和事后全流程的风险管理理念；"偿二代"在风险识别和计量、风险综合评级等方面都对保险公司提出了新要求，促使保险公司在风险特征日益复杂的经营环境下，更加注重各类风险的识别和管理，通过加强风险管理的水平来优化偿付能力的充足性，从而提高保险公司的风险管理能力。

"偿二代"能够更加全面、科学、准确地反映风险，对不同风险和不同业务规定不同的定量资本要求，提出强化风险管理能力的定性监管要求。在第一支柱中对保险公司面临的保险风险、市场风险、信用风险提出了明确的资本要求；在第二、第三支柱中，通过风险综合评级、公司内部风险管理和评估、风险预警和处置、市场约束机制等要求，适当考虑了操作风险、战略风险、声誉风险、流动性风险等非传统风险，激励保险公司提高风险管理水平和风险防范能力。在监管工具的选用和监管标准的制定上，"偿二代"借鉴吸收了国内和国外经验，并在中国市场数据的基础上，研究开发了适合中国市场发展阶段和特点的风险计量方法，其监管标准充分考虑了中国保险业作为新兴市场的特点。此外，随着近年来保险业集团化经营的发展，对于保险（金融）集团面临的特殊风险，"偿二代"制定了专门针对保险集团的监管规定，并将其贯穿于三个支柱的框架下。

（2）有利于提高资本运用效率，提升保险业的竞争力和发展潜力。"偿一代"监管标准存在的主要问题在于资本要求的内部结构不合理，有些风险没有反映出来，有些风险的资本要求过高；风险细分不够，资本要求与风险大小的相关度不高。"偿二代"实施的目的不是提高资本要求，而是科学而合理地计量各类风险，科学设定最低资本要求，调整优化资本要求的结构。中国的保险市场正处于高速发展的新兴市场阶段，实施"偿二代"将坚持风险导向兼顾价值的原则，在守住风险底线的前提下，科学合理地设定资本要求，避免资本冗余，减轻行业资本负担，提高资本使用效率。

"偿二代"建立了资本分级管理机制，明确规定各类资本的标准和特点。只要融资工具符合资本属性就可计入偿付能力资本，有利于进一步拓宽和创新资本补充渠道。保监会将在"偿二代"框架内，支持保险公司在国内外金融市场上发行新型资本工具，建立更加市场化的资本补充机制，吸引各种社会资本，增强保险业抗风险能力。"偿二代"通过细分和科学计量风险，增强了风险水平与资本要求的相关性。对于风险高的业务和产品，将提出更高的资本要求；对于风险低的业务和产品，其资本要求相应降低。保险公司可以科学评估自身经营和投资行为的风险与收益，将资产配置到产出高、效益好的业务和产品，有效提高资本使用的效率，增强中国保险市场对全社会乃至全世界资本的吸引力。

（3）有利于强化事中和事后的全流程监管，顺应"放开前端，管住后端"的监管思路。所谓"放开前端"，就是要减少事前的行政许可，改变主要依靠审批、核准等事前管制手段来防范风险的监管方式，把经营权还给市场主体，也把风险责任交给市场主体；所谓"管住后端"，就是要加强事中和事后监管，有效防范风险，及时化解风险，坚决守住风险底线，切实保护保险消费者利益。管好后端风险，既要通过资本约束机制强化事后监管，也要通过对风险持续性的过程监管强化事中监管。事中监管主要是对业务、投资等经营活动进行持续性过程监管，督促保险公司提高风险管理能力。事后监管主要是建立资本约束机制，将保险公司经营活动所产生的风险进行定量评估，根据风险大小确定最低资本要求。

"放开前端，管住后端"并不是放松监管，而是改革监管方式，通过减少事前审批，强化事中监管和完善事后监管，切实有效防范后端风险，既可以改进并强化市场监管，又使得保险市场充满活力，推动保险公司健康可持续发展。按照"放开前端，管住后端"的监管思路，保监会着力建设以偿付能力监管为核心的现代保险监管体系，强化事中和事后监管。"偿二代"正是通过对保险公司经营全过程所面临的各类风险进行科学而合理的计量，设定科学的最低资本要求，将对保险公司经营的事前与事中风险的监控都纳入到事后资本监管的范畴，保险公司可以根据其资本实力，在风险承受能力限度内自主开展经营活动。这正符合"放开前端，管住后端"的监管思路。

【思考与练习】

1. 请说明偿付能力的含义及其重要性。
2. 简述影响保险公司偿付能力大小的因素。
3. 影响保险公司偿付能力的风险有哪些？
4. 什么是保险公司的偿付能力溢额？

5. 简述偿付能力管理的含义和意义。

6. 试述美国 RBC 法的监管标准和监管措施。

7. 试比较欧盟偿付能力 II 中最低资本要求与偿付能力资本要求的区别。

8. 试述中国"偿二代"的监管框架及其创新之处。

9. 试述中国"偿二代"的量化风险最低资本计量模型。

10. 试比较欧盟偿付能力 II 与中国"偿二代"的异同。

第十一章
保险公司信息管理与信息披露

本章知识结构

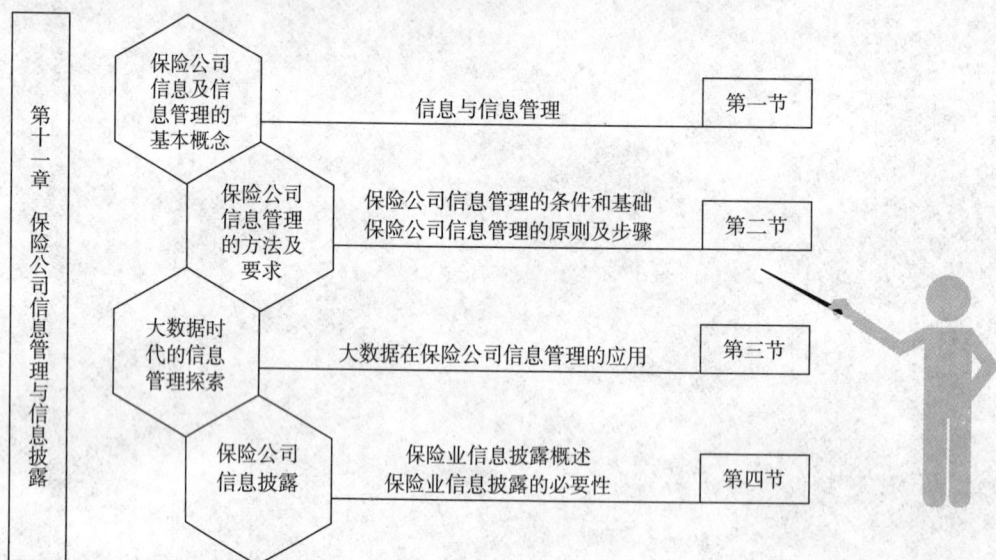

第十一章 保险公司信息管理与信息披露

保险公司信息及信息管理的基本概念	信息与信息管理	第一节
保险公司信息管理的方法及要求	保险公司信息管理的条件和基础 保险公司信息管理的原则及步骤	第二节
大数据时代的信息管理探索	大数据在保险公司信息管理的应用	第三节
保险公司信息披露	保险业信息披露概述 保险业信息披露的必要性	第四节

本章学习目标

- 掌握保险公司信息管理的原则和意义
- 掌握保险公司信息管理的实施条件
- 掌握保险公司信息系统开发的思路和步骤
- 掌握大数据时代背景下保险公司信息管理的应对方式
- 掌握保险公司信息披露的方式和意义

第一节　保险公司信息及信息管理的基本概念

一、信息的概念

（一）信息的基本含义

所谓信息，指音讯、消息、通信系统传输和处理的对象，泛指人类社会传播的一切内容。在一切通信和控制系统中，信息是一种普遍联系的形式。

通常，可以从技术角度和企业管理角度来理解信息的含义。

1. 技术角度下信息的含义。信息是伴随着计算机技术及网络传播技术的出现而逐渐深入人们生活的。从技术上说，企业信息管理中的信息指的是产生于企业的经营活动，由各个工作站搜集并进行数据化处理后通过终端上传的，能被计算机系统识别及处理的，集中储存于数据库中，运用数据通信技术以网络为媒介进行传播与共享的数据。

2. 企业管理角度下信息的含义。管理是人们有目的、有意识的实践活动。企业管理是在现有资源条件的约束下，为了达到资本和劳动的最佳配置，保持生产过程的连续性，并实现企业利润最大化，而进行决策、指挥、调度、控制等一系列活动的过程。

（二）信息的特征

1. 适用性。信息的适用性是指信息的内容必须适应于管理的需要，其他与公司经营无关的信息必须被剔除，以减轻管理者识别信息的负担。信息量过大产生的害处与信息不足的危害同样巨大，信息过多会导致信息传输通道阻塞，阻碍有用的信息及时到达管理者，同时管理者据此作出的判断也可能产生较大误差。所以信息必须具有适用性特征。

2. 及时性。信息的及时性是指信息必须对公司经营状况的变动作出迅速而准确的反应。在现代企业竞争中，一分一秒的耽误都可能造成巨大的经济损失，比如对保险资金运用来说，汇率及利率的小小波动都会给基金账户余额带来千万元计的影响，只有保障信息的及时性才能保证管理的有效性。因此，信息必须具备及时性的特征。

3. 准确性。信息的准确性是指信息必须是对客观状况的真实反映。虚假而浮夸的信息曾经在历史上给我们的国家和人民造成沉重的损害，对企业来说，误报瞒报的信息同样危害匪浅。企业信息管理的一项重要任务就是要对信息进行甄别，去伪存真，确保信息的准确性、真实性和客观性。

4. 广泛性。信息的广泛性是指信息来源的广泛性。现代社会化生产的主要特点之一就是分工合作，任何企业都处在广泛的社会联系中，企业的信息既来自企业内部，比如相关的业务和财务部门，同时也来自外界，而这个外界，既包括与企业有生意来往的当事人及关系人，又包括行业的监督机构、相关政府部门、竞争对手、合作伙伴等，范围非常广泛。

5. 流动性。信息的流动性指企业的信息是一个动态的概念，它的内容、要求及形式都伴随着企业的业务发展和社会科学技术水平的提高而不断变化。

6. 可开发性。信息的可开发性是指从信息作为一种资源看，可以不断探索和挖掘。从信息所承载的内容看，由于客观事物的复杂性和事物之间的相互关联性，反映事物本质和非本质的信息常常交织在一起，加上它们难免受到历史的和人们认识能力的局限，因而需要开发。从信息的价值看，利用信息可以创造出新的社会价值。

（三）信息的分类

1. 按信息的来源分类，可分为内部信息和外部信息。内部信息是指保险公司内部经营管理和各个环节中积累的信息，包括业务信息、财务信息、险种设计信息、人员信息等。此类信息一般是各职能部门业务状况的反映，它的存在形式可以是各职能部门在企业局域网中上传的电子报表及电子档案等。外部信息是指存在于企业外部的，企业可以利用的各种信息资源，包括政治信息、经济信息、市场信息、竞争者信息等。

2. 按信息是否经过加工处理分类可分为原始信息和二次信息。一次信息是指未经信息化处理的各种原始信息，是信息产生的最初形态，是对公司业务和管理情况的真实反映。二次信息是指经过信息化处理，存在于公司信息管理系统的数据库的各种信息，是对一次信息的格式化记录和转换结果，在信息化处理过程中有产生失真的可能，因此尽量保持二次信息的真实性和客观性也是信息管理工作的一项重要任务。

3. 按信息的使用目的分类，可分为：业务信息，包括经营状况、市场状况、新产品开发目标、销售渠道的信息等；财务信息，包括各种财务指标；其他信息，包括环境信息、人事信息、竞争信息等。

4. 按信息的使用权限分类，可分为战略决策级信息、管理控制级和业务处理级。战略决策级信息是指有关全公司的重大方向性决策，仅供公司最高决策层查阅，如新的市场拓展方向、新险种的研制计划及重大的人事调动方案等。这类信息具有一定的密级，对接触这些信息的人员有严格的限制，为防止泄密事件发生，此类信息在信息传输网络中是非共享的，访问者必须通过用户名及口令验证才能打开相应的文件。

管理控制级信息是指为保证战略性决策得以实施的相关配套信息，如资金调拨、后勤保障等，它们的保密性处于战略决策级与业务处理级之间，公司的中层管理人员可以调阅。这类信息在管理上也需要设立一定的进入口令。

业务处理级信息是指日常业务工作所产生的信息，如保费日结账、日业务流水账等。公司的一般员工均可以对这类信息进行访问，基本上无保密要求，在信息管理中只需要防止恶意破坏即可。

5. 按其他方式分类。我们还可以以其他不同的标准，把信息分为不完全信息和完全信息，公共信息和私人信息、同质信息和异质信息，以及对称信息和不对称信息等。

二、信息管理概述

（一）信息管理的概念

信息管理系统（Information Management System，IMS）指的是一个由人、计算机、通信设备等组成的，进行管理信息的收集、传递、储存、加工、维护和使用，实现辅助一个企业的事务处理和管理职能的系统。我们说的信息管理，就是企业管理者运用管理信息系统，通过对信息的收集、传递、加工、使用，使企业信息资源实现合理配置，并取得最好的信息资源利用效率和经济效益，从而实现企业管理职能的过程。我们理解信息管理的定义，主要通过下面三个角度。

1. 管理角度。虽然信息管理的过程体现在一系列信息处理技术的采用上，但是在本书中我们主要是把信息管理作为企业管理的一项具体工作进行研究，即我们的立足点并不在于对具体技术的讨论，而在于认识信息管理在企业管理中的地位，了解信息管理工作的主要原则，把握信息管理工作的方向。

2. 技术角度。企业的信息管理是近年才出现的新课题，其中包含着较多的高科技因素，具有一定的前沿性。信息管理的实现主要是通过现代信息技术的运用，因此，技术既是信息管理的基础，也是信息管理的手段，更是信息管理工作成功的保证。因此，从社会技术系统的观点来看，信息管理系统和组织结构之间是相互影响的，引进信息管理系统将导致新组织结构的产生，而现存的组织结构又对信息管理系统的分析、设计、引进的成功与否产生重要影响。所以信息管理系统既是技术系统，同时也是社会系统。

3. 成本—效益角度。信息管理必须研究成本和效益，一切管理的最终目的就在于是否以最小的成本代价换取最高的经济效益。现代企业对信息管理的投入呈现越来越高的趋势。我国保险业的信息管理从起步到现在已经经历了几次的技术化变革，各保险公司的信息管理中尚存在大规模的网络建设、大规模的计算机设备采购及多种软件开发等高成本投入的项目，因此在进行信息管理时，必须重视成本与效益分析。

（二）信息管理的特征

1. 信息管理必须与企业管理的宏观目标相适应。管理是信息管理工作的目的和归宿，信息管理作为企业管理中的一项具体内容，它与企业管理之间是主从关系。信息管理的目的是辅助企业进行事务处理，为管理者提供信息支持，因此必须同企业的管理体制、管理方法、管理风格相结合，遵循管理与决策的行为理论的一般规律。信息管理的内容和形式必须符合企业管理的需要，即我们在对具体的公司进行信息管理时，必须考虑到该企业的现实状况和企业的未来发展目标，既不能仅仅满足于解决当前信息处理的要求，又不能好高骛远，一味使用购置成本过高的硬件设备，给企业经营造成资金紧张。

2. 信息管理与企业管理相互依存。企业的信息系统以管理职能为依据，必须与具体企业的管理体制、管理方法相结合；同时，管理系统又必须通过信息系统做媒介去指挥、控制与管理企业的各项活动。企业的管理过程表现为信息流在企业中的循环：职能部门将获取的有关资料予以加工，以信息的形式通过信息系统传递到决策者；决策者分析信息后作出决策，通过信息系统将决策的各项指标分解成新的信息，自上而下地传递到各职能部门；各职能部门的执行情况又再以报表信息的形式自下而上地反馈至决策机构，以便决策者对计划执行情况进行监督。从这个意义上说，没有信息管理系统就没有企业管理，企业管理和信息管理相互依存、相互制约。

三、保险公司信息管理的意义

如前所述，信息的奠基人香农（C. E. Shannon）认为"信息是用来消除随机不确定性的东西"。而保险则是处理风险事件不确定性，提供经济保障的重要机制。因此，信息化对当今世界保险业发展具有重要的影响。目前，信息技术已广泛渗透到保险业发展的各个环节，推动保险业发展到一个新的高度。保险信息化发展是保险业发展的重要组成部分，关系到保险业发展的大局。具体而言，保险公司信息管理的意义有以下几点。

（一）提高保险公司竞争力

保险公司经营的对象是货币，在保险业和金融业相互渗透、相互融合的今天，保险资金的运用正越来越显示出它在保险经营中的重要地位，由于目前金融市场上已普遍采用电子结算方式，可以说，保险公司一半以上的业务都发生在网络中，信息管理水平的高低直接影响保险公司竞争力的高低。

（二）提升保险公司信息化经营能力

信息化对于保险公司的企业经营有着至关重要的作用。通过信息化建设，规范业务流程和管理机制，对保险经营过程中的各种风险点能够发挥预警、排查和处置作用，有效应对保险集团化过程中跨险种、跨领域的风险隐患。通过信息技术及时处理保险客户的投保、咨询、报案和理赔查询等需求，扩大了保险客户服务的覆盖面，优化了客户服务品质；通过将工作制度、业务流程固化在信息系统中，避免人为干扰，降低弄虚作假的可能性，确保各项制度流程的贯彻执行；通过对数据的集中化管理，使得各级管理层能够对日常的业务发展状况、资金流动状况进行动态监控，实现对经营状况的及时掌握。

（三）利于开拓保险公司战略发展视角

我国保险业目前正处于从粗放式经营向集约化发展的重要时期，信息化不仅仅局限于技术范畴问题，而已经成为保险企业核心竞争力的重要内容。由此可知，当今保险业的生存和发展已经离不开信息技术。信息技术在保险业提高工作效率、提升服务质量和水平，以及产品和管理创新等方面都发挥出了巨大作用。随着信息技术在保险业的深度应用和信息技术对保险运行管理的逐步渗透，信息化在提高其企业竞争力，以迎接对外开放给民族保险业带来的挑战意义重大。可以断言，随着世界经济发展及保险公司业务扩张，保险公司的信息管理将越来越显示出它的重要战略意义。

纵观国际保险市场，国际上较为有影响力的保险公司已经开始通过大数据的信息化处理方式帮助公司创收，并提高客户的销售交叉率和忠诚度。这对于保险公司降低销售风险有着重要意义。在本章的第三节我们将深入讨论大数据的战略构想，在此不再赘述。

第二节　保险公司信息管理的方法及要求

一、保险公司信息管理的条件及基础

（一）保险公司信息管理的实施条件

任何一项管理工作的实施，都需要一定的实施条件。本部分从机构设置、硬件要求、技术基础和人员配置四个方面介绍保险公司实施信息管理的必要条件。

1. 机构设置。在保险公司内应当设立专门的信息管理机构。从地位上说，信息管理机构是与其他部门（或处室）并行的独立机构，是与其他职能部门共同行使管理职能的参谋部门，为企业的最高管理机构提供辅助决策支持。

（1）信息管理机构的历史沿革。从国内外的历史情况看，信息管理机构的历史沿革具有一定的相似之处。最初，信息机构在企业中大多依附于某个业务部门，工作目标是提高工作效率，减轻劳动强度，工作手段主要是电子数据处理，人员较少，工作多为单调的重复劳动。随着信息在管理中地位的提高和企业管理体制的改变，信息机构的业务范围也逐渐扩大，企业中的各业务部门有了自己的数据处理岗位，而信息管理部门则相对独立出来从事专门的信息管理系统开发设计、企业信息网络搭建及系统维护，从行政上说，信息管理部门由依附于业务部门改变为与其他业务部门并行，成为企业的参谋机构。

（2）目前我国保险公司中的信息管理机构现状。目前在我国保险公司中，基本都已设立专门负责开发和管理信息及信息系统和网络的机构，虽然名称不一，但基本职能大同小异，以国内某公司为例，（省级）信息管理部门曾用过的名称就有：电脑处、信息技术处和信息处理中心。

（3）信息管理机构的职能。包括：信息处理，即进行数据处理、提供系统支持，为各业务部门建设他们所需要的信息系统及网络，这也是信息管理机构的日常工作；制定信息管理目标，即以业务部门的工作内容和目标为基础，根据业务部门的具体要求，制定企业的信息系统和网络发展的长期计划，然后将长期计划分解为若干个具体的短期实施计划，逐步推行；信息管理技术预测，即对未来信息管理科学的研究和预测；职工培训，即要配合人事教育部门完成职工的培训工作，为公司职员普及使用信息系统的基本技能。

2. 人员配置

（1）保险公司信息管理必须以人为中心。进入 21 世纪以来，许多国际著名的大企业已经发展了这样一种理念，即人是信息的载体，是具有能动性的信息处理者，企业应该通过管理来调动人的信息潜能，使其在企业实现信息化的过程中发挥人力资源的核心作用。

（2）实行首席信息官机制。首席信息官机制是负责一个公司信息技术和系统所有领域的高级官员。他们通过指导对信息技术的利用来支持公司的目标。他们具备技术和业务过程两方面的知识，具有多功能的概念，常常是将组织的技术调配战略与业务战略紧密结合在一起的最佳人选。国外首席信息官最早出现在 20 世纪 70 年代，从 80 年代起首席信息官概念基本定型，90 年代至今为发展期。从国外的经验来看，首席信息官制度能够适应信息化社会条件下企业经营的需要，我国保险公司应当设立首席信息官。但是，作为首席信息官必须具有广博的知识基础、纯熟的信息管理技术以及熟悉公司的运作模式和业务内容，该职位相当于公司副总裁或总会计师、总经济师。而目前我国保险业中此类人才缺失严重，此外我国企业的体制还比较死板，对首席信息官职位的设置有很多制度上的限制，因此发展速度较慢。

2015 年 10 月中国保监会发布的《保险机构信息化监管规定（征求意见稿）》指出，保险机构应当设立首席信息官。保险机构对数据中心等基础设施实施整体外包，或对涉及国家安全、本机构商业秘密，以及客户隐私等敏感内容的信息系统外包，要向保监会报告。首席信息官的职责包括：直接参与本机构信息化工作有关的业务发展和经营管理决策；推动信息化战略规划纳入本机构全面发展框架；等等。

3. 技术基础。保险公司信息管理的四大技术基础是计算机技术、数据通信技术、网络技术和数据库技术。除此之外，近年来保险公司信息管理的技术基础还衍生出了几种新兴的技术，如移动互联技术、数据挖掘技术和物联网技术等。对这七种技术，我们将在下一部分作出详细的阐述。

4. 硬件要求。硬件要求是信息管理研究中特别具有技术性的领域，对此保险专业的学生不需要进行过多的了解，在这里本书仅作常识性介绍。信息管理系统的硬件配置主要解决的问题如下：基于保险公司及其分公司在地理位置上是否分散，采用何种计算机网络体系结构、何种网络协议、何种网络拓扑结构、何种传输介质，如果采用 Client/Server 体系结构，则 Server 端和 Client 端采用何种设备等。例如：××分公司（未与总公司联网）的信息管理系统的硬件配置如下：分布式计算机应用信息系统；采用 Client/Server 体系结构；网络协议采用 TCP/IP 协议；网络拓扑结构为星形；传输介质为双绞线＋光纤；Server 端用 UNIX 操作系统，Client 端为 Windows98 系统（装 Telnet 软件）；服务器为 IBM 工作站，Client 端用 Hub 通过 TCP/IP 协议与 Server 相连。

（二）保险公司信息管理的技术基础

信息管理产生于技术进步，更以高新技术作为其实施及发展的基础。上面我们曾经提到保险公司信息管理的四大技术基础和衍生出的三种新兴技术，本部分我们将对其进行较详细的讲解。

1. 计算机系统技术。计算机系统是由一整套具有特定功能、相互联系的机器所组成的系统，它由硬件和软件两部分构成。根据保险公司信息管理的要求，计算机系统的配置应满足以下要求：（1）数据存储量大。由于保险行业数据纷繁复杂，公司内数据、行业数据和外部数据种类繁多且量级相异，因此保险公司的信息管理要求计算机通常设置为若干大容量磁盘，足以存储系统信息并留一定的余量。（2）数据共享性高。数据共享是信息管理的主要特征之一，为达到这一要求，软件配置上须有文件管理系统、数据检索系统或数据库管理系统，以提高共享性和系统效率。（3）可扩展性好。随着技术手段的提高和保险公司业务的发展，信息管理系统在使用一定时间之后往往需要扩展性能，所以可扩展性也是对计算机系统的一项基本要求。（4）汉字处理能力强。信息管理系统为各层次的管理者提供信息支持，其软件必须建立在汉字系统基础上。

2. 网络技术。计算机网络，是指将地理位置不同的具有独立功能的多台计算机及其外部设备，通过通信线路连接起来，在网络操作系统、网络管理软件及网络通信协议的管理和协调下，实现资源共享和信息传递的计算机系统。保险公司一般会使用局域网络。具体来说，计算机网络的主要功能有：

（1）数据传送。在计算机之间或计算机与终端之间传送信息，这是计算机网络最基本的功能。

（2）资源共享。指任何一个网络用户都能够对同一网络连接的其他计算机上的软件、硬件和数据进行部分或全部的共享，互通有无、分工协作，这是网络技术能够为用户提供便捷的功能。

（3）提高计算可靠性。网络中的各台计算机互为后备，当某台计算机发生故障时，该机的任务可由其他计算机代为处理，避免由于单机故障造成系统瘫痪。

（4）提高经济效益。对较大的问题可以根据一定的算法，通过网络分配给多台计算机共同完成，实现分布处理，比用大型机或中型机经济。

3. 数据通信技术。数据通信是指以计算机为中心，用通信线与数据终端设备连接起来执行数据通信的系统。它可以分为数据传输系统和数据处理系统两部分。数据传输的实质是将数据加载到通信线路上向对方传送，这一过程主要通过信息代码在传输线中的运动实现。数据传输根据其数据在传输线上是直接传输还是调制后传输，分为基带传输和频带传输两种方式。基带传输适用于传输距离不长的场合，在保险公司的各分公司内部基带传输方式较适用。

4. 数据库系统。数据库系统（DBS，Data Base System）是指由软件、数据库和数据管理员组成的系统。数据库系统内的数据满足无害或无冗余的条件，为多种应用服务。大型数据库系统有 SQL Server、Oracle、DB2 等，中小型数据库系统有 Foxpro、Access、MySQL，目前多数大型保险公司已经实现应用 SQL Server 进行数据结构化管理。

5. 移动互联技术。移动互联网（Mobile Internet，MI）是一种通过智能移动终端，采用移动无线通信方式获取业务和服务的新兴业务，包含终端、软件和应用三个层面，是指互联网的技术、平台、商业模式和应用与移动通信技术结合并实践的活动的总称。终端层包括智能手机、平板电脑、电子书、MID 等。软件包括操作系统、中间件、数据库和安全软件等。应用层包括休闲娱乐类、工具媒体类、商务财经类等不同应用与服务。随着技术和产业的发展，未来 LTE（长期演进，4G 通信技术标准之一）和 NFC（近场通信，移动支付的支撑技术）等网络传输层关键技术也将被纳入移动互联网的范畴之内。

随着移动互联技术的发展和移动通信的普及，新型的移动互联技术给越来越多的消费者带来更加便捷的消费体验，也给适合进行网络营销的保险产品带来愈发广阔的市场空间。

6. 数据挖掘技术。数据挖掘（Data Mining）是通过分析数据，从大量的数据中自动搜索隐藏于其中的有着特殊关系性的信息的过程，主要有数据准备、规律寻找和规律表示三个步骤。数据挖掘的任务有关联分析、聚类分析、分类分析、异常分析、特异群组分析和演变分析等。神经网络就是目前较为流行的数据挖掘方法，在本章的第三节将对人工神经网络在保险信息管理中的应用进行细致的介绍。

7. 物联网技术。物联网（Internet of Things，IoT）是新一代信息技术的重要组成部分，也是"信息化"时代的重要发展阶段。物联网通过智能感知、识别技术与普适计算等通信感知技术，广泛应用于网络的融合中，也因此被称为继计算机、互联网之后世界信息产业发展的第三次浪潮。

从物联网的结构看，云计算是物联网得以实现的重要环节。云计算（Cloud Computing）是一种按使用量付费的模式，这种模式提供可用的、便捷的、按需的网络访问，进入可配置的计算资源共享池（资源包括网络，服务器，存储，应用软件，服务），这些资源能够被快速提供，只需投入很少的管理工作，或与服务供应商进行很少的交互。目前云计算技术在保险公司中已经逐步开始应用，已经出现的车险信息共享平台就是一次成功的尝试。

同时，穿戴式智能设备也是物联网的一个重要组成部分。它是应用穿戴式技术对日常穿戴进行智能化设计、开发出可以穿戴的设备的总称，如眼镜、手套、手表、手环、服饰及鞋等。随着移动互联网的发展、技术进步和高性能低功耗处理芯片的推出等，部分穿戴式设备已经从概念化走向商用化，新式穿戴式设备不断问世，Google、苹果、微软、索尼、奥林巴斯、摩托罗拉等诸多科技公司也都开始在这个全新的领域深入探索。

专栏 11 – 1
中国保险信息技术管理有限责任公司简介 ||||||||||||||||||||||||||||||||||||||

中国保险信息技术管理有限责任公司（以下简称中国保信）是经国务院批准，于 2013 年 7 月在国家工商行政管理总局登记成立的企业法人。中国保信注册资本 20 亿元，总部设在北京，由中国保险监督管理委员会管理。中国保信成立的主要目的在于统一建设、运营和管理保险信息共享平台，为保险公司之间及保险业与其他行业之间的信息交互提供支持。

中国保信将通过信息技术手段，采集保险经营管理数据及相关外部数据，建立标准化、系统性的数据体系，保证数据的完整性、时效性和真实性，为保险公司、保险监管部门、保险消费者等主体提供不同方式的信息服务。

在条件具备的情况下，中国保信将逐步提供包括数据托管、登记认证、内部结算、作业处理、反欺诈等衍生功能，使共享平台成为保险生产的支持平台，提高保险业的经营效率和管理水平。

二、保险公司信息管理系统开发的步骤

信息作为一种重要资源，在现代企业相互间竞争中越来越得到重视，而信息管理作为一种先进的管理方法，在企业管理中越来越显示出其重要意义。本部分我们将讨论有关保险公司信息管理的原则和评价方法。

（一）保险公司信息管理的原则

1. 应采取自上而下的方式设计保险公司信息管理的总目标。以往企业信息管理中存在着一个较普遍的问题，即信息管理工作的策划和实施总是从基层、从各业务部门开始，"自下而上"地进行，但由于企业是一个有机的整体，企业内各部门间相互联系非常密切，这种自下而上的开发方法往往到后期才发现各业务部门的信息管理系统各自为政，相互间接口困难，在建立公司总的信息管理系统时，往往找不到一个统一的标准，最终结果是原先各业务部门设计的那一套信息管理系统成为"鸡肋"，不得不全盘推倒

重来。因此，保险公司在策划建立信息管理系统时，应当从高层管理入手，首先考虑公司的总体目标、总体管理模式，划分出业务、财务、人事、办公自动化等子系统，然后进行各子系统的分析设计，保证整套信息管理系统的系统性和逻辑性。

2. 科学地进行成本—效益分析，提高信息管理所带来的经济效益。成本—效益分析就是信息管理的经济可行性分析，它包括费用估算和效益估算两个部分：（1）费用估算。进行费用估算时应当遵循的原则是全面细致，保证预测支出与未来发生的费用大致相符。费用估算主要分为三部分：设备费：包括计算机及网络的硬件、软件费用，以及与之相关的空调、机房装修及消防器材等费用；人工费：包括初期的系统开发费用，人员培训及试运行时需要开支的费用等；耗材费：信息管理系统在运作中每天必须消耗的打印纸、磁盘、色带及管理人员工资等费用。（2）效益估算。可分为直接经济效益估算和间接经济效益估算两部分进行。直接经济效益指信息管理的实施使人工和材料得以节省，从而减少的那部分支出；间接经济效益指由于信息管理公司整体管理水平上升，公司信誉提高，信息流转环节减少等方面带来的经济效益。

3. 进行客观而严谨的技术可行性分析，以保证公司信息的安全性。大家知道，保险公司的业务信息中包括客户的身份资料、家庭地址、既往病历等依法应当为客户保密的信息，而且各保单的现金价值及保单抵押贷款情况等更是如同客户的银行存款账户般极其重要，一旦发生泄密或丢失，会给保险公司的信誉带来巨大的负面影响，如果客户的保单账户被不法分子窃取，则会给公司带来经济损失。因此，保险公司推行信息管理，必须建立在客观而严谨的技术可行性分析基础上，不能盲目追赶潮流。技术可行性分析主要通过两个方面进行：一是设备条件分析。主要考虑计算机的内、外存容量，联网能力、主频速度及可靠性和安全性能否满足要求，网络和数据库的可实现性如何，等等。二是技术力量分析。主要考虑人事系统开发和维护的技术力量，即是否具有适合的系统分析员、系统设计员、程序员、操作员等，如果暂时短缺，现有人员能否经过短期培训来满足要求。

4. 充分认识信息管理给传统管理模式带来的冲击，做好组织管理可行性分析。信息管理是新生事物，在推行过程中除了要考虑技术因素外，人的因素也不可忽略。尤其对我国目前的保险公司来说，实施信息管理的阻力主要来自人的方面，而不是成本约束。从组织管理上进行可行性分析，主要包括：公司领导对信息管理的重视程度和支持力度。信息管理的基础工作如何，现行管理体制是否规范。信息管理模式一旦构建，所形成的管理模式、数据处理方式对工作习惯的改变是否能被公司员工接受。

（二）信息管理系统开发的基本步骤

完成一套成功的信息管理系统开发，应该经历的步骤有以下几个阶段。

1. 背景调查及可行性研究。背景调查指在着手推行信息管理方案前进行的调查研究工作，它一方面包括对该公司的现有业务规模及发展态势、计算机及网络运用现状、员工知识结构及年龄结构（以确定员工操作培训的难易程度）等总体情况的分析；另一方面还包括问题的识别，即信息管理系统开发的目标。可行性研究包括经济可行性、技术可行性及组织管理可行性研究，对此前面我们讲信息管理的原则时已经进行过介绍。在此，我们只着重介绍保险公司的信息管理系统开发的主要目标。

（1）实现数据计算、统计自动化，提高信息利用率。一般的保险公司基层机构其业务的每日现金流量已经相当于一般的中小型生产性企业的规模，而且涉及上下级公司划转、分保支出及赔款摊回、准备金提取等复杂的操作。如此大量的数据处理工作必须通过一套较为完善的信息管理系统来实现自动化，以提高信息利用效率，同时提高保险公司对市场变动的反应灵敏度。

（2）改善保险资金投资管理水平，降低公司经营成本。保险公司（主要指寿险公司）的资金具有负债性质，众多客户资金以保费的形式集中到保险公司，如果保险公司不能及时按条款设计时的预定利率将其投资到金融资产上，将会承担利差损的风险。通过科学的信息管理方法和计算机及网络技术的运用，实现对历史数据的统计分析和对未来趋势的分析，对保险公司的投资决策参考有重要意义。同时，信息技术还可以运用于投资的结构和规模管理，保持投资规模和现金储备的合理比例，保证保险资金投资期限与保单给付期间相匹配。

（3）提高工作效率，为公司决策提供信息如果依据传统的公司管理体制存在对外界变化反应迟钝、管理效率低下的缺点，难以适应我国对外开放后，保险业竞争加剧的挑战，推行信息管理系统的开发运用有助于我国保险公司缩短决策时滞，提高管理水平。

2. 系统分析。系统分析又称逻辑设计，是指在上一步背景调查和可行性分析的资料基础上，建立新系统的逻辑模型，这一步要解决的问题是信息管理系统准备做哪几件事（请注意和上面我们说过的"问题识别"的区别）。系统分析的步骤如下：

（1）现行系统的调查，目的在于先建立现行系统的模型，为新系统模型的建立打下基础。其具体内容有：现行系统的系统思想调查、组织机构调查、业务流程调查、信息要素调查、处理方法调查和薄弱环节调查。

（2）数据流图的绘制，指在现行系统调查的结果基础上，用图表的形式直观地表现系统概貌。数据流图用便于用户理解的系统逻辑的图形表示，是整个企业信息流动及信息存储的总概括，它由数据流、数据文件、数据加工以及数据源/终点4种基本要素构成。①

（3）编制数据词典，数据流图表明了系统组成部分之间的相互关系，但对各部分的含义没有详细说明，数据词典则用于描述系统的具体细节，二者间是相互联系、相互补充的关系。数据词典主要包括对数据流的内容、文件组成、数据加工方法和数据项的特性的具体说明。

3. 系统设计。系统设计又称物理设计，是根据新系统的逻辑模型来构造物理模型，即根据新系统的逻辑功能要求，结合实际条件，进行总体设计与详细设计，解决"系统该怎么做"的问题。系统设计的具体过程由工程技术人员负责实施，在这里我们只着重介绍的是系统设计的主要目标。

（1）可靠性。指系统抗干扰及正常工作的能力。其具体内容包括：正确性（系统防

---

① 关于数据流图的具体编制技术，可参阅工业自动化方面的图书。

止录入差错及进行正确的数据计算及数据处理的能力)、强健性(系统在硬件故障或严重操作失误等意外事故发生时保持正常运转的能力)和保密性(系统对未授权的非法访问能予以识别并防止程序文件和数据文件被非法查看、修改和复制,以及防止操作者越权操作的能力)。

(2)可维护性。指对系统进行改正、升级及适应环境变化的方便程度。包括可读性、可修改性和可扩充性。

(3)用户友好性。指系统操作使用方便、灵活、简单、易被用户所接受和使用的能力。包括用户友好性(各种凭证输入方便且层次清晰,账表输出直观简练,在用户需要时程序能提供帮助信息或出错信息提示等)和响应快速性。

(4)系统高效性。指系统的处理能力、处理速度、响应时间等指标符合用户的要求,确实能提高办公效率。

(5)合法性。指编码规则、记账程序、核算方法等必须符合国家和行业的有关规定。

4. 系统实现。系统实现是在系统分析、系统设计的基础上,完成程序的编制、测试、数据库的建立、系统的试运行和系统的转换等,将系统的设计付诸实现的过程。系统实现阶段的最主要工作是程序设计,对于程序设计的要求主要有:

(1)优良的程序性能。主要体现为结构清晰、易于理解、维护方便和强健性好(关于强健性的定义在上一部分"系统设计"里我们曾经给出过)。

(2)良好的编程风格。少用或不用无条件循环(GOTO)语句;尽可能用公共子程序代替重复功能;变量名要统一;输入格式一致;在保证程序的正确性和清晰度的前提下,用较好的算法提高程序执行速度。

第三节　大数据时代的信息管理探索

一、大数据概述

(一)大数据的概念

大数据[①](Big Data)指无法在一定时间范围内用常规软件工具进行捕捉、管理和处理的数据集合,是需要新处理模式才能具有更强的决策力、洞察发现力和流程优化能力的海量、高增长率和多样化的信息资产。大数据的提出是为了解决现有数据技术无法满足快速增多、日益复杂化的数据集合。因此基于大数据的技术涉及层面较广,至少包括如下一些现有技术的综合运用,包括关联规则学习、分类、分组分析、众包技术、数据异构与同构、机器学习、自然语言处理、神经网络、模式识别、预测模型、情态分析、信号处理、时序分析和可视化处理等。

---

① IBM 从数据的 5V 特点定义大数据,即体量(Volume)、高速(Velocity)、多样(Variety)、价值(Value)、真实性(Veracity)。

1. 大数据的概念解读。在现实生活中，大数据的概念可以从以下两个角度理解：一是从宏观世界角度来讲，大数据是融合物理世界（Physical World）、信息空间和人类社会（Human Society）三元世界的纽带，因为物理世界通过互联网、物联网等技术，有了在信息空间（Cyberspace）中的大数据反映，而人类社会则借助人机界面、脑机界面、移动互联等手段，在信息空间中产生自己的大数据映像。二是从信息产业角度来讲，大数据还是新一代信息技术产业的强劲推动力。所谓新一代信息技术产业，本质上是构建在第三代平台上的信息产业，主要是指大数据、云计算、移动互联网（社交网络）等。

2. 大数据的认知。我们一般可以从三个层面来理解大数据：

（1）第一层面是理论，理论是认知的必经途径，也是被广泛认同和传播的基线。这里从大数据的特征定义来理解行业对大数据的整体描绘和定性；从对大数据价值的探讨来深入解析大数据的珍贵所在；洞悉大数据的发展趋势；从大数据隐私这个特别而重要的视角来审视人和数据之间的长久博弈。

（2）第二层面是技术，技术是大数据价值体现的手段和前进的基石。这里分别从云计算、分布式处理技术、存储技术和感知技术的发展来说明大数据从采集、处理、存储到形成结果的整个过程。

（3）第三层面是实践，实践是大数据的最终价值体现。这里分别从互联网的大数据、政府的大数据、企业的大数据和个人的大数据四个方面来描绘大数据已经展现的美好景象及即将实现的蓝图。

（二）大数据的起源与背景

"大数据"一词的出现要追溯到20世纪，著名未来学家阿尔文·托夫勒早在1980年时在就在其经典著作《第三次浪潮》中，将大数据称赞为"第三次浪潮的华彩乐章"。但当时所谓的大数据只反映字面意义，即数据量大，尚未涉及大数据的类型、存储能力以及分析处理技术。

到了20世纪90年代中期，大数据在信息产业界、学术界逐渐引起关注。2001年，Gartner公司的一份研究报告出现"大数据"概念的提法。2008年9月，美国《Nature》杂志推出了Big Data专题。同年，"计算社区联盟"（Computing Community Consortium）发表了关于大数据计算的报告，探讨数据驱动的环境背景下，大数据计算将会在多大程度上转变商业、科研和社会领域的活动。2011年5月EMC公司在"云计算相遇大数据"的年会上提出大数据概念，随后IBM、麦肯锡等机构也纷纷发布了与大数据相关的研究报告。大数据这一概念迅速成为全球热点话题。[1] 2012年3月，美国政府宣布投资2亿美元启动"大数据研究和发展计划"，大力推动和改善与大数据相关的收集、组织和分析工具及技术，以推进从大量的、复杂的数据集合中获取知识和洞见的能力。[2]

（三）大数据时代的机遇和挑战

大数据作为目前互联网科技最前沿的领域之一，对其分析已成为各行业竞争发展的

---

[1] 闫娜：《大数据视角下信息管理与信息系统专业建设研究》，载《RESEARCH ON LIBRARY SCIENCE》，2013（4），第11页。

[2] 范承工、周宝曜、刘伟：《大数据战略·技术·实践》，第79页，北京，电子工业出版社，2013。

变革点。大数据时代的到来，使得基于互联网的各种应用正以前所未有的方式生成和保留各种值得研究的大规模数据，这些具有空前宽度、深度和规模的数据对行业内人员和社会科学研究人员来说是机遇，同时也是挑战。

1. 大数据时代的发展机遇

（1）大数据时代加速人才升级。大数据时代，需要处理的数据集合，不但在规模上急剧增长，数据类型也更趋复杂，对数据分析人员提出了更高的要求。在日趋复杂的市场竞争中，对未来发展趋势的判断和预测能力成为企业的核心竞争力所在。

依托大数据管理人才集聚，能帮助企业逐渐向知识化企业转变，并能打破数据沟壑，从而作出最科学高效的商业决策和营销发展策划。这同时也会帮助企业经营决策模式创新变革，并衍生出新商机和发展契机，在人才集聚和企业经营管理间构建起良性循环，使企业在大数据浪潮带动的商务变革中真正提升企业经营管理的效率。保险行业是金融行业的一大支柱，同样也是一个以高端人才为依托的行业，因此大数据时代的人才升级必然是保险行业的一大机遇。

（2）大数据时代促进企业管理升级。在大数据时代，用于分析的基础数据越完整，得出的结果就越可靠，企业也因此越能从中获取高价值信息，用于改善经营管理。具有前瞻性的公司可以以大数据采集和拥有为基础，挖掘与分析数据价值，并利用大数据所形成的规模巨大与类型复杂的数据集来牵引自己的发展选择。快速顺应大数据时代发展的企业将更加注重将自己的销售与经营模式由分散化向系统化转变。

对于保险行业，大数据对于保险行业经营管理的作用也十分显著，主要体现在以下三个方面：一是在流程优化方面，未来更多地依赖多媒体数据、影像识别技术等进行流程简化，如通过影像识别技术，简化保单的录入出单环节；通过影像数据简化核保与理赔环节。二是在投资管理方面，将操作端的业务与外部经济、保险方面的广泛信息结合起来，实时动态地管理业务，快速响应不断变化的条件，并进行调整，以获取最大的投资价值，同时动态投资反应机制可以对监管机构的要求迅速作出反应。三是在成本效率方面，利用大数据技术，可以将工作流程进行分解，确定最优工作方案，提高工作效率，降低工作成本。例如，通过电销音频文件的大数据分析，建立电销效率提升模型，获得电话营销最优方案。[①]

（3）大数据时代促进企业业务流程的升级，大数据的数据统筹模式对于企业的产品线和辅助流程的升级有着事关重要的作用。从产品设计开发，到产品生产，再到产品销售的各个流程中，大数据的加入都会加速企业发展。尤其是对于保险公司，这种正向的作用更为明显：在产品开发方面，通过大数据分析技术，能够迅速发掘客户的保险需求，设计开发有针对性的产品与服务，创造、引导客户需求，例如虚拟财产保险等；大数据推动传统定价技术的变革发展，在大量外部数据的支持下，将在原有定价模型的基础上引入、细化新的定价因子甚至使用新的定价模型，进行更加精确的定价，例如里程保险定价。在产品营销方面，更多与移动互联、物联网结合，开展基于大数据的营销推

---

① 王和：《大数据在保险业中的应用》，第 8 页，北京，中国人民财产保险股份有限公司，2013。

广策略，同时结合更多外部数据，更好地了解客户的需求，进行客户挖掘、精准营销以及渠道流程的优化。在保险承保方面，运用大数据，可以获取具体到单个客户的详细数据，建立客户的统一视图，并根据更加全面的客户信息，分析客户的价值及行为模式，预测客户的流失情况，并为客户提供个性化服务。在防灾防损方面，通过引入大数据，更全面了解客户的风险信息，针对客户的风险级别及防灾防损需求，向客户提供个性化的防灾防损服务。在保险理赔方面，利用地理信息、文本、图片、音频、视频等大数据开展反欺诈工作，进行欺诈案件识别与防范，向客户提供差异化的理赔服务，对未决赔款准备金等精算指标进行更准确的衡量与提取。同时，针对不同产品线，建立理赔分析模型，如医疗费用分布模型、车辆零件价格分布模型等。[①]

2. 大数据时代面临的挑战

（1）大数据时代对于信息化的挑战。一是绝大多数通信领域和社会媒体领域的企业都拒绝或限制研究人员获取其数据，跨组织的数据共享对于科学研究至关重要，但是宏观的数据研究正受到数据获取的限制所带来的严重挑战。这会严重阻碍大数据背景下的数据共享和传播。事实上，数据的适度共享是能够促进双赢的。二是统计数据显示，企业现有数据处理方法往往仅适用于结构化数据[②]处理，但企业现有数据中的85%都属于非结构化数据。大量的半结构化数据[③]、非结构化数据[④]的处理对企业仍是巨大挑战。此外，半结构化数据、非结构化数据与结构化数据的有效整合、分析也是企业面临的重大挑战。

（2）大数据时代对于信息公开的挑战。由于社会各系统相对独立，数据之间存在封闭性或关系的断裂性特点，大数据可能带来规律的丧失或失真，导致错误发现的风险增加。当前每个研究平台都有自己的数据，这些数据看似全面，但实际上都是各个领域信息的片段描述。要从大数据中采集到足够准确、系统而有代表性的社会个体特征，面临着伦理、法规和技术等多个方面的困难，这些难题已经构成大数据时代社会的严重挑战。

（3）大数据时代对于传统行业的挑战。加快大数据进程固然重要，但是从行业整体上讲，大数据的发展势必会挤占传统行业的资源。就保险公司来看，大数据的发展会带来挑战和冲击，主要表现为：如大数据的本质是解决预测问题，大数据的核心价值在于预测，而保险经营的核心也是基于预测。因此，作为传统保险业经营的重要基础——大数法则可能面临着"颠覆性的问题"，这对保险业来说是一个很大的挑战。

（4）大数据时代对于立法的挑战。2015年，全球共发生1 673例数据泄露事故，共造成7.07亿条数据记录外泄。2013年以来，数据中心遭遇DDoS攻击的占比已经达到了

---

① 王和：《大数据在保险业中的应用》，第33页，北京，中国人民财产保险股份有限公司，2013。
② 结构化数据：简单来说就是数据库。结合到典型场景中更容易理解，比如企业ERP、财务系统，医疗HIS数据库，教育一卡通，政府行政审批，其他核心数据库，等等。
③ 半结构化数据：这样的数据和其他两种类别都不同，它是结构化的数据，但是结构变化很大。
④ 非结构化数据：是指其字段长度可变，并且每个字段的记录又可以由可重复或不可重复的子字段构成数据。非结构化数据库不仅可以处理结构化数据（如数字、符号等信息），而且更适合处理非结构化数据（全文文本、图像、声音、影视、超媒体等信息）。

近70％。种种现象表明，大数据时代的网络攻击对于我国立法部门是一个不小的挑战。同时，保险行业还存在一个额外的立法需求。伴随着网络的不断普及，互助和众筹平台开始出现，这对于传统的保险行业是一个不小的冲击，应当加强立法进行行业规范。

专栏11－2
保险业信息泄露实例

　　2016年初，我国最大的漏洞响应平台补天漏洞平台曝出××保险集团存在漏洞，可能导致为数众多的保单信息和个人信息面临泄露风险。据介绍，这个编号为QTVA－2016－407084的漏洞被定为高危漏洞，多个数据库受影响。

　　据了解，黑客通过该漏洞可以看到被保险人的姓名、电话、身份证号码以及投保项目等信息。补天漏洞响应平台专家葛珅证实了该漏洞存在，并且表示，此漏洞可能导致众多保单信息和个人信息面临泄露风险，补天平台已向该保险公司发出警告邮件，漏洞也得到了厂商确认，但是目前尚不知漏洞修复情况。补天平台工作人员表示，经过初步核实，保单涉及大量的用户姓名、身份证号、手机号等个人基本信息，存在客户信息被任意下载、用户密码重置等风险。

　　根据360互联网安全中心发布的《2015年中国网站安全报告》数据显示，2015年补天平台共收录了1 410个可能造成网站上的个人信息泄露的漏洞，涉及网站1 282个，可导致泄露的个人信息量高达55.3亿条。360公司首席反诈骗专家裴智勇表示，近年来网络金融诈骗一直处于高发态势，诈骗手法不断翻新难以识破，个人信息泄露已成为一大推手，诈骗分子往往通过深入利用用户个人信息，实施精准定位诈骗。

二、大数据与信息管理

（一）大数据与信息处理技术

　　大数据在数据分析处理技术方面的快速进步主要推动力源于数据应用的实践，其中2004年Google公司最先提出了MapReduce技术，用于大规模数据集（大于1TB）的并行运算，这一模式迅速引起人们的广泛关注，并在不断的应用与改良过程中成为非关系数据管理和分析技术的重要代表。同时，非关系数据管理技术的出现并没有将传统的关系数据管理技术完全取代，相反二者在竞争中互为补充、共同发展，成为今天大数据分析的重要方法。大数据在具体分析方法的应用上主要采用两种：全数据分析法与相关关系分析法。

　　全数据分析法主要针对随机采样分析法，最大限度地"利用所有的数据，而不再仅仅依靠一小部分数据"。在早期数据量以及处理技术相对落后的"小数据时代"，对于数据的处理通常采取随机采样分析法，通过对样本数据的分析获取有价值的信息，这是一种依靠最少数据获得最多信息的方法。而全数据分析法的全数据模式，其对数据的全面占有超越了样本分析法对于样本精确性的要求，部分数据的错误在全数据的整体结构中可以被忽略、被纠正，对于数据分析的结果非但不会产生大的影响，反而会获得更准确、更全面、更有价值的信息。

相关关系分析法的主要原理是指当一个数据值增加时，另一个数据值很有可能也会随之增加，其核心是量化两个数据值之间的数理关系。相关分析法可以测定经济现象之间相关关系的规律性，并据此进行预测和控制的分析方法。一方面它是指社会经济现象之间存在着大量的相互联系、相互依赖、相互制约的数量关系。另一类为相关关系，在这种关系中，变量之间存在着不确定、不严格的依存关系。

（二）大数据与信息管理应用

1. 基于微观层面的信息管理应用。大数据的这种微观信息管理在商业、经济领域的应用效果表现得最为突出，甚至很多企业正是以大数据的开发而闻名。这一方面会推动大数据处理技术快速发展，另一方面，企业可以从大数据中获取巨额利润。在保险公司中，企业管理者可以通过客户的保单数据进行业绩分析和风险点的预测，这对保险公司微观层面的意义重大。

2. 基于宏观层面的信息管理应用。大数据在宏观层面的信息管理应用相对广泛。牛津大学的维克托·迈尔·舍恩伯格教授将大数据的宏观概念归结为两个方面：一方面，对大数据的掌握程度可以转化为经济价值的来源；另一方面，大数据已经撼动了世界的方方面面，从商业科技到医疗、政府、教育、经济、人文以及社会的其他各个领域。[①]保险行业的管控离不开宏观的信息管理，因此加速发展大数据对于保险行业规范化发展有着重要的作用。

三、大数据在保险公司信息管理中的应用

（一）人工神经网络与保险公司信息管理

人工神经网络（ANNs，Artificial Neural Network）也简称为神经网络（NNs）或称作连接模型（Connection Model），它是一种运算模型，由大量的节点（或称神经元）之间相互连接构成。每个节点代表一种特定的输出函数，称为激励函数（Activation Function）。网络自身通常都是对自然界某种算法或者函数的逼近，也可能是对一种逻辑策略的表达。人工神经网技术不属于狭义上的保险信息管理的技术基础，因为其出现时间较短，但是目前其在判断保险欺诈风险方面的作用已经开始凸显。

目前保险欺诈识别有统计回归和神经网络两大类方法[②]，这两种方法在实现方式上有各自的优缺点。统计回归识别的主要思想是通过给定的保险索赔案件，建立回归模型找出欺诈识别的关键指标，并赋予这些指标相应权重，以此来指导保险理赔实务中对索赔案件的审核。人工神经网络技术可自动识别出理赔中可能的欺诈模式、理赔人潜在的欺诈行为以及可能存在的欺诈网络。神经网络欺诈识别技术有三项特征：一是具体性，神经网络能够给出疑似欺诈概率值，而非指标体系；二是自适应性，神经网络可以通过周期性调整训练样本，快速识别新型欺诈；三是灵活性，神经网络可通过不同训练样本

---

① ［英］维克托·迈尔·舍恩伯格，肯尼思·库克耶：《大数据时代——生活、工作与思维的大变革》，中文版，第83页，杭州，浙江人民出版社，2013。

② 美国一家汽车保险公司 Allstate Corporation 通过大数据整合理赔数据、理赔人数据、网络数据和揭发者数据，将所有理赔请求首先按照已有的欺诈模式自动处理，再将可疑的理赔请求交付特别调查部门人工审阅，帮助公司减少车险诈骗案30%，误报率减少50%，整个索赔成本降低2%～3%。

构建适合不同类型保险公司的识别系统。①

虽然人工神经网络识别技术有较多的好处，但是须通过指标完善来改进识别率。同时，神经网络基于非线性函数关系，并且由于复杂的隐含层，欺诈预测结果的使用者往往只能获得一个预测值，却无从知晓这个结果是基于什么索赔指标及权重作出的判断。因此，在现实的应用当中不应完全依托神经网络而摒弃传统的保险欺诈识别方法，应当将两种识别方法结合使用，以实现相互纠错的效果。

（二）物联网技术与保险公司信息管理

1. 云计算技术在保险公司车险信息共享平台的应用②。中国保信（CIITC）搭建的全国车险信息共享平台实现了跨公司、跨行业全面信息共享，成为新型金融基础设施，成为保险业的一项重大突破。全国车险信息共享平台已经真正成为全行业机动车辆保险的生产管理平台和数据共享平台，以及行业统一实现公共流程和对外交互的信息化载体。

车险信息共享平台的成功推出就是一次基于云计算技术搭建起来的信息化平台的成功实践。车险信息共享平台的主要体系架构分为三层，分别是基础设施层、平台层和应用层。基础设施层通过网络为保险公司车险平台提供 IT 技术支持。平台层通过网络向信息平台的后台团队提供可定制、可开发的服务。服务层即通过网络向保险公司和用户提供软件应用服务。

专栏 11 –3
我国车险信息共享平台运行情况

中国保信成立后，即着手各地车险信息共享平台的整合工作，通过"管理权移交、系统迁移、系统重构"三步走的策略，成功完成了各地车险信息共享平台管理权的集中和各地车险信息平台向北京的物理迁移。同步科学规划设计全国新一代车险信息共享平台，推进系统优化与整合，重新构造"对外服务统一、内部组件灵活组装、数据与生产适度剥离"的新型技术架构。特别是 2015 年以来，通过打造强大的交易服务总线，推进系统解耦和标准化，实施系统服务的注册制和可配置，实现了系统的组件化、模块化和微服务化，大幅提升了系统的性能、灵活性和可扩展性；针对 14 个分散平台，加快建设统一接口平台，实施系统内部结构统一和逻辑集中，提升了系统对外服务形象和能力；以"业务交易"与"数据服务"为双核心，应用分布式计算和内存数据库等技术驱动系统的整体技术架构改造；以云计算驱动生产环境重构，实现开发测试云平台的落地和生产虚拟化，加快多数据中心网络整体规划，实施多数据中心的"云化"，为打造车险行业的业务生态提前布局。

---

① 叶明华：《基于 BP 神经网络的保险欺诈识别研究——以中国机动车保险索赔为例》，载《保险研究》，2011（3），第 81 页。
② 车险信息共享平台的布局模型主要分为四个部分：（1）车险业务生产云。主要是提供风险定价和定价的咨询服务、保险数据服务、交管数据服务和平台管理等服务。（2）数据精算服务云。提供统计分析、承保分析、理赔分析、财务分析、数据挖掘、车险定价、保费预测等服务。（3）行业电子商务云。包含网上投保、理赔咨询、综合查询、自助垫付等服务。（4）清算支付云。可以实现统一的支付和清算。在投保时，可以为保户提供支付平台，在理赔时，可以为保险公司垫付赔款。

2015 年 9 月，车险信息共享平台完成了最后一个地区——西藏业务对接上线。至此，全国车险信息共享平台已全面覆盖全国除港澳台之外的 36 个省（市），对接服务 60 余家财产保险总公司、800 余家省级分公司，实现了全国车险数据跨公司、跨地区、跨行业的实时共享，以及投保查询、确认、批改、报案到赔款支付等共 20 个核心行业公共流程的交互与管理。2015 年，全国车险信息共享平台提供信息查询超过 17 亿次，承载投保车辆 1.62 亿辆、保单 2.8 亿件，日均交互近 2 100 万次，平均交互时效仅 0.132 秒，其中"双十一"当天交互峰值超过 3 000 万次、平均交互时效在 0.2 秒以内。至 2015 年底，车险平台数据存储量已经达到 20TB，这些数据存在巨大的潜在价值。①

2. 可穿戴式感应器在健康保险信息平台的应用。在"互联网 +"的时代背景下，可穿戴设备等创新技术与产品将会对健康风险管理产生深远的影响，商业健康保险作为健康风险管理行业，也不能例外。可穿戴式感应器在健康保险信息平台的重要意义主要体现在以下三个方面：

第一，为保户制定合理的健康保险策略，吸引更多潜在客户。Fitbit 和 Apple Watch 所装备的可穿戴健康和健身技术，也为保险机构提供洞察投保人健康的机会。在评估过程中，当他们获得更多的细节信息之后，有利于保险机构基于客户的健康投保需求来更好地评估和制定相应的策略。

第二，实现差异化的产品定价，开发更精准的定价模型。随着可穿戴设备和电子病历的发展，全方位、全天候地监控人体生理指标和行为模式得以实现，这为健康险精确化定价和保险深度介入健康管理提供了途径。

第三，提升受保人的健康状况，降低赔付率。可穿戴式医疗设备如腕式电子血压计、心脏检测仪、血糖仪、脉搏监测器、环境污染监测口罩等医疗类产品，以及儿童定位跟踪手环、老人紧急呼叫器等安全类产品，对于用户的健康状况可以进行实时的管控。目前可穿戴的智能设备可以实现个人健康管理、防病于未然甚至慢性病管理，这对于保险公司来说可以减低风险发生概率，降低保险赔付率。

在大数据与保险业融合的过程中，一些争议问题同样值得探讨。比如，在可穿戴设备尚未先进到一定程度的初期，如何避免保险业在运用其过程中所可能引发的道德风险，即保险理赔过程中所发生的保险欺诈行为。因此，将智能可穿戴设备应用于中国健康险市场，需要解决一系列问题，如设备使用者流失率高、个人资料隐私问题、多数保险业者未具备将测量数据转换为风险评估的演算能力、多数保险业者缺乏开发智能可穿戴设备的技术以及运营后续健康管理计划的能力等。

（三）"3S"技术与保险公司信息管理

1. "3S"技术在保险定损理赔中的应用。"3S"技术是遥感技术（RS，Remote Sensing）、地理信息系统（GIS，Geographical Information System）、全球定位系统（GPS，Global Positioning System）这三种技术名词中最后一个单词字头的统称。三者构成狭义的地理信息技术，也是广义地理信息技系统的核心。

---

① 资料来源：和讯保险网。

其中遥感技术是从人造卫星、飞机或其他飞行器上收集地物目标的电磁辐射信息，判认地球环境和资源的技术。任何物体都有不同的电磁波反射或辐射特征。航空航天遥感就是利用安装在飞行器上的遥感器感测地物目标的电磁辐射特征，并将特征记录下来，供识别和判断。遥感技术也是在保险行业尤其是农业保险领域应用最广的一种地理信息技术。

在农业保险领域，卫星和无人机等空间信息技术，可将保险标的空间化，建立承保标的空间数据库，为承保和理赔工作提供空间数据和分析管理支持，实现"按图承保"和"按图理赔"。在承保过程中，遥感图像可以为保险公司提供信息化管理和风险评估的数据。在理赔过程中，遥感技术主要应用在：

（1）评估总体灾情。保险公司可以在总体上了解损失的情况和时空分布，从而解决在理赔过程中农户和保险公司之间的信息不对称问题。

（2）指挥调度勘察理赔。根据遥感图像的信息，保险公司可以及时分配勘察力量，及时减损并降低运营成本。

（3）为政府和农户提供减损建议。保险公司使用的遥感图像同样可以为政府所用，政府部门可以利用损失分布图进行损失和灾害的汇报。同时，遥感图像可以为农户提供客观的损失信息，也可以为新单保户提供数据支持。

以遥感技术支持下的农业保险模式创新应用可以促进农业保险模式的转变，从而有效地解决农业保险存在的信息不对称和经营成本高等问题，充分发挥农业保险支农、惠农的社会管理职能，提升农业保险的风险管理水平，以更好地服务"三农"。

专栏 11 - 4
无人机技术在保险核保、理赔中的应用

与遥感技术密切相关的无人机技术在农业保险投保、查勘、定损和理赔中已经开始发挥日益重要的作用。太保产险深圳分公司对该领域风险保障需求作了及时跟踪捕捉和深入挖掘，协同总公司深入接触客户、政府、渠道、农户，广泛参考各方资料，多次参加农用无人机推广现场会等活动，研发出行业首款无人机专用保险产品，于 2015 年 3 月签发行业内首张农用无人机专用保险产品保单。这款专用保险产品，由无人机生产商向公司投保机身损失以及第三者责任，为无人机机主在使用过程中提供全面保障，为现代农业发展保驾护航，是真正"以客户需求为导向"研发的产品。

2. 道路风险地图在保险业经营管理中的应用。道路风险地图是指通过行业平台收集整理车险承保理赔的海量数据，运用大数据分析技术，通过地图映射直观精准地描绘道路交通事故发生概率的画像图。目前，行业绘制道路风险地图的数据基础已经较为成熟：一是数据量较为充足。二是数据质量得以保证。一方面，各公司对经营数据的真实性日益重视，行业关于路名信息的标准化工作不断推进，特别是在城市路网信息发达的中心城市，成效更为明显；另一方面，通过多年努力，平台信息质量明显改善，各公司理赔数据传输的及时性和完整性大幅提高。

道路风险地图的实现对于保险公司信息管理的意义重大。首先，它有助于从根本上提升"从环境"维度的定价精细化水平。目前车险费率基本上是依据"从人"、"从车"、"从时间"三个维度进行费率分区,加入了环境因素后,保险产品定价将更为准确。其次,与车联网产品的互动,能够产生"双赢"的效果。主要表现为道路风险地图的绘制和使用可以提升车联网产品定价的精准度。再次,根据不同区域的出险情况,合理配置查勘资源。这将实现更便捷和高效地勘察资源配置,避免资源浪费。同时,通过风险预警,可实现承保理赔服务前置。最后,可服务于理赔反欺诈,有效控制理赔成本。出事地点和时间将准确记录在道路风险地图内,这将加大保险欺诈识别的精度。

专栏 11 –5
上海市城市道路风险地图构建情况[①]

上海保险行业组织依托车险大数据信息,在全国范围内首次探索构建城市道路风险地图。道路风险地图的引入,是车险行业基准在"从环境"维度上的一次重要进展,继 NCD、车型费率分级和交通违法系数等之后,为车险行业基准的发布应用提供了一种新模式,相信对于提升行业内部经营水平和参与国家社会治理均有积极意义。

上海市车险平台为道路风险地图的实现带来了可能。自 2009 年以来,上海市车险平台已经积累了全行业 7 年的数据。截至 2015 年底,上海机动车保有量达 334.04 万辆,其中汽车 291.08 万辆,一年共 77 万件赔案,分布于 16 个行政区域的 3 261 条道路,超过80%的赔案分布于 1 000 条道路,平均每条道路 620 件赔案。可见,强大的数据支持和技术支持是道路风险地图得以实现的必要条件。

直观来看,绘制道路风险地图,即将行业平台中一个个车辆保险事故的"点",汇集成各条道路"线"的风险规律,进而归纳出区块化"面"的风险特征。图 11 –1 为上海市道路风险地图的表现形式。

图 11 –1 上海市 2016 年 1—9 月车险事故散点图[②]

---

① 资料来源:中国保险报 – 中保网。
① 图片摘自:中国保险报 – 中保网。

第四节 保险公司信息披露[②]

一、保险业信息披露概述

(一) 保险业信息披露的含义

保险业信息披露是指保险机构公开其信息的行为，此处的信息既涵盖会计报表和偿付能力情况等财务信息，也包括公司治理、理赔服务、案件诉讼和重大交易等非财务信息。保险业经营的产品是无形的承诺，信息是社会公众投保的主要依据，保险业信息披露要求应高于一般企业。从实践看，保险业信息披露机制的设立、推行和完善主体是监管机构，但保险机构具有重要的管理责任。保险公司的信息披露应当遵循真实、准确、完整、及时、有效的原则，不得有虚假记载、误导性陈述和重大遗漏。

目前，我国已建立较为完备的保险业信息披露制度体系。自 2003 年以来，保监会先后发布《中国保险监督管理委员会关于指定披露保险信息报纸的通知》、《保险公司信息披露管理办法》等十五个规范性文件。这些文件在披露内容上，既涵盖偿付能力、重大关联交易和重大信息等经营信息，也覆盖产品信息、可自主查询的承保理赔信息等服务信息。

(二) 保险业信息披露的对象

保险业信息披露的目的主要是解决保险市场中的信息不对称问题，其披露的对象为社会公众，即公开向大众发布有关保险公司经营及产品等相关信息。获悉信息方大致可以涉及三个层次：对保险业进行指导及服务的机构、保险业务的直接参与者以及其他利益相关者。

1. 对保险业进行指导及服务的机构。对保险参与者进行指导及服务的机构，包括保险监管机构、税务机构及信用评级机构等。

(1) 保险监管机构的职责是对保险业进行整体监督和管理，作为监管主体，在信息披露问题上，它主要监督保险公司是否按照有关要求真实完整地披露了有关信息，并对未按照规定披露的保险公司进行一定的行政处罚。

(2) 税务机构用于决定企业缴纳所得税等，而对于上市保险公司而言，还要接受证监会等相关部门的监管，作为对保险公司进行指导及服务的机构，其所获取的信息主要是公司上报的数据，并不同于向社会公众披露的一般信息。

(3) 信用评级机构是为信息披露服务的，它可以通过自身的专业水平和系统方法，对保险业各竞争主体的信誉进行量化的总结。而在对保险公司进行信用评级时，公开披露的内容也会使信用评级机构掌握更为详尽的信息，有利于其工作的有效进行。

2. 保险业务的直接参与者。保险业务的直接参与者包括投保方、保险公司和保险中介人。

[②] 本节主要参考李克穆主编的《保险业信息披露研究》，第 7~28 页，北京，中国财政经济出版社，2007。

（1）投保方（包括投保人、被保险人、受益人）选择什么样的保险公司以及投保哪些险种，都取决于其对各个保险公司的了解和认知程度，因此，保险业的信息披露对其而言具有重要的指导作用。

（2）保险公司需通过对市场上其他公司的经营状况及服务情况的比较，达到引导其自身学习和完善的作用。

（3）保险中介人（即保险代理人、保险经纪人和保险公估人）需要了解各家保险公司的实际经营水平和产品服务，以便从职业角度出发，维护好各方的利益。

3. 其他利益相关者主要包括保险机构的股东和潜在投资者。

（1）在我国，股东是大多数保险公司最主要的投资者。董事会通过严格的监督机制约束管理其行为，要做到这一点，就必须获得保险公司的财务报告等信息。而对于股份有限公司来说，投资者除了要了解公司一般的经营成果与财务状况以外，还要关心收益的分配和股东权益的变化，这些会计信息都直接涉及股东自身的利益。

（2）潜在投资者包括个人和企业群体，他们更关心公司的经营能力、收益状况及长期稳定性，这都需要通过会计报表等财务信息的指标进行披露，同时与公司有关的重大事件的披露也会直接影响到潜在投资者对公司股票的购买情况。

（三）保险业信息披露的内容

根据各国保险业信息披露的实践和《国际会计准则》相应的规定，保险业信息披露的内容并没有严格要求的固定格式，而保险业的信息披露制度也不像习惯上的行业会计那样独立存在，一般都渗透在相关的法规和与信息披露有关的各类规范和文件之中。《中华人民共和国公司法》、《保险法》和《保险公司会计制度》等都对保险业的信息披露有一定的要求，而建立和完善专门的信息披露制度，首先就要求其内容的完备与详尽。

根据保险业信息披露制度的特征要求，披露的内容应当尽可能全面完整，对其内容的分类也可以从不同角度考虑，但总的来说，主要可以从财务信息与非财务信息两方面进行划分和分析。

1. 财务信息。保险行业的特殊性决定了对其进行财务分析的指标并不完全同于其他的行业会计，一般可以从偿付能力、资产质量、盈利能力和经营稳健性等方面来进行分析，根据这些主要目标来确定相应的核心指标和辅助指标，设定合理的标准线，进而对保险公司的整体财务状况进行划分。

（1）从保险会计方面出发，保险公司需要定期上报的信息形式包括财务报表、报表附注、补充报告、财务状况说明书以及其他会计信息等。其中财务报表作为综合反映公司一定期间内的经营成果、现金流量和财务状况的会计报表，在财务信息的披露中应当属于主要的内容，一般又包括资产负债表、利润表、现金流量表、资产减值准备明细表、所有者权益变动表及利润分配表；报表附注则主要以文字形式为主，对主表的重要项目予以说明，虽然归入财务信息类，但更侧重提供公司的非数量性信息，目的在于增加报表的清晰度，披露报表本身不能说明或不能详细解释的信息，起到补充和注释的作用，这也可以体现充分披露的原则；补充报告可以说是会计报表的派生物，其内容在我国的各类相关法规中并无明确规定，国外则相对规范，内容一般可以以各类明细表为主，也可涵盖主表无法体现的部分信息，随着信息披露制度的完善和内容的明确，补充报告也会起到不可忽视的作用，但对其的运用也要适度，并注意是否造成过度披露的问题；财务状况说明书一般也是以文字与数字指标相结合的形式，主要是对保险公司的财务状况和经营成果进行说明和统计，并包括一些重大事项的说明和财务问题的解决措施等内容。除了上述几项之外，财务信息的披露也可以根据实际情况，适当增加各种责任准备金、资产评估、财务分析指标、预测信息等内容。随着世界经济全球化的深入，为了获得世界范围内保险企业财务报表的一致性和可比性，有人建议应该对保险公司的资产负债表、损益表和现金流量表等制定比较详细的标准格式，从而使得保险业的国际化程度更深。如果有了一致的标准，对保险业财务信息的披露可以说会是一个突破，更易于其统一和公布。

（2）我们还应该重点考虑保险公司的偿付能力状况及资金运用状况。保险公司的偿付能力一般是指保险公司对所承保的风险在发生超出正常出险概率的赔偿和给付数额时的经济补偿能力。由于风险发生的随机性、事故的不确定性以及风险计算的技术误差，实际发生的损失与预计的损失之间通常有偏差，当实际发生的损失较大时，保险公司就会面临偿付能力的问题。保险业在国民经济中占有举足轻重的地位，具有"社会稳定器"的作用，而保险公司的偿付能力则是保证其履行社会稳定职能的核心能力，是其存在的基础，一旦偿付能力与其所承担的社会责任不相适应，不仅会损害被保险人的利益，还会危及整个保险行业的经营秩序。国内外的各保险监管机构为了维持保险公司的偿付能力，在财务方面都作出了种种规定，如资本额、各项准备金的提存以及预警制度的建立等，对于投资者而言，充分了解保险公司的风险管理和偿付能力状况是十分必要的。因此，偿付能力状况不仅是监管部门通过立法或其他手段来进行监管的重点，也是其他各方所关注的核心问题。而现行的一些会计报表并不能充分反映其风险程度及保险责任准备金的特殊性质等内容，因此，增加必要的表外信息和非财务信息，可以使投资者正确全面地了解保险公司的财务状况，有利于其投资决策的制定。而对偿付能力的披露，可以具体到偿付能力指标，包括公司上年末的实际资产、实际负债、实际偿付能力和法定最低偿付能力等方面，若实际偿付能力较低或实际提存数与法定提存数差距较大，则可说明原因和拟采取的措施。

（3）保险公司对未来的发展状况都有一定的预测信息，虽然投资者或投保人都会对此加倍关注，但是由于保险公司尤其是上市后的保险公司的财务预测信息质量难以保证，并且是基于一系列假设基础之上的推测，可能会因经营环境与经济活动变动而出现差异，保险公司和注册会计师都有可能因此招致一定的法律纠纷。所以，在财务信息的披露中，如果涉及预测信息，应建立相应的质量保证机制，并对此类信息采取自愿披露的形式，以减少为了应付监管而造成的信息不实情况，减少误导。

2. 非财务信息。保险公司的非财务信息不以货币为主要的计量单位，一般指与公司生产经营活动密切相关的各类信息，它不一定涉及保险公司的财务状况，但是对信息的使用者来说，披露非财务信息，可以弥补现行财务报告的不足，有助于作出正确决策，而对保险公司来说，也可以帮助公司改善经营管理，一定程度上提高生产效率，因而是十分必要的。

另外，保险行业信息的使用者即社会公众来自不同的层面，其对信息的理解程度和形式需求也各不相同。投资者或股东可以通过财务报告来关注分析保险公司的经营业绩等状况，而一般投保人可能只是需要简单直观的信息，如公司背景、发展前景、创新能力及人员结构等。因此，考虑到各个信息使用者的需求，对保险业披露的信息应做到定性与定量信息相结合，在进行详细而精确的财务信息披露的同时，也应对公众关注的非财务信息进行客观有效的披露。概括来说，非财务信息大致可以分为以下五个方面：

（1）公司概况及背景信息。概况主要包括保险公司的组织结构、注册资本、股东构成、公司治理、法定代表人、经营范围、经营地域等信息，以及公司内部员工、核保人员、理赔人员、精算人员的人数和水平，也应涵盖公司高级管理人员方面的信息，这方面应属于人力资源的情况。在背景信息中，除了公司成立的简单背景外，还应包括如主要竞争对手及公司经营总体规划和战略目标、有关股东及主要管理者的信息、经营活动和资产的范围与内容等，以便用户判断这些战略是否与公司经营环境相适应。

（2）公司业务发展状况及经营管理水平。这方面的信息可用市场占有率和各个险种的保费收入等指标加以量化评定。此外，随着保险可运用资金规模的逐步变大，面临的风险范围也日渐扩大，而保险公司的盈亏直接关系到投保人及投资者等各类利益相关者的权益和保障，因此，在对公司发展状况的披露中，还应包括保险公司面临的机会和风险，其中包含从事其他行业的经营而导致的机会和风险等；在对经营管理的信息进行披露时，公司管理部门的计划等都会影响到公司的盈利与成败，在保护商业机密的前提下，可考虑自愿披露。

（3）保险公司的资信状况及客户服务水平。这一点应该是广大投保人最为关注的，主要可以通过公司理赔诉讼件数及其对申请理赔件数比率来反映其客服水平，而专业资信评级机构的评级结果等可以在某些程度上作为公司资信状况的判定标准。

（4）保险公司近期发生的重大事件及其处理情况。这里主要指保险公司内部股东变动、影响公司业务的纠纷案件以及对保单持有人有重大利益关系的既成与将要发生的事件，这些对投资者来说，都是关注的焦点。

（5）保险产品的相关信息。包括各重要险种的特性、购买方式、费率水平、风险状况、保险责任、责任免除以及与公司经营有重大关系的新险种上市及变更等信息，这些信息的披露和获得将直接影响到投保人的利益和选择。

（四）保险业信息披露的方式

1. 自愿披露与强制披露相结合。在市场上，对于保险公司提供的产品、理赔服务以及公司内部的财务状况、盈利能力，投保人和其他利益相关者掌握的信息都不充分，在与保险公司的博弈中处于劣势地位。这种信息的不对称，将直接导致投保人无法预先判断保险公司所提供的产品和服务能否满足自身需求。针对这种情况，为了保障投保人的利益，维护市场的公正与稳定，各国的保险市场都普遍采取了针对保险产品与保险公司经营状况的强制披露措施。然而，这并不意味着保险公司没有自身发展的商业空间。基于不同地区保险业发展的不同阶段，一般应结合不同情况采取强制披露与自愿披露相结合的方式。

根据会计信息披露的规范要求，一般都会体现出强制性的特征，这些强制性的信息包括财务信息和非财务信息，这样有利于减少信息不对称带来的不公平性等弊端，对保险业的稳健发展有着积极的意义。但是，同时也有可能会迫使公司公开本属于商业秘密的事项，从而有损保险公司的利益，不利于公平竞争与和谐发展。从某种意义上说，保险业的信息披露只有要求保险公司的积极配合，才能切实保证其真实有效。因此，在强调信息全面公开的同时，也必须考虑到保险公司的立场，采取自愿与强制相结合的方式，给信息的披露留有空间，对一些必须要披露的信息，通过立法或制度的方式确定；对于涉及公司内部商业秘密的信息，则不必要求披露；而对一些有关公司服务及产品等方面的信息，也可以通过影响其业务量及品牌形象等激励措施，采取自愿性原则，引导其自愿披露。这样也有助于行业的稳健发展和自律机制的形成。

2. 披露方式逐步多元化。保险公司的财务信息一般都会通过依法定期向监管部门递交财务报告等方式披露。这些上报的内容，主要对象是监管部门，其形式通常都会是传统的文字和报表格式，而考虑到商业竞争的因素，不一定都要向社会公众发布。其中向社会公众及股东等利益相关者公布的内容，则可以根据不同的需求和方式进行披露。这里需要注意，保险公司的财务报告或非财务信息的披露在满足信息使用者需求的同时，一部分信息还可以作为保险公司的宣传工具，向社会大众介绍自身，并增加投保人及股东对公司的信任度，可以作为一种大众传播性信息进行公布。从这方面考虑，信息披露还有相当大的战略意义。

此外，除了传统的文字格式，随着网络技术的发展及传播媒介的完善，保险公司进行信息披露时可选择的方式也日益多样化：如可以公告形式在经济类报刊上对其财务信息进行披露，也可对公司的各类信息在相关网站上予以揭示，或者在一定期限内通过广播等媒体对公司内部各类事件等进行公布，从而使保险公司的各种信息面对更广泛的群体，最大限度地满足各类信息需求者的要求。因此，保险业信息披露渠道可以包括电视、广播、报刊、杂志及网站等各类现代化的媒体工具。

基于披露方式和渠道的多元化趋势，信息的形式也逐渐多样化。如对保险公司发展趋势、未来预测和各类指标的公布可以采取图形加工处理，更容易被使用者接受和掌握；而随着数据库技术和多媒体等高新技术的发展，对保险产品类等信息的披露，在仍然以文字报表为主的形式下，甚至也可以图像、动画形式，配以声音等更为生动的方式引起人们注意，从而提升宣传效果，从各个不同角度满足不同信息使用者的需求。

二、保险业信息披露的必要性

一般认为，各国保险业发展很不平衡，而且经常变动和调整，信息披露的程度和水平应该与一个国家保险业发展的状况以及产品和市场特征相适应。保险市场和保险商品越成熟，国家保险信息披露的要求越高。同时，保险信息充分真实地公开，能使市场资源得到合理的配置，这也进一步推动了保险市场的发展。

（一）保障投保人和被保险人的合法权益的根本前提

投保人购买保险，其目的是购买风险的安全保障，即保险公司现在和未来能提供风险保障和给付保险金的能力，所以，投保人购买保险的基础是保险公司的信用。保险业产生和发展的过程中，保险公司一直强调投保人和被保险人的诚信行为，即"最大诚信"。保险市场信息分布和传递非理性行为的存在，使得保险市场信息收集、分析与管理十分复杂和困难。被保险人对保险机构、保险产品的认知程度是极为有限的，即使是一个高度透明的保险公司，消费者限于主观和客观条件，也难以对它了如指掌。

因此，建立成熟有效的保险市场，解决保险市场信息不对称现象，要求保险公司充分地披露其经营信息，由专业人士对其经营状况、财务质量、风险管理、发展前景等作出评估，并将评估情况公之于众，让公众了解其真实情况，并对是否投保作出正确选择。这样，保险业信息披露制度就能成为政府保护广大投保人、被保险人合法权益的重要措施，是保险信息使用者平等获得必要信息的根本前提。

（二）实现投资者合理收益的必要保证

从保险产品的角度看，投资型险种包括寿险新型产品和产险投资型产品在市场上的热卖，对保险公司的各项管理制度也提出了新的挑战。由于信息披露制度的不完善、不规范，一些保险公司和少数营销人员在宣传产品的投资回报时，有误导之辞，有的保险公司甚至因此而引起了很大的风波。

信息披露的不规范，不仅会增加客户对产品不切实际的高回报率的追求，相应增加客户的投资风险，而且也会给保险公司的长期发展及经营埋下不可预见的风险隐患。因此，需要建立一种制度安排，督促保险公司向市场披露其经营信息，让投资者了解公司的实际经营状况，进而作出正确选择，保证投资者的合理收益。

（三）完善公司治理结构的必然要求

随着保险业的发展及保险公司筹资方式的多样化，保险公司的投资主体也呈现多元化趋势，越来越多的外资资本和民营资本进入保险业。但由于业务规模、股东背景和发展历程不同等因素，公司治理水平参差不齐，仍存在不少问题。最主要的体现就是治理失灵。现在虽然各保险公司都已初步建立了公司治理的组织架构，但在有些公司中治理架构形同虚设，主要体现在大股东操纵、管理层控制和外部干预三个方面。

另外，依据保险市场信息不对称中的"委托人—代理人"问题，作为公司管理者的经理层，只有在有效的激励和约束机制下，才能在最大程度上发挥自身的能力，从公司的利益出发，对公司的事务作出有利于所有者的决策。这对保险公司改善经营管理质量、提高经营管理水平将起到极大的促进作用。

建立保险业信息披露制度有利于完善公司治理结构，可以使保险公司所有人和内部的管理人员在监管部门的监督管理下，在树立优质的公司经营目标的同时，不断完善自身的控制和管理。

（四）完善保险监管体系的自然延伸

保险监管体制和制度安排还可以分现场监管和非现场监管两种模式。对于非现场监管，最主要的是要求建立科学有效的风险预警制度，要求强化监管机构的预防监测能力。但只有通过正常途径，按照法定程序披露的保险信息，才是保险公司经营成果的整体反映，才具有决策、检测、预控、预警价值。同时，对所披露的保险信息进行比较分析与处理，适时、有效评估，也可以成为各监管、监督主体市场行为的依据，真正使监管、监督具有可操作性。在风险管理过程中，政府监管、行业自律、企业内控和社会监督，都应以保险机构信息披露的内容为基础，即借助于信息披露制度，获取真实可靠的业务、财务基础数据，准确计算和掌握保险公司的偿付能力，保证偿付能力监管机制的正常运行，充分发挥偿付能力监管的作用，增强保险监管力度，提高监管效率。

【思考与练习】

1. 如何理解信息管理的定义？
2. 加强保险公司信息管理有何重要意义？
3. 简述保险公司信息的分类。
4. 保险公司信息管理的技术基础有哪些？
5. 什么是信息管理系统？信息管理系统开发的基本步骤有哪些？
6. 保险公司信息管理的原则有哪些？
7. 大数据时代背景下保险公司的信息管理存在哪些机遇和挑战？
8. 保险企业在信息管理中的大数据应用有哪些？请举例说明。
9. 保险业信息披露的方式和主要内容有哪些？请简要概述。

第十二章
保险公司的国际化经营

本章知识结构

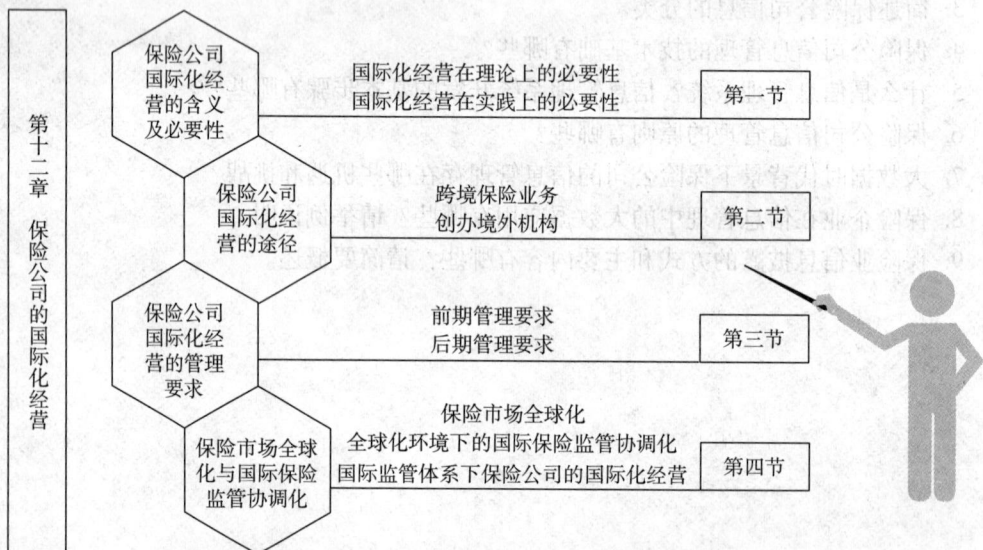

保险公司国际化经营的含义及必要性	国际化经营在理论上的必要性 国际化经营在实践上的必要性	第一节
保险公司国际化经营的途径	跨境保险业务 创办境外机构	第二节
保险公司国际化经营的管理要求	前期管理要求 后期管理要求	第三节
保险市场全球化与国际保险监管协调化	保险市场全球化 全球化环境下的国际保险监管协调化 国际监管体系下保险公司的国际化经营	第四节

第十二章 保险公司的国际化经营

本章学习目标

- 掌握保险公司进行国际化经营在理论和实践中的必要性
- 掌握保险公司进行国际化经营的主要途径
- 掌握保险公司在进行国际化经营前期和后期的管理要求
- 掌握保险全球化和国际保险市场的相关内容
- 掌握国际保险监管的原因、目的、内容，以及国际保险法和主要国际保险机构
- 掌握国际监管体系下保险公司国际化经营面临的问题及其对策

第一节　保险公司国际化经营的含义及必要性

一、保险公司国际化经营的含义

国际化经营又称跨国经营，是指企业所进行的资源转化活动已超越了一国主权范围，对包括商品、劳务、资本等任何形式的经济资源以国际市场为舞台，从全球战略出发，进行综合运筹，在各国间传递和转化。当企业的跨国经营活动在海外拥有了若干分支机构后，便是所谓的"跨国公司"，跨国公司是企业国际化经营的主要组织形式。

金融服务业一直是全球化浪潮的先锋。20 世纪 50 年代以来，国际贸易的迅猛发展促进了贸易融资和离岸资本市场的发展。而知识经济、国际互联网在信息传递和通信领域所引发的深刻革命，使金融服务业面临着更多的机遇，国际市场及跨国经营在其竞争中显示出重要的战略意义。作为金融业重要组成部分的保险业在这一点当然不能例外，目前越来越多的保险公司致力于对外扩张，即国际化经营，以期在未来的竞争中占据有利地位。只有那些将其发展战略与未来竞争结构协调一致的公司，才会是未来市场上的赢家。

此外，由于保险公司国际化经营的普及和扩张，保险的全球化进程逐渐深入，国际保险市场应运而生。随着国际保险市场的发展，国际保险监管体系也正在随之建立和完善。这也是保险公司在跨国经营的过程中必须加以注意的重点。

二、保险公司国际化经营的必要性

（一）国际化经营理论上的必要性

1. 规模报酬。规模报酬涉及的是企业的生产规模变化与其引起的产量变化之间的关系，其含义是：在其他条件不变的情况下，企业内部各种生产要素按相同比例变化时所带来的产量变化。企业的规模报酬变化可以分为规模报酬递增、规模报酬不变和规模报酬递减三种情况。

当产量增加的比例大于各种生产要素增加的比例，称之为规模报酬递增。规模报酬递增产生的主要原因是企业生产规模扩大所带来的生产效率的提高，它可以表现为：随着生产规模的扩大，企业将会更快地开发和使用先进的技术、设备等生产要素；随着员工规模和设备规模的扩大，企业内部的生产分工将会更加合理化、专业化；随着人力投入的增加，员工培训和人力资源管理的规模扩大，平均管理成本会逐渐下降。类似地，若产量增加的比例等于各生产要素增加的比例，称之为规模报酬不变；若产量增加的比例小于各种生产要素增加的比例，称之为规模报酬递减。

一般地说，企业规模报酬的变化呈现出如下规律：当企业从最初很小的生产规模开始逐步扩大的时候，企业面临的是规模报酬递增阶段；在企业得到了由生产规模扩大带来的产量递增的全部好处后，一般会继续扩大生产规模，此时生产处于规模报酬不变阶段，这个阶段一般持续时间较长；此后，在过大的生产规模下，由于地理位置、人力资源、原材料供应等条件的限制，以及监督管理和信息传递等方面效率的下降，企业进入规模报酬递减阶段。

规模报酬规律随寿险、非寿险、再保险种类的不同及其业务环节的不同，其影响程度也有所不同。

（1）非寿险公司：一般地，在非寿险业务的投资和索赔业务中存在规模经济；在营销、承保、索赔公估方面（尤其是个险情况下），规模经济作用相对较小。

（2）寿险公司：据资料分析，寿险公司规模报酬不变，但当公司规模扩张时，虽无法得到相应的收益，但总的利润是增加的。

（3）再保险：一般认为再保险行业普遍存在规模经济。具体原因有：再保险主要通过保险经纪人和原保险人办理再保险业务，无须在保险营销和损失勘定上花费大量费用，因而其平均成本较低；再保险人一般对技术性较强的业务（如对风险的评估和索赔处理）收取较高的费用，而提供此类服务需要再保险人在该市场上有广泛的商业价值存在和较好的专业技巧，而这些条件只有最大规模的公司才能满足。因此再保险人可以在审慎原则允许的范围内或在保险监管允许的范围内，尽可能多地提供风险保障。

2. 风险分散。保险活动是对未来损失进行预测，并通过损失分摊来平衡风险的，即损失预测结果与实际损失结果越接近，就越有利于保险经营。根据大数法则，保险人承保的风险单位数越多，其期望结果与实际结果越接近，且承保风险越分散，经营越稳定。国际扩张即使对最大规模的保险公司，也能使其风险得到更大范围的分散。

对保险公司来说，由于其承保风险往往在不同的地理条件和人文环境下呈现不同的特点，如果其业务仅受限于某一国家或地区，可能会在实际经营中出现大量的累积风险。而当保险风险在一个范围较大的地域中进行分散和转移时，风险在某一特定地点的波动性就会随之减少。因此，尽可能分散风险相当重要。保险公司国际化经营的一项重要作用就是可在更广的范围内平衡风险、分散风险。

3. 发挥国家竞争优势。国家竞争优势是指来自该国家的公司与国外的同行业公司在保险产品的开发和销售的竞争中拥有的竞争优势。国家竞争优势可以来源于各国的国别特征，如储蓄率、人口受教育程度、风俗习惯、品牌影响力和企业利润率等，对市场中不同企业之间的比较优势有重要影响。为保持企业独特的竞争优势，控制企业特有的技术和人力资本，并以此产生新的竞争优势，企业更倾向于通过跨国公司使优势内部化。

（二）国际化经营在实践上的必要性

在实践中，一般企业跨国经营在实际经营中最主要的原因有：（1）跨越关税和进口壁垒与管制；（2）降低关税；（3）获得和利用当地原材料；（4）获得东道国政府的鼓励；（5）维持现有市场占有状况；（6）预见到国外市场的迅速扩大；（7）控制特种产品制造质量；（8）跟随国外顾客需要；（9）追随国外竞争者行动；（10）获得外国技术、设计与营销技能。

而具体到保险业进行跨国经营在实践上的必然性，可以从如下几个方面进行阐述。

1. 应对跨国被保险人的需求。随着生产企业经营活动国际化进程的加快，银行、法律、财会等服务业也随之跟进，走向国际化。这种经济全球化的同时也伴随着保险客户的全球化。其主要原因有：进行国际化经营的企业被保险人通常有专门负责企业风险管理的员工，对于本公司面临的各项风险，他们更愿意与能够理解他们的意愿和习惯的母国保险人开展保险业务；拥有大量驻外员工的跨国公司也更愿意在其母国保险人的驻外机构办理保险，或通过众多的国际员工福利基金提供保险服务。因此，为满足这些在世界各地经营业务或忙于国际事务的被保险人的保险需求，保险公司必须进行国际扩张，否则就难以维持原有客户，甚至最终被可以提供这些业务的保险人所淘汰。因此可以说，被保险人的全球化是保险公司经营全球化的最重要的理由之一。

2. 增加市场份额。当一国的保险深度和保险密度都已经很高，保险市场已相对比较成熟时，保险业内的市场竞争是异常激烈的。在所提供的保险产品具有较高同质化特征的情况下，无论是占有垄断地位的保险公司还是普通的保险公司，都难以通过提高保费获取更多收入，想要获得较高的利润率是非常困难的。此外，在国内市场饱和的情况下，如果某一保险公司继续扩大国内市场的经营范围，很容易招致其他寡头竞争者的报复，甚至触犯反垄断法。所以，这种保险市场上的保险人（尤其在他们获得垄断地位之后）经常会通过国际化扩张来寻找在国内市场上无法获得的增长速度和利润率。

3. 维持和提高利润水平。由于通货膨胀预期和汇率变动的影响，保险人在某一国家保险市场获得的实际收益率可能会产生大幅波动，这就促使保险人通过进入不同国家和地区的保险市场，而使其收入来源多样化。这样不仅有利于企业利润率的稳定和提高，还有利于分散保险人的经营风险。

4. 充分运用积存资金。由于某些国家对于本国保险资金的运用采取严厉的监管政策，保险公司积聚的巨额保险资金难以充分利用。而进行国际化经营可以使这些保险资金构成金融资本，成为国际资本的主要支柱，使保险公司获得更高的投资回报，促使保险公司更倾向于国际化经营。

5. 提升公司竞争力。由于各国历史发展和经济环境的不同，不同国家的保险人在产品设计、精算水平、承保技术、营销体制、管理经验、资金运用和经营战略等方面各具特色和优势。而保险企业的跨国经营可以拓宽企业管理人的视野，促进保险人之间进行技术和能力的交换，同时也是各公司挖掘新的经营管理人才的途径。这些行为可以提高公司的竞争力，也可为进一步的国际扩张创造有利条件。

专栏 12-1

"一带一路" 规划下中国保险的国际化经营机遇

"一带一路"是中国政府于 2015 年 3 月启动的国家级顶层战略，其主要目的是打通并拓展"丝绸之路经济带"和"21 世纪海上丝绸之路"的贸易通道，加强与欧亚非大陆主要国家在经济、政治等多方面的互联互通。实现"一带一路"战略规划的主要内容之一是加强沿线地区在能源资源、交通、通信、供水和卫生多个方面的基础设施建设。截至 2016 年 10 月，已有规划的"一带一路"项目超过 700 个，项目价值总计 1.2 万亿美元，而在 2016 年至 2030 年的"一带一路"后续项目中，还可能有 5.2 万亿美元左右的追加投资，且投资项目主要围绕基础设施建设展开。这为全世界保险公司，尤其是中国保险公司的国际化经营提供了重大发展机遇。

"一带一路"战略的启动带来了亚欧非地区工程建设和自由贸易规模的迅速扩张，具有极大的保险商机。根据瑞士再保险公司的分析预测，"一带一路"项目（包括 2015—2030 年已规划和未规划的所有项目）大约能带来总共 340 亿美元的商业保险保费，而中国保险公司可获得其中 215 亿美元左右的保费，涉及的主要保险产品有财产险、工程险、水险、贸易信用险、一般货运险等，中国保险公司面临的国际保险市场发展潜力巨大。除了可观的保费收入以外，"一带一路"规划还能帮助中国保险企业在国际化经营的过程中树立品牌形象、积累管理经验、加强产品设计创新、建立国际合作关系，为其全球发展战略带来其他附加的好处。

第二节　保险公司国际化经营的途径

一、一般性企业的国际化经营途径

企业跨国经营活动种类较多，其中最基本的形式有以下几种。

1. 直接进出口。直接进口指企业从位于国外的外国公司或外国公司代理处直接进口商品；直接出口指企业直接将产品销往国外，而不是借助代理机构。

2. 对外特许授权。对外特许授权是本企业与国外的企业签订授权协议，同意让后者有偿使用本企业的制造工艺、商标、专利、秘诀等无形资产，后者就这些资产的使用而向本企业支付特许权使用费（授权费）。

3. 契约制造（合同制造）。与在授权协议之下授权方可能将其在一国制造和行销其产品的权利转让给受权方不同，在契约制造中，本企业与国外的企业签订合同，让对方按某种要求或标准生产产品，而本企业依然保留这些产品的销售权。

4. 启钥工程。企业在国外为当地建设一个完整的工厂体系，即承担全部设计、建造、安装、调试以及试生产等工作。试生产成功之后，即将整个工厂体系交给当地经营，即启钥工程（当地机构或企业拿钥匙即可启动运转）。

5. 合资经营。当企业在外国与当地合伙人或第三国合伙人合资入股、共同兴办和经营企业时即属合资经营。其法律特征是合资各方共同投资、共同经营、共担风险，按出资比例分享盈亏。

6. 独资经营。独资经营是企业独立出资在外国设立并经营企业。由于母企业拥有所设立企业 100% 的股权，因而能完全左右后者的生产和经营活动。除此之外，合作经营、国际承包、国际租赁等也属跨国经营活动。

二、保险公司的国际化经营途径

如果将国际化经营具体到保险公司的情况下，其国际扩张一般可以通过两种方式来进行——跨境保险业务和创办境外机构。前一种只适合某几种保险业务，一般实际中的国际化经营通常需要在国外市场创办机构来获得该公司在当地市场的商业存在，因此本书将着重介绍第二种方式。

（一）跨境保险业务

跨境保险业务是指向位于另一个国家的保险人或再保险人投保。[1] 跨境保险的常见形式有以下几种。

1. 由外国保险人承保并签订相应的合同，形成纯粹的跨境保险业务。展业可通过直销方式（如电话、邮件、报纸、网络）或保险经纪人进行，这种方式常见于再保险业务。

2. 被保险人首先与保险人联系，由投保人发起跨境保险业务。股份公司经常在国外购买保险，因为这样可得到比在国内保险更优惠的保单条款和保险价格。

3. 国外消费跨境保险。国外消费跨境保险是指被保险人在国外短期居住或旅行而在当地保险公司投保。

4. 跨国企业投保的差异条件保险，也称差异限额保险，这是跨国公司全球风险管理的一部分。该跨境保险通常在跨国公司母国投保，也可能涉及外国或其他当地保险人的共保。该保险人承保的是母公司和子公司的风险，通常做法是由子公司在当地投保基本险，再由母公司的主保险合同提供超额保险或附加保险。

（二）创办境外机构

1. 自身扩张。自身扩张的创办方式是指保险公司在进行国际扩张时，使用公司内部管理的经营方法，将自身业务通过各代理处、分公司结成的服务网络来完成，也可通过新建或收购得到的母公司完全所有的子公司来经营。它包括以下几种形式。

（1）代理处或网点。代理处或经营网点是保险人的代理，主要从事保险产品的分销业务，也有可能从事承保和理赔。它不是一个承担风险的机构，既不持有也不管理保险人的资产，其保险金的支付必须通过保险人在母国持有的基金进行，且主要的监管责任由母国监督人员来执行。代理经营的优点在于资金以及其他资源的支出成本相对比较少。

（2）分公司。分公司是母公司的分支机构，它利用母公司的名称和章程，在公司的直接控制下进行经营活动。分公司依附于母公司存在，通常不是法律上独立的法人组织，其财产所有权属于母公司，资产与负债也会直接反映在母公司的资产负债表上。分公司在东道国（即分公司地所在国家）拥有支配本公司资本的自由，同时受到东道国在保证金等方面的要求，因此与代理处或其他网点相比，分公司更能够融入当地保险市场。

开办分公司的经营模式既有优点又有缺点。其优点在于程序简单：由于分公司在东道国被视为外国公司，因此在创办手续上比较简单，一般只要经过登记程序即办理正式授权书即可营业。但它也不可避免地存在缺点：由于分公司的经营必须满足当地在资本总额、运营方式等方面的有关规定，它的资金负担较重，在员工工资、场所租用费用和行政管理费用等方面的负担也更重；对于分公司的债务，母公司必须承担全部清偿责

① 小哈罗德·斯凯博：《国际风险与保险》，北京，机械工业出版社，1999。

任，这增加了母公司的资本风险；由于分公司和母公司在法律上和经济上都是一体的，所以分公司在东道国会被视作外国公司的一部分，而东道国一般更偏好全资的国外的子公司，因此分公司的经营方式可能会受到一些限制或歧视。

（3）子公司。子公司是指经母公司直接投资而在国内外设立的经济实体。如果子公司在母国外，它的所在国就称为东道国。子公司一般是在东道国政府机构正式注册的法人组织，在法律上独立于母公司，在公司名称、章程、组织结构和资金组成等方面表面上与母公司没有直接联系，但实际上受到母公司的控制和管理。子公司在其东道国是真正意义上的本地企业，完全受到东道国的法律管辖。

子公司的优点主要在于：子公司有更多的资金来源渠道，除借贷方式外，还可以充分利用东道国的股票市场和债券市场进行筹资；设立子公司可使母公司以相同的资本额控制更多的企业；母公司仅以投入该子公司的资本承担债务，可大大降低母公司的投资风险；子公司从事当地保险业务很少出现保单问题，一般比建立分支机构更为优越。

同时，子公司的主要缺点在于：由于东道国对独立公司的成立有严格且繁杂的审查要求，子公司注册登记的手续比代理处和分公司要复杂得多；创建子公司需要有足够的资金支持，尤其是在其投资方式或投资收益被认为存在纯商业风险以外的风险时（如外汇管理风险等），其经营风险会更大。

2. 战略联盟（企业合作）。战略联盟也称企业合作，是指两个或两个以上的跨国公司为了达成某种共同的战略目标而结成的联盟。联盟成员之间相互合作，共担风险。在联盟中，成员仍然保持着本公司经营管理的自主权，彼此通过达成各种各样的协议结成一个联合体。

（1）战略联盟的特征。战略联盟具有不同于一般法人企业和一般经济组织的特征，其具体表现在：第一，联盟各成员之间的关系并不正式，是一种松散的公司间一体化组织，其共同协作只体现在合作双方有共同利益的时候，共同利益消失时，双方就不必捆绑发展；第二，联盟企业间的关系是合作与竞争并存的，为竞争而合作，为合作而竞争；第三，企业间建立战略联盟，主要是为了优化未来的竞争环境，因此双方都是从战略高度建立和完善所共有的经营环境和条件的；第四，战略联盟在资源共享、优势相长、相互信任、相互独立的基础上，通过达成协议而结成平等关系，不会由于股权的多少影响双方控制力的大小，进而形成不平等的合作；第五，战略联盟可以渗透在合作双方的价值链及其各个环节，从产品的研究、开发、销售到售后服务，其合作范围广泛，甚至可以涉及其他多种行业。

（2）战略联盟的作用。第一，战略联盟有助于增强市场竞争力。这一点具体体现在：通过联盟内企业专业技术人员之间的合作，企业可以使研究和开发进程不断加快；企业可获得新的技术信息、市场信息和知识，带来不同企业文化的协同创造效应；企业可以更快地掌握不同国家投保人在需求和偏好等方面的差异性，更好地满足各国消费者的需要，有利于尽快开辟和融入新市场；企业可以通过合作发展增加市场占有率。

第二，战略联盟有助于分散技术开发风险，形成规模经济。随着精算模型和承保技术的发展升级，保险产品开发成本越来越高，风险也越来越大。通过建立战略联盟，可扩大信息传递的密度和渠道，避免单个企业的信息不完全性以及全世界范围内的重复建设和资源浪费，并可在世界范围内进行大规模经营，获得规模报酬。

第三，战略联盟有利于克服市场准入壁垒，降低进入国外市场的成本。战略联盟是一个公司间一体化组织，不涉及公司个体的膨胀和垄断，因此既不会由于组织机构过于庞大而招致东道国的反垄断制裁，又可以通过市场和资源共享而获得外部资源。

综合来看，战略联盟既包含企业内部环境的可控因素，又吸收原来单个企业不能控制的外部因素，并使之具有可控性，大大提高了对变幻莫测的经济环境的适应能力。这些优点有助于联盟企业克服由于企业规模的扩大和管理层次的增加而造成的经营成本上升、管理低效、决策缓慢、反应迟钝等弊端。

(3) 战略联盟的分类。根据联盟成员之间的依赖程度，广义的战略联盟一般可分为两类：一类是非股权式合资经营，也称契约式联盟，指借助契约建立的，不涉及股权参与的合伙形式，如联营协议；二是涉及股权参与的股权式联盟，主要指合资。保险公司在选择合作伙伴时，一般会选择在承保技术、价值取向、合作态度、财务状况及保险产品、分销体系兼容性与培训情况等方面具有互补性的企业。

①非股权式合资经营。非股权式合资经营，是指两个或两个以上国家的投资者通过协商签订合同或契约，规定各方的权利和义务，联合开展生产经营活动的直接投资方式，通常又被称为契约式合资经营，在我国称为合作经营。一般可以有两种具体形式：

一种是合作经营企业。它是根据东道国的有关法律，通过签订合同而建立的经济实体，在东道国具有法人地位，受法律保护。合作经营企业是合作经营中的最紧密的联合体。合作经营企业的期限一般较短，各方权利与义务均由合同规定，而不取决于投资比例。合作双方按照合同规定建立合作经营企业的经营管理机构，一般以董事会为最高权力机构，日常生产经营管理则由以总经理为首的经营管理系统负责。

另一种是无实体的合作经营。跨国公司与东道国企业也可以在没有组成统一经济实体的情况下，进行合作产品开发、合作建设和合作销售。这是一种以合同为基础组成的松散型合作经营方式，没有统一的经济实体，不具有法人地位。日常的合作经营活动管理可以由投资各方组成联合管理机构，也可委任其中一方，或聘请第三方负责进行运行。

保险人在接受跨国风险时面临两个难题：一是在某些可承保风险存在的地区，遭受歧视性待遇，或根本不被允许经营保险业务；二是缺乏所在市场的有关信息，或与保险事故发生地距离过于遥远，导致经营保险业务极为困难。针对这些问题，契约式联盟提供了良好的解决方案：通过联盟，协议一方可承保发生在协议另一方所在国的风险，应用当地的习惯做法办理业务；在发生索赔时，直接在当地办理理赔业务。这样保险人就可以向国外保险顾客提供自己的保险产品，避免漏保或失去原有客户。

契约式联盟这种合作方式具有灵活方便的特点，在临时个案或长期保险中简便易行。契约式联盟还可以包括合作双方市场信息和专门知识的交换、互换培训人员、增加再保险业务往来，以及其他可以扩大双方共同利益的领域。

②合资经营。合资经营又称股权式合营，是指跨国公司与东道国当地企业（或合伙

人）或其他国家的企业共同投资建立新的独立生产经营实体，并按照出资比例分享新企业的经营管理权和收益权，共同经营、共负盈亏、共担风险的经营方式。以这种方式建立的企业称为合资经营企业。从法律地位上看，在东道国注册的合资企业是具有东道国国籍的法人，受东道国法律的保护和管辖。

与其他方式相比，合资企业的优点在于：可以方便地创办一家新公司，或者重组一家已有的公司，有效地利用当地合伙人的资源，从而节省资金投入；合资企业含有当地企业的股权，易取得当地企业的配合，在竞争中，可得到当地企业在营销和管理技巧方面的协助，减少海外投资风险；可以较低的成本雇佣当地人力资源，并从其他渠道获取资金和其他资产，方便进行规模庞大的投资。同时，合资企业的缺点在于经营过程中容易产生纠纷——经营目标的一致性难以保持，经营决策中对长期利益和短期利益的取舍难以协调，以及双方在民族、文化背景、经济和政治背景的差异，在价值观念和问题解决方案等方面的分歧——当合作双方利害关系不一致时，非常容易导致冲突。

3. 跨国并购。并购一般包含兼并和收购两层含义。其中兼并是指两家以上的独立企业合并为一家企业的经济行为。通常情况下是由一家具有优势的企业或企业集团通过购买所有权的途径，将另外一家或多家独立公司吸收进本企业（或企业集团），而被兼并的企业会失去法人资格。收购是指一家企业通过购买资产或股份的方式，获得对另一家企业一定程度上的控制权的经济行为。

跨国并购对于保险公司而言，是一种行之有效的进入国外市场的途径。它能够很大程度地避免在境外开拓新业务可能面临的障碍和限制，减少市场竞争对象，并帮助保险企业以最快的速度融入本土市场环境、占有市场份额。但是企业间的兼并和收购一般需要企业具有雄厚的资本基础以及长时间的斡旋谈判，所以一般只有具备足够实力的企业才能通过此途径进行国际化经营。

专栏 12 - 2

中国保险公司投身跨国并购浪潮 ▮▮

保险业的并购受到宏观经济条件、商业环境变化、市场结构和投资者决策等多个因素的影响，一般来讲，在经济稳步增长、政策宽松自由的情况下，保险公司更倾向于通过跨国并购来实现国际化经营。1998 年和 2007 年是过去世界保险业并购的两次热潮，其原因都是来源于市场监管的放松、经济的强增长和市场竞争程度的加深。但在 2008 年国际金融危机以后，受到世界经济遇冷的影响，保险业并购情况持续低迷，直到 2014 年保险领域并购活动开始复苏。2014 年下半年宣布的并购交易总量由上半年的 295 宗迅速增长至 359 宗，并且其中不乏大宗交易，此外，再保险、保险中介领域的并购交易数量也在持续攀升。

在此次保险业并购浪潮中，以中国为首的新兴市场国家逐渐替代欧洲和北美洲国家，成为并购活动的主力。随着新兴市场国家经济的崛起和金融保险领域的发展深化，亚太地区在寿险领域的收购交易占全球收购活动总价值的比重由 21 世纪初的 9% 迅速攀升至 34%，同时在非寿险方面的占比则由 6% 上升至 22%。

近年来，中国保险企业的海外并购活动越发频繁：2014 年至 2016 年，安邦保险集团先后跨国收购了 5 家外国保险企业，收购价之和将近 200 亿元人民币；复星集团也先后收购了西班牙 Caixa Seguros 保险、百慕大保险、美国 MIG 保险、以色列 Phoenix 保险等多家境外保险公司，成为中国保险公司海外收购活动的主力之一。

表 12 – 1　　　　　　　　　　安邦保险集团跨国并购情况

时间	被收购公司	收购价格	备注
2014.01	比利时 FIDEA 保险公司	2.2 亿欧元（约合人民币 20 亿元）	中国险企首次以 100%股权收购欧洲保险公司
2015.02	荷兰 VIVAT 保险公司	1.5 亿欧元（约合人民币 10.7 亿元）	中国险企首次进入荷兰保险市场
2015.06	韩国东洋生命保险公司	1.1 万亿韩元（约合人民币 63 亿元）	中国险企首次进入韩国保险市场
2015.11	美国信保人寿保险公司	15.9 亿美元（约合人民币 100 亿元）	中国险企首次收购美国人寿保险公司
2016.04	韩国安联保险	300 万美元（约合人民币 1938 万元）	

❶ 资料来源：安邦保险集团官方网站，http://ab.anbanggroup.com/。

第三节　保险公司国际化经营的管理要求

尽管国内经营企业和跨国经营企业进行企业管理的目的都是相同的，但由于在跨国经营中，保险企业所面临的制约条件和影响因素在数量和本质上都与单纯的国内经营有很大不同，因此跨国经营管理与国内经营管理的重点也有所不同。下面将基于保险公司国际化经营与国内经营在管理上的主要差别，分别阐述保险公司国际化经营相对于国内经营在管理上的特殊要求。保险公司的国际化经营管理包括前期管理（即进入东道国之前的管理）和后期管理（即进入东道国之后的管理），本节将对这两者进行介绍。

一、前期管理要求

（一）经营环境分析

经营环境是指紧密围绕企业并影响企业生存和发展的各种因素的总和。这些因素可能带来机会或威胁，因此企业必须针对环境状况作趋利避害、扬长避短的调整。国际化经营使企业所面临的环境更为多元化、复杂化，因此国际化经营企业对环境的认识和协调就显得尤为重要。根据与企业经营关系的远近，跨国经营的经营环境可分为直接环境要素和间接环境要素两类。

1. 直接环境要素

（1）竞争与产业要素：跨国经营必须仔细研究和分析在东道国相关市场的竞争状况和产业状况。这决定着企业是否在某个市场继续开展业务，以及在经营活动中所应遵循的策略。

（2）客户与市场要素：国际化经营需要根据现有顾客和潜在购买者的特点，来预见市场规模、进行资源安排，并规划企业的战略方案。客户与市场要素主要包括客户所处

333

地区分布、人口统计因素（包括人口增长率、年龄变化、收入分布）、心理因素和消费者行为等。

（3）人力资源：东道国的人力资源特点对企业的人事政策有极大的影响作用，如东道国对雇佣本国员工和外国员工是否有区别政策、当地就业率、企业员工所需知识及技能的可提供性、当地工资水平以及跨国企业的声誉等。

2. 间接环境要素

（1）经济要素：即对企业在一定期间经营状况和方向产生影响的东道国国民经济方面的因素，如该国经济发展阶段、通货膨胀状况，以及趋势、利率、失业率、财政政策、货币政策等。

（2）政治要素：如外国对投资股权、关税、工资、就业、生产安全与污染控制等方面的政策要求与相关规定。

（3）社会文化要素：指跨国公司进行业务经营的东道国的文化层面因素，包括宗教信仰、价值观念、生活方式和习惯等。这些因素对一国经济活动有深刻影响，因而与跨国经营关系密切。要在异国他乡有效开展业务，跨国经营者必须正视和学习当地文化，掌握该国家的习俗与禁忌，并在此基础上对本企业的体制、结构及管理方法作出适当的调整。

（4）自然环境因素：自然环境各要素是一个国家建立和发展的根本，在很大程度上影响着一国的政治经济、社会状况和文化风貌，对于跨国企业而言是一项重要的影响因素。刚开始进行跨国经营的企业必须仔细分析研究不同国家的地理位置，这将对其选择合适的东道国和实施长期发展战略有重要意义。例如，与本国地缘接近、文化类似的邻国有利于弥补企业跨国经营经验的不足，可以作为企业跨国战略的第一步尝试。

（二）海外经营调查与可行性评估

海外经营调查的目的是为评估海外经营机会、制定正确跨国经营策略而搜集研究各种必要的信息。由于海外经营决策中涉及主权国家的众多影响因素，加上搜集准确的国外资源相当困难，因此，海外经营调查是一项很艰巨的工作。海外经营调查中相对而言比较行之有效的方法是分阶段调查，即将整个海外经营调查工作分成两个基本阶段进行，即第一阶段主要在公司本部展开，第二阶段进入东道国进行实地调查。项目初选后，针对入选项目，派企业的高层经理或顾问到达可能的东道国进行实地调查，以获取第一手资料。

良好的经营机会是经营项目成功的基础，而这样的机会是在反复权衡和细致规划选择后得出的结果。海外经营机会评估是跨国经营前期决策的核心。海外经营机会评估的程序是先评估各有关国家的经营环境并进行比较和淘汰，然后对入选国家具体的产业、项目特征和经营条件进行筛选，最终确定理想的东道国以进行跨国经营。

（三）海外投资项目评估

海外投资项目评估方法与国内投资项目评估方法在本质上是一致的，经常使用的方法主要有净现值法和内部报酬率法。但与国内投资项目评估不同的是，海外投资项目评估要在分析中加上对影响海外投资项目现金流量的特殊因素和风险因素的考察，来对国内投资项目评估方法加以调整或改进，如调整现值法等。此外需要注意的一点是，由于海外投资项目自身的现金流量和该项目对公司或集团而言的现金流量是不一致的，因此，在评估过程中，针对每一个项目的评估分析要从各个角度出发，即从项目角度、母公司角度、跨国公司整体系统角度分别进行分析，当从不同角度所得的评价结论有出入时，对项目的取舍应依企业具体情况而定。

二、后期管理要求

（一）全球战略管理要求

由于跨国经营总是伴有大量资本投入，与此同时，企业又经常面临大量不确定性因素，因此经营决策稍有失误，都会给企业带来严重损失。要在竞争激烈、复杂多变的环境中谋求生存和发展，决策者必须从全球战略管理的高度出发，认真分析国际市场特征及其变化，分析国际经营环境及其可能存在的机会与威胁，科学地制定全面战略规划，实施全球战略管理，以指导企业的跨国经营。

1. 全球战略管理的特点

（1）把企业全球范围的经营活动看作一个整体，以这个整体的利益作为战略目标。也就是说，它是以公司的全局为对象，根据公司全球发展的需要制定对策，各子公司和机构都要服从这个目标。它所考虑的是全球利润最大化，而不是某个子公司或机构的得失。

（2）在全球范围内配置企业资源，包括人力资源、资本、技术资源等，以世界为市场安排投资、生产、销售及技术开发，以达到企业资源的最优配置。

（3）全球战略谋求企业在国际市场中的长远发展，对公司的生存和发展作出统筹规划，有时可能会为长远利益牺牲短期利益。

（4）企业会根据全球战略需要规定各子公司的职能和经营内容及范围，协调母公司与子公司、子公司与子公司之间的关系，将母公司和各个子公司在全球范围内联系在一起。

（5）预见性是全球战略管理的重要特点。全球战略对象复杂，且缺少可以借鉴的经验，因此可能具有很大风险，需要谨慎从事。

2. 实施全球战略管理的意义。实施全球战略，可使跨国公司具有灵活性、统一性和高效性，有助于更有效地使用有限的人力、资本和技术资源，享受资源和产品可在全球范围内进行统一调配的优势，达到全球一体化。其意义具体表现在：

（1）在跨国战略指导下，企业可以更有效地协调和整合多种多样的、分散在世界各地的业务，使其经营成果远优于未使用全球战略的效果，从而提高跨国经营各子公司和机构的效率，降低成本，进而获取更大利润。

（2）在较广的范围进行经营活动，在无形中提高了企业的抗风险能力。同时，企业可以充分利用各国市场的差异，谋求利润最大化，提高市场竞争力和影响力。

3. 全球战略目标。全球战略目标，是指跨国公司在全球战略适用期间要取得的预期目标或经营成果水平，它是全球战略的核心。全球战略目标包括以下几个方面：

（1）用户和市场范围，包括主要服务对象的确立与改变、主要市场及市场组合、营销策略、市场占有率水平等。

（2）经营业务范围，包括拟开发产品种类、业务范围的扩大或缩小、生产经营方式的改变等。

（3）自身发展目标，包括跨国公司总的资本额、职员总数、销售收入总额、海外投资收益率、利润总额、主要技术指标水平以及公司的国际定位等。

（二）财务管理要求

国际化经营的财务管理是跨国公司对资金运用及其体现出的各种经济关系进行计划、组织、指挥、协调、控制的一系列管理活动，即跨国公司根据自身的经营状况和外部环境的变化，对资金的筹集、分配、运用等问题事先予以规划，并且对在实际经营中体现的各种经济利益及时进行分析、检查、控制，以达到以尽可能少的资金、尽可能低的成本来实现尽可能多的收入和利润的目的。

跨国公司财务管理与国内企业财务管理在基本原理和方法上大致相同，其区别之处在于，跨国公司所面临的理财环境比国内企业更为复杂、多变、难以控制。在进行财务决策时，不仅要考虑本国的实际状况，而且还要充分考虑国际政治形势、各国政策和法律法规的具体规定及其变动趋势、世界科学技术状况及其在将来的发展、世界经济发展前景、国际市场行情以及竞争对手动向、社会意识、文化观念以及风俗习惯对消费者的影响等因素。

此外，由于跨国公司的经营与财务活动涉及不同的国家与地区，其经济状况、税收政策、法律法规都不尽相同，这种差异化的经营环境给跨国公司提供了盈利机会：跨国公司可以在国际市场筹集低成本资金，进行最佳投资组合，以获取规模经济效益，并最终实现其收益最大化。但与此同时，跨国公司所面临的风险也更大，国际政治、经济、社会环境中的各种风险都会给国际化经营活动带来障碍。机会与风险共存的现状必然要求保险公司在国际化经营中加强财务管理，在充分利用机会优势的同时，尽可能降低或避免所可能遇到的风险，以获得经营的稳定和利润的最大化。

1. 国际化经营的财务管理目标

（1）发挥跨国经营优势，降低财务成本。跨国经营可以从多个国家获取廉价的资源以及生产要素，并可通过合理安排，达到财务上的规模经济，从而降低财务成本。

（2）使公司内部的资金流动适应各个东道国的环境限制和具体惯例。各国都可能存在对本国企业资金跨国转移的限制，因此跨国公司在母国与东道国之间、母公司和各子公司之间的转移资金需要适应各国环境，通过合理的财务管理安全地进行资金转移。

（3）稳定保险公司资产和收入的价值。跨国经营中很可能遇到通货膨胀和汇率变动的风险，尤其汇率问题对经营国际保险业务的保险公司更具特殊性和重要性。公司负债的币种与资产的币种不同，以及承保人的未到期责任和未决赔款、股东资本与其他资产在币种上不相匹配等情况，都会给企业带来汇率风险。为在国际保险市场上更有效地运营，企业的财务管理部门必须设法降低汇率风险。

2. 国际化经营的财务管理职能

（1）筹集资金。筹集资金是企业跨国经营中财务管理的一项重要功能，也是一切经营活动的起点，跨国经营的特殊性要求根据全球融资战略来筹集资金，即从全球范围内权衡可利用的资金来源，从中选择最佳的资金组合，以达到融资成本最小化、避免和降低各种风险、建立公司最佳财务结构等融资战略目标。

①融资成本最小化：由于各国政策不同以及社会、经济、技术等因素的影响，在国际资本市场上，资金来源不同、筹资方式不同，会使资金成本大为不同，就使跨国经营实现融资成本最低成为可能。一般地，实现融资成本最低化可采取以下方法：通过选择适当的融资方式、融资地点、融资货币以避免或减少纳税，尽可能利用东道国政府为鼓励外来投资而提供的利息补贴、长期优惠贷款等优惠政策，绕过信贷管制、争取东道国的信贷配额。

②避免和降低经营风险：在全球融资过程中，不仅要力图使融资成本最低化，同时还要降低风险、扩大和保持现有的融资渠道。主要方法有：通过配对的融资安排来消除或减少外汇风险；通过利用公司外部资金或贷款，坚持以国外项目或子公司的盈利作为偿还贷款来源；通过寻找国际合作伙伴等降低政治风险；通过优先使用透支限额来扩大和保持融资渠道。

③建立公司的最佳财务结构。任何一项融资，都可能影响公司的债务股本组合，应通盘协调、考虑子公司的财务结构，以达到公司总体财务结构最优化。

（2）运用资金。运用资金要求从公司总体角度出发，合理分配、调拨和使用资金，谋求最佳财务效果，减少公司运用资金的成本和风险。跨国经营运用资金的目标是创造利润，资金运用方式包括长期投资、证券投资和流动资金管理。其中，长期投资是指企业对经营过程中固定资产的投资。证券投资是指企业通过买卖股票、债券等有价证券及其衍生品来获取资本利得的投资。流动资金管理则是跨国经营企业中日常性的资金运用管理任务，直接与销售增长和经常性融资需要有关。跨国经营流动资金管理的目标是通过资金的合理安排以及资金的适当集中和分配，达到资金转移和利用最高效率、减少资金成本和风险的最佳财务效果。流动资金管理主要包括两方面：一是流量管理，指确定公司总体范围内流动资金的最佳货币组合和安置地点；二是存量管理，指对现金、应收账款、短期证券和短期负债的水平及其组合结构的管理。

（3）保护资金。保护资金主要是指使资金避免或降低通货膨胀、汇率波动等的影响。作为跨国经营的企业，控制汇率风险的影响显得尤为重要。

国际化经营保险公司和再保险公司所面临的汇率风险通常有三种：①交易风险，指由于外汇交易产生的盈余或亏损的风险；②汇兑风险，指以本币为单位，对国外资产进行重新评估引起的盈利或亏损的风险；③经济风险，即预期现金流量的净现值由于汇率的远期不确定性波动而导致的盈余或亏损的风险。

针对国际化经营中的汇率风险，通常有两种风险管理策略：一是长期外汇风险管理对策，包括估计净暴露和净风险、估计汇率变动范围、对预期风险采取保值措施，如对净风险进行套期保值安排，有计划地改变货币净流量，以降低或消除风险；二是日常外汇风险管理，如套期保值、提前或延期支付、货币互换等，同时，将资产和负债使用同一币种计算或使用一篮子货币，也可降低汇率风险。

（三）人力资源管理要求

人力资源是跨国经营活动中非常重要的因素，因为经营活动首先是人的活动，人的知识、技术、能力和努力程度在很大程度上决定着经营的成败。

跨国公司人力资源管理可分为两个层次，第一层次是对参与制定并组织执行公司经营战略和策略的中高层管理人员的管理，第二层次是对担任执行功能的基层人员的管理。跨国公司与国内公司在人力资源管理上的区别主要是第一层次上的差异。值得注意的是，由于存在各地税法、习惯做法等多方面的不同，协调报酬成为一项重要而难度颇大的工作，同时员工发展规划、业绩评估方法等问题在国际经营管理中也有更高的要求。

（四）东道国管理要求

任何一个市场中都存在监管和税收问题，东道国的监管政策和税收的具体规定，如税收种类及税率结构、对折旧问题的有关规定、税收优惠政策、东道国与母国的双边税收协定等，是影响国际化经营策略及收益状况的重要因素。跨国经营的保险公司必须熟悉和遵守东道国保险市场的行业规则，才能在国际化经营中趋利避害，有效运作。

此外，由于各国对企业审计在法律要求和实际操作习惯中的不同，跨国保险公司的会计记账方法和会计报表内容也应随国家、文化的不同而不同。这些记账规则和描述形式的不同可能会使保险人的账面利润发生扭曲，尤其对一些保险期间较长的险种来说更为严重，这些问题的存在使得评价保险人的经营业绩变得十分困难。为使投资人、投保人对保险人作出一个可信的判断，保险公司的会计记账和会计报告需要制定统一的规则来进行管理。

第四节　保险市场全球化与国际保险监管协调化

一、保险市场全球化

全球化是指随着人类社会的发展和进步，地区和国家之间在政治、经济等方面互相依存，全球联系越发紧密的现象。在全球化这一概念中，经济全球化是最为重要的一个方面，它是指经济活动打破国界的束缚，通过国际贸易、资本流动、跨国服务和技术转移等方式，在全球范围内形成一个经济整体的过程。当前，经济全球化是世界发展的一大趋势，同时也是世界经济呈现的最鲜明的特征之一。

在经济全球化的背景下，为了开拓市场、获取更多利润，保险公司纷纷进行跨国经营，保险的全球化也不可避免地成为当今保险业发展的主要趋势之一。保险全球化是指支持保险业发展的各要素跨越国界自由流动，各国家或地区的保险在世界范围内相互影响、相互融合，使各地保险市场融合为统一整体的过程。

保险公司的国际化经营推动了保险全球化趋势的发展，而保险全球化形态的出现，又推动了世界范围内保险市场的出现和发展，催生了各国保险公司在不同区域内进行交易和交流的国际保险市场。

（一）保险的全球化发展

1. 风险的全球化。经济的全球化进程使得不同经济体之间产生的联系越来越多，且彼此互相影响，这推动了风险的全球化进程。虽然全球化能够带来诸多优势和利益，但是在其各个环节中所蕴含的风险也是不可忽视的。在全球化背景下，各个国家和地区之间日益频繁的资本、信息、技术和人员交流，使得各地的内部风险转化为可输出的外部风险，为风险在更大范围内的传播提供了途径。此外，在传播过程中还可能有新的风险滋生，导致风险的不确定性加剧，使其更加难以预测和控制。与外部联系越紧密、对国际贸易的依赖性越高的经济体，受到外部风险侵袭的可能性就越高，其抵御和防范风险的能力也越弱，这就是风险的全球化过程。

针对风险的全球化过程，仅凭各国政府的干涉来控制风险是不可行的。而保险则可以通过市场化机制的运作，有效地转移和分散这些风险。随着全球化风险的加剧，各贸易主体对于保险的需求也越发深化。因此，风险的全球化是保险全球化发展的重要前提之一。

2. 保险业务的全球化。随着风险的全球化，保险业务也随之走出国界，走进全球化的演变过程。保险业务的全球化主要体现在三个方面：第一，随着国家和地区间贸易程度的不断加深，贸易风险随之增加，贸易双方对于保险业务（尤其是对跨国界的货物运输保险）的需求也在不断上升，保险业务在全球范围内不断扩张；第二，随着世界经济的发展，各国政府和人民的财力持续增长，世界各地巨额保险标的频现，且无论在数量还是价值上都在不断提高，本国保险企业往往会出现承保能力不足的问题，在此状况下，投保人往往会不局限于国籍选择多家保险人进行投保，为保险业务的跨国发展提供可能性；第三，直接保险公司在揽进业务后，一般会将自留额以外的业务进行再保险安排，而为了更好地分散风险、稳定经营利润，并获取更优惠的分保费率，其选择的再保险人往往遍布全球各个国家，再保险业务的全球化进程也不断加深。

保险业务的全球化是各国投保人、保险人和再保险人出于追求自身利益的目的，通过不同途径所促成的共同结果。保险、共同保险和再保险使风险在不同国家的保险市场上转移和分散，将全球保险业联结为一个统一的国际性市场。

3. 保险市场的全球化。在经济全球化的背景下，国家与地区之间在经济意义上的界限逐渐模糊，跨国公司发展迅速，保险的经营活动和服务活动得以在不同国家（地区）之间自由流动，实现保险自由化和国际化。保险的自由化和国际化促进了保险业务在全球的扩展以及保险资金在世界金融市场的流动，为保险市场的全球化发展创造了良好的条件。此外，保险市场的全球化进程得到了来自各国政府和国际性组织的有力支持，这为保险市场的全球化提供了良好的制度环境，并且催生了"国际保险市场"这一概念。

（二）国际保险市场

1. 国际保险市场的概念。保险市场指的是保险商品供给和需求关系以及交易关系的总和。而随着经济全球化和贸易全球化进程的加深，各国保险市场相互融合、共同发展，形成了覆盖全球的国际保险市场。国际保险市场的含义是，在全球范围内，各个国家和地区之间保险交易及其相关活动关系的总和。

2. 国际保险市场的总体特点和发展趋势。综观现今的国际保险市场，其发展趋势与各国经济和金融状况的发展程度紧密关联，且随着各国经济和金融发展趋势的不同，世界各国保险市场的发展状况也呈现差异性的特点。

（1）与经济总体发展状况具有一致性。世界经济和金融的发展是保险业发展的基础，保险市场的发展趋势与世界经济周期的运行具有密不可分的联系。在世界经济发展迅速、金融业稳定增长的情况下，保险需求旺盛、保费收入和投资收益情况良好，国际保险市场的增长也会非常显著；反之，如果全球经济陷入低迷、金融业走向萎缩，保险市场需求走低，保险公司的保费收入和投资收入均随之下降，国际保险市场的发展就会陷入停滞。例如 2008 年的国际金融危机使得世界经济发展陷入低迷，而该年度全球实际保费收入出现负增长现象，由 2007 年 3.6% 的增长率显著下滑至 2008 年的 −2.0%，这是将近三十年以来全球实际保费规模首次出现下滑。而随着危机后世界经济的整体复苏趋势，全球实际保费收入在 2011 年之后逐渐开始恢复正向增长。

（2）保险市场内部发展具有差异性。发达国家和新兴市场国家之间的差异则导致不同区域保险市场发展趋势的差异。对于发达国家而言，由于拥有发达的金融环境、丰富的管理经验和成熟的保险技术，其保险市场的发展趋势稳定而健康，发展中国家则逊色于发达国家。但是发达国家的保险市场在长期的发展完善中已经趋于饱和，因此在市场规模的增长速度上，新兴市场国家则更加显著：新兴市场国家处于工业兴起时期，其对保险的需求呈现加速增长趋势，加之本国保险业尚不成熟，在很大程度上需要引进发达国家的成熟保险体系作为借鉴，因此新兴市场国家的保险市场向好发展趋势是日益突出的。

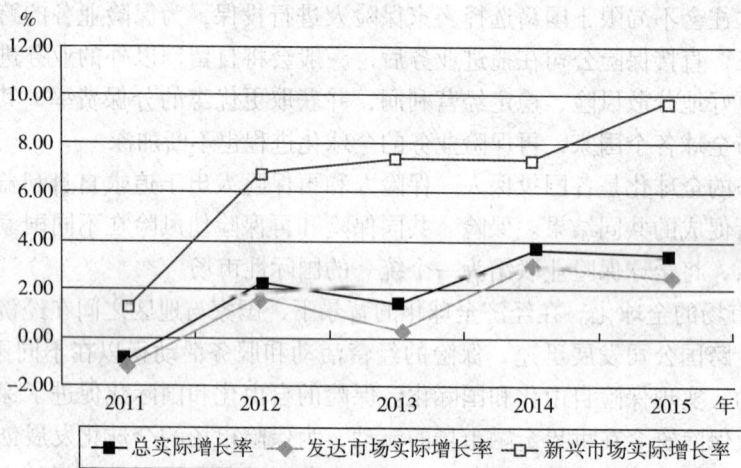

资料来源：瑞士再保险经济研究及咨询部。

图 12 –1　2011—2015 年全球保费实际增长率（扣除通货膨胀因素）

总体来说，随着 2008 年国际金融危机结束后世界经济和金融环境逐步回暖，世界保险市场规模在 2011 年后的实际发展情况呈现出稳步增长的趋势，其中传统发达国家市场和新兴发展中国家市场又呈现不同的特点：发达国家市场整体增长平缓、稳定；而新兴发展中国家市场则呈现出明显的增长优势。这一现象一方面是由于发达国家保险市场发育较为成熟，市场需求和市场规模都已趋于稳定；另一方面是由于新兴经济体保险市场正处于快速发展阶段，其保险需求日益增加，市场规模也随之不断扩大。

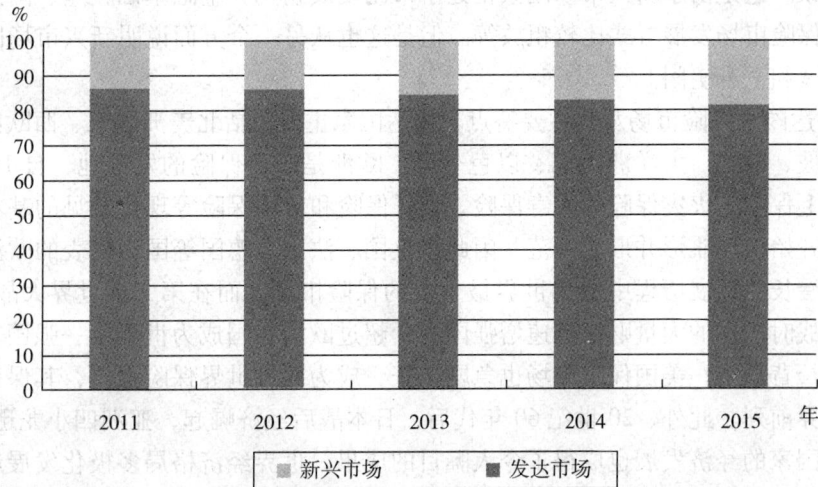

资料来源：瑞士再保险经济研究及咨询部。

图 12 - 2　2011—2015 年保险市场份额

　　从市场份额的角度来说，发达国家保险市场仍然以超过 80% 的市场份额占有绝对优势。这一局面是由发达国家保险市场漫长的发展历史、成熟的经营机制和稳定的保险需求等多个因素决定的，并且这一优势将很可能在相当长的时期内持续。但是新兴经济体保险市场的发展同样是不可忽视的。数据显示，新兴市场占全球市场的份额由 2011 年的 13.9% 迅速上升至 2015 年的 18.66%，平均每年上升将近 1%。这充分表明新兴保险市场的巨大发展潜力。

表 12 - 2　　　　　　　　　　　**2015 年世界主要保险市场情况**

国家		保费收入（百万美元）	占全球市场份额（%）	保费收入世界排名	保险密度（美元）	保险密度世界排名	保险深度（%）	保险深度世界排名
发达市场	美国	1 316 271	28.9	1	4 095.8	9	7.28	16
	日本	449 707	9.88	2	3 553.8	14	20.82	7
	英国	320 176	7.03	4	4 358.5	8	9.97	9
	法国	230 545	5.06	5	3 392	16	9.29	11
	德国	213 263	4.68	6	2 562.5	22	6.24	23
新兴市场	中国	386 500	8.49	3	280.7	53	3.57	40
	巴西	69 091	1.52	14	332.1	48	3.9	39
	印度	71 776	1.58	19	54.7	76	3.44	41
	南非	45 958	1.01	18	843.5	35	14.69	4

资料来源：瑞士再保险经济研究及咨询部。

虽然新兴市场国家具有较强的发展速度和动力，但是就保险密度（人均保费）和保险深度（保费占 GDP 的百分比）来看，总体而言，发达国家仍然明显领先于主要新兴发展中国家。这是由于新兴市场国家正处于市场发展初期，金融基础较差、国民保险意识薄弱、保险市场发展方式比较粗放等。但是这也从另一个方面说明新兴市场国家具有极大的发展和上升空间。

3. 发达国家保险市场及其主要特点。发达国家主要包括北美洲国家、西欧国家、日本、新加坡、韩国、大洋洲国家、以色列等。欧洲是现代保险的发源地，自 11 世纪末开始，海上保险、火灾保险、人寿保险、责任保险和信用保险等现代常见的基本险种在欧洲逐渐开始出现雏形并形成规范，因此以英国、法国、德国等国为代表的欧洲资本主义国家在漫长的发展历程中成为世界最重要的保险市场。而在第二次世界大战结束后，美国凭借战时积累的大量财富迅速增强国力，超过欧洲各国成为世界第一强国。在强劲的经济增长背景下，美国保险市场也急剧扩张，成为西方世界保险强国，其保费规模一直位居世界前列。此外，20 世纪 60 年代后，日本战后经济崛起，亚洲四小龙迅速腾飞，其他发达国家的经济发展也取得了令人瞩目的成果，世界经济格局多极化发展趋势日益明显。在此基础上，这些发达国家和地区的保险业发展逐步深化，成为世界范围内重要的保险市场。

虽然各个发达国家在产业结构和发展过程方面各有其特点，但是总的来说，由于发达国家保险业经济基础良好、发展历史悠久的特点，其市场具有成熟、完备的优势。但是随着内部保险市场饱和度的提高以及新型国家保险市场的迅速发展，发达国家保险市场的增长速度趋于平缓、稳健。

（1）市场发育成熟。发达国家保险市场最突出的特点和优势就在于成熟完备的市场体系。从市场规模来看，截至 2015 年，发达国家保险市场的保费收入占世界市场的总收入一直保持在 80% 以上（见图 12-2）。与此同时，发达市场的保险密度与保险深度具有十分显著的优势。截至 2015 年，发达国家保险市场平均保险密度为 3 590 美元、保险深度为 11.59%，远超过保险密度 621.2 美元、保险深度 6.23% 的世界平均水平。

从市场主体来看，发达国家经济和金融基础发达、风险管理意识普及，因此保险需求稳定、旺盛；而由于其保险业务起源较早、市场开放程度较高，因此保险供给主体多、市场竞争也比较激烈。以 2015 年为例，当年世界范围内营业额排名前十位的保险公司中，就有 8 家来自发达国家（见表 12-3）。这一方面是由于发达国家拥有良好的市场基础，另一方面是由于发达国家保险企业在长期发展过程中，在资金基础、承保技术、产品创新、管理经验和人才储备等多个方面具有明显的优势。

表 12-3　　　　　2015 年世界十大保险企业及其收入状况

排名	名称	营业额（百万美元）	国别
1	伯克希尔—哈撒韦公司	194 673	美国
2	安盛	161 173	法国
3	安联保险集团	136 846	德国

续表

排名	名称	营业额（百万美元）	国别
4	日本邮政控股公司	129 687	日本
5	意大利忠利保险公司	118 872	意大利
6	英国保诚集团	98 977	英国
7	中国人寿保险（集团）公司	87 249	中国
8	中国平安保险（集团）股份有限公司	86 022	中国
9	英国法通保险公司	84 805	英国
10	慕尼黑再保险公司	81 685	德国

资料来源：美国《财富》杂志。

此外，发达国家保险市场的成熟性还来自保险中介市场和再保险市场的支持。许多发达国家在建设保险市场的过程中，根据自身国情建立了适合本国保险发展的保险中介和再保险运行模式。发达国家的保险中介行业和再保险行业一般具有良好的市场秩序、严格的制度基础和开放的市场环境，并在各自国家的保险市场中发挥着不可替代的作用。

（2）增长速度渐缓。与发展中国家相比，发达国家保险市场长期占有优势地位，就市场规模的增速来说，发达国家保险市场的增长速度比较稳定，但是总体而言增速较慢（见图 12-1）。这一方面是由于发达国家保险市场已经度过了快速增长时期，市场潜力已被挖掘得比较充分、饱和程度较高，已经进入稳定发展阶段；另一方面是由于在金融危机的外部冲击以及新兴国家保险市场高速发展的背景下，发达国家的市场增长速度相对不明显。

（3）监管体系完善。发达国家保险业的健康发展与完善的监管体系和制度是分不开的。在长期的监管实践过程中，各发达国家都形成了完善的保险监管模式。总的来说，发达国家的保险监管具有如下特点：注重立法基础，对于本国保险监管机制建立了完整、健全的法律制度；注重投保人和被保险人的利益，建立完整的保险公司信息公开制度，最大限度地保证信息透明度以及消费者的知情权，营造公平、公正的保险市场竞争秩序；注重对于保险公司偿付能力的监管，确保保险人有足够的履行保险义务的能力，从而间接保障居民财产安全和社会秩序稳定；注重行业协会在保险监管中的作用，将行业自律与政府监管有机结合起来，充分调动保险企业参与监管体制的积极性。

（4）开放性和创新性明显。在保险全球化的背景下，世界各国都已经开始逐步打开本国市场，融入世界保险市场。但是从开放程度来讲，发达国家保险市场的开放性和全球化程度要显著高于发展中国家，这是由于发达国家保险业自身发展比较充分，在开放过程中受到外来保险企业严重冲击的可能性比较小。此外，这也是更好地发展再保险机制、有效分散和转移本国风险的必然要求。

此外，发达国家保险市场还具有显著的创新性。这一特点不仅体现在保险业自身的产品和技术创新上，还体现在发达国家保险市场与金融市场的深度融合上：投连险、分红险等新兴寿险产品，以及保险期货、保险期权、巨灾债券和巨灾互换等保险衍生品的出现，在提供保险产品基本保障的同时融合了金融产品的投资性，丰富了投保人的投资选择，这对于保险市场的进一步发展具有重要的推动作用。

4. 新兴国家保险市场及其主要特点。随着世界经济和贸易的逐渐深化，以中国为首的众多发展中国家正在经济和金融领域发挥着越来越重要的作用。自 20 世纪末美苏冷战结束后，两极格局被打破，世界经济政治格局向着多极化、全球化趋势发展。在此背景下，以中国、印度、巴西、南非等国为代表的发展中国家抓住机遇，吸收借鉴发达国家的发展经验，并充分发挥本国的人口资源优势，推动本国保险市场迅速扩张成长。新兴国家保险市场成为推动国际保险市场发展的重要动力。

一般来说，新兴国家保险市场保险需求非常旺盛，并且普遍受到国家政策的扶持，因此其保费规模增速水平很高。但是与此同时，由于保险发展历史较短、金融市场环境尚不稳定等因素，新兴国家保险市场的发展仍存在许多缺陷和弱势有待完善。

（1）市场增长迅速。新兴国家保险市场最显著的特征就是强劲的增长速度。在工业化、现代化、城镇化的发展进程下，发展中国家普遍兴建工程、建立企业，因而新兴市场中产生了大量的财产和责任保险需求；而随着发展中国家社会经济的发展，居民收入水平不断提高，对于投资和风险管理的要求增加，因而新兴市场也产生了大量的人寿和健康保险需求。尽管自 2008 年国际金融危机之后世界经济的发展总体疲软，但是在强烈保险需求的驱动下，新兴国家保险市场依然保持着极高的增长幅度，处于迅速发展状态。截至 2015 年，世界新兴保险市场总保费高达 0.85 万亿美元，其年度增长率为 9.8%，其中寿险保费增长率为 12%，非寿险保费增长率为 7.8%，均远高于 3.5% 的经济增长率，同时也远高于发达国家市场的增幅和全球保险市场平均增幅（见图 12 - 1），显示出巨大的发展速度和潜力。

需要注意的是，新兴国家保险市场内部发展也具有明显的差异性。在新兴市场中，中国占有将近一半的世界市场份额，其保费收入规模显著高于其他发展中国家；而在增长速度方面，各主要新兴市场国家也各自呈现不同的特点（见图 12 - 3）。

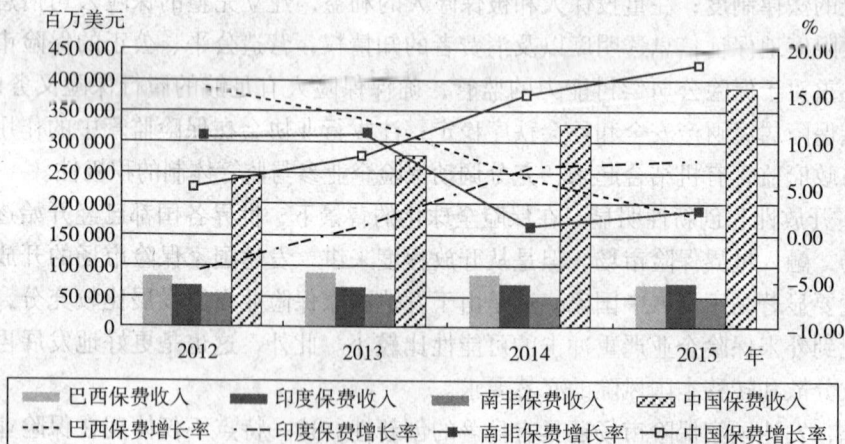

资料来源：瑞士再保险经济研究及咨询部。

图 12 - 3 2012—2015 年世界主要新兴市场保费收入及其增速

（2）与发达国家仍有差距。虽然新兴市场的发展速度在全球市场范围内尤为突出，但是在保险深度和密度方面仍然与发达国家保险市场有很大的差距（见表12－2）。2015年，新兴市场总体保险密度约为140美元，不足世界平均水平的1/4，而保险深度为3.33%，与世界平均水平也具有明显的差距。

此外，由于新兴市场保险发展历史相对较短，其保险市场主体在产品开发、核保核赔、经营管理等方面缺乏足够的经验积累，来自保险中介市场和再保险市场的支持也相对缺失，因此在这些方面，新兴国家保险市场与发达国家市场相比仍然存在很大的差距。

（3）监管体系有待健全。与发达国家相比，新兴保险市场中无序经营、恶性竞争、偿付能力不足等问题更加显著，这是由新兴保险市场监管缺位问题造成的。新兴保险市场普遍存在法律规章制度不严谨、信息披露和数据公开平台建设不成熟、市场进入退出机制不完善等问题，这些问题导致保险监管效率低下、投保人和被保险人的利益难以得到保障，并且会影响到本国保险业的名誉和形象。目前，各新兴市场国家都在学习借鉴发达保险市场的先进经验，发展探索适合本国市场环境的监管制度，以促进本国保险市场在兼顾效率与公平的基础上健康可持续发展。

（4）依赖政策扶持、开放程度低。保险业在绝大多数新兴市场国家都属于"朝阳产业"，这一方面意味着巨大的发展潜力，另一方面也意味着该产业本身具有发展弱质性，需要国家政策的扶持。目前，通过税收优惠和补贴等政策手段扶持本国保险市场发展在新兴市场国家中是一种普遍的做法。

同时，由于新兴市场国家的保险公司缺乏足够的资金基础和承保能力，难以与来自发达国家的保险公司进行竞争，因此新兴国家保险市场的开放程度也明显低于发达国家保险市场。世贸组织管辖的多边贸易协议《服务贸易总协定》中关于保险市场的部分明确指出，国际保险贸易遵从的是逐步自由化原则，即成员国不需要直接全面放开本国保险市场，但需要通过法律法规、行业准则等相关政策的变化，来保证其开放程度正在朝全面自由化的方向迈进。逐步自由化原则的设立主要是为了维护发展中国家的政治主权和经济独立，并保证其保险业不会在全面开放的金融市场下受到其他国家优势企业的致命打击。因此，新兴国家保险市场在长期内是具有全面开放的总体趋势的。

专栏12－3
国际保险市场与离岸再保险市场

随着跨国公司的发展和资本流动的全球化，国际保险市场的演变和分化越来越细致，"离岸（再）保险"这一概念随之诞生。离岸再保险是离岸金融中的一部分，是指发生在某国境内但是不属于该国保险体系、不受到该国相关部门和法规监管的保险机构所进行的保险活动。与一般的国际保险市场相比，离岸再保险市场最主要的特点有两个：在保险主体方面，保险人与投保人双方对于交易所在国家（或地区）而言均是外国企业或居民；在保险监管方面，离岸保险不受到交易所在地相关法规和机构的约束，而是按照国际惯例方式进行相对独立的经营管理。

目前，全球范围内最具规模的离岸再保险市场主要分布于伦敦、苏黎世、慕尼黑、百慕大和开曼群岛等地，根据离岸保险市场与国际保险市场之间的关系，离岸再保险市场可主要分为三个类型：一是混合型（也称伦敦型），即离岸保险市场与国际保险市场融为一体，当地外国保险企业可以同时经营国际保险业务和离岸保险业务；二是分离型（也称苏黎世型），即离岸保险市场与国际保险市场严格分割、独立运行，并且受到不同监管制度的约束；三是单一型（也称百慕大型），即由于交易所在地本地人口稀少，保险市场主体以来自其他国家的保险人和被保险人为主，离岸保险市场在当地保险市场中占有绝对的比重。

随着本国保险市场的发展和开放，我国的离岸再保险市场规模正在逐步扩大，并且受到了国家政策的支持和鼓励。自 2014 年开始，我国上海、福建、天津、广东等自由贸易试验区都在积极规划和开拓以离岸保险为代表的创新型保险业务；2016 年，中国保监会发布了《中国保监会关于离岸再保险人提供担保措施有关事项的通知（征求意见稿）》，开始对离岸再保险人的信用风险及其担保措施的管理和监督模式进行探索。

二、全球化环境下的国际保险监管协调化

国际保险监管是指对国际保险活动的监管。伴随一国保险业健康发展的除了经济和金融环境的变化，还有该国家保险监管模式的变化。而保险全球化和国际化的进程，除了能促进世界保险业自身的发展以外，还推动了保险监管模式的改变。总体来看，随着贸易自由化和保险自由化的发展，世界多国的保险监管方式都在作出相应的改变。此外，为了更好地控制国际保险市场中的交易行为，适应保险业务和资本的全球化趋势，各国监管机构也正在对如何进行交流合作这一问题进行探索。这些探索有些是在制度和法律层面，有些是在机构和主体层面进行的，并且正在规范国际保险市场行为、协调各方利益等方面发挥着越来越重要的作用。

（一）国际保险监管的原因

由于保险产品的准公共物品特征和正外部性特征带来的免费搭车问题，以及保险市场的信息不对称性可能带来的道德风险和逆选择问题，在没有外力干涉的纯竞争市场环境下，保险市场极易出现市场失灵问题。市场失灵问题会导致保险供需双方缺乏市场参与的积极性，保险市场的发展陷入停滞乃至倒退，因此保险监管机构和制度的存在是十分必要的。这是保险市场监管机制存在的原因。

除了市场失灵问题以外，国际保险监管存在的原因在于，在国际保险市场中，国家或地区之间的保险监管需要各方面的合作与协调。对于保险公司而言，其经营管理的行为是受到公司所在国家或地区的监督管辖的。但是由于各国的法律制度、市场环境、历史习惯各自具有不同的特点，其对于保险市场监管的具体规定内容也都有所不同。在这种情况下，保险公司在进行国际化经营的过程中就需要面对两个甚至更多国家的不同监管要求，这会给保险公司的风险管理和跨境经营业务增加困难、提高成本，并且间接地打击了保险公司在全球范围内进行扩张的积极性，不利于国际保险市场的发展。因此，为了对国际性的保险公司和集团实施合理有效的监管，各国监管部门、区域性监管机构和国际性监管组织之间的交流和合作必不可少。

此外，国际保险监管体系的建立在一定程度上也是源于各国监管当局的需求。与其

他国家、区域组织或国际性组织进行合作与交流，有利于吸收其他国家优秀的监管经验，完善本国的保险监管体系。同时，与其他监管部门的深度合作也有利于进一步开放本国的保险市场，促进本国保险业和金融业迅速发展。

（二）国际保险监管的目的

国际保险监管的目的与其原因具有一致性。首先，保险监管体系的建立是为了避免保险产品的外部性、解决搭便车问题、加强信息公开和透明度，从而消除市场失灵问题，维护消费者权益并消除保险人恶性竞争，刺激保险供需双方的积极性，促进保险市场的发展壮大。其次，国际保险监管体系的建立是为跨国保险公司提供高效、便利和稳定的市场环境，为保险公司消除不必要的经营费用，充分提高国际保险市场的效率。再次，各国家和地区监管者之间的信息交换和协调合作，也是为了使监管者更加有效地履行自身职责，促进保险业健康发展。

在保险的国际化经营进程下，国际保险监管的重要性日益明显。与此同时，国际保险监管也必须以进一步促进保险的国际化经营进程为最终目标。

（三）国际保险监管的主要内容

由于市场环境和社会背景的不同，各个国家和地区进行保险监管的主要内容也有所不同。在一般情况下，其监管内容可以归结为以下三个方面。

1. 对偿付能力的监管。偿付能力是指对于所有到期债务和应付责任的承担能力和财务支付能力，而保险公司的偿付能力是指保险公司对其所持有保单（即所承担风险）的赔偿能力、给付能力。偿付能力是一家保险公司经营的基础和前提，如果偿付能力无法得到保证，被保险人的损失得不到相应补偿，保险公司就失去了经营的根本。因此对于偿付能力的监管一直是国际保险监管的核心之一。

2. 对市场行为的监管。市场行为是指公司为了实现其经营目标，在现有市场条件下所作出的市场决策和实施行为。对保险公司市场行为监管是国际保险监管的另一个重要核心，这一方面是为了规范保险公司及保险中介公司的市场行为，保证市场竞争的公平性、公正性，另一方面是为了保护投保人和被保险人作为消费者的权益。

3. 对公司组织形式的监管。由于保险的买卖不仅涉及保险人和被保险人的个人利益，还会影响到国家经济秩序和社会安定，因此对保险公司组织形式的监管也被纳入国际保险监管的范围内。对保险公司组织形式的监管包括对公司治理结构、部门设置和职责、任职人员资格、公司合并或业务转移、信息披露准确性等多个方面的监督，其目的在于从根本上维护保险公司和国际保险市场的健康稳定发展。

（四）国际保险监管机构

上文主要介绍了国际保险监管和国际保险法的相关内容，而监管行为和相关立法都需要以各级监管组织为依托。除了各国家和地区内部的监管当局以外，国际保险监管组织正在国际保险监管过程中发挥着越来越重要的作用。国际保险监管组织的工作不仅能够规范保险公司跨国经营行为、促进国际保险市场健康发展，还能作为各国独立的监管机构之间沟通的桥梁和纽带，为国际保险监管体系的协调化进程贡献力量。目前，全球范围内最重要的国际保险监管机构是国际保险监督官协会（International Association of Insurance Supervisors，IAIS）。

1. IAIS 概述。国际保险监督官协会成立于 1994 年，是世界各国家和地区的保险监管机构共同组成的国际会员组织。IAIS 遵循自愿加入原则，截至 2016 年，共有来自将近 140 个国家和地区的超过 200 个司法管辖区的保险监管者加入，处于其监管范围下的保险市场保费收入占全世界保费收入的 97%。其主要目标是促进全球保险监管的有效性和一致性，维护国际保险市场的健康发展和公平竞争环境，保障投保人和被保险人的权益，并以此促进全球金融市场的稳定。

2. IAIS 的定位和主要职能。目前，由于各国在金融业水平、法律制度环境等方面存在较大差距，因此国际保险市场及其监管体系表现出不平衡发展的特点。这不仅可能导致全球保险市场竞争的公平性难以保证，还可能导致风险在全球范围内分散不均、难以转移的问题。在这一背景下，国际保险监督官协会的目标定位就是逐步消除各国保险监管体系发展的不均衡性，并推动不同国家的保险监管模式向着一致性的方向和水平发展。

IAIS 的目标定位要求其兼顾各成员国保险业的发展诉求和利益得失，因此其主要职能有以下两项：一是负责制定各成员国保险监管部门实施管理的原则、标准及其他辅助材料；二是为成员国组织召开保险监管会议、论坛和培训等活动。

3. IAIS 的监管核心原则。国际保险监督官协会于 1997 年颁布了《保险监管核心原则》（于 2000 年、2003 年和 2011 年相继进行了修订），作为对其成员国进行保险监管的基本指导原则，并与其他标准和指导文件一起，为国际保险监管体系建立了一套具有实用性的框架和机制。虽然《保险监管核心原则》对其成员国不具有强制的约束性，但是由于其内容具有科学客观、系统全面的特点，已经获得各国监管者的认同和采纳。因此，《保险监管核心原则》对于国际保险监管具有深远的影响。

2011 年 10 月修订的《保险监管核心原则》共有 26 条，其内容涉及保险经营和监管的所有方面，包括：监管当局的权力和职责，保险市场进入和退出机制，保险公司内部对人员、股权、风险、业务、投资和偿付能力的管理，对保险中介和再保险的规定，信息公开和反欺诈、反洗钱规定，以及对全球监管部门合作和协调内容的相关规定。

在针对保险公司国际化经营行为这一方面，IAIS 的原则大致可以分为以下四个方面内容：第一，所有外国保险公司都不能逃避必要的监管；第二，任何一家跨国保险机构或保险集团都必须受到有效的监管；第三，凡是跨国提供保险产品和服务的保险公司都必须受到有效的监管；第四，针对跨国保险公司的监管方式，应该由公司母国和东道国的监管部门共同协商决定。

（五）国际保险监管的协调化趋势

在保险全球化发展的背景下，国际监管体系的协调化进程至关重要。国际保险监管体系的协调化趋势主要体现在促进竞争公平和推进监管互认两个方面。

促进竞争公平是指为保险公司的跨国经营行为提供公平的竞争环境，主要表现为在市场准入规则和企业待遇等方面为保险企业（无论是本土企业还是境外企业）提供相同的法律法规和监管标准。市场准入是保险公司能够进行国际化经营的基础和前提，企业待遇则能使跨国保险企业拥有与当地保险企业相同的竞争条件。促进本地和境外企业的竞争公平，有利于促进世界保险市场的发展和行业总体进步，因此是国际保险监管协调化进程中的重要一环。

推进监管互认是指国家和地区之间保险监管体系的相互认可制度。监管互认有利于避免重复监管、降低监管成本，为保险公司的国际化经营提供更高效的监管环境，促进国际保险市场的运行效率。由于各国政府保险监管的目标不同，当前世界尚未形成全球范围内的监管互认体系，监管互认主要体现在双边或多边贸易以及区域经济一体化组织的成员国之中。

总的来说，国际保险监管的协调化是国际保险市场长期发展过程中的必然趋势之一。一方面，监管的协调化将为保险公司的国际化经营提供更多的机遇和更好的环境；另一方面，国际监管体系的协调完善过程也将给跨国保险公司的发展带来更多的挑战。

专栏 12 – 4
欧盟保险指令——国际保险监管协调化的区域体现 ::::::::::::::::::::::::::::::::::::

为了达成在欧盟内部建设"单一保险市场"的目标，欧盟相继颁布了四代保险指令，以规范共同体内部的保险行业监管。保险指令是指由欧盟委员会颁布和实施的、对所有成员国具有约束力的法律文件。指令为各成员国规定明确的时间期限，并要求成员国在期限内将指令的内容反映在本国法律中。

第一代保险指令的主要内容包括：规定保险企业在区域内获取营业许可的最低条件，对成员国的保险企业在其他成员国开展国际化经营制定统一标准；要求各成员国不得歧视来自其他成员国的保险人，对于在本国开设保险机构的申请，只要符合营业许可的最低条件，成员国不得拒绝；成员国的保险公司在其他成员国开设保险机构时必须接受东道国的保险监管。第一代保险指令的主要目的是确立保险公司的自由设立权，在一定程度上为保险公司的国际化经营消除了市场准入障碍。但是在实践过程中，保险公司虽然可以在成员国范围内比较自由地开展业务，但是其经营过程需要受到来自母国和东道国的双重监管，这不仅限制了保险公司充分发挥其竞争优势的机会，还会增加其经营成本、打消其进行国际化经营的积极性。

第二代保险指令的主要内容有：允许成员国的保险公司在其他成员国内设立永久性代理机构，经营国际保险；允许成员国的保险公司直接为其他成员国提供保险服务，而不需要在该国注册专门的营业机构；协调监管模式，定义"大规模风险"和"大众风险"，规定前者受到母国监管、后者受到东道国监管。第二代保险指令的目的是在第一代的基础上真正实现保险公司自由提供跨国服务的权利，有利于降低保险公司的跨国经营成本，进一步开放国际保险市场。

第三代保险指令的主要内容有：实行单一保险执照制度，在成员国范围内，凡是受到母国监管的保险公司，都可以通过提供保险服务或设立代理机构的方式自由提供保险产品和服务，而不需要受到其他成员国的监管。第三代保险指令的目的是进一步提高市场效率、促进公平竞争。其单一保险执照制度和母国监管制度不仅解决了市场准入问题，还将各国保险监管制度有机对接，大大降低了保险公司进行国际化经营的成本，为保险市场的一体化奠定了重要基础。

第四代保险指令主要是对于第三代保险指令的贯彻、细化和完善，包括对于寿险和非寿险的统一、偿付能力监管指标和保险中介的规范、金融混业经营监管等方面的单项指令或修改指令，其目的在于持续推动保险自由化的进程，为保险公司的国际化经营进一步扫清障碍。

三、国际保险监管体系下保险公司的国际化经营

从保险公司进行国际化经营的角度来说，国际保险监管的协调化趋势能够减少重复监管环节，降低公司成本，为跨国保险公司提供更公平高效的竞争和经营环境。但是在这一趋势的发展过程中，为了适应东道国的保险监管规则，保险公司的国际化经营也面临诸多的问题和挑战。

（一）国际保险监管体系下保险公司国际化经营的难点

1. 市场准入壁垒和歧视。市场准入是保险公司进行国际化经营的基础和前提，保险公司在进行跨国经营之初，最先遇到的难点就是市场准入问题。许多东道国会对在本国境内提供保险服务或设立保险机构的保险公司规定一定的条件，如保险公司的资产规模、资信情况、从业年限、主营业务等，只有具备东道国所要求的资格的保险公司才能进入该国市场。此外，在一定情况下，东道国可能会对外国保险公司的进入提出更加严格的市场准入条件。目前，世界主要国家对保险公司的市场准入方式有完全开放和有限开放两种。

完全开放的市场准入方式以美国、加拿大等发达国家为代表。由于这些国家的保险市场发展时间长、市场机制成熟、各项基础设施和法律规制完善，因此本国的主要保险公司大多资金雄厚、承保技术先进、管理经验丰富，在国际保险市场竞争中拥有优势地位。在这种情况下，东道国会对外资保险公司的准入附加较少的条件，并给予它们"国民待遇"，即对于在本国境内进行经营活动的保险公司，无论是本土企业或境外企业，成员国应在相同或相似的条件下给予它们相同的法律法规和监管标准，或为外国保险企业提供至少不低于本国企业的待遇。除了部分发达国家以外，部分发展中国家或地区，如南非、智利等，由于在双边或多边谈判中同意接受开放金融市场的目标，或是受到来自发达国家的压力，也可能会采用完全开放的市场准入方式。

限制开放的市场准入方式则被大多数发展中国家以及日本、欧盟等发达国家所采用。对于发展中国家而言，由于其保险市场发展处于初级阶段，市场潜力大，但是市场环境和保险公司实力仍较为脆弱，一旦完全开放市场吸引发达国家保险公司大量涌入，将可能导致本国险企难以为继。因此为了保护本国企业，发展中国家一般会对外资保险公司实行有限制的市场准入方式。对于发达国家而言，日本实行限制开放的原因与发展中国家类似，是由于其国内经济环境低迷、本国保险业陷入停滞等问题导致的；而欧盟的做法则是对内实施完全开放，而对外实行限制准入，这主要是为了保证欧盟成员国内部保险业发展的秩序。

对于跨国保险公司而言，符合东道国的市场准入规则是进行国际化经营的首要条件。完全开放的市场虽然容易进入，但是进入后一般会面临激烈的市场竞争；而限制开放的市场虽然进入条件比较严格，但是一旦进入后就能拥有更大的保险市场和发展空间。因此，在多个不同准入规则的保险市场之间进行取舍和选择，也是保险公司面临的

一个难点。

2. 保险相关法律和监管限制。进入外国保险市场后，保险公司就需要面临来自东道国和母国的双重监管限制，这是国际化经营的另一个难点。法律和监管限制问题主要分为监管差异和监管重复两个方面。

监管差异是指由于各国在政治、经济、环境等方面存在差异，其保险监管的内容和目标各不相同，保险公司很可能面临与母国截然不同的多种保险监管机构和监管方式。保险监管涉及市场准入、公司治理、资产负债、偿付能力、交易行为、再保险和金融衍生工具、保险中介制度等多个方面。不同国家的保险监管重点内容不同，这对保险公司在跨国活动中的运营方式造成很大影响。由于监管限制不同，保险公司不得不在不同东道国的经营中实施差别化的管理，这会提高保险公司的经营管理成本，降低其利润。

监管重复是指东道国与母国之间虽然在法律和监管规定等方面具有一定程度的一致性，但是由于两国之间缺乏监管互认机制，保险公司不得不面临多重监管的问题。对于保险公司来说，应对多次重复的监管行为带来的时间和资金成本会降低公司运行的效率，对其经营绩效有不利的影响。

3. 国际保险监管的变化和转移。保险监管并非一个静态的、固定的机制，它是一个随着环境的改变而不断发展的、动态的、变化的概念。在国际贸易迅速扩张、国际经济联系日益紧密的全球化背景下，国际保险监管体系正在不断完善，其监管方向和重点也正在发生转变。当前国际保险监管存在的主要变化趋势由分业监管转向混业监管、由市场行为监管转向偿付能力监管、由各国独立监管转向全球协调监管等。面对不断变化和转移的国际保险监管体系，保险公司必须时刻把握监管发展的方向和动态，积极应对新的监管模式带来的要求。

4. 其他方面的监管限制。除了针对保险从业的法律和监管限制以外，保险公司在国际化经营的过程中还面临着其他方面的法律和监管限制，例如：法律方面，除保险法以外，东道国的合同法、公司法、税法、劳动法等多部法律都对保险公司的国际化经营行为有规定和限制；而在监管机构方面，除了国家保险监管当局，保险公司还面临着东道国消费者协会、行业协会、工会等组织的多方面监管。这些因素对保险公司的跨国经营活动也提出了很高的要求。

（二）保险公司的国际化经营对策

1. 充分了解东道国监管体系。保险公司在进入国际保险市场之前，应当对东道国的保险监管体系进行充分了解，并将其作为国际化经营决策的一个重要方面进行考虑。保险公司需要了解的内容包括但不限于对公司跨境形式、产品形式和业务范围、营销方式、偿付能力、资金运用渠道、经纪和中介渠道、信息公开、准备金和税收监管等多个方面的要求，并综合监管当局对外资保险公司是否有歧视性待遇或优惠待遇、是否与母国有任何形式的监管交流互认协议，以及东道国的其他法律限制等因素。在充分把握各个潜在海外市场的监管环境后，保险公司应当根据自身发展战略和目标，分析利弊，谨慎地选择目标市场，制定相应的经营方案和应对监管的相应对策，以达到更好地适应东道国监管体系的目的。

2. 及时适应国际保险监管动态。保险监管的发展是一个动态的、持续变化的过程，保险公司的国际化经营行为也会随时受到其变化的影响。因此保险公司应当时刻把握国际监管体系以及东道国监管体系的发展动态，并在经营管理环节中进行与之相应的调整，积极利用有利的监管政策，并努力避免不利的监管规定，以更好地实现保险公司的国际化经营目标。

3. 积极推进国际保险监管协调化进程。一般来说，保险监管的主体是各级政府成立的监管机构，保险监管的目标、框架和体系由监管机构决定并执行。但是在实际操作中，保险监管机构在制定政策时考虑的因素不仅包括本国市场和社会经济发展的需求，还包括本国境内保险公司的发展诉求。因此，保险公司在进行国际化经营的过程中，需要加强与东道国监管机构的联系和交流，并积极参与东道国保险行业协会以及其他国际性保险监管组织（如 IAIS 等）的建设，努力推进国际保险监管互认和监管协调的进程。这些行为虽然与保险公司的盈利没有直接的关系，但是可以使保险公司更好地融入国际保险市场，甚至为推进国际保险监管协调化的进程作出贡献，为自身的国际化发展争取更好的监管环境基础。

【思考与练习】

1. 简述保险公司的国际化经营在理论上的必要性。
2. 简述保险公司的国际化经营在实践上的必然性。
3. 简述保险公司的国际化经营方式主要有哪些。
4. 简述保险公司国际化经营的前期管理要求主要有哪些。
5. 简述保险公司国际化经营的后期管理要求主要有哪些。
6. 简述保险公司实施全球战略管理的意义。
7. 简述保险公司国际化经营对财务管理的要求。
8. 简述国际保险市场的概念、种类和发展趋势。
9. 简述国际保险监管的原因、目的、内容和趋势。
10. 简述国际保险监管体系下保险公司进行国际化经营面临的问题和对策。

第十三章
保险公司价值管理

本章知识结构

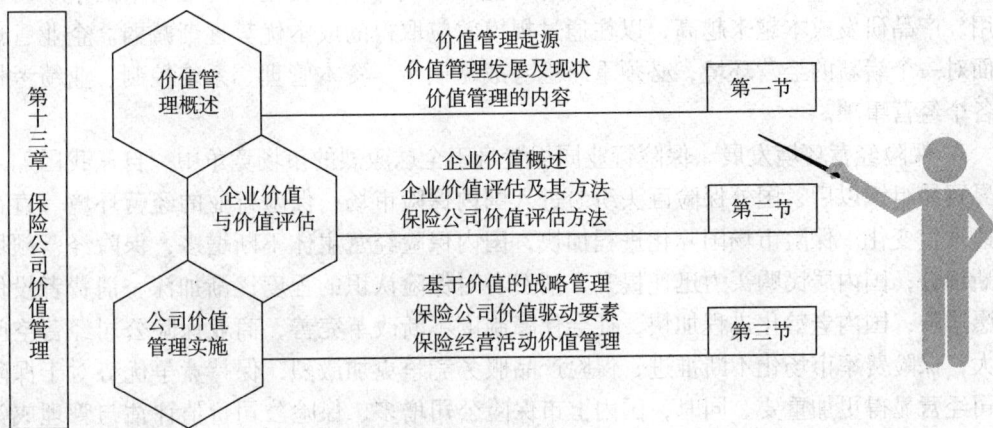

本章学习目标

- 理解价值管理的内容及其产生环境
- 学习公司价值的概念以及价值评估的方法
- 熟悉内含价值的含义及其对经营管理的意义
- 认识价值管理在保险公司经营管理中的作用

第一节　价值管理概述

一、价值管理的起源

（一）外部市场环境

1. 外部市场变化。20 世纪 80 年代开始，市场全球化进程加快，各国企业逐渐参与到国际市场中，竞争变得越来越激烈。在全球化的进程中，企业管理者希望在竞争中取胜，取得竞争优势变得无比重要，企业产品价值的实现更为重要。2001 年我国顺利加入世界贸易组织，国内各行各业直接面临全球化的激烈竞争，核心竞争力成为每家公司经营管理追求的重心。在市场竞争激化的过程中，市场分割越来越细化，企业开始针对细分市场开发不同的产品，产品创新演进的速度也在加快。同时，消费者也在不断变化，从对生活需求品的"数量"需求转向对"质量"的追求，客户关注的重点也集中在价格、质量、服务三个方面的结合。面对这样激烈竞争的市场，管理者必须考虑为客户创造价值，打造并保持核心竞争力，保证公司长期经营发展。

2. 生产技术更新。生产领域的技术更新也推动了企业内部经营环境的改变，现代生产工艺、电脑集成制造系统、互联网技术的演进等，在改变外部市场环境的同时，也改变了企业内部的管理环境。大量自动化设备的出现加大了固定资产的投入；电脑系统的应用降低了库存成本，大大提高了商品的流转效率；通信便捷加快了企业管理决策，也加剧了全球化竞争的激烈程度。企业原先的生产方式发生了变化，随之而来的市场调研费用、产品研发成本越来越高，以往通过规模效应取得的成本优势逐渐减弱。企业管理者面对一个崭新的经营环境，必须重新思考战略制定、资本管理、系统控制、业绩考核等各个经营事项。

3. 保险经营环境发展。保险行业同样置身于全球激烈的市场竞争中。自从我国加入世界贸易组织以后，国外保险巨头纷纷进入国内保险市场，保险行业的经营环境一直在快速发生变化。保险市场国际化进程加快，国内保险经营主体不断增多，保险经营领域不断细分；国内居民购买力迅速提升，消费者对保险认识的程度逐渐加深，消费者投保意愿增强；国内老龄化进程加快，社会保障制度不断改革完善，商业保险公司经营空间加大；保险费率市场化不断推进，保险产品服务竞争更加激烈，保持竞争优势对于保险公司经营显得更加重要。同时，国内上市保险公司增多，保险公司价值评估与管理成为经营重点，保险监管也越来越重视内含价值。保险行业经营环境的剧烈变化，使得保险公司进入到战略管理时代，管理者必须对保险公司的发展方向作出全局性、价值型的规划；每一家公司必须时刻考虑产品、营销、服务的创新变单，培育自身核心竞争力，不断实现客户价值及保险公司的价值增值。

（二）内部经营管理

1. 企业经营。面对越发激烈的外部市场环境竞争，企业经营管理对长期规划、稳定发展的要求显然更加强烈，企业管理者更加重视对企业发展方向的全局性长期规划。管理者意识到这些变化，并积极预测未来经营，引领企业更快作出反应，必须要实施全面战略管理。战略管理是企业管理者确定战略目标，综合考虑企业内外部环境相关因素，制定并实施战略目标和行动计划的过程，是企业竞争战略思想的具体化。

投资者、债权人、管理者需要客观评价企业经营行为，判断企业整体业绩实现程度，推动企业战略目标的实现。由于经营管理的复杂程度增加，企业选择合理的绩效评估方法也越发显得重要。随着企业生产方式的变化，企业需要根据责任、权利相结合的原则，在企业内部划分责任中心、职能部门，对不同的职能单位设置不同的指标进行评价。与此同时，随着知识经济时代的到来，智力资本成为企业的核心能力，企业管理者对人力资源更加重视，需要建立有效的绩效评价考核办法，对管理人员及普通员工进行绩效评估；建立有效激励机制，通过薪酬、奖金、股权等方式，激励员工不断提高工作绩效与个人素质。

2. 保险公司。保险行业内部，保险公司的经营管理不断完善革新，长期稳健经营的理念逐渐深入人心。从企业经营目标上看，保险公司经历了保费最大化、利润最大化的阶段，目前正在向价值最大化转变。保险行业作为经营风险的特殊行业，保险公司内部管理更加重视风险管控，注重长期、稳健和价值。从经营管理上看，保险公司经营有一定的特殊性。首先，保险业务集中在风险领域，大数法则成为保险公司经营的核心原则，投保个体越多，业务风险的分散越容易，未来经营过程的理赔将更加稳定，因此，业务规模对于保险经营风险的控制至关重要。其次，保险公司长期性经营要求高，保险公司特别是寿险公司业务周期长，一张寿险合同保险期间往往在 20 年以上，长期性特征对于公司经营影响重大，未来现金流的预测与管理成为保险公司经营管理的重要内容。此外，保险公司保费收入需要提取准备金，保费收入越多，保险公司承担的风险越大，保险公司应付的债务越多。保险准备金是对客户的负债，保险公司经营的负债属性强，保险公司经营必须有严格的偿付能力要求。所以，正是由于保险经营具有特殊性，保险公司更加重视长期、稳健、风控，价值管理对于保险经营更具有意义。

（三）价值管理的产生

现代公司发展过程中，大规模生产和销售导致所有权与管理权的分离，这种背景下公司代理问题格外突出。公司管理者经常以自身利益最大化作为目标，与股东利益发生冲突时，牺牲股东利益往往是管理者合理的选择。同时，公司管理层为了减少职务风险或者谋取更高职位，开展大量的多元化投资分散风险，造成公司规模膨胀与效率低下。代理问题和风险分散问题成为公司治理的具体问题，也是企业组织管理者与股东之间目标缺乏一致性的必然结果，企业管理要求建立统一的经营目标，价值管理的实施能够有效减少这些问题。

同时，在一个剧烈竞争的市场环境中，企业必须要制定一套有效的经营战略，保证自身立于不败之地。在管理变革日益频繁的环境下，唯有价值观是稳定的、不轻易改变的，是企业创新变革过程中保持稳定的核心利益，也是企业竞争力的核心优势所在。企业的价值观就是一套坚定的信念，从成功企业的实践上看，它们之所以能够持续生产和发展，一个共同的特点就是信守核心价值观，在企业组织经营发展的全过程之中渗透，并内化于员工的心灵深处，外化于员工的集体行为、习惯和性格，固化为规划、制度和机制，从而形成企业组织的核心能力。成功企业的核心价值观往往将客户利益置于首位，在为客户创造价值的同时，实现企业自身价值。企业核心价值观是对价值创造的肯定，坚持公司的核心价值观，并在公司日常活动和决策中体现价值创造的思维方式，在公司战略管理、日常经营中得以体现，在价值管理的行动中形成企业核心竞争力的优势。

基于市场环境以及企业管理要求的变化，20 世纪 80 年代，价值管理的概念在西方管理会计实践以及理论研究中开始出现，目的是通过对企业价值的有效管理，实现企业战略规划。在企业经营新的环境下，从20世纪90年代开始，西方管理学界和企业经营管理者越来越重视价值管理，使其成为企业经营管理的一种趋势。目前，价值管理已经被越来越多的企业接受，逐渐成为现代企业管理实践的最佳模式。

二、价值管理的发展

（一）价值管理的发展阶段

针对经营过程的价值管理，企业管理者两个世纪以前就开始在管理实践中摸索。在最近200多年的现代企业发展过程中，西方国家工厂生产规模不断扩大，外部金融环境变得复杂，企业越来越关注价值领域的管理。简单来看，我们可以把价值管理的探索分为三个阶段：模糊价值管理、清晰价值管理和整体价值管理。

1. 模糊价值管理。从1800年至20世纪初，由于工业革命和机械化生产的开展，企业通过投资购买机器与雇佣产业工人，快速实现大规模生产。企业的生产环境发生巨大变化，各种设备资源使用混乱，管理上也造成了很大困难，对提高生产效率的要求显得尤为突出。但在当时，企业管理对于价值的创造和实现并没有明确要求，企业管理仅仅将注意力集中在提高生产效率方面，这个阶段可以称为"模糊的价值管理"阶段。

2. 清晰价值管理。从20世纪初至20世纪80年代，从科学管理理论体系"泰罗制"的出现开始，其主要内容包括：管理的根本目的是提高效率，制定工作定额，选择最好的工人，实施标准化管理，实施刺激性的薪酬制度，强调雇主与工人合作的"精神革命"，主张计划职能与执行职能分开，实行职能工长制。由于"泰罗制"的实施，从这个阶段开始，工厂管理开始注意从经验管理向科学管理过渡，并将实现企业利润最大化作为目标。这个阶段，企业经营业务更加复杂，企业生产的产品也不再局限于单一品种。在这个阶段，由于管理会计领域引入了投资现金流、时间价值、投资报酬率的概念，企业管理开始重视公司价值，并利用折现现金流方法对价值进行测试，我们称这个阶段为"清晰的价值管理"阶段。

3. 整体价值管理。从20世纪80年代至今，人们开始对企业整体价值给予越来越多的关注。1986年拉帕波特发表了"创造股东价值"一文，文中提出了著名的股东价值模型，从此以后，企业逐渐接受股东价值的理念，并开始在企业经营战略中实施。随后，价值评估、价值管理工具模型逐渐出现，价值管理的方法越来越成熟，公司对经济价值的持续评估也变得更加容易，对产品、销售、市场、生产以及组织的管理得以重新规划。在这个阶段，企业兼并收购日益盛行，针对价值创造的管理越来越受到重视。由于通过价值管理可以防止股票被低估，促进投资者与分析师沟通，鼓励企业进行增加价值创造的投资，提高公司资源分配的效率，企业价值管理的实践变得更加流行。由于这一阶段企业整体价值评估及价值增值更加受到重视，企业核心价值创造也得以实现，这一阶段被称为"整体价值管理"阶段。

（二）会计管理与价值管理

1. 会计管理的不足。一直以来，企业经营管理特别是财务管理往往以会计管理为基础，会计利润成为企业经营管理的目标，战略规划、业绩核算、考核激励等围绕会计数据开展。但在实际管理实践中，企业逐渐发现会计管理方法存在明显不足。首先，会计管理专注利润，但利润会随着会计方法的不同而有所改变，比如会计方法中对于折旧处理可以采用直线法，或者使用加速折旧法，这些选择方法会直接影响财务利润，但是不同会计方法不会改变公司的现金流，也不会影响其经济价值。其次，会计方法忽略货币的时间价值，没有考虑未来现金流的风险，风险折现的理念没有被包含。此外，公司营运资本和固定资产投资会模糊经营收益，比如营运资本性质的"应收账款"会计科目高估了销售数额，因此，对于成长中的公司，应收账款往往增加，会导致公司收益数据明显大于现金流。

2. 价值管理的特点。价值管理已经被众多企业接受，其坚持不同理念，价值管理不是简单替代传统会计管理，而是一种内涵和外延的升华。价值管理与会计管理的不同，主要体现在三个特点：第一，价值管理是一种管理控制的系统方法，它的核心是价值创造，更好地实现股东财富最大化。第二，价值管理实现的价值不是会计的账面价值，而是一种经济价值，它考虑了未来现金流的风险，坚持只有高于风险折现率的投资收益才能为公司创造价值。第三，价值管理以客户为中心，只有为客户创造超过其成本的价值，才能实现股东长期价值的创造。

3. 价值管理的优点。价值管理强调风险与报酬的均衡，将风险限制在企业可以承受的范围；注重短期利润与长期价值的平衡，保证企业长远稳健经营；将股东、顾客、员工、管理者、供应商、政府多个不同利益团体的利益进行平衡，创造股东之间利益协调关系；关心企业职工利益，创造优美和谐的工作环境；加强企业与债权人的联系，培养可靠的资金供应者；关心客户利益，以客户需求为中心开发新产品；关心政府政策变化，努力为国家和社会作出更大贡献。当然，价值管理也有其自身的不足：作为价值管理技术基础的价值评估工具都具有主观性，评估假设、信息完整性、未来不确定性的主观程度会影响价值管理的客观结果。所以，整体而言，价值管理的应用不应仅仅集中在价值结果，而是需要重视价值评估、价值管理过程中的价值要素；我们应该关注实现价值的管理过程，理解价值并找到提高公司价值的方法，这些比得到价值结果本身更加重要。

（三）基于价值的管理

为适应经济环境、金融环境的巨大变化，价值最大化日益成为先进的企业管理目标，在这一目标的指引下，以价值为核心的管理模式逐渐为众多企业接受。"价值管理"这一概念简单易懂，通常在经营管理过程中被广泛使用。但是，理论界认为"基于价值的管理"（Value‑Based Management，VBM）表述上更为准确，除了强调提高经济价值外，更加注重培养企业的核心价值观。相对于"价值管理"，"基于价值的管理"是一种更新的管理思想、管理理念和管理手段，目的是通过对价值的有效管理，实现企业长期有效的经营。"基于价值的管理"将管理者的决策重点聚焦价值驱动因素，将企业愿景目标、分析技术以及管理程序协调起来，在公司管理层及员工中树立价值创造的理念，将价值最大化的目标转化为具体的长期和短期经营实践。为了简便起见，本书按照"基于价值的管理"的理论体系，采用"价值管理"的表述，重点介绍价值导向的先进管理理念与工具。

三、价值管理的内容

（一）价值管理的框架

从框架内容上看，价值管理可以分为四个部分：价值链管理、预算管理、绩效评价和激励机制。具体而言，价值管理框架体现在以下内容：

1. 开展以战略为导向的价值链管理。从价值链的视角来看，企业组织是一个战略价值链环节的组合。有效设计的企业组织应该是一系列价值创造活动的集合体，即价值链。企业组织的竞争优势取决于其战略价值链环节的竞争优势。企业组织应该围绕核心能力的培养与提升，对内深化，对外扩展，按照战略导向要求，以价值链为基础，纵横交错，构成一个有机整体。企业管理的目的之一就是要围绕企业核心竞争力寻求某种价值链组合，发现价值链中的"战略环节"，从而找到适应市场经济发展的新的管理技术和方法。

2. 制定以价值为核心的预算管理。预算管理是指企业通过预算的形式来规范各级管理者的经济目标和经济行为的过程，调整与修正管理行为与目标偏差，保证管理目标和企业战略目标的实现。预算管理目标从传统的经营控制、财务控制为主向战略导向模式转变，全面预算与战略目标、价值管理相融合显得日趋重要。预算管理本质上是对未来的一种管理，它通过规划未来的发展来指导现在的实践，保障企业战略目标和价值目标的实现。预算管理是实现价值管理的关键路径之一，也是实现价值管理的重要工具。

3. 发展以价值为核心的绩效评价。企业都重视公司绩效评价，选择合适的衡量指标来评估公司经济价值创造的指标。在业务经营中，传统的绩效评价指标有一定的缺陷，虽然一家企业具有良好的会计结果，或者上市公司取得股价上涨，但这些结果可能受外部原因影响，或者只是短期的经营结果，并不能真实反映一家公司的经营绩效。企业需要对公司的健康状况作实实在在的评估，需要剖析公司回报增长或者股价上升的真正原因，判断绩效能否持久。基于价值管理的绩效评价应该建立在创造价值目标的基础上，能够保证管理者与股东利益保持一致；以价值为核心的绩效管理体系更加关注公司长远经营结果，对会计利润背后的原因投入更多的关注，能够支持公司长远健康发展。

4. 建立以价值为核心的激励机制。激励是组织通过设计适当的外部奖励形式或工作环境，借助信息沟通来激发、引导、保持和规范组织成员的行为。激励机制最直接的目的就是最大限度地调动和诱导人的主观能动性的充分发挥。激励应当以促进企业战略目标的实现、提高企业价值为准绳。以价值为核心的激励机制，就是从创造价值的目标出发，根据公司关键绩效评价指标（KPI），对经营行为进行分解并控制，指导管理者专注于驱动价值增长的关键因素，调整和改善相关的绩效评价指标，最后通过激励制度来完善和执行，在提高管理水平的同时，不断创造价值。

（二）实施价值管理的核心

1. 价值驱动要素的概念。价值驱动要素是公司成功实施价值管理的关键，是实现价值创造的一些具有战略意义的创造性活动，只有通过这些价值活动，价值理念才能得到具体化，价值管理才能得以实施。价值管理在实践中更多的是一种理念，倡导采用价值目标而非产值、利润目标来指导企业经营管理。价值理念需要具体化，价值驱动要素就是价值管理实施的载体，影响着企业短期业绩以及长期绩效。价值驱动要素存在于企业经营管理的各个领域，包括产品研发、生产、营销、服务、人力资源开发利用等经营各个环节。

公司加强价值驱动要素，便于发现并推动公司核心竞争力，通过价值驱动要素确定公司重点业务领域、重点产品、重点区域的扩张，把握一些改善价值的实质性机会。星巴克是一家很好地应用了价值驱动要素的公司，星巴克客户群体明确，集中在白领工作人群，其咖啡店的开设位置成为公司价值驱动要素。咖啡店位置的选择没有采用瞄准普通商品市场、批量生产销售普通咖啡的传统做法，而是把咖啡店开在距离白领工作场所较近的地方，在为白领顾客提供高质量咖啡的同时，也创造一种品尝咖啡的商务氛围，星巴克的例子是企业把握价值驱动要素的典型体现。

2. 价值驱动要素的确定。价值管理实践过程中，经营业绩优异的企业非常注重把价值理念外化为价值驱动要素，注重从战略的高度确立价值驱动要素，并把对价值驱动要素的管理作为价值管理的基本实施策略。从企业经营管理全局来说，价值驱动要素无非是数量的增加、价格的调整、成本的降低以及资本使用的变化。确定企业价值驱动要素需要从以下四点出发：第一，价值驱动要素应该与整个企业的价值创造直接联系起来；第二，企业应从价值驱动要素的角度确定价值化指标，将价值战略分为长期指标与短期指标、财务指标与非财务指标、一级指标与次级指标等；第三，企业总部应该有总部的价值驱动要素，每个业务单位应该有各自的价值驱动要素和关键绩效指标；第四，要注重价值驱动要素在时间、空间上的平衡。公司明确了价值经营的驱动要素，还必须考虑价值管理在公司实际经营的实施、高层管理者的支持、塑造价值管理的企业文化，不断改进业务人员决策，激励基层单位创造价值，长期坚持推动价值驱动要素将成为实施效果的关键。

3. 保险公司的价值驱动要素。保险公司需要明确自身的价值驱动要素，将产品创新、营销管理、运营管理、客户服务、资金运用、资本管理等不同项目作为公司价值驱动要素。保险公司把握和有效经营价值驱动要素，有利于价值管理目标的具体化，将价值理念转化为经营结果为价值最大化提供了有效载体和具体方式。在实践中，一些保险公司在推动业务增长过程中将营销管理作为价值驱动要素，重视代理人销售渠道的建设与发展，通过营销日常活动管理实现保险业务增量，促进业务价值增值。具体来看，保险公司注重代理人的招聘，组建一定规模的营销队伍；强化营销培训，提高代理人业务素质，打造良好的营销形象；注重营销过程管理，对代理人业务品质实施监督，预防销售误导、欺骗客户、虚假保单等问题的发生；实施有特色的代理人"基本法"，对不同层级的代理人实施激励，达到稳定队伍的目的；创新设计营销辅助品，提供先进的营销工具，支持代理人营销技术设备更新换代。总之，通过一系列营销活动管理，保险公司不断促进新业务增长，持续提升新业务的价值贡献。保险公司发挥营销管理的价值驱动作用，将营销过程中价值创造的活动分解并实施管理，推动公司价值理念外化为营销价值驱动因素，最终实现保险公司价值创造的增值。

（三）实施价值管理的模式

1. 基本概念。在实施价值管理的过程中，企业形成了一系列有效的管理模式。这些模式将股东价值最大化作为管理目标，建立统一的价值思维，在执行过程中实现公司价值管理文化。具体来看，企业经营管理重视价值驱动因素，根据既定的价值管理程序和制度，采取必要的价值创造行动，强化股东价值的核心地位。

2. 内容架构。整体而言，价值管理模式包括了以下内容：第一，注重价值思维的建立，确立价值衡量标准并明确价值思想定位，管理层将价值管理视为长期行为，并持之以恒。第二，建立较为完整的管理制度基础，包括科学的公司治理结构、完善的组织与流程管理，实施以客户为中心的服务要求、科学的文化及风险管理体系。第三，设立价值管理目标，以追求价值最大化作为经营目标，推动股东价值最大化的实现。第四，注重价值管理的实施过程，在战略管理、预算管理、绩效管理等方面形成良性循环。第五，把控价值驱动因素，围绕公司价值提升，将企业创造价值的来源逐步细化为具体的驱动要素。

3. 麦肯锡模式。国外比较流行的几种价值管理模式包括：麦肯锡模式、德勤管理模式、拉帕波特管理模式、阿什瓦斯模式。麦肯锡模式认为，价值管理可以分为价值创造思维和价值管理程序制度两个方面。价值思维包括两个部分：价值衡量标准和价值思想定位，公司行为建立在价值思维的基础上是价值得以实现的前提。价值衡量标准的核心是，管理层需要真正了解公司创造价值的途径以及股票市场对公司价值的评估方法。价值思想定位是指管理层关心价值创造的程度，一方面，管理者需要尽最大努力创造价值；另一方面，管理者需要将价值管理定位于一个长远行为。

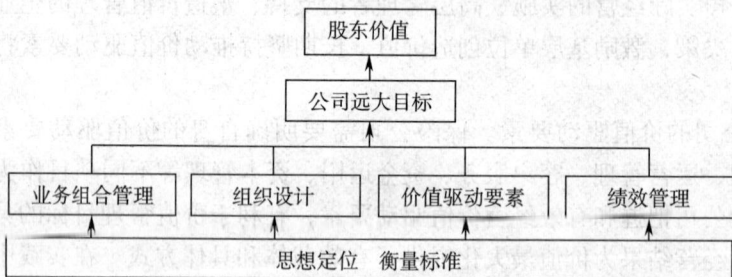

图 13 - 1　麦肯锡公司价值管理模式图

第二节　企业价值与价值评估

一、企业价值概述

（一）企业价值的含义

1. 基本概念。伴随企业管理理论的完善，企业财务管理实践也在不断发展，资本市场对企业价值评估的要求也不断提高。20 世纪 60 年代，美国管理学者率先提出企业价值概念，随后经历了 40 多年的发展历程，企业价值理论在西方国家得到很大的发展。对于企业经营管理而言，价值创造是企业价值管理的核心，企业价值评估技术不断成熟，价值管理逐渐成为现实，企业经营管理开始塑造以价值为核心的健康企业。站在企业经营管理的角度，企业价值已经成为衡量企业优劣的标准。

企业价值是一个整体概念，其不仅仅是企业全部资产价值的简单相加，而是企业作为一个整体，将人力、物力、财力、管理能力等生产要素整合在一起，获取现在和未来净现金流量的能力。企业经营管理过程中，将企业价值作为评价指标，能够全面反映企业经营状况，为企业并购、重组、上市、担保等重大经营决策提供依据。同时，对企业整个存续期间的生产经营进行评估，有助于经营者制定长远战略规划，避免短期行为。

2. 价值构成。从企业财务管理角度看，根据企业资产是否参加公司经营活动，分为经营性资产和非经营性资产，所有资产创造的收益都是公司价值的基础。同时，根据公司会计核算原理，公司全部资产由公司所有权利人所拥有，包括公司股东、公司债权人、合并报表的少数股东权益以及其他对公司拥有权利的权利人，利用公司资产所创造的全部现金流量也都由这些权利人所拥有。按照公司经营情况，可以估算公司未来创造的自由现金流量，依据这些自由现金流量计算的现值，可以得到公司业务经营价值；将公司的非经营性资产价值与业务经营价值加总，即可得到公司价值。

（二）企业价值表现形式

1. 会计价值与公允价值。企业价值在不同条件下的表现形式不同，体现为不同的价值形态。通常而言，企业价值体现在两个方面：资产负债表的会计价值以及理想市场交易的公允价值。会计价值即建立在企业会计基础上的账面价值，它是公司所有投资人，包括股权人与债权人对于公司资产要求权的价值总和。账面价值遵循客观性、谨慎性原则，以历史成本为基础进行计量。但是，账面价值基于历史的成本计价，没有考虑风险因素，也没有包含未来持续经营的考虑。相对而言，公允价值是从市场交易公平性和可交易性的角度出发，体现了买卖双方在完全了解相关信息的基础上，自愿进行交易的价格。公允价值把企业当作一种可以交易的商品，其价值就是完全市场中的交易价格。但是，公允价值建立的假设基础非常严格，实际的市场多变不定，公允价值实际上是一种理想化的价值模式。

2. 整体价值与价值活动。从价值管理角度看，企业价值内涵还可以表现为两个层面：一是企业整体价值；二是企业具体的价值活动。企业整体价值就是企业未来收益资本化，即现值化。企业价值是衡量企业绩效的最全面的标准，这一层次的企业价值是一个长期、动态的概念。另外，企业价值也表现为企业具体的价值活动，企业每一项作业都产生一定的价值，扣除各种成本后，各项业务活动最终累计为企业价值的增值，这是一个静态概念。在这个层面上，企业的价值增值是指企业各项价值活动的最终累计结果。

3. 内在价值与外在价值。企业价值还有其他具体表现形式：内在价值与外在价值。内在价值即客户价值，指能为客户提供利益和尽可能新的东西，包括使用功能、专有权、方便性等。客户价值可以表示为客户效用与所付价格的比例，引入客户价值观念是倡导一种价值经营理念。外在价值是企业外部投资者认定的企业投资价值，对于上市公司而言，外在价值可以通过股票市值来反映。研究证明，现金流折现值与企业的市场价值密切相关。当然，公司未来现金流量以及贴现率的估计具有较强的主观色彩，不同外部投资者对公司外在价值的估算会存在较大偏差。

（三）企业市场价值

现代企业的经营环境里，金融证券市场高度发达，许多企业在资本市场实现了直接融资，股权投资人和债券投资人成为企业资产的直接索偿权持有人，他们对企业市场价值的关注程度度高；同时，市场证券分析师对现金流量、股票市场价值等因素也同样保持高度重视。所以，上市企业的股票价值具有特殊的作用，对于公司经营管理也格外重要。上市公司的市场价值等于发行股票市价乘以发行在外的普通股股数，也即公司股东权益的市场价值；加上公司债务的市场价值，可以得到公司整体市场价值。

实践表明，企业价值与股票市场的价值紧密相连。上市公司价值是公司经营管理效益的反映，公司需要通过一定的传达机制，将公司经营的效益转换为市场价值。由于公司股价是市场对其未来业绩预期的度量，上市公司的经营管理者需要与外部市场保持密切沟通，促使公司价值与股票市值尽量保持一致性。上市公司与股票市场互相传递信号，可以保证公司股价与公司价值没有重大偏离。公司管理者将经营业绩与计划，通过公司年报、投资人沟通会等形式传递给市场；投资分析机构对公司经营状况及时股评，上市公司与股票市场相互作用，通过股价的波动维持公司经营绩效的正常反映。从价值管理角度看，公司管理层通过对股市信号的反馈，可以将经营计划与市场预期进行对比，发现股东的实际期望，找到公司规划的不足并不断改进，尽力保持管理层预期与市场预期相一致。

二、企业价值评估

（一）企业价值评估概述

1. 企业价值评估发展历程。企业价值评估最初起源于对企业整体价值评估的需求，在国外，随着产权交易的产生和快速发展，尤其并购热潮的出现，无形资产评估、企业价值评估等新领域相继出现。企业价值评估最初主要涉及三个领域。第一，评估一个整体企业的价值，这不仅仅与企业并购紧密相关，还与新发行证券的合理定价有关。第二，评估企业股权价值，企业部分股权转让和交易的情况比企业整体转让或交易的情况更多，因此主要部分是股权的价值评估。第三，评估企业无形资产价值。无形资产需要依附企业而产生经济效益，因此，无形资产的评估要和企业价值评估紧密相连。随着资本市场的发展，企业价值创造日益得到重视，企业价值评估得到快速发展，尤其在美国、英国等发达国家应用领域得到极大拓展，由传统的企业并购领域拓展到其他领域，如员工持股计划服务的评估、以公平鉴定为目的的评估、经济损失的评估等；企业管理者为了提升企业价值，需要实施以价值为基础的管理，价值评估也逐渐拓展到了企业的经营管理领域。

2. 价值评估与价值管理的关系。价值评估与价值管理的关系密切，公司价值管理模式下几乎每一项经营决策都需要价值评估。一个企业的财务管理目标是企业价值最大化，企业的所有活动都是围绕这个目标进行，所有财务决策的最终目的是增加企业价值。在进行每一项决策之前，企业管理者需要明确企业当前价值，明确决策对企业价值的影响程度以及决策对未来企业价值增加的预期。管理者需要对企业价值进行评估，针对一项决策对企业价值的影响进行评估。通过了解企业价值在决策前后的增减变动，进行各种投资决策、融资决策、经营决策和分配决策，是企业价值管理对评估的根本要求。

（二）价值评估影响因素

1. 外部因素。企业价值评估是一个比较复杂的过程，评估结果往往受到外部环境、内部经营等诸多要素的影响。从外部环境看，国家的经济状况通过增长预期影响企业价值，国民经济不同的增长势头将会直接影响企业的增长机会。市场环境下的通货膨胀状况也将影响企业价值的预期，通货膨胀将会直接带来企业会计利润的变动，进而对上市公司的股票价格带来影响。其他外部因素如宏观经济政策、汇率、技术、社会文化等因素也是重要影响因素。企业所处的外部行业竞争环境也有关键性的影响作用，包括市场进入壁垒、产品竞争激烈程度、产业链上下游竞争、替代品的威胁等。企业要为股东创造价值，就必须在变幻莫测的环境中把握商机，获得价值增长的必要资源，培养自己的竞争能力，延长优势竞争的持续时间，保证股东价值持续稳定增长。

2. 内部因素。外部变化的市场给不同企业带来的价值变化不同，企业内部要素在价值创造中起着关键作用，只有把握市场机会并富有成长性的企业，才能在资本、技能等约束条件下更好地完成价值增值过程。企业在追求价值最大化过程中，不断优化资源分配，平衡公司的资本、技术和劳动力内部资源。影响企业价值的内部因素主要包括三个方面。一是企业组织通过员工经验和知识表现出来的生产能力，包括管理、销售、生产等方面的经验。二是企业具有的技术优势，特别是企业专属技术；企业拥有的技术最终转化为生产能力。三是企业资产分布的影响，具体包括资产数量与资产结构。当企业拥有通用资产较多时，企业资源灵活性就较大，资产灵活性可以增加特定机会的评估价值。企业战略管理也是影响企业价值的重要因素，可以有效平衡获利能力与长期价值增长能力的关系。

三、企业价值评估方法

以价值最大化作为企业价值管理目标，最大的问题是价值计量问题。实践中不能准确客观地确定企业的价值，也就难以衡量价值管理的效果，实务中，人们使用多种不同的模型来估算企业价值。按照企业价值评估的一般标准，常见的价值评估方法包括以下几种。

（一）资产价值法

评价一个公司，最简单直接的方法是根据该公司的资产负债表进行估计，所有资产和负债的账面价值参考市场进行调整，反映它们的公允价值。这种企业价值评估方法起源于传统的实物资产评估，它的假设是：企业的价值等于所有有形资产和无形资产的公允价值之和减去负债的价值，从而得到企业净资产的公允价值。资产价值法是通过对企业资产的估价来确定其价值的方法，要确定目标企业资产的价值，关键是选择合适的资产评估标准。目前通行的资产评估标准主要有三种：账面价值、清算价值以及公允价值。资产价值法的优点在于，客观性强，着眼于企业的历史和现状，不确定因素少。但不足之处也明显，这种方法忽视了企业整体获利能力，没有考虑资产负债表之外的无形资产项目。

调整净资产法是清算价值的方法，它采取市场模拟的方法对净资产进行调整，通过调查在市场中找到可与评估对象进行比较的参照物，通过分析、比较和调整，计算出净资产的重估价值。该方法是一种静态的价值评估模型，即公司的股票在相当长的时期内将处于一种稳定状态，这种价值是上市公司所拥有的实物资产和货币资产的最低市场使用价值。它实际上采取的是一种"清偿"的思路，即在假定公司不能连续经营的前提下，将公司进行市场拍卖的价值作为公司的评估价值。这种投资策略虽然是一种风险最小的策略，但实际操作意义不大，无视公司未来的增长和公司的无形资产。在一个不断发展的市场环境中，很少有公司按照该方法评估价值，除非在市场极度低迷状态下投资者很难找到合适的投资对象。

（二）折现现金流法

折现现金流法是目前公司价值评估最常用的方法，主要原因为该方法站在投资者角度，对预期现金流进行折现的结果能够反映投资者的关注点。这个方法的基础是现值原则，任何资产的价值等于未来预期现金流量的贴现值。折现现金流法的基本假设有：第一，没有通货膨胀；第二，可以确定未来现金流的概率分布；第三，利率保持不变并且可以获知。

用公式表示如下：

$$公司价值 = \sum_{t=1}^{n} \frac{CF_t}{(1+r)^t}$$

式中，n：资产的收益年限；

CF_t：第 t 年的现金流量；

r：风险贴现率。

现金流量随评估资产的不同而不同，分为权益自由现金流、公司自由现金流等；贴现率反映被评估资产的风险，可分为权益成本、债务成本和加权资本成本（WACC），评估项目的风险越大，贴现率越高，风险越小，贴现率越低。可用来评估公司股权价值的方法主要有权益现金流折现模型和公司自由现金流折现模型。权益现金流折现模型可分为股息折现模型和股权自由现金流折现模型两种。现金流折现法是以预期现金流量和贴现率为基础的。考虑到获取信息的难易程度，最适合用这种方法评估的状况是：公司目前的现金流量是正的，将来一段时间内的现金流量和现金流量风险的估计可靠，可以根据风险的大小确定现金流量的贴现率。如果评估资产不能达到上述理想状态，用折现现金流法进行评估就比较困难。

（三）相对价值法

相对价值法是利用参照公司的价格或价值参数，估计被评估公司相应参数的一种评估方法，比如通过收入、现金流量、账面价值或者税收来比较两个公司，经常用作公司价值评估的指标主要有：市盈率（P/E）、市值与面值的比率（M/B）以及价格与销售额比率（P/S）。这种方法的优点在于使用起来简单、容易，能够迅速评估公司和资产的价值，投资者能够很方便地得到这些比率，而不用研究复杂的会计报表，这种方法是投资者经常使用的方法。比如，我们经常用行业平均市盈率法评估公司，它的前提是该行业中的其他公司和该公司具有可比性，这些标杆公司在一般情况下存在合理的市场价格。

市场投资者经常用到市盈率（P/E 比率）的指标来评估上市公司股票价值，市盈率＝每股股价/每股收益。市盈率法普遍使用主要有几个原因：第一，市盈率法是一种直观具体的统计方法，将价格与目前收益联系起来。第二，对于大多数股票而言，P/E 比率很容易计算，股票之间的对比变得非常容易。第三，P/E 比率可以作为公司许多其他特征，如风险和增长的替代概念。第四，P/E 比率能够反映市场状况和前景预测，如果市场投资者对股票预期走势好，这些股票 P/E 比率将会提高，反映出股票市场投资者的主观心理。

相对价值法也存在一些问题，主要在于参照公司的选择具有较强的主观性，参照的比率标准也会存在系统性错误。对于 P/E 比率，市场评价出现系统错误时，这些股票的错误评估就会一直延续下去。使用 P/E 比率的一个原因是比较简单，不用考虑现金流折现法中的风险、增长和股息支付比率等因素，但这样也会产生偏差。相对价值法容易被操纵或滥用，尤其在使用可比公司的时候，因为没有两家公司的风险和增长率是完全相同的，所以相对价值法存在明显的主观性。对于经营长期业务的寿险公司，新业务会导致公司盈利偏低甚至亏损，P/E 比率法会带来公司价值评估的不准确。

（四）实物期权评估法

实物期权评估法将企业的价值分为两部分：

企业价值＝企业在增长速度为零时的价值＋企业增长机会的价值。式中，企业增长速度为零的价值可以通过现金流量折现法计算；企业增长机会的价值可以通过模拟看涨期权的方法计算。在金融期权中，期权价格是期权拥有者为获得在未来按某一价格买入或卖出证券的权利而付出的代价。期权分为看涨期权和看跌期权。看涨期权是一种在将来某时日以固定价格（执行价格）买入一种资产的权利，但不是义务；看跌期权是一种在将来某时日以某固定价格（执行价格）卖出一种资产的权利，但不是义务。看涨期权对持有人具有意义，当证券价格大于执行价格时，即期权处于实值状态时，按执行价格买入证券可获得差价收益。

由于企业增长机会的价值具有和金融期权一样的不确定性，可以将其按金融期权的思路进行计算。基本过程如下：将企业股东权益模拟为看涨期权，股东是期权持有人，期权价值等于股东权益价值；将企业总资产看作要购买的证券，企业总资产价值就是证券的市场价值；企业未偿还债务的账面价值相当于期权的执行价格。看涨期权的卖方是企业的债权人，然后通过布莱克—斯科尔斯期权定价模型可以计算看涨期权。实物期权法具有优点，增长机会部分可由期权公式直接得出，避免了人为主观估计带来的影响。零增长部分可由现金流量折现模型计算，保留了其他模型的优点。实物期权法也存在不足：期权估价法对期限较长、以非流通资产为标的的资产期权估价有一定的局限性。

如上所述，目前公司价值评估的主流方法仍是折现现金流评估法，因为它最能体现投资者的预期。当然，价值评估的上述方法并不相互排斥，它们在很多情况下是互为补充。本书重点介绍保险公司价值评估适用方法，考虑到当前保险公司价值评估的应用情况，现金流折现法是最为普遍的方法。

四、保险公司价值评估

保险公司是经营风险的一种特殊企业形式，公司价值也同样具有经济与非经济的概念，表现为给投资者带来的投资回报。从财务角度看，保险业务经营带来的自由现金流，按照一定的风险折现率得到的现值即为保险公司业务价值。寿险公司常常用内含价值方法评估公司的业务价值，内含价值是保险公司价值的核心，是保险公司适用业务及其对应资产产生的现金流中股东利益的现值。另外，保险公司的经营能力，特别是体现核心竞争力的能力也是公司价值，比如品牌商誉价值、有效客户价值、人力资源价值、股东资源价值等价值。

（一）内含价值的起源及发展

1. 起源。20 世纪六七十年代，英国寿险行业一直采用法定评估方法，这种方法主要基于保守性原则，保险公司特别是寿险公司的价值往往被严重低估。这种环境下，英国市场不断出现针对寿险公司的恶意收购，严重打击了英国寿险业的发展。针对这种情况，内含价值评估法应运而生。最早出现在英国，其内含价值方法的应用提高了寿险公司评估价值，给予公司股东一个恰当的公司价值描述。很快，内含价值评估法迅速传播，被欧洲其他国家采用；随后澳大利亚、加拿大、南非、美国等国家的保险公司也相继使用。

2. 发展。在美国和加拿大众多保险公司里，内含价值评估法也正在被接受，其推广的速度也较快。当然，美国许多保险公司没有采用内含价值评估法，而是继续在使用基于 GAAP 原则的价值评估方法。美国的保险公司分为相互保险公司和股份制公司，相互保险公司没有必要使用内含价值评估法，股份公司中有一部分采用该法，但主要用来评估其海外部分经营业绩。这种情况主要由于历中原因的沿袭，当前 CAAP 的评估方法在北美还有一定的市场。加拿大公司和美国相似，采用内含价值评估方法的公司不多，主要原因同样在于相互保险公司的影响。近些年来，相互保险公司"股份化"，使得公司信息披露的要求提高，而 GAAP 基础上的评估方法不能动态反映寿险公司财务状况；相对于内含价值法，公司的价值也会被低估。所以，采用和重视内含价值法的公司数量不断在增多。

3. 应用。内含价值方法的使用和公布有几个不同的层次，从内部管理报告到外部信息披露都有应用。比如在英国和一些欧洲国家，内含价值结果已经成为公司年度报告的组成部分，并且在许多文件里，内含价值成为财务信息的补充内容。当然，内含价值结果披露远没有达到当前普通财务报告的应用水平，大多数寿险公司将内含价值法作为内部使用，尚未将价值评估结果作为普通信息向一般公众披露，而仅仅提供给一些财务信息分析者。如今，内含价值的应用开始超越寿险公司，不少迹象可以看出，内含价值评估法也在被制造业行业所接受。

综上可以发现，内含价值在 20 世纪 70 年代出现之后普及速度相当快。欧洲作为它的实施倡导者，已将该方法作为寿险公司评估的通用方法，一些新兴寿险国家和地区也很快采纳了该方法，说明内含价值法在应用上还是有一定生命力的。不过，作为全球寿险市场重要代表的北美市场，内含价值评估法的应用还不是很普遍，许多公司仍然在使用 GAAP 的财务方法进行公司价值评估。但是，这种情况的主要原因是北美地区相互保险公司众多以及 GAAP 原则的应用非常普遍，并不能说明内含价值评估法的应用缺陷。

（二）内含价值计算方法

内含价值评估法是以内含价值计算为核心的一种公司价值评估方法，由于其反映了保险公司寿险业务长期性的特点，而被寿险公司广泛应用。内含价值法克服了资产净值法、市盈率法的不足，充分考虑了寿险公司长期经营的属性，也考虑到利润分布特点，在整个保单利润期间内评估公司业务，体现了公司有效业务的价值状况。

1. 内含价值使用原因。作为寿险公司价值评估的手段，内含价值法得到普遍采用的主要原因有：第一，内含价值法的评估基础是精算假设，精算假设以寿险公司业务经营实际经验为基础，内含价值法的使用有利于公司价值评估与业务核算的统一。第二，寿险公司资本金有一定的特殊性，为了保证经营稳定性，额度需要满足监管的偿付能力要求，寿险公司的资本金是业务经营的支持力量，而且也常常会有一定的余地——自由资本金，内含价值法更能体现这种特殊性。第三，寿险公司的业务一般是长期性业务，承保业务前五年内通常亏损，利润经过较长时期才能实现。内含价值法考虑了业务在整个存续期间的利润，能比较客观地评估寿险业务的价值。所以，内含价值法成为当前寿险公司价值评估比较流行的方法。

2. 内含价值的构成。按照我国内含价值评估规定的相关定义，内含价值构成如下：

内含价值 = 自由盈余 + 要求资本 + 有效保单未来产生的股东现金流现值
　－ 持有要求资本的成本
　= 调整净资产 + 有效业务价值

调整净资产 = 自由盈余 + 要求资本

调整净资产也称为资产调整净值（Adjusted Net Asset Value），其组成是股东的资本价值和所获得的盈余分配，加上投资在未来实现的资本收益，减去未来收益的延期税金。实际上，净资产价值包括两部分内容：一部分是为了维持法定偿付能力所需要的偿付资本金；另一部分则是公司为了应付业务发展和意外支出保留的自由资本金。

有效业务价值 = 有效保单未来产生的股东现金流现值－持有要求资本的成本。

有效业务价值（Value of Business in Force）是评估日现有业务未来税后利润的现值。在价值评估时未来利润并未实现，未来利润是有效保单的预期利润值。未来利润按照一个反映资本机会成本的风险折现率进行折现，即可得到有效业务价值。

3. 内含价值应用例子。表 13 - 1 用一份保单的例子来说明内含价值的计算过程，它介绍了内含价值的大致构成。假设 × × 寿险公司现有业务仅保有一张保单，我们假设风险折现率是 9%，投资收益率为 5%。

表 13 - 1　　　　　　　　　　单张保单内含价值计算示例　　　　　　　　　单位：元

科目	0	1	2	3	4	5	6	T = 0 的现值
保费收入		100	900	810	729	656		
投资收入		48	46	41	37	33	16	
总收入		1 048	946	851	766	689	16	
准备金变化及赔款支出		1 500	550	495	446	401	(525)	
费用		150	45	41	36	33	0	
税收支付		(211)	123	110	99	89	189	
总支出		1 439	718	646	581	523	(336)	
账面利润		(391)	228	205	185	166	351	496
要求资本变化	(444)	44	40	36	32	29	262	
要求资本利息（税后）		21	19	17	15	14	7	
资本净现金流	(444)	65	59	53	47	43	269	(71)
可分配利润	(444)	(326)	287	258	232	209	620	368
剩余资产（市值）	489							
负债和优先股	150							
调整净资产	339							339
内含价值								707

注：括号内的数值表示该数值为负值。

资料来源：《寿险公司内含价值的理论和实践》。

每年的总收入减去该年的总支出得到年度保单的账面利润，每年账面利润用风险贴现率9%贴现到评估日的现值，就是该保单的未来利润现值，该保单在评估日的账面利润现值为496元。以后每个年度，随着公司负债的不断减少，要求资本金也在逐年减少，要求资本的变化量与要求资本的利息收入之和构成未来每年要求资本的现金流，将这一部分现金流以风险折现率9%进行折现，得到要求资本释放现金流的现值。要求资本扣除这一部分现值得到资本成本为71元，表中资本成本为负值，意味着要从有效保单的利润现值中扣除。

按照我国内含价值计算的规则要求，调整净资产包括自由盈余和要求资本，共计339元；未来利润现值要减去资本成本才得到有效业务价值，共计368元；内含价值等于调整净资产和有效业务价值之和，共707元。

（三）保险公司评估价值

1. 内含价值的核心定位。按照保险公司内含价值评估模型，保险公司的评估价值包括了公司内含价值与未来新业务价值。内含价值（Embedded Value）是保险公司评估价值的核心，它代表了公司实际经营状况的现实价值，内含价值的概念定义如下：

内含价值 = 调整净资产 + 有效业务价值

内含价值是保险公司价值评估中引用"经济价值"的概念，并将其按保险业务特点改进，形成具有保险行业特征的公司价值概念，如今广泛应用于寿险公司价值评估的各项经营活动中。经济价值与未来现金流预期密切相关，其结果的计算建立在未来现金流量模式和相关风险折现率的基础上。内含价值在本质上延续了经济价值的理念，计算过程中引入了精算假设，成为一种以精算技术为基础的公司价值。

2. 评估价值的构成。内含价值是寿险公司价值评估的基础，一般用来反映公司股东价值状况。不过，由于内含价值的计算只是包括了公司当前业务的价值，没有考虑公司未来新业务的价值，所以，内含价值只是公司的最小经济价值。未来新业务价值（VNB）反映了公司的经营能力和未来的增长能力，代表了保险公司的发展潜力，应该成为公司评估价值的一部分。未来新业务价值是公司经营能力的综合体现，取决于公司品牌价值、客户忠诚度、商业信誉等；保险业通常把新业务价值称为公司的商誉价值（Goodwill）。随着新业务的增长，未来新业务价值会逐步转化为公司的内含价值，因此，在评估公司价值时，需要在内含价值的基础上，加入未来新单业务的价值，即可得到公司的评估价值。

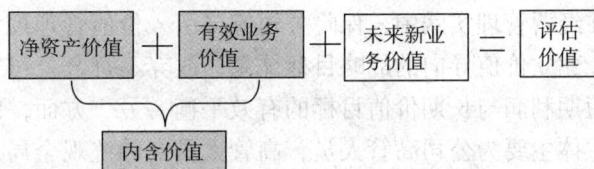

图 13 – 2　保险公司评估价值结构图

内含价值与未来新业务价值共同构成了公司的评估价值，但是，这个评估价值并非保险公司市场价值。如果考察保险公司整体市场价值，还需要考虑其他方面的价值，如经营管理能力、品牌价值、人力价值等其他因素，保险公司的评估价值再加上这些因素代表的价值，就得到了保险公司的市场价值，也即上市保险公司股票的内在价值。

第三节　保险公司价值管理的实施

一、基于价值的战略管理

（一）战略管理的价值特征

1. 战略管理概念。战略管理是企业管理者确定战略目标后，在综合考虑企业内外部环境相关因素的基础上，制定并实施行动战略和行动计划的过程。现代市场经济环境下，战略管理是企业管理的一种系统化思想，也是一种全新的企业经营管理模式。保险公司战略管理实质上是用战略思维和战略性竞争的方法，改造和渗透到保险企业经营管理中的各个环节、各个层次，使公司获得更加有利和更加安全的生存、发展、竞争空间的一种管理思维和方法。

2. 战略管理特征。保险企业战略管理具备四个基本特征：一是全局性，战略管理要解决全局性问题，对于保险公司而言，经营管理者总要遇到全局性与局部性利益的平衡，战略管理要求在复杂多变的市场环境中把握全局，考虑长远发展方向，作出正确战略部署。二是长期性，保险公司战略管理涉及的是公司远期发展方向的问题，有效的战略管理能够有助于实现公司长期目标和长远利益。我国保险市场上，一些公司注重短期利润，经营行为以短期利益为主，不符合公司长期战略管理要求。三是稳定性，战略管理需要保持稳定性，以保证公司经营的可持续发展；保险公司是经营风险的企业，稳健经营是公司经营管理的基本要求，战略管理稳定有利于公司平稳长期经营。四是适应性，保险公司战略管理要求战略目标简单明确，同时也保持适当的张力，保证资源分配的灵活性，在外部环境发生变化时，保险公司可以对公司战略作战术性调整。

3. 战略管理与价值管理。保险公司战略管理的本质是发展可持续的价值创造能力，价值管理强调的是价值视角的战略管理；二者的结合能够实现以价值为核心的保险公司战略规划及战略实施。价值管理是全新的科学管理方法，建立在价值评估的技术基础上，与战略管理相似，具有全局性、长期性、稳定性的特征。公司价值管理的目的在于创造长期价值，将战略管理与价值管理进行结合，有利于保险公司全局规划、长期稳健经营的基本要求。在经营管理实践中，保险公司应当引入价值管理理念，坚持股东价值最大化的管理目标，建立价值导向的战略目标体系，放弃不符合公司长远价值目标的短期经营行为，实现短期利润与长期价值目标的有效平衡。另一方面，保险公司实施战略管理与价值管理的主体主要为公司高管人员，高管人员能够统观全局，了解保险公司整体情况，能够决定公司战略决策，并进行战略资源调配，所以，公司高管首先需要具备价值理念，身体力行推动价值管理，才能保证以价值为核心的战略管理得以有效实施。

（二）战略管理过程与价值管理

1. 战略管理三个过程。保险公司战略管理包括三个过程：战略制定、战略实施、战略评价和控制。从价值管理角度看，保险公司战略管理需要关注重点战略制定、战略评价这两个阶段；对于战略实施，保险公司仅需要关注价值驱动要素支持公司战略的实施。

2. 战略制定的价值管理。战略制定是保险公司完成战略规划的过程，它是公司价值创造活动的起点，在公司经营过程中扮演着重要角色。保险公司战略分为公司和业务单元两个层面，它们由创造股东价值这个共同目标联系起来。公司层面的战略制定具有投资组合的性质，需要解决有限资源合理配置的问题，把资源放在价值最大化的业务上，具体手段包括：收购、战略联盟、剥离、新业务内部开发等，保险公司可以通过这些方法对公司业务进行重组。业务层面的战略由保险产品市场来驱动，面对激烈的市场竞争，保险公司协调好公司收益与消费者利益、股东短期利润与长远价值以及处理好与市场竞争者之间的关系，这些是业务层面战略选择的重要问题。战略制定过程需要挖掘保险公司竞争优势，确定核心竞争力；完善竞争对手分析，评估客户和供应商的价值关系，对保险公司资源进行有效配置。按照价值导向的战略制定，保险公司可以识别出最大化价值创造的战略，利用价值标准选择最优战略，指导公司完成价值型战略决策。

3. 战略评价的价值管理。战略评价是公司对经营战略实施结果评估，包括对公司产品及市场的评价。具体而言，战略评价重点需要对公司业务单元价值创造能力进行评估，确定为公司创造最多价值的单元。对于保险业务而言，业务单元可以有几种划分方法：如寿险、非寿险、年金；个人、团体业务；个人代理、银保、团险等渠道；等等。战略评价需要评估每一个价值驱动因素，并与预测值对比，发现公司价值创造的重要驱动因素，管理者可以更加有效地关注战略的关键要素。对于公司替代战略的评估，对比当前战略与其他业务机会，确定可能创造最大价值的战略机会。战略评价需要选择合理的评估方法，传统的会计导向的战略规划评估方法存在短视的缺陷，不能满足公司长期性战略评估的要求，价值评估方法是个比较理想的标准，寿险公司可以用内含价值法来评估并选择最优战略。同时，加大内含价值评估工具应用，保险公司对战略决策及战略风险进行价值判断，实施最优价值战略；经营管理过程中引入价值导向的绩效考核激励办法，推广价值管理文化在公司的普及。保险公司战略评估需要考虑的因素很多，但股东价值创造应是评估的核心。战略控制管理者运用价值链分析来制定结构调整战略、应对经营环境的变化。战略重心在于对消费者价值的关注，包括三个价值信条：运营卓越、产品领先、消费者忠诚；一家公司应该在不放弃其他两条的情况下，聚焦于一个价值信条，再塑造公司随后每一项规划及公司决策。

（三）核心竞争力与价值管理

1. 保险公司竞争优势。保险公司战略管理需要解决竞争优势的问题，公司竞争优势是指一家保险公司相对于其竞争对手的综合优势，它体现在保险经营特定战略价值环节上，可以是产品形态、价格费率、组合包装、客户服务、品牌形象等各个方面。保险公司经营管理过程中的每一个环节既相互独立，又彼此相连，这些不同环节都可以给公司创造一定的价值，采用价值标准可以更好地发现公司的竞争优势。对保险公司竞争优势深入分析，找到背后发挥决定作用的经营能力，主要包括产品开发能力、销售能力、财务资源能力、盈利能力、成长能力。对于产品开发能力，保险公司拥有较强的精算、核保、核赔、信息等技术资源；具备高效的组织优势，能够快速掌握一线市场信息，并协调销售、运营、服务等资源力量，实现保险产品的设计开发，并顺利推向市场。这样的保险公司具备更强的产品开发能力，也更容易在市场上发挥产品竞争优势。

2. 保险公司核心竞争力。核心竞争力是保险公司长期拥有的竞争优势，是区别于其他公司的、更加优秀的方面，也即超越竞争对手的核心能力。保险公司可以将一些竞争优势转换为公司核心竞争力，这样的竞争优势往往具有差异性，不容易被同业公司模仿；在经营过程中能够提高保险公司效率，为客户创造价值；是公司自身拥有的而非外部的资源支持。保险公司核心竞争力的形成要经过公司内部资源、知识、技术等方面的积累；核心竞争力有助于公司经营绩效的提高，能够为公司带来持久的价值。

保险公司的经营是一个整体运作过程，认识并把握核心竞争力在经营管理过程中至关重要。但是在实践中，辨别竞争优势并转化为核心竞争力往往比较困难，从保险公司整体运作环节出发，运用价值链分析方法将有助于竞争力转化的完成。价值链分析方法是落实价值管理理念的有效方法，通过价值链分析，区分保险公司各种价值活动，有利于发现公司的核心竞争力；价值链分析可以将多个经营因素与竞争对手作比较，比如险种责任、保单权益、产品费率、核保核赔规则、营销方式、佣金比率、保全服务等，找到保险公司最具有价值的经营活动；并将其进行经营整合，固化为公司核心竞争力。

二、保险公司价值驱动要素

（一）保险价值驱动因素分析

1. 分析意义。保险公司价值驱动要素是实施价值管理的关键，价值驱动要素是实现价值创造的一些具有战略意义的创造性活动，只有通过这样一些活动，价值理念才能得到具体化。公司经营过程的每项价值活动都有很多影响因素，保险公司需要对这些因素进行管理，发现优先顺序，找到价值驱动要素。公司的价值经营就是让管理者能够专注于驱动价值增长的关键因素，不断调整和改善公司经营的绩效评价指标。

2. 要素构成。根据前述价值评估理论，公司价值评估主要采用自由现金流折现模型，该模型定义公司价值即公司未来自由现金流的贴现值。现金流折现模型中一般包括 7 项价值驱动要素：资产周转率的增长、边际利润、现金税率、固定资产、营运资金、加权平均资本成本（WACC）及时间因素。其中，现金流是公司价值的核心要素，公司当前的投资为了在未来产生更多的现金，从而创造股东价值；公司经营不增加现金流，就不会创造价值。由于考虑了时间因素，折现率的影响就不能忽视，也就是公司价值必须考虑经营风险，选择合适的投资项目。当然，七大价值驱动要素范围太广，很多时候对于公司经营决策帮助不大，保险公司需要为每一个项目确定微观驱动因素，并找到最为关键的一些因素，确定为公司的价值驱动要素。

3. 关键要素。具体考察保险公司价值驱动因素，保险公司现金流量的驱动因素是公司营业收入和利润的增长率以及投入资本收益率。图 13 - 3 总结了保险公司现金流及价值的主要驱动因素，可以看出影响保险公司价值最直接的因素是现金流量和资本成本，现金流量而非利润作为直接驱动因素是公司价值评估的重要项目，包括现金流入、现金流出以及贴现要素。现金流入通过保费收入、投资收入以及业务增长来反映；自由现金流也要考虑偿付能力资本影响。资本成本是投资者投资保险公司的机会成本，它由保险行业投资风险决定，在评估保险公司价值时，风险折现率的选择影响巨大。

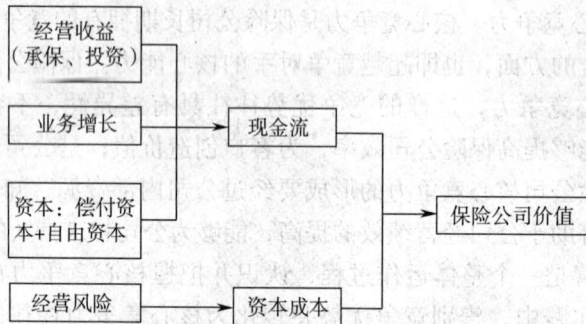

图 13 - 3　保险公司价值驱动要素图

（二）财务性价值驱动要素

1. 保险公司财务性价值驱动要素。平衡计分卡理论是公司价值管理的重要理论基础，根据该理论描述，公司财务性价值驱动因素体现在公司财务业绩方面，它显示了企业战略及其实施是否为企业创造价值。其中典型的财务指标涉及总资产收益率（ROA）、股东权益收益率（ROE）、每股收益（EPS）、现金流量、收益增长率、市盈率（P/E）等，企业创造价值的最直接因素在于它的经营获利能力。

平衡计分卡理论提及的财务业绩价值驱动因素包含会计利润的指标，存在指标短期性的不足，对于价值衡量具有一定局限性。而且，对于保险公司经营，特别是寿险长期业务的经营，会计利润可能与公司价值经营偏差较大，然而带来利润亏损的新业务往往给公司带来较高的业务价值。所以，保险公司财务性价值驱动要素需要立足于价值评估，从财务、内部经营方面多维度选择价值驱动要素，并进行价值要素敏感度分析，找出对价值影响最大、可控性最强的价值因素。通常而言，保险公司新业务价值（Value of New Business）、内含价值增值（Embedded Value Added）是代表性的财务性价值驱动指标。

2. 新业务价值驱动要素。未来新业务价值（VNB）反映了公司的经营能力和未来的增长能力，代表了保险公司的发展潜力。保险公司未来新业务价值计算方法稍微复杂，它不是用传统的财务状况评估预测，而是首先计算最近一年保险公司新签发保单的价值 PV_0，而后分析公司基本面，明确业务增长率和收益率等因素，预测未来新业务增长的成数因子 α，两者结合可以得出未来新业务价值 VNB。

评估年度新签保单业务价值如下，它是一个标准的精算利润折现公式。

$$PV_0 = \sum \frac{G_t}{(1+r)^t}$$

式中，G_t 为新签保单在未来 t 年度预期实现利润；r 为风险折现率。

新业务增长的乘数因子：

$$\alpha = \frac{1}{k-g}$$

式中，k 为未来销售保单的风险贴现率，g 为预期新业务增长率。

未来新业务价值：

$$VNB = PV_0 \times \alpha$$

未来新业务价值（VNB）代表保险公司未来的发展潜力，这个指标能够体现公司未来价值增长，由公司新业务发展能力决定，包括反映公司市场地位、成长性、资本利用效率等的多个因素。保险公司进行价值评估和业绩考核时，经常用 VNB 指标衡量公司价值发展潜力；最近一年新签发保单价值 PV_0 也通常作为公司当年经营绩效考核重要指标。须对未来新业务价值进一步分析，找到关键价值驱动要素，以实现公司未来业务价值的增长。图 13-4 对未来新业务价值驱动要素作了简要分析。

3. 内含价值驱动要素。内含价值增值（Embedded Value Added）是基于内含价值法的一个评估指标。内含价值是保险公司在特定时点的评估价值，它能够反映公司累积经营的成果。内含价值是静态概念，而内含价值增值是公司在一定经营期间内含价值的变动值，是一个动态概念，指两个评估时点间内含价值的变化量。简单用公式表示如下：

$$EVA_{t+1} = EV_{t+1} - EV_t$$

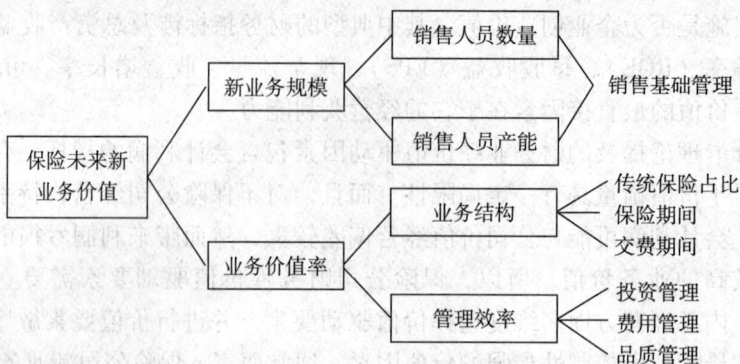

图 13 - 4　保险未来新业务价值驱动要素图

通过内含价值增值分析，可以考察公司一定期间的经营绩效，同时也可以发现导致公司价值变动的因素。根据内含价值增值 EVA_{t+1} 的概念及精算公式，可以发现内含价值变动主要来源于五个方面：现有业务对内含价值的贡献、假设变动导致的盈余或者损失、新业务价值的贡献、净资产价值的投资收益、资本金变动。对上述五个方面的变化进行展开分析，可以找到当期公司内含价值变动的核心要素，从公司价值管理角度分析，找出敏感度最强的驱动因素，在经营管理过程中进行重点关注和控制，将大大有利于公司价值的提升。

针对新业务价值、内含价值增值等价值指标，保险公司开展价值驱动要素分析，以寻找提高公司价值的途径。具体业务经营过程中，保险公司可以提高产品费率、降低经营成本、强化投资管理、提高营销效率等，通过价值驱动要素管理，找到对价值影响大并能够有效控制的价值要素，保险公司最终可以实现公司长远价值的增值。

（三）非财务驱动要素

保险公司价值创造的非财务驱动因素相对比较宽泛，主要体现在客户、内部经营管理以及学习成长三个方面。

1. 客户。保险公司实施以"客户为中心"的服务战略，充分体现了"客户造就企业"的埋念。保险公司获得盈利并创造价值，这个经营成果不取决于企业内部控制的任何事情，而是由保险公司外部条件所决定。在市场经济环境下，公司的经营成果取决于保险客户，由客户决定企业的努力是否转化为企业价值，客户要素在企业价值创造过程中占有非常重要的地位。对于客户价值驱动要素的考虑，保险公司客户服务工作需要重点考虑客户选择、客户获取、客户保留、客户增长四个要素。在具体业务经营管理过程中，保险公司需要基于客户需求设计保险产品与服务；投保和核保流程方面关注客户感受，实现风险选择与客户满意的平衡；重视续期业务，通过服务留存客户，提高业务续保率；注重公司品牌建设，增加品牌美誉度，实现客户的品牌认可。

2. 管理。公司内部管理方面，保险公司需要强化内部管理过程的价值贡献，通过优异的内部管理，使保险公司降低经营成本，提高经营效率，实现公司财务利润及经济价值；更好服务客户，满足客户需求，提升公司业务价值。从价值驱动角度，将保险公司内部经营活动分为四个要素。首先，通过保险产品服务创新，挖掘保险市场业务机会及潜在客户，促进保险业务增长。其次，加强客户服务与关系管理，维护现有保险客户关系，增加现有客户的"二次购买"，提高客户续保率，增加保险公司的客户价值。再次，完善保险业务流程管理，改善内部经营过程的成本状况，降低理赔风险成本，提高业务管理效率，实现公司运营管理目标。最后，协调外部利益相关者，建立保险公司良好的社会品牌，树立保险公司诚信、责任、服务的社会形象。

3. 成长。对于公司学习成长，保险公司需要关注无形资产在企业价值创造中的作用，可以分为人力资本、信息资本以及组织资本三个要素。保险公司业务经营的对象为各种类型的风险，对员工知识技能的要求特殊，针对公司价值创造发挥至关重要的专业领域，如精算、核保、核赔、营销等，保险公司需要强化员工专业能力培养，使其在企业价值创造中发挥关键作用。信息资本在知识经济时代发挥的作用巨大，保险公司信息资本包括信息系统、数据库、网络资源等。保险公司的信息资源只有被有效利用才会发挥价值，在业务创新、客户服务、内部管理等多方面提供共享。在互联网经济大环境下，大数据应用价值越来越突出，保险公司需要进一步挖掘数据信息资源，凸显信息资本的价值驱动作用。保险公司的组织资本对于公司价值共享非常关键，它体现了公司执行创造企业价值战略、动员和维持变革流程的组织能力，一般体现在公司文化、领导力、协调机制及团队管理四个方面。保险公司强化组织资本，是实现公司价值管理实施的组织保证。

三、经营活动的价值管理

（一）业务价值管理

1. 业务价值分类。保险业务流程的不同环节都会创造价值，但价值创造的方式不同。通常意义上，保险公司的经营管理活动可以划分为产品开发、市场营销、核保承保、理赔、客户服务几大环节，体现保险公司不同业务领域的价值活动。从价值管理角度看，保险公司应该按照价值管理模式对经营流程进行划分，将业务流程细化为独立但互相联系的价值环节，发现并强化公司核心业务价值链。经营管理过程中，保险公司专注于核心价值链环节，不断提高经营效率，增加业务价值贡献。

2. 产品开发。产品开发方面是保险公司经营管理的重要环节，是业务价值创造的开端。保险产品开发要树立价值创造理念，有效执行符合公司价值战略的产品策略；围绕公司产品价值指标创新产品形态，通过产品差异化提高竞争优势；坚持以市场和客户需求为导向，开发设计符合客户保障需求的产品，创造客户价值，进而实现保险经营价值；强化保险产品开发流程管理，通过流程完善、提升开发效率，实现经营价值。

3. 运营管理。保险业务的运营管理包括核保核赔、客户服务环节，是保险公司风险管控、质量把控以及客户服务的价值体现。首先，业务运营环节的核保核赔直接影响公司风险成本，严格承保、规范理赔能够有效降低公司业务成本。其次，业务质量与保单续保有密切联系，有效的保险运营管理将会提高业务品质，维持保单续期业务。再有，保险公司客户服务策略要坚持以客户为中心而非以保单为中心，提高客户满意度。另外，合理安排再保险能够降低保险公司经营风险，通过分保安排将不符合公司风险要求的业务分出，降低业务经营的风险波动，还能减少偿付能力资本要求，减少资本成本支出，对公司价值提升带来贡献。

4. 营销渠道。营销渠道方面，保险公司应该强调保险营销价值创造的意义，打造具有核心竞争力的营销队伍；建立符合公司战略的渠道策略，发挥保险营销的竞争优势。一方面，强化保险营销基础管理，不断完善营销管理制度，重视营销组织培训，提高代理人营销素质。另一方面，研究保险营销的发展方向，不断创新保险营销模式，通过差异化的营销活动实现保险营销环节的价值增值。

5. 资金运用。保险公司投资管理在公司价值管理中非常关键，保险资金运用带来的投资收益将直接提高公司经营利润，对长期的经济价值也带来直接影响。寿险公司通过准备金往往会积累较大资金，充分发挥投资管理的作用，为保险公司带来收益的同时，也会提高公司的业务竞争力。另外，保险公司应该加强资金运用的风险管理，明确保险资金的长期属性、负债属性，强化保险资金的资产负债匹配管理。

保险公司经营管理处在一个复杂变化的环境中，不同公司业务环节的价值链不同，相同公司在不同时期价值链也可能不同。保险公司业务价值管理，需要在变动的环境中，动态管理业务价值链，实现经营管理流程价值管理的优化。站在保险行业角度看，保险公司价值链处在一个范围更广的价值系统中，除了内部价值链，保险代理活动、外包理赔服务、健康管理服务、营销培训活动等，可以作为保险产业价值链的一部分。随着保险市场环境的不断演化，保险产业价值链也在不断细化，不同保险职能单元价值环节分工协作，可以发挥不同价值链节点的优势。

（二）客户价值管理

1. 客户价值概念。客户价值，就是能为客户提供利益和尽可能新的东西，包括功能、专有权、便利性等方面。21世纪的企业应该树立一切价值增值活动都应以顾客为中心，通过为顾客提供价值来获得企业价值增值，没有客户价值就没有股东价值的理念。迈克尔·波特说："企业的价值最终应体现为客户价值。"保险企业为客户提供保险保障，保险客户价值是保险公司与投保人建立长期稳定的客户关系，为客户提供风险保障的同时，也从持续稳定的保费收入中获得利润，进而实现公司经营价值。

长期稳定的客户关系对于保险公司价值实现特别重要，保险合同，特别是寿险合同大多是长期性的产品，整个保险期内，保险公司向客户提供优质保单服务，维持好客户关系，可以促进公司价值实现；而对于短暂投保公司保单的客户，或者长期保单客户的流失，对公司价值贡献很小甚至将会有损公司价值，所以，续保率管理对保险公司的价值管理极其重要，寿险公司一般都将续期率指标作为公司价值管理的重要指标，保险公司永续经营需要依靠稳固的续期业务。同时，保险业务续保率的高低往往取决于客户对公司服务的满意程度，所以，产品的最终价值是客户的满意度，保险公司提供给客户有形或无形的服务将成为客户价值管理的关键。

2. 价值管理实施。从价值管理的角度，可以将保险客户区分为四类：战略客户、利润客户、潜力客户以及普通客户。战略客户是客户价值高，战略匹配度也高的一类客户。利润客户是客户价值高，但战略匹配度低的一类客户。潜力客户是战略匹配度高，但客户价值低的一类客户。普通客户是战略匹配度与客户价值都低的一类客户。保险公司的客户对象具有特殊性，除了普遍意义的保单客户之外，保险营销员的身份比较特殊，在销售保单过程中为客户提供咨询服务、客户风险管理以及保单保全和理赔服务。除了传统意义的客户分类，保险公司营销员也应该被视为公司客户的一种，保险公司通过对营销员提供的营销支持服务，帮助营销员的价值实现，进而推动公司经营价值的提升。

保险客户价值管理是客户关系管理成功应用的基础和核心，客户价值管理就是保险企业根据客户投保的历史数据，对客户生命周期价值进行比较和分析，发现最有价值的当前和潜在客户，通过满足其对保险服务的个性化需求，提高客户忠诚度和保持率。客户价值管理的根本目的是促使保险企业的经营理念、能力、过程及组织结构与客户感知的价值因素相适应，向客户传递最大化的价值。保险公司需要强化客户价值管理，提高客户忠诚度，通过客户留存续保、业务二次开发等方式提升业务价值。经营实践中，保险公司进行客户价值管理，需要通过主动了解客户，倾听客户需求，开发客户满意的保险产品；同时还要建立客户服务系统，为客户提供满意的服务。保险公司的服务包括风险保障核心服务以及附加值服务，保险公司应该首先做好客户出险后经济补偿给付的核心服务，快速、简单、合理地完成保险赔付，同时，不断扩展和创新服务，为保险客户提供更加周全的保险服务。

（三）品牌价值管理

1. 品牌价值概念。美国市场营销协会对品牌的定义是：一种名称、术语、标记、符号或设计，或者它们的组合运用，其目的是辨别某个销售者的产品或服务，并使之同竞争对手的产品或者服务区别开来。保险公司属于金融服务业，经营人寿、健康、意外、财产、信用、保证等各个领域的风险，销售的是风险保障的无形商品。保险公司对客户提供的保障往往是"一纸承诺"，所以保险品牌更为重要。保险品牌不仅是一个产品的标志，更是一家保险公司经营管理、社会信誉、企业文化和综合实力的体现，是对保户的一贯承诺，它体现了保险产品的差异性。保险品牌可以分为公司品牌、产品品牌和服务品牌：公司品牌本身就是对外部市场的信誉保障；产品品牌是让客户认识保险的最佳途径；服务品牌是围绕公司的客户服务而展开的形象塑造活动。相对其他行业，保险产品的服务属性更强，服务贯穿于保险业务的全过程，服务内容、服务质量、服务水平将决定保险公司的生存和发展，保险公司服务品牌的打造往往更为重要。

2. 保险公司品牌价值。品牌价值是公司价值的构成要素之一，保险公司品牌价值，不仅在于它是一种知识产权，一种无形资产；而且还在于它是保险公司通过长期的经营活动和激烈的市场竞争，形成的优质产品、优质服务和良好形象的结合体。迈克尔·波特在品牌竞争优势中提到：品牌资产主要体现在品牌的核心价值上，品牌核心价值也是品牌精髓所在。保险品牌涵盖了保险公司产品、客户忠诚度、公司信誉、实力等综合竞争实力，这种竞争能力的价值虽然难以估算，但却可以对保险公司的经营绩效产生极大的影响。保险公司品牌价值能够为公司带来经营价值，一个优良的保险品牌能够加深客户对保险的认识，扩大保险知名度，支持保险营销，赢得客户忠诚，从而增加公司在市场中的份额，获取更多的利润，为保险公司创造长远的业务价值。

3. 品牌价值管理实施。保险品牌价值管理包括两个方面：保险品牌自身价值的塑造以及通过品牌管理对经营价值的贡献。保险公司管理和经营品牌，实现知名保险品牌，就是为了获得品牌价值，帮助公司实现利润和价值。在价值理念的指导下，保险公司围绕公司以及产品、服务的品牌展开品牌形象塑造活动，包括保险产品设计，业务经营、广告宣传、营销策划等方面的管理活动，实现保险品牌的市场竞争优势。具有优势的保险品牌能够提高市场知名度，建立良好的社会公共关系，并能提高客户忠诚度，对保险公司价值实现提供重要支持。具体途径上，保险公司品牌价值管理往往通过保险品牌开发、品牌推广、品牌维护以及品牌扩展等方法实现，将品牌价值发挥到最大化。市场上一些著名品牌为业务经营创造出巨大的价值，往往可以通过估值溢价、规模经济低成本以及新产品扩展等方法实现价值创造。保险公司品牌价值管理不是短时间完成的工作，而是长期持续的经营行为；品牌价值管理需要考虑公司的综合竞争力，建立明确的长期价值目标，为保险公司价值创造建立和培养品牌提供支持。

【思考与练习】

1. 如何理解价值管理产生的环境以及发展过程？
2. 解释企业价值的概念，如何评价企业价值评估方法的优缺点？
3. 从内含价值角度说明保险公司的价值构成。
4. 解释保险公司战略管理与价值管理的关系，如何在战略管理过程中实施价值管理？
5. 如何理解保险公司价值驱动要素？试说明如何通过价值驱动要素的管理提升保险公司价值？
6. 试分析保险公司日常经营活动中价值管理的应用。

参 考 文 献

[1] ［美］斯蒂芬·P. 罗宾斯、玛丽·库尔特：《管理学（第11版)》，北京，中国人民大学出版社，2012。

[2] 江生忠：《保险学理论研究》，北京，中国金融出版社，2007。

[3] 万峰：《寿险公司经营管理之道》，北京，中国金融出版社，2011。

[4] 邓大松、向运华：《保险经营管理学（第二版)》，北京，中国金融出版社，2011。

[5] 卓志等：《保险理论与案例分析》，成都，西南财经大学出版社，2014。

[6] 魏巧琴：《保险公司经营管理（第五版)》，上海，上海财经大学出版社，2016。

[7] 魏华林、林宝清：《保险学》，北京，高等教育出版社，2006。

[8] 江生忠：《中国保险产业组织优化研究》，北京，中国社会科学出版社，2003。

[9] ［美］小哈罗德·斯凯博：《国际风险与保险》，北京，机械工业出版社，1999。

[10] 中国保险监督管理委员会：《2015中国保险市场年报（中文)》，北京，中国金融出版社，2015。

[11] 赵国忻、何惠珍：《保险中介理论与实务》，杭州，浙江大学出版社，2004。

[12] 陈文辉：《中国寿险业经营规律研究——费用、盈亏平衡、资本需求》，北京，中国财政经济出版社，2008。

[13] 万峰：《寿险公司战略管理》，北京，中国金融出版社，2005。

[14] 王建东：《中小财产保险公司发展研究》，天津，南开大学出版社，2011。

[15] 祝向军：《我国保险公司盈利模式的发展演化与未来选择》，载《保险研究》，2010（2）。

[16] 郑苏晋、刘跃、赵绰翔：《寿险产品利润分布及寿险公司盈利周期的比较分析——基于不同地区财务报告准则的视角》，载《保险研究》，2015（4）。

[17] 薄滂沱：《保险集团化理论与实践研究》，博士学位论文，2008。

[18] 徐国华、张德、赵平：《管理学》，北京，清华大学出版社，1998。

[19] 北京保监局《寿险公司内部控制研究》课题组：《寿险公司内部控制研究》，北京，经济科学出版社，2005。

[20] 陆晓龙：《我国保险公司组织结构优化研究》，博士学位论文，2010。

[21] 中国保险行业协会：《2014互联网保险行业发展报告》，北京，中国金融出版社，2015。

[22] 郝演苏：《保险学教程》，北京，清华大学出版社，2004。

[23] 唐运祥：《保险中介概论》，北京，商务印书馆，2000。

[24] 石兴：《保险产品设计原理与实务》，北京，中国金融出版社，2006。

[25] 丁爱华：《论我国保险经纪的发展》，载《金融实务》，2003（01）。

[26] 盛和泰：《保险产品创新》，北京，中国金融出版社，2004。

[27] 刘增龙：《论保险产品的开发》，载《保险市场》，2006（001）。

[28] 李如：《保险产品创新问题及对策研究》，载《高教论述》，2013（02）。

[29] 魏华林、林宝清：《保险学》，北京，高等教育出版社，2011。

[30] 江生忠：《保险学理论》，北京，中国金融出版社，2007。

[31] 吴定富：《保险基础知识》，北京，中国财政经济出版社，2005。

[32] ［美］菲利普·科特勒：《营销管理》，上海，格致出版社，2015。

[33] 江生忠、钟碧蓉等：《保险中介前沿问题研究》，天津，南开大学出版社，2013。

[34] 袁辉：《保险营销》，武汉，武汉大学出版社，2004。

[35] 尹成远、王香兰：《保险学》，北京，人民邮电出版社，2005。

[36] 邓大松：《保险经营与管理》，北京，中国金融出版社，2003。

[37] 刘冬姣：《保险中介制度研究》，北京，中国金融出版社，2003。

[38] 孙灵刚：《中国保险销售人员管理体制问题研究》，硕士学位论文，2013。

[39] ［美］哈林顿：《风险管理与保险》，北京，清华大学出版社，2004。

[40] 万峰：《寿险公司经营与管理》，北京，中国金融出版社，2011。

[41] 孙祁祥：《保险学》，北京，北京大学出版社，2009。

[42] 郭颂平、赵春梅等：《保险基础知识》，北京，首都经济贸易大学出版社，2014。

[43] 陈文辉等：《新常态下的中国保险资金运用研究》，北京，中国金融出版社，2016。

[44] 朱南军等：《保险资金运用风险管控研究》，北京，北京大学出版社，2014。

[45] 汤大生、乐荣：《保险资产负债管理技术、治理与监督》，上海，上海交通大学出版社，2013。

[46] 沈烈：《保险公司资产负债管理》，北京，经济科学出版社，2009。

[47] 李冰清：《保险投资》，天津，南开大学出版社，2009。

[48] 王海燕：《保险企业资产负债管理》，北京，经济科学出版社，2004。

[49] 戴成峰、张连增：《基于业务类型的我国财产保险公司资产负债管理研究》，载《保险研究》，2014（7）。

[50] 王姝：《我国保险资金运用及监管分析——基于国际经验的借鉴》，载《经济体制改革》，2013（3）。

[51] 祝向军、李鹏：《保险产品的差异化途径：基于保险产品再认识的理论分析》，载《上海保险》，2010（2）。

[52] 黄永波：《产险公司盈亏平衡分析法及应用》，载《中国保险》，2006（9）。

[53] 侯旭华：《保险公司会计》，上海，复旦大学出版社，2010。

[54] 中国人寿保险股份有限公司：《2015年度财务报表及审计报告》。

[55] 财税［2009］29号：《财政部、国家税务总局关于企业手续费及佣金支出税前扣除政策的通知》。

[56] 财会［2016］22号：《增值税会计处理规定》。

[57] 财政部：《企业会计准则第25号——原保险合同》。

[58] 陈兵：《保险公司财务管理》，北京，中国财政经济出版社，2010。

[59] 保监会［2011］2号：《保险公司次级定期债务管理办法》。

[60] 陈文辉：《中国偿付能力监管改革的理论和实践》，北京，中国经济出版社，2015。

[61] ［瑞典］阿尔内·斯坦德姆：《保险公司偿付能力——模型、评估与监管》，北京，中信出版社，2012。

[62] 江生忠等：《保险保障基金最优规模研究》，天津，南开大学出版社，2010。

[63] ［德］法尼：《保险企业管理学（第三版）》，北京，经济科学出版社，2002。

[64] 江生忠、祝向军：《保险经营管理学》，北京，中国金融出版社，2001。

[65] 闫娜：《大数据视角下信息管理与信息系统专业建设研究》，载《RESEARCH ON LIBRARY SCIENCE》，2013（4）。

［66］范承工、周宝曜、刘伟：《大数据战略·技术·实践》，北京，电子工业出版社，2013。

［67］王和：《大数据在保险业中的应用》，北京，中国人民财产保险股份有限公司，2013。

［68］邬贺铨：《大数据时代的机遇与挑战》，载《信息安全与通信保密》，2013（3）。

［69］［英］维克托·迈尔·舍恩伯格，肯尼思·库克耶：《大数据时代——生活、工作与思维的大变革》，杭州，浙江人民出版社，2013。

［70］曹凌：《大数据创新：欧盟开放数据战略研究》，载《情报理论与实践》，2013（4）。

［71］叶明华：《基于 BP 神经网络的保险欺诈识别研究——以中国机动车保险索赔为例》，载《保险研究》，2011（3）。

［72］王和：《大数据时代保险变革研究》，北京，中国金融出版社，2014。

［73］李克穆：《保险业信息披露研究》，北京，中国财政经济出版社，2007。

［74］王海柱、何孝允：《保险管理学》，成都，西南财经大学出版社，1996。

［75］陈东升：《中国寿险业与资本市场的协同发展》，北京，经济科学出版社，2000。

［76］吴腾华、吕福来：《现代金融风险管理》，北京，中国经济出版社，1999。

［77］刘茂山、江生忠：《保险学原理》，天津，南开大学出版社，1998。

［78］姚久荣、王宝生：《寿险企业管理学》，北京，中国经济出版社，1998。

［79］李玉泉：《保险法》，北京，法律出版社，1999。

［80］吴晓求：《证券投资学》，北京，中国人民大学出版社，2000。

［81］张洪涛、郑功成：《保险学》，北京，中国人民大学出版社，2000。

［82］刘茂山：《保险经济学》，天津，南开大学出版社，2000。

［83］赵春梅、陈丽霞、江生忠：《保险学原理》，大连，东北财经大学出版社，1997。

［84］肯尼斯·布莱克、哈罗德·斯基珀：《人寿保险》，北京，北京大学出版社，1999。

［85］魏华林、林宝清：《保险学》，北京，高等教育出版社，1999。

［86］刘子操、郭颂平：《保险营销学》，北京，中国金融出版社，1998。

［87］姚久荣：《保险市场营销学》，北京，中国经济出版社，1995。

［88］刘子操、宗可正：《保险服务论》，大连，东北财经大学出版社，1999。

［89］郝臣、李飞、王旭：《我国保险公司跨境经营问题研究》，载《保险研究》，2013（11）。

［90］肖巍：《"全球化风险"与中国的长期应对》，载《学术月刊》，2010（1）。

［91］沈婷：《国际保险》，上海，上海人民出版社，2010。

［92］祝向军、王金铎：《论国际保险市场发展模式》，载《保险研究》，2003（6）。

［93］李扬、陈文辉：《国际保险监管核心原则——理念、规则及中国实践》，北京，经济管理出版社，2006。

［94］"《巴塞尔协议Ⅲ》对我国保险监管的借鉴和启示"课题组：《保险监管核心原则的新变化及其启示》，载《金融稳定和金融监管》，2012（2）。

［95］石晓军、闫竹：《发达国家保险发展特点及其经验借鉴——OECD 国家 20 年保险发展透视》，载《保险研究》，2015（7）。

［96］上海国家会计学院：《价值管理》，北京，经济科学出版社，2011。

［97］魏迎宁：《寿险公司内含价值的理论和实践》，北京，经济管理出版社，2005。

［98］［美］阿尔弗洛德·拉帕波特：《创造股东价值》，昆明，云南人民出版社，2002。

［99］［美］蒂姆·科勒等：《价值—公司金融的四大基石》，北京，电子工业出版社，2016。

［100］罗菲：《基于价值管理的研究》，北京，经济科学出版社，2008。

［101］张先治、池国华：《企业价值评估》，大连，东北财经大学出版社，2013。

21 世纪高等学校金融学系列教材

一、货币银行学子系列

★货币金融学（第四版） 朱新蓉 主编 56.00 元 2015.08 出版
（普通高等教育"十一五"国家级规划教材/国家精品课程教材·2008）

货币金融学 张强 乔海曙 主编 32.00 元 2007.05 出版
（国家精品课程教材·2006）

货币金融学（附课件） 吴少新 主编 43.00 元 2011.08 出版

货币金融学（第二版） 殷孟波 主编 48.00 元 2014.07 出版
（普通高等教育"十五"国家级规划教材）

货币银行学（第二版） 夏德仁 李念斋 主编 27.50 元 2005.05 出版

货币银行学（第三版） 周骏 王学青 主编 42.00 元 2011.02 出版
（普通高等教育"十一五"国家级规划教材）

货币银行学原理（第六版） 郑道平 张贵乐 主编 39.00 元 2009.07 出版

金融理论教程 孔祥毅 主编 39.00 元 2003.02 出版

西方货币金融理论 伍海华 编著 38.80 元 2002.06 出版

现代货币金融学 汪祖杰 主编 30.00 元 2003.08 出版

行为金融学教程 苏同华 主编 25.50 元 2006.06 出版

中央银行通论（第三版） 孔祥毅 主编 40.00 元 2009.02 出版

中央银行通论学习指导（修订版） 孔祥毅 主编 38.00 元 2009.02 出版

商业银行经营管理（第二版） 宋清华 主编 43.00 元 2017.03 出版

商业银行管理学（第四版） 彭建刚 主编 49.00 元 2014.07 出版
（普通高等教育"十一五"国家级规划教材/国家精品课程教材·2007/国家精品资源共享课配套教材）

商业银行管理学（第三版） 李志辉 主编 48.00 元 2015.10 出版
（普通高等教育"十一五"国家级规划教材/国家精品课程教材·2009）

商业银行管理学习题集 李志辉 主编 20.00 元 2006.12 出版
（普通高等教育"十一五"国家级规划教材辅助教材）

商业银行管理 刘惠好 主编 27.00 元 2009.10 出版

现代商业银行管理学基础 王先玉 主编 41.00 元 2006.07 出版

金融市场学（第二版） 杜金富 主编 48.00 元 2013.03 出版

现代金融市场学（第三版） 张亦春 主编 56.00 元 2013.01 出版

中国金融简史（第二版） 袁远福 主编 25.00 元 2005.09 出版
（普通高等教育"十一五"国家级规划教材）

货币与金融统计学（第三版） 杜金富 主编 49.00 元 2013.05 出版
（普通高等教育"十一五"国家级规划教材/国家统计局优秀教材）

金融信托与租赁（第四版） 王淑敏 齐佩金 主编 42.00 元 2016.09 出版
（普通高等教育"十一五"国家级规划教材）

金融信托与租赁案例与习题	王淑敏	齐佩金	主编	25.00 元	2006.09 出版
（普通高等教育"十一五"国家级规划教材辅助教材）					
金融营销学	万后芬		主编	31.00 元	2003.03 出版
金融风险管理	宋清华	李志辉	主编	33.50 元	2003.01 出版
网络银行（第二版）	孙 森		主编	36.00 元	2010.02 出版
（普通高等教育"十一五"国家级规划教材）					
银行会计学	于希文	王允平	主编	30.00 元	2003.04 出版

二、国际金融子系列

国际金融学	潘英丽	马君潞	主编	31.50 元	2002.05 出版
★国际金融概论（第四版）	王爱俭		主编	39.00 元	2015.06 出版
（普通高等教育"十一五"国家级规划教材/国家精品课程教材·2009）					
国际金融（第三版）	刘惠好		主编	48.00 元	2017.11 出版
国际金融概论（第三版）（附课件）	徐荣贞		主编	40.00 元	2016.08 出版
★国际结算（第六版）（附课件）	苏宗祥	徐 捷	著	66.00 元	2015.08 出版
（普通高等教育"十一五"国家级规划教材/2012～2013年度全行业优秀畅销书）					
各国金融体制比较（第三版）	白钦先		等编著	43.00 元	2013.08 出版

三、投资学子系列

投资学（第二版）	张元萍		主编	53.00 元	2013.01 出版
证券投资学	吴晓求	季冬生	主编	24.00 元	2004.03 出版
证券投资学	杨丽萍	金 丹	主编	42.00 元	2012.05 出版
现代证券投资学	李国义		主编	39.00 元	2009.03 出版
证券投资分析（第二版）	赵锡军	李向科	主编	35.00 元	2015.08 出版
组合投资与投资基金管理	陈伟忠		主编	15.50 元	2004.07 出版
投资项目评估	王瑶琪	李桂君	主编	38.00 元	2011.12 出版
项目融资（第三版）	蒋先玲		编著	36.00 元	2008.10 出版

四、金融工程子系列

金融经济学教程	陈伟忠		主编	35.00 元	2008.09 出版
衍生金融工具（第二版）	叶永刚	张 培	主编	37.00 元	2014.08 出版
现代公司金融学（第二版）	马亚明		主编	49.00 元	2016.08 出版
金融计量学	张宗新		主编	42.50 元	2008.09 出版
数理金融	张元萍		编著	29.80 元	2004.08 出版
金融工程学	沈沛龙		主编	46.00 元	2017.08 出版

五、金融英语子系列

金融英语阅读教程（第四版）	沈素萍		主编	48.00 元	2015.12 出版
（北京高等教育精品教材）					
金融英语阅读教程导读（第四版）	沈素萍		主编	23.00 元	2016.01 出版
（北京高等学校市级精品课程辅助教材）					
保险专业英语	张栓林		编著	22.00 元	2004.02 出版
保险应用口语	张栓林		编著	25.00 元	2008.04 出版

注：加★的书为"十二五"普通高等教育本科国家级规划教材

21 世纪高等学校保险学系列教材

保险学（第二版）	胡炳志 何小伟	主编	29.00 元	2013.05 出版
保险精算（第三版）	李秀芳 曾庆五	主编	36.00 元	2011.06 出版
（普通高等教育"十一五"国家级规划教材）				
人身保险（第二版）	陈朝先 陶存文	主编	20.00 元	2002.09 出版
财产保险（第五版）	许飞琼 郑功成	主编	43.00 元	2015.03 出版
（普通高等教育"十一五"国家级规划教材/普通高等教育精品教材奖）				
财产保险案例分析	许飞琼	编著	32.50 元	2004.08 出版
海上保险学	郭颂平 袁建华	编著	34.00 元	2009.10 出版
责任保险	许飞琼	编著	40.00 元	2007.11 出版
再保险（第二版）	胡炳志 陈之楚	主编	30.50 元	2006.02 出版
（普通高等教育"十一五"国家级规划教材）				
保险经营管理学（第二版）	邓大松 向运华	主编	42.00 元	2011.08 出版
（普通高等教育"十一五"国家级规划教材）				
保险经营管理学（第二版）	江生忠 祝向军	主编	49.00 元	2017.12 出版
保险营销学（第三版）	郭颂平 赵春梅	主编	35.00 元	2012.08 出版
（教育部经济类专业主干课程推荐教材）				
保险营销学（第二版）	刘子操 郭颂平	主编	25.00 元	2003.01 出版
★风险管理（第五版）	许谨良	主编	36.00 元	2015.08 出版
（普通高等教育"十一五"国家级规划教材）				
保险产品设计原理与实务	石兴	著	24.50 元	2006.09 出版
社会保险（第四版）	林义	主编	39.00 元	2016.07 出版
（普通高等教育"十一五"国家级规划教材）				
保险学教程（第二版）	张虹 陈迪红	主编	36.00 元	2012.07 出版
利息理论与应用（第二版）	刘明亮	主编	32.00 元	2014.04 出版

注：加★的书为"十二五"普通高等教育本科国家级规划教材。